2025 가정 예배서

하늘양식

2025 가정예배서

하늘양식

펴 낸 날 2024. 11. 15
펴 낸 이 김정석
편집위원 곽태권 김대희 오태현 이종목 한희철
펴 낸 곳 기독교대한감리회 도서출판kmc
　　　　　서울특별시 종로구 세종대로 149 감리회관 16층
　　　　　대표전화 02-399-2008 팩스 02-399-2085
　　　　　http://www.kmcpress.co.kr
　　　　　kmc-sky@hanmail.net
등　　록 제2-1607호 (1993. 9. 4)
디 자 인 디자인통
인　　쇄 천광인쇄사

ISBN 978-89-8430-931-9 03230

값 18,000원

여호와께서 모세에게 이르시되
이것을 책에 기록하여 기념하게 하고 여호수아의 귀에 외워 들리라
내가 아말렉을 없이하여 천하에서 기억도 못 하게 하리라
(출애굽기 17:14)

하나님이 모세에게 말씀하셨습니다. "책에 기록하여"
책에 기록하는 이유는, 기억하게 하기 위해서입니다. 또 외워서 들려주기 위해서입니다.
적어 두지 않으면 우리는 곧잘 잊고 맙니다. 전달할 때 더하거나 빼기 일쑤입니다.
우리의 한계를 하나님도 아시고 당부하셨습니다.
그래서 우리는 책을 만듭니다.

웨슬리도 우리의 한계를 알기에, 하나님께 가까이 가는 길에 날마다 규칙적인
훈련이 필요하다고 강조했습니다.
오케스트라는 연주하기 전에 항상 각자의 악기부터 조율하고
사격 선수도 언제나 영점부터 맞추는 것처럼
우리는 매일 하루를 열 때마다 항상 우리 자신을 말씀에 조율해야 합니다.
그래서 우리는 매일 말씀을 먹어야 합니다.

『하늘양식』은 하루를 여는 매일 가정예배서입니다.
전국 다양한 현장의 180여 목사님이 보내 주신 365일의 말씀과 묵상을
겸손한 마음으로 한 권의 책에 담았습니다.
다양한 교회와 현장의 감동을 나누며, 우리가 하나의 교회임을 알게 될 것입니다.

좋은 도구는 사용하는 이에게 그 힘을 보여 줍니다.
『하늘양식』으로 혼자서 혹은 온 가족이 둘러앉아 드리는 예배는
틀림없이 우리를 영적으로 건강하게 할 것입니다.
우리가 하나님의 말씀을 날마다 읽고 기억할 때, 하나님이 우리를 지키신다는
약속이 이뤄짐을 체험할 것입니다.

2025년에는 영적인 감기조차도 얼씬 못하는 믿음 튼튼한 해가 되길 기도합니다.

도서출판kmc

하늘양식
이렇게 활용합니다

『하늘양식』은 아침 혹은 저녁 조용한 시간에, 온 가족이 함께 모여 말씀을 읽고 예배를 드릴 수 있도록 만든 가정예배서입니다. 또한 개인의 매일 묵상을 위한 큐티QT 자료집으로 활용해도 유익하며, 직장 신우회가 모였을 때 경건의 시간을 가지기에도 부족함이 없습니다.

마음문 열기

가족 혹은 동료들과 함께라면 본문에 제시된 찬송을 부르거나 찬양으로 마음의 문을 엽니다. 혼자라면 조용히 앉아 눈을 감고 머릿속의 상념想念들을 내려놓습니다. 복잡한 생각들이 꼬리에 꼬리를 물고 일어난다면 그것을 주님께 부탁드리십시오. 깊은 바다처럼 마음이 고요해질 때까지 잠시 기다립니다.

하늘문 열기

하나님의 가르침을 갈망하는 마음으로, 오늘의 성경 본문을 읽습니다. 여럿이 함께라면 한 절씩 돌아가면서 읽는 방법도 좋습니다. 홀로 가지는 큐티QT 시간이라면, 본문 말씀을 두세 번 반복해서 읽으며 내게 들려주시는 하나님의 음성에 귀를 기울입니다. 그런 다음 오늘의 설교 말씀을 읽습니다. 여럿이 함께라면 한 사람이 천천히 말씀을 읽고, 다른 이들은 들으면서 마음에 와 닿는 문장을 만나도록 합니다. 홀로 읽는다면 감동을 주는 문장에 밑줄을 그으며 읽습니다. 혹은 말씀을 통해 깨달은 내용이나 결단한 바를 글로 남겨도 좋습니다.

세상문 열기

설교 말씀을 나눈 뒤, 그날의 묵상默想 질문을 나 자신을 향한 하늘의 물음으로 듣습니다. 여럿이 함께라면 오늘의 말씀과 묵상 질문을 통해 깨달은 바를 서로 나누는 시간을 갖습니다. 은혜는 나눌수록 커지고 결단을 굳게 합니다.
마지막 순서로 기도를 드립니다. 여럿이라면 한 사람이 대표로 기도하거나 합심 기도를 드려도 좋습니다. 오늘 주신 말씀에 순종하면서 살 수 있도록 도우심과 용기를 구하는 기도를 합니다.

성경 통독 표대로 매일 읽어가면 일 년에 한 번 성경 전체를 완독할 수 있습니다.
특별 예배 순서와 설교문을 별도로 실었습니다(생일, 병환, 시험, 추모, 설날, 한가위).
속표제지 뒷면에 그 달의 기도 제목과 감사, 실천, 기억할 일을 적을 수 있게 메모장을 마련했습니다.

JANUARY

여호와를 경외하며

그의 길을 걷는 자마다

복이 있도다

네가 네 손이 수고한 대로

먹을 것이라

네가 복되고 형통하리로다

시편 128:1~2

1월의 기도

● 기도 제목

● 실천할 일

- ☑ ....
- ....
- ☑ ....
- ....
- ☑ ....
- ....
- ☑ ....

● 감사할 일

● 기억할 일

복된 인생의 시작

감리교회의 창시자 존 웨슬리는 예수님의 산상설교를 풀이하며 '복 있는 사람'에 대하여 이렇게 이야기합니다. "모든 것의 근본은 '심령의 가난함'입니다. 그러므로 주님께서는 '심령이 가난한 자는 복이 있나니'로 말씀을 시작하십니다. 심령이 가난한 자는 자신의 외적인 상황이 어떠하든, 이 세상에서나 다가올 세상에서도 모든 참되고 실질적인 행복으로 향하는 첫걸음인 '마음의 기질(disposition)'을 가지고 있습니다." 즉 존 웨슬리가 말하는 복은 마음의 기질, 곧 인격에 있음을 알 수 있습니다.

본문의 말씀은 우리에게 복된 인생, 복된 삶이 무엇인지 자세하게 알려 주고 있습니다. 그중 첫째는 여호와의 율법을 즐거워하는 인생입니다(2). 이것은 시간과 공간을 초월하여 역사하시는 하나님의 말씀을 즐거워하며, 하나님을 예배하는 삶을 의미합니다. 하나님의 말씀을 즐거워하는 가정, 하나님의 말씀을 중심으로 두고 의지하는 가정은 복된 가정을 넘어서 예수님을 인격적으로 만나는 가정이 됩니다. 하나님의 말씀을 듣고, 하나님과 교제하는 가정은 기쁨과 감격이 인생의 여정 가운데 충만하게 채워집니다. 더 나아가 하나님께서 원하시는 삶이 무엇인지 깨닫고, 주님께서 주시는 영적인 지혜 또한 소유하게 됩니다.

둘째는 말씀을 묵상하는 인생입니다(2). 말씀을 묵상한다는 것은 하나님의 말씀을 계속 생각하며, 더욱 깊이 하나님과 영적인 교제를 나누는 것을 의미합니다. 하나님의 말씀을 깊이 묵상하면 할수록 하나님과의 관계가 깊어지고, 우리를 향하신 하나님의 뜻을 발견하게 됩니다. 또한 우리의 가정을 향한 하나님의 놀라우신 역사와 계획을 깨달을 수 있습니다. 말씀을 묵상함으로 우리 가정을 향한 성령님의 인도하심과 하나님의 복을 발견하기를 바랍니다.

새로운 한 해가 시작되었습니다. 올해는 더욱 하나님의 말씀을 즐거워하고 묵상함으로 주께서 주시는 복을 충만히 누리기를 기도합니다. "그는 시냇가에 심은 나무가 철을 따라 열매를 맺으며 그 잎사귀가 마르지 아니함 같으니 그가 하는 모든 일이 다 형통하리로다(3)." 모든 가정에 하나님의 형통하게 하시는 은혜가 풍성하기를 축복합니다.

550장
시온의 영광이 빛나는 아침

―

시편 1:1~6
오직 여호와의 율법을 즐거워하여 그의 율법을 주야로 묵상하는도다 (2)

매일 성경 읽기
창 1장 ☑ 2장 ☐

복의 근원이신 하나님, 새로운 한 해를 허락하시니 감사합니다. 우리가 악인의 꾀를 따르지 않고, 죄인의 길에 서지 않게 도와주옵소서. 오직 하나님 말씀을 즐거워하고 묵상하고 의지함으로 하나님의 복을 풍성히 누리게 하옵소서. 예수님의 이름으로 기도합니다. 아멘.

김정석 감독회장 _ 기독교대한감리회

하나님 안에서
복된 삶을 살고
있습니까?

신성한 성품

455장
주님의 마음을 본받는 자

—

베드로후서 1:4~11
이로써 그 보배롭고 지극히 큰 약속을 우리에게 주사 이 약속으로 말미암아 너희가 정욕 때문에 세상에서 썩어질 것을 피하여 신성한 성품에 참여하는 자가 되게 하려 하셨느니라 (4)

매일 성경 읽기
창 3장 ☑ 4장 ☐ 5장 ☐

사도 베드로는 "우리 하나님과 구주 예수 그리스도의 의를 힘입어 동일하게 보배로운 믿음을 우리와 함께 받은 자들에게 편지하노니(1)."라는 인사로 편지를 시작합니다. 우리가 의를 힘입어 받은 믿음은 '보배로운 믿음'입니다. 흔히 '믿음장'이라고 부르는 히브리서 11장에서는 에녹, 노아, 아브라함, 이삭, 야곱, 요셉, 모세, 라합, 기드온, 바락, 삼손, 입다, 다윗, 사무엘과 선지자들을 믿음의 사람이라고 소개합니다. 이처럼 성경은 '오직 믿음'을 강조하고, 그 믿음에 대하여만 자랑하고 있습니다.

보배로운 믿음을 가지고 산다는 것은 무엇일까요? 사람은 하나님의 형상을 따라 창조된 존재입니다. 사람을 만드신 하나님은 사람이 하나님의 성품대로 살아가길 원하셨습니다. 그래서 기회가 있을 때마다 폭력과 탐욕과 비윤리적인 행실(우상을 섬기는 일)을 버리고 하나님의 사랑을 실천하며 살라고 당부하십니다. 그런데 사람들이 하나님의 성품대로 살아가는 것을 방해하는 요소가 있습니다. 예레미야 말씀을 보면 "너희 허물이 이러한 일들을 물리쳤고 너희 죄가 너희로부터 좋은 것을 막았느니라(렘 5:25)."고 합니다. 우리의 죄와 허물이 하나님의 성품대로 살아가는 것을 막는다는 것입니다. 따라서 우리에게 필요한 것은 더 이상 죄와 허물이 우리를 가로막지 못하도록 믿음을 지키고 계속해서 성화의 과정을 밟아가는 것입니다. 이것이 보배로운 믿음을 가진 사람에게 요구되는 삶입니다.

4절 하반절에 보면 "너희가 정욕 때문에 세상에서 썩어질 것을 피하여 신성한 성품에 참여하는 자가 되게 하려 하셨느니라."고 합니다. 신성한 성품은 무엇입니까? 믿음에 덕, 덕에 지식, 지식에 절제, 절제에 인내, 인내에 경건, 경건에 형제 우애, 형제 우애에 사랑을 더하는 것입니다(5~7). 이처럼 성화는 하나님의 성품을 닮아가는 것이며, 점진적이고 연속적입니다. 진정 예수를 믿는다면 우리에게서 하나님의 성품이 드러나야 합니다. "그러므로 형제들아 더욱 힘써 너희 부르심과 택하심을 굳게 하라 너희가 이것을 행한즉 언제든지 실족하지 아니하리라(10)." 날마다 부르심과 택하심을 굳게 하고 하나님의 성품대로 살아가기를 축복합니다.

하나님의 형상을 닮은 사람으로 살고 있습니까?

우리를 사랑하시는 하나님, 창조의 신비가 사랑이듯 주님을 사랑하는 우리가 신성한 성품을 지니고 살아가게 하옵소서. 우리가 더욱 힘써 부르심과 택하심을 굳게 하기 원합니다. 실족하지 않는 믿음으로 살게 하옵소서. 예수님의 이름으로 기도합니다. 아멘.

안세기 목사 _ 새빛교회

보시기에 심히 좋았더라

'첫눈'이라는 단어는 두 가지 의미로 사용됩니다. '첫눈이 내린다'처럼 겨울 들어 처음 내리는 눈을 뜻하기도 하고, '첫눈에 반했다'처럼 처음 본 대상에 대한 눈에 뜨이는 느낌이나 인상을 뜻하기도 합니다. 서로 다른 뜻을 가진 동음이의어지만 한 가지 공통점이 있는데, 그것은 둘 다 변하기 쉽다는 사실입니다. 초겨울 첫눈도 시간이 흐르면 녹고, 첫눈에 반한 마음도 언젠가는 식어버리게 마련입니다. 물론 예외적으로 첫눈에 반한 사랑을 끝까지 품고 살아가는 지고지순한 순정파도 있습니다. 바로 우리 하나님 같은 분 말입니다.

창세기 1장은 천지창조가 한 단계씩 마무리될 때마다 '하나님이 보시기에 좋았더라'라는 표현을 반복적으로 사용합니다. 6일째 인간을 끝으로 창조가 완료되었을 때는 '심히' 좋았다고 강조하기까지 합니다(31). 창조된 세상과 인간을 바라본 하나님의 첫눈은 깊은 사랑과 호감의 시선이었습니다. 그리고 너무나 감사하게도 하나님이 첫눈에 실어 보내신 그 사랑은 어제나 오늘이나 영원토록 변함없으십니다.

물론 죄에 물든 인간들은 흙발에 밟혀 얼룩지고 속절없이 녹아 물이 된 첫눈처럼 변절하고 타락하였습니다. 그래서 때로 화염처럼 노여운 하나님을 마주해야 했습니다. 그러나 그 모든 엄중한 눈빛조차 결국 첫눈에 곱게 담은 사랑스러운 피조물들이 제자리로 돌아오기를 바라시기 때문이니, 이 역시 한결같은 첫눈 사랑이라 할 것입니다.

부모는 갓 태어난 자녀의 모습을 결코 잊지 못합니다. 아이가 자라면서 엇나갈지라도 처음 품은 그 사랑으로 끝까지 자녀를 아낍니다. 때때로 우리가 하나님 뜻과 다르게 살아가고 죄 가운데 허우적댈지라도 우리를 향한 하나님의 시선은 변함없는 사랑입니다. 내리는 첫눈도 녹고 한눈에 달아오른 연애 감정도 식어가지만, 오직 우리 하나님만은 첫눈에 심히 좋게 보신 그 시선을 마지막까지 거두지 않으십니다. 창세기 첫 장에 나오는 하나님의 따스한 '첫눈 사랑'은 요한계시록 마지막 장까지 신구약 성경 66권을 일관되게 관통하며 우리를 감격하게 합니다. 보시기에 심히 좋았던 하나님의 첫눈 사랑으로 오늘도 우리는 구원을 누리며 살아갑니다.

299장
하나님 사랑은

창세기 1:27~31
하나님이 지으신 그 모든 것을 보시니 보시기에 심히 좋았더라 저녁이 되고 아침이 되니 이는 여섯째 날이니라 (31)

매일 성경 읽기
창 6장 ☑ 7장 ☐
8장 ☐ 9장 ☐

사랑의 주님, 처음부터 지금까지 우리를 한결같이 사랑해 주시니 감사합니다. 세상을 살면서 수없이 주의 뜻을 등지는 어리석은 우리이지만, 주님의 따스한 눈길을 느끼고 믿으며 주님 보시기에 좋은 모습으로 살아가게 하옵소서. 예수님의 이름으로 기도합니다. 아멘.

류성렬 목사 _ 나무십자가교회

우리를 바라보시는 하나님의 사랑스러운 시선을 느끼며 살아갑니까?

시므온, 마침내 위로를 만나다

105장
오랫동안 기다리던

누가복음 2:25~33
예루살렘에 시므온이라 하는 사람이 있으니 이 사람은 의롭고 경건하여 이스라엘의 위로를 기다리는 자라 성령이 그 위에 계시더라 (25)

에덴 밖으로 쫓겨난 인류의 가장 중요한 염원은 구원자를 만남으로써 에덴을 회복하는 것입니다. 하나님과의 완전한 연합과 동행을 통해서만 우리는 참된 기쁨과 평화를 되찾을 수 있기 때문입니다. 시므온은 그 만남을 갈망하면서 의롭고 경건하게 살았습니다. 에덴 밖, 말하자면 사탄이 주도권을 잡은 듯한 세상 속에서 '의롭고 경건하게' 그리스도를 기다린다는 것은 매우 힘들고 어려운 일입니다. 소외와 멸시와 고통을 감내하는 기다림이기 때문입니다. 오직 성령의 도우심으로만 감당할 수 있습니다.

본문에서 말하는 '이스라엘의 위로'는 구원자, 즉 메시아입니다. 시므온은 구원자를 만나고자 하는 열망과 기다림이 있었습니다. 또한 시므온은 성령의 지시로, 성령의 감동으로 성전에 들어가는 성령의 사람이요 성전의 사람이었습니다(26~27). 또한 성령이 말하게 하심을 따라 찬양하고 축복하며 예언하는 '순종의 사람'이었습니다. 그는 마침내 이스라엘의 위로자이신 그리스도를 만났습니다. 아기 예수님을 안고 찬송하는 그의 얼굴에 평안과 빛과 영광이 가득했습니다. "시므온이 아기를 안고 하나님을 찬송하여 이르되 주재여 이제는 말씀하신 대로 종을 평안히 놓아 주시는도다 내 눈이 주의 구원을 보았사오니 이는 만민 앞에 예비하신 것이요 이방을 비추는 빛이요 주의 백성 이스라엘의 영광이니이다 하니(28~32)."

위대한 화가로 꼽히는 렘브란트는 오늘 본문을 배경으로 〈시므온의 찬가〉라는 작품을 남겼습니다. 그의 유작이기도 한 성화 속 시므온의 얼굴에는 구원자를 기다리면서 감내한 고단함의 흔적이 역력합니다. 깊은 고통의 시간을 살았던 렘브란트의 험한 세월이 그림 속에서 시므온과 중첩됩니다. 성화 속 마리아는 시므온의 예언처럼 마음이 예리한 칼에 찔려 어둠에 휩싸여 있습니다. 그리고 우리는 그들의 얼굴 속에서 우리의 고통을 발견합니다.

우리는 모두 인생의 번뇌와 고단함에 지쳐서 참된 위로되시는 '구원자'를 갈망하고 있으며, 그래야만 합니다. 그리스도 예수님은 의롭고 경건하게 갈망하고 기다리는 자에게 반드시 오십니다. 그리고 주님을 만나면 모든 것이 해결됩니다. 마라나타!

매일 성경 읽기
창 10장 ☑ 11장 ☐

주님과의
만남을 갈망하며
의롭고 경건하게
살고 있습니까?

사랑의 주님. 우리의 삶은 고단합니다. 때로는 힘들어서 지치기도 합니다. 우리의 구원자요 위로자이신 주님을 만나기 원합니다. 성령의 인도하심을 따라 의롭고 경건하게 그리스도를 기다리며 갈망하는 삶을 살게 하옵소서. 예수님의 이름으로 기도합니다. 아멘.

이인선 목사 _ 열림교회

순종에서 순종으로

5

449장
예수 따라가며

마태복음 2:19~23
요셉이 일어나 아기와 그의 어머니를 데리고 이스라엘 땅으로 들어가니라 (21)

신앙생활에서 가장 중요한 것은 '믿음'입니다. 믿음이 없이는 구원받을 수 없고, 하나님을 기쁘시게 할 수 없으며, 하늘의 상을 받을 수 없기 때문입니다. 믿음을 증명해 주는 것이 순종입니다. 즉 순종은 믿음의 척도(바로미터)입니다.

본문을 보면 예수님의 아버지 요셉은 믿음이 참 좋은 사람이었음을 알 수 있습니다. 요셉은 절대 순종의 신앙인이었습니다. 약혼하고 아직 동침하지 않은 상황에서 마리아가 임신하자 은밀하게 파혼을 하려 했습니다. 그런데 천사가 꿈에 나타나 임신의 신비를 알려 주며 마리아를 아내로 맞으라고 하자 요셉은 자신의 감정을 접고 즉각 순종합니다. 동방박사가 고국으로 돌아간 뒤 헤롯왕이 갓난아이들을 죽일 때도 천사가 꿈에 나타나 이집트로 피하라고 하자 우물쭈물하지 않고 즉시 순종했습니다. 이집트로 가서 사는 것을 상상도 하지 못했던 요셉이었음에도 말입니다. 헤롯이 죽은 뒤 또 천사가 꿈에 나타나 이스라엘 땅으로 돌아가라고 하자, 요셉은 역시 순종합니다. 아켈라오가 유대 지방의 왕이 된 것을 알고는 그곳으로 가기가 두려웠지만, 꿈에 천사의 지시를 받고 갈릴리 지방 나사렛으로 이주합니다. 그래서 예언자들의 말대로 예수는 나사렛 사람이 되었습니다.

요셉은 이처럼 인생에서 중요한 선택과 결단을 해야 할 때마다 자신의 감정이나 계산으로 판단하지 않고, 주님의 뜻에 순종했습니다. 요셉의 순종을 통해 예수는 세상의 빛으로 역사의 무대에 등장할 수 있었습니다. 주님은 순종하는 사람들에게 복을 약속하셨습니다. "네가 네 하나님 여호와의 말씀을 삼가 듣고 내가 오늘 네게 명령하는 그의 모든 명령을 지켜 행하면 네 하나님 여호와께서 너를 세계 모든 민족 위에 뛰어나게 하실 것이라(신 28:1)."

우리는 주님 안에서 새해의 첫 번째 주일을 맞았습니다. 급변하는 세상 속에서 선택을 앞두고 어떻게 결단해야 할지 몰라 갈팡질팡할 때가 분명히 있을 것입니다. 그때마다 우리를 길과 진리와 생명으로 인도하시는 예수 그리스도를 바라보며 요셉과 같이 순종에서 순종으로 이어가 하나님의 영광을 드러내며 살기를 축복합니다.

매일 성경 읽기
창 12장 ☑ 13장 ☐
14장 ☐

하나님, 주님의 말씀에 순종할 수 있는 믿음을 주옵소서. 어떤 상황에서도 내 뜻이 아니라 주님의 뜻을 따라 살게 하옵소서. 순종하는 자에게 주시는 복을 받아 우리의 이웃에게 흘려보내어 하나님 나라를 세워가게 하옵소서. 예수님의 이름으로 기도합니다. 아멘.

강필성 목사 _ 장위교회

하나님을
온전히 믿고 의지하며
순종하고 있습니까?

부끄러움을 깨뜨리는 힘

27장
빛나고 높은 보좌와

—

히브리서 12:1~3
그는 그 앞에 있는 기쁨을
위하여 십자가를 참으사 부
끄러움을 개의치 아니하시
더니 하나님 보좌 우편에
앉으셨느니라 (2b)

히브리서 12장의 앞부분을 읽으면 장엄한 합창을 듣는 듯 가슴이 벅차오릅니다. "구름 같이 둘러싼 허다한 증인들(1)"의 응원 속에서 "믿음의 주요 또 온전하게 하시는 예수(2)"를 바라보며, 다시 한번 힘차게 달리고 싶은 마음이 솟구칩니다. 예수님의 인내를 생각하며 본문을 묵상하다 보니 "부끄러움을 개의치 아니하시더니…(2)"라는 말씀이 강렬한 울림으로 다가옵니다.

부끄러움은 인간을 가장 고립시키는 감정입니다. 미국의 교육가 브레네 브라운(Brené Brown)에 의하면, 부끄러움은 물리적인 폭력만큼이나 위험한 무기입니다. 부끄러움에 사로잡히면 객관적인 사고가 마비됩니다. "그저 외롭고, 발가벗겨진 것 같은 기분이 들고, 자신이 한없이 잘못된 것 같은 느낌만 들 뿐"입니다. 인간이 살아가는 데 가장 중요한 감정은 주변에 있는 사람들과 친밀하게 연결되어 있다는 느낌인데, 부끄러움은 그것을 잔인하게 무너뜨립니다. 나와 다른 사람을 이어주는 끈이 사라집니다. 나는 아무 데도 낄 수 없는 무가치한 존재라는 자괴감 속에서 끝없이 위축됩니다.

초대 교회 그리스도인들이 겪어야 했던 부끄러움을 상상해 봅니다. 사회적·종교적 관습을 따르지 않고 나사렛 예수를 믿기로 작정한 이들은 공공연한 비난과 모욕, 교묘한 놀림과 따돌림의 대상이었습니다. 부끄러움 속에서 고립되고, 고립 속에서 더 부끄러워집니다. 믿음이고 뭐고 다 포기하고 숨고만 싶을 때도 있었을 겁니다.

우리를 고립과 우울로 몰아넣는 부끄러움에 맞서 신앙을 지킬 수 있을까요? 그 힘은 어디서 나올까요? 브레네 브라운은 부끄러움을 깨뜨리는 가장 강력한 힘이 '연결'에서 나온다고 말합니다. 히브리서 기자는 '구름 같이 둘러싼 허다한 증인'들이 온갖 폭력과 조롱을 돌파해낸 이야기를 들려주며 그들과 우리를 연결합니다. 그리고 "십자가를 참으사 부끄러움을 개의치 아니(2)"하신 예수님과 우리를 연결합니다. 비열한 거역과 배신, 모멸과 고립, 외로운 발가벗겨짐의 십자가! 부끄러움의 한복판으로 들어가 그 치명적인 힘을 깨뜨리신 그분과 나를 연결합니다. 예수를 바라보고 깊이 생각하는 것, 이것이 부끄러움의 치명적인 올가미에서 벗어나는 길입니다.

매일 성경 읽기
창 15장 ☑ 16장 ☐
17장 ☐

부끄러움에 맞서
신앙을 지키고
있습니까?

주님, 우리를 마비시키고 고립시키는 부끄러움에 사로잡힐 때가 있습니다. 타인의 시선에 흔들리며 부끄러움에 포박된 삶이 아니라, 날 위해 십자가의 수치와 모욕을 참아내신 예수님을 마음에 모신 자유로운 삶이 되게 하옵소서. 예수님의 이름으로 기도합니다. 아멘.

손성현 목사 _ 숨빛청파교회

필요충분조건

만약 기독교를 종교라 불러야 한다면 '사랑의 종교'라 하겠습니다. 이는 예수께서 마태복음 22장에서 말씀하신 강령에 근거합니다. 예수께서는 "네 마음을 다하고 목숨을 다하고 뜻을 다하여 주 너의 하나님을 사랑하라 하셨으니 이것이 크고 첫째 되는 계명이요 둘째도 그와 같으니 네 이웃을 네 자신 같이 사랑하라(마 22:37~39)."고 말씀하셨습니다. 익히 알려진 것처럼 여기서 '하나님 사랑'은 신명기 6장에 근거하고, '이웃 사랑'은 레위기 19장에 근거합니다. 이로써 기독교가 말하는 온전한 사랑은 하나님 사랑과 이웃 사랑이며, 이 둘은 나눌 수 없고 오직 필요충분조건으로서만 존재합니다.

그러면 이런 질문은 어떻습니까? 하나님 사랑과 이웃 사랑, 무엇이 먼저입니까? 우리는 정답을 알고 있습니다. 하나님 사랑이 첫째이고, 그것을 바탕으로 이웃 사랑을 실천하는 것이 기독교의 사랑이라고 말입니다. 그런데 주님은 그렇지 않다고 말씀하십니다. 가만히 읽어 보면 예수께서는 크고 첫째 되는 계명으로 하나님 사랑을 언급하셨지만, 이어서 무게를 담아 '둘째도 그와 같으니(마 22:39)'라고 말씀하십니다. 성경 원어로 보면 '둘째와 그것(첫째)은 같은 것'이라는 뜻입니다. 달리 해석하면 '첫째와 둘째를 나누지 말라'는 것입니다. 이 둘을 나누는 순간 필요조건과 충분조건은 결별합니다.

이런 관점에서 오늘의 본문인 레위기 19장 15~18절에 나오는 금지명령을 이렇게 바꾸어 읽어 보십시오. "불의한 마음을 품고서도 하나님을 사랑한다고 말할 것입니까(15)", "이익을 얻고자 사람을 비방하고 이웃에 해를 끼치면서 하나님을 사랑한다고 말할 것입니까(16)", "형제를 향한 미움을 마음에 담고서 하나님을 사랑한다고 말할 것입니까(17)", "원수를 향해 앙심을 품으면서도 하나님을 사랑한다고 말할 것입니까(18)."

하나님 사랑과 이웃 사랑, 무엇이 먼저입니까? 예수께서는 '둘을 나누지 말라'고 대답하십니다. 둘은 오직 필요충분조건으로서만 완성되기 때문입니다. 내 삶에 드러난 하나님 사랑과 이웃 사랑은 어떠합니까? 오늘 말씀을 기억하며 하나님을 사랑하고 이웃을 내 몸처럼 사랑하며 살아가기를 간절히 바랍니다.

218장
네 맘과 정성을 다하여서

레위기 19:15~18
네 이웃 사랑하기를 네 자신과 같이 사랑하라 나는 여호와이니라 (18b)

매일 성경 읽기
창 18장 ☑ 19장 ☐
　　20장 ☐ 21장 ☐

하나님, 은혜를 구하면서도 이웃을 향한 따뜻한 시선을 거두었습니다. 변함없는 사랑에 감사하면서도 이웃을 향한 마음이 변했습니다. 조건 없는 하나님 사랑에 감격하면서도 이웃을 향해 조건을 따졌습니다. 용서하여 주옵소서. 예수님의 이름으로 기도합니다. 아멘.

임태일 목사 _ 서강교회

내 삶에 하나님 사랑과 이웃 사랑이 얼마나 드러나고 있습니까?

새 노래로 찬양하라

436장
나 이제 주님의
새 생명 얻은 몸

—

시편 149:1~5
할렐루야 새 노래로 여호와
께 노래하며 성도의 모임 가
운데에서 찬양할지어다 (1)

주위를 둘러보면 노래를 잘 부르는 사람들이 참 많습니다. 여러 방송에서 기획한 다양한 오디션 프로그램을 보면 온 국민이 가수라는 말에 동의할 수밖에 없습니다. 그런데 막상 노래할 기회가 주어졌을 때 어려움을 호소하는 사람들이 적지 않습니다. "새 노래로 여호와께 노래하며 성도의 모임 가운데에서 찬양할지어다(1)."라는 말씀을 부담으로 받는 이들을 종종 봅니다. 하나님께서 자녀들에게 듣고 싶어 하시는 새 노래는 아름다운 목소리로 부르는 노래, 혹은 누구나 인정할 수 있게 잘 부르는, 탁월한 기술로 부르는 노래는 아닐 듯합니다. 그렇다면 하나님이 진정 원하시는 새 노래는 무엇일까요?

오늘 본문 2~3절을 보면 "이스라엘은 자기를 지으신 이로 말미암아 즐거워하며 시온의 주민은 그들의 왕으로 말미암아 즐거워할지어다 춤 추며 그의 이름을 찬양하며 소고와 수금으로 그를 찬양할지어다."라고 합니다. 하나님께서는 하나님으로 인하여 즐거워하고 그의 이름을 높여 드리는 진실한 찬양을 원하십니다.

진실한 찬양의 의미를 생각하다가 한 가수의 인터뷰를 떠올렸습니다. 그는 원조 가수와 모창을 하는 출연자들을 가려내는 〈히든싱어〉라는 프로그램에 출연했는데, 2라운드에서 탈락했습니다. 기자는 그 가수에게 모창하는 일반인에게 진 것이 부끄럽지 않냐고 질문을 했습니다. 그는 이렇게 대답했습니다. "저는 부끄럽지 않습니다. CD에 있는 목소리는 제 목소리가 아닙니다. 프로듀서의 연출에 따라 노래해서 히트한 곡입니다. 지금부터는 저의 목소리로 분명하게 노래 부르고 싶습니다."

우리의 목소리로 아주 분명하게 용기를 내어 부르는 '삶의 노래', 그것이 우리가 하나님께 올릴 수 있는 진실한 찬양이 아닐까요? 5절에 보면 "성도들은 영광 중에 즐거워하며 그들의 침상에서 기쁨으로 노래할지어다."라고 합니다. 언제 어디서든 우리의 목소리로 하나님을 기뻐하며 그 이름을 높여 드리는 노래를 합시다. 우리 모두 용기를 내어 사랑하는 아버지를 향해, 인생의 주인 되시는 주님을 향해 우리의 목소리로 주님을 찬양합시다. 우리의 진실한 찬양을 주님께서 기뻐하십니다.

매일 성경 읽기
창 22장 ☑ 23장 ☐
24장 ☐

내 목소리로
하나님을 노래하고
있습니까?

우리의 찬양을 기쁘게 받으시는 하나님, 주님께 감사와 영광을 돌립니다. 우리가 분명한 믿음과 확신을 가지고 내 목소리로 당당하고 담대하게 노래하기 원합니다. 인생의 주인이신 하나님께 삶의 노래를 올리게 하옵소서. 예수님의 이름으로 기도합니다. 아멘.

이웅천 감독 _ 둔산성광교회

마음먹기에 달렸습니다

마음은 눈에 보이지 않습니다. 형상이 없기 때문입니다. 그래서 다른 사람이 나의 마음을 볼 수는 없습니다. 그러나 나는 나의 마음이 향하는 길을 알 수 있습니다. 봄 길을 달려가 사랑하는 이를 만나고픈 마음은 애틋하기 그지없습니다. 부모를 잃고 망연자실 하늘을 우러러 한탄하며 불효를 후회하는 마음은 겪어보지 않고는 헤아릴 수 없는 스스로의 거울입니다.

나쁜 습관이나 약물에 중독되었다가 그 폐해에서 벗어나고자 모인 사람들이 서로 의기를 다지고 응원하는 가장 중요한 격려의 말이 "마음을 고치고 단단히 먹어서 중독에서 벗어나자."라고 합니다. 이렇듯 마음먹기에 따라 인생이 바뀔 수 있습니다. 절망의 폐허와 혼돈의 암흑을 넘어서 희망과 광명한 새로운 세상을 향해 나아가는 그 시작이 마음먹기에 달렸습니다.

바울은 빌립보 교회 성도들을 향하여 간절하게 권면합니다. "여러분 안에 이 마음을 품으십시오. 그것은 곧 그리스도 예수의 마음이기도 합니다. 그는 하나님의 모습을 지니셨으나, 하나님과 동등함을 당연하게 생각하지 않으시고, 오히려 자기를 비워서 종의 모습을 취하시고, 사람과 같이 되셨습니다. 그는 사람의 모양으로 나타나셔서, 자기를 낮추시고, 죽기까지 순종하셨으니, 곧 십자가에 죽기까지 하셨습니다(5~8, 새번역)."

그런데 이 마음의 본체는 일반적이지 않습니다. 자기를 낮추고 죽기까지 복종하며 끝내 십자가에서 죽으셔야 하는 마음이기 때문입니다. 죽음을 마음먹어야만 부활에 이르는 길이 열립니다. 정현종 시인의 '마음먹기에 달렸어요'의 마지막 소절입니다. "마음먹으니/ 태곳적 마음/ 돌아보고/ 캄캄한데/ 동터요."

우리가 품어야 할 마음은 예수 그리스도의 마음입니다. 자기를 낮추고 죽기까지 순종하신 그 마음을 우리도 먹어야 합니다. "무슨 일을 하든지, 경쟁심이나 허영으로 하지 말고, 겸손한 마음으로 하고, 자기보다 서로 남을 낫게 여기십시오. 또한 여러분은 자기 일만 돌보지 말고, 서로 다른 사람들의 일도 돌보아 주십시오(3~4, 새번역)." 예수 그리스도의 마음을 품어 부활에 이르는 행복한 천국의 삶을 살아가기를 바랍니다.

216장
성자의 귀한 몸

빌립보서 2:5~11
너희 안에 이 마음을 품으라 곧 그리스도 예수의 마음이니 (5)

매일 성경 읽기
창 25장 ☑ 26장 ☐
27장 ☐

사랑의 하나님, 우리가 영을 위한 양식을 얼마나 먹고 있는지 두려운 마음으로 기도합니다. 우리 안에 그리스도의 마음만 품게 하시고 예수님의 말씀을 풍성히 먹어 이 땅에서 천국을 살아가는 주님의 자녀가 되게 하옵소서. 예수님의 이름으로 기도합니다. 아멘.

정병한 목사 _ 온양온천교회

지금 내 마음에
무엇이 담겨 있습니까?

명품신앙인가, 짝퉁신앙인가

204장
주의 말씀 듣고서

—

고린도전서 1:4~9
주께서 너희를 우리 주 예
수 그리스도의 날에 책망할
것이 없는 자로 끝까지 견
고하게 하시리라 (8)

오늘 본문 말씀은 바울의 감사로 시작합니다. "그리스도 예수 안에서 너희에게 주신 하나님의 은혜로 말미암아 내가 너희를 위하여 항상 하나님께 감사하노니(4)." 바울이 감사한 이유는 고린도 교회 교인들의 믿음이 견고해졌기 때문입니다. 바울은 "그리스도에 관한 증언이 여러분 가운데서 이렇게도 튼튼하게 자리잡았습니다. 그리하여 여러분은 어떠한 은사에도 부족한 것이 없으며 우리 주 예수 그리스도의 나타나심을 기다리고 있습니다(6~7, 새번역)."라고 말합니다. 견고한 믿음은 주님이 다시 오셔서 세상을 심판하시는 그날을 고대하며 준비하는 믿음입니다.

본문을 통해 주 예수 그리스도의 날에 책망받는 자도 있음을 깨닫습니다. 주님이 다시 오시는 날에 합당하지 않은 사람도 있다는 말씀입니다. 명품을 모방해서 만든 모조품을 일명 짝퉁이라고 합니다. 명품과 짝퉁은 겉모양으로는 구분할 수 없을 만큼 유사하지만, 결정적인 차이가 있습니다. 짝퉁은 품질보증과 사후관리가 안 된다는 점입니다. 겉모양을 흉내 낸다고 견고한 믿음이 되는 것이 아닙니다. 견고한 믿음을 가진 자와 그렇지 않은 자의 차이는 말씀을 듣기만 했는지, 말씀대로 준행했는지의 여부에 달려 있습니다. 겉으로 보기에는 믿음이 좋아 보이지만 삶에서 위기와 절망을 만날 때 그 진가가 드러납니다.

예수께서는 주의 말씀을 듣고 준행하는 자를 반석 위에 지은 집으로, 그렇지 않은 자를 모래 위에 지은 집으로 비유하셨습니다(마 7:24~27). 이 둘의 차이는 비가 오고 창수가 나는 날 만천하에 드러납니다. 본문은 비가 오고 창수가 나는 날을 가리켜 주 예수 그리스도의 날이라고 부릅니다. 그날은 이 땅의 삶을 마치고 주님 앞에 서는 날, 곧 죽음의 순간입니다. 또한 세상이 끝나는 종말의 순간, 곧 주님이 다시 오셔서 심판하시는 날입니다. 그날에 모래 위에 지은 집은 무너짐이 심할 것이라고 엄히 경고하십니다.

바울은 고린도 교회 교인들을 축복합니다. 그리고 하나님께서 그들이 견고한 믿음을 끝까지 유지하도록 붙잡아 주시기를 간구합니다. 바울의 간곡한 바람이 오늘 우리의 삶에서도 이루어지기를 축복합니다.

매일 성경 읽기
창 28장 ☑ 29장 ☐
30장 ☐

나의 믿음은
흔들리지 않는
견고한 믿음입니까?

사랑의 주님, 우리에게 믿음을 주옵소서. 주 예수 그리스도의 날에 책망할 것이 없는, 끝까지 견고한 믿음을 부어 주옵소서. 반석 위에 지은 집처럼 견고한 신앙으로 어려움을 만날 때에도 흔들리지 않게 하옵소서. 예수님의 이름으로 기도합니다. 아멘.

김명섭 목사 _ 강릉예향교회

하나님의 자녀가 되는 권세

인류역사상 예수님이 이 땅에 오신 것만큼 충격적인 사건은 없습니다. 그래서 인류는 예수님의 오심을 기준으로 BC(기원전, Before Christ)와 AD(기원후, Anno Domini)로 나눕니다. 마찬가지로 예수님이 내 삶 속에 찾아오시면 내 인생도 '예수 믿기 전, BC 인생'과 '예수 믿은 후, AD 인생'으로 구분됩니다. 사도 바울이 사울이었을 때, 그는 예수를 믿는 자들을 핍박하는 박해자였습니다. 그가 다메섹 도상에서 예수님을 만나니 새롭게 변화되어 복음을 전하는 하나님의 사람이 되었습니다.

사도 요한은 요한복음을 시작하면서 사람들에게 예수님이 누구이신지를 분명하게 말씀합니다. "예수님은 세상을 창조하신 창조주이십니다! 우리를 구원하실 구세주이십니다! 그리고 빛이십니다!" 어떻게 내 인생의 어두움을 몰아낼 수 있습니까? 돈으로 가능합니까? 힘이나 지식으로 가능합니까? 아닙니다. 내 인생의 어두움을 몰아내기 위해서는 '빛'이 있어야 합니다. 그래야 BC 인생이 AD 인생이 됩니다.

영접이란 빛 되신 예수님을 내 마음 안으로 받아들이는 것입니다. 어둠 속에 살던 옛사람의 모습을 청산하고, 빛 되신 예수님으로 인해 기쁘고 만족하는 것입니다. 이렇게 예수님을 영접하는 자에게 주어지는 복이 '하나님의 자녀가 되는 권세'입니다. "영접하는 자 곧 그 이름을 믿는 자들에게는 하나님의 자녀가 되는 권세를 주셨으니(13)." 예수님을 영접하면 새로운 인생이 됩니다. 하나님의 자녀가 되는 권세를 가집니다. 천국의 기쁨을 누리며 삽니다. 어떠한 형편에서도 빛 되신 예수님으로 인해 기쁘고 행복합니다.

자녀에게는 부모에게 거리낌 없이 달라고 할 수 있는 '자녀의 권세'가 있습니다. 하나님의 자녀에게는 아버지이신 하나님께 부르짖어 기도할 수 있는 권세가 있습니다. 우리가 빛 되신 예수님을 영접하면, 하나님의 자녀가 된 권세로 기도의 능력을 보게 됩니다.

마음의 문을 열고 예수님을 영접하면, 하나님의 자녀가 된 권세로 천국의 기쁨을 누리며 기도 응답의 복을 받아 행복한 인생이 됩니다. 우리 모두가 그러한 인생을 살아가기를 바랍니다.

토요일

11

28장
복의 근원 강림하사

—

요한복음 1:9~13
영접하는 자 곧 그 이름을 믿는 자들에게는 하나님의 자녀가 되는 권세를 주셨으니 (12)

매일 성경 읽기
창 31장 ☑ 32장 ☐
33장 ☐

참 좋으신 은혜의 하나님, 빛 되신 예수님을 영접함으로 우리의 인생이 새롭게 변화되어 하나님의 자녀가 되는 권세를 누리게 하옵소서. 하나님께 부르짖어 기도함으로 응답받는 자녀의 권세를 누리게 하옵소서. 예수님의 이름으로 기도합니다. 아멘.

민복기 목사 _ 영일교회

빛 되신
예수님을 영접하고
하나님의 자녀로
살고 있습니까?

1
주일

12

304장
그 크신 하나님의 사랑

—

마태복음 3:13~17
하늘로부터 소리가 있어 말
씀하시되 이는 내 사랑하는
아들이요 내 기뻐하는 자라
하시니라 (17)

하나님이 기뻐하시는 자녀

자녀에는 두 부류가 있다고 합니다. 부모의 기쁨이 되는 자녀와 부모의 마음을 아프게 하는 자녀입니다. 부모로서 가장 큰 기쁨은 사랑받는 자녀가 부모의 마음을 알아주는 것입니다. 하나님의 아들이신 예수님은 아버지의 마음이 어디로 향해 있는지 잘 아셨습니다. "하나님은 모든 사람이 구원을 받으며 진리를 아는 데에 이르기를 원하시느니라(딤전 2:4)." 예수님은 하나님 아버지를 잘 아셨기에 하늘 영광을 포기하고 죄인의 옷을 입고 죄 된 세상으로 들어오셨습니다.

오늘 본문은 예수님이 요단강에서 세례받는 장면을 우리에게 전합니다. 예수님이 요한에게 세례받고 물 위로 올라오실 때 하늘이 열리고 하나님의 성령이 비둘기 같이 내려 자기 위에 임하심을 보셨습니다(16). 그리고 하늘에서 한 음성이 들려왔습니다. "이는 내 사랑하는 아들이요 내 기뻐하는 자라(17)." 아직 아무 일도 이루어진 것은 없습니다. 이제 막 사명을 감당하려 했을 뿐입니다. 하지만 하나님은 예수님을 "내 사랑하는 아들이라 내가 그를 기뻐한다."고 공표하고 인정하십니다.

여러분은 하나님께 어떤 자녀입니까? 하나님의 마음을 헤아리는 자녀인지, 하나님의 마음을 아프게 하는 자녀는 아닌지 생각해 보기를 바랍니다. 부모는 자녀가 부모를 위해 무언가 하겠다고 마음만 먹어도 기뻐합니다. 마찬가지로 우리 안에 아버지 되시는 하나님을 기쁘게 해드리겠다는 마음의 소원만 있어도 하나님은 기뻐하십니다. 만일 마음먹는 것에서 그치지 않고 직접 실천까지 한다면 얼마나 더 기뻐하실까요?

우리도 예수님처럼 하나님 아버지 마음을 알고 그 마음을 시원하게 해드려야 합니다. 모든 사람이 구원을 받고 진리를 알도록 복음을 전해야 합니다. 지금도 잃어버린 영혼을 애타게 찾으시는 하나님의 마음을 온 세상이 듣도록 전해야 합니다. 그리하여 하나님께 사랑받고 하나님의 기쁨이 되는 자녀가 되기를 바랍니다. 하나님께 "이는 내가 사랑하는 아들이다. 내가 그를 좋아한다(17, 새번역)."라는 말씀을 들을 수 있기를 주님의 이름으로 간절히 소망합니다.

매일 성경 읽기
창 34장 ☑ 35장 ☐
36장 ☐

나는 하나님을
기쁘시게 하는
자녀입니까?

은혜의 하나님, 말씀을 통해 하나님의 마음과 시선이 어디를 향해 있는지 깨닫게 하시니 감사합니다. 복음을 전하는 삶으로 하나님의 마음을 시원하게 해드려 예수님처럼 하나님께 사랑받으며 기쁨을 드리는 자녀가 되게 하옵소서. 예수님의 이름으로 기도합니다. 아멘.

김상현 목사 _ 부광교회

한나의 서원

월요일

13

452장
내 모든 소원 기도의 제목

———

사무엘상 1:9~11
한나가 마음이 괴로워서 여호와께 기도하고 통곡하며
(10)

사사가 다스리던 시대는 어둠의 시대였습니다. 어둠의 시대에 여명이 깃들기 시작합니다. 엘가나에게 한나와 브닌나라는 두 아내가 있었습니다. 브닌나에게는 자녀가 있었지만 한나에게는 자녀가 없었습니다. 브닌나는 자녀가 없는 한나를 괴롭히고 업신여겼습니다. 엘가나는 한나를 사랑했지만, 이런 남편의 사랑도 한나에게는 위로가 되지 못했습니다. 한나의 가슴에 아픔이 켜켜이 쌓여갔습니다.

한나는 일어나 성전으로 들어가 하나님 앞에 섭니다. 하나님 앞으로 나아가 자신의 억울함을 아뢰기 시작합니다. 괴로워하는 마음으로 흐느껴 울면서 기도했습니다(10). 차마 입 밖으로 소리를 낼 수 없는 기도였습니다(13). 고통스러운 문제를 해결하기 위해서는 하나님 앞에 나아가 자신의 문제를 아뢰어야 합니다.

이어서 한나는 하나님께 서원합니다. "만군의 주님, 주님께서 주님의 종의 이 비천한 모습을 참으로 불쌍히 보시고, 저를 기억하셔서, 주님의 종을 잊지 않으시고, 이 종에게 아들을 하나 허락하여 주시면, 저는 그 아이의 한평생을 주님께 바치고, 삭도를 그의 머리에 대지 않도록 하겠습니다(11, 새번역)." 하나님께서 자기 기도를 들어주시면 아들을 나실인으로 바치겠다는 약속입니다. 나실인의 서약은 하나님께 소속되어 있다는 표지입니다. 한나가 드린 서약은 당시 가나안 문화 속에서 이스라엘의 정체성을 지키겠다는 약속이었습니다.

한나가 한 서원기도는 표면적으로 하나님과 거래하는 듯하고, 자기 개인의 소원을 이루기 위한 투쟁처럼 보입니다. 그러나 한나의 서원기도는 가나안의 우상 문화로부터 하나님 신앙을 지키고, 영적 어둠의 시대를 끝내고 새로운 역사를 열어갈 인물에 대한 요청이었습니다. 그저 달라는 요구가 아니라, 그를 바치겠다는 헌신의 약속이 있었기 때문입니다.

서원기도는 자신의 오랜 소원을 이루기 위해 하나님께 떼를 쓰는 기도가 결코 아닙니다. 하나님의 뜻을 이루기 위한 헌신의 약속입니다. 기억하십시오. 이런 간절한 기도를 하나님은 들어주십니다.

매일 성경 읽기
창 37장 ☑ 38장 ☐

사랑의 하나님, 우리의 기도가 내 욕심을 채우기 위한 기도가 되지 않게 하옵소서. 나의 욕심이 변하여 하나님의 뜻을 찾게 하시고, 나의 욕심을 위한 간절함이 하나님 나라를 위한 간절함으로 온전히 바뀌게 하옵소서. 예수님의 이름으로 기도합니다. 아멘.

임광지 목사 _ 울산제일교회

나의 간절한 소원은 하나님의 뜻을 이루기 위한 소원입니까?

어느 누구나 오라

520장
듣는 사람마다 복음 전하여

사도행전 10:34~43
그를 믿는 사람들이 다 그
의 이름을 힘입어 죄 사함을
받는다 하였느니라 (43b)

몇 해 전 작고한 이어령 박사는 기독교 신앙을 가진 이후 자신의 삶이 긍정과 생명의 삶으로 바뀌었다고 고백했습니다. 예수님이 십자가에서 희생 제물이 되신 것은 죽음이라는 무한 절망을 생명이라는 무한 긍정으로 바꾸어놓으신 사건입니다. 그래서 이어령 박사는 성경에서 사용하는 긍정의 언어에 주목합니다. 예를 들면 "낙타가 바늘귀로 들어가는 것이 부자가 하나님의 나라에 들어가는 것보다 쉬우니라(마 19:24)."와 같은 말씀입니다. 예수님은 '어렵다'가 아니라 '쉽다'고 하셨습니다. 복음은 긍정의 결정판입니다. 그래서 상대방을 부정하는 모든 차별과 장벽을 무너뜨립니다.

본문은 베드로가 이방인 고넬료의 가정에서 행한 설교입니다. 베드로는 지금껏 보통의 유대인처럼 이방인을 만나거나 함께하면 부정해진다는 생각에 사로잡혀 있었습니다. 그런데 하나님께서 베드로를 이방인의 가정으로 인도하셨습니다. 고넬료의 식구는 물론이고, 그의 친척과 가까운 친구들까지 모여 있었습니다. 그 순간 베드로는 하나님께서 예수 그리스도의 십자가 구원의 은혜를 이방인에게도 베풀어 주기로 작정하셨음을 깨닫습니다. 베드로가 나사렛 예수의 십자가 죽음과 부활의 복음을 전하자 성령이 그 안에 있던 모든 사람에게 충만하게 임하였습니다. 베드로는 성령으로 충만해진 이방인들에게 세례를 베풀었습니다. 마침내 이방인들도 구원받은 하나님의 백성 공동체에 편입이 되었습니다.

현장에 있던 유대인 신자들은 이방인들이 구원받는 것을 보고 깜짝 놀랐습니다. 유대인들은 이방인들에게 자신들이 갖고 있던 구원의 공식, 즉 '유대교에 들어와 할례를 받고 그리스도를 믿어야 한다'고 요구했습니다. 그러나 하나님은 유대인과 이방인을 차별하지 않고 구원하십니다. 복음은 능력입니다. 죽을 자를 살리며 차별과 장벽을 무너뜨리는 능력입니다. 복음이 들어가는 곳에는 능력이 나타나고 하나님의 '새로운 사회'가 시작됩니다. 하지만 인간은 여러 이유를 들어 하나님의 복음을 제한하려고 했습니다.

구원받은 사람은 언제나 하나님을 향해 열려 있어야 합니다. 그럴 때 복음은 누구나 부르는 거침없는 능력이 될 것입니다.

매일 성경 읽기
창 39장 ☑ 40장 ☐
41장 ☐

복음이 내 삶에
능력이 되려면
어떻게 해야 할까요?

주님, 구별하고 나누려는 세상에서 모든 차별과 장벽을 무너뜨리는 복음의 능력을 소유하기 원합니다. 하나님을 향해 우리의 마음을 열어 주셔서 오늘 함께하는 사람들을 향해 사랑으로 복음의 능력을 나타내게 도와주옵소서. 예수님의 이름으로 기도합니다. 아멘.

이광섭 목사 _ 전농교회

하나님의 일꾼다운 처신

폴 해터웨이의 『머리 사냥꾼에서 교회 개척자로』는 인도 북동부 산악지역, 미얀마와 국경을 맞대고 있는 나갈랜드의 부흥 역사를 기록했습니다. 전쟁에서 승리하면 패자의 머리를 잘라 전리품으로 가져오는 풍습이 있었던 나갈랜드에 복음이 전해지자 약 90%가 그리스도인이 되는 역사가 일어납니다. 이후 그들이 체험한 이적은 놀랍습니다. 인도 군인들이 총과 수류탄으로 공격해도 예배당 안에서 기도하는 나가인은 털끝 하나 다치지 않았습니다. 이에 감동한 인도의 장교가 나가인을 도왔습니다. 나가인들이 한 일이라고는 하나님을 찬양하고 기도한 것뿐이었습니다.

본문에서 바울은 하나님의 일꾼인 자신이 사도로서 연약함에도 하나님의 능력을 나타낸다고 고백합니다. 비결은 단 하나, 무슨 일에서나 하나님의 일꾼답게 처신한 것뿐입니다. 하나님의 일꾼다운 처신 덕분에 그는 "무명한 자 같으나 유명한 자요 죽은 자 같으나 보라 우리가 살아 있고 징계를 받는 자 같으나 죽임을 당하지 아니하고 근심하는 자 같으나 항상 기뻐하고 가난한 자 같으나 많은 사람을 부요하게 하고 아무 것도 없는 자 같으나 모든 것을 가진 자(9~10)"가 되었습니다.

그렇다면 하나님의 일꾼다운 처신이란 무엇일까요? 첫째, 많이 견디는 것입니다. 바울은 환난과 궁핍과 곤경과 매 맞음과 옥에 갇힘과 난동과 수고로움과 잠을 자지 못함과 굶주림을 참았습니다. 이 중에서 어느 것 하나도 쉬운 것은 없었습니다. 그러나 바울이 기꺼이 참을 수 있었던 것은 하나님의 일꾼으로서의 정체성이 그를 이끌었기 때문입니다. 둘째, 사랑과 진리의 말씀, 하나님의 능력을 의지하는 것입니다. 우리가 처한 곳에서 우리의 능력이 아닌 하나님이 주시는 능력, 즉 사랑과 진리의 말씀을 의지하여 일해야 합니다. 그렇게 해야 바울처럼 하나님의 일꾼다운 처신으로 모든 것을 가진 자가 될 수 있습니다.

나갈랜드 사람들은 그리스도인으로서의 당연한 처신인 기도와 사랑, 믿음과 능력으로 무자비한 폭력 앞에서도 당당하게 맞설 수 있었습니다. 우리도 하나님의 일꾼으로서 올바르게 처신하여 승리하기를 소망합니다.

595장
나 맡은 본분은

고린도후서 6:3~10
근심하는 자 같으나 항상 기뻐하고 가난한 자 같으나 많은 사람을 부요하게 하고 아무 것도 없는 자 같으나 모든 것을 가진 자로다 (10)

매일 성경 읽기
창 42장 ☑ 43장 ☐
44장 ☐

은혜가 풍성하신 하나님, 우리가 하나님의 일꾼임을 믿습니다. 하나님의 일꾼답게 많이 견디고 사랑과 진리의 말씀, 하나님의 능력을 의지하게 하옵소서. 어디서나 하나님의 일꾼임을 잊지 않고 자부심을 가지고 살아가게 하옵소서. 예수님의 이름으로 기도합니다. 아멘.

김청규 목사 _ 살림교회

하나님의 일꾼답게
처신하고 있습니까?

너는 나의 것이다

433장
귀하신 주여 날 붙드사

—

이사야 43:1~7
너는 두려워하지 말라 내가 너를 구속하였고 내가 너를 지명하여 불렀나니 너는 내 것이라 (1b)

일본 그림작가 미야니시 타츠야의 그림책『고 녀석 맛있겠다』에는 알에서 막 부화한 초식동물 안킬로사우르스가 등장합니다. 안킬로사우르스는 태어나자마자 육식동물 티라노사우르스를 만납니다. 배가 고팠던 티라노사우르스는 아기 공룡을 보고 말합니다. "고 녀석 맛있겠다." 그러자 아기 공룡은 그에게 찰싹 안기면서 아빠라고 부릅니다. 자신이 왜 아빠냐고 당황하며 묻는 티라노사우르스에게 아기 공룡은 말합니다. "아빠가 내 이름을 알고 있잖아요. '맛있겠다'라는 이름을 불러 줬잖아요." 이후 '맛있겠다'라는 이름의 아기 공룡은 아빠 티라노사우르스의 도움으로 세상을 살아갑니다.

애굽에서 종살이하던 히브리 민족은 그들의 고통을 여호와 하나님께 호소하자 구원을 받았습니다. 그뿐 아니라 떠돌이 민족이던 그들이 가나안을 차지하고 나라를 세우게 하셨습니다. 오늘 본문에서 하나님은 이스라엘을 앞으로도 책임지고 회복시켜 주겠다고 약속하십니다. 이스라엘이라고 이름을 지어 주신 하나님께서 자기 백성을 향한 책임과 양육의 의무를 다하겠다고 거듭 약속하신 것입니다.

양육을 책임지신 하나님은 우리에게 무엇을 말씀하십니까? 첫째, 두려워하지 말라고 하십니다. 하나님의 소유된 자는 어떤 것에도 두려워할 필요가 없음을 선포하십니다. "야곱아 너를 창조하신 여호와께서 지금 말씀하시느니라 이스라엘아 너를 지으신 이가 말씀하시느니라 너는 두려워하지 말라 내가 너를 구속하였고 내가 너를 지명하여 불렀나니 너는 내 것이라(1)." 둘째, 우리가 동서남북 어디로 흩어지더라도, 또 시간이 지나더라도 하나님은 우리를 잊지 않고 부르고 모을 것이라고 하십니다. 자기 자녀를 잊는 사람은 없습니다. 하나님도 마찬가지입니다. 하나님이 살아 계시는 한, 하나님은 우리를 절대 잊지 않으십니다.

하나님은 자기 이름을 부르는 사람을 백성으로 삼으십니다. "내 이름으로 불려지는 모든 자 곧 내가 내 영광을 위하여 창조한 자를 오게 하라 그를 내가 지었고 그를 내가 만들었느니라(7)." 이 기쁜 소식이 오늘 우리에게 큰 힘과 위로와 용기가 될 줄 믿습니다.

매일 성경 읽기
창 45장 ☑ 46장 ☐
47장 ☐

아버지 하나님을 믿고 두려움을 이길 수 있습니까?

아버지 하나님, 너는 내 것이라고 말씀하시고 지명하여 불러 주신 사랑에 깊이 감사드립니다. 부족한 자를 자녀 삼아 주시고, 두려워하지 말라고 용기를 주셨으니 그 말씀에 의지하여 오늘도 용감히 살아가게 하옵소서. 예수님의 이름으로 기도합니다. 아멘.

박은영 목사 _ 강아지똥어린이도서관

위안으로의 초대

누구에게나 불안하고 무서워서 숨어버리고 싶은 순간이 있습니다. 견디기 어렵고 더 이상 버티기 버거울 때도 있습니다. 숨이 차오르고 호흡이 멈출 것 같은 한계상황에 그저 온몸을 떨 수밖에 없는 순간이 닥치기도 합니다. 위안(慰安)이 절실한 시간입니다.

인생의 깊은 목마름과 굶주림에 시달렸던 사람들이 예수님의 가르침으로 영적 허기를 채우고, 빵과 물고기로 육신의 허기를 채웠습니다. 모두가 집으로 돌아갈 무렵, 예수께서 제자들의 수고를 격려하시며 날이 어두워지기 전에 제자들을 배에 태워 건너편 벳새다로 재촉하여 보내십니다. 그리고 주님은 산으로 발길을 옮기십니다. 기도하기 위해서입니다. 매일 여명이 밝아올 때 기도하시는 주님이지만 이날은 놀라운 일을 행하신 하나님 아버지께 감사하며, 아버지께 위안을 얻기 위해 한적한 기도의 자리를 찾으셨을 것입니다.

그 사이 제자들이 탄 배는 갈릴리 호수 한가운데 이르렀는데, 갑자기 거친 바람이 휘몰아쳤습니다. 제자들이 번갈아 가며 노를 저어 보지만 역부족입니다. 밤은 깊어 가고 바람은 점점 거세게 불어옵니다. 불안을 넘어 두려움이 열두 제자에게 엄습했습니다. 예수께서 제자들이 사투를 벌이는 모습을 멀리서 보시고 급히 물 위로 달려가십니다. 제자들은 예수님을 알아보지 못합니다. '유령이 지나갔나? 아니면 너무 지쳐서 헛것이 보이나?' 생각하여 소리를 지를 때, 주님이 그들에게 다가와 말씀하십니다. "안심하여라. 나다. 두려워하지 말아라(50, 새번역)." 제자들은 주님의 음성을 듣는 순간 밤새 지친 몸과 마음이 녹아내렸을 것입니다. 불안과 두려움도 씻은 듯 사라졌을 것입니다. 예수께서 배에 올라타시자 곧 바람이 그쳤습니다. 큰 호수는 아무 일도 없었던 것처럼 물안개를 피우고 저편에서는 서서히 해가 떠오릅니다.

혹시 지금 인생의 불안한 시간을 지나고 있습니까? 한계상황이 닥치면 수많은 유혹의 손짓이 눈앞에 어른거립니다. 미혹의 입술이 다가옵니다. 그때 시선을 주님께 맞추고 두려워 말고 안심하라는 주님의 음성을 들어보십시오. 예수님은 존재 자체가 우리에게 위안입니다. 예수님이 구원자요, 위로자요, 생명이시기 때문입니다. 이 믿음으로 힘을 얻기를 소망합니다.

382장
너 근심 걱정 말아라

마가복음 6:45~52
안심하라 내니 두려워하지
말라 하시고 (50b)

매일 성경 읽기
창 48장 ☑ 49장 ☐
50장 ☐

우리의 피난처 되시는 하나님, 바다에 풍랑이 일듯 우리의 마음이 요동치고 불안이 밀려올 때가 있습니다. 유혹의 손짓에 반응하기보다 위안이 되시는 주님의 음성에 귀 기울이게 하옵소서. 오직 주님만을 의지하게 하옵소서. 예수님의 이름으로 기도합니다. 아멘.

안중덕 목사 _ 샘터교회

불안하고 두려울 때
어디서 위안을
얻습니까?

새 언약의 기쁨

312장
너 하나님께 이끌리어

예레미야 31:31~34
그러나 그 날 후에 내가 이
스라엘 집과 맺을 언약은
이러하니 곧 내가 나의 법
을 그들의 속에 두며 그들
의 마음에 기록하여 나는
그들의 하나님이 되고 그들
은 내 백성이 될 것이라 여
호와의 말씀이니라 (33)

매일 성경 읽기
출 1장 ☑ 2장 ☐

우리가 사는 사회는 수많은 약속으로 이루어져 있습니다. 횡단보도를 녹색 불에 건너기로 한 것도 일종의 사회적 약속입니다. 집이나 차를 사고파는 계약도 약속입니다. 성경에는 창조주이신 하나님께서 피조물인 인간과 약속하시는 장면이 여러 곳에 등장합니다.

출애굽기에 보면 하나님은 모세를 통해 이스라엘 백성과 약속하셨습니다. 하나님께서 주신 율법은 하나님의 말씀대로 사는 백성, 하나님의 말씀을 지켜 행하는 자들에게 풍성한 복과 은혜를 주시겠다는 약속이었습니다. 그러나 백성은 약속의 계명을 거역했고, 하나님과의 약속을 지키지 못했습니다. 오늘 본문에서 하나님은 "내가 그들의 남편이 되었어도 그들이 내 언약을 깨뜨렸음이라(32)."고 말씀하십니다.

약속 지키기에 실패한 사람들은 어떻게 해야 할까요? 이대로 하나님과의 관계를 회복할 수 없는 것일까요? 하나님께서 다시 기회를 주실 때, 이 관계는 회복될 수 있습니다. 감사하게도 하나님은 우리에게 다시 한번 기회를 주셨습니다. 오늘 본문에서 하나님은 이스라엘과의 '새 언약(31)'을 말씀하십니다. 새 언약은 이전 것과 같지 아니합니다(32). 하나님께서는 이 언약을 "그들의 속에 두며 그들의 마음에 기록(33)"한다고 말씀하십니다.

이 말씀은 우리에게 놀라운 약속입니다. 기쁨입니다. 하나님께서 다시 기회를 주셨을 뿐 아니라 우리 마음속에 그 언약을 두셔서 언약대로 살아내게끔 도우신다는 약속이기 때문입니다. 주님이 내 마음을 움직여 주시고 바꾸어 주신다는 말씀입니다. 새 언약의 기쁨이 여기에 있습니다. 자연스럽게 언약의 말씀대로 변화하고 살아내는 것, 그리하여 날마다 언약을 더 깊이 소망하게 되는 것이 바로 새 언약의 기쁨입니다.

주님은 성령님을 통해서 우리 마음에 약속을 기록하십니다. 성령님이 우리 안에 계실 때 우리는 그리스도의 마음을 이해하고, 그의 말씀대로 살아갈 능력을 얻습니다. 오늘도 우리 안에서 역사하시는 성령님으로 인하여 변화가는 자신의 모습을 발견하며 새 언약의 기쁨을 온전히 누리기를 주님의 이름으로 축복합니다.

언약의 말씀대로 살며
언약을 더 깊이
소망하고 있습니까?

하나님, 우리에게 생명을 주시고 하나님의 자녀 삼아 주시니 감사합니다. 우리를 위해 주신 언약의 말씀을 신뢰하지 못하고 소망 없이 살았던 지난날을 돌이켜 봅니다. 성령을 통하여 변화되는 언약의 백성으로 살아가게 하옵소서. 예수님의 이름으로 기도합니다. 아멘.

박장혁 목사 _ 드림교회

심장을 나누는 심정으로

주일

19

212장
겸손히 주를 섬길 때

―

데살로니가전서 2:7~12
우리가 이같이 너희를 사모
하여 하나님의 복음뿐 아니
라 우리의 목숨까지도 너희
에게 주기를 기뻐함은 너희
가 우리의 사랑하는 자 됨
이라 (8)

오래전에 읽은 글입니다. 어떤 가족이 여행을 하던 중 큰 교통사고를 당했습니다. 누구보다도 일곱 살 아들이 위독했습니다. 응급수술을 받기 위해 수혈이 필요했는데, 혈액형이 같은 사람은 다섯 살 여동생뿐이었습니다. 오빠에게 피를 줄 수 있겠냐는 말을 들은 동생은 잠시 생각하다가 머리를 끄덕였습니다. 수술은 성공적으로 끝났고, 아빠는 딸에게 말했습니다. "네 덕분에 오빠가 살았어!" 딸이 조용히 아빠에게 물었습니다. "그런데, 나는 언제 죽어요?" 아직 어린 딸은 오빠에게 피를 주는 것이 자기 목숨을 주는 것이라고 생각했던 것입니다("사랑의 의미", 〈낮은울타리〉, 1994. 4).

데살로니가 교회는 바울과 실라를 통해 세워졌습니다. 민들레 씨앗이 바람에 날려가듯이 빌립보에서 매를 맞고 감옥에 있다 풀려난 두 사람은 데살로니가를 찾아가 예수가 그리스도이심을 전했습니다. 그 결과 많은 경건한 그리스 사람들과 적지 않은 귀부인들이 바울과 실라를 따랐습니다. 하지만 그 모습을 본 유대인들은 시기하여 불량배들을 모아다가 패거리를 지어 시내에 소요를 일으키고, 바울 일행을 잡으려고 했습니다. 신도들은 그날 밤에 바울과 실라를 베뢰아로 피하게 했습니다(행 17:1~10).

이런 일로 바울과 실라는 두 가지 오해와 비난을 받았습니다. 사람들을 꾀어서 자신들의 욕심을 채우려 한다는 것과 위험을 피해서 도망을 쳤다는 것이었습니다. 이에 대해 바울은 데살로니가 교회를 향한 뜨거운 심정을 밝힙니다. 바울과 일행은 아무에게도 폐를 끼치지 아니하려고 밤낮으로 일하면서 하나님의 복음을 전파하였습니다. 교회를 위해서라면 목숨까지도 기쁘게 내줄 마음이었습니다. 교회를 향한 바울과 실라의 마음은 자식을 사랑하는 부모의 마음이었습니다. 어린 자녀를 대하는 어머니의 마음이요 아버지의 마음과 같았습니다(7, 11). "신도 여러분을 대할 때에, 우리가 얼마나 경건하고 올바르고 흠 잡힐 데가 없이 처신하였는지는, 여러분이 증언하고, 또 하나님께서도 증언하십니다(10, 새번역)."

비록 사람들이 나의 진심을 알아주지 않는다고 해도 그럴수록 심장을 나누는 심정으로 사랑하는 것, 그것이 교회를 사랑하는 사람의 마음입니다.

매일 성경 읽기
출 3장 ☑ 4장 ☐

하나님, 주님의 교회를 사랑하는 마음이 있음에도 때때로 우리는 흔들립니다. 나의 진심이 받아들여지지 않을 때, 우리는 낙심합니다. 우리를 위해 모든 것을 내어 주신 주님처럼, 심장을 나누는 심정으로 교회를 사랑하게 하옵소서. 예수님의 이름으로 기도합니다. 아멘.

한희철 목사 _ 정릉교회

나는 주님의 교회를
어떤 마음으로
사랑하고 있습니까?

세례 요한의 사명

요한복음에서 맨 처음 등장하는 이는 예수 그리스도가 아닌 세례 요한입니다. 세례 요한은 이미 예루살렘 종교 지도자들이 제사장과 레위인을 보내 조사할 만큼 대중적으로 인지도가 있었습니다. 그의 정체를 알기 위해 "네가 누구냐?"라고 질문하면서 견주는 인물들이 그리스도, 엘리야, 선지자 등입니다. 이는 당시 세례 요한이 얼마나 무게감 있는 인물이었는지 짐작하게 합니다. 그를 스승으로 받들며 추종하는 제자가 여럿이었습니다(35). 다시 말해 세례 요한은 종교적인 권위, 인지도, 그리고 제자들이 있어서 충분히 독자적으로 세력을 구축할 만한 인물이었습니다. 그럼에도 세례 요한은 자신을 앞세우거나 자신을 알리려 하지 않았습니다. 그는 예수께서 자신보다 먼저 존재하셨고, 자신 역시 그분께 넘치는 은혜를 받았으며, 율법은 모세를 통하여 받았지만 은혜와 진리는 예수 그리스도를 통해 받았다고 고백했습니다. 나아가 그는 예언자 이사야의 말을 빌려 자신이 "주의 길을 곧게 하라고 광야에서 외치는 자의 소리(23)"라고 강조합니다.

세례 요한은 광야에서 마귀의 시험을 이기고 오시는 예수 그리스도를 보면서 "세상 죄를 지고 가는 하나님의 어린 양"이라고 말합니다. 이 표현은 세례 요한의 신앙고백이자, 요한복음이 천명하는 구원 신학입니다. 여기서 '세상'은 유대인들이 생각하듯 유대인만을 위한 편협한 곳이 아닙니다. 유대인뿐 아니라 구원의 대상에서 배제되었던 이방인까지 포함하는 보편주의에 입각한 세상입니다. 또한 '하나님의 어린양'은 구약에 등장하는 유월절 희생양과 고난받는 종의 모습이 투영되어 있습니다.

예수께서 세상 죄를 지고 가는 하나님의 어린양이심을 잘 알았던 세례 요한은 "나는 그의 신발끈을 풀기도 감당하지 못하겠노라(27)."고 고백하면서 자신의 사명은 오직 예수께서 이 세상을 구원하실 그리스도이심을 선포하는 것임을 분명히 합니다. 그분이야말로 유대인과 이방인, 남자와 여자, 자유인과 종을 차별 없이 멸망하지 않고 영생을 얻게 하시는 하나님의 독생자이심을 밝힙니다. 그것이 충직하게 예수 그리스도의 앞길을 예비한 세례 요한의 사명입니다.

155장
십자가 지고

요한복음 1:29~34
이튿날 요한이 예수께서 자기에게 나아오심을 보고 이르되 보라 세상 죄를 지고 가는 하나님의 어린 양이로다 (29)

매일 성경 읽기
출 5장 ☑ 6장 ☐ 7장 ☐

자신을 낮추고
예수 그리스도를
높이고 있습니까?

하나님, 세례 요한의 겸손한 마음과 신앙을 배우기 원합니다. 주님의 제자로서 사명을 기억하며 오직 예수 그리스도만 앞세우며 살게 하옵소서. 멸망하지 않고 영생을 얻도록 우리를 인도하실 예수님만 믿고 의지하게 하옵소서. 예수님의 이름으로 기도합니다. 아멘.

양세훈 목사 _ 원천교회

헤아리시는 하나님의 은혜

우리에게는 마음을 헤아려 주는 친구가 필요합니다. 왜냐하면 우리는 모두 목마른 사람이기 때문입니다. 예수께서는 "누구든지 목마르거든 내게로 와서 마시라(요 7:37)."고 말씀하시며 우리의 목마름에 귀 기울이겠다 약속해 주셨고, 우리의 친구가 되어 주셨습니다(요 15:15). 하나님은 우리의 이야기를 더욱 잘 듣기 위해 우리를 향하여 몸을 구부리시는 분입니다. 무슨 이야기든지 기꺼이 들으시며 우리의 마음을 헤아리시는 분 앞으로 가만가만 나가십시오. 그리고 마음을 쏟아 놓으십시오. 마음을 '쏟는' 것이 기도입니다.

시편 기자는 내 이야기를 쏟아 놓기 위해 "아침에(3)" 하나님 앞에 나아간다고 노래합니다. 아침은 하루를 시작하는 첫 시간입니다. 마치 발자국이 하나도 찍히지 않은 하얀 눈밭과 같습니다. 아침이야말로 하루를 시작하는 사람에게 태초의 시간입니다. 맨 처음의 시간에 하나님을 찾겠다는 결심은 오늘 내 마음에 맨 처음 찍히는 발자국이 하나님의 발자국이 되기를 소망하는 마음에서 비롯됩니다. 아직 아무것도 정해지지 않은 태초의 아침에, 아무것도 그려지지 않은 삶의 도화지 위에, 헤아리시는 하나님의 은혜가 그려지기를 간절히 기도하는 것입니다.

시인은 이렇게 다짐합니다. "주님께 나의 사정을 아뢰고 주님의 뜻을 기다리겠습니다(3, 새번역)." 기도는 내 이야기를 던져 놓고 그냥 돌아서는 것이 아닙니다. 내 이야기를 들으신 '하나님의 이야기'를 기다리며 하늘의 뜻에 내 삶을 맞추어 나가겠다는 다짐입니다. 이렇게 기도한 사람은 나를 헤아려 주시는 하나님을 경배하는 자리로 나아갑니다(7). 경배는 공경하며 절하는 것이니 예배는 나를 헤아리기 위해 몸을 굽히시는 하나님을 향해 나도 똑같이 머리를 숙이는 것이며, 하나님의 이야기를 듣는 것입니다.

헬렌 켈러는 "세상에서 가장 아름다운 것은 눈으로 볼 수 있거나 손으로 만질 수 없습니다. 그것들은 오로지 마음으로 느껴야 합니다."라고 말했습니다. 우리는 하나님이 창조하신 아름다운 존재입니다. 하나님은 우리를 마음으로 보십니다. 우리를 헤아리시는 하나님의 마음이 온 우주에 충만하니 아침에 주께 기도하는 사람에게는 하나님 나라가 아닌 곳이 없습니다.

화요일

21

539장
너 예수께 조용히 나가

시편 5:1~7
여호와여 아침에 주께서 나의 소리를 들으시리니 아침에 내가 주께 기도하고 바라리이다 (3)

매일 성경 읽기
출 8장 ☑ 9장 ☐ 10장 ☐

하나님, 하루를 시작하는 맨 처음, 고요하고 깊은 시간에 주님께 마음을 쏟아 놓게 하옵소서. 하나님이 우리의 마음을 헤아리시니 우리 역시 하나님의 뜻을 헤아리며, 하나님의 풍성한 사랑을 힘입어 평화와 기쁨을 누리게 하옵소서. 예수님의 이름으로 기도합니다. 아멘.

이공훈 목사 _ 양광교회

우리를 헤아리시는 하나님을 신뢰하고 있습니까?

행복하여라, 지혜를 얻은 사람

1

수요일

22

288장
예수를 나의 구주 삼고

—

잠언 3:13~21
지혜는 그 얻은 자에게 생
명 나무라 지혜를 가진 자
는 복되도다 (18)

지혜에는 두 종류가 있습니다. 부와 영광처럼 이내 사라질 지혜와 영원으로 이어지는 지혜입니다. 이내 사라질 지혜를 땅의 지혜(육에 속한 지혜)라고 한다면, 영원으로 이어지는 지혜는 하늘의 지혜(영에 속한 지혜)라고 할 수 있습니다. 동방정교회 전통의 영적 대가들이 기록한 글을 모아 엮은 『필로칼리아』에서 신(新) 신학자 시메온은 지혜에 대해 다음과 같이 말했습니다. "이 세상의 지혜 안에서 지혜로운 사람의 제자들은 하나님의 가르침을 받는 사람들을 어리석은 자로 여길 것입니다. 그러나 실제로 … 성경에서 물질적이고 마귀적인 것이며 다툼과 악의가 가득한 것이라고 정죄하는 어리석은 자들은 세상적으로 지혜로운 자들입니다. 이러한 사람들은 하나님의 빛을 보지 못하기 때문에 그 빛에 담겨 있는 놀라운 것들을 보지 못합니다."

오늘 본문에서 잠언 저자가 말씀하는 지혜는 하늘의 지혜입니다. 이 지혜에는 하늘의 빛이 가득 차 있습니다. 그런 까닭에 잠언 저자는 말씀합니다. "지혜를 얻은 자와 명철을 얻은 자는 복이 있나니(13)." 그렇습니다. 하늘의 지혜를 얻는 것은 은을 얻는 것보다 낫고, 그로 인한 이익은 정금보다 낫습니다 (14). 하늘의 지혜, 영에 속한 지혜는 진주보다 값지며, 그 어떤 귀중품도 비교할 수 없습니다(15).

세상 사람들이 보기에 하늘에 속한 지혜는 어리석게 느껴질 수밖에 없습니다. 예수께서 십자가에 달리셨을 때, 사람들은 십자가를 어리석게 여겨 조소(嘲笑)했습니다(고전 1:23). 그들의 눈이 잠깐의 영광과 쾌락에 가려 있었기 때문입니다. 하지만 구원받은 우리에게 십자가는 하나님의 지혜입니다(고전 1:24). 그리스도께서 십자가에 달리심으로 구원받은 은총이 하늘 영광으로 이어졌기 때문입니다.

우리 그리스도인들은 땅의 지혜가 아닌 하늘의 지혜, 영에 속한 지혜로 살아가는 존재입니다. 비록 그 모습이 미련해 보일지라도 지혜는 얻은 자에게 생명나무입니다(18). 그러니 우리가 어찌 행복하지 않겠습니까? 땅의 지혜로 잠깐의 영광을 누리는 것보다 하늘의 지혜로 영원으로 이어지는 영광을 소망하며 복된 날을 살아가기를 축복합니다.

매일 성경 읽기
출 11장 ☑ 12장 ☐
13장 ☐

*어떤 지혜를 구하며
살아갑니까?*

하나님, 그리스도인답게 하늘의 지혜, 영에 속한 지혜를 구하며 복된 주의 자녀로 살아가게 하옵소서. 십자가가 세상 사람에게는 미련해 보일지라도 하나님의 지혜였듯, 전도의 미련함이 지혜로 고백되는 삶을 살게 하옵소서. 예수님의 이름으로 기도합니다. 아멘.

한석문 목사 _ 해운대교회

당신은 무슨 꿈을 꾸고 있습니까

예수를 만난 빌립이 흥분된 마음으로 친구 나다나엘을 찾아갔습니다. 성서가 예언하고 우리가 기다리던 메시아를 만났다고 말했습니다. 그런데 나다나엘의 반응은 시큰둥했습니다. 밤톨만 한 나사렛이란 동네에서 무슨 위대한 인물이 나겠는가 하는 식이었습니다. 빌립은 일단 같이 가보자고 나다나엘을 데리고 예수께로 갑니다. 예수는 나다나엘이 자기에게 오는 것을 보시고 "보라 이는 참으로 이스라엘 사람이라 그 속에 간사한 것이 없도다(47)."라고 평하십니다. 나다나엘이 자신을 꿰뚫어 보듯 말씀하시는 것에 놀라자, 예수는 한 말씀을 더 하십니다. "빌립이 너를 부르기 전에 네가 무화과나무 아래에 있을 때에 보았노라(48)." 그러자 나다나엘은 "랍비여 당신은 하나님의 아들이시요 당신은 이스라엘의 임금이로소이다(49)."라고 고백합니다.

이스라엘 사람들은 종종 무화과나무 아래서 평온한 삶을 꿈꾸고 기도하고 묵상했습니다. 나다나엘이 무화과나무 아래 있었다는 것은, 그가 시대를 바라보면서 하나님이 이스라엘을 구원할 메시아를 보내실 날을 기다리고 있었음을 의미합니다. 예수는 그것을 보셨습니다. 무화과나무 아래서 기도하는 나다나엘의 꿈과 희망을 보신 것입니다. 나다나엘은 놀랐습니다. 자신의 마음 가장 깊은 곳을 통찰하셨기 때문입니다. 그래서 나다나엘은 예수를 향해 '당신은 하나님의 아들'이라고 고백한 것입니다.

예수께서는 그에게 "내가 너를 무화과나무 아래에서 보았다 하므로 믿느냐 이보다 더 큰 일을 보리라(50)."고 하시면서 야곱의 꿈 이야기를 들려주십니다. 형을 피해 외삼촌 집으로 도망하던 야곱은 돌베개를 베고 자다가 꿈을 꿉니다. 하늘이 열리고 하나님의 사자들이 오르락내리락하는 것을 보았습니다. 야곱의 꿈과 비전이었습니다. 잠에서 깬 야곱은 그곳을 벧엘이라 하였습니다. 야곱이 자신의 꿈을 이룬 것처럼 예수가 나다나엘에게 "너의 꿈이 이루어지는 것을 볼 것이다."라고 말씀하시는 것입니다. 무화과나무 아래서 나다나엘이 가슴에 품은 꿈과 이상이 실현되는 것을 보리라는 말씀입니다. 주님은 우리의 꿈을 보시는 분입니다. 오늘도 기도하고 희망을 품고 꿈을 꾸십시오. 이루어 주시는 분은 예수이십니다.

447장
이 세상 끝날까지

요한복음 1:44~51
예수께서 대답하여 이르시되 내가 너를 무화과나무 아래에서 보았다 하므로 믿느냐 이보다 더 큰 일을 보리라(50)

매일 성경 읽기
출 14장 ✓ 15장 ☐

사랑의 주님, 우리로 하여금 말씀을 읽고 믿음을 가지게 하옵소서. 기도하며 꿈꾸게 하옵소서. 우리의 마음에 품은 꿈이 현실로 드러날 것을 믿게 하옵소서. 주님은 우리의 꿈을 이루어 주시는 분임을 알게 하옵소서. 예수님의 이름으로 기도합니다. 아멘.

손인선 목사 _ 대한기독교서회

꿈이 이루어질 것을 믿고 기도하고 있습니까?

구원에 더 가까워진 삶

502장
빛의 사자들이여

—

로마서 13:11~14
또한 너희가 이 시기를 알거니와 자다가 깰 때가 벌써 되었으니 이는 이제 우리의 구원이 처음 믿을 때보다 가까웠음이라 (11)

취약계층 어르신들에게 식사 한 끼를 대접하기 위해 무료급식을 하는 교회들이 있습니다. 찾아오는 이들의 상황은 매번 다르지만, 준비하는 이들의 정성스러운 손길은 변함이 없습니다. 음식을 준비하고, 식사를 돕고, 이것을 운영할 수 있게 물질로 후원합니다. 이는 빛 되신 주님의 이름을 드러내고, 자녀로서의 사명을 감당하는 한 예입니다.

지금의 시대에 우리가 어떻게 주의 은혜 아래에 거하며 주신 사명을 감당할 수 있을까요? 오늘 본문은 지금이 자다가 깰 때임을 이야기합니다. "여러분은 지금이 어느 때인지 압니다. 잠에서 깨어나야 할 때가 벌써 되었습니다. 지금은 우리의 구원이 우리가 처음 믿을 때보다 더 가까워졌습니다(11, 새번역)." 밤이 깊고 낮이 가까웠으니 빛의 갑옷을 입자고 합니다. 구체적으로 "낮에와 같이 단정히 행하고 방탕하거나 술 취하지 말며 음란하거나 호색하지 말며 다투거나 시기하지 말고 오직 주 예수 그리스도로 옷 입고 정욕을 위하여 육신의 일을 도모하지 말라(13~14)."는 것입니다.

이와 같은 삶을 살아야 하는 이유는 10절에 잘 나와 있습니다. "사랑은 이웃에게 악을 행하지 아니하나니 그러므로 사랑은 율법의 완성이니라(10)." 사랑은 하나님의 마음을 충분히 이해하고 삶 속에서 하나님의 살아 계심을 인지하고 감사함으로 사는 것이기 때문에, 이것이 율법의 완성이라는 것입니다. 이웃을 내 자신과 같이 사랑하며 살아야 합니다. 우리는 받은 은혜의 빚을 탕감해가며 사는 것이기에 그리해야 합니다. 이러한 삶은 수동적으로 끌려가는 삶을 의미하지 않습니다. 율법의 완성을 이루어가는 삶입니다.

우리의 삶은 헛되거나 낭비하는 인생이 아니라 날마다 구원으로 가까이 가는 삶입니다. 우리는 그리스도인으로 살아가기에 정말로 많은 유혹과 어려움이 있는 시대를 살고 있습니다. 잠에서 깰 때입니다. 우리의 구원이 우리가 처음 믿었던 때보다 가까워졌습니다. 그러니 "주 예수 그리스도로 옷을 입으십시오(14, 새번역)." 각자의 자리에서 살아내는 일상이 구원을 이루어가는 삶인 것을 잊지 말고, 힘들더라도 견디고 이겨내기를 바랍니다. 그 끝에는 주님이 주시는 구원이 반드시 있습니다.

매일 성경 읽기
출 16장 ☑ 17장 ☐
18장 ☐

우리는 날마다
믿음의 삶을 살고
있습니까?

하나님 아버지, 오늘도 새로운 삶을 우리에게 허락하여 주시니 감사합니다. 지금이 자다가 깰 때임을 알고 어둠의 옷을 벗고 빛의 갑옷을 입게 하옵소서. 날마다 구원을 향해 한 걸음 더 나아가는 삶으로 이끌어 주옵소서. 예수님의 이름으로 기도합니다. 아멘.

신명섭 목사 _ 여주중앙교회

우리 인생의 낮에도 밤에도

애굽을 탈출한 이스라엘 백성은 하나님의 인도하심으로 2개월 만에 시내산에 도착합니다. 하나님은 그곳에서 모세를 통해 율법을 주시고, 성막을 지어 하나님이 함께하심을 광야에서도 경험하게 하셨습니다. 성막 건축을 마쳤을 때 구름이 성막을 덮고 하나님의 영광이 성막에 충만했습니다. 모세가 감히 들어갈 수 없을 정도의 놀라운 영광이 성막에 임합니다.

성막 위로 떠오른 구름이 이동하면 이스라엘 백성들은 함께 이동하였고, 구름이 머무는 곳에는 진을 치고 다시 하나님의 지시를 기다렸습니다. 하나님은 밤에는 불기둥으로 인도하셨습니다. 구름기둥과 불기둥은 이스라엘 백성에게 이동할 방향을 알려 주는 하나님의 도우심일 뿐만 아니라, 뜨거운 한낮의 광야에서 보호하시고 밤에는 백성의 몸과 마음을 따뜻하게 하시는 하나님의 은혜였습니다.

우리 인생에도 구름기둥과 불기둥의 인도하심이 있습니다. 하나님의 인도하심을 받는 우리 인생에도 낮이 있고 밤이 있습니다. 밝은 낮처럼 사물이 뚜렷하게 보이고 우리 스스로 어떤 일도 할 수 있을 것 같은 자신감이 넘칠 때, 우리는 더욱 겸손하게 우리에게 보이시는 구름기둥의 인도를 받아야 합니다. 깜깜하여 아무것도 보이지 않고 어디로 가야 할지 모르는 밤처럼 우리가 연약할 때는 하나님의 불기둥을 보아야 합니다.

하나님은 광야와 같은 우리의 인생에도 함께하시며 인도하십니다. 우리는 하나님께서 보여 주시는 구름기둥과 불기둥이 있음을 알고, 그 인도하심을 따라 우리 인생을 행진해 나가야 합니다. 그러려면 우리를 유혹하며 손짓하는 세상의 소리가 아니라, 하나님께서 백성을 인도하시는 그 음성에 귀를 기울여야 합니다. 우리는 하나님의 구름기둥과 불기둥을 기다리면서 그 인도하심을 따라 살아야 합니다. 그리고 우리 인생의 구름기둥과 불기둥이 멈추었을 때는 곧바로 멈추어야 합니다.

하나님과 함께 가는 인생이 행복한 인생입니다. 오직 하나님의 인도하심을 따라 살아가는 하나님의 백성이 되기를 소원합니다. 오늘 하루도 우리의 걸음이 하나님의 인도하심 안에 있기를 축원합니다.

토요일

25

84장
온 세상이 캄캄하여서

———

출애굽기 40:34~38
낮에는 여호와의 구름이 성막 위에 있고 밤에는 불이 그 구름 가운데에 있음을 이스라엘의 온 족속이 그 모든 행진하는 길에서 그들의 눈으로 보았더라 (38)

매일 성경 읽기
출 19장 ☑ 20장 ☐

하나님, 인생이 광야와 같이 힘들고 어려울지라도 우리를 향한 하나님의 놀라운 계획을 신뢰하며, 우리를 인도하시는 하나님의 섭리를 믿고 따라가게 도와주옵소서. 우리 삶의 구름기둥과 불기둥을 보게 하시고, 순종하게 하옵소서. 예수님의 이름으로 기도합니다. 아멘.

강성률 목사 _ 수원종로교회

어려울 때도 하나님의 인도하심을 기다리며 따라갈 수 있습니까?

예수를 만난 사람들

96장
예수님은 누구신가

요한복음 1:35~40
예수께서 이르시되 와서 보라 그러므로 그들이 가서 계신 데를 보고 그 날 함께 거하니 때가 열 시쯤 되었더라 (39)

매일 성경 읽기
출 21장 ☑ 22장 ☐
23장 ☐

'인생은 만남이다'라고 말합니다. 수많은 만남 중에 부모와의 만남, 스승과의 만남, 배우자와의 만남은 특별히 중요한 만남으로 손꼽힙니다. 그 영향력이 비교적 더 크기 때문일 것입니다. 때로는 일상의 만남, 평범한 만남이 특별한 만남으로 변하기도 하고, 반대로 특별한 만남이 평범한 만남으로 바뀌기도 합니다. 그래서 만남에는 지혜가 필요합니다. 만남 가운데 가장 결정적인 만남은 '주님과의 만남'입니다. 왜냐하면 그 만남이 우리의 인생을 결정하고, 구원을 결정하기 때문입니다.

오늘 본문은 예수님과 만난 사람들의 이야기입니다. 그냥 흘러가는 만남이 아니라 그들의 인생이 달라진 특별한 만남의 모습을 전합니다. 예수님이 '하나님의 어린양'이시라는 말씀을 들은 세례 요한의 두 제자가 예수님께 나아왔습니다. 예수님은 그들에게 "무엇을 구하느냐?"고 물으셨습니다. 그들은 예수님이 어디 묵으시는지를 물었고, 예수님은 "와서 보라."고 답하셨습니다. 두 제자는 그날 예수님과 함께 지냈고, 결국 주님을 따르는자, 즉 제자가 되었습니다.

그 만남의 시작은 예수님이 하나님의 어린양이시라는 세례 요한의 진술이었습니다. 이 말은 어린양이신 예수님이 죄의 문제를 궁극적으로 해결하실 분이라는 의미입니다. 그들은 예수님이 메시아이심을 증언한 이 말을 듣고, 예수님을 만나기 원했습니다. 그리고 그 만남의 결과는 두 제자 중 하나인 안드레의 고백에서 드러납니다. 안드레는 자기 형제 시몬 베드로에게 "우리가 메시아를 만났다."고 전했습니다. 구주(메시아)에 대한 기대와 확신이 만남의 질을 결정한 것입니다.

생전에 미국 백악관 차관보를 지냈던 강영우 박사는 중학교 1학년 때 시력을 잃었습니다. 그는 믿음으로 인도하고 도와준 아내를 만났고, 좋은 목회자를 만났으며, 무엇보다 자신의 삶을 긍정적으로 바라볼 수 있게 힘을 주신 하나님을 만났습니다. 이런 만남이 그 인생을 이끌어 큰 영향력을 미치는 사람이 된 것입니다. 주님에 대한 바른 믿음을 갖고 주님을 만날 때, 우리의 인생에도 은혜의 길이 열릴 것입니다.

주님과의 만남이
내 삶에 어떤 영향을
끼치고 있습니까?

은혜의 주님, 메시아이신 주님을 만나 우리의 인생길을 바로 세우게 하옵소서. 또한 주님께 더 가까이 가는 삶을 살게 하옵소서. 이 만남이 온전히 주님을 증언하고 온전히 주님을 따르는 열매로 나타나게 하옵소서. 예수님의 이름으로 기도합니다. 아멘.

최성복 목사 _ 돈암동교회

그 어디나 하늘나라

예수님의 산상설교는 이른바 '팔복'의 말씀으로 시작됩니다. 팔복, 8가지 축복의 선언입니다. "○○는 복이 있나니"라는 표현을 원어 성경을 직역하여 읽으면 "복이 있도다. ○○들이여."입니다. 예수님이 강조하시는 것은 '복'입니다. 왜 복을 강조하셨을까요? 예수님은 우리가 어떤 존재인지 알고 행복하게 살아가기를 바라시기 때문입니다. 예수님의 의도를 한마디로 정리하면 이렇습니다. "너희들은 복을 받은 존재이다. 그러니 행복한 존재로 살아가거라." 복이 있다는 말씀은 '행복하다'라는 뜻입니다. "복이 있도다! 행복하도다! 너희들이여!" 즉 팔복의 말씀은 제자들을 향한 행복 선언입니다.

오늘 본문은 팔복 중 첫 번째 복에 관한 말씀입니다. "심령이 가난한 자는 복이 있나니(3a)." 예수님은 우리의 심령이 가난해지길 바라십니다. 왜일까요? 가난해야 채울 수 있기 때문입니다. 여기서 가난하다는 말은 육신적인 가난을 의미하지 않습니다. 또 상대적으로 느끼는 가난을 의미하지도 않습니다. 우리의 심령이 세상 것들로는 만족할 수 없기 때문에, 하나님의 것들로 채움 받아야 한다는 뜻입니다. 즉 하나님이 절대적으로 필요한 상태가 바로 심령이 가난한 상태입니다. 심령이 가난하면 하나님의 도움으로 살 수밖에 없는 존재임을 인정하게 됩니다.

이어지는 말씀은 "천국이 그들의 것임이요(3b)."입니다. 심령이 가난한 자는 하나님께서 공급해 주심을 통해 천국을 경험합니다. 그래서 천국을 소유하는 존재가 됩니다. 천국을 소유하는 인생은 행복한 인생입니다. 하늘나라를 찾아다니는 인생이 아니라, 하늘나라가 임하는 인생이기 때문입니다. 예수님을 따라가면 하늘나라가 임합니다. 우리가 살아가는 모든 곳이 천국, 하늘나라이기를 소망합니다.

팔복의 말씀은 이 세상을 사는 우리에게 진정한 행복을 알려 주는 가르침입니다. 단순히 조건적인 행복이 아닌 진짜 행복을 말씀합니다. 하나님을 의지하는 자는 행복합니다. 하나님을 신뢰하며 기대하는 자는 행복합니다. 하나님으로 인해 만족하는 자는 진짜 행복을 누립니다. 이렇게 외쳐 봅시다. "나는 천국을 가졌기에 행복합니다!"

438장
내 영혼이 은총 입어

마태복음 5:3
심령이 가난한 자는 복이 있나니 천국이 그들의 것임이요 (3)

매일 성경 읽기
출 24장 ☑ 25장 ☐
26장 ☐ 27장 ☐

주님, 지금까지 세상의 가짜 행복에 한눈팔려 살아온 것을 회개합니다. 예수님이 선언하신 대로 우리가 행복한 존재임을 믿습니다. 가난한 심령으로 내 안에 하나님을 가득 채워 천국을 가진 행복한 인생이 되게 하옵소서. 예수님의 이름으로 기도합니다. 아멘.

홍병수 목사 _ 부곡교회

하나님으로 인해
진짜 행복합니까?

은혜를 잊지 말라

376장
나그네와 같은 내가

—

레위기 23:33~44
이는 내가 이스라엘 자손을
애굽 땅에서 인도하여 내던
때에 초막에 거주하게 한
줄을 너희 대대로 알게 함
이니라 나는 너희의 하나님
여호와이니라 (43)

하나님은 절기를 정하시고 성회로 공포하라 하셨습니다(2). 유월절과 초실절과 초막절 등입니다. 절기들을 지키며 이스라엘 백성은 하나님의 은혜를 기억하고 하나님께 감사를 표현했습니다.

오늘 본문은 초막절에 관한 것입니다. 34절을 보면 "일곱째 달 열닷샛날은 초막절이니 여호와를 위하여 이레 동안 지킬 것이라."고 합니다. 하나님께서 초막절을 지키라고 하신 이유는 무엇일까요? 첫째, 구원의 은혜를 잊지 말라는 것입니다(43). 애굽에서 나와 약속의 땅 가나안을 향해 가면서 이스라엘 백성은 초막을 임시거처로 삼았습니다. 그래서 이스라엘 백성들은 초막절이 되면 7일 동안 초막을 짓고 그 안에 머물러 절기를 지키며 하나님의 은혜로 노예 생활에서 해방되었던 역사를 기억하는 것입니다. 우리는 예수 그리스도를 통해 죄악과 멸망에서 구원받은 하나님의 백성입니다. 은혜로 구원받았음을 잊지 말아야 합니다(엡 2:5).

둘째, 광야에서 보호해 주신 은혜를 잊지 말라는 것입니다(43). 이스라엘 백성은 광야를 지나올 때 비록 초막에서 지냈지만, 하나님은 구름기둥과 불기둥으로 인도하시고 보호해 주셨습니다. 우리가 살아가는 이 세상은 애굽도 있고, 광야도 있고, 가나안도 있습니다. 하나님은 광야 같은 인생에서도 우리를 보호하심을 기억해야 합니다.

셋째, 소득을 주신 은혜를 잊지 말라는 것입니다(39). 초막절은 추수를 마치고 지키라고 하십니다. '내가 노력해서 소득이 있다'고 생각하지 말라는 것입니다. 하나님이 허락하지 않으시면 아무것도 거둘 수 없습니다. 농부의 노력도 필요하지만 비와 적당한 햇빛이 있어야 곡식이 익고 추수를 할 수 있습니다. 사업을 하는 사람도, 직장 생활을 하는 사람도, 우리에게 주어진 소득이 하나님의 은혜임을 잊지 말아야 합니다.

하나님께서 행하신 모든 일들은 우리에게 잊을 수 없는 것입니다. "너희 대대로 알게 함이니라 나는 너희의 하나님 여호와이니라(43)." 우리는 예수님의 십자가 희생을 기억하면서 우리를 향하신 하나님의 사랑을 잊지 말아야 합니다.

매일 성경 읽기
출 28장 ☑ 29장 ☐

좋을 때
넉넉하게 누릴 때
하나님의 은혜를
기억합니까?

주님, 오늘도 주의 백성을 변함없이 사랑하고 보호해 주셔서 감사합니다. 구름기둥과 불기둥으로 이스라엘 백성을 인도하셨던 하나님을 잊지 않게 하옵소서. 기쁨으로 살아가게 하시는 하나님의 은혜를 기억하며 살게 하옵소서. 예수님의 이름으로 기도합니다. 아멘.

박영철 목사 _ 온동교회

나그네 인생길에서

우리 민족 고유의 명절인 설날을 맞아 살아 계신 하나님께 예배드리는 우리에게 하나님의 은총과 복이 충만하기를 축복합니다. 흔히 우리의 인생을 나그네에 비유합니다. 나그네란 자기 고장을 떠나 다른 곳에 잠시 머물거나 떠도는 사람을 뜻하는 순우리말입니다. 아직 집에 도착하지 않은, 즉 길 위에 선 존재라는 뜻입니다. 나그네의 삶이 우리 인생에 주는 교훈이 있습니다.

첫째, 나그네는 한곳에 오래 머물지 않습니다. 나그네는 원하든 원하지 않든 간에 떠나야만 하는 운명입니다. 아무리 환경이 좋고, 머물고 싶어도 제 마음대로 더 있을 수 없습니다. 집이 완공되면 떠나는 목수처럼 목적을 이루면 떠나야 합니다.

둘째, 나그네는 선택을 잘해야 합니다. 철학자 장 폴 사르트르는 "인생은 B와 D 사이의 C다."라고 했습니다. 여기서 B는 탄생(Birth), D는 죽음(Death), C는 선택(Choice)입니다. 즉 인생은 탄생과 죽음 사이의 선택이라는 말입니다. 선택이 그만큼 중요합니다. 여기서 C를 그리스도(Christ)로 선택한다면 D는 꿈(Dream)으로 변할 것입니다. 선택은 우리 인생의 가치와 행복을 좌우합니다. 삶에서 가장 좋은 선택은 영원을 향한 선택입니다. 다 잃는다고 해도 이것만 붙잡으면 됩니다. 예수님을 선택하고 끝까지 붙들어 승리하는 인생 되기를 바랍니다.

셋째, 나그네는 목적이 분명해야 합니다. 나그네에 해당하는 영어 단어는 두 개가 있습니다. 방랑자라는 뜻의 '배가본드(Vegabond)'와 순례자라는 뜻의 '필그림(Pilgrim)'입니다. 둘의 차이는 무엇일까요? 목적의 유무입니다. 방랑자는 목적 없이 헤매는 사람이고, 순례자는 확실한 목적을 가지고 걸어가는 사람입니다. 오늘 본문에서 말씀하는 나그네는 방랑자가 아닙니다. 확실한 목적과 뚜렷한 목표가 있는 순례자입니다.

하나님은 우리에게 "나그네로 있을 때를 두려움으로 지내라."고 말씀하십니다. 허랑방탕해서도 안 되고, 허송세월을 보내서도 안 됩니다. 삶은 오직 한 번이기 때문입니다. 짧은 삶이지만 분명한 목적을 가지고 살다가 주님께서 부르시면 기쁨으로 달려갈 수 있기를 바랍니다.

수요일

29

450장
내 평생 소원 이것뿐

베드로전서 1:17
외모로 보시지 않고 각 사람의 행위대로 심판하시는 이를 너희가 아버지라 부른즉 너희가 나그네로 있을 때를 두려움으로 지내라 (17)

매일 성경 읽기
출 30장 ☑ 31장 ☐

사랑의 하나님, 오늘도 때 묻지 않은 싱그러운 하루를 선물로 허락하심에 감사합니다. 짧게 살다가는 인생이지만 방랑자가 아니라 순례자의 삶을 살다가 주님 부르시는 날 기쁨으로 달려가게 하옵소서. 우리의 궁극적 목적이 되신 예수님의 이름으로 기도합니다. 아멘.

정학진 목사 _ 일동교회

우리는 어떤 목적을 가지고 살아갑니까?

믿음으로 의롭다 함을 받은 우리

411장
아 내 맘속에

—

로마서 5:1~5
그러므로 우리가 믿음으로 의롭다 하심을 받았으니 우리 주 예수 그리스도로 말미암아 하나님과 화평을 누리자 (1)

하나님은 우리가 죄인이었을 때, 하나뿐인 아들을 십자가에 내어 주심으로 우리를 살리셨습니다. 구원을 여신 분은 하나님이십니다. 그리고 구원의 핵심은 예수 그리스도의 대속의 죽음으로 심판이 끝나고 생명의 길이 열렸다는 증거인 십자가와 부활입니다. 우리는 이 사실을 믿음으로 받아들여 의롭게 됩니다. 믿음으로 의롭다 하심을 받은 자에게는 큰 변화가 찾아옵니다.

첫째, 하나님과 더불어 화평을 누립니다(1). 죄인인 우리는 하나님과 적대 관계에 있었습니다. 그런데 예수 그리스도께서 우리의 죄를 청산하시므로 하나님과의 관계가 회복되었습니다. 우리는 새 언약 안에서 하나님의 자녀가 되어 하나님과 화평을 누리는 것입니다.

둘째, 하나님의 영광을 바라고 즐거워합니다(2). "믿음으로 서 있는 이 은혜(2)"란 우리의 신분을 영원토록 변함없이 보장해 주시는 은혜입니다. 신분 보장은 중요합니다. 미국에서 오랜 기간 공부하고 석·박사 학위를 받아도 취업을 하지 못하면 자기 나라로 돌아가야 합니다. 신분을 보장해 줄 회사가 없기 때문입니다. 우리는 그리스도를 믿는 믿음으로 하나님을 '아바 아버지'로 부르는 하나님의 자녀라는 신분을 영원토록 보장받은 사람들입니다. 그래서 하나님의 영광을 보며 즐거워합니다.

셋째, 소망을 굳게 지키며 살아갑니다(2, 5). 하나님의 자녀로서 세상의 가치관이 아닌 성서적 가치관을 따라 살다 보면 어려움을 겪기도 합니다. 이 어려움은 우리가 하나님의 은혜 아래 있다는 증거이기에 인내하게 됩니다. 인내하다 보면 단단한 믿음의 사람으로 연단되어 구원의 확신이 더욱더 확고해지고 소망을 견지하며 살아가는 자가 됩니다.

우리는 믿음으로 의롭다 함을 받은 자들입니다. 예수 그리스도를 통해 구원을 이루신 하나님은 우리를 죄인이 아닌 의인으로 보십니다. 우리의 신분은 하나님의 자녀입니다. 우리는 하나님의 사랑을 넘치도록 경험하며, 마지막까지 하나님이 우리를 지켜 주실 것임을 확신해야 합니다. 또한 우리는 하나님의 영광을 바라는 소망을 품고 고난을 이겨내는 주님의 사람으로 살아가야 합니다.

매일 성경 읽기
출 32장 ✓ 33장 ☐
34장 ☐

믿음으로
의롭다 함을 받은
주의 자녀답게
살고 있습니까?

하나님, 예수 그리스도를 믿는 믿음으로 말미암아 누리는 은혜에 감사합니다. 우리를 의롭다 하신 하나님의 은혜와 사랑에 근거한 확실한 소망 안에 거하게 하옵소서. 그리하여 세상을 복음으로 환히 밝히며 살아가게 하옵소서. 예수님의 이름으로 기도합니다. 아멘.

최정규 목사 _ 창원제일교회

주님이 다 아십니다

오늘 본문인 시편 139편에는 '살펴보신다', '일어섬을 아신다', '생각을 밝히 아신다', '행동을 익히 아신다', '내 혀의 말을 다 아신다'라는 표현이 반복되고 있습니다. 하나님이 나에 대해 알지 못하시는 것은 하나도 없습니다. 주님은 다 아십니다. 또한 이 시편의 저자인 다윗은 하나님이 나에 대해 다 알고 계실 뿐 아니라, 언제 어디서나 함께하신다고 이야기합니다. 하나님을 떠나 하나님이 모르는 곳에 나 혼자 있을 수 없습니다.

나에 대해 모든 것을 아시고, 내가 있는 곳이 어디든지 언제나 함께하시는 하나님을 생각할 때 기쁘고 든든합니까, 아니면 두렵고 부담됩니까? 이 질문에 대한 답은 나와 하나님의 관계, 그리고 내 삶의 모습이 어떠하냐에 따라 달라질 것입니다. 예를 들어 두 명의 운동선수가 국가대표 선발을 앞두고 있다고 합시다. 한 선수는 평소에 연습도 열심히 하고, 그 덕분인지 날마다 실력이 성장하였습니다. 아마 이 선수는 감독님이 자기를 자주 봐 주기를 바랄 것입니다. 그리고 빨리 시험장에 들어가 마음껏 자신의 실력을 발휘하고 싶을 것입니다. 반면 다른 한 선수는 연습도 게을리하고, 운동보다는 놀고 쉴 생각뿐입니다. 당연히 실력도 그저 그렇습니다. 아마 이 선수는 감독님이 지나가면 숨기 바쁠 것입니다. 선발시험 날짜가 다가오는 것이 두렵고 부담될 것입니다. 보통의 우리는 주님 앞에서 두 번째 선수와 같을 것입니다. 준비 안 된 선수처럼 내 삶, 내 생각, 내 행동 하나까지 다 아신다는 하나님이 부담스럽습니다. 부끄러운 내 모습을 보여 드리고 싶지 않아서 주님을 피하게 될 때가 많습니다.

주님은 우리를 평가하고 정죄하려고 함께하시는 것이 아닙니다. 다윗은 노래합니다. 주님이 나를 아시고 나와 함께하심은 '주의 손으로 나를 인도하고자 하심'이라고, '주의 오른손으로 나를 붙들어 주시기 위함'이라고 말입니다(10). 주님이 우리를 살펴보시는 이유, 우리를 떠나지 않고 함께하시는 이유는 우리를 사랑하시기 때문입니다. 부디 하나님의 마음을 헤아릴 수 있기를 소망합니다. 하나님이 나를 아심이, 동행하심이 부담이 아닌 기쁨이 되기를 간절히 소망합니다.

430장
주와 같이 길 가는 것

시편 139:1~10
거기서도 주의 손이 나를 인도하시며 주의 오른손이 나를 붙드시리이다 (10)

매일 성경 읽기
출 35장 ☑ 36장 ☐
37장 ☐ 38장 ☐

우리를 잘 아시는 하나님, 주님 앞에 어느 것 하나 숨길 수 없고, 우리가 어디에 있든지 그 자리에 함께 계심을 믿습니다. 이 진리가 부담이 아닌 기쁨이 되기를 원합니다. 우리를 사랑하시는 주님과 기쁨으로 동행하기를 원합니다. 예수님의 이름으로 기도합니다. 아멘.

김병삼 목사 _ 만나교회

하나님이 나를 아시고 함께하심이 나에게 기쁨이 됩니까?

2

FEBRUARY

아침에 나로 하여금

주의 인자한 말씀을 듣게 하소서

내가 주를 의뢰함이니이다

내가 다닐 길을 알게 하소서

내가 내 영혼을 주께 드림이니이다

시편 143:8

2월의 기도

● 기도 제목

● 실천할 일
- ☑
- ☑
- ☑
- ☑

● 감사할 일

● 기억할 일

하나님의 은총

어느새 2025년의 두 번째 달입니다. 오늘 말씀 속에서 다시금 새 희망과 용기, 그리고 우리가 걸어가야 할 삶의 길을 발견할 수 있기를 바랍니다.

이스라엘 백성은 출애굽 이후 유랑하며 지내던 40년간의 광야 생활을 정리하고, 젖과 꿀이 흐르는 땅 가나안으로 들어가기 직전입니다. 그들은 한마디로 대격변의 한가운데 서 있습니다. 삶의 크나큰 변화를 겪으며 헤쳐 나가다 보면, 눈앞의 문제를 해결하느라 중심을 잃기도 합니다. 내우외환에 휩쓸려 우왕좌왕하거나 살아남아 보겠다고 기회주의자처럼 처세하다가 오히려 애굽의 종살이와 다름없는 상황에 처하기도 합니다. 그러므로 사람은 모름지기 큰 변화 앞에서 미리 마음가짐과 삶의 태도를 분명히 하고, 삶의 중심추를 묵직하게 정해 두어야 합니다.

하나님은 먼저 주님의 모든 명령을 지키라고 말씀하십니다. 그리고 주님의 뜻을 중심에 모신 이들이 누릴 희망찬 미래를 분명하게 보여 주십니다. 첫째, 그들은 하나님께 힘을 받아서 땅을 차지할 것입니다(8). 이들 대다수는 광야에서 태어나고 자라난 광야 세대입니다. 평생 광야만 보아 온 이들입니다. 익숙한 광야를 벗어나 미지의 땅으로 나아가는 것 자체가 두려울 수 있습니다. 하지만 하나님께서 그들을 강성하게 하십니다. 둘째, 그들은 그 땅에서 오래도록 살아갈 것입니다(9). 한 번의 성취보다 더 어려운 일은 그것을 유지하는 것입니다. 하나님은 처음부터 마지막까지 동일한 은총으로 그들을 지키겠다고 하십니다. 셋째, 일 년 내내 하나님께서 몸소 그들을 돌보실 것이므로 이전과는 전혀 다른 삶을 살 것입니다(12). 하나님은 그들 삶의 패러다임 자체를 바꾸십니다. 애굽에서는 인간의 발로 밭에 물을 대었다면, 약속의 땅에서는 하나님께서 하늘에서 내리는 비로 물을 댈 것입니다. 새로운 변화는 낯설지만 은총의 빛 가운데 이들이 새롭게 누릴 복의 넓이와 깊이는 상상을 초월합니다.

하나님께서는 우리에게 이전보다 더 아름다운 삶에 대한 분명한 희망과 약속을 주셨습니다. 주님의 계명을 확고하게 붙잡고, 새 희망을 힘차게 이루어 가기를 바랍니다.

325장
예수가 함께 계시니

신명기 11:8~12
네 하나님 여호와께서 돌보아 주시는 땅이라 연초부터 연말까지 네 하나님 여호와의 눈이 항상 그 위에 있느니라 (12)

매일 성경 읽기
출 39장 ✓ 40장 ☐

사랑의 하나님, 우리에게 새 희망을 주시니 감사합니다. 우리를 진정으로 변화시켜 주셔서 어제보다 더 나은 내일을 만들어가도록 이끌어 주옵소서. 새 삶을 두려워하지 않고, 삶의 중심에 주님의 계명을 분명히 품게 하옵소서. 예수님의 이름으로 기도합니다. 아멘.

이범석 목사 _ 은평청파교회

주님께서 허락하신
희망의 제목은
무엇입니까?

2

주일

2

341장
십자가를 내가 지고

—

디모데후서 4:5~8
그러나 너는 모든 일에 신중하여 고난을 받으며 전도자의 일을 하며 네 직무를 다하라 (5)

고난을 전수하는 바울

바울은 디모데에게 편지를 보내 모든 일에 근신하여 고난을 받으라고 말합니다. 복 주시는 하나님께 복을 구하라, 사랑을 베푸시는 하나님을 경험하고 또 사랑하라는 말도 충분히 전했지만, 자신이 경험한 고난을 이어받으라고도 말합니다. 아끼고 사랑하는 동역자에게 고난을 전수하는 바울입니다. 바울은 예수 그리스도의 사랑에 압도되어 자신의 모든 권리와 입지를 내려놓고 복음 전파에만 힘을 기울였습니다. 그리고 사랑하는 동료에게도 힘들고 어려운 길이지만 마땅히 그 길을 선택해서 직무를 완성하라고 권면합니다.

그리스도인의 길은 우리가 흔히 말하는 '꽃길'이 아닙니다. 원하는 모든 복을 누리며 사랑만 받을 요량으로 이 길을 선택했다면 분명 다시 생각해야 합니다. 그리스도인에게 고난은 피할 수 없는 과정입니다. 우리는 일부러 고난을 선택하기도 해야 합니다. 우리를 사랑하신 하나님의 방식은 고난을 자처한 길이었습니다. 죽음을 결정하고 인간의 몸으로 오신 예수 그리스도의 사랑은 고난이었습니다. 어려운 사람을 돌보고 슬퍼하는 자와 함께 우신 예수 그리스도의 사랑은 고난이었습니다. 그분의 삶은 인간의 길을 선택하신 처음부터 죽음을 택하신 끝까지 고난 그 자체였습니다. 그러므로 예수 그리스도의 사랑을 받은 우리는 예수 그리스도를 닮아가야 합니다. 고난을 선택하신 사랑 방식을 우리의 사랑 방식으로 삼고, 고난을 당연히 여겨야 합니다.

고난을 전수하는 바울은 주님이 예비해 주신 의의 면류관을 언급합니다. "이제는 나를 위하여 의의 면류관이 마련되어 있으므로, 의로운 재판장이신 주님께서 그 날에 그것을 나에게 주실 것이며 나에게만이 아니라 주님께서 나타나시기를 사모하는 모든 사람에게도 주실 것입니다(8, 새번역)." 의의 면류관은 현재의 고난과 비교할 수 없는 영광입니다. 그 영광은 바울에게 미래가 아닌 지금이라는 순간에 주어진 영광입니다. 이미 받은 사랑이 나를 변화시키고, 나중에 주리라 약속하신 상이 현재를 지배하고 있습니다. 고난은 물론 힘들고 아프지만, 고난을 선택하는 것이 우리의 즐거움이자 기쁨이 되게 하신 것입니다. 우리는 즐겁게 고난을 선택할 수 있습니다. 그리고 마땅히 그것을 선택해야 합니다.

고난을 감사히
여기고 있습니까?

주님, 하나님의 사랑을 받은 우리가 하나님의 방식으로 사랑할 수 있게 해주셔서 감사합니다. 우리에게 친히 오신 희생과 고난을 본받아, 우리 또한 그렇게 살 것을 다짐합니다. 모든 순간 우리의 손과 발을 다스려 주옵소서. 예수님의 이름으로 기도합니다. 아멘.

이주현 목사 _ 매원교회

하나님은 사랑하는 자들을 위하여

바울은 2차 전도 여행 때 아덴에서 복음을 전했습니다(행 17:16~34). 아덴 사람들은 새로운 학문과 철학을 즐겨 찾았습니다. 그래서 바울은 그들이 좋아하는 언어와 방법으로 예수님의 죽음과 부활을 전했습니다. 예수님의 부활에 대해 흥미를 보인 사람들도 있지만, 더러는 비웃었습니다.

바울은 아덴을 떠나 고린도에 도착합니다. 고린도에서 바울은 아름다운 말이 아닌 성령의 나타나심과 능력으로 전도합니다(4). 그렇게 하는 이유는 그들의 믿음이 사람의 지혜에 바탕을 두지 않고 하나님의 능력에 바탕을 두게 하기 위함입니다. 하나님의 자녀로 부름 받고 좋은 교육을 받고 많은 지식을 쌓아도 성령의 능력이 연결되지 않으면 하나님의 능력이 나타날 수 없습니다. 바울은 자신의 지혜를 내려놓고 성령의 나타나심과 능력으로 복음을 전하였습니다.

7절에서 바울은 자신의 지혜와 대비되는 하나님의 지혜를 설명합니다. 이에 따르면 하나님의 지혜는 감추어졌던 것인데 하나님이 우리의 영광을 위하여 만세 전에 미리 정하신 것입니다. 하나님의 준비하심은 우리의 생각과 지식을 넘어섭니다. 바울은 "눈으로 보지 못하고 귀로 듣지 못한 것들, 사람의 마음에 떠오르지 않은 것들을, 하나님께서는 자기를 사랑하는 사람들에게 마련해 주셨다(9, 새번역)."고 말씀합니다. 이처럼 하나님은 우리를 위해, 눈으로 보지 못하고 귀로 듣지 못하고 사람의 마음에 떠오르지 않는 것을 마련해 주십니다.

무엇 때문에 고민합니까? 어떤 걱정이 삶을 힘들게 합니까? 하나님의 준비하심을 믿기 바랍니다. 이 비밀은 우리의 힘으로가 아니라 성령을 통해서만 깨달을 수 있습니다(10). 사람의 일은 사람의 속에 있는 영 외에는 아무도 알지 못합니다. 하나님께서 우리에게 성령을 허락하신 이유는 우리에게 준비하신 은혜를 알게 하기 위함입니다(12). 아직도 주님이 준비하신 것이 보이지 않습니까? 하나님이 마련해 놓으신 것들을 경험하며 살아가고 싶다면 성령 충만을 위해 기도하십시오. 하나님께서 이제껏 우리가 보지도, 듣지도, 생각하지도 못했던 일들이 무엇인지 밝히 드러내 주실 것입니다.

182장
강물같이 흐르는 기쁨

고린도전서 2:1~12
기록된 바 하나님이 자기를 사랑하는 자들을 위하여 예비하신 모든 것은 눈으로 보지 못하고 귀로 듣지 못하고 사람의 마음으로 생각하지도 못하였다 함과 같으니라 (9)

매일 성경 읽기
레 6장 ☑ 7장 ☐

사랑의 주님, 우리가 성령 충만하기 원합니다. 주님이 우리의 영광을 위해 마련해 주신 은혜의 세상을 믿음으로 보게 하옵소서. 이제껏 우리가 보지도, 듣지도, 생각하지도 못했던 그 일을 기대하고 경험하며 살게 하옵소서. 예수님의 이름으로 기도합니다. 아멘.

성낙윤 목사 _ 평안교회

하나님께서 우리를 위해 놀라운 일을 마련하셨음을 믿습니까?

가까이 하시는도다

539장
너 예수께 조용히 나가

시편 145:14~19
여호와께서는 자기에게 간구하는 모든 자 곧 진실하게 간구하는 모든 자에게 가까이 하시는도다 (18)

이문재 시인의 '오래된 기도'라는 시의 일부입니다. "가만히 눈을 감기만 해도/ 기도하는 것이다// 왼손으로 오른손을 감싸기만 해도/ 맞잡은 두 손을 가슴 앞에 모으기만 해도/ 말없이 누군가의 이름을 불러주기만 해도/ 노을이 질 때 걸음을 멈추기만 해도/ 꽃 진 자리에서 지난 봄날을 떠올리기만 해도/ 기도하는 것이다 … 고개 들어 하늘을 우러르며/ 숨을 천천히 들이마시기만 해도." 우리는 이 시를 통해 기도가 어떠한 것인지 느낄 수 있습니다. 세상의 모든 일을 살피면서 하나님께 나아갈 때 우리는 기도하는 사람이 됩니다.

기도를 어렵게 생각하는 사람들이 있습니다. 그런데 하나님을 의식하고 자신의 존재를 하나님께 드리는 시간을 갖는 것만으로도 우리는 모두 기도하는 사람이 됩니다. 이것을 바탕으로 우리는 조금씩 더 깊은 기도로 나아갈 수 있습니다. 우리가 변화무쌍한 세상 속에서 겪는 많은 일을 주님 앞에 내려놓고 겸손히 하나님께 나아갈 때, 인자하고 자비하신 하나님은 우리와 함께하시고 우리의 기도를 들어주십니다.

시편 145편은 히브리어 알파벳 순서를 따라 지은 기도시입니다. 내용은 전형적인 찬양시입니다. 시편 기자가 이렇게 찬양하는 이유는 하나님은 은혜롭고 긍휼이 많으시며 노하기를 더디 하시며 인자하심이 크기 때문입니다(8). 하나님은 넘어지는 자를 붙드시고 비굴한 자들을 일으키시며, 하나님을 앙망하는 자에게 때를 따라 먹을 것을 주십니다(14~15). 또한 우리가 소원하는 것을 만족스럽게 채워 주십니다(16). 하나님께서 하시는 일은 의롭고, 하나님은 모든 일을 사랑으로 하십니다(17).

이런 하나님께 우리는 기도로 나아가야 합니다. 진실하게 기도할 때 하나님은 우리에게 다가오시며, 우리의 기도를 들으시고, 신실하게 응답하십니다. "주님은, 주님을 부르는 모든 사람에게 가까이 계시고, 진심으로 부르는 모든 사람에게 가까이 계신다. 주님은, 당신을 경외하는 사람의 소원을 이루어 주시고, 그들의 부르짖는 소리를 듣고 구원해 주신다(18~19, 새번역)." 기도를 통해 하나님과 진정한 영적 교제를 이루며, 하나님께서 주시는 복을 누리기를 간절히 소망합니다.

매일 성경 읽기
레 8장 ☑ 9장 ☐
10장 ☐

하나님께
기도로 나아가고
있습니까?

좋으신 하나님, 우리는 기도를 너무 어렵게 생각하고 하나님께 나아가지 못할 때가 많습니다. 바쁜 일상에 파묻혀 기도를 망각하기도 했습니다. 일상에서 하나님을 의식하며 하나님께 나아가 진실하고 겸손하게 기도하게 하옵소서. 예수님의 이름으로 기도합니다. 아멘.

홍의종 목사 _ 전일교회

강하고 담대하라

어떤 사람이 보이지 않는 가시에 고통받는 것을 보았습니다. 너무 작아서 확대경으로 보아야 겨우 볼 수 있는 크기였습니다. 인간은 대단한 능력을 가진 것 같지만 보이지 않을 정도로 작은 가시 하나로 인하여 고통을 받는, 참으로 약하기 이를 데 없는 존재입니다.

우리의 몸이 이러할진대 마음은 어떻겠습니까? 예수께서 잡히시기 전날 밤에, 베드로는 예수님을 향한 마음을 자신 있게 표현했습니다. 그러나 소녀의 질문에 그의 마음이 무너지고 말았습니다. 베드로는 예수님을 세 번이나 모른다고 부인했습니다. 인간은 이렇듯 작은 가시에 고통을 당하고, 작은 말 한마디에 굳은 결심도 무너져 내리는 참으로 연약한 존재입니다.

오늘 본문의 여호수아는 모세의 뒤를 잇는 지도자가 되어 이스라엘 백성을 이끌고 가나안 땅을 향해 나아가야 했습니다. 여호수아가 얼마나 불안하고 두려웠겠습니까? 그런데 하나님께서 여호수아에게 "강하고 담대하라."고 말씀하셨습니다. 그렇지 않으면 이스라엘 백성을 이끌고 가나안 땅에 들어갈 수가 없습니다.

연약한 인간이 어떻게 강하고 담대할 수 있을까요? 하나님께서 해결책을 주십니다. 그것은 바로 '내가 너를 떠나지 아니하며 버리지 아니하겠다(5)'는 하나님의 약속입니다. 지금 이 순간 하나님께서 나와 동행하고 계신다는 믿음이 나를 강하고 담대하게 만들어 줍니다.

이 세상을 살아가는 두 가지 방법이 있습니다. 두려움으로 사는 것과 믿음으로 사는 것입니다. 두려움으로 살면 믿음으로 살 수 없고, 믿음으로 살면 두려움으로 살 수 없습니다. 여호수아는 지금 선택의 기로에 서 있습니다. 하나님을 무시하고 두려움으로 살 것인가, 아니면 지금 함께하시는 하나님을 믿는 믿음으로 살 것인가? 우리도 마찬가지입니다. 어떤 선택을 하겠습니까? 지금 나와 동행하시는 하나님을 신뢰하십시오. 내 속에서 강하고 담대한 힘이 솟아날 것입니다. "군세고 용감하여라. 내가 이 백성의 조상에게 주기로 맹세한 땅을, 이 백성에게 유산으로 물려줄 사람이 바로 너다(6, 새번역)." 하나님의 약속을 기억하고 신뢰하며 오늘도 한 걸음 나아가기를 바랍니다.

347장
허락하신 새 땅에

여호수아 1:1~6
강하고 담대하라 너는 내가 그들의 조상에게 맹세하여 그들에게 주리라 한 땅을 이 백성에게 차지하게 하리라 (6)

매일 성경 읽기
레 11장 ☑ 12장 ☐
13장 ☐

하나님, 우리는 약하여 넘어질 때가 많습니다. 좌절하고 낙심하여 포기하고 싶을 때도 있습니다. 주님, 우리와 함께하시는 하나님을 입술로 고백합니다. 그리고 마음으로 확신합니다. 오늘도 강하고 담대하게 살아가게 하옵소서. 예수님의 이름으로 기도합니다. 아멘.

곽주환 목사 _ 베다니교회

나와 동행하시는 하나님을 의지하고 있습니까?

복음을 기록한 목적

202장
하나님 아버지 주신 책은

요한복음 20:30~31
오직 이것을 기록함은 너희로 예수께서 하나님의 아들 그리스도이심을 믿게 하려 함이요 또 너희로 믿고 그 이름을 힘입어 생명을 얻게 하려 함이니라 (31)

예수님은 공생애 3년 동안 하나님 나라를 가르치고, 하나님의 말씀을 선포하고, 하나님의 사람들을 치유하셨습니다. 예수님이 하나님 나라를 '가르치셨다'는 것은 사람들이 하나님 나라를 이해할 수 있게 쉽고 분명하고 단순하게 알려 주셨다는 뜻입니다. '선포하셨다'는 것은 하나님의 말씀을 "귀 있는 자는 들을지어다."라고 세상에 있는 모든 사람에게 외치셨다는 뜻입니다. '치유하셨다'는 것은 긍휼의 마음으로 아픔과 고통 가운데 있는 자들을 온전하고 완전하도록 세워 주셨다는 뜻입니다. 예수님은 최고의 선생님이고 설교자이고 의사이셨습니다. 하지만 예수님은 선생님, 설교자, 의사로 일생을 마치지 않으셨습니다. 예수님의 최후 사역은 십자가의 죽음과 부활이었습니다. 십자가의 죽음과 부활이 모든 사역의 마침이었습니다.

복음을 기록한 목적은 두 가지입니다. 첫째, 예수를 하나님의 아들 그리스도로 믿는 믿음으로 초대하기 위해서입니다. 예수님을 최고의 선생님으로 믿는 사람들이 있습니다. 인간의 본질을 꿰뚫어 보는 최고의 지혜와 명철을 지닌 성인이라고 말하는 사람들이 있습니다. 하지만 십자가의 죽음으로 말씀을 따라 사랑의 본을 보여 준 스승도, 죄의 죽음을 대신 짊어진 의사도 없습니다. 예수님의 모든 사역은 예수가 누구인지를 알게 하는 표적(sign)입니다. 복음, 즉 기쁜 소식은 예수가 우리의 구원자임을 믿을 때 구원에 이른다는 사실입니다.

둘째, 믿고 그 이름을 힘입어 생명을 얻도록 초대하기 위해서입니다. 기적과 이적에 마음을 빼앗긴 사람들이 있습니다. 예수님의 사역을 보면서 사람들은 문제를 해결하기 위해 주님을 찾습니다. 하지만 예수님은 우리에게 생명을 주기 위해 오셨습니다. 예수님은 모든 사역 가운데 무엇이 가장 중요한지 알려 주기를 원하셨습니다.

우리는 복음을 듣고 하나님이 주신 말씀에 붙들려 살아야 합니다. 하나님이 주신 약속을 믿어야 합니다. 그리고 사랑하며 사는 것이 무엇인지를 알아야 합니다. 우리 모두가 예수 그리스도를 믿고, 자기를 부인하고 자기 십자가를 지고, 주님의 길을 따라가 영원한 생명을 얻기를 소망합니다.

매일 성경 읽기
레 14장 ☑ 15장 ☐

영원한 생명을 얻도록 기록된 복음을 읽고 있습니까?

주님, 우리에게 말씀을 읽고 듣고 지키는 복을 허락하옵소서. 말씀이 기록된 대로 믿지 못하고 내 멋대로 믿은 것을 회개합니다. 기록된 말씀 안에서 예수 그리스도를 찾고, 하나님 나라를 보고, 하나님의 뜻을 따라 살게 하옵소서. 예수님의 이름으로 기도합니다. 아멘.

정영구 목사 _ 하나교회

주를 의지할 때 두려움은 사라집니다

인생을 사는 동안 사람은 이런저런 어려움을 겪습니다. 우리가 겪는 대부분의 어려움은 우리의 노력으로 헤쳐나갈 수 있는 것들이기도 합니다. 그러나 깊이 파고들면, 이겨낼 힘까지도 하나님께서 주시는 것임을 고백하지 않을 수 없습니다. 아기가 태어나 자기 발로 일어서서 걷는 것은 대체로 돌 즈음이 되면 자연스러운 일입니다. 그러나 이조차도 깊이 생각하면 할수록 신비한 일이며, 은혜의 사건입니다.

성경은 우리가 감당할 수 없는 시련 앞에서 어떤 자세를 취하고, 어떤 삶을 살아가야 할지를 가르쳐 줍니다. "하나님은 우리의 피난처시요 힘이시니 환난 중에 만날 큰 도움이시라(1)." 예수 그리스도를 만났던 사람들을 살펴보십시오. 열병, 선천적 장애, 사람들의 손가락질, 오래된 질병, 귀신 들림, 굶주림에 이르기까지 다양한 어려움을 가진 사람들이 모두 주님의 은혜로 온전케 되었으며 영혼이 살아나는 능력을 체험했습니다. 더욱 중요한 것은 절망으로 포기했던 '생명'과 '삶'을 다시 얻었습니다.

유럽 인구의 1/3을 죽음으로 몰아갔던 흑사병을 비롯하여 스페인 독감, 신종플루, 메르스, 에볼라와 코로나19 바이러스까지 우리 앞에 환난이 없는 때는 없었습니다. 극심한 환경의 변화에 따른 기후위기, 자연재해, 전쟁과 갈등의 상황이 인류 역사에서 끊어진 적이 없습니다. 오늘 본문에 "땅이 변하든지 산이 흔들려 바다 가운데에 빠지든지 바닷물이 솟아나고 뛰놀든지 그것이 넘침으로 산이 흔들릴지라도 우리는 두려워하지 아니하리로다(2~3)."고 합니다. 이처럼 한 번도 보지 못했고 상상도 하지 못할 일이 일어날 수 있습니다. 그러나 아무리 심각하고 두려운 일이라 할지라도, 하나님의 보호하심을 의지하는 이들은 겁낼 필요가 없습니다. 하나님이 우리의 피난처요, 힘이십니다. 주님께서는 우리를 떠나지 않을 것이라고 말씀하셨습니다.

지금 우리에게는 믿음으로 희망을 놓지 않는 지혜가 필요합니다. 우리의 구원자 되시고 도움이 되시는 주님의 은혜를 간구하며 함께 어려움을 이겨냅시다. 믿음의 사람들이야말로 이 땅에 소망을 불어 넣을 수 있는 존재임을 잊지 않길 바랍니다.

매일 성경 읽기
레 16장 ☑ 17장 ☐

은혜의 하나님. 우리가 처한 이 엄중한 상황에서 도움은 오직 하나님에게서만 옴을 고백합니다. 삶의 풍랑 속에서 믿음으로 살아가게 하옵소서. 또한 눈물로 하루하루를 보내는 이들 곁에서 희망을 주는 우리가 되게 하옵소서. 예수님의 이름으로 기도합니다. 아멘.

정요섭 목사 _ 아침빛교회

상상도 못한 환난 앞에서 주님을 바라보고 있습니까?

제자, 곧 버려두고 따르는 사람

461장
십자가를 질 수 있나

—

마태복음 4:18~22
그들이 곧 그물을 버려 두
고 예수를 따르니라 (20)

예수님이 공생애를 시작하면서 가장 처음 하신 일은 제자를 부르신 일입니다. 예수님의 제자들은 예수님의 마음을 품고 하나님 나라를 위하여 일하는 일꾼들입니다. 그들은 예수님을 통하여 이루실 하나님의 놀라운 구원을 세상에 나타내는 사람들입니다. 예수님의 십자가, 부활, 승천 사건 이후에 이 땅에 예수 그리스도의 복음을 위하여 목숨을 바칠 증인들입니다. 예수님은 이 일을 위하여 제자를 부르셨습니다.

오늘 본문 말씀은 예수님이 처음으로 제자를 부르시는 장면입니다. 예수님은 갈릴리 해변에서 베드로와 안드레, 야고보와 요한을 제자로 부르셨습니다. 이들이 예수님의 첫 번째 제자가 된 이유는 무엇일까요? 이들은 예수님의 부르심에 즉각적으로 응답하였습니다(20, 22). "나를 따라오라 내가 너희를 사람을 낚는 어부가 되게 하리라(19)."는 주님의 부르심에 주저함 없이 곧 따랐습니다. '곧'은 일말의 지체함이 없는 즉각성을 뜻하며, 이것이 주님의 제자도를 이루는 가장 중요한 요소입니다. 예수님은 손에 쟁기를 잡고 뒤를 돌아보는 자, 즉 부르심에 주저하는 사람들은 하나님 나라에 합당하지 않다고 말씀하셨습니다(눅 9:62).

또 그들은 예수님의 부르심에 그물을 '버려두고' 따랐습니다. 어부에게 가장 중요한 도구는 그물입니다. 그물이 있어야 물고기를 잡을 수 있기 때문입니다. 그러나 베드로는 기꺼이 어부의 일을 내려놓고 예수님을 따랐습니다. 또 다른 제자 야고보와 요한은 배와 아버지를 버려두고 예수님을 따랐습니다. 가장 소중한 재산과 혈육을 두고 예수님의 제자가 되기로 결심한 것입니다. 자신이 귀하게 여기는 것을 기꺼이 버려두고 주님을 따를 수 있는 사람이 예수님의 제자가 될 수 있습니다.

지금도 예수님은 자신을 온전히 따를 제자를 찾으십니다. 갈릴리 해변을 거니셨던 마음으로 한국교회를 거닐고 계십니다. 베드로와 안드레처럼, 야고보와 요한처럼 '곧, 버려두고' 예수님을 따를 제자를 찾고 계십니다. "사람을 낚는 어부가 되게 하리라."는 말씀에 지체하지 않고 순종하는 우리가 되기를, 예수님의 제자가 되기를 소망합니다.

매일 성경 읽기
레 18장 ☑ 19장 ☐
20장 ☐

나는 '곧, 버려두고'
예수님을 따르는
제자입니까?

주님, 우리의 모습을 돌아봅니다. 주저하지 않고 곧, 즉각적으로, 예수님의 말씀에 순종하는 사람이 되게 하옵소서. 움켜쥐고 붙들고 있는 것이 있다면 예수님을 온전히 따르기 위하여 담대히 버릴 수 있는 용기를 주옵소서. 예수님의 이름으로 기도합니다. 아멘.

강연희 목사 _ 감리교선교사훈련원

아브라함의 딸을 위하여

주일

9

394장
이 세상의 친구들

누가복음 13:10~17
그러면 열여덟 해 동안 사탄에게 매인 바 된 이 아브라함의 딸을 안식일에 이 매임에서 푸는 것이 합당하지 아니하냐 (16)

예수님은 율법을 자기 권위와 생존 수단으로 삼는 바리새인들과 늘 대립하셨습니다. 율법을 없애려 한다는 비판을 받던 예수님은 '율법을 폐하려는 것이 아니라 완전하게 하려는 것(마 5:17)'이라고 대답하셨습니다. 율법의 핵심은 최선을 다해 하나님과 이웃을 사랑하는 것입니다(마 22:37~39). 그러니 율법을 완성하는 길은 사랑하는 것이고, 율법이 사랑의 실천을 방해한다면 기존의 율법 체계를 그대로 답습할 수 없다는 것입니다. 사랑으로 율법을 새롭게 해석하고 지켜야 한다는 예수님의 교훈이 잘 드러나는 것이 안식일에 관한 갈등입니다.

예수님은 회당에서 하나님 말씀을 가르치시다가 18년 동안 귀신 들려 앓는 여인을 보고 고쳐 주셨습니다. 굳이 일이라고 할 수도 없는, 그저 머리에 손을 얹고 조용히 말씀하신 것이었습니다. 여인이 치료되자 회당장이 안식일에는 이런 일을 하지 말라며 무리에게 화를 냈습니다. 예수님은 "안식일에 자기의 소나 나귀를 외양간에서 풀어내어 이끌고 가서 물을 먹이지 아니하느냐(15)."고 말씀하셨습니다. 여기에는 두 가지 의미가 담겨 있습니다. 자기 일은 하면서 남의 일이라고 못 하게 하느냐는 것과, 목마른 짐승에게 물을 먹이는 것보다 사람을 살리는 일이 훨씬 더 중요하지 않느냐는 것입니다.

생명을 살리는 일, 그것도 18년 동안이나 중병을 앓던 사람을 살리는 일은 이것저것 따져 가면서 내일로 미루어야 할 만큼 여유 있는 일이 아닙니다. 오랜 질병은 가난과 차별과 소외 같은 여러 아픔을 동반하기 때문입니다. 이러한 예수님의 생각은 '아브라함의 딸'이라는 표현에 잘 드러나 있습니다. 아브라함의 자손이라는 것은 유대인의 자랑스러운 정체성이지만, 딸은 그 축에 들어가지 못하는 차별받는 존재였습니다. 아브라함의 딸이라는 표현은 이 여인이 겪고 있는 육체적 고통과 사회적 차별을 한꺼번에 드러내고 치유하신 말씀입니다. 그렇다면 안식일은 그런 일을 해서는 안 되는 날이 아닌, 그런 일을 하기에 아주 적당한, 그렇게 사람을 살리고 돕기 위해 자신의 일을 멈추라고 허락된 날이 아닐까요? 그래서 우리는 예수님이 안식일의 주인이심을 고백하며 예배합니다.

매일 성경 읽기
레 21장 ☑ 22장 ☐

사랑의 주님, 우리의 안식일이 쉬고 노는 날이 아니라 특별한 일을 하는 날이 되게 하옵소서. 말로 하는 예배를 넘어 사랑을 실천하고 헌신하는 예배를 드리게 하옵소서. 생명을 살리는 일을 귀히 여기는 우리가 되게 하옵소서. 예수님의 이름으로 기도합니다. 아멘.

김창연 목사 _ 후용교회

나는 안식일을 어떻게 보내고 있습니까?

네 손이 하나님의 손이다

2
월요일

10

213장
나의 생명 드리니

―

잠언 3:27~35
네 손이 선을 베풀 힘이 있
거든 마땅히 받을 자에게
베풀기를 아끼지 말며 (27)

매일 성경 읽기
레 23장 ☑ 24장 ☐
25장 ☐

성 프란치스코의 기도문은 하나님의 백성으로 부름 받은 우리가 어떤 존재인지를 잘 보여 줍니다. "주여, 나를 평화의 도구로 써주소서. 미움이 있는 곳에 사랑을, 다툼이 있는 곳에 용서를, 분열이 있는 곳에 하나 됨을, 잘못이 있는 곳에 진리를, 의심이 있는 곳에 믿음을, 절망이 있는 곳에 희망을, 어둠이 있는 곳에 빛을, 슬픔이 있는 곳에 기쁨을 심게 하소서. 위로받기보다는 위로하며 이해받기보다는 이해하며 사랑받기보다는 사랑하게 하소서. 우리는 줌으로써 받고 용서함으로써 용서받으며 자기를 버림으로써 영원한 생명을 얻고자 합니다." 이 기도는 신앙인의 자리가 어디인지를 분명히 알려 줍니다. 우리는 논쟁하고 다툼으로 잘잘못을 가리는 정당성의 자리가 아니라, 이해하고 화해함으로 평화를 일구어가는 사랑의 자리로 부름 받았습니다. 이것은 예수 그리스도의 희생과 사랑의 절정인 십자가에 기초합니다. 그리고 예수님은 우리에게 그 길을 따라오라고 말씀합니다.

오늘 본문은 시작부터 선명한 명령으로 시작합니다. "마땅히 받을 자에게 베풀라(27)."는 것입니다. 얼핏 보면 이 표현은 우리의 마음을 불편하게 합니다. 분명 누군가를 돕는 일은 선행이고, 하지 않아도 별다른 문제가 되지 않을 것 같기 때문입니다. 그런데 성경은 '마땅히'라는 단어로, 섬김과 선행이 당연함을 넘어, 당위적 책임이 있음을 말해 줍니다. 이 부분을 새번역은 '주저하지 말고', 우리말성경은 '기꺼이'라는 말로 번역함으로써 선행의 주도권이 나에게 있지 않음을 보여 줍니다. 급기야 메시지성경은 "그에게는 네 손이 하나님의 손이다."라고 다소 과격한 번역을 합니다.

잠언의 말씀을 통해 내 시간, 내 노력, 내 힘과 재능, 내 열정이 어디에서 왔는지를 생각해 봅니다. 이 모든 것을 하나님이 왜 허락해 주셨는지도 돌아봅니다. 내가 가지고 있다고 다 내 소유가 아닙니다. 하나님의 일을 하도록 우리에게 잠시 맡기셨을 뿐입니다. 이것은 우리가 이미 빚 진 자임을 전제합니다. 내 모습을 통해 주님이 드러나고, 내 언행을 통해 주님이 증거되길 소망합니다. 내 손이 하나님의 손임을 잊지 마십시오. 하나님은 오늘도 나를 통해, 우리를 통해 세상으로 나아가기 원하십니다.

오늘 내가 하나님의
손이 되어 해야 할
일은 무엇일까요?

주님, 오늘도 먼저 받은 사랑에 빚진 자로 살아가게 하옵소서. 우리의 말과 행동에서 하나님의 사랑이 드러나고, 그것이 우리 삶의 유일한 만족과 기쁨이 되게 하옵소서. 우리에게 주신 모든 것으로 주님께 영광 돌리게 하옵소서. 예수님의 이름으로 기도합니다. 아멘.

신동훈 목사 _ 꿈의교회

심판을 면하게 하는 화해

화요일

11

327장
주님 주실 화평

마태복음 5:21~26
예물을 제단 앞에 두고 먼저 가서 형제와 화목하고 그 후에 와서 예물을 드리라 (24)

예수님은 산상설교에서 살인에 대해 말씀하시면서 형제와의 화해(和解)를 언급하십니다. 왜 살인과 형제와의 화해를 연결해서 말씀하실까요? 구약에서는 살인을 저질렀을 때, 그 행위에 대해 심판하였습니다. 그러나 예수님은 살인의 행위만 심판하는 것이 아니라 살인의 의도를 가진 모든 생각과 행동도 동일한 심판을 할 것이라고 하십니다. 그 생각과 행동이 무엇인지 구체적으로 살펴보겠습니다.

첫째, 형제에게 화를 내는 행동입니다. 분노하는 행동은 형제를 미워하고 더 나아가 살인에 이르는 경우까지 있기 때문입니다. 둘째, 형제에게 '라가'라고 하는 것입니다. 라가라는 말은 아람어 '레카'에서 유래한 말로 '무가치한 놈', '골빈 놈'이라는 뜻입니다. '너는 사람 구실을 못한다'라는 부정적인 의미의 말이기 때문에, 이런 말은 결국 상대방을 죽이는 말이 될 수 있습니다. 셋째, 형제에게 '미련한 놈'이라고 하는 것입니다. 이런 사람은 지옥 불에 들어간다고 말씀합니다. 미련한 놈이라는 말은 '하나님을 반역하는 자'라는 의미입니다. 즉 하나님을 반역하여 종교적으로 구원을 받지 못하는 자라고 정죄하는 말입니다. 이런 말들이 결국 형제를 죽이는 말이 됩니다.

그렇다면 우리는 어떻게 해야 합니까? "예물을 제단에 드리려다가 거기서 네 형제에게 원망들을 만한 일이 있는 것이 생각나거든 예물을 제단 앞에 두고 먼저 가서 형제와 화목하고 그 후에 와서 예물을 드리라(23~24)." 예수님은 먼저 화해하라고 말씀하십니다. 분노의 감정을 이기는 화해, 형제를 도덕적으로, 종교적으로 미워하지 않는 화해를 할 때 우리는 살인의 죄에서 벗어날 수 있습니다. 그리고 '급히 사화하라'는 말씀을 기억하고 실천해야 합니다. 단순한 화해를 넘어서 친구로까지 관계를 개선하라는 말씀입니다. 그래야 재판을 받지 않을 것이라고 말씀하십니다.

형제와 화해하여 관계를 회복하듯 우리 주님과의 관계도 회복해야 합니다. 주님과의 관계를 온전히 회복할 때 우리는 심판대 앞에서 재판받는 자가 아니라 구원받는 성도가 될 것입니다. 화해로 관계를 회복함으로 하나님의 심판을 받지 않고 구원의 은혜를 누리는 성도가 되기를 소망합니다.

매일 성경 읽기
레 26장 ☑ 27장 ☐

사랑의 하나님, 우리의 마음과 말을 지켜 주옵소서. 그리하여 마음으로 형제를 미워하지 않게 하시고, 저주의 말로 죄를 짓지 않게 하옵소서. 또한 회개의 마음을 주셔서 하나님과의 관계도 회복하는 성도가 되게 하옵소서. 예수님의 이름으로 기도합니다. 아멘.

엄원석 목사 _ 새생교회

형제와 하나님과 화해하기 위해 어떤 노력을 하고 있습니까?

내 영혼아 어찌 낙심하는가

2
수요일

12

438장
내 영혼이 은총 입어

—

시편 42:1~5
내 영혼아 네가 어찌하여 낙
심하며 어찌하여 내 속에서
불안해 하는가 너는 하나님
께 소망을 두라 그가 나타나
도우심으로 말미암아 내가
여전히 찬송하리로다 (5)

성도가 중한 병으로 입원하여 심방을 갔습니다. 성경 말씀을 읽고, 하나님께 소망을 두고 믿음으로 굳게 설 것을 권면하고, 주님께서 치료해 주시기를 간곡히 기도했습니다. 그리고 반드시 회복될 것이라고 위로해 주었습니다. 그런데 심방을 마치고 병실을 나와 몇 발짝 걷기도 전에 동행한 누군가가 말했습니다. "오래 못 가겠지요?" 이처럼 입술로는 믿음이 있다고 말하지만, 마음으로는 하나님을 믿지 않는 경우가 적지 않습니다. 함께 기도하면서도 그 기도가 응답받을 것이라는 확신보다는 기도하고 응답받지 못했던 자신의 경험에 마음이 더 가 있기 때문입니다.

하나님은 우리 일상의 깊이에서 일하십니다. 사물에는 표면이 있고 깊이가 있습니다. 해바라기씨를 예로 들면 눈에 보이는 해바라기 씨앗은 표면입니다. 해바라기 씨앗에는 해바라기꽃이 없습니다. 그러나 해바라기 씨앗의 깊이에는 수많은 해바라기꽃이 있습니다. 우리의 눈은 표면을 보지만 믿음의 눈은 깊이를 보는 것입니다. 그것이 바라는 것의 실상입니다. 하나님은 바로 그 깊이에서 일하십니다.

사람들은 세상의 것들을 바라보고 삽니다. 그러나 우리는 세상 속에서 살아 역사하시는 하나님을 바라보고 삽니다. 그것이 신앙의 안목입니다. 교회에서만 하나님을 바라보는 것은 표면만 보는 신앙입니다. 참 신앙은 불신의 세상에서 분명히 살아 역사하시는 하나님을 바라보는 것입니다. 참 신앙을 가진 우리는 세상 사람들이 하나님이 어디 있냐고 말할 때 자신만의 미소를 지으며 분명 살아 역사하시는 하나님을 바라볼 줄 알아야 합니다. 낙심케 하는 상황에 놓여 있고 불안이 엄습할 때, 일상의 깊이 가운데 일하시는 하나님을 바라보아야 합니다.

"내 영혼아, 네가 어찌하여 그렇게 낙심하며, 어찌하여 그렇게 괴로워하느냐? 너는 하나님을 기다려라. 이제 내가, 나의 구원자, 나의 하나님을, 또다시 찬양하련다(5, 새번역)." 말씀을 묵상할 때 그 말씀의 깊이 가운데로 인도하시는 성령 하나님의 손길을 느낄 수 있을 것입니다. 우리와 함께하시는 살아 계신 하나님을 바라보기 바랍니다.

매일 성경 읽기
민 1장 ☑ 2장 ☐

나의 소망을 어디에
두고 있습니까?

존귀하신 하나님, 낙심한 우리의 영혼을 긍휼히 여겨 주옵소서. 도우시는 주님으로 말미암아 낙심이 변하여 소망이 되고, 탄식이 변하여 찬송이 되게 하옵소서. 일상의 깊이에서 영혼을 살피시는 주님과 늘 동행하게 하옵소서. 예수님의 이름으로 기도합니다. 아멘.

문병하 목사 _ 덕정교회

하나님의 은총이 아니고는

전도하다 보면 이렇게 말하는 이들을 종종 만납니다. "하나님이 살아 있다는 증거가 어디 있습니까?" 여기에 이어지는 질문도 짐작 가능합니다. "하나님이 살아 있다면 대체 세상이 왜 이 모양입니까?" 신앙인이라고 하는 이들도 이런 생각을 하는 경우가 있습니다. 이러한 생각이 거듭되면 불신이 커져 나중에는 걷잡을 수 없어집니다.

우리는 이러한 불신이 어디에서 시작되는지 알아야 합니다. 야고보서는 이렇게 전합니다. "오직 각 사람이 시험을 받는 것은 자기 욕심에 끌려 미혹됨이니(약 1:14)." 신앙생활이란 본래 내가 원하는 욕심을 버리고 하나님께서 원하시는 뜻을 듣고 행하리라는 약속입니다. 그러나 많은 이들이 오히려 나의 욕망이 채워지면 하나님의 뜻을 행하겠다고 합니다. 이는 신앙을 크게 오해한 것입니다. 이러한 탐욕이 결국 세상을 아프게 만듭니다.

애굽에서 해방되어 광야를 지날 때 이스라엘 백성의 상황도 비슷했습니다. 그들은 잠시 자유를 얻은 것에 기뻐하였으나 곧 낙담합니다. 광야는 자신들의 욕망을 채우기에 턱없이 부족했기 때문입니다. 그들은 노예 생활 중에 먹었던 음식들을 나열하며 자유의 삶을 원망합니다. 그뿐만 아니라 자신들을 구원한 신을 눈에 보이게 만들어 달라고 요구합니다. 그리하여 결국 금송아지가 만들어집니다. 이는 인간의 탐욕이 형상화된 것으로 하나님께서는 크게 진노하십니다.

오늘 본문은 이러한 사람의 욕망이 허망함을 말합니다. 광야는 하나님의 백성으로 사는 법을 배우는 곳입니다. 사람이 자신의 능력으로 수고하고 거둔 것으로 먹고 마시며 자랑하는 것이 아니라, 오직 하늘에서 오는 양식, 곧 만나로 사는 법을 배우는 곳입니다. 이는 하나님의 은총이 아니고는 살 수 없다는 것을 철저히 깨닫게 하는 말씀입니다. 말씀은 이렇게 결론이 납니다. "사람이 떡으로만 사는 것이 아니요, 여호와의 입에서 나오는 모든 말씀으로 사는 줄을 네가 알게 하려 하심이니라(3)." 하나님의 말씀이 나를 살린다는데 다른 어떤 것에 눈길을 돌릴 수 있습니까? 이 말씀이 우리의 삶에 큰 지침이 되기를 바랍니다.

목요일

13

292장
주 없이 살 수 없네

신명기 8:1~6

너를 낮추시며 너를 주리게 하시며 또 너도 알지 못하며 네 조상들도 알지 못하던 만나를 네게 먹이신 것은 사람이 떡으로만 사는 것이 아니요 여호와의 입에서 나오는 모든 말씀으로 사는 줄을 네가 알게 하려 하심이니라 (3)

매일 성경 읽기
민 3장 ☑ 4장 ☐

하나님, 우리의 눈을 열어 주시어 광야의 척박함만을 보지 않게 하옵소서. 우리를 품에 안고 걸으시는 하나님의 은총을 기억하게 하옵소서. 오직 하나님의 말씀이 우리를 살림을 깨닫고, 오직 말씀을 붙들고 살아가게 하옵소서. 예수님의 이름으로 기도합니다. 아멘.

서동성 목사 _ 향내교회

광야의 삶에
하나님께서
동행하심을 믿습니까?

이삭이 거둔 축복의 비밀

393장
오 신실하신 주

창세기 26:12~25
이삭이 거기서 옮겨 다른
우물을 팠더니 그들이 다투
지 아니하였으므로 그 이름
을 르호봇이라 하여 이르되
이제는 여호와께서 우리를
위하여 넓게 하셨으니 이
땅에서 우리가 번성하리로
다 하였더라 (22)

매일 성경 읽기
민 5장 ☑ 6장 ☐

아브라함이 죽은 후 흉년이 들자, 이삭은 아버지 아브라함이 흉년에 피했던 그랄을 다시 찾습니다. 그 땅에서 이삭은 농사를 지어 백 배의 결실을 거둡니다. 가축과 종들까지 크게 늘어나면서 블레셋 사람들의 엄청난 시기를 받았습니다. 이삭이 이 척박한 땅에서 큰 복을 누릴 수 있었던 이유를 오늘 본문 말씀에서 찾을 수 있습니다.

첫째, 하나님의 약속입니다. 이삭이 흉년을 피해 블레셋으로 내려갈 때 하나님께서 언약을 주셨습니다. "내가 네게 지시하는 땅에 거주하라 이 땅에 거류하면 내가 너와 함께 있어 네게 복을 주고 내가 이 모든 땅을 너와 네 자손에게 주리라(2~3)." 이삭은 애굽으로 피할 생각도 있었지만 하나님께서 지시하시는 블레셋으로 갔고, 하나님은 아브라함에게 주셨던 약속을 이삭에게 동일하게 주셨습니다. 하나님의 인도를 따른 이삭은 "여호와께서 복을 주시므로(12)" 척박한 땅에서 농사를 짓고 가축을 길러 큰 결실을 거두었습니다.

둘째, 나누는 마음입니다. 이삭의 종들이 그랄 골짜기에 거하며 우물을 팠습니다. 이삭의 번성을 시기한 블레셋 사람들이 가만히 있을 리 없었습니다. 그랄의 목자들이 찾아와 이삭의 종들과 우물의 소유권을 두고 다툼을 벌였습니다. 이삭은 우물을 포기하고 장소를 옮겨 두 개의 우물을 팝니다. 세 번째 우물을 파고서야 더 이상 분쟁이 없었습니다. 다른 나라에서의 성공은 위험을 동반합니다. 이삭은 성공을 위하여 자기의 이익을 주장하지 않고 양보하고 물러섭니다. 마음속에 아쉬움이 있었는지 첫 번째 우물의 이름을 '에섹(다툼)', 두 번째 우물의 이름을 '싯나(대적)'라 붙입니다. 세 번째 우물의 이름 '르호봇(넓은 곳)'과 대비되는 이름들입니다. 이삭은 하나님이 약속하신 복을 받을 만한 그릇이었습니다.

하나님이 다시 한번 언약을 확인하십니다. "네 아버지 아브라함의 하나님이니 두려워하지 말라 내 종 아브라함을 위하여 내가 너와 함께 있어 네게 복을 주어 네 자손이 번성하게 하리라(24)." 하나님의 인도하심을 따르고 하나님의 복을 받을 만한 이삭의 모습에서 어떻게 하나님께서 주시는 복을 받을 수 있는지 알 수 있습니다.

우리는 하나님께서
주시는 복을 받을 만한
사람입니까?

아브라함과 이삭에게 백 배의 복을 약속하시고 이루어 주신 하나님, 우리에게도 같은 약속을 주옵소서. 우리도 이삭과 같은 믿음으로 주님의 복을 받게 하옵소서. 우리로 인하여 많은 사람이 주님의 풍성한 복을 누리게 하옵소서. 예수님의 이름으로 기도합니다. 아멘.

박도웅 목사 _ 동인교회

한계를 돌파하라

인생을 살다 보면 예상치 못한 장벽이 나타나 우리를 움츠러들게 할 때가 많습니다. 이때 우리가 영적인 도약을 하기 위해 필요한 것이 있는데, 그것은 한계를 돌파하는 것입니다. 우리 앞에 닥친 한계와 장벽에 도전하여 뛰어넘을 때, 새롭고 혁신적인 삶이 펼쳐져 탁월한 삶을 살게 됩니다. 설령 뛰어넘지 못하더라도 도전을 통해 영적인 근육이 발달하여 어느 순간 새로운 도약을 맛볼 것입니다.

한계를 돌파하기 위해서는 어떻게 해야 합니까? 첫째, 장벽을 넘는 것을 목표로 삼아야 합니다. 한계를 넘지 못하게 가로막는 장벽은 누구에게나 있습니다. 문제는 그것을 넘을 목표로 볼 것이냐, 아니면 그것에 위축될 것이냐 하는 것입니다. 두려움에 빠지는 이유는 하나님보다 환경과 여건을 먼저 바라보고, 나의 장점과 강점보다 단점과 약점을 먼저 보기 때문입니다. 장벽을 넘기 원한다면 장벽을 하나님의 눈으로 보아야 합니다.

둘째, 분명한 자신감을 가져야 합니다. 갈렙의 자신감은 어디에서 나왔을까요? 그는 45년 전에 주신 하나님의 약속을 믿었습니다. "오늘도 내가 여전히 강건하니 내 힘이 그 때나 지금이나 같아서 싸움에나 출입에 감당할 수 있으니 그 날에 여호와께서 말씀하신 이 산지를 지금 내게 주소서(11~12)." 하나님의 약속을 토대로 자신감을 가지면 스스로에 대한 믿음이 회복됩니다. 스스로에 대한 자신감, 확신이 있어야 혁신을 향한 발걸음을 내디딜 수 있습니다.

셋째, 실제로 도전해야 합니다. 갈렙은 장벽이 얼마나 높은지, 상대가 얼마나 강한지 알고 있었습니다. 그럼에도 하나님이 함께하시면 상대를 무너뜨릴 수 있음을 알고 도전한 것입니다. "여호와께서 나와 함께 하시면 내가 여호와께서 말씀하신 대로 그들을 쫓아내리이다(12b)." 진짜 믿음은 하나님의 말씀을 믿고 행동하는 것입니다. 실행에 옮겨야 합니다. 그렇게 쌓인 성공의 추억은 성공에 대한 믿음을 줄 것이고, 그 믿음으로 계속 도전할 때 장벽은 무너지고 혁신의 새날이 주어질 것입니다. 우리도 갈렙처럼 앞에 있는 장벽에 도전합시다. 장벽을 무너뜨리고 한계를 돌파합시다. 그리하여 새 역사를 이루어가기를 간절히 축원합니다.

토요일

15

359장
천성을 향해 가는 성도들아

여호수아 14:10~15
그 성읍들은 크고 견고할지라도 여호와께서 나와 함께 하시면 내가 여호와께서 말씀하신 대로 그들을 쫓아내리이다 하니 (12b)

매일 성경 읽기
민 7장 ☑ 8장 ☐

하나님, 살면서 만나는 장벽을 하나님의 눈으로 바라봄으로써 두려움에서 벗어나게 하옵소서. 하나님의 약속을 믿음으로 자신감을 가지고 도전할 때 장벽은 무너짐을 깨닫습니다. 장벽을 넘어 한계를 돌파하게 하옵소서. 예수님의 이름으로 기도합니다. 아멘.

서길원 목사 _ 빛가온교회

장벽을 하나님의 눈으로 바라보고 있습니까?

믿음의 시선

370장
주 안에 있는 나에게

—

요한복음 2:1~11
예수께서 이 첫 표적을 갈릴리 가나에서 행하여 그의 영광을 나타내시매 제자들이 그를 믿으니라 (11)

가나 혼인 잔치의 기적에 대한 말씀은 언제 읽어도 큰 은혜가 됩니다. 우리는 이 말씀을 통해 예수님이 기적을 행하시는 능력의 주님이심을, 또한 우리 인생의 문제를 해결해 주시는 은혜의 주님이심을 깨닫습니다. 또한 가나 혼인 잔치의 기적에 동참한 마리아의 간청, 하인들의 아름다운 순종에 관한 말씀에서 도전과 은혜를 받습니다. 주님께서 이러한 기적의 은혜를 우리 삶에도 날마다 베풀어 주시기를 소망합니다.

오늘 본문에서 우리가 주목해야 할 또 하나의 매우 중요한 메시지가 있습니다. "예수께서 이 첫 표적을 갈릴리 가나에서 행하여 그의 영광을 나타내시매 제자들이 그를 믿으니라(11)." 요한은 예수님이 가나 혼인 잔치에서 행하신 일을 '첫 표적'이라고 기록합니다. 여기서 표적은 헬라어 '세메이온'으로 신호(sign), 표시(mark), 표적(token)이라는 의미입니다. 표적은 일반적으로 어떤 사람이나 사건을 다른 것과 구별하여 알게 해주는 독특한 표시를 말합니다. 즉 주님께서 물로 포도주를 만드신 기적이 단순한 기적이 아니라 예수님이 어떤 분이신지를 보여 주는 표시라는 뜻입니다. 가나 혼인 잔치의 기적은 예수님이 그 누구도 행할 수 없는 인류 구원의 역사를 행하실 그리스도이심을 보여 주는 표적입니다. 주님이 행하신 표적을 통해 제자들이 주님의 영광을 보았고, 비로소 주님을 믿기 시작하였습니다. 이 기적은 예수님이 하나님 나라의 기쁨과 영광을 보여 주신 사건이고, 예수님이 참 그리스도이심을 믿어야 함을 보여 주는 말씀입니다.

예수님 시대의 군중은 예수님의 기적에 열광했고, 구름떼같이 예수님을 따라다녔습니다. 주님이 아니라 기적을 보기 위해서였습니다. 혹시 오늘을 사는 우리의 모습은 어떠한지 점검해 보아야 하겠습니다. 주님보다 주님의 기적과 복에만 관심을 두고 있는 것은 아닌지 말입니다. 기적보다 우리의 구원자이시고 통치자이신 주님께 더 집중하고 주님을 더 사모하는 우리가 되면 좋겠습니다. 주님을 따르는 우리 모두가 모든 것 이상으로 주님을 경외하고, 모든 것 이상으로 주님을 사랑하며, 모든 것 이상으로 주님을 신뢰하는 성도가 되기를 바랍니다.

매일 성경 읽기
민 9장 ☑ 10장 ☐
11장 ☐ 12장 ☐

주님의
기적이나 응답보다
주님을 더 사랑하고
있습니까?

주님, 말씀을 통해 우리의 영을 깨워 주시고 성령과 믿음을 충만히 부어 주시니 감사합니다. 믿음의 눈을 열어 주셔서 주님의 기적과 복보다 십자가와 부활의 주님을 바라보게 하옵소서. 주님을 더욱 사랑하고 의지하게 하옵소서. 예수님의 이름으로 기도합니다. 아멘.

최명관 목사 _ 혜림교회

주님이 가르치신 기도

본문은 '주님이 가르치신 기도'에 대한 말씀입니다. 예수님이 기도를 가르치신 직접적인 이유는 기도를 가르쳐 달라는 제자들의 요청 때문입니다. "주여 요한이 자기 제자들에게 기도를 가르친 것과 같이 우리에게도 가르쳐 주옵소서(눅 11:1)." 주님이 가르치신 기도를 통해 오늘 우리의 기도를 점검해 보기 원합니다.

주님이 가르치신 기도에는 총 6개의 기도 제목이 나옵니다. 전반부 3개의 기도 제목은 '당신'(개역개정에는 생략되어 있음)이라는 2인칭 단수 대명사를 주어로 하며, 하나님의 이름(9), 하나님의 나라(10), 하나님의 뜻(10)에 대한 간구입니다. 후반부 3개의 기도 제목은 모두 '우리'라는 1인칭 복수 대명사를 주어로 하며, 현재의 양식(11), 과거의 모든 죄(12), 그리고 미래의 시험(13)에 대한 간구입니다.

주님이 가르치신 기도의 가장 큰 특징은 '하나님과 공동체'를 중심에 놓고 거기에 집중하는 것입니다. 이것은 나를 중심에 놓고 나에게 집중하는 기도와는 분명한 차이가 있습니다. 다시 말하면 우리의 기도가 먼저 하나님의 이름과 나라와 뜻을 구하는 기도가 되어야 하며, 나의 필요와 나의 육신의 삶이 아닌 우리 모두의 필요와 우리의 영적인 삶을 지키기 위한 기도가 되어야 한다는 것입니다. "그런즉 너희는 먼저 그의 나라와 그의 의를 구하라 그리하면 이 모든 것을 너희에게 더하시리라(33)."

영점사격이라는 말이 있습니다. 군대에서 사격할 때 주로 사용하는 용어인데, 총을 쏘아 조준한 지점을 정확히 맞힐 수 있게 조정하는 과정입니다. 여러 이유로 총기의 조준장치가 흐트러질 수 있기 때문에 총의 조준선과 총구가 지향하는 방향을 일치시키는 과정은 본격적인 사격 전에 반드시 필요합니다. 주님이 가르치신 기도는 우리가 드리는 기도의 '영점기도'입니다. 혹시 우리의 기도가 세속화되고 변질되지는 않았습니까? 나를 중심으로, 나에게 집중하는 기도만 드리고 있지는 않습니까? 주님이 가르치신 기도를 기억하십시오. 우리의 기도가 하나님과 공동체를 위한 바른 기도가 되도록 기도의 영점을 다시 조정할 수 있기를 바랍니다.

363장
내가 깊은 곳에서

마태복음 6:9~13
그러므로 너희는 이렇게 기도하라 하늘에 계신 우리 아버지여 이름이 거룩히 여김을 받으시오며 나라가 임하시오며 뜻이 하늘에서 이루어진 것 같이 땅에서도 이루어지이다 (9~10)

매일 성경 읽기
민 13장 ☑ 14장 ☐

사랑의 주님, 우리의 기도가 이기적이었음을 주님 앞에 고백합니다. 이제는 주님이 가르치신 기도대로 하나님과 공동체를 위한 간구를 우선하게 하옵소서. 그리하여 우리의 삶에 하나님의 통치와 뜻이 아름답게 이루어지게 하옵소서. 예수님의 이름으로 기도합니다. 아멘.

정기수 목사 _ 중부연회 총무

하나님과
공동체를 위한
바른 기도를
드리고 있습니까?

주의 마음에 든 기도

솔로몬은 기브온 산당에서 하나님께 일천번제를 드렸습니다. 소 일천 마리가 한자리에서 동시에 불태워지는 모습은 상상을 초월하는 풍경입니다. 그날 밤 솔로몬의 꿈에 하나님께서 나타나셔서 "내가 네게 무엇을 줄꼬 너는 구하라(5)."고 말씀하셨습니다. 솔로몬은 "듣는 마음을 종에게 주사 주의 백성을 재판하여 선악을 분별하게 하옵소서(9)."라고 대답하였고, 하나님은 그의 대답을 기뻐하셨습니다. 그래서 솔로몬에게 '지혜롭고 총명한 마음(12)'뿐만 아니라 '부귀와 영광(13)'도 주셨습니다.

솔로몬은 하나님을 진심으로 사랑하고 섬겼습니다. 그의 헌신은 단순한 말이 아니라 일천번제라는 행동으로 나타났습니다. 우리도 솔로몬처럼 하나님을 사랑하고 순종하는 삶을 살아야 합니다. 하나님은 우리에게 참으로 인자하십니다. 그리고 뜨거운 사랑을 부어 주십니다. 솔로몬은 하나님께 나아가면서 자신의 유익을 구하지 않았고, 하나님께서 맡기신 백성을 잘 이끌기 위한 분별의 '지혜'를 간구했습니다. 이것은 솔로몬의 겸손과 하나님을 향한 깊은 신뢰를 보여 줍니다.

하나님은 솔로몬의 기도를 기뻐하시며 그가 구한 것은 물론이요, 구하지 않은 것까지 허락하셨습니다. 주님의 백성들이 하나님의 뜻에 맞는 기도, 즉 '하나님의 마음에 든(10)' 기도를 드릴 때 하나님께서 얼마나 놀랍고 풍성하게 복을 주시는지를 알 수 있습니다. 우리도 정욕이나 인간적 욕심이 아닌, 참되신 하나님의 뜻이 무엇인지를 분별할 수 있는 지혜를 구하는 기도를 드려야 하겠습니다.

하나님을 향한 사랑과 헌신은 우리의 기도와 예배를 통해 나타나야 합니다. 솔로몬의 번제와 간구는 자신의 욕심을 채우기 위한 것이 아니라, 하나님의 뜻을 구하는 것이었습니다. 하나님께서 기뻐하시는 기도였습니다. "먼저 그의 나라와 그의 의(마 6:33)"를 구하면 우리의 필요를 아시는 주님께서 우리의 기대 이상으로 풍성한 은총을 허락하십니다. 우리의 기도가 하나님의 마음에 맞도록 하나님의 뜻을 구하고 진정한 사랑과 헌신을 하나님께 드려야 합니다. 하나님께서 우리에게 필요한 모든 것을 넉넉하게 채워 주실 것입니다.

364장
내 기도하는 그 시간

—

열왕기상 3:4~10
누가 주의 이 많은 백성을 재판할 수 있사오리이까 듣는 마음을 종에게 주사 주의 백성을 재판하여 선악을 분별하게 하옵소서 (9)

매일 성경 읽기
민 15장 ☑ 16장 ☐
17장 ☐

하나님의 마음에 맞는 기도를 드리고 있습니까?

하나님, 솔로몬의 일천번제를 통해 주님의 마음에 맞는 기도를 배우게 하시니 감사합니다. 우리에게 듣는 마음, 지혜와 총명을 주시고 주님의 완전하신 뜻을 구하는 겸손한 마음을 허락해 주옵소서. 주님을 신뢰하게 하옵소서. 예수님의 이름으로 기도합니다. 아멘.

이대희 목사 _ 인천중부교회

희년의 은혜

수요일

19

299장
하나님 사랑은

레위기 25:8~12
너희는 오십 년째 해를 거룩하게 하여 그 땅에 있는 모든 주민을 위하여 자유를 공포하라 이 해는 너희에게 희년이니 너희는 각각 자기의 소유지로 돌아가며 각각 자기의 가족에게로 돌아갈지며 (10)

금혼식은 결혼 50주년을 축하하는 결혼기념 행사입니다. 반백 년을 함께 살아온 부부가 금으로 된 물건을 선물로 주고받으며 서로에 대한 감사와 기쁨을 나눕니다. 성경에 숫자 50과 관련한 것으로 희년이 있습니다. 희년은 이스라엘에서 50년마다 공포된 안식의 해로, '여호와의 은혜의 해(사 61:2)' 또는 '자유의 해(겔 46:17)'라고도 불렸습니다. 하나님께서 희년을 통해 거룩한 백성에게 참된 안식과 자유의 은혜를 주시고자 했기 때문입니다. 그렇다면 희년에는 어떠한 은혜가 담겨 있을까요?

첫째, 하나님은 희년을 통해서 속죄의 은혜를 기억하게 하십니다. 희년의 시작은 일곱째 달 열흘날이었습니다. 이날은 온 이스라엘이 하나님께 나아와 그들의 모든 죄를 고백하며 제사를 드리는 속죄일이었습니다. 하나님은 속죄일에서 희년을 시작하게 하심으로써 인간의 죄가 완전히 용서받을 때 참된 자유를 누릴 수 있음을 잊지 않게 하셨습니다.

둘째, 하나님은 희년을 통해서 하나님 백성의 거룩함을 회복시키십니다. 성경에서 '일곱'은 거룩함과 온전함, 그리고 완성을 상징하는 숫자입니다. 일곱의 일곱은 가장 거룩하고 온전한 완성의 상태를 표현합니다. 희년이 되면 토지와 가옥 등 모든 소유는 본 주인에게 되돌려 주고, 노예로 있던 모든 이들에게 자유를 선포하였습니다. 이스라엘은 50년이라는 희년의 주기를 통해 하나님 백성으로서 평등한 사랑의 공동체성을 회복하고 다시 출발할 수 있었습니다.

셋째, 하나님은 희년을 통해 인간 삶의 모든 필요를 예비하고 채우심을 보여 주십니다. 희년에는 파종할 수 없고 스스로 난 것도 거둘 수 없었습니다. 일곱 번째 안식년부터 희년까지 거의 두 해 동안 수확하지 않고도 살 수 있게 해주시겠다는 약속이었습니다. 하나님의 이 약속을 믿고 희년을 지키는 것은 하나님 백성의 거룩함을 나타내는 일입니다.

이스라엘에게 희년을 명하신 하나님이 지금 우리에게는 무엇을 원하실까요? 날마다 십자가 은혜를 기억하고 일용할 양식에 감사하며 하나님을 기쁘시게 하는 믿음의 인생이 되기를 바랍니다.

매일 성경 읽기
민 18장 ☑ 19장 ☐

사랑과 은혜의 하나님, 오늘도 우리에게 생명을 주시고 새날을 허락해 주심을 감사합니다. 날마다 우리 삶의 모든 것이 하나님의 것임을 고백하며, 어떠한 상황에서도 하나님을 신뢰하고 의지하는 믿음의 인생이 되게 하여 주옵소서. 예수님의 이름으로 기도합니다. 아멘.

김형래 목사 _ 아현교회

희년의 은혜가 오늘 우리에게 어떻게 지속되고 있습니까?

그리스도가 받아 주셨듯이

2

목요일

20

218장
네 맘과 정성을 다하여서

—

로마서 15:1~7
그러므로 그리스도께서 우리를 받아 하나님께 영광을 돌리심과 같이 너희도 서로 받으라 (7)

매일 성경 읽기
민 20장 ☑ 21장 ☐

로마에는 예수님을 그리스도로 고백하는 유대인 그리스도인들과 이방인 그리스도인들을 주축으로 하여 자발적으로 세운 교회가 있었습니다. 그런데 로마 황제 글라우디오의 '유대인 추방령(행 18:2)'으로 로마 교회 다수의 유대인 그리스도인들은 떠날 수밖에 없었고, 소수의 이방인 그리스도인들이 남아 교회를 지켰습니다. 그러다가 글라우디오 황제의 죽음으로 유대인 추방령이 해제되어 5년여 만에 유대인 그리스도인들이 로마 교회로 돌아옵니다.

이제 로마 교회는 유대인 추방령 이전과는 정반대로 다수의 이방인 그리스도인들과 소수의 유대인 그리스도인들로 구성되었습니다. 그런데 두 그룹 사이에 갈등과 대립이 발생했습니다. 로마서 14장과 15장에 나오는 강한 자와 약한 자 사이의 갈등이 바로 그것입니다. 문제의 해결은 결코 쉽지 않았습니다. 그래서 바울은 온전한 신앙 공동체로서의 교회에 관한 가르침을 주고자 로마에 편지를 보냈습니다. 서로의 약점을 담당하고, 그리스도께서 하신 것처럼 각 사람이 이웃을 기쁘게 하고 선을 이루고 덕을 세우라고 권면합니다(1~3). 한마음, 한 입으로 하나님 곧 우리 주 예수 그리스도의 아버지께 영광을 돌리며(5~6), 그리스도가 받아 주셨듯이 너희도 서로 받으라는 것입니다. 즉 용납(容納)하고 수용(受容)하라는 말씀입니다.

이 세상에 똑같은 것은 단 하나도 없습니다. 하나님이 그렇게 만드셨기 때문입니다. 사람들은 이런 하나님의 뜻을 모르고 서로의 다름을 '틀림'으로 규정하여 갈등하고 대립합니다. 우리는 서로를 용납하고 수용할 수 있어야 합니다. 받아 주는 것은 큰 사람이 할 수 있는 일입니다. 예수 그리스도의 사랑을 체험한 사람이 큰 사람입니다. 예수 그리스도의 사랑을 체험해 본 사람만이 그 사랑을 실천할 수 있습니다. 그 사랑을 경험한 사람은 자신의 잣대로 다른 사람을 판단하고 정죄하는 작은 사람이 되지 않습니다.

우리의 가정과 교회에 예수 그리스도의 사랑이 충만하기를 기원합니다. 그리하여 모든 가족과 성도들이 큰 사람 되어 서로 용납하고 수용함으로 온전히 하나 되길 바랍니다. 또한 그리스도 예수를 본받아 같은 생각을 품고 한마음과 한 입으로 하나님께 영광을 돌리기를 소망합니다.

'다름' 앞에서
어떤 태도를
보입니까?

사랑의 하나님, 우리는 예수 그리스도의 사랑을 받은 자들입니다. 우리가 다름을 만날 때, 그리스도께서 우리를 받아 주셨듯이 우리도 서로 받아들이기 원합니다. 다름을 용납하고 수용함으로 하나님께 영광을 돌리게 하옵소서. 예수님의 이름으로 기도합니다. 아멘.

손학균 목사 _ 춘천석사교회

하나님을 모시고 사는 기쁨

사람은 하나님이 도우시고(에벤에셀), 삶에 함께하시며(임마누엘), 내일의 계획을 예비하시고(여호와 이레) 인도해 주실 때 행복하게 살 수 있습니다. 악한 세상에서 믿음으로 승리하기 위해서는 하나님과 늘 동행하는 삶을 살아야 합니다. 동행은 너와 내가 뜻을 같이하여, 같은 속도로, 같은 목적지를 향해 나아가는 것입니다. 하나님을 삶의 중심에 모시고, 말씀 중심의 삶, 하나님 중심의 삶으로 살 때, 우리는 하나님과 교제하며 하나님과 동행하는 임마누엘의 복된 삶을 누릴 수 있습니다.

평범한 목동 집안에서 태어난 다윗이 이스라엘의 왕이 되었습니다. 다윗은 이 모든 것이 하나님의 은혜임을 믿었습니다. 그리고 이 은혜가 앞으로도 계속되기를 열망했습니다. 그래서 예루살렘(다윗 성)에 수도를 정한 후 제일 먼저 한 일이 오벧에돔의 집에 있던 여호와의 궤를 옮겨오는 것이었습니다. 하나님 임재의 상징인 여호와의 궤가 있는 모든 곳에는 하나님의 복이 넘쳐났기 때문입니다.

처음에는 율법대로 하지 않고 여호와의 궤를 옮기는 데에 수레를 이용했다가 실패했습니다. 이 일을 통해 다윗은 아무리 열심이 있어도 하나님을 섬기는 것은 하나님의 뜻과 방법대로 해야 한다는 것을 배웠습니다. 그래서 다음에는 율법대로 제사장들이 궤를 메고 여섯 걸음을 갈 때마다 제사를 드리고 기쁨의 춤을 추었습니다. 그리하여 무사히 여호와의 궤를 다윗 성으로 옮겨 놓았습니다. 그런 후에는 온 백성들과 기쁨을 함께 나누었습니다. "다윗과 온 이스라엘 족속이 즐거이 환호하며 나팔을 불고 여호와의 궤를 메어오니라(15)."

다윗은 자원하여 하나님을 모시고 살았습니다. 그는 사람들의 시선보다는 하나님이 기뻐하실 것을 생각했고, 어린아이같이 춤을 추면서 기쁨의 찬양을 올렸습니다. 참된 예배는 삶으로 하나님을 기쁘시게 하는 거룩한 산 제물의 예배입니다(롬 12:1). 하나님께서는 하나님을 기뻐하며 자원하여 헌신하는 예배자와 동행하며 복을 주십니다. 우리 모두가 하나님께서 주시는 복의 주인공이 되기를 바랍니다.

금요일

21

315장
내 주 되신 주를
참 사랑하고

—

사무엘하 6:12~19
어떤 사람이 다윗 왕에게 아뢰어 이르되 여호와께서 하나님의 궤로 말미암아 오벧에돔의 집과 그의 모든 소유에 복을 주셨다 한지라 다윗이 가서 하나님의 궤를 기쁨으로 메고 오벧에돔의 집에서 다윗 성으로 올라갈새 (12)

매일 성경 읽기
민 22장 ☑ 23장 ☐
24장 ☐ 25장 ☐

은혜의 주님, 하나님을 가까이하는 것이 참된 복의 길임을 알게 하시니 감사합니다. 우리의 예배가 입술의 고백을 넘어 삶으로 드리는 예배가 되게 하옵소서. 일평생 주님을 찬송하는 삶, 주님을 영광되게 하는 삶이 되게 하옵소서. 예수님의 이름으로 기도합니다. 아멘.

황규진 감독 _ 영종중앙교회

주님과 동행하기를
힘쓰고 있습니까?

누가 죄인인가

305장
나 같은 죄인 살리신

—

누가복음 5:30~32
내가 의인을 부르러 온 것
이 아니요 죄인을 불러 회
개시키러 왔노라 (32)

뮤지컬 〈영웅〉은 이토 히로부미를 사살한 독립투사 안중근의 이야기를 다룹니다. 뮤지컬의 하이라이트는 현장에서 체포되어 법정에 선 안중근이 노래를 부르는 장면입니다. 노래의 제목은 '누가 죄인인가'입니다. 죄인의 신분으로 그 자리에 있던 안중근이 오히려 일본 사람들을 향해 누가 죄인인지 되묻는 것입니다.

오늘 본문 말씀에는 바리새인과 서기관들이 등장합니다. 이들은 세리와 죄인과 함께 먹고 마시는 예수님과 그의 제자들을 향하여 "너희가 어찌하여 세리와 죄인과 함께 먹고 마시느냐(30)."라며 비방합니다. 바리새인은 율법을 지키며 살아가는 사람이고, 서기관은 하나님의 말씀을 기록하는 사람입니다. 이들이 볼 때 세리는 나라를 팔아서 세금을 걷고 사는 배신자이며, 죄인은 하나님의 말씀대로 살지 않고 죄를 저지른 사람입니다. 예수님이 깨끗한 자신들이 아니라 더러운 죄인들과 자리를 함께하신다는 것은 그들로서는 절대로 용납할 수 없는 일이었습니다. 그런 바리새인과 서기관들에게 예수님은 이렇게 말씀하십니다. "건강한 자에게는 의사가 쓸 데 없고 병든 자에게라야 쓸 데 있나니 내가 의인을 부르러 온 것이 아니요 죄인을 불러 회개시키러 왔노라(31~32)."

예수님이 이 땅에 오신 목적은 죄인을 불러 회개시키기 위함입니다. 하나님이 보실 때 과연 누가 회개하고 돌아와야 할 죄인일까요? 세리와 죄인뿐만 아니라 바리새인과 서기관들도 회개해야 할 사람들입니다. 예수님은 모든 죄인을 위해 이 땅에 오셨습니다. 그러나 바리새인과 서기관들은 자신들이 죄인이라고 생각하지 않았고, 주님의 부르심에 응답하지 않았습니다.

주님 앞에 누가 죄인입니까? 주님은 오늘도 우리를 부르십니다. '나 정도면 죄인이 아니겠지?'라는 생각으로 회개의 자리로 나아가지 못하고 있지는 않은지 돌아보길 바랍니다. 하나님이 "누가 죄인인가?"라고 물으실 때 "하나님, 제가 죄인입니다."라고 고백할 수 있어야 합니다. 그럴 때 주님은 우리와 함께하실 것입니다. 다른 누가 아니라 내가 하나님 앞에 죄인임을 인정하며 회개의 자리로 나아가기를 소망합니다.

매일 성경 읽기
민 26장 ☑ 27장 ☐

회개의 자리로
나아가고 있습니까?

사랑이 많으신 하나님, 우리는 어리석어서 나의 죄는 기억하지 못하고 남을 정죄할 때가 많습니다. 우리가 죄인임을 고백합니다. 하나님 앞에 회개하고 하나님 나라에서 열리는 잔치에 참여할 수 있게 도와주옵소서. 예수님의 이름으로 기도합니다. 아멘.

이선목 목사 _ 숭의교회

진정한 추천서, 그리스도의 편지

415장
십자가 그늘 아래

—

고린도후서 3:1~3
너희는 우리로 말미암아 나타난 그리스도의 편지니
(3a)

밤새 몇 번씩 고쳐 쓰고도 차마 부치지 못한 편지들이 서랍에 가득하고, 빨간 우체통만 보아도 마음이 설레던 시절이 누구에게나 한 번쯤은 있었을 것입니다. 정약용이 유배지에서 아들에게 보낸 편지, 생텍쥐페리가 엄마에게 보낸 편지, 아내에게 해산날이 다가오면 꼭 기별하라는 조선시대 어느 지방관리의 편지, 한국전쟁 당시 불안과 두려움 속에서 어린 학도병이 어머니에게 보내는 마지막 편지 등등 사연도 다양합니다. 편지는 생각과 정서를 표현하여 문장으로 다듬는 과정에서 서로의 마음을 이어주고 친밀감을 돈독하게 합니다.

기독교 역사에서 편지를 가장 많이 쓴 사람은 아마 바울일 것입니다. 바울은 13편의 서신을 통해 복음의 비밀과 믿음 안에서 그리스도인들이 어떻게 행해야 하는지를 거듭 가르치고 깨닫게 했습니다. 본문은 고린도 교회의 거짓 교사들이 바울에게 스스로 자기 업적을 자랑하며 추천서도 받지 못한 거짓 사도라는 비난을 퍼부을 때, 조용하고 차분한 목소리로 고린도 교인들이 자신의 강력한 추천서이자 편지라고 변론하는 내용입니다.

바울이 추천서가 없는 것은 그의 사도직이 예루살렘 교회의 사도나 다른 사람들에 의해 위임받은 것이 아니라 다메섹 도상에서 주님께 직접 위임받았기 때문입니다. 그리고 장막 깁는 일로 수고하고 애써 주야로 일한 것은 교회에 폐가 되지 않고자 한 청결한 양심 때문입니다. 또한 복음의 열매인 고린도 교인들이 바울의 사도 됨을 증명하는 추천서이고 편지입니다. 즉 고린도 교인들이 사도 바울의 사도직에 대한 보이는 증거라는 의미입니다.

더 나아가 바울은 고린도 교인들이 그리스도의 편지라고 합니다. "너희는 우리로 말미암아 나타난 그리스도의 편지(3)"라는 것입니다. 고린도 교인들은 주님께서 바울을 대필자로 하며 쓰신 편지입니다. 바울이 고린도 교인들을, 그리고 하나님을 믿는 우리를 그리스도의 편지라고 말한 것은 우리가 그리스도의 사랑과 인격과 선하신 뜻을 분명하게 드러내야 한다는 뜻입니다. 주님은 우리를 통해 그리스도의 십자가 사랑과 성령의 열매와 크고 비밀한 뜻을 전하기를 원하십니다.

매일 성경 읽기
민 28장 ☑ 29장 ☐
30장 ☐

사랑과 은혜의 하나님, 하나님을 알지 못하고 세상 것으로만 가득한 이 세대에 진정한 그리스도의 편지가 되기를 원합니다. 십자가 보혈의 능력 안에서 뜨거운 구원의 감격과 변화된 인격으로 그리스도의 편지가 되게 하옵소서. 예수님의 이름으로 기도합니다. 아멘.

임일우 목사 _ 수원성교회

나는
그리스도의 편지로
살고 있습니까?

근거 없는 변명을 하지 맙시다

2
월요일

24

504장
주님의 명령 전할 사자여

출애굽기 4:10~17
여호와께서 그에게 이르시
되 누가 사람의 입을 지었
느냐 누가 말 못 하는 자나
못 듣는 자나 눈 밝은 자나
맹인이 되게 하였느냐 나
여호와가 아니냐 (11)

매일 성경 읽기
민 31장 ☑ 32장 ☐

오늘 본문에는 모세와 하나님, 그리고 아론이 등장합니다. 모세는 하나님의 가라는 명령에 여러 이유를 들어 몇 차례나 고사합니다. "주님, 죄송합니다. 저는 본래 말재주가 없는 사람입니다. 전에도 그랬고, 주님께서 이 종에게 말씀하고 계시는 지금도 그러합니다. 저는 입이 둔하고 혀가 무딘 사람입니다(10, 새번역)." 본문에는 거듭 사양하는 모세의 목소리가 기록되어 있습니다. "보낼 만한 자를 보내소서(13)."

그런데 이번에는 하나님이 노하셨습니다. 지금까지 모세의 사양에 친절히 응대하시던 것과 분명히 다른 반응이었습니다. 이런 반응을 보이신 까닭은 모세가 변화하기를 원하셨기 때문입니다. 인간적인 한계를 핑계로 하나님의 소명을 계속 거절하는 것은 근거 없는 변명입니다. 그것은 뒤에 누가 있는지를 의식하지 못하는 것입니다. 우리의 계속되는 불순종은 뒤에 계신 하나님을 불신하는 것입니다. 우리의 형편과 처지는 모두 하나님께 속해 있습니다. 입이 뻣뻣하고 혀가 둔하다는 모세의 근거 없는 변명에 "누가 사람의 입을 지었느냐(11)."는 하나님의 선언이 확인됩니다. 하나님의 일을 인간인 우리가 한다고 착각하고 일의 당사자를 혼동하는 것에서 오는 불순종을 깨닫게 하시는 은혜입니다.

하나님께서는 노하셨지만 모세를 징계하지 않으시고 그의 입장을 이해해 주십니다. 그리고 아론을 모세의 대언자로 동역하게 하십니다. 16절에 보면 "너는 그에게 하나님 같이 되리라."고 말씀합니다. 모세는 혈족으로 가장 가까운 형인 아론에게 하나님 같은 존재가 되었습니다. 모세의 형 아론을 대언자로 세우시는 주권적인 하나님의 처사를 보면서 모든 사람의 처지와 형편이 하나님의 뜻으로 세워진다는 깨달음을 얻습니다.

하나님은 "네가 말을 할 때에나 그가 말을 할 때에, 내가 너희를 둘 다 돕겠다. 너희가 하여야 할 말을 가르쳐 주겠다(15, 새번역)."고 말씀하십니다. 하나님께 순종하는 일에 우리 육체의 연약함과 환경을 가져오는 것은 근거 없는 변명임을 깨닫습니다. 우리 뒤에 계신 하나님을 신뢰함으로 우리 삶의 불순종을 제거하며 성장해가야 하겠습니다.

내 뒤에 계신 분이
누구인지 인식하며
살고 있습니까?

전능하신 아버지 하나님, 내가 옳다고, 어쩔 수 없는 일이라고 생각했던 불순종의 이유가 하나님께는 근거 없는 변명임을 깨닫습니다. 하나님을 신뢰하며 순종의 길에 들어설 수 있는 영적인 지혜와 통찰을 허락하여 주옵소서. 예수님의 이름으로 기도합니다. 아멘.

이병칠 목사 _ 갈월교회

백부장의 믿음

하나님께서 우리에게 원하시는 것은 믿음입니다. 믿음이 없이는 하나님을 기쁘시게 할 수 없습니다. 믿음으로 구원받고, 죄 사함을 얻고, 응답받고, 마귀를 물리칩니다. 또한 믿음으로 죄악과 싸우고, 영적 승리를 얻고, 천국에 갑니다. 오직 믿음입니다.

오늘 본문에는 백부장의 이야기가 나옵니다. 백부장은 당시 로마의 주둔 지역 사령관입니다. 이스라엘은 로마의 식민지였기 때문에 로마 군인들이 그 지역에 주둔하고 있었습니다. 본문에 등장하는 백부장은 유대인이 아닌 이방인이고 주둔 사령관이었지만, 유대인들에게 인정받고 칭찬받는 사람이었습니다. 그의 믿음이 참으로 놀랍습니다. "주여 수고하시지 마옵소서 내 집에 들어오심을 나는 감당하지 못하겠나이다(6)." 유대인들도, 심지어 제자들도 처음에는 예수님을 '랍비'라고 불렀습니다. 그런데 백부장은 처음 본 예수님을 '주'라고 고백했습니다. 그가 어떤 믿음을 가지고 있었는지 이 한 단어를 통해 알 수 있습니다. 백부장은 예수님이 누구이신지를 분명히 알았습니다. 예수님은 하나님의 아들이시고, 모든 것의 주인이시고, 창조주시며, 왕이십니다. 이러한 고백이 "주여!" 한마디에 다 함축되어 있습니다.

"그저 말씀만 하셔서, 내 종을 낫게 해주십시오. 나도 상관을 모시는 사람이고, 내 밑에도 병사들이 있어서, 내가 이 사람더러 가라고 하면 가고, 저 사람더러 오라고 하면 옵니다. 또 내 종더러 이것을 하라고 하면 합니다(7~8, 새번역)." 보잘것없는 인간인 내게도 그런 권세가 있는데, 메시아이신 주님은 더 큰 권세가 있으니 말씀만 하시라는 것입니다. 이것이 백부장의 믿음입니다. 백부장은 예수님의 말씀의 능력을 믿었습니다. 예수님의 말씀의 능력은 시간과 공간을 초월합니다. 그래서 직접 가실 필요가 없습니다. 백부장은 이것을 똑바로 알았습니다. 주님은 지금 이 자리에서도 내 하인을 고쳐 주실 수 있는 분입니다.

동물은 본능으로 살고, 인간은 양심으로 삽니다. 그러면 성도는 무엇으로 삽니까? 믿음입니다. 믿음으로 살고, 믿음으로 세상을 이기는 자가 바로 성도입니다. 우리가 백부장의 믿음을 가지고 살아가기를 소원합니다.

화요일

25

151장
만왕의 왕 내 주께서

누가복음 7:2~10
예수께서 들으시고 그를 놀랍게 여겨 돌이키사 따르는 무리에게 이르시되 내가 너희에게 이르노니 이스라엘 중에서도 이만한 믿음은 만나보지 못하였노라 하시더라 (9)

매일 성경 읽기
민 33장 ☑ 34장 ☐
35장 ☐ 36장 ☐

참 좋으신 하나님, 우리에게도 백부장의 믿음을 주옵소서. 예수 그리스도를 더 깊이 알게 하시고, 예수님을 아는 지식과 굳건한 믿음을 주옵소서. 오직 예수님만을 나의 구주로 삼고 나의 왕으로 섬기며 살게 하여 주옵소서. 예수님의 이름으로 기도합니다. 아멘.

유영완 목사 _ 하늘중앙교회

나는 어떤 믿음을
가지고 있습니까?

두려워 마라, 기운을 내어라

2
수요일

26

325장
예수가 함께 계시니

스바냐 3:13~17
그 날에 사람이 예루살렘에
이르기를 두려워하지 말라
시온아 네 손을 늘어뜨리지
말라 (16)

스바냐는 하나님을 떠난 유대와 예루살렘에 내려질 심판을 예언한 선지자입니다. 1장과 2장에서 하나님의 심판을 예언한 스바냐 선지자는 3장에서 전혀 다른 말씀을 선포합니다. 멸망을 눈앞에 둔 백성에게 "시온의 딸아 노래할지어다 이스라엘아 기쁘게 부를지어다 예루살렘 딸아 전심으로 기뻐하며 즐거워할지어다(14)."라고 외칩니다. 이와 같은 급반전은 '남은 자(13)'로 인함입니다. 역사상 가장 절망적인 상황 속에서도 남은 자들, 즉 믿음을 지키고 오직 하나님만 의지하는 자들이 있었기에 희망을 노래한 것입니다.

"그 날에 사람이 예루살렘에 이르기를 두려워하지 말라 시온아 네 손을 늘어뜨리지 말라(16)."는 말씀에서 '네 손을 늘어뜨리지 말라'는 표현은 공동번역 성경에 '기운을 내어라'라고 되어 있습니다. 세상이 너무나 악해 하나님의 심판을 면치 못할 상황이지만 축 처져 있지 말고 힘을 내라는 말씀입니다. 그럴 수 있는 이유는 남은 자들에 대한 하나님의 포기할 수 없는 사랑 때문입니다. 15절에 보면 "여호와가 네 형벌을 제거하였고 네 원수를 쫓아냈으며 이스라엘 왕 여호와가 네 가운데 계시니 네가 다시는 화를 당할까 두려워하지 아니할 것이라."고 말씀합니다. 용서하신 하나님의 은혜를 믿어 죄의식에서 자유하십시오. 죄책감에 발목 잡혀 두려움으로 살지 않기를 바랍니다.

"너의 하나님 여호와가 너의 가운데에 계시니(17)."라는 말씀은 남은 자들에게 '내가 너와 함께한다'라는 약속입니다. 하나님이 우리와 함께하시니 기죽지 말고 힘을 내십시오. 우리와 함께하시는 하나님은 '구원을 베푸실 전능자'이십니다. 주님은 우리를 죄 가운데서 뿐만 아니라 질병 가운데서도, 절망적인 상황 속에서도 구원하시는 분입니다. 우리 가운데 계시는 구원자 하나님이 우리로 인하여 기쁨을 이기지 못하시며, 잠잠히 사랑하시며, 우리로 인하여 즐거이 부르며 기뻐하신다고 말씀합니다.

하나님이 나를 용서하셨습니다. 나를 사랑하십니다. 나와 함께하십니다. 어떤 어려움 속에서도 구원해 주십니다. 오늘도 내 삶에서 역전의 드라마를 만들어가십니다. 그러니 두려워하지 마십시오. 기죽지 마십시오. 힘을 내어 오늘을 살아가기 바랍니다.

사랑의 하나님을
온전히 신뢰하고
있습니까?

자비로우신 하나님, 어둠이 짙은 이 세대에 남은 자로 살게 하옵소서. '거룩한 씨'로 살게 하옵소서. 하나님의 용서와 사랑, 함께하시는 은총을 믿어 절망 가운데 희망을 노래할 수 있는 참 믿음의 사람으로 오늘을 살게 하옵소서. 예수님의 이름으로 기도합니다. 아멘.

윤광식 목사 _ 생명샘교회

접붙이는 능력

인간이 살아가기 위한 가장 기본적인 재료는 '숨'입니다. 숨을 한 번 쉬기 위해서는 무한한 우주의 움직임과 지구와 그 안의 물리적 활동이 있어야 합니다. 무한한 우주와 지구를 경영하는 분이 하나님이심을 '믿는' 사람이 신앙인입니다. 하나님을 의식하고 살아가는 사람, 그래서 날마다 주어진 삶에 감사하고 살아가는 사람이 신앙인입니다.

오늘 본문에서 바울은 돌감람나무인 이방인이 좋은 감람나무에 접붙임을 받았다고 말씀합니다. 접붙임이란 곧 '믿음'입니다. 하나님을 믿는 유대 신앙 전통에 접붙임을 받아 그 신앙 전통과 하나가 되었다는 의미입니다. 과거에 하나님을 몰랐으나 이제 하나님을 알고, 하나님을 믿지 않다가 이제 하나님을 믿는다는 것입니다. "돌감람나무인 네가 그들 중에 접붙임이 되어 참감람나무 뿌리의 진액을 함께 받는 자가 되었은즉(17)." 우리는 하나님에 의해 살아가며, 우리의 호흡과 생각과 행동 하나하나가 하나님 없이는 되지 않는다고 말씀하는 것이 바울과 같은 전도자의 역할입니다.

접붙임 이전에는 우연히 이 세상에 태어나 출세를 갈구하며 악착같이 돈을 버는 그런 삶이었을지도 모릅니다. 죽기 싫어서 운동하고 좋은 것을 먹으며 버티다가, 죽으면 다 끝난다거나 혹은 어딘지 모르는 곳으로 간다는 막연한 생각으로 하루하루 살아가는 삶이었을지도 모릅니다. 그러나 이제 좋은 감람나무에 접붙임을 받아 하나님의 은혜로 이 세상에 태어났고, 하나님의 사랑으로 인해 호흡하고, 그 힘으로 생각하고 살아가다가 다시 생명과 호흡의 근원되시는 하나님께로 돌아간다고 고백하는 삶으로 바뀝니다. 겉으로 보기에 감람나무와 돌감람나무는 비슷합니다. 외형적으로 큰 차이가 없습니다. 하나님을 믿는 사람과 그렇지 않은 사람도 마찬가지입니다. 그러나 신앙에 '접붙임을 받은 사람'은 인생의 의미와 미래가 완전히 달라집니다.

신앙에 접붙임을 받은 것에 감사합시다. 숨 쉬며 살아가는 이 순간이 하나님의 은혜임을 자각하면서, 우리에게 무한한 사랑을 주시는 하나님을 의식하고 늘 좋은 생각, 좋은 말, 좋은 행동을 하는 신앙인이 되기를 소망합니다. 오늘도 주어진 인생을 힘차게 살아갑시다.

목요일

27

289장
주 예수 내 맘에 들어와

로마서 11:17~24
네가 원 돌감람나무에서 찍힘을 받고 본성을 거슬러 좋은 감람나무에 접붙임을 받았으니 원 가지인 이 사람들이야 얼마나 더 자기 감람나무에 접붙이심을 받으랴 (24)

매일 성경 읽기
신 3장 ☑ 4장 ☐

하나님 아버지, 우리에게 생명을 주시고 우리의 미래를 열어 주신 하나님을 소리 높여 찬양합니다. 주님으로 인해 살아가는 이 삶을 사랑하게 하옵소서. 하루하루 사랑의 하나님을 의식하며, 우리도 서로 사랑하며 살게 하옵소서. 예수님의 이름으로 기도합니다. 아멘.

최대광 목사 _ 공덕교회

하나님을 의식하며
살아가고 있습니까?

가까이 계실 때에 부르라

2

금요일

28

365장
마음속에 근심 있는 사람

—

이사야 55:6~9
이는 내 생각이 너희의 생각과 다르며 내 길은 너희의 길과 다름이니라 여호와의 말씀이니라 (8)

신앙생활은 하나님과 우리 사이에 일어나는 신비로운 대화입니다. 대화는 부를 때에 응답함으로 이루어집니다. 하나님을 찾는 이는 반드시 응답받습니다. 모세는 하나님의 인도하심으로 이스라엘 백성을 약속의 땅으로 인도할 수 있었습니다. 다윗은 하나님의 도우심으로 골리앗을 물리쳤고, 더 나아가 이스라엘의 왕으로 섰습니다. 사울 역시 예수 그리스도를 인격적으로 만나 이방인을 향한 사도가 될 수 있었습니다. 이처럼 하나님을 만난 자는 삶이 풍성해지고 자신이 상상할 수 없는 경지로까지 나아갈 수 있습니다.

하나님을 만난 성경의 많은 인물에게 공통된 전제가 있습니다. 하나님을 찾을 때 하나님께서 응답하셨다는 것입니다. "너희는 여호와를 만날 만한 때에 찾으라 가까이 계실 때에 그를 부르라(6)." 이 말씀처럼 하나님은 찾는 자에게 응답하십니다. 하나님을 '찾는다'는 말에는 하나님을 인정하는 믿음, 순종을 다짐하는 결단이 포함되어 있습니다. 그런 온몸의 고백을 하나님이 받으시고 삶 가운데 오셔서 거하실 때 우리는 하나님의 영광을 경험합니다.

하나님을 만나기 원한다면 꼭 기억해야 할 것들이 있습니다. 첫째, 하나님을 찾는 일에 수고를 아끼지 않아야 합니다. 의지를 갖고 능동적으로 수고해야 합니다. "구하는 이마다 받을 것이요 찾는 이는 찾아낼 것이요 두드리는 이에게는 열릴 것이니라(마 7:8)."는 말씀을 기억해야 합니다. 부르지 않고 응답을 기대할 수 없습니다. 찾는 자가 하나님을 만날 수 있습니다. 둘째, 하나님께서는 하나님의 방식으로 응답하십니다. 오늘 본문은 하나님을 찾는 자가 갖춰야 할 최소한의 기본 조건을 알려 줍니다. "악인은 그의 길을, 불의한 자는 그의 생각을 버리고(7)" 하나님을 찾아야 합니다. 익숙한 길을 벗어나 하나님의 길로 들어서는 용기를 내야 합니다. 내 안에 불의한 생각이 있다면 성령의 불로 소멸시키고 하나님의 생각으로 교정해야 합니다. 그럴 때 우리를 기다리시는 하나님을 만나는 영적인 희열을 경험할 것입니다.

하나님의 부재로 고민합니까? 하나님의 침묵에 지쳐 있습니까? 삶의 방식을 하나님의 방식으로 전환할 기회로 삼기 바랍니다. 하나님은 당신의 간구에 응답할 모든 준비를 마치셨습니다.

매일 성경 읽기
신 5장 ☑ 6장 ☐

이떤 방식으로 하나님을 찾고 있습니까?

하나님을 찾는 일에 수고를 아끼지 않는 자를 만나 주시는 하나님, 오늘 하루 마주할 모든 순간 속에 함께하실 하나님을 기대합니다. 반드시 응답하시는 하나님, 형통케 하시는 하나님을 만나는 복된 하루가 되게 하옵소서. 예수님의 이름으로 기도합니다. 아멘.

정연수 목사 _ 효성중앙교회

3

MARCH

그는 돋는 해의 아침 빛 같고

구름 없는 아침 같고

비 내린 후의 광선으로

땅에서 움이 돋는

새 풀 같으니라 하시도다

사무엘하 23:4

3월의 기도

● 기도 제목

● 실천할 일

- ☑ _____
- ☑ _____
- ☑ _____
- ☑ _____

● 감사할 일

● 기억할 일

하나님은 미쁘시니

디모데가 활동하던 시대는 예수님을 믿기가 무척이나 어렵고 힘들었습니다. 사도 바울은 옥중에서 자신의 영적 아들인 디모데를 격려하고 위로하기 위하여 편지를 썼습니다. 바울은 디모데가 받은 영적 유산과 책임을 상기시키면서 군인이든 운동선수든 농부든, 예수 그리스도의 전도자이든, 인내하는 자만이 열매를 거둘 것이라고 격려합니다.

시대와 장소는 다르지만 기독교 역사에서 많은 이들이 예수님께서 주신 말씀, 복음의 실천을 위하여 살다가 핍박을 받고 순교했습니다. 일제 강점기에 나라의 독립을 위하여 애쓴 수많은 기독교인 중에 조종대 선생이 있습니다. 상동교회 전덕기 목사를 통해 예수를 믿은 그는 하나님께서 세우신 조국이 일제에 의해 강제 점령당한 것이 하나님의 뜻에 맞지 않다는 신념으로 매서인(순회하면서 전도하며 성경책을 파는 사람)과 애국단 청년으로 활동했습니다. 3·1 만세운동 당시 강원도 대표로 활동하기도 했습니다. 결국 일제에 의해 검거되어 서대문형무소와 함흥형무소에서 옥고를 치르던 중에 고문으로 인하여 1922년 옥중에서 순교했습니다.

오늘 바울은 디모데에게 복음 증거자로 살 수 있는 비결을 말씀합니다. 그리스도의 십자가와 부활의 복음은 살아 있기 때문에 전하는 자가 옥중에 매임을 당해도 복음은 살아서 수많은 사람의 생명을 살립니다. 그런데 이 복음을 전하는 자는 세상에서 미움을 당하여 여러 고난에 처하기도 합니다. 하지만 결코 낙망치 않을 것은 인내하며 복음의 씨앗을 뿌리면 예수님께서 십자가에서 부활에 참여한 것처럼 우리도 예수님과 함께 부활할 것이라는 소망이 있기 때문입니다.

현재 우리의 삶의 현장은 다양합니다. 가정, 일터, 학교 등 우리가 살아가는 모든 현장에 하나님이 계시고, 우리를 바라보고 계십니다. 때로는 말씀에 순종하며 실천하는 것이 힘들 수 있습니다. 그래도 끝까지 하나님을 바라보며 앞으로 나아갈 때, 하나님은 결코 우리를 외면치 않으십니다. 오히려 참고 인내함으로 주님과 함께 왕 노릇 하리라고 약속하십니다. 우리는 미쁨이 없을지라도 하나님은 항상 미쁘십니다.

540장
주의 음성을 내가 들으니

—

디모데후서 2:8~13
우리는 미쁨이 없을지라도 주는 항상 미쁘시니 자기를 부인하실 수 없으시리라 (13)

매일 성경 읽기
신 7장 ☑ 8장 ☐ 9장 ☐

하나님, 미쁘신 주님을 찬양합니다. 우리가 어느 자리에 있든지 주님께서 주신 복음을 실천하기 원합니다. 때로는 힘들고 어려울 수 있으나 끝까지 하나님을 바라보며 나아가기 원합니다. 인내로서 승리하는 하루가 되게 하옵소서. 예수님의 이름으로 기도합니다. 아멘.

고영도 목사 _ 행복한교회

인내하며
복음의 씨앗을
뿌리고 있습니까?

오직 예수만 보이더라

288장
예수를 나의 구주 삼고

—

누가복음 9:28~36
소리가 그치매 오직 예수만
보이더라 제자들이 잠잠하
여 그 본 것을 무엇이든지
그 때에는 아무에게도 이르
지 아니하니라 (36)

우리가 신앙생활을 하면서 가장 바라는 것은 하나님의 자녀로 행복하게 사는 것입니다. 그러기 위해서 우리에게 꼭 필요한 것은 무엇일까요? 러시아의 대문호 톨스토이는 『사람은 무엇으로 사는가』를 통해 사람이 사는 데 가장 중요한 것은 '사랑'이라고 하였습니다. 이 말은 우리의 삶에서 진정한 행복은 소유가 아닌 관계에서 얻을 수 있다는 의미입니다. 마찬가지로 우리가 하나님의 자녀로 행복하게 살기 위해서 가장 중요한 것은 '예수님과의 관계'입니다.

오늘 본문에서 "소리가 그치매 오직 예수만 보이더라(36)."는 말씀은 우리에게 이 사실을 더욱 분명히 해줍니다. 말씀 속에서 제자들의 눈을 휘둥그레 만든 것은 어쩌면 변화된 예수님의 모습이 아니라 그 옆에 서 있던 모세와 엘리야의 모습이었을 것입니다. 여기서 모세는 율법을, 엘리야는 예언을 상징합니다. 율법과 예언은 이스라엘 백성이 자신들을 구원하고 하나님의 자녀로 사는 데 절대적으로 의지하던 것들입니다. 제자들에게는 예수님보다 더 크고, 더 위대해 보였을 수도 있습니다. 그러나 이 이야기의 결론은 "이는 나의 아들 곧 택함을 받은 자니 너희는 그의 말을 들으라(35)."고 구름 속에서 들려오는 소리와 함께 모세와 엘리야는 사라지고 오직 예수님만 보였다는 것입니다. 이는 이스라엘 백성을 하나님의 자녀로 살게 하는 것은 율법과 예언이 아니라 '오직 예수님'이라는 하나님의 선언입니다.

신앙생활을 통해 하나님의 복과 은혜를 받아 행복하게 살기 위해서는 예배도 잘 드려야 하고, 말씀을 주야로 묵상하고, 쉬지 않고 기도해야 합니다. 뿐만 아니라 교회와 지역을 위해 봉사하고, 전도도 해야 합니다. 그러나 가장 중요한 것은 예수님과의 관계입니다. 우리는 예수님을 통해 참 생명을 얻었습니다. 십자가를 지고 걸어야 하는 어려움이 있는 것 같지만 세상이 주지 못하는 위로와 평안이 가득한 길입니다. 이 길을 끝까지 완주하는 방법은 오직 예수 안에서 사는 것입니다. 세상의 달콤한 유혹에 넘어지지 않고, 하나님의 말씀을 따라 주신 사명을 감당하며 살아야 합니다. 이것이 주님과의 올바른 관계 안에서 주님을 따르는 진정한 제자의 삶입니다. 그리고 우리는 이를 통해 하나님의 자녀로 행복하게 살 수 있습니다.

매일 성경 읽기
신 10장 ☑ 11장 ☐

오직 예수님만
바라보고 있습니까?

우리를 구원하신 하나님, 그 크신 사랑을 받은 우리가 십자가를 지고 주님의 발자취를 따르며, 말씀을 지키는 주님의 참 제자가 되게 하옵소서. 오직 예수님만 바라보며 하늘의 영광을 구하며 살게 하옵소서. 예수님의 이름으로 기도합니다. 아멘.

권혁중 목사 _ 성남제일교회

영생의 말씀

요한복음 6장은 서두에 오병이어 사건이 기록되어 있고, 이어서 주님이 자신을 추종하는 무리와 대화를 나누는 장면으로 구성되어 있습니다. 주님은 세 차례에 걸쳐 자신이 '생명의 떡'임을 밝히십니다. "내 살은 참된 양식이요 내 피는 참된 음료로다(55)." 성만찬 예식에 익숙한 오늘날 신자들에게는 이 말씀이 전혀 이질감이 없지만, 식인(食人, cannibalism)을 연상시키는 주님의 발언에 당시 사람들은 아연실색하며 떠나갔습니다.

주님의 말씀이 매력적이지 않을 때가 있습니다. 성경에는 아무리 상식적으로 생각해 봐도 납득할 수 없는 이야기도 있습니다. 세속 풍조에 반하여 사랑과 환대, 용서를 요구하는 메시지 역시 그러했습니다. 돈이 주인 노릇을 하는 세상이기에, 정의와 평화 같은 가치들은 외면당하기 일쑤입니다. 혹자는 교회가 진실 되게 주님의 말씀을 전했다면, 교회는 다 망했을 거라고 역설합니다. 그만큼 주님의 말씀은 불편하고 부담스럽습니다.

요한복음 6장에 보면 많은 이들이 주님의 말씀을 듣고 떠나갑니다. 그들은 자기 욕망을 숭배했지 예수님을 섬긴 것이 아님이 확실히 드러났습니다. 겉으로는 주님을 따른다, 하나님 나라와 의를 구한다고 하면서도, 속에서는 자기에게로 구부러지는 죄성을 어찌하지 못한 것입니다. 제자들 역시 결정적인 순간에 주님을 배반하고 떠나갔습니다. 그럼에도 오늘 본문 68절에 나오는 "주여 영생의 말씀이 주께 있사오니 우리가 누구에게로 가오리까."라는 고백은 눈여겨볼 만합니다.

성만찬 예식을 통해 주님의 살과 피를 먹고 마심으로 우리는 그리스도와 한몸을 이룹니다. 이는 하나님의 뜻이 주님을 통해 우리에게 주어졌다는 의미입니다. 우리는 하나님 나라의 일꾼으로서 하늘에서 받은 책무를 다하며, 사랑과 평화의 전령으로 살아가야 합니다. 고단한 여정이겠지만, 행복은 여기에 달렸습니다. 요한복음은 그것이 영원한 생명을 누리는 길이라고 증언합니다. 좋은 연주자는 악기와 한몸이 된다고 합니다. 주가 내 안에, 내가 주 안에, 주님과 한몸 되어 청아하고 아름다운 곡조를 만들어내는 우리가 되기를 소원합니다.

228장
오 나의 주님 친히 뵈오니

요한복음 6:66~69
시몬 베드로가 대답하되 주여 영생의 말씀이 주께 있사오니 우리가 누구에게로 가오리까 (68)

매일 성경 읽기
신 12장 ☑ 13장 ☐
14장 ☐

하나님, 우리를 위해 자신의 살과 피를 내어 주신 주님을 기억합니다. 주님과 한몸 이루어 하나님의 구원 사역에 동참하는 영광을 누리게 도와주옵소서. 시련과 역경 속에서도 '참'을 향해 나아가도록 동행하여 주옵소서. 예수님의 이름으로 기도합니다. 아멘.

김민호 목사 _ 지음교회

주님의 살과 피를 먹은 우리는 무엇을 생산하고 있습니까?

홀로 있기에 익숙해져야 합니다

3
화요일

4

337장
내 모든 시험 무거운 짐을

—

마가복음 1:12~13
광야에서 사십 일을 계시면
서 사탄에게 시험을 받으시
며 들짐승과 함께 계시니
천사들이 수종들더라 (13)

매일 성경 읽기
신 15장 ☑ 16장 ☐
17장 ☐

사람은 홀로 살 수 없는 존재이지만, 때로는 홀로 있는 것이 필요합니다. 사색이나 묵상을 통해 내면을 정화할 수 있고, 나아가 생의 중요한 결단을 내릴 수도 있기 때문입니다. 예수님도 홀로 있는 시간을 통해 중요한 결단을 내리셨습니다. 때가 되자 예수님은 3년간의 공생애에 돌입하시는데, 그에 앞서 성령께 순종하여 광야에서 40일을 시험받으셨습니다. 그리고 거기서 가장 중요한 원칙을 세우십니다.

시험은 사탄이 기괴한 형상으로 나타나 괴롭히는 모양이라기보다는 주님의 내면에서 일어나는 욕망과의 싸움처럼 전개됩니다. '돌들로 떡덩이가 되게 하라, 높은 데서 뛰어내리라, 사탄에게 경배하라'는 것은 인간의 한계를 뛰어넘는 신적인 능력과 관련됩니다. 누구든 이렇게만 할 수 있다면 세상은 간단히 그 손에 들어올 것입니다. 예수님이 받으신 시험은 강력한 능력을 발휘해서 세계를 구원하라는 것이었습니다. 하지만 예수님은 시험을 물리치십니다. 예수님은 그런 힘을 사용하지 않으시겠다는 뜻입니다. 대신 다른 세 가지 원칙을 세우십니다. 물질로 사람을 미혹하지 않을 것, 신비로 물의를 일으키지 않을 것, 그리고 어떤 경우에도 세상과의 타협은 없을 것을 결단하십니다.

예수님의 방법은 대속의 십자가였습니다. 예수님은 자신을 제물 삼고 제사장이 되어 단 한 번의 완전한 제사를 드림으로써 인생의 문제를 해결하셨습니다. 이로써 사람과 하나님 사이의 막힌 담이 허물어져 어떤 인생이든 십자가를 통해 그 앞에 나아갈 수 있게 되었습니다. 물론 이 일은 태초부터 예정되었지만, 주님은 자신을 홀로 두심으로써 다시 한번 이 모든 계획을 돌아보신 것입니다.

우리도 혼자 있으면서 중요한 결단을 내려야 할 때가 있습니다. 일이 지지부진하다면 다른 이유가 아닙니다. 홀로 있으면서 기도하고 묵상하고 사색하는 일을 생략해서입니다. 우리는 홀로 있기에 익숙해져야 합니다. 예수님은 새벽마다 자신을 홀로 두셨습니다. 그리고 기도하고 결단하셨습니다. 우리 역시 홀로 있기에 익숙해져야 합니다. 그럴 때 우리의 신앙이 더욱 성숙해질 것입니다.

고독하고 불안해서
무리 속에 있으려
하지는 않습니까?

거룩하신 하나님, 혼자 있는 시간을 자주 가져 하나님께 기도하고 나 자신과도 충분히 대화하게 하옵소서. 무리 가운데 둘러싸여 안심하기보다 홀로서기를 즐겨하여 매일 도전하고 더 성숙한 신앙인이 되게 하옵소서. 예수님의 이름으로 기도합니다. 아멘.

최영식 목사 _ 힘찬교회

욥의 아내, 그 곁으로

사탄의 1차 시험으로 욥은 모든 재산을 잃고, 아들 일곱, 딸 셋을 한꺼번에 잃었습니다. 그것으로 끝이 아니었습니다. 사탄의 2차 시험으로 욥의 온몸에 악성 종기가 퍼져 나갑니다. "재 가운데 앉아서"라는 표현은 욥이 공동체에서 완전히 내쫓겼음을 뜻하는 말입니다. 아직 생명은 붙어 있지만 사회적으로는 이미 사형선고를 받은 것입니다. 그 상황에서 욥의 아내가 입을 엽니다. "당신이 그래도 자기의 온전함을 굳게 지키느냐. 하나님을 욕하고 죽으라." 성경에 나오는 말 가운데 이렇게 도발적인 말이 또 있을까요? 기독교 전통은 이 말 하나만 가지고 그녀를 악한 여인으로 규정했습니다. 아우구스티누스는 욥의 아내를 '악마의 보조자'라 했고, 존 칼빈은 '사탄의 도구'라고 말했습니다. 그녀의 표독스러운 발언과 모든 일에 입술로 범죄하지 아니한 욥의 경건함을 대비하는 상투적인 설교도 참 많이 들었습니다.

하지만 욥의 아내의 말은 전혀 다른 식으로 읽을 수 있습니다. "당신이 그래도 자기의 온전함을 굳게 지키느냐?" 이렇게 의문문으로 읽으면 차가운 조롱의 말로 들릴 수밖에 없습니다. 그러나 히브리어에는 의문 부호가 없기 때문에 얼마든지 서술문으로 읽을 수 있습니다. "당신은 그래도 자기의 온전함을 굳게 지키시는군요." 극한의 고통 속에서 끝까지 자기 마음을 지키는 남편을 보며 연민과 애틋함을 담아서 하는 말로 볼 수 있습니다. 그리스어 칠십인역(LXX)의 욥기 2장 번역을 보면, 남편의 끔찍한 고통을 보다 못한 아내가 이렇게 말합니다. "자, 이제 주님께 뭐라고 말이라도 하고 죽으세요." 욥은 그런 아내의 말이 평소의 아내답지 않은 말이라며 부드럽게 그녀를 다독입니다. "우리가 하나님께 복을 받았은즉 화도 받지 아니하겠느냐." 여전히 두 사람은 '우리'입니다.

깜깜한 어둠이 드리워진 성문 밖, 처참한 비극을 온몸으로 겪고 있는 두 사람의 모습을 떠올려 봅니다. 남편의 고통, 아니 우리의 고통을 차라리 죽음으로 끝맺으면 안 되겠냐고 울먹이는 여인. 그녀의 슬픔을 누가 함부로 평가할 수 있을까요? 한 사람이라도 그녀 곁에 다가가 꼭 껴안아 주면 좋겠습니다. 예수님의 어머니 마리아 곁에 있어 준 여인들처럼, 요한처럼….

수요일

5

272장
고통의 멍에 벗으려고

—

욥기 2:7~10
우리가 하나님께 복을 받았
은즉 화도 받지 아니하겠느
냐 하고 이 모든 일에 욥이
입술로 범죄하지 아니하니
라 (10b)

매일 성경 읽기
신 18장 ☑ 19장 ☐
20장 ☐ 21장 ☐

주님, 끔찍한 재난이나 사고로 가족을 잃은 사람들, 또한 사랑하는 가족이 병으로 괴로워하는 것을 지켜봐야 하는 사람들이 고통 가운데 터뜨린 말을 함부로 평가하지 않게 하옵소서. 그들을 안아줄 수 있는 품이 되게 하옵소서. 예수님의 이름으로 기도합니다. 아멘.

손성현 목사 _ 숨빛청파교회

우리 주변에
욥의 아내 같은
고통 속에 있는
사람이 있나요?

오르지 못할 나무는 없습니다

286장
주 예수님 내 맘에 오사

누가복음 19:1~10
앞으로 달려가서 보기 위하여 돌무화과나무에 올라가니 이는 예수께서 그리로 지나가시게 됨이러라 (4)

'오르지 못할 나무는 쳐다보지도 말라'는 속담이 있습니다. 실현불가능한 일은 진즉에 포기하는 것이 이롭다는 뜻입니다. 19세기 독일의 철학자인 프리드리히 니체는 변화를 두려워하여 아무것도 시도하지 않으면서 남들과 같다는 것에 위로받으며, 오히려 그것을 도덕적이라고 여기는 심리를 가리켜 '르상티망(ressentiment)'이라고 말했습니다. 그리스도인들에게도 르상티망이 있지 않습니까? 아무 노력 없이 '남들도 다 이러고 산다. 내가 더 죄인인가?' 하며 스스로 면죄부를 주려는 생각 말입니다.

성경에는 나무에 올라가 인생이 변화된 삭개오 이야기가 있습니다. 삭개오라는 이름은 '의로운 사람'이라는 뜻이지만, 아이러니하게도 그의 직업은 의롭지 못한 사람의 대명사인 세리장입니다. 삭개오는 예수님의 소문을 들었고, 그분이 보고 싶었습니다. 그렇지만 키가 작은 그는 도저히 모여든 인파를 뚫고 예수님을 볼 수가 없었습니다. 그래서 예수님이 지나가시는 길가에 서 있는 돌무화과나무로 올라갔습니다. 자기를 향한 다른 사람들의 시선은 아랑곳하지 않고 오직 자신의 간절한 바람에 집중한 것입니다.

지나가던 예수님이 삭개오를 쳐다보셨습니다. 그리고 이름을 불러 주셨습니다. "삭개오야 속히 내려오라 내가 오늘 네 집에 유하여야 하겠다(5)." 기쁨으로 예수님을 영접한 날, 그는 변화되었습니다. 소유의 절반을 떼어 가난한 이들에게 주고, 불의하게 남의 것을 속여 빼앗은 것은 네 배로 갚겠다고 하였습니다. 주님은 그를 아브라함의 자손으로, 또 구원받은 자녀로 인정해 주셨습니다. 이제야 비로소 삭개오는 자기 이름처럼 의로운 사람이 된 것입니다.

예수님은 나무에 달리셨지만 믿음으로 그분을 바라보는 모두를 구원하셨습니다. 영적 르상티망은 자꾸만 나를 합리화하면서 예수님을 바라보려는 의지를 포기하게 합니다. 그러나 돌무화과나무라도 기어 올라가 예수님을 바라보려는 간절함을 주님은 외면하지 않으십니다. 예수님은 우리에게 구원의 기쁨과 감격을 주시고, 육신과 영적인 장애물을 해결해 주시는 분입니다. 오르지 못할 나무는 없습니다. 세상의 눈을 의식하지 말고 예수님만 바라보기 바랍니다.

매일 성경 읽기
신 22장 ☑ 23장 ☐
24장 ☐ 25장 ☐
26장 ☐

예수님을 못 보게 하는 나의 르상티망은 무엇입니까?

좋으신 주님, 나무에 오른 삭개오처럼 간절함으로 주님을 바라보게 하옵소서. 부르심에 기쁨으로 영접하여 우리 안에 주님만이 주인 되어 주옵소서. 그래서 구원의 주님이 의롭게 여기시는 사람이 되게 하옵소서. 예수님의 이름으로 기도합니다. 아멘.

김두영 목사 _ 삼청교회

만백성에게 복을 주시리라

금요일

7

이사야가 처음 예언할 무렵, 이스라엘은 남과 북의 갈등, 외세의 침략으로 평안할 날이 없었습니다. 불의한 통치와 우상 숭배로 국내 정치도 혼란스러웠습니다. 한마디로 평화를 잃었습니다. 그럼에도 선지자 이사야의 노래는 보통 사람의 상상을 훨씬 뛰어넘습니다. 그는 평화의 왕에 대해 예언하고(9장), 평화의 왕국을 노래합니다(11장).

어쩌면 비현실적인 꿈일지 모르나 시도 때도 없이 환난을 겪는 사람들에게는 큰 위로입니다. 이사야가 전한 메시아 대망은 하나님의 질서를 회복하려는 희망의 의지였습니다. 하나님이 원하시는 것은 이방 나라 간 전쟁을 그치고 평화를 회복하는 일입니다. 심지어 적대적인 강대국 애굽, 앗수르 사이에 서로 화해하고 공생하며 살 것이라는 소식입니다.

선지자는 애굽을 '내 백성', 앗수르를 '내 손으로 지은 자'라고 합니다. 그리고 이스라엘과 함께 두 적대국을 향해 복을 빌어 줍니다. 이에 앞서 선지자는 "애굽에 관한 경고라(1)"며 애굽에 개입하시는 하나님의 심판을 전합니다. 애굽에서 자중지란이 일어나고, 외부에는 거대한 위협이 도사립니다.

이제 애굽이 스스로 할 수 있는 일은 없습니다. 전쟁이 일어나 '잔인한 주인'과 '포학한 왕'이 애굽을 지배할 것입니다. 말라 버린 나일강 때문에 농사는 물론 어업과 수공업이 피폐하여 백성의 삶은 위협을 받고 있는데, 애굽 통치자들의 모사와 지혜는 아무 소용이 없습니다. 그들은 여호와께 부르짖고, 여호와를 경배하며 하나님께로 돌아와야 합니다.

유대교 랍비들은 하나님의 이름을 '샬롬'이라고 불렀습니다. 샬롬은 전쟁을 그치고 맺는 평화조약을 의미합니다. 그리고 더 나아가 하나님과 계약관계를 뜻합니다. 하나님은 "나의 화평의 언약은 흔들리지 아니하리라(54:10)."고 약속하셨습니다.

하나님의 애굽 경고는 심판과 멸망이 아닙니다. 오히려 애굽은 여호와를 알게 될 것이고, 예배할 것이며, 하나님께 간구할 것입니다. 적대적인 애굽과 앗수르 사이에 평화가 이루어지고, 이스라엘과 함께 세 나라에 복이 임합니다. 참으로 꿈같은 아름다운 이야기입니다.

475장
인류는 하나 되게

─

이사야 19:24~25
그 날에 이스라엘이 애굽 및 앗수르와 더불어 셋이 세계 중에 복이 되리니 (24)

매일 성경 읽기
신 27장 ☑ 28장 ☐

하나님, 우리에게 평화를 만들고 든든히 세워낼 믿음과 용기를 주옵소서. 지금 등을 지고 사는 사람들과 불편한 감정을 풀고, 화평을 이루어낼 지혜를 주옵소서. 평화의 지경이 내 안에서 세상으로 점점 확장되게 하옵소서. 예수님의 이름으로 기도합니다. 아멘.

송병구 목사 _ 색동교회

선지자 이사야가 노래하고 선포하듯 평화의 하나님을 믿습니까?

주님의 제자들

505장
온 세상 위하여

—

누가복음 8:1~3
헤롯의 청지기 구사의 아내
요안나와 수산나와 다른 여
러 여자가 함께 하여 자기
들의 소유로 그들을 섬기
더라 (3)

에콰도르 선교사 엘리자베스 엘리엇은 남편과 함께 남미의 호전적인 부족인 아우카족에게 복음을 전하려다 남편을 포함해 여러 선교사가 그들에게 살해당하는 비극을 겪었습니다. 그럼에도 그녀는 굴하지 않고 그들의 언어를 배우고 문화를 이해하며, 그들에게 성경을 가르쳐 결국 선교의 결실을 맺었습니다. 후에 미국에서 기독교 작가로 활동하며 사람들에게 신앙과 순종의 모범을 보여 주었습니다.

오늘 본문은 예수님을 따르는 여성 제자들에 관한 말씀입니다. 예수님은 갈릴리 각 성읍과 마을을 두루 다니며 하나님 나라의 복음을 선포하셨습니다. 그때 열두 제자뿐만 아니라 악귀를 쫓아내고 병을 치료함으로써 예수님께 은혜를 입은 여성들도 예수님을 따랐습니다. 막달라 마리아는 일곱 귀신에서 해방된 여성으로 예수님의 은혜를 직접 경험했습니다. 요안나는 헤롯의 청지기 구사의 아내로서 사회적 지위가 높았을 것으로 추측합니다. 수산나는 예수님의 사역을 돕기 위해 자신의 소유를 사용했습니다. 이처럼 여성 제자들은 각기 다른 배경과 경험을 가지고 있었지만, 예수님의 은혜를 체험하고 그의 사역에 동참했다는 공통점이 있습니다.

당시에는 여성들이 사회적, 공적인 활동에 참여하는 일이 드물었습니다. 하지만 예수님은 여성들을 차별하지 않고 제자로 받아들여 사역에 참여하게 하셨습니다. 이는 예수님께서 하나님 나라가 남성과 여성 모두에게 열려 있음을 보여 주는 중요한 사건입니다. 또한 여성 제자들의 헌신적인 섬김은 예수님의 사역에 큰 도움이 되었습니다. 오늘날 우리에게도 귀감이 되는 것은 첫째, 예수님을 따르는 믿음과 열정입니다. 여성 제자들은 예수님을 만나 삶의 변화를 경험하고 그분을 따랐습니다. 둘째는 헌신적인 섬김입니다. 여성 제자들은 자신이 가진 것을 아낌없이 나누어 주고 예수님과 제자들을 섬겼습니다. 셋째는 하나님 나라의 복음을 전파하는 역할입니다. 여성 제자들은 다른 여성들에게 귀감이 되어 그들도 하나님 나라의 복음을 전파했습니다.

우리도 이러한 모습을 본받아 예수님을 따르는 뜨거운 믿음과 헌신적인 섬김으로 하나님 나라의 복음을 전파하는 참 좋은 제자가 되기를 바랍니다.

매일 성경 읽기
신 29장 ☑ 30장 ☐

우리를 통해
복음이 전파되고
있습니까?

하나님, 오늘 말씀을 통해 예수 그리스도의 발자취를 따라온 이들의 모습을 보고 배우게 하시니 감사합니다. 우리도 그들의 뜨거운 열정과 흔들림 없는 믿음을 본받아 교회와 사회, 하나님 나라를 위해 영향력 있는 삶을 살게 하옵소서. 예수님의 이름으로 기도합니다. 아멘.

장이규 목사 _ 천호제일교회

마음을 찢고 하나님께로 돌아오라

주일

9

527장
어서 돌아오오

요엘 2:12~17
너희는 옷을 찢지 말고 마음을 찢고 너희 하나님 여호와께로 돌아올지어다 그는 은혜로우시며 자비로우시며 노하기를 더디하시며 인애가 크시사 뜻을 돌이켜 재앙을 내리지 아니하시나니 (13)

선지자 요엘은 '여호와의 날'이 가까웠다고 선포합니다. 여호와의 날은 '하나님의 심판의 때'를 의미합니다. 유다에 임할 하나님의 심판은 메뚜기 떼의 습격과 같은 이방 군대의 침략으로 이루어질 것이라고 요엘은 경고합니다. 그러면서 유다 백성들에게 '이제라도 하나님께로 돌아오라'고 권면합니다. 옷을 찢지 말고 마음을 찢고 하나님께로 돌아오라고 선포합니다. 옷을 찢는 행위는 회개를 의미하며, 마음을 찢는다는 것은 겉만 그럴듯한 모습이 아니라 진정한 회개를 의미합니다.

예수님은 종교 지도자들을 향하여 "이 백성이 입술로는 나를 공경하되 마음은 내게서 멀도다(마 15:8)."라고 말씀하셨습니다. 겉으로는 하나님을 섬기는 것 같지만 속은 그렇지 않음을 책망하신 것입니다. 하나님께서 원하시는 제사는 '상한 심령'입니다. 마음을 찢는 진정한 회개와 삶의 변화만이 하나님의 긍휼과 은혜를 덧입을 수 있습니다.

또한 나팔을 불어 거룩한 금식일을 정하고 성회로 모이라고 말합니다. 어린아이부터 어른에 이르기까지 모두 나와 하나님의 긍휼을 구하라고 합니다. 위기의 때에는 간절한 기도가 필요합니다. 금식기도는 하나님만을 온전히 의지하는 기도입니다. 우리의 생명이 먹는 것에 있는 것이 아니라 하나님께 있음을 고백하는 것입니다. 선지자 이사야는 하나님께서 기뻐하시는 금식은 "부당한 결박을 풀어 주는 것, 멍에의 줄을 끌러 주는 것, 압제받는 사람을 놓아 주는 것, 모든 멍에를 꺾어 버리는 것(사 58:6, 새번역)"이라고 했습니다. 또한 주린 자, 가난한 자를 돌아볼 때 하나님의 치유와 회복, 도우심을 입게 된다고 말씀했습니다.

하나님은 우리의 중심을 보시는 분입니다. 우리의 외형적 모습도 중요하지만, 진정으로 하나님을 사랑하고 이웃을 사랑하는 것이 더욱 중요합니다. 입술의 고백도 중요하지만, 무엇보다 마음을 찢는 참된 회개가 있어야 합니다. 우리의 삶의 방향을 하나님께로 돌려야 합니다. 그리하면 누가복음 15장에 등장하는 돌아온 탕자처럼 다시금 아버지의 놀라운 은혜를 누릴 것입니다. 할렐루야!

매일 성경 읽기
신 31장 ☑ 32장 ☐

하나님 아버지, 크신 은혜에 감사드립니다. 우리가 무엇이라고 그토록 주님께로 돌아오기를 기다리시나이까. 이제라도 우리의 죄를 회개하며 주님께로 나아갑니다. 주님의 크신 은혜와 사랑으로 인도해 주옵소서. 예수님의 이름으로 기도합니다. 아멘.

이재은 목사 _ 반석교회

진정으로 회개하며 돌아서야 할 삶의 모습은 무엇입니까?

니고데모의 밤

니고데모는 바리새인이며 유대인의 지도자였습니다(1). 또한 당대 최고의 지성인이었습니다. 헬라어 '니코데모스'는 '승리한 백성' 혹은 '백성의 정복자'라는 뜻입니다. 니고데모는 이름대로 성공한 인생을 구가했고, 모든 면에서 부족함이 없는 사람으로 보였습니다.

성경은 니고데모가 예수님을 밤에 찾아왔다고 이야기합니다(2). 원문에는 '밤에'라는 표현이 문장 맨 앞에 있습니다. 요한복음 19장에 기록된 십자가 사건에서 그가 다시 등장할 때에도 그를 '일찍이 예수께 밤에 찾아왔던 니고데모(19:39)'라고 설명합니다.

니고데모는 왜 밤에 예수님을 찾아왔을까요? 예수님이 바쁘셔서였을 수도 있고, 유대인의 지도자로서 사람들의 이목이 신경 쓰였을 수도 있겠지만, '니고데모의 밤'은 영혼의 어두움 가운데 빛이신 예수님을 찾아올 수밖에 없었던 한 사람의 영적 갈급함을 의미한다고 할 수 있습니다. "어두운 밤에 캄캄한 밤에 새벽을 찾아 떠난다"라는 복음성가의 가사처럼 니고데모는 예수님을 찾아왔습니다.

우리에게도 영혼의 어두운 밤이 찾아올 때가 있습니다. 우리는 그것을 기분 탓으로 돌리거나 날이 밝으면 해야 할 많은 일을 핑계로 애써 외면하기도 합니다. 그러나 그때 우리는 니고데모처럼 용기를 내어 예수님을 찾아가야 합니다. 영혼의 어두운 밤, 우리 마음의 빈자리는 하나님의 진리와 사랑만이 온전히 채워 주실 수 있기 때문입니다.

예수님을 만난 니고데모는 어떻게 되었을까요? 성경에는 그의 구체적인 변화가 기록되어 있지 않지만 분명한 것이 있습니다. 니고데모의 용기 때문에 우리는 너무나도 소중한 예수님의 말씀을 들을 수 있게 되었다는 것입니다. "하나님이 세상을 이처럼 사랑하사 독생자를 주셨으니 이는 그를 믿는 자마다 멸망하지 않고 영생을 얻게 하려 하심이라(16)."

하나님께서 아들을 세상에 보내신 것은 세상을 심판하시려는 것이 아니라, 아들을 통하여 세상을 구원하시려는 것입니다. 우리 영혼에 어두운 밤이 찾아올 때, 길이요 진리요 생명 되신 주님 앞에 나아가기 바랍니다.

287장
예수 앞에 나오면

요한복음 3:1~8
바람이 임의로 불매 네가 그 소리는 들어도 어디서 와서 어디로 가는지 알지 못하나니 성령으로 난 사람도 다 그러하니라 (8)

매일 성경 읽기
신 33장 ☑ 34장 ☐

영혼의 어두운 밤이 찾아올 때, 그 밤을 어떻게 맞이합니까?

사랑과 은혜가 풍성하신 하나님, 죄와 연약함 때문에 신음하는 우리이지만 독생자 예수님 안에서 소망을 찾게 하시니 감사합니다. 어둠으로 가득한 세상에서 주님의 참된 빛을 우리의 마음과 앞길에 비춰 주옵소서. 예수님의 이름으로 기도합니다. 아멘.

조진호 목사 _ 전농교회

진리가 너희를 자유롭게 하리라

오늘 본문은 '여호와의 종의 노래' 중 첫 번째 노래입니다. 여호와의 종으로 오실 메시아의 품성과 사역을 예언하고 있습니다. 메시아의 품성은 온유하고 긍휼이 풍성합니다. 동시에 공의로우십니다. "내가 그에게 나의 영을 주었으니, 그가 뭇 민족에게 공의를 베풀 것이다(1, 새번역)." 종의 노래의 주체는 하나님이십니다. 하나님은 갇힌 자를 해방시키시며 진리는 우리를 자유하게 합니다. 우리는 종의 노래를 통해 무엇을 깨달을 수 있을까요?

첫째, 하나님은 자유하게 하시는 분이며, 그 자유는 진리이신 하나님 안에 있을 때 가능하다는 것입니다. 하나님은 자기 백성에게 자유를 주기 원하십니다. 그래서 하나님은 모세를 통해 이스라엘 백성을 출애굽시키셨습니다. 이 자유의 영성으로 가나안 땅에서 살아야 했는데 그러지 못했습니다. 그 백성은 다시 바벨론 포로로 부자유함에 갇혔습니다. 그때 예언자 이사야를 통해 여호와의 종을 세워 다시금 자유를 향하게 만드신 것입니다. 하나님은 우리를 풀어 자유하게 하십니다.

둘째, 우리는 하나님 안에 거하는 삶을 살아야 한다는 것입니다. 본문 2~3절에 "그는 외치지 아니하며 목소리를 높이지 아니하며 그 소리를 거리에 들리게 하지 아니하며 상한 갈대를 꺾지 아니하며 꺼져가는 등불을 끄지 아니하고 진실로 정의를 시행할 것이며."라고 말씀합니다. 하나님은 죄인을 불쌍히 여기십니다. 하나님 안에 거할 때 우리 영혼이 구원을 받고 하나님의 보호하심을 받습니다.

셋째, 자유함을 얻은 자로 하나님께만 찬송과 영광을 돌리며 기도하는 삶을 살아야 한다는 것입니다. "나는 여호와니 이는 내 이름이라 나는 내 영광을 다른 자에게, 내 찬송을 우상에게 주지 아니하리라(8)." 우리는 하나님의 백성이며, 우리의 역할은 하나님께 영광을 돌리는 것입니다. 구원받은 자로서 구원의 감격과 구원의 능력을 유지하는 방법은 오직 하나님께 영광 돌리며 감사함으로 살아가는 것입니다. 우리가 받은 은혜를 유지하는 길이 여기에 있습니다. 날마다 진리로 우리를 자유롭게 하시는 하나님께 찬송과 영광을 돌리며 하나님 안에 거하는 삶을 살아가기를 소망합니다.

268장
죄에서 자유를 얻게 함은

—

이사야 42:1~4
내가 붙드는 나의 종, 내 마음에 기뻐하는 자 곧 내가 택한 사람을 보라 내가 나의 영을 그에게 주었은즉 그가 이방에 정의를 베풀리라 (1)

매일 성경 읽기
수 1장 ☑ 2장 ☐

진리이신 하나님, 우리를 자유하게 하시고 보호해 주시니 감사합니다. 날마다 하나님이 주신 자유를 기뻐하며 찬송과 영광으로 화답하는 삶을 살게 하옵소서. 구원의 감격과 구원의 능력을 잘 유지하며 살아가게 하옵소서. 예수님의 이름으로 기도합니다. 아멘.

이선균 목사 _ 아현중앙교회

하나님이 주신 자유를 누리고 감사하며 살고 있습니까?

회개 후 다음 걸음

274장
나 행한 것 죄뿐이니

—

시편 51:10~15
하나님이여 나의 구원의 하나님이여 피 흘린 죄에서 나를 건지소서 내 혀가 주의 의를 높이 노래하리이다 (14)

우리에게는 모두 '피 흘린 죄'가 있습니다. '내 마음에 맞는 사람'이라는 말을 들었던 다윗조차도 하나님께는 물론이요 우리아와 그의 아내에게 죽어 마땅한 죄를 지었습니다. 예수님은 우리가 매 순간 하나님께 용서받아야 하고, 이웃과의 관계에서도 피차 용서하고 용서받지 않고서는 존재할 수 없는 인생임을 아시기에 참회와 용서의 간구를 하게 하십니다. "우리가 우리에게 죄 지은 자를 사하여 준 것 같이 우리 죄를 사하여 주시옵고 우리를 시험에 들게 하지 마시옵고 다만 악에서 구하시옵소서(마 6:12~13)."

시편 51편의 전반부는 다윗이 철저히 죄를 고백하고 하나님만이 죄인의 곤경을 돌이키실 수 있음을 깨닫는 내용입니다. 또한 죄로 비틀린 인생은 용서를 구하는 것으로만 해결되는 것이 아님을 깨달은 다윗은 회개의 다음 단계로 전진합니다. 하나님께 "깨끗한 마음을 다시 창조해 주세요. 꿋꿋한 뜻을 새롭게 세워 주세요."라며 새사람이 되게 해달라고 빕니다. 아울러 창조에는 하나님이 생기를 불어넣어 주셔야 합니다. 성령의 자비와 은혜가 임해야 합니다. 그래서 다윗은 "주님의 성령을 나에게서 거두어 가지 말아 주십시오(11, 새번역)."라고 기도합니다. '새 창조'라는 하나님의 거룩한 뜻을 거두지 말아 달라고 호소합니다.

용서받은 자, 구원의 기쁨을 회복하여 찬송할 수 있게 된 새사람은 전도자가 됩니다. 다른 죄인들이 주님께로 돌아와 새사람 되게 할 수 있는 증인이기 때문입니다. 다윗도 스스로 자신의 입을 열어 주님을 찬송하고 전파하겠다고 약속합니다. 그것이 하나님께서 기뻐하시는 진정한 제물이요 봉헌임을 고백합니다.

"하나님이시여 나의 모든 죄를 도말하소서"라는 가사로 시작하는 찬양 '시편 51편'의 작곡가 이유정은 이 찬양이 자신에게 젊은 날의 초상화 같다고 말합니다. 성경의 인물들은 시공간을 초월하여 여전히 살아 움직이며 우리의 초상화가 되어 말을 겁니다. 오늘 다윗은 우리에게 이렇게 말합니다. "회개하고 용서받았니? 이제 어떻게 살 거니? 나와 함께 다음 걸음을 걷자. 새사람이 된 자신을 드려서 복음의 증인이 되자!"

매일 성경 읽기
수 3장 ☑ 4장 ☐ 5장 ☐

죄 사함을 받고
구원받은 사람답게
살고 있습니까?

하나님, 우리를 사랑하시고 긍휼히 여기사 죄와 죽음에서 구원해 주심을 감사드립니다. 죄 사함을 받고 구원받은 거룩한 하나님의 백성답게 살도록 인도하여 주옵소서. 새사람이 되어 다음 걸음을 내딛는 우리가 되게 하옵소서. 예수님의 이름으로 기도합니다. 아멘.

이인선 목사 _ 열림교회

나그네로 있을 때

프랑스 국경에서 사도 야고보의 무덤이 있는 스페인의 산티아고 데 콤포스텔라까지 800km에 이릅니다. 이 길을 걸으려면 한 달이 넘게 걸립니다. 이 길을 걸으려는 순례자는 배낭을 아주 단출하게 꾸려야 합니다. 왜냐하면 순례길에 메고 걸어야 하기 때문입니다. 욕심을 내어 이것저것 챙긴다면 걷는 내내 무거운 짐으로 인하여 고통스러운 시간을 보내기 쉽습니다. 순례자의 생활에서 꼭 필요한 것 외에 넘치는 것은 모두 다 짐입니다. 여분의 신발과 옷가지, 심지어는 먹을 것까지도 말입니다. 나그네의 짐은 가벼우면 가벼울수록 좋습니다.

우리는 인생을 나그네로 비유하곤 합니다. 이 땅에서 우리의 삶은 나그네처럼 잠시 스쳐 지나갑니다. 그런데 입으로는 나그네 인생이라 말하면서도 실제로는 이 세상에서 영원히 살 것처럼 행동합니다. 그런 우리에게 사도 베드로는 이렇게 권면합니다. "사람을 겉모양으로 판단하지 않으시고 각 사람의 행위대로 심판하시는 분을 여러분이 아버지라고 부르고 있으니, 여러분은 나그네 삶을 사는 동안 두려운 마음으로 살아가십시오(17, 새번역)."

나그네의 삶을 사는 모든 사람에게 하나님은 똑같은 조건을 허락하셨습니다. 똑같이 주어진 시간을 우리가 어떻게 선택하고 행동하느냐에 따라 삶은 다른 빛으로 다가옵니다. 우리는 값없이 거저 주시는 하나님의 선물을 믿음으로 받았습니다. 이 믿음이 밋밋한 나그네 삶에 감격과 기쁨을 안겨 줍니다. 우리의 삶은 우리가 처한 환경 때문이 아니라, 모든 것이 선물로 주어졌다는 믿음에 따른 행동 때문에 달라집니다. 심판은 우리의 선택과 행동에 대한 최종적인 책임이 우리에게 있다는 뜻입니다. 그래서 사도 베드로는 말합니다. "나그네로 있을 때 두려움으로 지내라(17)."

주님은 "내가 거룩하니 너희도 거룩할지어다(16)."라고 말씀하십니다. 우리를 부르신 분은 거룩하십니다. 그러니 우리도 그분과 같이 거룩하게 살아야 합니다. 그것이 두려움으로 지내라는 말의 뜻일 것입니다. 오늘 하루도 우리를 불러 주신 거룩하신 주님을 따라 우리의 모든 행실을 거룩하게 하기를 바랍니다.

하나님, 우리는 나그네입니다. 세상에 잠시 머물면서 하나님이 맡겨 주신 사명을 위해 살다가 하나님이 부르시면 하나님께로 돌아가야 합니다. 잠시 머무는 나그네이지만 하나님을 늘 모시고 영원을 사는 사람이 되게 하옵소서. 예수님의 이름으로 기도합니다. 아멘.

유영일 목사 _ 사천교회

목요일

13

376장
나그네와 같은 내가

베드로전서 1:13~19
외모로 보시지 않고 각 사람의 행위대로 심판하시는 이를 너희가 아버지라 부른즉 너희가 나그네로 있을 때를 두려움으로 지내라 (17)

매일 성경 읽기
수 6장 ☑ 7장 ☐ 8장 ☐

나는 나그네로서
두려움 가운데
살고 있습니까?

가장 미련한 사랑, 십자가

439장
십자가로 가까이

—

고린도전서 1:18~24
십자가의 도가 멸망하는 자
들에게는 미련한 것이요 구
원을 받는 우리에게는 하나
님의 능력이라 (18)

사회가 점점 각박해져 갑니다. 매체마다 경쟁하듯이 내뿜는 소식들은 차갑기만 한 요즘입니다. 이런 때 더욱 필요한 것이 바로 복음입니다. 온 세상에 드리운 죄의 힘을 단번에 소멸시키신 예수 그리스도의 이야기가 필요한 시대입니다.

죄는 우리의 인생을 죽음으로 몰아넣고 생명이신 하나님과 멀어지게 합니다. 생명에서 멀어지면 죽음의 힘이 우리를 짓누릅니다. 인간 스스로는 죄의 힘을 이길 수 없습니다. 사망 권세이기 때문입니다. 그러나 우리에게는 죽음을 이기신 예수 그리스도가 있습니다. 예수가 당하신 십자가 형벌은 사실 온 세상 인류가 받아야 할 죄의 처벌입니다. 예수께서 선택하신 길은 어쩌면 미련한 사랑일 수 있습니다. 죄인을 대신해 형벌을 받은 그 사랑을 세상이 이해하지 못하기 때문입니다. 그러나 분명한 것은 주님은 사망 권세를 이기셨고, 그 십자가 사랑의 신비를 알면 누구나 사망에서 생명으로의 변화를 맛볼 수 있다는 것입니다. 우리를 흑암의 권세에서 건져내어 사랑의 아들의 나라로 옮기시는 힘은 오직 하나님의 능력뿐입니다.

우리나라 초기 선교 역사에서 큰 역할을 한 권서인(勸書人)들은 하루 평균 20~40킬로미터를 걸어 다니면서 매일 100~150권의 성경을 팔며 전도했습니다. 서울에서 활동하던 여성 권서인 김씨는 150명에게 글을 가르쳤고, 10,000명이 넘는 이들에게 성경을 읽어 주었으며, 13,000권이 넘는 성경을 팔았다고 합니다. 원산댁이라고 불리던 권서인은 3,000명에게 전도하고 1,700권이 넘는 성경을 팔았습니다. 어려웠던 시절에 전도한 그들의 활약이 대단합니다. 그들은 예수님의 십자가 사랑을 받은 사람들이기 때문에 복음 앞에 당당할 수 있었고, 하나님의 능력을 믿어 그 일을 감당해낸 것입니다.

하나님의 아들이신 예수님이 이 땅에 오셔서 가장 미련한 방법으로 인류를 사랑하셨고, 결국 온 세상을 구원하실 수 있었습니다. 주님의 십자가는 유대인들은 껄끄러워하고 이방인들은 미련하게 보는 것이지만, 오직 부르심을 받은 자들에게는 누구에게든지 하나님의 능력이 되는 복음입니다. 복음을 받은 우리는 이제 그 사랑의 능력을 전해야 합니다.

매일 성경 읽기
수 9장 ☑ 10장 ☐
11장 ☐ 12장 ☐

십자가 사랑의 복음이
내 삶의 능력이 되고
있습니까?

사랑의 하나님, 우리를 구원하시려고 인간의 몸으로 이 땅에 오신 사랑에 감사합니다. 이 복음을 다른 이들에게도 전할 수 있게 힘과 용기를 주옵소서. 복음을 듣는 이들에게도 능력으로 임하셔서 구원하여 주옵소서. 예수님의 이름으로 기도합니다. 아멘.

서소원 목사 _ 주님의교회

그의 음성을 듣거든

성경은 하나님과 그 백성의 관계를 종종 '목자와 양'의 관계로 묘사합니다. 시편 23편 1절의 "여호와는 나의 목자시니 내게 부족함이 없으리로다."라는 말씀이 대표적입니다. 오늘 본문은 "우리는 그가 기르시는 백성이며 그의 손이 돌보시는 양이기 때문이라(7)."고 노래합니다.

목자와 양의 관계는 특별합니다. 양에게 목자는 생존의 문제입니다. 풀 한 포기, 물 한 모금을 먹기 위해 양은 목자의 인도를 받아야 합니다. 그뿐만 아니라 양은 사나운 맹수의 위협에 속수무책이라서 목자의 보호가 절대적입니다. 그래서 목자는 반드시 지팡이와 막대기를 지니고 다니며 양들을 먹이고 지켰습니다. 매우 목가적이고 전원적인 광경이지만 사실은 긴장감이 매우 팽팽한 현장입니다.

이때 중요한 것은 양의 태도입니다. 양은 반드시 목자의 음성을 듣고 따라가야 합니다. 그래야 안전이 보장되고 생명을 보존할 수 있습니다. 양이 목자의 음성을 듣지 아니하고 다른 길로 가면, 잠시 자유로울 수는 있지만 곧 위험에 노출됩니다. 그러므로 양에게 목자의 음성은 생명과도 같습니다.

시인은 7절 하반절에서 "너희가 오늘 그의 음성을 듣거든"이라고 말합니다. 그의 음성을 듣는다는 것은 순종을 의미합니다. 과연 시인은 무슨 근거로 하나님께 순종을 요구하는 것일까요? 시인은 하나님을 가리켜 '우리를 지으신 여호와(6)'라고 합니다. 즉 하나님은 우리의 창조주시요, 우리는 그분의 피조물이라는 말씀입니다.

우리는 하나님의 피조물로서 마땅히 창조주이신 하나님께 순종해야 합니다. 우리가 하나님께 순종하지 않는 것은 우리의 근본을 부정하는 일입니다. 나아가 우리가 하나님께 순종해야 함은 "우리는 그가 기르시는 백성이며 그의 손이 돌보는 양이기 때문(7)"입니다. 우리는 하나님의 소유요, 하나님이 책임져 주시는 존재이며, 하나님이 다스리시는 존재입니다.

우리는 하나님이 기르시는 양이라는 사실을 명심해야 합니다. 그리고 그의 음성에 순종으로 응답해야 합니다. 그것이 참 생명의 길이며, 진정한 안식의 첩경입니다.

378장
내 선한 목자

────

시편 95:6~11
그는 우리의 하나님이시요 우리는 그가 기르시는 백성이며 그의 손이 돌보시는 양이기 때문이라 너희가 오늘 그의 음성을 듣거든 (7)

매일 성경 읽기
수 13장 ☑ 14장 ☐
15장 ☐ 16장 ☐
17장 ☐

목자이신 하나님 아버지, 우리를 지켜 주시고 인도해 주시니 감사합니다. 영혼의 푸른 초장과 쉴 만한 물가로 인도하시는 목자의 음성에 귀를 기울여 참 생명의 길과 진정한 안식의 길로 나아가게 하옵소서. 생명이신 예수님의 이름으로 기도합니다. 아멘.

조장환 목사 _ 평창중앙교회

목자 되신 하나님의 음성에 귀 기울이며 살고 있습니까?

지금 순종하고 있습니까

3

16 주일

216장
성자의 귀한 몸

———

출애굽기 24:12~18
여호와께서 모세에게 이르
시되 너는 산에 올라 내게
로 와서 거기 있으라 (12a)

오늘 본문은 하나님께서 모세에게 시내산에 올라 당신 곁에 머무르며 이스라엘 백성에게 가르치려는 것을 들으라고 말씀하시는 내용입니다. 하나님은 율법과 계명을 친히 기록한 돌판을 주겠다고 하십니다. 이제 하나님께서는 말씀으로만 모세에게 전하시는 것이 아닙니다. 영원하신 하나님, 그리고 불변의 하나님이심을 분명히 하면서 이스라엘 백성에게 전하려는 계명을 변하지 않는 돌판에 새겨 주시겠다는 것입니다.

하나님의 부르심을 받은 모세는 말씀대로 순종하여 올라갑니다. 모세가 하나님의 부르심을 받아 시내산에 오르는 것이 벌써 여섯 번째입니다. 부르실 때마다 모세는 순종하였습니다. 여기서 우리는 순종이 무엇인지를 알아야 합니다. 순종은 내 생각을 앞세우는 것이 아닙니다. 하나님 말씀의 뜻을 잘 깨닫고, 말씀의 기준을 따라 무엇이 옳은지 깊이 묵상하면서 하나님께서 가장 원하시는 뜻대로 행하는 것이 순종입니다. 그러기에 내 생각이 앞서서는 안 됩니다.

모세는 부르심을 받고 얼마든지 질문할 수 있었습니다. '하나님, 지금 몇 번째인지나 아십니까? 산도 높고 험한데 자꾸만 오르라고 하십니까? 하나님은 능력이 많으시고, 능치 못함이 없으시지 않습니까?' 이렇게 따지고 불평할 수도 있었지만 그렇게 하지 않았습니다. 모세는 순종하며 아무 말 없이 하나님의 부르심 앞에 시내산으로 올라갑니다. 새번역 성경은 그 모습을 이렇게 기록합니다. "모세는 구름 가운데를 지나, 산 위로 올라가서, 밤낮 사십 일을 그 산에 머물렀다(18)."

하나님은 이런 순종의 사람을 붙들고 사용하십니다. 순종은 순종을 낳습니다. 한 사람의 순종으로 순종의 공동체가 만들어집니다. 순종하는 교회, 순종하는 자녀, 순종하는 삶 앞에는 언제나 순종의 사람을 붙여 주십니다. 모세에게 여호수아와 갈렙과 같은 순종하는 사람들을 붙여 주셨던 것처럼 말입니다.

지금 나는 순종하고 있습니까? 과거가 아닙니다. 오늘입니다. 지금입니다. 순종은 바로 지금 행하는 것입니다. 오늘 하루도 내 생각이 앞서지 않고 하나님의 뜻대로 행하는 순종의 사람으로 살기를 바랍니다.

매일 성경 읽기
수 18장 ☑ 19장 ☐

하나님께서
바라시는 것이
'지금 순종'임을
알고 있습니까?

삶의 주인이신 하나님, 우리가 어렵고 힘든 순간들을 맞닥뜨릴 때마다 모세를 기억하게 하옵소서. 우리의 상황을 뚫고 전진하는 참된 신앙인으로 인생의 끝날까지 순종의 삶을 살게 하옵소서. 순종의 본이 되시는 예수님의 이름으로 기도합니다. 아멘.

신용대 목사 _ 하늘꿈교회

새사람을 입으라

어느새 긴 겨울이 지나고 싱그러운 봄 내음이 코끝을 간질입니다. 계절이 바뀌는 것은 피부에 닿는 온도뿐 아니라 눈으로도 확인할 수 있습니다. 대지가 겨우내 덮고 있던 회갈색 옷을 벗고 생동감 넘치는 푸른색 옷으로 갈아입는 것을 볼 수 있기 때문입니다.

헨리 나우웬은 계속적으로 변화하는 교회의 계절 속 영원한 계절을 말했습니다. 영원한 계절, 곧 신앙의 계절을 살아가는 우리 그리스도인은 어떤 옷을 입어야 할까요? 오늘 본문에 따르면 옛사람을 벗어 버리고 새사람을 입어야 합니다.

옛사람을 벗는다는 것은 그리스도를 믿기 전에 따랐던 낡은 생활방식을 버린다는 의미입니다. 바울은 골로새서에서 그리스도인들에게 어울리지 않는 부적절한 언행과 잘못된 관계가 바로 낡은 생활방식임을 이야기합니다. 그리스도인은 이러한 것들을 벗어 버려야 합니다. 바디매오가 예수님의 부르심을 들었을 때 그의 겉옷을 던져 버린 것처럼 다시는 찾을 수 없도록 멀리 던져 버리는 것입니다.

우리가 입을 새사람은 마음이 새롭게 되어 완전히 변화된, 다시 말해 주님을 만나 회심을 경험한 인격을 말합니다. 그리스도인이라는 새로운 정체성을 가진 사람입니다. 생각하는 것과 느끼는 것과 행동하는 모든 것이 달라야 합니다. 전에는 각자 자기의 유익만을 따라갔다면, 이제는 의와 진리만을 따르는 거룩한 생활이 되어야 합니다. 유진 피터슨은 이것을 '전혀 새로운 생활방식'이라고 했습니다. 그리스도의 성품이 우리 안에 있어 우리의 모든 행위와 생활에 배어 나오는 것을 말합니다.

옷을 입는다는 것은 매일매일 반복되는 일상적 습관입니다. 옷을 입는 것처럼 우리 그리스도인들이 살아가는 새로운 생활방식도 특별한 일과 특별한 순간에만 나타나는 것이 아니라, 우리의 일상 속에서 저절로 드러나야 할 것입니다. 영원한 계절을 살아가는 우리가 잘못된 옷을 입고 있다면 속히 새사람의 옷을 입어야 합니다. 낡은 생활방식을 버리고 전혀 새로운 생활방식으로 살아가는 우리가 되기를 바랍니다.

주님, 아직까지 버리지 못한 낡은 생활방식이 무의식중에 하는 말과 일상에서 나타납니다. 우리를 긍휼히 여겨 주옵소서. 내 안에 계신 주님을 의식하면서 전혀 새로운 모습으로 살아가도록 지혜와 능력을 더하여 주옵소서. 예수님의 이름으로 기도합니다. 아멘.

최효석 목사 _ 무지개언약교회

월요일

17

289장
주 예수 내 맘에 들어와

에베소서 4:22~24
하나님을 따라 의와 진리의 거룩함으로 지으심을 받은 새 사람을 입으라 (24)

매일 성경 읽기
수 20장 ☑ 21장 ☐
22장 ☐

일상에서 그리스도의 성품이 배어 나오고 있습니까?

왜 시험하느냐

342장
너 시험을 당해

—

출애굽기 17:1~7
그가 그 곳 이름을 맛사 또
는 므리바라 불렀으니 이는
이스라엘 자손이 다투었음
이요 또는 그들이 여호와를
시험하여 이르기를 여호와
께서 우리 중에 계신가 안
계신가 하였음이더라 (7)

매일 성경 읽기
수 23장 ☑ 24장 ☐

우리는 직접적인 소통보다 스마트폰 등 디지털 기기를 사용한 소셜 네트워크 안에서의 소통이 더 많은 시대를 살고 있습니다. 이전에는 직접 만나 이야기하고 소통하는 것이 당연했지만, 요즘에는 대면하지 않아도 얼마든지 필요한 소통을 할 수 있기에 불필요한 만남을 선호하지 않는 경우를 많이 봅니다. 사람과 사람이 서로의 눈을 바라보며 대화하고 소통하는 것과 다르게 스마트폰으로 메시지를 주고받고 소통하면서 새로운 염려가 생겼습니다. '나의 의도가 상대에게 제대로 전해졌을까?' '내 이야기를 듣고 상대방은 어떤 반응을 보이고 있을까?' 우리는 분명한 감정전달과 진솔한 마음 나누기가 쉽지 않은 시대를 살아가고 있습니다.

이런 우리에게 오늘 본문은 하나님과 우리의 관계를 돌아보게 합니다. 이스라엘 백성은 주님의 명령대로 신 광야를 떠나 르비딤에 장막을 쳤습니다. 그런데 그곳에는 마실 물이 없었습니다. 본문에서 이스라엘 백성의 본질적인 질문은 "여호와께서 우리 중에 계신가 안 계신가(7)."입니다. 그런데 그들은 차마 여호와가 안 계신 것 같다는 말을 하지 못합니다. 대신 모세와 다투고 목이 마르다고 원망하며 물을 주어 마시게 하라고 합니다.

"당신이 어찌하여 우리를 애굽에서 인도해 내어서 우리와 우리 자녀와 우리 가축이 목말라 죽게 하느냐(3)." 이스라엘 백성은 왜 우리를 죽게 하느냐고 분노를 내세웁니다. 하나님께 온전히 지금의 상황을 의지하고 내려놓지 못하며 불평과 불만으로 스스로를 포장하는 어리석은 모습입니다. 그들은 자신들의 믿음 없음을 숨기기 위해 모세에게 우리를 죽이려 하느냐며 공격합니다. 공격받는 분은 하나님이신데 그들은 마치 자신들이 공격받고 있는 것처럼 말합니다.

하나님께서는 그들의 마음 중심을 모르셨을까요? 아닙니다. 다 알고 계셨습니다. 우리는 우리 안에 있는 말을 정직하게 하나님께 아뢰고 기도해야 합니다. 그곳에서 우리에게 변화가 일어납니다. 나를 숨기고 하나님을 모른 척해서는 안 됩니다. 하나님을 시험하지 마십시오. 우리가 정직하게 행할 때 하나님께서는 우리를 도우실 것입니다.

나는 하나님 앞에서
정직합니까?

하나님. 우리가 정직하게 행하기보다 스스로를 포장하며 거짓을 행하고 있음을 회개합니다. 부족한 모습 그대로 하나님께 나아갈 수 있는 겸손을 허락하옵소서. 사랑의 하나님을 신뢰하고, 믿음으로 말하고 생각하게 하옵소서. 예수님의 이름으로 기도합니다. 아멘.

최헌영 목사 _ 원주제일교회

향유하는 믿음

신앙생활의 생기와 기쁨이 시들해질 때가 있습니다. 예배와 찬양과 기도가 설레며 하나님이 그립기만 하던 마음이 어느새 무덤덤해지는 것입니다. 그런 위기를 극복하고 신앙의 생기를 되찾아야 합니다. 예물을 거절한 엘리사의 태도에서 우리는 그 길을 찾을 수 있습니다.

아람 왕의 군대 사령관 나아만이 감사의 마음으로 바치려는 예물을 엘리사는 단호하게 거절합니다. 받아도 될 만한 이유는 충분했습니다. 나아만의 나병이 나았고, 덕분에 고치지 못하면 아람이 트집 잡아 공격해올까 염려했던 이스라엘 왕의 걱정도 해소되었기 때문입니다. 게다가 온 세상에 이스라엘 하나님의 영광이 드러나기도 했습니다(15). 그럼에도 엘리사는 하나님의 살아 계심을 두고 맹세하며 거절합니다. 엘리사는 그 이유를 밝히지 않습니다. 그러나 그의 태도를 묵상하면서 신앙의 생기를 어떻게 유지할 수 있는지 깨달을 수 있습니다.

원숭이들에게 퍼즐을 주면 하루 종일 그것을 가지고 논다고 합니다. 다 풀면 흩트리고 다시 맞추기를 반복합니다. 그런데 풀었을 때 먹을 것을 주면, 배고플 때만 풉니다. 또 제일 빨리 푼 원숭이에게만 보상을 줘도 잘 푸는 몇 마리 외에는 풀지 않습니다. 사람에게도 비슷한 측면이 있습니다. 노래나 운동을 좋아했는데 가수나 운동선수가 되면 스트레스 받는 일로 변하기 쉽습니다. 좋아하던 일이 성공과 수입을 위한 도구가 될 때, 그 자체를 마음껏 즐기던 향유의 기쁨이 시들기 때문입니다.

어거스틴은 향유와 이용을 구분합니다. 어떤 것을 그 자체를 위해 사랑하면 향유, 다른 목적을 위해 사랑하면 이용이라고 합니다. 엘리사는 어떤 보상도 거절합니다. 나아만을 치유하신 분은 하나님이시니 자신이 받을 몫도 아니었습니다. 나아만을 치유하고 이스라엘을 곤경에서 구원하시는 하나님을 다른 목적 없이 도울 뿐입니다. 하나님을 어떤 보상을 위한 도구로 이용할 때 순수한 사랑과 기쁨은 시들기 쉽습니다. 엘리사처럼 하나님을 위해 하나님을 사랑하는 것이 하나님만을 사랑하는 향유입니다. 신앙의 생기는 향유하는 믿음에서 피어납니다.

314장
내 구주 예수를 더욱 사랑

열왕기하 5:15~19
이르되 내가 섬기는 여호와께서 살아 계심을 두고 맹세하노니 내가 그 앞에서 받지 아니하리라 하였더라 나아만이 받으라고 강권하되 그가 거절하니라 (16)

매일 성경 읽기
삿 1장 ☑ 2장 ☐ 3장 ☐
4장 ☐ 5장 ☐

아무 조건 없이 우리를 사랑해 주시는 하나님, 그 사랑에 물들게 하옵소서. 그 사랑을 닮아 하나님을 구하게 하옵소서. 하나님이 주실 평안이나 은총에 마음을 빼앗기지 않게 하옵소서. 하나님만으로 충만한 사랑이게 하옵소서. 예수님의 이름으로 기도합니다. 아멘.

하태혁 목사 _ 두미교회

어떻게 하나님을 위해 하나님을 사랑할 수 있을까요?

하나님께서 기뻐하시는 제사

327장
주님 주실 화평

—

히브리서 13:12~16
오직 선을 행함과 서로 나
누어 주기를 잊지 말라 하
나님은 이같은 제사를 기뻐
하시느니라 (16)

예수님께서 십자가에서 희생 제물이 되심으로써 우리에게 새로운 제사의 길이 열렸습니다. 오늘 본문을 통해 그리스도인으로서 우리가 드려야 할 제사의 모습을 세 가지로 나누어 생각해 보고자 합니다.

첫째, 예수님처럼 고난과 치욕을 감내하며 영원한 하늘의 도성을 바라보는 믿음의 삶을 살아가는 모습입니다. 물질적 소유나 세상의 성공보다 영적인 성장과 하늘의 가치를 추구하며 이웃을 사랑하고 섬김으로써 예수님의 희생을 본받는 삶을 살아가야 합니다. 이 말씀을 적용하고 실천하는 것은 뜬구름 잡듯이 모호하게 느껴질 수 있지만, 매일 아침 묵상과 기도를 통해 하나님과의 관계를 깊게 하고, 감사 일기 쓰기, 이웃을 섬기는 행동 실천, 성경 공부 등을 통해 구체적으로 실천할 수 있습니다.

둘째, 예수로 말미암아 항상 찬송의 제사를 하나님께 드리는 삶이 되어야 합니다. 교회에서 예배 시간에 노래하는 것으로 그치는 것이 아니라, 일상 속에서도 우리의 말과 행동이 하나님을 찬양하는 도구가 되어야 합니다. 본문은 이것을 입술의 열매라고 표현합니다. 언제나 하나님을 신뢰하므로 긍정적인 말과 감사의 표현을 자주 사용하고 감사의 마음으로 기도하면 우리의 삶 전체가 하나님께 드리는 찬송이 될 것입니다.

마지막으로 선을 행하고 서로 나누어 주기를 잊지 않는 삶입니다. 하나님께서 기뻐하시는 제사는 바로 이러한 실천에 있습니다. 이는 단순한 인간적인 선의에서 나오는 것이 아니라, 하나님의 사랑을 반영하는 삶의 방식입니다. 어려움을 겪는 이웃에게 먼저 손을 내밀어 주고, 시간을 내어 대화하며 위로하는 것은 좋은 실천 방안이 될 것입니다. 이웃을 사랑하고 도우며, 나눔을 통해 하나님의 사랑을 전하는 축복의 통로가 되기 바랍니다.

오늘도 주어진 삶의 자리에서 예수님을 본받아 영문 밖으로 나아가고, 찬송의 제사를 드리며, 선을 행하고 나눔을 실천함으로써 하나님께 영광을 돌리는 우리가 되기를 바랍니다. 또한 세상에 그리스도의 사랑을 전하고, 하나님이 기뻐하시는 제사를 드리는 복된 주님의 자녀가 되기를 주님의 이름으로 축원합니다.

매일 성경 읽기
삿 6장 ☑ 7장 ☐

하나님이
기뻐하시는 제사를
드리고 있습니까?

사랑의 하나님, 우리가 예수님을 본받아 선을 행하고 나누는 삶을 살기 원합니다. 하나님께 영광을 돌리고, 세상에 그리스도의 사랑을 전하며, 하나님이 기뻐하시는 제사를 드리는 복된 주님의 자녀가 되게 하옵소서. 예수님의 이름으로 기도합니다. 아멘.

황경욱 목사 _ 천성교회

직접 망치를 드십시오

금요일

21

220장
사랑하는 주님 앞에

───

베드로전서 5:1~4
맡은 자들에게 주장하는 자
세를 하지 말고 양 무리의
본이 되라 (3)

미국의 제39대 대통령 지미 카터는 퇴임 후 가난한 사람들을 위해 집을 지어 주는 일에 많은 이가 함께하는 비전을 품었습니다. 그리고 해비타트 운동에 참여하였는데, 그 방법이 남달랐습니다. 사람들의 참여를 독려하기 위해 순회 연설을 하는 대신 직접 망치를 들고 집을 짓는 일에 참여한 것입니다. 그리고 몇 달이 지나 그가 직접 망치를 들고 못질하는 모습이 매스컴을 통해 소개되었습니다. 카터는 비로소 자신의 비전을 말하기 시작하였습니다. 사람들은 그의 말에 귀를 기울였고, 그를 신뢰하였으며, 이후 해비타트 운동은 세계적인 운동으로 확산되었습니다. 이처럼 본이 되는 리더십, 행동하는 리더십은 그 어떤 말보다 강력한 힘이 있습니다.

베드로전서는 교회 안의 리더들에게 하나님의 양 무리를 잘 이끌고 다스리라고 당부합니다. 특히 본문에서는 지도자가 본이 되는 리더십을 발휘해야 한다고 가르칩니다. "맡은 자들에게 주장하는 자세를 하지 말고 양 무리의 본이 되라(3)." '주장하는 자세'는 현대인의 성경에 '지배하려 들다'로 번역되어 있습니다. 무언가를 주장하면서 정작 자신의 행동은 결여되었다면 상대방을 지배할 수 없습니다.

예수님의 리더십은 어떠합니까? 예수님의 섬김의 가르침은 제자들의 발을 씻어 주는 모범을 보이심으로 완성되었습니다. 새번역 성경은 그 모습을 이렇게 기록합니다. "겉옷을 벗고, 수건을 가져다가 허리에 두르셨다. 그리고 대야에 물을 담아다가, 제자들의 발을 씻기시고, 그 두른 수건으로 닦아 주셨다(요 13:4~5)." 약한 자나 죄인의 친구가 되라는 가르침이 설득력을 얻는 것도 예수님이 먼저 죄인이요 외톨이인 삭개오의 집에 들어가 함께 식사하셨기 때문입니다.

많은 사람이 예수님의 가르침을 따르고 실천하는 이유는 그분이 직접 그렇게 하셨기 때문입니다. 이처럼 누군가의 마음을 움직이고자 한다면, 자신이 먼저 행동하고 본을 보여야 합니다. 그러면 굳이 주장하는 자세를 취하지 않더라도 양 무리는 목자를 따르고, 목자는 양 무리를 효과적으로 이끄는 아름다운 공동체를 만들 수 있을 것입니다.

매일 성경 읽기
삿 8장 ☑ 9장 ☐

하나님, 우리의 입술과 마음을 정결케 하시고, 예수님의 가르침대로 살고자 하는 마음이 삶에 녹아들게 하옵소서. 입술이 아닌 행위로 많은 이에게 본이 되며, 내 안에 살아 계신 그리스도를 증명하는 복된 삶이 되게 하옵소서. 예수님의 이름으로 기도합니다. 아멘.

이병민 목사 _ 생명의교회

내 신앙의 모습은
다른 이들에게
본이 됩니까?

좋은 땅이 되어야 합니다

205장
주 예수 크신 사랑

—

마태복음 13:18~23
좋은 땅에 뿌려졌다는 것은 말씀을 듣고 깨닫는 자니 결실하여 어떤 것은 백 배, 어떤 것은 육십 배, 어떤 것은 삼십 배가 되느니라 하시더라 (23)

'일타강사'라는 신조어가 있습니다. 수강 신청 마감이 가장 먼저 되는 일등 스타 강사를 일컫는 말입니다. 하지만 아무리 좋은 강사를 만나더라도 학생이 공부할 자세가 안 되었다면 소용이 없습니다. 강사만큼이나 학생도 중요합니다.

예수님은 말씀을 듣는 우리의 자세를 농부가 뿌린 씨앗을 품는 여러 땅에 비유하십니다. 최고 일타강사이신 하나님이 가르침을 주셨지만, 그것을 받는 사람들 마음밭이 제각각이라서 결과가 다 다르다는 것입니다. 어떤 이의 마음은 딱딱한 길가와 같아서 씨앗을 품어 들이지 못합니다. 또 어떤 이의 마음은 흙이 얕은 돌밭처럼 믿음 뿌리가 깊지 못해서 한낮 햇빛처럼 혹독한 시험이 오면 이내 포기해 버립니다. 또 어떤 이는 가시가 무성한 땅과 흡사하여 어느 정도 자라다가도 염려와 유혹이라는 가시덤불을 만나면 무력하게 멈추어 버립니다. 반면 어떤 사람들은 좋은 땅 같은 마음으로 말씀을 받기 때문에 마침내 결실하여 백 배, 육십 배, 삼십 배의 소출을 거둡니다. 이런 사람들을 '일타학생'이라 부를 수 있을 것입니다.

좋은 마음밭은 타고나는 것이 결코 아닙니다. 노력해서 만들어내는 것입니다. 딱딱한 길바닥을 갈아엎어 무른 흙을 들춰내듯 굳어 있는 마음을 애통하는 심령으로 잘게 부수어야 합니다. 마음 곳곳에 흉물스럽게 자리한 돌들을 골라내어 어떤 시험에도 흔들리지 않도록 신앙의 뿌리를 내려야 합니다. 염려와 유혹으로 무성하게 우거진 가시덤불도 쳐내어 쑥쑥 자라 올라야 합니다. 콘크리트와 방수제로 무장한 건물 옥상일지라도 좋은 흙을 수북이 갖다 덮으면 좋은 땅이 될 수 있습니다.

하나님은 기름진 땅만 골라 씨 뿌리는 농부가 아니십니다. 딱딱하고 거친 땅이라도 차별하지 않고 열심히 씨를 뿌리십니다. 그리고 우리가 그 위에 좋은 흙을 덮고 물 주기를 기대하십니다. 하나님은 귀 막고 엎드려 자는 학생까지 포기하지 않고 소리 높여 가르치는 열정적인 일타강사이십니다. 하나님 앞에서 우리는 모두 좋은 땅이 되기 위해, 일타학생이 되기 위해 최선의 노력을 기울여야 합니다.

매일 성경 읽기
삿 10장 ☑ 11장 ☐
12장 ☐

준비된 마음으로
하나님의 말씀을 읽고
듣습니까?

사랑의 하나님, 우리에게 하나님의 말씀을 사모하는 마음을 주옵소서. 오직 주님의 말씀을 굳게 붙들게 하옵소서. 주님의 음성을 듣고 순종함으로 염려와 유혹을 능히 이겨내게 하옵소서. 말씀이 삶에서 결실하게 하옵소서. 예수님의 이름으로 기도합니다. 아멘.

류성렬 목사 _ 나무십자가교회

여호와 앞에 속죄할 속죄일

주일

23

266장
주의 피로 이룬 샘물

—

레위기 23:26~32
이 날에는 어떤 일도 하지
말 것은 너희를 위하여 너
희 하나님 여호와 앞에 속
죄할 속죄일이 됨이니라
(28)

하나님께서는 일곱째 달 열흘날을 속죄의 절기로 정하셨습니다. 속죄일이 되면 대제사장은 홀로 지성소에 들어가 제사를 드리고, 이스라엘 백성은 스스로 괴롭게 하는 금식과 기도로 자신들의 죄를 회개하였습니다. 속죄일에는 다른 일을 행하지 않고 오직 회개하는 일에만 전념해야 합니다.

속죄는 이스라엘 백성에게 생명을 보존하는 목숨 같은 일이었습니다. 하나님께서는 "이 날에 누구든지 어떤 일이라도 하는 자는 내가 그의 백성 중에서 멸절시키리니(30)"라고 말씀하셨습니다. 속죄하는 일이 그 어떤 일보다 우선이고, 반드시 지켜야 할 일이며, 또한 대대로 지킬 영원한 규례라고 말씀하셨습니다.

오늘을 살아가는 우리 믿음의 성도들에게도 본문이 전하는 속죄일에 대한 명령은 유효합니다. 반드시 지켜야 하며, 대대로 지킬 영원한 규례입니다. 예수님이 영원한 대제사장이 되시고 스스로 제단의 제물이 되십니다. 모든 사람의 죄를 사하시어 구원받게 하는 산 제사의 은혜를 베풀어 주십니다. 우리는 죄를 사하시는 예수님과 더불어 살아 계신 하나님 앞에 우리의 죄를 회개해야 합니다.

속죄는 쉽고 편안한 일이 결코 아닙니다. 우리의 죄악과 대면하는 일은 "스스로 괴롭게 하며(27)"라는 말씀처럼 괴롭고 힘든 일입니다. 어쩌면 이미 모든 죄를 용서받았다고 고백하며 피하고 외면하고 싶을지도 모릅니다. 하지만 "이 날에 스스로 괴롭게 하지 아니하는 자는 그 백성 중에서 끊어질 것이라(29)."는 말씀처럼 죄를 외면하고 피한다면, 속죄하지 않는다면 주님의 진노가 임할 것입니다.

우리는 그 어떤 일보다도 속죄의 시간을 회복해야 합니다. 바쁘다는 핑계로, 혹은 죄에 대한 둔감함으로 속죄의 시간이 중단되었다면 다시 회복하기를 바랍니다. "이는 너희가 쉴 안식일이라 너희는 스스로 괴롭게 하고 이 달 아흐렛날 저녁 곧 그 저녁부터 이튿날 저녁까지 안식을 지킬지니라(32)." 속죄의 시간을 통하여 주님의 진노가 주님의 안식으로 바뀌는 참 안식일의 인생이 되기를 소원합니다.

매일 성경 읽기
삿 13장 ☑ 14장 ☐
15장 ☐ 16장 ☐

하나님, 우리를 사랑하사 부끄러운 죄의 고백마다 용서하여 주심을 감사합니다. 죄에 넘어지는 연약한 인생이지만 다시 일어나 속죄의 자리로 나아갈 믿음과 용기를 주옵소서. 여호와의 안식을 누리는 복된 인생이 되게 하옵소서. 예수님의 이름으로 기도합니다. 아멘.

정동일 목사 _ 생명나무교회

나의 삶 가운데 속죄의 고백이 있습니까?

의인은 믿음으로 삽니다

3
월요일

24

399장
어린 양들아 두려워 말아라

—

하박국 2:1~4
이 묵시는 정한 때가 있나
니 그 종말이 속히 이르겠
고 결코 거짓되지 아니하리
라 비록 더딜지라도 기다리
라 지체되지 않고 반드시
응하리라 (3)

매일 성경 읽기
삿 17장 ☑ 18장 ☐

하나님은 "마음이 정직한 사람과 마음이 정결한 사람에게 선을 베푸시는 분(시 73:1, 새번역)"이심을 우리는 굳게 믿고 살아갑니다. 그런데 불의한 현실을 마주하거나 악인이 형통하는 모습을 볼 때, 믿음을 지키며 하나님의 뜻대로 살아내려고 노력했던 일들이 다 부질없게 느껴지기도 합니다. 그럴 때 우리는 '하나님의 정의'에 대해 질문하지 않을 수 없습니다.

오늘 본문의 하박국 선지자도 같은 질문을 합니다. 하박국 선지자가 활동하던 시기는 나라 안팎으로 큰 혼란을 겪은 역사적 격변기입니다. 애굽, 바벨론과 같은 강대국의 틈바구니에서 유다의 운명은 풍전등화와 같았고, 사회적 혼란이 계속됐습니다. 약탈과 폭력 같은 불의한 일들이 자행되었고, 다툼과 시비가 그치지 않았으며, 율법은 해이해지고 정의는 실현되지 않았습니다(1:4). 이런 불의한 세상을 왜 하나님은 심판하지 않으시는지 하박국은 묻고 있습니다.

그런데 하나님은 하박국에게 바벨론 사람들을 일으켜 유다를 심판하실 것이라고 말씀하십니다. 하박국은 아무리 백성이 죄를 지었다지만 그들보다 더 악독한 나라를 들어 유다를 심판하는 것이 정의로운 하나님이 하시는 일에 합당한지 되묻습니다. 하박국은 답을 듣지 못하면 내려오지 않겠다는 비장한 마음으로 성루에 올라서서 주님의 말씀을 듣고자 합니다(1). 그때 하나님이 그에게 말씀하십니다. "너는 이 묵시를 기록하여 판에 명백히 새기되 달려가면서도 읽을 수 있게 하라(2)." 모든 사람이 볼 수 있게 판에 똑똑히 기록하라는 것입니다. 묵시의 내용은 하나님이 정하신 때에 그 끝이 반드시 온다는 것입니다. 불의한 일들을 자행하는 악인들은 하나님이 정하신 때에 멸망할 것입니다. 그렇기에 의인이 해야 할 일은 비록 더디더라도 하나님이 정하신 그때를 믿음으로 인내하며 기다리는 것입니다.

하나님이 정하신 때를 기다리는 이들은 당장 결과가 눈앞에 보이지 않아도 씨를 뿌리는 일을 멈추지 않습니다. 오늘 내가 처한 현실이 어떠하든 믿음을 저버리지 마십시오. 세상은 속절없이 우리를 흔들지만 우리에게는 흔들리지 않는 반석과 같은 하나님이 계십니다. 의인은 믿음으로 삽니다.

하나님이 정하신 때가 올 때까지 해야 할 일은 무엇입니까?

공의로우신 하나님, 불의한 세상을 살며 흔들릴 때도 있지만 여전히 우리를 위해 일하시는 하나님만 바라보게 하옵소서. 비록 더딜지라도 하나님이 정하신 때가 반드시 옴을 믿고 인내하며, 믿음의 씨앗을 뿌리게 하옵소서. 예수님의 이름으로 기도합니다. 아멘.

공성훈 목사 _ 불꽃교회

그리스도의 영에 속한 사람

세상에는 많은 사람이 있지만, 똑같은 사람은 하나도 없습니다. 우리의 머리카락까지 세시는 하나님은 한 사람 한 사람 다 구별하여 보십니다. 그런데 그 많은 사람이 하나님 앞에서 크게 둘로 나뉩니다. 구원받은 사람과 구원받지 못한 사람입니다. 즉 육에 속한 사람과 영에 속한 사람, 땅에 속한 사람과 하늘에 속한 사람이 있습니다. 우리는 하늘에 속한 사람, 구원받은 사람입니다. 그것을 어떻게 확인할 수 있을까요? "하나님의 영이 여러분 안에 살아 계시면, 여러분은 육신 안에 있지 않고, 성령 안에 있습니다. 누구든지 그리스도의 영이 없으면, 그리스도의 사람이 아닙니다(9, 새번역)." 그리스도의 영, 곧 성령님이 거하시는 사람이라야 그리스도의 사람입니다. 우리 안에는 성령님이 거하고 계십니다. 따라서 우리는 분명 그리스도의 사람입니다.

그런데 문제는 우리 안에 성령님만 계신 것이 아니라는 것입니다. "내가 한 법을 깨달았노니 곧 선을 행하기 원하는 나에게 악이 함께 있는 것이로다 내 속사람으로는 하나님의 법을 즐거워하되 내 지체 속에서 한 다른 법이 내 마음의 법과 싸워 내 지체 속에 있는 죄의 법으로 나를 사로잡는 것을 보는도다(7:21~23)." 우리의 내면은 늘 많은 갈등에 시달릴 수밖에 없습니다. 방법은 오직 하나뿐입니다. 성령으로 몸의 행실을 죽이는 것입니다. 성경은 "너희가 육신대로 살면 반드시 죽을 것이로되 영으로써 몸의 행실을 죽이면 살리니(13)."라고 말씀합니다.

산다는 건 영적 전쟁입니다. 내 영혼과 육신의 전쟁입니다. 예수 안에 있는 생명의 성령의 법이 죄와 사망의 법에서 우리를 해방하심을 믿고 견뎌야 합니다. 믿음의 원어인 '에무나'는 '버티다'라는 뜻입니다. 믿음은 버티는 것입니다. 영적 전쟁에서 끝까지 버텨내는 것입니다. 에무나는 '아멘'의 어근이기도 합니다. 믿음은 아멘으로 견디는 것입니다. 육신이 죽을 때까지, 육신이 항복할 때까지 십자가 단단히 붙잡고 끝까지 견뎌야 합니다. 성령님을 의지하고 말씀에 '아멘' 하며 견디는 것입니다. 그것이 그리스도의 사람인 우리의 삶입니다. 영적 전쟁에서 날마다 이기며 나아가는 우리가 되기를 간절히 축원합니다.

270장
변찮는 주님의 사랑과

로마서 8:9~11
만일 너희 속에 하나님의 영이 거하시면 너희가 육신에 있지 아니하고 영에 있나니 누구든지 그리스도의 영이 없으면 그리스도의 사람이 아니라 (9)

매일 성경 읽기
삿 19장 ☑ 20장 ☐
21장 ☐

하나님, 우리에게 믿음을 주시니 감사합니다. 하나님의 말씀을 믿는 믿음을 주시니 감사합니다. 오직 그 말씀만을 붙잡고 견뎌내게 하옵소서. 치열한 영적 전쟁에서 끝까지 견뎌 반드시 믿음으로 승리하게 하옵소서. 예수님의 이름으로 기도합니다. 아멘.

전승문 목사 _ 교문교회

하나님의 말씀을 의지하여 믿음으로 견디고 있습니까?

고난을 통해 순종을 배우라

3 수요일

26

447장
이 세상 끝날까지

히브리서 5:5~10
그가 아들이시면서도 받으신 고난으로 순종함을 배워서 온전하게 되셨은즉 자기에게 순종하는 모든 자에게 영원한 구원의 근원이 되시고 (8~9)

어떤 과학자가 인간의 몸을 화학적으로 분석해 보았다고 합니다. 사람의 몸에서 새장 하나 청소할 수 있는 석회석, 못 한 개 만들 정도의 철분, 홍차 세 잔을 달게 만들 수 있는 설탕, 세숫비누 5개 정도의 지방, 성냥 다섯 갑 정도 만들 수 있는 인 등이 나왔습니다. 이것들의 물질적 가치를 산출하니 약 3달러였습니다. 우리 돈으로 환산하면 4천 원 정도에 불과합니다. 하지만 사람의 가치를 이렇게 생각하는 사람은 절대 없습니다. 사람은 뼈와 살의 성분으로는 다 설명할 수 없는 가치를 지닌 존재이기 때문입니다. "하나님이 이르시되 우리의 형상을 따라 우리의 모양대로 우리가 사람을 만들고 그들로 바다의 물고기와 하늘의 새와 가축과 온 땅과 땅에 기는 모든 것을 다스리게 하자 하시고(창 1:26)."라는 말씀처럼 사람은 하나님의 형상대로 지어진 존재로서 하나님과 이웃, 세상을 잘 섬기며 살아야 합니다. 사람은 하나님의 부르심으로 왕이나 제사장 같이 섬기는 영광스러운 직분을 얻은 존재입니다.

대제사장의 사명을 감당하기 위해 오신 예수님도 스스로 그 직분을 얻으신 것이 아니라, 하나님의 부르심으로 받으셨습니다(5). 예수님이 세상에 계실 때 하나님께 눈물로 간구와 소원을 올리셨습니다(7). 자기 몸을 주는 것이 아깝거나 십자가의 죽음이 두려워서가 아닙니다. 예수님은 아낌없이 모든 것을 주시는데 정작 인간은 무지와 불신앙으로 순종하지 않고 어긋난 삶을 살기 때문입니다. 죄에 빠진 사람이 하나님께 순종하는 것은 어렵습니다. 그리고 죄의 결과로 인해 사람은 고통과 불안과 갈등 속에 살아갑니다. 그래서 예수님은 하나님의 아들이시면서도 고난을 받음으로 순종하는 법을 배워 완전해지셨고, 자기에게 순종하는 모든 사람이 걸어야 할 구원의 길을 보여 주셨습니다(8~9).

오늘날 우리가 이 땅에서 의미 있고 가치 있는 삶을 살려면 예수님처럼 고난 중에도 순종의 삶을 살아야 합니다. 죄와 유혹이 많은 세상에서 하나님 말씀대로 산다는 것은 고난의 좁은 길을 가는 것입니다. 예수님처럼 이웃과 세상을 잇는 다리가 되겠다는 마음으로 순종하면, 예수 그리스도처럼 제사장의 사명, 즉 축복의 통로가 될 것입니다.

매일 성경 읽기
룻 1장 ☑ 2장 ☐
3장 ☐ 4장 ☐

예수님처럼
고난을 통해 순종을
배우며 살아가고
있습니까?

사랑의 하나님, 우리가 받은 가장 큰 복은 하나님을 알고 하나님과 교제할 수 있는 것입니다. 우리가 고난으로 순종을 배워 세상과 이웃을 주님께 연결하는 제사장의 사명을 잘 감당하게 하옵소서. 축복의 통로가 되게 하옵소서. 예수님의 이름으로 기도합니다. 아멘.

조세영 목사 _ 청학교회

무덤 없는 자

여호와께서 대면하여 아시던 자요, 온 이스라엘 백성이 보는 앞에서 큰 권능을 보인 모세는 가나안 땅에 들어가지 못했습니다. 성경은 모세가 약속의 땅을 눈앞에 두고 생을 마감해야 했던 이유에 대해 '이스라엘 백성의 죄 때문'이라고도 하고(3:23~29), '모세와 아론의 범죄 때문'이라고도 합니다 (32:48~52).

모세는 무덤 없는 자입니다. 오늘 본문에 보면 모세가 모압 땅에서 죽었다고 하는데, 모세의 무덤이 어디에 있는지 아는 사람은 아무도 없습니다(6). 세상의 위인들, 특별히 권력자들은 자신의 무덤을 남깁니다. 애굽의 바로는 자기 무덤으로 거대한 피라미드를 지었고, 중국의 진시황도 큰 무덤을 가졌습니다. 그런데 거대한 무덤의 크기만큼 오늘날 우리에게 큰 영향을 미치고 있는지는 미지수입니다. 무덤조차 없는 모세는 지금도 우리에게 큰 영향력을 끼치고 있습니다. 인류 구원의 문을 여신 예수님도 무덤이 없습니다. 육체에 근거한 삶을 살면 남는 것은 무덤밖에 없습니다. 그러나 하나님과 교제하며 영적인 삶을 살면 천국의 삶이 땅에도 영향을 미칩니다.

492장
잠시 세상에 내가 살면서

—

신명기 34:5~8
벳브올 맞은편 모압 땅에 있는 골짜기에 장사되었고 오늘까지 그의 묻힌 곳을 아는 자가 없느니라 (6)

모세가 임종 직전에 여호수아에게 안수할 때, 여호수아에게 지혜의 영이 충만합니다. "모세가 눈의 아들 여호수아에게 안수하였으므로 그에게 지혜의 영이 충만하니 이스라엘 자손이 여호와께서 모세에게 명령하신 대로 여호수아의 말을 순종하였더라(9)." 열왕기상에 보면 솔로몬은 기브온 산당에서 하나님께 지혜를 구합니다. 솔로몬이 구한 지혜는 '듣는 마음'입니다. 하나님의 말씀을 들을 수 있는 마음이 지혜입니다. 누가 지혜로운 사람입니까? 하나님과 친밀한 사람입니다. 하나님과 친밀하여 하나님의 말씀을 듣는 마음이 지혜입니다.

하나님의 말씀을 듣는 지혜로운 자가 무덤 없는 자의 삶을 삽니다. 그리고 하나님과 관계하는 천국 백성이 됩니다. 하나님과 친밀하게 교제하며 하나님의 말씀을 듣는 자가 지혜 있는 자요, 하늘의 복을 받을 자입니다. 날마다 하나님과 교제하며 하나님의 말씀을 경청하기 바랍니다. 그리하여 하늘의 복을 누리며 살아가기를 간절히 축원합니다.

매일 성경 읽기
삼상 1장 ☑ 2장 ☐
3장 ☐

하나님, 우리가 모세와 같이 무덤 없는 자의 지혜로 세상을 살게 하옵소서. 하나님과 친밀하게 교제하며 어느 곳에서든지 주님을 사랑하고 주님의 말씀을 듣기 원합니다. 세상을 이기는 지혜로운 하나님의 사람이 되게 하옵소서. 예수님의 이름으로 기도합니다. 아멘.

민복기 목사 _ 영일교회

하나님과 친밀한 관계를 유지하고 있습니까?

나의 도움이 어디서 올까

383장
눈을 들어 산을 보니

시편 121:1~8
나의 도움은 천지를 지으신
여호와에게서로다 (2)

오늘 본문의 시인은 절실한 도움이 필요한 상황에서 산을 바라봅니다. 산은 신들의 산당이 있는 곳입니다. '나를 도와줄 신이 어디 있을까?' 하고 산을 둘러보지만 많은 신 중에서 자신을 진정으로 도와줄 신은 오직 여호와 하나님뿐임을 고백합니다. 1절에 나오는 '도움'이라는 단어는 히브리어 '에제르'입니다. 에제르는 구조, 구원이라는 뜻으로 하나님께서 우리를 곤경에서 구원하시는 분임을 고백하는 말입니다. 시인은 환난 속에서 우리를 지키시고 보호하시는 하나님을 경험한 듯합니다.

우리는 어떤 때 하나님의 도움을 구합니까? 도움을 구할 때 응답받았습니까? 혹은 도움받지 못했다고 느꼈습니까? 우리는 하나님의 도우심이 간절한 위기의 순간에 홀로 버려진 듯한 경험을 하기도 합니다. 하나님께서 우리의 피난처 되신다고 성경은 기록하지만 왜 나를 지켜 주시지 않을까 하는 원망도 듭니다. 내가 원하는 도움의 방식과 하나님의 방식이 다름을 깨닫기까지 아픈 시간을 보내야 할 수도 있습니다. 어쩌면 우리는 마술적인 방식으로 하나님이 도우시길 기대하는지도 모릅니다. 위기의 순간에 하나님이 슈퍼맨처럼 나타나거나 공부도 안 하고 시험 성적이 잘 나오기를 기대하는 것처럼 말입니다. 우리는 하나님의 도움 없이 살 수 없는 존재이지만, 하나님은 우리가 수동적이고 무책임한 채로 하나님께 의존하길 원하지 않으십니다.

하나님은 사람이 혼자 사는 것이 좋지 않다고 여겨 돕는 배필을 짓기로 하십니다(창 2:18). 여기에 쓰인 돕는다는 말도 에제르입니다. 동등한 짝으로서 서로를 돕는, 서로에게 구조와 구원이 되는 존재가 돕는 배필입니다. 물론 하나님은 우리의 도움이 필요한 분이 아닌 우리의 구원자이시지만, 우리 또한 우리의 구원을 위해 애써야 합니다. 하나님은 우리가 하나님의 동등한 짝으로서 구원을 함께 이루어가기를 바라십니다. 그것이 성화의 과정입니다. 위기와 고난을 없애 주기를 바라기보다 고난을 견디며 고난 가운데에서 십자가를 바라보기 원하시는 하나님의 마음을 수용하기 바랍니다. 그리하여 점점 더 하나님을 신뢰하기를 바랍니다. 그리할 때 시인처럼 하나님께서 모든 순간에 나를 지키고 도우셨다고 진심으로 고백할 수 있을 것입니다.

매일 성경 읽기
삼상 4장 ☑ 5장 ☐
6장 ☐ 7장 ☐

삶의 위기와
고난 가운데
무엇을 바라보고
있습니까?

피난처 되시는 하나님, 우리가 하나님의 방식을 온전히 이해하고 받아들일 수 있기를 원합니다. 수동적이고 무책임한 존재가 아니라, 주님의 동등한 짝으로서 주님의 구원을 함께 이루어갈 수 있게 우리를 이끌어 주옵소서. 예수님의 이름으로 기도합니다. 아멘.

홍보연 목사 _ 맑은샘교회

이같이 사랑받았으니 그같이 사랑하기

29

우리는 모두 죄와 허물로 죽어 멸망할 수밖에 없는 존재들이었습니다. 하지만 우리를 먼저 사랑하신 하나님께서 독생자 예수 그리스도를 이 땅에 보내 주셔서 십자가를 지게 하셨습니다. 그로 인해 우리는 구원받았습니다. "사랑은 이 사실에 있으니, 곧 우리가 하나님을 사랑한 것이 아니라, 하나님이 우리를 사랑하셔서, 자기 아들을 보내어 우리의 죄를 위하여 화목제물이 되게 하신 것입니다(10, 새번역)."

우리 입장에서는 죄와 허물의 용서와 멸망에서의 구원이 값없는 선물이요 공짜로 주어진 은혜이지만, 하나님 입장에서는 막대한 대가를 치르신 것입니다. 여기서 우리는 하나님의 사랑을 발견할 수 있습니다. 하나님의 사랑은 조건을 달지 않는 사랑입니다. 우리가 아직 죄인이었을 때, 여전히 죄 가운데 있을 때 먼저 하신 사랑이요, 우리의 모습을 있는 그대로 받아 주시는 놀라운 사랑입니다.

오늘 본문은 "사랑하는 자들아 하나님이 이같이 우리를 사랑하셨은즉 우리도 서로 사랑하는 것이 마땅하도다(11)."라고 말씀합니다. 여기서 '이같이'라는 말에 주목해 봅시다. 하나님께서 우리를 '이같이' 사랑하셨으니, 우리도 '그같이' 사랑해야 합니다. 만약 우리가 사랑한다고 하면서 여전히 요구와 조건이 많다면 이같이 사랑하신 하나님의 사랑을 아직 잘 모르는 것입니다. "하나님께서 이렇게까지 우리를 사랑하셨으니, 우리도 서로 사랑해야 합니다. 우리가 서로 사랑하면, 하나님이 우리 가운데 계시고, 또 하나님의 사랑이 우리 가운데서 완성된 것입니다(11~12, 새번역)."

우리가 누군가를 바꾸려고 할 때는 참되게 사랑할 수 없습니다. 그러나 그를 있는 모습 그대로 조건 없이 사랑할 때 그는 비로소 변화될 것입니다. 왜냐하면 우리를 통해 하나님의 사랑이 전달되기 때문입니다. 우리를 변화시킨 것은 우리의 결단과 굳은 의지와 피나는 노력이 아니라 하나님의 뜨거운 사랑입니다. 마찬가지로 다른 지체들을 변화시키는 유일한 길 또한 하나님의 사랑입니다. 하나님의 사랑을 받은 우리가 해야 할 일은 그 사랑을 나누며 사는 것입니다.

294장
하나님은 외아들을

요한일서 4:7~12
사랑하는 자들아 우리가 서로 사랑하자 사랑은 하나님께 속한 것이니 사랑하는 자마다 하나님으로부터 나서 하나님을 알고 (7)

매일 성경 읽기
삼상 8장 ✓ 9장 ☐
10장 ☐

사랑의 주님, 우리는 사랑한다고 말하면서도 서로를 향한 요구와 조건이 너무나 많았습니다. 이제부터는 주님의 사랑을 본받아 값없이 받은 '이같은' 사랑을 '그같이' 나누며 살게 하옵소서. 온전히 사랑하게 하옵소서. 예수님의 이름으로 기도합니다. 아멘.

한성수 목사 _ 진주중앙교회

하나님께 받은
이같은 사랑, 그같이
나눌 수 있습니까?

믿는 자에게 영생이 있습니다

3 주일

30

357장
주 믿는 사람 일어나

요한복음 3:31~36
아들을 믿는 자에게는 영생이 있고 아들에게 순종하지 아니하는 자는 영생을 보지 못하고 도리어 하나님의 진노가 그 위에 머물러 있느니라 (36)

누군가가 댓글에 이런 기도를 남긴 것을 보았습니다. "하나님, 저 좀 살려 주세요. 저 살아야 해요. 할 일도 많고 하고 싶은 일이 아직 많아요." 암 판정을 받고 하나님 앞에 간절히 매달리는 안타까운 기도의 내용이었습니다. '건강을 잃으면 모든 것을 잃는다'는 말처럼 건강이 무엇보다 소중하다는 것은 두말할 나위도 없습니다. 건강이 소중하다는 말은 곧 생명이 가장 소중하다는 말입니다. 생명이 있어야 다른 것들이 의미가 있습니다. 아무리 완벽한 조건과 능력과 자랑할 만한 것들을 갖추었어도 생명을 잃으면 아무 소용이 없습니다.

그리스도인은 영생을 소유하고 살아가는 사람들입니다. 이 땅에서의 삶은 길어야 백여 년이지만 죽음 이후의 삶은 영원합니다. 예수님이 이 땅에 오신 이유는 이 땅에서의 삶이 전부가 아니라 영원한 하나님 나라가 있음을 가르쳐 주시고, 몸소 십자가와 부활을 통해 구원의 통로가 되시기 위함이었습니다. 주 예수를 믿고 죄 사함을 받은 사람에게는 영생을 선물로 주십니다. 영생을 소유하지 않은 사람은 이 땅에서 누리는 그 무엇도 의미가 없습니다. 이 땅에서 누리는 것은 잠시 주어지는 것이기 때문에 영원한 소망과 기쁨과 위안이 될 수 없습니다. 반면에 영생을 소유한 사람은 이 땅에서의 삶이 힘들고 고단할지라도 영원한 나라를 소망하며 인내하고 기쁨을 누릴 수 있습니다.

오늘 본문에서 주님은 믿는 자에게 영생이 있고 순종하지 아니하는 자는 영생을 보지 못한다고 말씀하십니다(36). 이 말씀은 영생을 소유한 그리스도인의 모습을 보여 줍니다. 믿는 자는 순종을 무거운 짐으로 여기지 않습니다. 순종이 오히려 기쁨이 되고 힘이 됩니다.

영생을 향해 바르게 가고 있는지 자신의 믿음을 점검해 보기 바랍니다. 믿음과 순종은 결코 분리되어서는 안 됩니다. 주님 말씀대로 믿고 순종하는 자는 이미 영생의 삶을 살아가고 있는 것입니다. 뿐만 아니라 장차 영광의 나라에 들어가 주님의 얼굴을 눈으로 볼 것입니다. 오늘 하루도 주님의 말씀에 순종하는 믿음 안에서 영생을 소유한 자로서 감사하며 살아가기를 간절히 바랍니다.

매일 성경 읽기
삼상 11장 ☑ 12장 ☐

나는 영생의 소망을 가지고 있습니까?

주를 믿는 자에게 영생을 선물로 주신 주님, 순종이 무거운 짐이 아니라 나의 능력이 되고 기쁨이 되는 줄 믿습니다. 오늘도 믿음 안에 순종하며 살아갈 수 있게 도와주옵소서. 주님과 함께 영생의 길을 걸어가게 하옵소서. 예수님의 이름으로 기도합니다. 아멘.

이승열 목사 _ 주사랑교회

의로운 오른손으로

31

다섯 살에 부모를 여의고 할아버지, 할머니와 함께 산에서 살게 된 인디언 '작은 나무'의 이야기가 담긴 책 『내 영혼이 따뜻했던 날들』에는 다음과 같은 장면이 있습니다. 냇가에서 고기를 잡던 '작은 나무'가 독이 바짝 오른 커다란 방울뱀을 마주합니다. 날름거리는 혀가 얼굴에 닿을 정도로 가까운 거리였습니다. 꼼짝없이 죽을 수밖에 없는 순간, 방울뱀과 '작은 나무' 사이에 할아버지의 커다란 손이 번개처럼 끼어듭니다. 일부러 방울뱀에게 물린 할아버지는 충분히 물릴 때까지 움직이지 않고 있다가, 다른 손으로 뱀의 대가리를 붙잡아 등골을 부러뜨리며 목을 졸라 죽입니다. 할아버지의 온몸에 독이 퍼져가지만, 다행히 할머니가 달려와 살려냅니다.

제2이사야로 분류되는 이사야 40~55장은 바벨론 포로기를 배경으로 합니다. 나라를 잃고 포로로 끌려간 이스라엘 백성에게는 포로 생활보다 더 마음을 괴롭히는 것이 있었습니다. 하나님이 자신들을 버리셨다는 생각과 자신들이 믿었던 하나님이 결국은 이방 신에게 진 것이 아닐까 하는 생각이었습니다. 그렇게 낙심하고 절망한 이스라엘 백성에게 하나님의 뜻이 전해집니다. 그 말씀 중에 "참으로 나의 의로운 오른손으로 너를 붙들리라(10)."는 말씀이 있습니다. 성경은 거듭해서 하나님의 오른손을 언급합니다. 하나님의 왼손이라는 말은 찾아볼 수가 없습니다. 오른손이라는 말에는 '강하다'와 '도울 준비가 되어 있다'는 두 가지 의미가 담겨 있습니다. 바벨론에서 살아가는 백성들은 버러지 같고 지렁이 같았지만, 그럴수록 하나님은 그들을 붙잡아 주겠다고 하십니다. 그냥 손이 아니라 의로운 오른손으로 붙들어 주겠다고 약속하십니다. "두려워하지 말라 내가 너와 함께 함이라 놀라지 말라 나는 네 하나님이 됨이라 내가 너를 굳세게 하리라 참으로 너를 도와주리라 참으로 나의 의로운 오른손으로 너를 붙들리라(10)."

'작은 나무'를 살린 할아버지의 손과 이스라엘 백성들을 붙잡아 주시는 하나님의 오른손을 생각하면 떠오르는 것이 있습니다. 십자가에 못 박히신 주님의 손입니다. 주님은 지금도 그 사랑의 손으로, 의로운 오른손으로 우리를 붙잡아 주십니다.

543장
어려운 일 당할 때

─

이사야 41:8~14
두려워하지 말라 내가 너와 함께 함이라 놀라지 말라 나는 네 하나님이 됨이라 내가 너를 굳세게 하리라 참으로 너를 도와 주리라 참으로 나의 의로운 오른손으로 너를 붙들리라 (10)

매일 성경 읽기
삼상 13장 ☑ 14장 ☐

사랑의 주님, 주님께 버림받았다는 생각만큼 우리를 괴롭히는 것은 없습니다. 하지만 변함없이 찾아오셔서 의로운 오른손으로 붙잡아 주시는 주님이 계셔서 감사합니다. 그 의로운 손을 잊거나 놓치는 일이 없게 하옵소서. 예수님의 이름으로 기도합니다. 아멘.

한희철 목사 _ 정릉교회

나는
어떤 손을 붙잡고
살아가고 있습니까?

4

APRIL

나는 오직

주의 사랑을 의지하였사오니

나의 마음은 주의

구원을 기뻐하리이다

내가 여호와를 찬송하리니

이는 주께서 내게

은덕을 베푸심이로다

시편 13:5~6

4월의 기도

기도 제목

실천할 일

- ☑
- ☑
- ☑
- ☑

감사할 일

기억할 일

그리스도를 바라보면 살리라

이스라엘 백성은 가나안 땅을 향한 희망을 안고 길을 나섰지만, 예상치 못한 어려움에 직면했습니다. 가장 안전하고 빠른 길이라고 알려진 '왕의 큰길'을 지나려 했으나, 에돔 족속의 반대로 멀리 돌아서 가야만 했습니다. 뜻하지 않게 길이 막히자 백성들의 마음은 곧 불안과 좌절로 가득찼습니다. 성경은 이것을 상한 마음이라고 합니다. 우리는 이스라엘 백성의 심정을 충분히 이해할 수 있습니다. 인생을 살다 보면 누구나 예상치 못한 어려움에 부딪히고, 왜 하필 나에게 이런 일이 일어나는지 의문을 품게 됩니다. 마치 광야를 헤매는 이스라엘 백성처럼 우리 역시 하나님께 '왜 이렇게 힘든 길을 가게 하십니까?'라고 질문을 던지기도 합니다.

이스라엘 백성은 모세를 향해 "어찌하여 우리를 이집트에서 데리고 나왔습니까? 이 광야에서 우리를 죽이려고 합니까? 먹을 것도 없습니다. 마실 것도 없습니다. 이 보잘것없는 음식은 이제 진저리가 납니다(5, 새번역)."라고 불평하며 하나님께 불순종했습니다. 그들은 광야 생활의 고됨을 견디지 못하고 이집트의 노예 생활을 그리워했습니다. 그럼에도 하나님은 이스라엘 백성을 구원하고자 하셨으며, 광야 생활을 통해 그들을 훈련하셨습니다.

이번에 하나님은 불뱀을 보내 심판하시는 것으로 이스라엘 백성을 연단하십니다. 많은 사람이 불뱀에게 물려 죽었고, 백성들은 절망에 빠졌습니다. 이는 마음속에 품은 불신과 원망이 얼마나 위험한지를 보여 주는 사건입니다. 백성들은 "우리가 여호와와 당신을 향하여 원망함으로 범죄하였사오니 여호와께 기도하여 이 뱀들을 우리에게서 떠나게 하소서(7)." 하며 회개하였고, 하나님은 그들을 위해 놋뱀을 만들어 장대에 매달게 하셨습니다. 놋뱀을 바라보는 자는 모두 살아나리라 하셨고, 실제로 그렇게 되었습니다. 놋뱀 사건은 예수 그리스도를 믿음으로써 죄에서 구원받는 것을 상징하기도 합니다.

우리도 인생의 광야에서 어려움을 겪을 때, 십자가에 못 박히신 예수 그리스도를 바라보아야 합니다. 그분은 우리의 죄를 대신하여 죽으심으로써 우리를 구원하셨습니다. 비록 지금은 어렵고 힘들지라도, 믿음을 잃지 않고 그분을 의지한다면 반드시 승리할 것입니다.

438장
내 영혼이 은총 입어

민수기 21:4~9
모세가 놋뱀을 만들어 장대 위에 다니 뱀에게 물린 자가 놋뱀을 쳐다본즉 모두 살더라 (9)

매일 성경 읽기
삼상 15장 ☑ 16장 ☐

주님, 우리는 이스라엘 백성처럼 광야에서 길을 잃고 헤매는 나약한 존재입니다. 힘든 시간 속에서 불평하고 원망하며 주님을 의심할 때가 많습니다. 십자가에 못 박히신 주님을 바라보며 진정한 회개와 용서를 경험하게 하옵소서. 예수님의 이름으로 기도합니다. 아멘.
주요한 목사 _ 창영교회

예수 그리스도를 바라보며 진정한 구원을 경험하고 있습니까?

마지막 희망인 하나님의 말씀

204장
주의 말씀 듣고서

신명기 28:1~6
네가 네 하나님 여호와의
말씀을 삼가 듣고 내가 오
늘 네게 명령하는 그의 모
든 명령을 지켜 행하면 네
하나님 여호와께서 너를 세
계 모든 민족 위에 뛰어나
게 하실 것이라 (1)

이스라엘 백성이 애굽을 떠나 광야 생활을 한 지 사십 년쯤 지났을 때 여리
고 맞은 편에 있는 모압 평지, 즉 지금의 요르단에 도착했습니다. 모세는 이
제 곧 당도할 가나안 땅에 정착한 후 백성들이 준수해야 할 계명, 규례, 법도
에 관해 가르칩니다. 신명기는 그 내용을 모은 말씀입니다.

신명기가 쓰여진 역사적 배경을 남왕국 유다의 엘리트들이 바벨론으로 끌
려간 포로기로 보기도 합니다. 그들은 하나님께서 선택하신 백성임에도 이
방 민족에게 점령당하고 지배받아야 하는 상황에 대해 통렬하게 반성했습니
다. 더구나 이질적인 문화와 이방 종교 상황 속에서 어떻게 하면 하나님의 백
성이라는 정체성을 지킬 수 있을까를 고민했습니다. 답은 단 한 가지였습니
다. 오직 하나님만을 섬기고, 하나님의 말씀인 율법을 철저하게 준수하는 것
입니다. 그들에게 하나님 신앙은 단지 종교적인 차원이 아니라, 민족이 제대
로 생존하고 후일을 도모할 수 있는 유일한 희망이었습니다. 그래서 그들이
역사적인 관점에서 다시 회상하고 교훈을 얻고자 한 사건이 바로 '출애굽'이
었습니다.

이스라엘 백성이 애굽에서 당한 고난과 압제를 뒤로하고 애굽을 떠나 지
난한 광야 생활을 거쳐 가나안에 당도할 수 있었던 것은 오직 하나님의 은혜
로 가능했습니다. 이와 마찬가지로 나라를 잃고 바벨론에서 포로 생활을 하
던 하나님의 백성이 다시금 회복하고 융성할 수 있는 길은 오직 하나님의 동
행하심밖에 없었습니다.

오늘 본문도 같은 맥락입니다. 하나님의 백성이 지난날의 죄로 인해 위축
되어 살고 있지만, 만약 하나님의 말씀을 귀담아듣고 주의 깊게 실천한다면
반드시 하나님께서 당신의 백성들을 높여 주시리라는 약속입니다(1). 그리고
하나님의 말씀에 순종하기만 하면 모든 복이 따라올 것이라고 힘주어 말합니
다(2). 이어서 다양한 복의 형태를 소개합니다(3~4).

출애굽 때에도, 바벨론 포로기 때에도 하나님의 백성들이 살 길은 오직 한
가지, 하나님의 말씀을 지키는 일이었습니다. 오늘 우리가 살 길도 그때와 다
르지 않습니다.

매일 성경 읽기
삼상 17장 ☑ 18장 ☐

하나님의 말씀을
성심껏 실천하고
있습니까?

거룩하신 하나님, 하나님의 말씀을 지키는 일만이 유일한 희망임을 기억하게 하옵소서. 하
나님의 말씀으로 우리의 삶을 가득 채우게 하옵소서. 주님의 말씀에 온전히 순종하는 것이
우리가 살 길임을 잊지 않게 하옵소서. 예수님의 이름으로 기도합니다. 아멘.

양세훈 목사 _ 원천교회

고난에 대처하는 법

살면서 절대로 만나고 싶지 않은데 불가피하게 만나는 것 중 하나가 바로 고난입니다. 건강의 고난, 관계의 고난, 경제적인 고난 등 다양한 고난이 때때로 우리를 찾아옵니다. 예수 믿는 우리도 예외가 아닙니다. 우리는 고난을 만날 때 어떻게 해야 할까요? 오늘 본문에서 고난을 이기는 길을 찾을 수 있습니다.

첫째, 고난을 만나면 혼자 고생하지 말고 믿음의 동료에게 기도를 부탁해야 합니다. 야고보 장로는 이렇게 권면합니다. "너희 중에 병든 자가 있느냐 그는 교회의 장로들을 청할 것이요(14a)." 교회의 장로는 가장 신뢰할 수 있는 믿음의 동료입니다. 믿음의 동료에게 기도를 부탁하는 것은 오늘 우리에게도 매우 중요한 원리입니다. '슬픔은 나누면 반이 된다'라는 말이 있습니다. 어려움이 있을 때 혼자서 짊어지면 마음의 병으로 커지지만, 신뢰할 만한 사람에게 나누면 나누는 것만으로도 마음의 짐을 덜 수 있습니다. 오늘날 불신이 커지는 시대 속에서도 하나님은 신뢰할 수 있는 믿음의 동료를 예비하셨습니다. 그 하나님에 대한 신뢰로 어려움을 나누기 바랍니다.

둘째, 고난에 놓인 동료를 보면 실질적으로 도와야 합니다. 야고보 장로는 장로들에게 이렇게 권면합니다. "그들은 주의 이름으로 기름을 바르며 그를 위하여 기도할지니라(14b)." 기도를 부탁받은 이들은 고난에 놓인 동료를 위해 당연히 기도해야 합니다. 그리고 또 하나 중요한 것이 있습니다. '기름을 바르는 것'입니다. 기름은 당시 유다 사회에서 중요한 약품으로 사용했습니다. 즉 기름을 바르라는 말은 기도만 하지 말고, 할 수 있는 최대한의 도움을 주어야 한다는 뜻입니다. 정말 사랑하는 사람이 힘들어하면 말로만 위로하지 않습니다. 자신이 가진 것들을 동원하여 도우려고 애를 씁니다. 이런 사랑의 관계로 고난에 함께 대처할 때, 고난은 더 아름다운 인생을 위한 도약판이 될 것입니다.

인생의 고난 앞에 혼자 괴로워하고 있지는 않습니까? 예수를 믿는 우리는 고난을 이길 수 있습니다. 우리에게 닥친 고난을 서로에 대한 신뢰와 사랑으로 넉넉히 이기기를 축복합니다.

337장
내 모든 시험 무거운 짐을

야고보서 5:13~16
너희 중에 병든 자가 있느냐 그는 교회의 장로들을 청할 것이요 그들은 주의 이름으로 기름을 바르며 그를 위하여 기도할지니라 (14)

매일 성경 읽기
삼상 19장 ☑ 20장 ☐
21장 ☐

온 세상을 사랑으로 다스리시는 하나님, 우리에게 믿음의 동료를 주셔서 감사합니다. 인생의 고난을 하나님께서 주신 사랑으로 이기게 하옵소서. 함께 기도하고 공감하며 서로 도와서, 고난이 더 멋진 삶으로 이어지게 하옵소서. 예수님의 이름으로 기도합니다. 아멘.

김학중 목사 _ 꿈의교회

인생의 고난을
누구와 나누고
있습니까?

꼴찌가 진짜 일등입니다

예수님과 제자들 일행이 예루살렘을 향해 가다가 가버나움이라는 곳에 머물렀습니다. 그때 예수님께서 제자들에게 물으셨습니다. "너희가 길에서 무슨 일로 다투었느냐?(33, 새번역)" 사실 예수님은 제자들이 길에서 '누가 가장 큰 사람이냐'는 주제로 서로 다툰 것을 알고 계셨습니다. 제자들은 부끄러워 아무 소리도 못 하고 잠잠히 있었습니다. 그때 예수님께서 열두 제자들에게 이렇게 말씀하십니다. "누구든지 첫째가 되고자 하면, 그는 모든 사람의 꼴찌가 되어서 모든 사람을 섬겨야 한다(35, 새번역)."

예수님은 "인자가 온 것은 섬김을 받으러 온 것이 아니라 섬기러 왔으며, 많은 사람을 구원하기 위하여 치를 몸값으로 자기 목숨을 내주러 왔다(10:45, 새번역)."고 말씀합니다. 그렇습니다. 예수님은 세상 모든 사람을 섬기는 꼴찌가 되기 위해 이 땅에 오셨습니다. 그런데 제자들은 누가 일등이 되어 섬김을 받는 자리에 있게 될까에 온통 관심이 쏠려 있었습니다.

3년이나 예수님을 가까이서 따르며 듣고 보고 배웠음에도 남들에게 섬김을 받는 큰 자로 살기를 바랐던 제자들처럼, 우리도 모두가 우러러보고 부러워하는 위치에 올라가려고 안간힘을 씁니다. 언제나 일등이 되면 좋겠다는 마음을 갖고 삽니다. 공부하는 것, 직장에 다니는 것, 사업을 하는 것, 심지어 신앙생활조차도 남보다 더 섬김을 받는 자리에 올라가는 것에 온통 마음을 두고 삽니다.

예수님은 우리에게 일등을 목표로 삼으라고 말씀하지 않으십니다. 오히려 꼴찌가 되어 섬기는 자가 되라고 말씀하십니다. 왜냐하면 하나님 나라는 모든 사람을 섬기는 자가 진짜 일등이 되는 나라이기 때문입니다. 테레사 수녀는 인도 콜카타의 빈민굴에서 평생 모든 것을 바쳐 가난하고 소외된 사람들을 섬기며 살았습니다. 그가 세상을 떠난 지금도 사람들은 그를 예수님을 꼭 닮은 일등으로 기억합니다.

지금 우리의 모습은 어떠합니까? 오늘 우리가 함께 부른 찬송가의 가사처럼 "주와 같이 되기를 내가 항상 원하니 온유하고 겸손한 주의 마음 주소서"라는 고백이 우리에게서 떠나지 않기를 간절히 소망합니다.

나는 무엇을 목표로
삼고 있습니까?

이 땅에 섬기러 오신 주님, 섬김을 받는 데에만 관심을 두고 사는 우리를 용서하여 주옵소서. 오늘도 예수님처럼 꼴찌가 되는 일에 일등이 되게 하옵소서. 섬기러 오신 예수님의 가르침을 잊지 않고 마음에 새기게 하옵소서. 예수님의 이름으로 기도합니다. 아멘.

하헌선 목사 _ 갈릴리교회

일상의 예배자

미술작품을 감상할 때 작품 그 자체만 감상하는 사람이 있고, 작품을 통해서 작가가 말하려는 메시지가 무엇인지 찾으려는 사람이 있습니다. 전자는 작품 앞에 서 있는 사람이고, 후자는 작가 앞에 서 있는 사람이라고 할 수 있습니다. 자연을 바라볼 때도 마찬가지입니다. 똑같은 경치를 봐도 눈에 보이는 풍경만 즐기는 사람이 있고, 그것을 만드신 창조주 하나님을 의식하며 그분의 위대하심을 찬양하는 사람이 있습니다. 전자는 풍경 앞에 서 있는 사람이고, 후자는 하나님 앞에 서 있는 사람입니다.

시인 다윗은 하늘의 해를 비롯한 모든 자연현상 속에 깃든 하나님의 사랑을 볼 줄 알았던 사람입니다. 그는 모든 피조물이 창조주 하나님을 찬양하는 소리를 들었습니다. 그렇기에 다윗은 언제 어디서든 하나님의 임재를 경험하며 하나님과 동행할 수 있었습니다.

예수님도 하늘의 새와 들의 백합화를 보면서 하나님 아버지를 보셨습니다. 또 무엇을 먹을까 무엇을 마실까 무엇을 입을까 염려하지 말라는 하나님의 음성을 들었습니다. 그리하여 예수님은 언제 어디서든 늘 하나님을 의식하며 동행하실 수 있었습니다. 이처럼 내가 지금 선 자리에서 하나님을 바라보며 그분을 높이는 것이 예배입니다. 그런 의미에서 다윗과 예수님은 일상의 예배자였습니다.

오늘 우리의 일상도 예배여야 합니다. 하늘의 해와 달과 별, 들의 풀과 꽃과 나무를 통해 하나님의 사랑을 느낄 수 있어야 합니다. 모든 피조물이 하나님의 위대하심을 선포하는 소리를 들을 수 있어야 합니다. 특히 우리가 일상에서 만나는 사람들을 통해 하나님을 볼 수 있어야 합니다. 모든 사람은 하나님의 형상을 따라 지어진 존재이기 때문입니다. 이처럼 모든 피조물을 통해서, 그리고 우리가 만나는 사람들을 통해서 하나님의 사랑을 느낄 수 있다면 우리는 언제 어디서든 하나님과 동행하는 것입니다. 그것이 바로 일상의 예배입니다.

오늘 하루도 만나는 사람들과 모든 환경을 통해서 하나님을 바라보며 그분을 높이는 일상의 예배자가 되기를 바랍니다.

79장
주 하나님 지으신
모든 세계

시편 19:1~6
하늘이 하나님의 영광을 선포하고 궁창이 그의 손으로 하신 일을 나타내는도다 (1)

매일 성경 읽기
삼상 25장 ☑ 26장 ☐

평상시 무심코 지나치던 것이 특별하게 보인 적이 있습니까?

하나님, 모든 피조물에 깃든 하나님의 사랑을 볼 수 있는 눈과 그 모든 것이 하나님을 선포하며 찬양하는 소리를 들을 수 있는 귀를 주옵소서. 늘 하나님의 임재를 경험하며 하나님을 높이는 일상의 예배자가 되게 하옵소서. 예수님의 이름으로 기도합니다. 아멘.

한원찬 목사 _ 큰숲드림교회

제삼일에는 완전하여지리라

4

주일

6

240장
주가 맡긴 모든 역사

—

누가복음 13:32~35
이르시되 너희는 가서 저
여우에게 이르되 오늘과 내
일은 내가 귀신을 쫓아내며
병을 고치다가 제삼일에는
완전하여지리라 하라 (32)

오늘 본문은 예수님이 여러 성읍과 마을에 들러 가르치시면서 예루살렘으로 가시는 과정에서 있었던 이야기입니다. 어떤 바리새인들이 예수님을 찾아와서 말합니다. "여기를 떠나소서 헤롯이 당신을 죽이고자 하나이다(31)." 예수님께 적대감을 갖고 있던 바리새인들이 헤롯의 이름을 빌려 예수님을 위협한 것입니다. 그들의 말을 들은 예수님은 헤롯에게 가서 이렇게 전하라고 하십니다. "오늘과 내일은 내가 귀신을 쫓아내며 병을 고치다가 제삼일에는 완전하여지리라(32)." '제삼일'은 예수님이 자신의 부활을 예고하시는 표현입니다(마 17:22~23). 예수님은 예루살렘으로 가는 길에서 사역을 계속하실 것이며, 예루살렘에서 구원을 완성하고 부활하실 것을 분명히 말씀하신 것입니다.

예수님은 이어서 '예루살렘'에 대하여 말씀하십니다. 암탉이 제 새끼를 날개 아래에 모음 같이 예수님이 예루살렘과 예루살렘의 자녀들을 긍휼히 여겼지만, 그들은 예수님을 거절했다며 안타까워하십니다(34). 선지자들을 죽이고 돌로 치던 예루살렘이 똑같이 예수님을 거절할 것이며, 그 결과 예루살렘이 황폐해질 것이라고 말씀하십니다. 그러나 거기서 그치지 않고 예수님이 재림하시는 '장래의 은혜'를 말씀하십니다(35).

우리는 예루살렘으로 가는 예수님처럼 천국을 향한 순례의 길을 걷고 있습니다. 이 길에서 바리새인들 같은 반대자들과 헤롯 같은 세속주의자들과 예루살렘 사람들 같은 자기 고집에 사로잡힌 사람들을 만나기도 합니다. 그러나 우리가 낙심하지 않는 이유는 '믿음의 주요 또 온전하게 하시는 예수님'을 바라보기 때문입니다(히 12:2).

예수님은 "오늘과 내일과 모레는 내가 갈 길을 가야 하리니 선지자가 예루살렘 밖에서는 죽는 법이 없느니라(33)."고 말씀하셨습니다. 우리도 예수님처럼 오늘과 내일에는 맡겨진 사명에 온전히 순종합시다. 그리고 완전해질 제삼일을 기대합시다. 구원의 은혜에 감사하며 주님의 길을 따라갑시다. 부활의 소망을 가지고 불평과 원망 없이 인내하며 기뻐하는 삶을 살아가기를 주님의 이름으로 축복합니다.

매일 성경 읽기
삼상 27장 ☑ 28장 ☐
29장 ☐ 30장 ☐
31장 ☐

어떤 상황에서도
주님을 바라보며
사명의 길을
걸어갑니까?

하나님 아버지, 주의 이름을 높이며 찬양합니다. 예수님은 잃어버린 자를 구원하기 위해 하늘 영광 버리고 이 땅에 오셔서 십자가를 지고 죽으시고 부활하셨습니다. 구원의 은혜에 감사하며 주님의 뒤를 따라가게 하옵소서. 예수님의 이름으로 기도합니다. 아멘.

이종목 목사 _ 오천교회

하나님을 믿고 의지하라

어떤 일을 할 때 도저히 성공할 가망이 없어 보이면 두려워하고 낙심합니다. 또 우리보다 상대가 현저하게 수도 많고 월등해 보이면 지레 겁을 먹고 포기합니다. 우리의 능력으로 해결하지 못할 어려운 상황에 처할 때, 되는 일이 없고 아무리 발버둥쳐도 고난의 구렁텅이에서 헤어 나올 수 없을 때, 이러지도 저러지도 못하겠을 때, 우리는 어떻게 해야 할까요?

첫째, 전능하신 하나님을 믿어야 합니다. 하나님은 우리의 기도를 들어주시고, 반드시 우리에게 좋은 것을 주시고, 승리하게 하십니다. 하나님은 우리의 인생을 실패에서 성공으로, 패배에서 승리로, 가난하고 힘들고 어려운 삶에서 부유하고 기쁘고 즐겁고 행복한 삶으로 역전시키는 분이십니다. 그러므로 우리는 능력의 하나님을 믿고 강하고 담대하게 나아가야 합니다.

둘째, 우리와 항상 함께하시는 하나님을 의지해야 합니다. 본문 1절에 "애굽 땅에서 너를 인도하여 내신 네 하나님 여호와께서 너와 함께 하시느니라(1)."고 말씀합니다. 그런 하나님이 우리와 함께 계시니 "두려워하지 말라."는 것입니다. 그러니 우리는 무슨 일을 하든지 무슨 일을 당하든지 두려워하지 말아야 합니다. 두려워하는 마음은 하나님을 믿지 않는 불신앙의 모습이기 때문입니다. 능력의 하나님이 우리와 함께하심을 믿고 의지해야 합니다.

셋째, 하나님께서 우리를 위하여 싸워 주심을 믿어야 합니다. "여호와는 너희와 함께 행하시며 너희를 위하여 너희 적군과 싸우시고 구원하실 것이라(4)." 하나님께서는 우리보다 앞서가며 우리를 위하여 싸워 주십니다. 소년 다윗은 골리앗에게 나아갈 때 하나님을 믿고 전혀 두려워하지 않았습니다. 다른 사람들은 거인 골리앗과 그의 나라 블레셋을 두려워하였지만, 다윗만큼은 그렇지 않았습니다. 그는 자신이 있었습니다. 왜냐하면 하나님께서 함께 계시며 우리를 위하여 싸워 주실 것을 알았기 때문입니다.

"너희는 두려워하지 말고 가만히 서서 여호와께서 오늘 너희를 위하여 행하시는 구원을 보라(출 14:13)."는 말씀을 기억하십시오. 오늘도 우리와 함께하시며 우리를 위하여 싸워 주시는 하나님을 믿고 의지하므로 승리하기를 바랍니다.

351장
믿는 사람들은 주의 군사니

신명기 20:1~4
너희 하나님 여호와는 너희와 함께 행하시며 너희를 위하여 너희 적군과 싸우시고 구원하실 것이라 할 것이며 (4)

매일 성경 읽기
삼하 1장 ☑ 2장 ☐

임마누엘 하나님, 전능하신 하나님의 말씀을 온전히 신뢰합니다. 우리와 함께하시며 우리를 위하여 우리의 적군과 싸워 주시겠다는 약속을 굳게 의지합니다. 주님, 이 믿음 안에서 온전히 승리하게 하옵소서. 예수님의 이름으로 기도합니다. 아멘.

박진용 목사 _ 한빛교회

하나님을 신뢰하며 담대히 나아가고 있습니까?

행복한 맞교환

150장
갈보리산 위에

—

갈라디아서 6:14~17
그러나 내게는 우리 주 예수 그리스도의 십자가 외에 결코 자랑할 것이 없으니 (14a)

루터는 십자가의 은혜를 '행복한 맞교환'이라고 표현했습니다. 십자가라는 저주와 죽음의 틀에서 구원과 영생이라는 은혜의 맞교환이 이루어졌기 때문입니다. 완전한 죽음의 도구가 완전한 구원의 도구로 탈바꿈하여 구원의 상징이 되었습니다. 존 스토트는 "하나님의 나라로 향하는 길에서 십자가를 멸시하는 교만보다 더 큰 장애물은 없다."고 했습니다. 십자가 없는 구원이나 영생의 기쁨과 감격은 있을 수 없습니다. 사도 바울도 십자가만을 자랑할 것이라고 선포합니다(14). 십자가를 통하여 죽었고, 새로 지으심을 받았다고 고백합니다(15). 우리는 십자가를 어떻게 고백해야 합니까?

첫째로 십자가는 '완전한 구원'입니다. 하나님은 예수님의 십자가를 통해 완전한 구원을 이루셨습니다(14). 죄 없으신 예수님이 십자가에서 죽으심으로써 우리가 지닌 죄의 문제가 해결되었습니다(2:20). 당시 거짓 교사들은 박해를 면한다는 명분으로 할례를 받아야 한다고 말했습니다(12). 이는 십자가에서 이루신 완전한 구원을 믿지 못하고, 인간의 필요에 따라 구원을 왜곡한 결과입니다. 십자가는 예수님이 이루신 완전한 구원입니다. 십자가면 충분합니다.

둘째로 십자가는 '새로운 창조'입니다. 십자가는 예수님을 통한 새 창조의 현장입니다. 바울은 오직 새로 지으심을 받는 것만이 중요하다고 선포합니다(15). 하나님은 예수님의 십자가를 통해 온 인류를 구원하셨습니다. 나아가 예수님의 부활을 통해 우리를 새롭게 창조하셨습니다(골 3:10). 십자가로 새 창조를 경험할 수 있고, 거듭날 수 있습니다. 십자가를 통해 우리의 가치관과 생각, 언어와 행동까지도 완전히 새로워집니다.

셋째로 십자가는 '은혜의 흔적'입니다. 바울은 몸에 예수의 흔적을 지니고 있다고 말합니다(17). 평생 십자가를 자랑한 바울의 삶에는 고스란히 흔적이 남았습니다. 십자가를 전하다가 감옥에 갇히고, 사십에서 하나 감한 매도 맞고, 죽을 뻔한 위기도 여러 번 넘겼습니다. 바울은 이 흔적을 부끄러워하지 않고, 오히려 은혜의 흔적을 자랑하며 십자가의 은혜를 전했습니다.

십자가로 충분합니다. 십자가만 자랑하는 삶이 되길 간절히 바랍니다.

매일 성경 읽기
삼하 3장 ☑ 4장 ☐
5장 ☐ 6장 ☐

나는 십자가의 은혜를 자랑하고 있습니까?

사랑의 하나님, 우리를 완전한 구원으로, 새로운 창조로, 그리고 은혜의 흔적으로 이끄시는 은혜를 고백합니다. 행복한 맞교환을 이루신 십자가의 은혜를 잊지 않고 매일의 삶 속에 십자가를 자랑하게 하옵소서. 예수님의 이름으로 기도합니다. 아멘.

이현식 목사 _ 진관교회

하나님의 자비

하나님의 관심은 하나님의 형상대로 지음 받은 사람에게 있습니다. 하나님이 우리에게 관심이 있으시다면 우리 또한 하나님께 관심하며 살아야 할 텐데, 우리는 사실 세상에 더 많은 관심을 가지고 살아갑니다. 오늘 본문의 요나도 그랬습니다. 하나님은 요나를 부르시고 "너는 일어나 저 큰 성읍 니느웨로 가서 그것을 향하여 외치라 그 악독이 내 앞에 상달되었음이니라(1:2)."고 말씀하셨습니다. 요나는 하나님이 어떤 분이신지 너무나 잘 알고 있었습니다. 그래서 하나님이 심판하신다는 사실을 전하라는 것이 그 성 사람들을 멸하시기 위함이 아니라 구원하시기 위함이라는 것을 알았습니다.

요나는 내심 이스라엘을 힘들게 하는 니느웨 사람들을 하나님이 멸해 주시기를 원했습니다. 그래서 니느웨가 아닌 다시스로 가는 배를 타고 도망했습니다. 하나님의 말씀에 불순종한 것입니다. 그러다 큰 풍랑을 만났고, 요나는 풍랑의 원인이 자신에게 있음을 알았습니다. 그래서 자신을 바다에 던지라고 합니다. 하나님은 큰 물고기를 준비하여 요나를 삼키게 하셨고, 요나는 물고기 뱃속에서 회개합니다. 하나님은 요나에게 다시 말씀하십니다. "일어나 저 큰 성읍 니느웨로 가서 내가 네게 명한 바를 그들에게 선포하라(3:2)." 요나는 더 이상 피할 수 없어 그 성읍에 들어가 사흘 길은 걸어 전해야 하는 거리를 하루 만에 대충 전했습니다. 요나가 전한 말을 들은 니느웨 사람들은 왕에서 모든 백성에 이르기까지 전심으로 회개하고 돌이켰고, 하나님은 그들을 용서하여 주셨습니다. 하나님의 관심은 심판이 아니라 구원에 있기 때문입니다.

이 일이 못마땅하여 성을 내는 요나에게 하나님은 박넝쿨로 당신의 마음을 깨닫게 하십니다. "네가 수고도 아니하였고 재배도 아니하였고 하룻밤에 났다가 하룻밤에 말라 버린 이 박넝쿨을 아꼈거든 하물며 이 큰 성읍 니느웨에는 좌우를 분변하지 못하는 자가 십이만여 명이요 가축도 많이 있나니 내가 어찌 아끼지 아니하겠느냐(10~11)." 우리도 요나처럼 햇빛만 비추어도 말라 버리는 박넝쿨에만 관심하며 구원이 필요한 수많은 영혼을 멀리하고 있지는 않습니까? 우리의 관심을 하나님의 관심인 한 영혼의 구원에 둘 수 있기를 소망합니다.

9

304장
그 크신 하나님의 사랑

요나 4:6~11
하물며 이 큰 성읍 니느웨에는 좌우를 분변하지 못하는 자가 십이만여 명이요 가축도 많이 있나니 내가 어찌 아끼지 아니하겠느냐 하시니라 (11)

매일 성경 읽기
삼하 7장 ☑   8장 ☐
9장 ☐   10장 ☐

구원의 하나님, 풀과 같이 피었다가 사라지는 세상의 것에 우리의 마음을 두지 않게 하옵소서. 영원히 살아 계시고 역사하시는 하나님께 우리의 마음을 두게 하옵소서. 그것이 주님이 기뻐하시는 일임을 알게 하옵소서. 예수님의 이름으로 기도합니다. 아멘.

곽태권 목사 _ 선교중앙교회

하나님의
관심이 있는 곳에
우리도 관심하고
있습니까?

우리의 친구이신 예수님

4

목요일

10

90장
주 예수 내가 알기 전

요한복음 11:1~11
우리 친구 나사로가 잠들었
도다 그러나 내가 깨우러
가노라 (11b)

매일 성경 읽기
삼하 11장 ☑ 12장 ☐

셰익스피어의 작품 『베니스의 상인』에서 안토니오는 자신의 친구 바사니오를 위해 보증을 섭니다. 바사니오가 샤일록이라는 부자에게 빌린 돈을 기한 내에 갚지 못하면, 바사니오 대신 안토니오의 심장에서 가장 가까운 부위 1파운드 살을 도려내도 좋다는 계약이었습니다. 안토니오는 친구를 위해 기꺼이 목숨을 걸어 보증에 나섭니다.

성경 원어에는 '친구'를 나타내는 단어가 두 개 있습니다. '필로스'와 '헤타이로스'입니다. 필로스는 안토니오와 바사니오처럼 우정과 생명까지 나눌 수 있는 친구를 뜻하지만, 헤타이로스는 마태복음에만 세 번 나오는 단어로 하나 같이 부정적인 의미입니다. 가룟 유다가 예수님을 잡으러 왔을 때, 예수께서 "친구여 네가 무엇을 하려고 왔는지 행하라(마 26:50)."고 말씀하실 때 사용한 단어가 헤타이로스입니다.

오늘 본문인 요한복음 11장은 '생명의 장이요, 부활의 장'입니다. 죽은 나사로를 살린 신비로운 사건을 통해 예수님이 죽음을 초월하는 생명의 주이심을 보여 줍니다. 나사로가 위중한 병에 걸려 의원도 소용없이 곧 죽게 되자, 나사로의 누이들은 사람을 보내어 주님께 나사로의 위급한 상황을 전했습니다. 하지만 예수께서는 "이 병은 죽을 병이 아니라(4)."고 단호히 말씀하시며 냉정해 보일 정도로 서두르지 않으십니다(6). 이틀 뒤, 때는 늦어 나사로가 죽었습니다. 하지만 예수께서는 "유대로 다시 가자(7)."고 하십니다. 비로소 예수의 때가 온 것입니다. "우리 친구 나사로가 잠들었도다 그러나 내가 깨우러 가노라(11)."

나사로의 누이들은 '주님'을 찾았지만, 예수께서는 나사로를 '친구'라 부르십니다. 어떤 친구입니까? 친구를 위하여 자기 목숨을 버리는 친구입니다 (15:13). 앞서 소개한 『베니스의 상인』에서 안타깝게도 바사니오는 약속을 지키지 못합니다. 바사니오는 자기 때문에 목숨을 잃게 된 안토니오를 향해 굳게 결심하며 말합니다. "저 유대인이 내 살, 피, 뼈, 기타 모든 것을 차지하면 했지, 자네가 나로 인해 피 한 방울 흘리지 않도록 하겠네!" 예수님은 우리의 친구 안토니오이자 바사니오이십니다.

나는 예수님께
좋은 친구입니까?

우리의 주님이자 친구 되신 하나님, 변함없는 사랑과 확신, 신뢰와 용서로 함께하시는 하나님을 찬양합니다. 친구이신 예수께서 보여 주신 사랑을 기억하며, 우리도 예수를 친구 삼아 복되고 강건한 삶을 살아가게 하옵소서. 예수님의 이름으로 기도합니다. 아멘.

임태일 목사 _ 서강교회

하나님을 잃어버리면

기원전 9세기경 남유다 왕국의 세 번째 왕 '아사'는 참 훌륭한 왕이었습니다. 유다 왕조 4대 선왕 중 하나로 꼽힐 정도입니다. 유다 왕조 중에 가장 오랜 기간 재임한 왕으로서 41년을 통치했습니다. 성경은 그를 하나님 여호와 보시기에 선과 정의를 행한 왕이라고 소개합니다(14:2). 또한 여호와께서 아사에게 평안을 주셔서 여러 해 동안 싸움이 없고 평안했다고 기록합니다(14:6). 그는 하나님께 묻고, 하나님을 의지하고, 하나님 중심으로 살았습니다. 그런데 그의 인생 마무리는 좋지 못했습니다. 왜 그랬을까요? 무엇이 문제였을까요? 한마디로 말하면 하나님을 떠났기 때문입니다. 그는 마음 신앙에서 머리 신앙으로 전락했습니다.

오늘 본문의 바로 앞 장인 15장의 내용을 보면, 그가 재임 35년 동안은 온 마음을 다해 하나님만을 의지하는 신앙으로 살았음을 알 수 있습니다. 백만의 구스 군대가 쳐들어왔을 때도 절반밖에 안 되는 군사로 싸움에 임합니다. 이러한 위기상황에서도 머리의 계산이 먼저가 아니라 하나님을 향한 마음이, 그리고 기도가 먼저였습니다. 그랬던 그가 변했습니다. 그의 재임 36년 되던 해에 북이스라엘 왕 바아사가 유다를 치러 올라옵니다. 이 침공 소식에 아사 왕은 하나님의 곳간까지 털어서 아람 왕에게 갖다 바치며 도움을 구합니다. 문제 앞에서 하나님을 의지하지 않고 아람을 의지합니다. 자신의 계략과 아람의 도움으로 위기는 극복했을지 모르나 하나님을 잃어버립니다. 이 일에 대해 선견자 하나니가 책망하자 그를 옥에 가두기까지 하며 자신의 귀를 틀어막습니다.

그 일이 있은 지 3년 후에 아사는 발에 병이 들어 위독해집니다. 하나님께 책망을 듣고 선견자 하나니를 옥에 가둔 다음에 일어난 일입니다. 그는 하나님을 찾지 않습니다. 아니, 찾을 수 없었습니다. 그로부터 2년 후 결국 죽고 맙니다. 하나님을 잃어버린 아사왕은 결국 다 잃어버렸습니다. 아집과 고집이 하나님을 찾고 순종하던 사람을 한순간에 기도하지 않는 사람으로 만들었습니다. 우리는 어떻게 살아야 하겠습니까? 아사를 거울삼아 하나님을 잊지 않고, 잃지 않는 우리가 되기를 소망합니다.

금요일

11

405장
주의 친절한 팔에 안기세

역대하 16:7~10
여호와의 눈은 온 땅을 두루 감찰하사 전심으로 자기에게 향하는 자들을 위하여 능력을 베푸시나니 이 일은 왕이 망령되이 행하였은즉 이 후부터는 왕에게 전쟁이 있으리이다 하매 (9)

매일 성경 읽기
삼하 13장 ☑ 14장 ☐

아버지 하나님, 우리의 교만으로 하나님을 떠나는 어리석음을 범하지 않게 하옵소서. 머리가 아니라 마음을 다해 하나님을 찾는 자 되게 하옵소서. 기도보다 앞서는 일들이 없게 하옵소서. 하나님을 잊지 않고, 잃지 않게 하옵소서. 예수님의 이름으로 기도합니다. 아멘.

방일섭 목사 _ 조암교회

나는 마음을 다해 하나님을 찾고 있습니까?

마음과 영을 새롭게 하십시오

4

토요일

12

289장
주 예수 내 맘에 들어와

에스겔 18:25~32
너희는 너희가 범한 모든
죄악을 버리고 마음과 영을
새롭게 할지어다 (31a)

매일 성경 읽기
삼하 15장 ☑ 16장 ☐
17장 ☐

유난히 남의 탓을 잘하는 사람이 있습니다. 자신의 실수나 잘못을 인정하기보다는 주변 환경이나 다른 사람에게 책임을 돌리는 사람입니다. 심지어 조상 탓, 부모 탓으로 돌리기도 합니다. 유다 백성이 그랬습니다. 그들은 '아버지가 신 포도를 먹었으므로 그의 아들의 이가 시다'는 속담을 들면서 바벨론 포로로 잡혀 온 것이 조상들의 범죄로 인한 것이니, 하나님이 공평하시지 않다고 원망했습니다. 정말 하나님이 공평하지 않으실까요? 에스겔 선지자는 그렇지 않다고 말합니다. 하나님은 "내 길이 어찌 공평하지 아니하냐 너희 길이 공평하지 아니한 것이 아니냐(25, 29)."라고 오히려 반문하십니다. 하나님은 각 사람이 행한 대로 심판하십니다. 그러나 심판보다는 죄인들이 회개하기를 더 원하십니다. 에스겔은 "주 여호와의 말씀이니라 내가 어찌 악인이 죽는 것을 조금인들 기뻐하랴 그가 돌이켜 그 길에서 떠나 사는 것을 어찌 기뻐하지 아니하겠느냐(23)."라고 말합니다.

그러면 악인들이 어떻게 새롭게 될 수 있습니까? 두 가지 길이 있습니다. 하나는 회개입니다. 하나님은 "너희는 돌이켜 회개하고 모든 죄에서 떠날지어다(30)."라고 말씀하십니다. 회개란 잘못된 길에서 돌아서는 것입니다. 이사야 선지자도 "악인은 그의 길을, 불의한 자는 그의 생각을 버리고 여호와께로 돌아오라 그리하면 그가 … 너그럽게 용서하시리라(사 55:7)."고 했습니다. 하나님은 지금도 회개하는 영혼을 죄에서 구원하십니다.

다른 하나는 마음과 영을 새롭게 하는 것입니다. 하나님은 "너희는 … 마음과 영을 새롭게 할지어다(31)."라고 하셨습니다. 이것은 우리 힘으로는 불가능합니다. 우리의 마음과 영을 새롭게 하실 분은 하나님밖에 없습니다. 하나님은 "또 새 영을 너희 속에 두고 새 마음을 너희에게 주되 너희 육신에서 굳은 마음을 제거하고 부드러운 마음을 줄 것이며(36:26)"라고 약속하셨습니다. 이 약속은 예수 그리스도 안에서 성취되었습니다. 하나님은 죄악으로 더럽혀진 우리를 예수 그리스도의 피로 씻기시고, 성령을 부으셔서 새롭게 하십니다. 이것이 바로 구원입니다. 구원은 마음과 영을 새롭게 하여 죄로 죽은 영혼을 살리는 하나님의 역사입니다.

마음과 영이
새롭게 되는 은혜를
경험하고 있습니까?

하나님 아버지, 우리로 하여금 하나님은 불공평하시다고 원망하는 자가 되지 않게 하옵소서. 죄를 회개하고 우리 마음과 영을 새롭게 하시는 구원의 하나님을 만나게 하옵소서. 공평하신 하나님을 찬양하게 하옵소서. 예수님의 이름으로 기도합니다. 아멘.

조재진 목사 _ 산곡교회

호산나, 찬송하리로다

13

95장
나의 기쁨 나의 소망되시며

요한복음 12:12~15
이는 기록된 바 시온 딸아 두려워하지 말라 보라 너의 왕이 나귀 새끼를 타고 오신다 함과 같더라 (15)

예수님의 예루살렘 입성을 환영하는 무리는 예루살렘 사람들이 아니라 유월절을 지키려고 올라온 나그네들이었습니다. 예루살렘 사람들은 종교적인 관습에 빠져 하나님의 일에는 무관심하고, 신실한 신앙적 열심이 식어 외식하는 종교인이 되었습니다. 그러나 유월절을 지키기 위해 예루살렘에 올라온 나그네들은 하나님의 일에 대한 불타는 마음이 있었습니다. 그래서 주님의 이름으로 오시는 예수님을 열광적으로 환영하였습니다.

그들은 종려나무 가지를 가지고 주님을 맞으러 나가 "호산나 찬송하리로다 주의 이름으로 오시는 이 곧 이스라엘의 왕이시여(13)"를 외쳤습니다. 히브리인들에게 종려나무 가지는 승리와 번영을 상징하며, 종려나무 가지를 흔드는 것은 왕이나 개선장군을 향한 경의의 표시였습니다. 그들은 이렇게 찬송과 기쁨으로 예수님이 메시아이심을 인정하며 환영하였습니다. 교회는 이 날을 기념하여 종려주일을 지킵니다.

예수님이 나귀를 타고 예루살렘에 들어가신 것은 다시 살아나셔서 메시아의 영광을 드러내실 것을 예고합니다. 예수님의 등장은 왕이나 개선장군이 병거나 준마를 타고 자신의 위엄과 영광을 떨치려 하는 모습과 대비됩니다. 그런 모습에도 예수님의 메시아이심을 인정하고 환영하는 사람들을 보면서 바리새인들은 "이제 다 틀렸소. 보시오. 온 세상이 그를 따라갔소(19, 새번역)."라고 말합니다.

오늘 본문은 "시온의 딸아 크게 기뻐할지어다 예루살렘의 딸아 즐거이 부를지어다 보라 네 왕이 네게 임하시나니 그는 공의로우시며 구원을 베푸시며 겸손하여서 나귀를 타시나니 나귀의 작은 것 곧 나귀 새끼니라(슥 9:9)."는 예언을 인용한 말씀입니다. 예수님이 나귀를 타신 것은 평화와 겸손을 상징합니다. 메시아가 평화를 가지고 오실 터인즉 하나님의 백성은 두려워할 것이 없다는 뜻입니다. 우리는 예루살렘에 모여든 나그네들보다 더욱 분명한 신앙으로 예수님이 메시아 되심을 고백하며 찬송과 기쁨으로 외쳐야 합니다. 즐거이 주님의 이름을 부르며 참 평안을 소유한 믿음의 주인공으로 살아가기 바랍니다.

매일 성경 읽기
삼하 18장 ☑ 19장 ☐
20장 ☐

온 땅에 평화의 왕으로, 구원자로 오신 주님, 우리도 말씀에 등장한 나그네들처럼 신앙의 열정을 회복하며 참 평안을 소유하고 즐거이 주님을 찬양하는 삶을 살게 하옵소서. 예수님이 메시아이심을 고백하며 살아가게 하옵소서. 예수님의 이름으로 기도합니다. 아멘.
이호군 목사 _ 해남새롬교회

참 평안을 소유하고 즐거이 주님을 찬양합니까?

성전을 정화하신 예수

208장
내 주의 나라와

마가복음 11:15~18
이에 가르쳐 이르시되 기록
된 바 내 집은 만민이 기도
하는 집이라 칭함을 받으리
라고 하지 아니하였느냐 너
희는 강도의 소굴을 만들었
도다 하시매 (17)

예수님 당시 제사가 존재했습니다. 제사에 흠 없는 제물이 필요했습니다. 제사장은 제물을 들고 오는 이들의 수고를 덜어 주기 위해서 성전에 제물을 판매하는 상인들을 배치했습니다. 시간이 지나면서 제사장이 상인들과 결탁하여 많은 이익을 취했습니다. 심지어 타국에 있는 유대인들이 헌금을 하고자 할 때, 외국돈을 드리면 안 된다는 규칙을 정하여 환전하게 했습니다. 그래서 성전에 제물을 파는 상인들과 환전소가 자리했습니다. 결국 편리를 추구했던 '돈'이 신앙의 문제가 되었습니다.

성전은 돈이라는 우상에 사로잡혀 성전의 역할을 감당하지 못하고 껍데기만 남았습니다. 제사장은 돈에 눈이 멀어 제물을 판매하는 장사꾼이 되었습니다. 제사를 드리겠다고 오는 사람들은 돈이면 다 해결할 수 있기에 정성과 노력을 들이지 않았습니다. 성전은 더 이상 하나님을 예배하는 장소가 아니라, 사람의 욕구를 만족시키는 곳으로 전락했습니다. 새번역 성경은 "예수께서 성전에 들어가셔서, 성전 뜰에서 팔고 사고 하는 사람들을 내쫓으시면서 돈을 바꾸어 주는 사람들의 상과 비둘기를 파는 사람들의 의자를 둘러엎으시고, 성전 뜰을 가로질러 물건을 나르는 것을 금하셨다(15~16)."고 기록합니다. 예수님이 이렇게 하신 것은 성전의 모양만 있고, 성전의 역할을 감당하지 못했기 때문입니다.

어느덧 우리의 예배는 하나님을 위하기보다는 사람의 만족을 위해 드리고 있습니다. 하나님의 말씀에 기준을 두고 회개하며 회복되기를 선포하기보다 위로와 격려, 공감으로 성도들에게 감동을 주려고만 합니다. 행위는 남아있지만 더 이상 믿음을 찾아볼 수 없는 우리를 향해 예수님은 경고하십니다. "내 집은 만민이 기도하는 집이라(17)." 2000여 년 전 타락한 예배자들을 향한 기록들이 지금 우리에게도 동일하게 경고합니다.

성전은 사람을 만족시키는 곳이 아니라 하나님께 기도하고 예배드리는 장소입니다. 성전은 하나님을 경외하는 하나님의 집이 되어야 합니다. 모든 이가 하나님께 기도하며 하나님을 찾는 곳이 되어야 합니다. 하나님만을 온전히 예배하기를 주님의 이름으로 권면하며 축복합니다.

매일 성경 읽기
삼하 21장 ☑ **22장** ☐

하나님이 세워 주신
교회를 거룩하고
깨끗하게 가꾸어
나갑니까?

교회의 주인 되시는 하나님, 예수 그리스도의 피값으로 교회를 세워 주심에 감사합니다. 교회를 거룩하고 아름답게 세워나가도록 바른 믿음을 허락하여 주옵소서. 이 땅에 교회를 세우신 목적과 이유를 따라 살아가게 하옵소서. 예수님의 이름으로 기도합니다. 아멘.

백성현 목사 _ 학익교회

어디서든지 기억되는 여인

고대 이집트에 하트셉수트 여왕이 있었습니다. 22년 동안 나라를 다스리면서 거대한 건축물을 짓고 무역을 확대하는 등 큰 업적을 남긴 인물이지만, 3천 년 동안이나 잊혔습니다. 양아들 투트모스 3세가 왕이 된 후 여왕의 흔적을 모두 지웠기 때문입니다. 벽에 새긴 여왕의 모습을 긁어내거나 깎아냈고, 여왕의 기록 위에 벽돌을 덧붙여서 흔적을 가렸습니다. 후대 역사가들의 노력이 없었다면 여전히 잊힌 인물이었을 것입니다. 아무리 대단하고 큰 업적을 남겼다 해도 죽은 이후 제대로 평가받지 못하고 한낱 벽돌과 망치로 흔적조차 가려져 버린 셈입니다.

성경에는 그와 대조적인 여인이 나옵니다. 대단한 신분도 아니고 많은 업적을 남긴 것도 아닌데, 2천 년 넘게 많은 이들에게 전해지면서 칭찬을 받는 여인이 있습니다. 바로 오늘 본문에 나오는 옥합을 깨뜨려 예수님의 장례를 준비한 여인입니다. 주변 사람들은 비싼 향유가 허비되었다며 안타까워하고 여인을 책망하지만, 예수님은 그렇게 생각하지 않으십니다. 오히려 자신에게 좋은 일을 하였다면서 여인을 칭찬하십니다. 그가 한 일은 아름다운 일이고, 또 온 세상 어디든지 복음이 전파되는 곳마다 그가 한 일도 함께 전해져 여인을 기억할 것이라고 말씀하십니다. 예수님의 말씀대로, 향유를 부은 여인은 복음과 함께 전해지고 기억되는 살아 있는 역사로 지금까지 우리에게 전해집니다.

예수님 시대의 많은 사람이 예수님의 제자로 살았지만, 우리는 몇몇 외에는 알지 못합니다. 하지만 예수님께 향유를 부어 미리 예수님의 장례를 준비한 여인은 알고 있습니다. 그 시대에 많은 사람이 예수님께 헌신했지만, 유독 이 여인의 헌신을 예수님이 칭찬하셨습니다. 이 여인이야말로 예수님 자체만을 순수하게 섬겼기 때문입니다. 예수님을 이용하여 높은 자리를 차지하거나 병을 고치거나 부자를 꿈꿨던 사람들과는 달리, 오직 예수님만 섬겼다는 사실에 우리는 주목해야 합니다. 오직 예수님만 높이고 오직 예수님에게만 영광을 돌리며, 예수님만 바라보는 사람을 예수님은 지금도 찾고 계심을 기억하기 바랍니다.

화요일

15

211장
값비싼 향유를 주께 드린

마가복음 14:3~9
내가 진실로 너희에게 이르노니 온 천하에 어디서든지 복음이 전파되는 곳에는 이 여자가 행한 일도 말하여 그를 기억하리라 하시니라 (9)

매일 성경 읽기
삼하 23장 ☑ 24장 ☐

하나님, 예수님을 섬긴다고 하면서도 칭찬받기를 원하며, 다른 이들에게 자랑할 수 있는 복을 받기 원했던 우리를 용서하옵소서. 오직 예수님만 섬기기 위해 귀한 옥합을 깨뜨린 여인처럼, 오직 예수님만 섬기기 위해 살게 하옵소서. 예수님의 이름으로 기도합니다. 아멘.

박은영 목사 _ 강아지똥어린이도서관

오직 예수님만
바라보며
섬기고 있습니까?

고난을 이길 힘

288장
예수를 나의 구주 삼고

베드로전서 1:6~9
믿음의 결국 곧 영혼의 구
원을 받음이라 (9)

베드로전서가 기록된 시기는 기원후 64년경으로 추정합니다. 당시는 로마 네로 황제의 박해와 핍박으로 고난이 극심했습니다. 그래서 사도 베드로는 편지를 통해 고난 중에 있는 성도를 격려합니다. 고난의 참 의미를 알게 하며, 고난 가운데 산 소망되신 예수 그리스도를 전함으로써 고난을 이기는 신앙을 소유한 자가 될 것을 말합니다.

오늘 본문 말씀의 서론 또한 '고난'으로 시작합니다. 그러나 서론을 제외한 본론과 결론은 고난을 이겨낼 힘에 관하여 말씀합니다. 6절에 보면 "잠깐 근심하게 되지 않을 수 없으나"라고 말씀합니다. 여기서 '근심'은 고난을 말합니다. 이어서 "오히려 크게 기뻐하는도다"라고 모순되게 편지를 이어갑니다. 왜 그럴까요? 그 이유가 바로 이어지는 7절에 언급됩니다. "너희 믿음의 확실함(7)"입니다. 믿음을 가졌음이, 그리고 그 믿음이 확실함이 고난을 고난에 그치게 하지 않고, 오히려 기뻐하게 만드는 축복이 되었다는 말씀입니다. 우리의 믿음 또한 고난을 버티기만 하는 믿음이 아닌 능히 이겨내는 축복의 믿음이 되기를 바랍니다. 그리고 그 믿음을 소유하는 우리가 되기를 간절히 기도합니다.

사도 베드로는 이런 믿음을 가진 자가 마땅히 받을 것들에 대해 세 가지로 말씀합니다. 첫째, 금보다 더 귀함을 받습니다. 하나님께 귀함을 받는 자가 된다는 것입니다. 7절 상반절에 "너희 믿음의 확실함은 불로 연단하여도 없어질 금보다 더 귀하여"라고 말씀합니다. 둘째, 예수 그리스도께서 나타나실 때 칭찬과 영광과 존귀를 얻습니다(7b). 셋째, 구원을 얻습니다. 9절에 보면 "믿음의 결국 곧 영혼의 구원을 받음이라."고 말씀합니다.

사도 베드로는 고난 중에 있는 성도에게 인간적인 위로의 말을 던지지 않습니다. 왜냐하면 고난 중에 있는 성도들을 위로할 참된 위로자는 오직 하나님뿐이심을 알았기 때문입니다. 베드로는 하나님께서 친히 그들을 위로하시기를 원했습니다. 하나님으로 인해 고난을 이길 힘을 얻기를 바랐습니다. 이런 영적 마중물의 역할을 감당하는 복이 우리의 삶 속에 풍성하기를 간절히 기도합니다.

매일 성경 읽기
왕상 1장 ☑ 2장 ☐

고난 중에 있는
성도에게 우리는
무엇으로 위로합니까?

고난 중에도 함께하시는 하나님, 우리가 살면서 늘 동행해 주시는 하나님을 잊는 죄를 절대 범하지 않게 도와주옵소서. 고난 중에도, 고통 중에도 우리의 시선은 언제나 우리의 모든 문제를 이기게 하시는 주님을 향하게 도와주옵소서. 예수님의 이름으로 기도합니다. 아멘.

박명순 목사 _ 십교교회

사랑하기에 무죄

작가 노희경은 『지금 사랑하지 않는 자, 모두 유죄』라는 에세이집에서 "나를 버리니 그가 오더라. 그녀는 자신을 버리고 사랑을 얻었는데 나는 나를 지키느라 나이만 먹었다. 사랑하지 않는 자는 모두 유죄다."라는 성찰을 우리에게 전합니다. 그리고 사랑하지 않는 자가 모두 유죄인 이유를 '자신에게 사랑받을 대상 하나를 유기'했기 때문이라고 설명합니다. 작가의 관점에서 보자면, 예수께서는 자기를 버리심으로 사랑을 얻으셨기에 무죄입니다. 그 사랑이 우리를 은혜의 자리로 오게 하였습니다. 반대로 오늘 본문의 유대 종교 지도자들은 그들이 가진 기득권을 놓치지 않으려고 하늘에서 오신 '사랑'을 없앨 궁리만 하며 세월을 보냈는지도 모르겠습니다.

오늘은 세족목요일입니다. 예수께서 제자들의 발을 씻기신 날입니다. 다른 이의 발을 씻기기 위해서는 자기를 낮추어야 합니다. 다른 이의 발까지 자기를 낮추지 않고는 발을 씻길 수 없습니다. 그렇게 낮아지고 낮아지신 예수 그리스도께서 달린 십자가 명패에는 '나사렛 예수 유대인의 왕'이라는 죄목이 쓰여 있었습니다. 예수를 왕이 되려고 했다는 이유로 십자가에 매다는 것은 그의 정체를 도무지 모르는 행동입니다. 왕이라면 높은 자리에 앉아 군림하는 사람이어야 할 텐데 예수는 '섬김을 받으려 함이 아니라 도리어 섬기려고 온(막 10:45)' 사람이기 때문입니다. 오히려 십자가에 달린 명패는 예수 그리스도가 어떤 분인지를 너무나도 정확하게 그려내고 있습니다.

예수는 왕이십니다. 나사렛이라는 작은 시골 마을에서 태어난 한 사람, 아무도 주목하지 않았던 시골 목수 예수는 '유대인의 왕'을 넘어선 만국의 왕, 만왕의 왕이시며, 온 우주의 왕이십니다. 힘과 폭력으로 다스리며 군림하는 왕이 아니라 자기를 버리면서까지 기어코 사랑을 얻어내고픈 왕이며, 그래서 오히려 '하늘에 있는 자들과 땅에 있는 자들과 땅 아래에 있는 자들로 모든 무릎을 예수의 이름에 꿇는(빌 2:10)' 온 우주의 왕이 되신 것입니다. 예수께서는 우리를 사랑하시어 십자가에 달려 우리를 구원하셨으니 무죄입니다. 그래서 우리는 오늘 '나의 왕'이시라는 명패를 예수 그리스도의 십자가에 달아드리는 것입니다.

목요일

17

151장
만왕의 왕 내 주께서

—

요한복음 19:17~22
빌라도가 패를 써서 십자가 위에 붙이니 나사렛 예수 유대인의 왕이라 기록되었더라 (19)

매일 성경 읽기
왕상 3장 ☑ 4장 ☐

하나님, 우리를 사랑하시기에 이 땅에 오시고, 우리를 사랑하시기에 십자가에 달리신 예수 그리스도를 바라봅니다. 오늘 우리의 작고 떨리는 손으로 예수 그리스도의 머리 위에 '나의 왕'이라는 명패를 달아드리게 하옵소서. 예수님의 이름으로 기도합니다. 아멘.

이공훈 목사 _ 양광교회

'예수는 나의 왕'이라는 고백이 우리 삶의 명패가 되고 있습니까?

모든 죄악을 담당하신 예수님

4

18

269장
그 참혹한 십자가에

이사야 53:1~6
우리는 다 양 같아서 그릇 행하여 각기 제 길로 갔거 늘 여호와께서는 우리 모두 의 죄악을 그에게 담당시키 셨도다 (6)

병원도 약국도 흔하지 않았던 시절에 다래끼가 나면 여러 민간 요법을 사용했습니다. 질경이를 눈에 붙이기도 하고, 방바닥에 문질러 뜨거워진 얼레빗을 눈에 대기도 했습니다. 또 속눈썹을 뽑아서 돌멩이 사이에 끼워 사람들이 많이 다니는 저잣거리에 내놓기도 했습니다. 지나가던 사람 중에 그 돌을 차는 사람이 다래끼를 가져간다고 믿었습니다. 그래서 평소에 안 좋아했던 사람이 돌을 찼으면 좋겠다고 은근히 바라기도 했습니다. 그런데 어른이 되어 생각해 보니 내가 앓고 있는 병을 다른 사람이 가져가게 하는 방법은 그 심보부터가 좋지 못합니다. 아무리 미운 사람이라도 병을 가져가게 한다는 것은, 더군다나 성도로서 할 일은 분명 아닙니다.

오늘 본문에서는 내가 감당할 수 없는 병보다 더한 죄의 문제를 대신 담당하신 예수님의 이야기가 나옵니다. 어린양이신 예수님은 우리 모두의 죄를 담당하셨습니다. 이스라엘에서는 병을 앓거나 고통을 당하는 사람을 하나님께 버림받은 죄인으로 여겼습니다. 그래서 이스라엘 사람들은 아프거나 고통 속에 있는 사람을 멸시하고 쫓아냈습니다. 그가 하나님께 징벌을 받아서 고난을 받는다고 여겼기 때문입니다. 그런데 그렇게 버려지고 멸시받은 사람이 사실은 우리가 받아야 할 고통을 대신 받고 우리가 겪어야 할 슬픔을 대신 겪으셨음에 놀라지 않을 수 없습니다.

우리가 받아야 할 징벌을 대신 받아 찔리고 상처를 입었으며 죽기까지 하신 예수님이 바로 그 사람입니다. 예수님은 우리 죄를 대신하여 고난받으셨고, 우리의 죄를 대신하여 속죄물이 되셨습니다. 그렇게 할 수밖에 없었던 이유는 단 한 가지입니다. 우리가 어리석고 무력한 '양' 같은 존재이기 때문입니다. 하나님은 우리가 스스로 죄를 감당할 수 없음을 아셨습니다. 죄인의 상태로는 하나님의 자녀가 될 수 없으므로 하나님은 우리 죄의 문제를 해결하시기 위해 우리 모두의 죄악을 예수님에게 지우신 것입니다. 아들보다 더 우리를 사랑하신 하나님과 아버지 하나님의 뜻에 순종하여 우리 대신 죄를 담당하신 고난받는 종, 예수님을 생각하며 감사와 감격이 넘치는 오늘을 살아야겠습니다.

매일 성경 읽기
왕상 5장 ☑ **6장** ☐
7장 ☐

우리의 죄를
대신 지신 예수님께
어떤 감사를
드릴 수 있습니까?

스스로 해결할 수 없는 죄의 문제를 해결하도록 사랑을 베푸신 하나님, 우리 인간의 죄값을 대신하여 죽으신 예수님, 크신 사랑에 감사드립니다. 우리가 감당할 수 없는 큰 사랑을 받은 존재임을 깨닫고 오늘도 감사하게 하옵소서. 예수님의 이름으로 기도합니다. 아멘.

김청규 목사 _ 살림교회

신뢰와 사랑

예수님께서 십자가에 달리셨고, 여섯 시간 만에 돌아가셨습니다. 그때 십자가 주변에는 구경꾼과 여인들, 그리고 제자 요한이 남아 있었습니다. 유대인들은 안식일에 시체를 나무에 달아 놓는 것을 저주스럽게 생각했기 때문에 예수님의 시신을 내려 장례를 치러야 했지만, 아무도 그 일을 하지 못했습니다. 그때 예수님의 시신을 내려서 장례를 치르기 위해서 나선 사람이 있었습니다. 아리마대 사람 요셉입니다. 성경은 그를 '예수의 제자'라고 말합니다(57, 요 19:38). 또한 그가 존경 받는 공회원이며, 하나님의 나라를 기다리는 사람이라고 소개합니다(막 15:43). 그런 요셉이 빌라도에게 예수님의 시체를 달라고 요청합니다.

누가복음 23장 51절에 따르면 요셉은 예수님을 십자가에 못박는 일을 찬성하지 않았습니다. 그렇다고 해도 종교 지도자들과 예루살렘 사람들이 예수님을 십자가에 못 박은 것을 온 세상이 알고 있는 상황에서 로마 총독에게 예수님의 시체를 달라고 요구하는 행동은 사회적으로 매장당할 수 있는 일이었습니다. 그러나 요셉은 그 일을 마다하지 않았습니다. 무엇이 요셉으로 하여금 그처럼 과감한 행동을 하게 했을까요? 주님의 말씀에 대한 신뢰와 주님을 향한 사랑 때문이었을 것입니다.

예수님은 무덤에 장사되었습니다. 모든 사람이 그러하듯 주님은 죽으셨고, 무덤에 묻히신 것입니다. 돌무덤은 굳게 닫혔고, 로마의 군인들은 무덤을 인봉한 후 굳게 지켰습니다. 그러나 예수님은 그곳에서도 영혼을 향한 사역을 멈추지 않았다고 성경은 증언합니다. "육체로는 죽임을 당하시고 영으로는 살리심을 받으셨으니 그가 또한 영으로 가서 옥에 있는 영들에게 선포하시니라(벧전 3:18~19)." 예수님의 죽음은 위대한 승리를 향한 하나님의 계획이었다는 증언입니다. 하나님의 계획을 인간이 가로막을 수는 없습니다. 로마 총독의 인봉이나 경비병들의 감시가 예수님의 부활을 가로막을 수는 없습니다. 예수님은 사망의 견고한 문을 열고 생명으로 부활하셨습니다. 그것이 무덤과 같은 고통 속에서도 여전히 주님을 바라보는 우리의 믿음입니다. 다시 돌아온 4·19혁명기념일에 하나님 나라를 꿈꾸는 이유이기도 합니다.

살아 계신 하나님, 마음을 다해 십자가를 바라보게 하옵소서. 아리마대 요셉처럼 말씀에 대한 신뢰와 주님을 향한 사랑으로 사명을 감당하게 하옵소서. 무덤과 같은 고통스러운 삶의 현장에서도 생명이신 주님을 바라보며 이기게 하옵소서. 예수님의 이름으로 기도합니다. 아멘.

박행신 목사 _ 현대교회

어떤 환경에서도 하나님의 다스리심을 믿습니까?

162장
부활하신 구세주

—

마가복음 16:1~8
청년이 이르되 놀라지 말라
너희가 십자가에 못 박히신
나사렛 예수를 찾는구나 그
가 살아나셨고 여기 계시지
아니하니라 보라 그를 두었
던 곳이니라 (6)

매일 성경 읽기
왕상 11장 ☑ 12장 ☐

그가 살아나셨다

지금 우리는 부활의 빛 가운데 있습니다. 아무리 어둠이 짙다고 해도 아침 해가 떠오르면 해 아래 모든 것이 우리 눈 안에 들어옵니다. 온몸으로 온 세상의 생명을 맞이합니다. 부활의 주님은 온 세상의 빛이고 생명이십니다. 주님의 부활은 제자들이 몸과 마음과 영으로 겪은 능력이며 체험입니다. 부활절에는 "주님이 살아나셨습니다."라고 인사하면, 같은 경험과 믿음을 가진 사람들이 "정말 주님이 부활하셨습니다."라고 감격스럽게 화답하는 전통이 있습니다. 부활은 우리의 삶 속에서 경험하고 연결하고 나누어야 할 생명의 능력입니다.

오늘 본문을 보면 두 마리아와 살로메는 주님에 대한 애타는 심정으로 비싼 향품을 주님의 시신에 쏟아붓고 싶어 했습니다. "안식 후 첫날 매우 일찍이(2)" 무덤으로 향한 것을 보면 그들의 마음은 내내 주님 무덤 곁에 있었음을 짐작할 수 있습니다. 돌문이 굳게 닫혀 있을 것으로 생각했지만 이미 돌이 굴려져 있었습니다(3~4). 여인들은 주님을 뵙지 못했으나 부활의 소식만은 분명하게 들었습니다. 천사로 보이는 청년이 전해 준 소식입니다. "그가 살아나셨고 … 예수께서 너희보다 먼저 갈릴리로 가시나니 전에 너희에게 말씀하신 대로 너희가 거기서 뵈오리라(6~7)." 놀람과 두려움으로 부활을 경험하는 순간입니다.

한국 국립수목원은 이집트 투탕카멘왕 무덤에서 출토한 완두콩을 국내로 들여와 싹을 틔우는 데 성공했습니다. 완두콩이 3300년 만에 싹을 틔울 수 있었던 것은 완두콩 안에 생명력이 숨어 있었기 때문입니다. 우리 안에는 부활하신 주님의 생명이 숨어 있습니다. 우리는 주님의 완두콩입니다.

주님은 부활하신 후에 갈릴리로 가셨습니다. 생전에 예수께서는 "하나님은 죽은 자의 하나님이 아니요 살아 있는 자의 하나님이시니라(마 22:32)."고 말씀하셨습니다. 부활하신 주님이 계신 곳은 산 자들의 땅인 갈릴리입니다. 갈릴리야말로 부활의 생명이 싹을 틔워야 할 우리 삶의 현장입니다. 주님의 부활은 영원한 생명으로 우리의 삶 속에서 살아납니다. 우리는 부활하신 주님의 완두콩입니다.

우리 안에 부활하신
주님의 생명이 숨어
있음을 믿습니까?

참으로 부활하신 우리 주님, 영광과 찬양을 받으옵소서. 우리가 무덤 가까이에 머무는 것이 아니라 각자의 갈릴리로 나아가게 하옵소서. 우리를 옥토에 심어 주시고, 흙 위에 성령의 단비를 내려 주옵소서. 새싹을 틔우게 하옵소서. 예수님의 이름으로 기도합니다. 아멘.

유경선 목사 _ 좋은샘교회

부활의 첫 증인

월요일

21

370장
주 안에 있는 나에게

—

요한복음 20:11~18
막달라 마리아가 가서 제자들에게 내가 주를 보았다 하고 또 주께서 자기에게 이렇게 말씀하셨다 이르니라 (18)

예수님은 십자가에서 운명하시고 아리마대 사람 요셉의 무덤에 안장되었습니다. 안식일이 지난 후 이른 새벽, 아직 캄캄할 때 막달라 마리아는 집을 나섭니다. 다른 곳도 아닌 무덤이라면 해가 뜬 다음에 가야 덜 무서울 텐데, 이른 새벽에 무덤을 향해 갔습니다. 막달라 마리아는 모든 두려움을 사랑으로 이겨내고 무덤에 안치된 예수님을 찾아갔습니다.

마리아가 예수님의 무덤에 도착했을 때, 예수님의 시신은 보이지 않았고 무덤은 비어 있었습니다. 마리아는 무덤 밖에 서서 울었습니다. 그러나 예수님의 시신이 그곳에 없었기 때문에 마리아의 울음은 그날 한 번으로 족했습니다. 주석가 렌스키는 "막달라 마리아는 예수님의 시신이 없어진 까닭에 울었으나, 만약 그날 예수님의 시신이 무덤 속에 그대로 있었더라면, 마리아와 우리는 영원히 울게 되었을 것"이라고 했습니다. 만약 그날 예수님의 시신이 무덤 속에 그대로 있었더라면, 생명과 부활의 종교인 기독교는 존재하지 않았을 것입니다. 예수님이 부활하셨기에 마리아의 통곡은 기쁨으로, 애곡은 찬양으로 바뀌었습니다.

또한 예수님의 부활은 우리를 두려움에서 벗어나게 합니다. 마리아의 이야기를 듣고 가장 먼저 무덤으로 달려간 사람은 요한인데, 그는 두려움 탓인지 무덤 안으로는 들어가지 못했습니다. 그런 요한이 후일 이런 글을 남깁니다. "사랑 안에 두려움이 없고, 온전한 사랑이 두려움을 내쫓나니…(요일 4:18)." 이처럼 부활의 주님을 만나고 진정으로 주님을 사랑하는 사람은 더 이상 세상이 주는 환경적인 요소 때문에 두려워하지 않습니다.

만약 그날 예수님의 시신이 무덤 속에 그대로 있었더라면, 어찌 그분이 오늘 우리의 눈물을 닦아 주실 수 있겠습니까? 어떻게 그분이 두려움을 몰아내고 나의 생명, 나의 소망이 되어 주실 수 있겠습니까? 주님이 우리의 생명 되시고, 위로 되시고, 소망 되시고, 영원한 천국을 주실 수 있는 이유는 예수님이 부활하셨기 때문입니다. 막달라 마리아는 부활하신 예수님을 만난 영광스러운 첫 사람이요, 첫 증인이 되었습니다. 우리도 부활의 주님을 만나고 증인된 사명을 잘 감당하기를 소망합니다.

매일 성경 읽기
왕상 13장 ☑ 14장 ☐

부활하사 영원한 생명이 되신 주님, 사랑과 은혜에 감사합니다. 마리아가 가졌던 사랑과 담대함을 우리에게도 허락하옵소서. 부활의 증인이 되기 원합니다. 가족과 이웃을 빛 되신 주님 앞으로 인도할 수 있게 힘과 능력을 주옵소서. 예수님의 이름으로 기도합니다. 아멘.

김영대 목사 _ 꿈마을엘림교회

부활의 증인으로서 전도의 사명을 잘 감당하고 있습니까?

엠마오에서 예루살렘으로

135장
어저께나 오늘이나

누가복음 24:28~35
그들의 눈이 밝아져 그인
줄 알아 보더니 예수는 그
들에게 보이지 아니하시는
지라 (31)

예수께서 부활하셨지만 부활의 증인이 된 제자들은 많지 않았습니다. 제자들은 대부분 뿔뿔이 흩어져 다시 예전 삶으로 돌아갔습니다. 엠마오로 가던 제자들 역시 이스라엘의 구원이었던 예수의 십자가 처형으로 모든 희망을 잃었습니다. 고향으로 향하는 두 제자의 발걸음은 무겁고 어둡고 쓸쓸했습니다. 다행인 것은 부활하신 예수께서 슬픔에 잠긴 제자들의 발걸음에도 함께 하신다는 것입니다. 그러나 두 제자는 눈이 가려져 부활하신 예수를 알아보지 못했습니다(16).

두 제자는 한 주간 동안 예루살렘에서 일어난 일들을 낱낱이 알고 있었습니다. 길을 가다 만난 길손인 주께 그 일에 대해 세세히 설명할 수 있을 정도로 십자가 사건을 잘 알았습니다. 여기서 우리는 머리로 아는 믿음이 얼마나 무용한지 깨닫습니다. 지식으로 아는 믿음은 예수를 알아보지도 못할뿐더러 믿는다 하더라도 예수는 스쳐 지나가는 손님일 뿐입니다. 예수께서도 그것을 잘 아시는 터라 엠마오에 거의 이르렀을 때 갑자기 더 멀리 가려 하십니다(28). 마치 풍랑 맞은 배 위의 제자들이 물 위로 걸어오시는 예수를 유령으로 착각하며 알아보지 못하자 그냥 지나쳐 가시려던 때와 같습니다(막 6:48).

부활의 믿음이란 이미 여기 나와 함께 계신 주님을 알아차리는 것입니다. 부활은 종말에 이르러서야 우리에게 배송되는 선물이 아닙니다. 엠마오의 제자들에게 일어난 일이 바로 그랬습니다. "그들이 서로 말하되 길에서 우리에게 말씀하시고 우리에게 성경을 풀어 주실 때에 우리 속에서 마음이 뜨겁지 아니하더냐 하고(32)." 마음이 뜨거워지는 것은 한순간의 열정이나 감정이 아닙니다.

예수를 집으로 초청한 제자들은 예수를 손님이 아닌 주님으로 모셨습니다. 그 순간 그들의 눈이 밝아져 예수를 알아보았습니다(31). 우리도 여전히 함께 하시는 주님을 그저 손님으로 모신다면, 세상이라 일컫는 엠마오로 더욱 깊이 빠질 것입니다. 그러나 주님이심을 알아채고 인생의 주도권을 주님께 드리는 순간, 부활의 증인으로서 하나님의 집인 예루살렘으로 향할 것입니다. 그 발걸음은 분명 가볍고 밝고 환희에 가득 찰 것입니다.

매일 성경 읽기
왕상 15장 ☑ **16장** ☐
17장 ☐

함께 계신 주님을
알아차리지 못하고
살지는 않습니까?

하나님, 우리의 발걸음은 매일 무겁고, 어둡고, 쓸쓸합니다. 주님을 알아차리지 못하고 주님을 주인으로 모시지 못하기 때문입니다. 우리의 마음에 다시 한번 뜨거움을 허락하셔서 주님을 알아채고 주인으로 섬길 힘을 주옵소서. 예수님의 이름으로 기도합니다. 아멘.

박난수 목사 _ 선광교회

부르심 앞에서

사람들은 부름 받기를 기대하며 삽니다. 정치인과 관료들은 대통령에게, 기업인이나 조직원들은 인사권자에게, 시공자는 발주자에게, 연모하는 이는 사랑하는 이에게 부름 받기를 원합니다. 그런데 하나님의 부르심 앞에서는 조금 다른 것 같습니다. 주저하고 거부 반응을 보이는 사람들도 있습니다.

성경에 나오는 하나님의 일꾼들도 그랬습니다. 오늘 본문에 등장하는 예레미야는 "내가 너를 모태에 짓기 전에 너를 알았고 네가 배에서 나오기 전에 너를 성별하였고 너를 여러 나라의 선지자로 세웠노라(5)." 하시는 하나님의 부르심 앞에 "나는 아이라 말할 줄을 알지 못하나이다(6)." 하며 고사하였습니다. 할 수만 있으면 피하고 싶다는 속내를 비친 것입니다. 모세는 하나님의 부르심 앞에 "내가 누구이기에 바로에게 가며 이스라엘 자손을 애굽에서 인도하여 내리이까(출 3:11)." 하였고, 기드온은 "오 주여 내가 무엇으로 이스라엘을 구원하리이까 보소서 나의 집은 므낫세 중에 극히 약하고 나는 내 아버지 집에서 가장 작은 자니이다(삿 6:15)."라며 자신의 부족함을 고백합니다. 그러나 하나님께서는 그들의 부족함을 채워 주시고 함께하시겠다는 약속을 주셔서 부르심에 응답하게 하셨습니다.

21세의 젊은 나이로 영국 하원의원에 당선된 윌리엄 윌버포스는 자신의 진로 문제를 가지고 존 뉴턴 목사에게 상담 편지를 썼습니다. 정치를 그만두고 성직자의 길을 갈 생각을 했었기 때문입니다. 존 뉴턴 목사는 "당신은 소명 받은 정치인입니다. 당신은 정치가로 살 사람이고 하나님은 당신을 정치가로 부르셨습니다. 그 일에 일생을 헌신하십시오."라고 답장을 썼습니다. 이를 통해 부르심의 자리를 깨닫고 정계에 남은 윌버포스는 영국에서 노예제도를 완전히 폐지하는 데 공헌했습니다. 그 외에도 가난한 사람들이 무료로 진료받을 수 있게 하는 법을 만들었고, 문맹 퇴치 활동, 동물 복지 운동 등으로 영국의 사회 개혁을 이끌었습니다.

우리는 지금 있는 삶의 자리에서 하나님의 부르심을 분별해야 합니다. 하나님께서는 우리의 부족함을 채우시고 도우심의 손길을 펴서 소명의 길을 잘 걷게 하십니다.

수요일

23

320장
나의 죄를 정케 하사

예레미야 1:4~10
내가 너를 모태에 짓기 전에 너를 알았고 네가 배에서 나오기 전에 너를 성별하였고 너를 여러 나라의 선지자로 세웠노라 하시기로 (5)

매일 성경 읽기
왕상 18장 ☑ 19장 ☐

임마누엘 하나님, 우리의 귀를 열어 주시어 하나님께서 부르시는 소리를 듣게 하옵소서. 우리의 눈을 열어 주시어 우리를 향한 하나님의 비전을 보게 하옵소서. 우리의 손과 발을 움직여 소명의 길을 잘 걸어가게 하옵소서. 예수님의 이름으로 기도합니다. 아멘.

권영규 목사 _ 논현교회

지금 이곳에서 하나님의 부르심을 잘 분별하고 있습니까?

여호와의 이름으로 살아갑니다

384장
나의 갈 길 다 가도록

사무엘상 17:41~47
다윗이 블레셋 사람에게 이
르되 너는 칼과 창과 단창
으로 내게 나아 오거니와
나는 만군의 여호와의 이름
곧 네가 모욕하는 이스라엘
군대의 하나님의 이름으로
네게 나아가노라 (45)

7미터 높이에 보조 발판을 설치하고 지붕 수리를 한 적이 있습니다. 문제는 보조 발판이 엉성하여 밑이 훤히 내려다보이는 것이었습니다. 아래가 보일 때마다 다리가 후들거리고 발이 떨어지지 않았습니다. 두려움 속에서 골리앗을 마주한 다윗이 생각났습니다. 익숙지 않은 높이에 그저 서 있는 것만으로도 이렇게 두려움을 느끼는데, 단창을 메고 갑옷을 입고 단단히 무장한 3미터(여섯 규빗 한 뼘)에 이르는 거구 골리앗 앞에서 다윗은 어떻게 그리 평안할 수 있었을까요? 다윗의 마음이 사뭇 궁금했습니다.

다윗은 원래 두려움을 모르는 사람일까요? 이스라엘의 노련한 군인들도 다 무서워하는데 다윗은 그들과는 전혀 다른 아주 특별한 능력이 있는 걸까요? 하룻강아지가 범이 무서운 줄 모르는 것 같이 다윗은 골리앗의 힘과 능력을 알지 못하여 무서워하지 않은 것일까요?

성경이 들려주는 다윗은 특별한 능력의 소유자가 아닙니다. 물매를 잘 던지는 일은 다윗만의 특별한 능력도 아닙니다. 사사기 20장 16절에 보면 싸움에 나선 베냐민 지파 군인 중에 700명이 머리카락 하나 빗나가지 않게 맞히는 돌팔매질의 명수라고 합니다. 이스라엘 군인 중에는 목동 출신이 많았고, 물매를 잘 던지는 이들도 많았을 것입니다. 그렇지만 그들 누구도 감히 물매와 돌을 가지고 나설 엄두조차 내지 못했습니다.

다윗은 어떤 마음으로 나선 것일까요? 그가 사울에게 한 말 "여호와께서 나를 사자의 발톱과 곰의 발톱에서 건져내셨은즉 나를 이 블레셋 사람의 손에서도 건져내시리이다(37)."에서 단서를 찾을 수 있습니다. 일상에서 함께하신 하나님께서 이번에도 도우시리라는 믿음으로 나선 것입니다. 다윗은 목동이기에 물매와 돌이 필요했고, 주변에 있는 것이기에 사용한 것입니다. 아주 평범한 일상이지만 여호와 하나님과 함께 생활했고, 하나님과 함께하는 일상이 기적의 씨앗이었음을 발견합니다.

오늘 하루도 우리에게는 평범한 일상이 펼쳐질 것입니다. 그 속에서 하나님을 바라보며 감사와 정성으로 살아갈 것을 다짐해 봅니다. 하나님께서 우리를 사용하실 그날이 다가옴을 믿기 때문입니다.

매일 성경 읽기
왕상 20장 ☑ 21장 ☐
22장 ☐

평범한 일상을
하나님과 함께
살아가고 있습니까?

여호와 하나님, 오늘 하루 우리에게 주신 일상을 하나님의 이름으로 살아가기 원합니다. 날마다 하나님과 동행하기 원합니다. 평범한 일상이지만 언젠가 하나님이 필요로 하시는 일을 이루는 기적의 밑거름이 되게 하옵소서. 예수님의 이름으로 기도합니다. 아멘.

이병길 목사 _ 산유리교회

영혼의 목자에게 돌아오라

어느 장로님이 젊은 시절에 누구에게도 말 못 할 죄를 지었습니다. 회개하고 신앙생활을 수십 년간 해오지만 가끔씩 그 생각만 하면 자신이 없어지고 '이런 내가 구원받을 수 있을까?'라는 회의에 빠지곤 했습니다. 기도를 많이 하고 영이 밝은 친구 장로님에게 그 답답한 사정을 말했습니다. "자네, 하나님께 한번 여쭤봐 주게나. 내가 젊었을 때 지은 죄를 하나님이 용서하셨는지 아니면 아직도 용서하지 않으셨는지." 일주일 후에 친구 장로님이 말했습니다. "자네의 요청대로 하나님께 여쭤봤네만 하나님께서 '도대체 무슨 죄를 지었다고 그러는지 통 기억이 나지 않는다.'고 하시네."

우리는 과거에도 죄인이었고, 오늘도 죄인이며, 앞으로도 계속 죄의 유혹을 받을 것입니다. 때때로 안목의 정욕, 이생의 자랑, 육신의 정욕에 사로잡힙니다. 쉽게 분노하고, 까닭 없이 미워하고, 시기하고, 교만합니다. 생각으로 짓는 죄가 끝이 없고, 말로 짓는 죄가 수그러들지 않고, 행동으로 짓는 죄가 줄어들지 않는 것 같습니다. 그래서 '이런 내가 구원받을 수 있을까?'라는 생각이 듭니다. 뿐만 아니라 내 기억 속에서 지은 죄의 흔적이 말끔히 지워지지 않고, 나는 죄인이라는 생각에서 자유롭지 못합니다. 죄가 끈끈이처럼 삶에 달라붙어 떨어지지 않고 '내가 지금 신앙생활을 제대로 하고 있는가?'라는 자책이 심화되면 '하나님은 여전히 나를 사랑하실까?'라는 회의가 듭니다. 그리고 죄책감과 두려움에 휩싸입니다.

우리는 우리의 죄를 기억할지 모르지만 하나님은 잊으셨습니다. 죄에 관한 한 자신의 감정과 생각에 사로잡히지 말고 하나님의 말씀을 붙들고 영혼의 목자와 감독 되신 이에게 돌아갑시다. 죄가 아무리 커 보여도 하나님의 은혜는 그 죄를 압도합니다. 그것 때문에 독생자 예수 그리스도께서 골고다에서 피를 흘리셨습니다. 이제 다시는 죄를 짓지 말라고 하십니다. "예수께서 이르시되 나도 너를 정죄하지 아니하노니 가서 다시는 죄를 범하지 말라(요 8:11)." 죄의 공격에 대하여 말씀을 의지하여 성령의 도우심을 구하고 아버지가 자녀에게 주신 권세로 승리합시다. 하나님은 회개한 과거의 죄가 아니라 현재의 죄에 대하여 눈을 부릅뜨고 계십니다.

528장
예수가 우리를 부르는 소리

베드로전서 2:21~25
너희가 전에는 양과 같이 길을 잃었더니 이제는 너희 영혼의 목자와 감독 되신 이에게 돌아왔느니라 (25)

매일 성경 읽기
왕하 1장 ☑ 2장 ☐

사랑의 하나님, 독생자 예수 그리스도로 인하여 우리가 죄에서 해방되어 하나님의 자녀가 되었습니다. 우리를 불러내어 구원하신 주님의 아름다운 덕을 선포하게 하옵소서. 그리고 주님의 발자취를 따라가게 하옵소서. 예수님의 이름으로 기도합니다. 아멘.

문병하 목사 _ 덕정교회

길을 잃은 양 같은 우리가 어떻게 영혼의 목자에게 돌아왔습니까?

항상 너희 하나님을 바라라

4 토요일

26

15장
하나님의 크신 사랑

호세아 12:5~6
여호와는 만군의 하나님이
시라 여호와는 그를 기억하
게 하는 이름이니라 (5)

매일 성경 읽기
왕하 3장 ☑ 4장 ☐
5장 ☐

일반적으로 인간의 기억은 시간이 지날수록 희미해집니다. 어떤 이들은 힘들고 아픈 기억들을 잊게 해준다고 망각을 복이라 말하기도 합니다. 그러나 우리가 절대로 잊어서는 안 되는 것들이 많이 있습니다. 자식이 부모의 희생과 사랑을 잊어서는 안 되고, 군인이 자신의 본분을 잊어서는 안 됩니다. 그리스도인은 하나님과 하나님이 주신 은혜와 사랑을 결코 잊어서는 안 됩니다. 영적인 망각은 시도 때도 없이 우리의 주인이신 하나님을 잊어버리고 마치 자신이 삶의 주인인 것처럼 살아가게 합니다. 이것은 그리스도인에게 매우 치명적입니다. 성경은 이를 가리켜 '죄'라고 말합니다.

호세아 선지자는 하나님을 망각하고 잊어버린 이스라엘의 죄에 대해 경고합니다. 이스라엘은 하나님을 의지하지 않고 세상을 의지하면서 허망한 일들을 하였습니다. 한 손으로는 앗수르와 계약을 맺고, 동시에 다른 한 손으로는 애굽에 기름을 보냈습니다. 그들은 자신을 도울 수 있는 분이 하나님밖에 없다는 사실을 잊어버린 채 세상의 온갖 수단과 방법을 찾아 헤맸던 것입니다. 하나님은 늘 그들과 함께하며 도와주셨음에도 그들은 하나님을 잊어버리는 치명적인 죄를 범하였습니다.

호세아 선지자는 죄에 빠진 이스라엘을 향해 그들이 잊어버린 하나님의 이름을 끊임없이 외칩니다. "주님은 만군의 하나님이다. '주님'은 우리가 기억해야 할 그분의 이름이다(5, 새번역)." 호세아 선지자가 그들에게 내린 처방은 '하나님의 이름' 그 자체입니다. 하나님의 이름을 기억하는 것만이 그분께로 돌아올 수 있는 유일한 길이기 때문입니다.

우리가 땅에 발붙이고 살면서도 세상 풍조에 빠지지 않고 구원을 향해 나아갈 방법은 호세아 선지자의 외침과 같이 하나님의 이름을 기억하는 것입니다. 하나님을 기억한다는 것은 하나님을 바라보는 것입니다. 우리는 하나님을 잊어버리지 않도록 항상 하나님을 바라보아야 합니다. "그런즉 너의 하나님께로 돌아와서 인애와 정의를 지키며 항상 너의 하나님을 바랄지어다(6)." 날마다 사모하는 마음으로 하나님 곁에 머물러 하나님을 바라보며, 하나님의 인도하심 따라 살아가는 그리스도인이 되기를 바랍니다.

우리는
누구를 바라보며
살아가고 있습니까?

우리의 머리털까지 세시는 하나님, 하나님을 망각하며 살아가는 연약함을 용서하옵소서. 이제는 하나님의 이름을 외치고 바라보고 기억하여서 하나님 곁에 머물기 원합니다. 하나님의 인도하심을 따라 복을 누리며 살게 하옵소서. 예수님의 이름으로 기도합니다. 아멘.

박동식 목사 _ 서초중앙교회

주님의 부활 인사, 평화

베드로와 요한은 예수님이 부활하시고 무덤이 비어 있다는 사실을 알았습니다. 그들은 다른 제자들에게도 이런 상황을 소상하게 전달했습니다. 막달라 사람 마리아도 제자들에게 자기가 주님을 본 것과 주님께서 이르신 말씀을 전하였습니다.

하지만 제자들은 여전히 두려움에 떨었습니다. 왜냐하면 유대인들이 자신들의 은신처를 찾아내어 고발하면 체포당하여 예수님처럼 십자가에 달려 죽지 않을까 두려웠기 때문입니다. 두려움의 공포에 직면한 제자들은 모인 곳의 문을 모두 닫았습니다. 그들이 함께 모여 언제 잡혀갈지 모른다는 불안감에 떨고 있는 그때, 예수께서 오셨습니다. 부활하신 예수께서 문을 열어 달라는 말씀 없이 그들 가운데 오셔서 하신 첫 번째 말씀은 "너희에게 평화가 있기를!"이었습니다.

예수께서 부활의 첫인사로 건넨 '평화'는 히브리어로 '샬롬'이고, 헬라어로는 '에이레네'입니다. 이때 주님이 말씀하시는 평화는 어떤 의미일까요? 두려움에 사로잡혀 있던 제자들에게는 그저 흔한 인사말이 아니었을 겁니다. 고난을 통과하고 죽음을 이겨낸 주님만이 주실 수 있는 진정한 평화요, 평안의 인사였기 때문입니다.

제자들은 십자가 고난을 통과하지 않았기 때문에 주님의 평화를 누릴 자격이 없습니다. 그들은 십자가를 두려워하고, 고난받기를 거부하고 도망간 사람들이기 때문입니다. 그런데 주님께서는 이들에게 부활의 인사로 평화를 말씀하십니다. 이것은 문을 닫고 꼭꼭 숨어 있지만 말고 다시 일어나 각자에게 주어진 십자가를 짊어지라는 명령인 것입니다. 예수님은 "너희에게 평화가 있기를 빈다. 아버지께서 나를 보내신 것 같이, 나도 너희를 보낸다(21, 새번역)."고 말씀하십니다.

세상이 두려워서 꼼짝도 하지 못하고 숨어만 있으면 절대로 하늘에서 임하는 주의 평화를 맛볼 수 없습니다. 오늘 우리에게 주어진 사명과 십자가를 회피하지 않고 기쁨으로 짊어지기를 바랍니다. 그리하여 성령님이 주시는 평화의 참된 기쁨을 맛볼 수 있기를 소망합니다.

주일

27

412장
내 영혼의 그윽히 깊은 데서

요한복음 20:19~21
예수께서 또 이르시되 너희에게 평강이 있을지어다 아버지께서 나를 보내신 것 같이 나도 너희를 보내노라 (21)

매일 성경 읽기
왕하 6장 ☑ 7장 ☐
8장 ☐

부활의 주님, 진정한 평화는 주어진 십자가와 고난을 회피하지 않고 마주할 때 하늘로부터 임하는 것임을 믿습니다. 잠시 있다가 사라지는 거짓 평화가 아니라 주님이 주시는 영원한 평화의 기쁨을 맛보며 살아가게 하옵소서. 예수님의 이름으로 기도합니다. 아멘.
장석주 목사 _ 창천교회

부활 신앙으로 평화의 기쁨을 맛보고 있습니까?

무지개 언약

546장
주님 약속하신
말씀 위에 서

창세기 9:12~17
내가 나와 너희와 및 육체
를 가진 모든 생물 사이의
내 언약을 기억하리니 다시
는 물이 모든 육체를 멸하
는 홍수가 되지 아니할지
라 (15)

세상에는 푸른 하늘과 붉은 노을, 밤하늘에 떠 있는 별과 달, 그리고 바다를 가로질러 솟아오르는 해처럼 아름다운 자연 현상들이 많이 있습니다. 이러한 아름다움을 보기 위해서는 좋은 때를 만나야 합니다. 왜냐하면 구름과 같이 우리의 눈을 가려 버리는 상황들이 많기 때문입니다. 오늘 본문 말씀에 등장하는 무지개도 여러 조건이 만족할 때라야 나타납니다. 과학적으로 무지개는 하늘에 떠 있는 물방울에 강한 햇빛이 부딪쳐 일곱 가지 색깔로 꺾여 나타나는 현상입니다.

세상은 하나님의 말씀대로 되었지만, 세상을 살아가는 사람들은 하나님의 말씀대로 살지 않고 자신의 만족을 채우는 일에만 급급했습니다. 그들에게 사랑으로 하신 하나님의 경고와 기회를 주기 위해 인내하신 하나님의 은혜는 중요하지 않았습니다. 하나님은 한탄하시며 그 안에 남아 있는 하나님의 말씀을 들을 자를 찾으셨습니다.

노아와 그의 가족은 하나님의 은혜로 구원은 받았지만, 하늘의 궁창이 열리고 홍수로 세상의 모든 존재가 물에 잠기는 경험은 불안과 두려움을 느끼기에 충분했을 것입니다. 하늘에 있는 구름만 보아도 예민했을 것입니다. 그래서 하나님께서 사랑을 베푸셨습니다. "내 언약을 기억하리니 다시는 물이 모든 육체를 멸하는 홍수가 되지 아니할지라(15)."

무지개는 언제나 내리시는 하나님의 은혜가 인간의 죄로 인한 심판으로 잠시 가려졌지만 결국 다시 우리에게 나타남을 증거하는 현상인 것입니다. 즉 하나님은 무지개를 통해 아름다운 은혜의 언약을 맺어 주셨습니다. "내가 나와 너희와 및 너희와 함께 하는 모든 생물 사이에 대대로 영원히 세우는 언약의 증거는 이것이니라 내가 내 무지개를 구름 속에 두었나니 이것이 나와 세상 사이의 언약의 증거니라(12~13)."

하나님은 언제나 우리를 사랑하십니다. 단지 죄악의 구름이 하나님과 우리 사이를 잠시 가렸을 뿐입니다. 비가 그친 후 주어진 무지개는 진노가 서린 홍수 심판이 다시 일어나지 않을 것에 대한 약속의 상징입니다. 하나님이 주신 언약의 무지개가 우리에게도 나타나기를 소망합니다.

매일 성경 읽기
왕하 9장 ☑ 10장 ☐

삶을 어렵게 하는
죄악의 구름은
무엇입니까?

부활하셔서 우리에게 영원한 생명을 약속하신 주님, 참 감사합니다. 하나님의 말씀대로 살아가기 원하지만 연약하여 세상의 죄악에 가려질 때가 많습니다. 우리를 구원하여 주시고, 하나님의 언약을 의지하며 살아가게 하옵소서. 예수님의 이름으로 기도합니다. 아멘.

김진태 목사 _ 보문교회

집에 돌아가거라

화요일

29

472장
네 병든 손 내밀라고

———

요한복음 4:46~54
예수께서 이르시되 가라 네 아들이 살아 있다 하시니 그 사람이 예수께서 하신 말씀을 믿고 가더니 (50)

배고픈 사람에게는 밥이, 아픈 사람에게는 약이 필요합니다. 밥과 약은 필요한 사람에게 주어질 때 치료의 효과가 있습니다. 우리가 살아가면서 배우는 가장 중요한 것은 '필요'한 것이 무엇인지 아는 것이고, 그 필요를 채우기 위해서 '무엇'을 해야 하는지 방법을 찾는 것입니다. 절대빈곤에서는 밥이 중요하지만, 상대빈곤에서는 맛있는 밥이 더 중요합니다. 밥 하나로 모든 것이 충족되기도 하지만, 밥만으로는 충족이 안 되는 경우도 있습니다.

오늘 본문은 사랑하는 자녀가 아파서, 자신이 아픈 것보다 더 아픔을 느끼는 이가 예수님에게 간절한 마음으로 치료를 부탁하는 장면입니다. 그는 예수님과 사이가 좋지 않은 왕을 모시고 있는 신하였습니다. 예수님을 만난 것만으로도 어려움을 겪을 수 있는 위치에 있던 사람입니다. 그것을 알면서도 예수님을 찾아온 것입니다. 그에게는 지금 왕궁의 직책이나 사회적인 위치가 중요한 것이 아닙니다. 세상에서 가장 사랑하는 자신의 아들을 살리고픈 간절한 마음뿐이었습니다. 예수님이 계신 곳은 가나였습니다. 그곳은 일전에 예수님이 결혼식 피로연에서 술이 떨어지고 물밖에 남지 않았을 때 물을 술로 바꾸신 장소입니다. 자신의 아들에게도 기적이 일어나길 바라는 마음으로 예수님을 찾아온 것입니다.

이 신하는 아들의 치료를 위해서라면 자신의 지위가 위태로워지는 것도 감수할 수 있었습니다. 그는 간절한 마음 하나만을 가지고 예수님 앞에 섰습니다. 치료는 바로 여기서부터 시작됩니다. 예수님은 아이의 병을 고쳐 주는 '치료'의 목적보다는 왕의 신하가 간절한 마음으로 와서 아이의 병을 치료해 달라는 '간청'에 중점을 두십니다. 예수님은 "가라. 네 아들이 살아 있다." 하셨고, 그는 예수님의 말씀을 믿고 집에 돌아갑니다.

안도현 시인의 '너에게 묻는다'입니다. "연탄재 함부로 발로 차지 마라/ 너는/ 누구에게 한 번이라도 뜨거운 사람이었느냐." 이처럼 왕의 신하는 사랑하는 아들을 위해 자신의 일생에서 가장 뜨거운 마음으로 예수님 앞에 섰습니다. 우리의 신앙에 이러한 간절함과 뜨거움이 있습니까? 이러한 신앙을 소유하고 살아가기를 소망합니다.

매일 성경 읽기
왕하 11장 ☑ 12장 ☐
       13장 ☐ 14장 ☐

사랑과 은혜가 풍성하신 하나님, 미지근해진 우리의 신앙을 돌아봅니다. 간절함이 사라져 냉랭해진 마음을 돌아보며 회개합니다. 다시금 뜨거운 신앙을 회복하게 하옵소서. 간절한 마음으로 주님을 더욱 뜨겁게 사랑하기 원합니다. 예수님의 이름으로 기도합니다. 아멘.

김형국 목사 _ 양화교회

신앙의 여정에서
가장 뜨겁고 간절했던
때가 언제입니까?

일곱 교회에 보내는 편지

180장
하나님의 나팔소리

—

요한계시록 1:10~20
그러므로 네가 본 것과 지금 있는 일과 장차 될 일을 기록하라 (19)

우리는 누군가에게 사랑과 감사의 마음을 표현하기 위해서 편지를 씁니다. 편지는 마음과 마음을 잇대는 통로입니다. 말로 다 표현하지 못한 것을 글로 적어 깊은 울림의 메시지를 전달합니다. 편지를 받는 사람은 보내는 이의 글을 꺼내 읽으면서 상대방의 마음을 헤아려 봅니다. 편지를 통해 둘의 관계는 더욱 가깝고 친밀해집니다.

오늘 본문은 예수님의 사랑을 받은 제자 사도 요한이 밧모섬에서 하나님의 감동을 받아 일곱 교회를 향해 편지를 쓰는 첫 장면입니다. 사도 요한은 성령의 감동으로 편지를 썼습니다. 인간의 생각이나 감정, 주장을 담은 편지가 아니라 온전히 하나님의 영에 사로잡혀 전하는 하늘의 신비였습니다. "주의 날에 내가 성령에 감동되어 내 뒤에서 나는 나팔 소리 같은 큰 음성을 들으니(10)." 하나님의 영을 통해 전달되는 음성은 크고 우렁차게 요한의 마음을 먼저 두드렸고, 요한은 그 뜨거운 감동을 일곱 교회에 전하기 시작합니다.

요한은 영광스러운 예수 그리스도의 모습을 선명하게 보았습니다. 촛대 사이에 인자 같은 이가 발에 끌리는 옷을 입고 가슴에 금띠를 띠고 있었습니다(13). 밧모섬에서 고독과 절망에 쌓여 있던 그가 주님의 모습을 보면서 새로운 용기와 힘을 얻었습니다. 주님은 머리와 털이 희고 눈은 불꽃 같고, 발은 화로에서 달궈진 놋과 같은 모습이었습니다. 음성은 많은 물소리 같고, 오른손에는 일곱 별을 잡고 계셨습니다. 그리스도의 지혜와 순수함, 정결함과 불변함, 모든 것을 다스리고 섭리하시는 주권을 보여 주셨습니다.

사도 요한이 전하는 편지는 주님의 뜻과 계획을 알려 주는 것이었습니다. 하나님은 "네가 본 것과 지금 있는 일과 장차 될 일을 기록하라(19)."고 말씀하셨습니다. 사도 요한은 환상 가운데 바라본 모든 것을 잘 기록하여 일곱 교회에 전달해야 했습니다. 예수님이 지금도 살아 계셔서 사망과 음부의 권세를 가지시고, 앞으로 교회를 하나님의 영광의 도구로 사용하실 것을 확신하며 소망을 전했습니다. 하나님은 지금도 성령 안에서 우리에게 말씀하십니다. 그 말씀을 잘 듣고 주님을 선명히 바라보며, 그 뜻과 계획에 합한 삶을 살아갑시다.

매일 성경 읽기
왕하 15장 ☑ 16장 ☐

성령의 감동으로
기록된 하나님 말씀을
사랑의 편지로
받고 있습니까?

하나님, 이 시대를 분별할 수 있는 영적인 지혜와 능력을 부어 주옵소서. 세상의 가치에 마음을 빼앗기지 않도록 성령의 감동으로 주신 하나님의 말씀에 더욱 귀 기울게 하옵소서. 주님이 우리의 삶에 선명히 드러나게 하옵소서. 예수님의 이름으로 기도합니다. 아멘.

염은석 목사 _ 이화교회

5

M A Y

나는 하나님의 집에 있는

푸른 감람나무 같음이여

하나님의 인자하심을

영원히 의지하리로다

시편 52:8

5월의 기도

기도 제목

실천할 일

☑ ....
  ....

☑ ....
  ....

☑ ....
  ....

☑ ....
  ....

감사할 일

기억할 일

은혜를 기억하는 성도

토사구팽(兎死狗烹)이라는 사자성어가 있습니다. 토끼 사냥이 끝나면 사냥개를 삶아 먹는다는 뜻으로 상황과 형편에 따라 이기적으로 변하는 사람들의 모습을 가리키는 말입니다. 사냥꾼을 위해 최선을 다하여 헌신했던 사냥개의 입장에서 보면 참담한 결과입니다. 실제로 우리 주변에는 타자를 배려하지 않는 이기적인 태도로 인해 크고 작은 관계의 아픔을 경험하는 이들이 적지 않습니다.

하나님께서는 사람들의 본성을 잘 아셨습니다. 그래서 이스라엘 백성이 약속의 땅 가나안을 눈앞에 두고 있을 때, 그들의 마음이 상황에 따라 변질되지 않도록 삼가라고 말씀하셨습니다. 광야에서 벗어나 약속의 땅 가나안에 들어갔을 때 삶의 풍성함으로 인해 하나님을 잊지 않도록 깨어 있으라는 것입니다. 하나님께서는 믿음의 자녀들이 은혜를 잊고 살아가는 것을 기뻐하지 않으시며, 우리 스스로 무언가를 해냈다고 여기는 것도 경계하십니다. "네 마음이 교만하여 네 하나님 여호와를 잊어버릴까 염려하노라(14a)."

그렇다면 우리가 하나님의 은혜를 잊지 않고, 스스로 교만하지 않는 길은 무엇일까요? 첫째, 우리가 가진 모든 것이 주님께서 주신 것임을 기억해야 합니다. 오늘 본문을 보면 "네 하나님 여호와를 기억하라 그가 네게 재물 얻을 능력을 주셨음이라(18a)."고 말합니다. 이처럼 우리가 가진 능력과 물질, 건강, 관계 등 모든 것이 다 하나님께서 주신 것임을 기억한다면, 우리가 얻는 행복과 감사한 일들을 다 주님의 은혜로 고백할 수 있습니다.

둘째, 우리는 이 모든 것이 하나님의 뜻을 이루기 위해서 허락된 것임을 기억해야 합니다. 주님은 능력과 건강과 물질들을 단순히 우리의 행복만을 위해 주지 않으셨습니다. "이같이 하심은 네 조상들에게 맹세하신 언약을 오늘과 같이 이루려 하심이니라(18b)." 우리에게 재물 얻을 능력을 주신 이유는 하나님의 뜻을 이루기 위해서입니다. 우리가 이 사실을 기억한다면 하나님의 은혜를 잊지 않을 것입니다.

하나님의 은혜를 잊지 않고 살아갈 때, 우리는 교만하지 않고 하나님이 기뻐하시는 믿음 생활을 영위해나갈 수 있습니다.

251장
놀랍다 주님의 큰 은혜

신명기 8:11~18
네 하나님 여호와를 기억하라 그가 네게 재물 얻을 능력을 주셨음이라 이같이 하심은 네 조상들에게 맹세하신 언약을 오늘과 같이 이루려 하심이니라 (18)

매일 성경 읽기
왕하 17장 ☑ 18장 ☐
19장 ☐ 20장 ☐

하나님, 언제나 우리를 인도하시며 은혜를 베풀어 주셔서 감사합니다. 모든 것이 주님의 은혜임을 고백합니다. 내가 해낸 것이 아니라 주님께서 하셨습니다. 은혜를 잊지 않고 하나님이 기뻐하시는 모습으로 살아가게 하옵소서. 예수님의 이름으로 기도합니다. 아멘.

신태하 목사 _ 보문제일교회

하나님의 은혜를 기억하며 살고 있습니까?

내 눈길과 마음이 항상 거기 있으리라

425장
주님의 뜻을 이루소서

—

열왕기상 9:1~7
내 마음이 항상 거기에 있
으리니 (3b)

솔로몬은 왕국의 국가적 역량을 총동원하여 무려 7년의 대역사로 성전을 건축했습니다. 자기가 거할 왕궁을 짓기 전에 먼저 하나님의 성전을 지어야 한다는 숭고한 마음으로 귀하고 귀한 성전을 지어 봉헌합니다. 그러면서 하나님께 기도합니다. 이 성전을 기쁘게 받아 주시고, 이 성전이 진실로 하나님이 거하시는 성전이 되며, 영원히 나라와 백성에게 은혜를 베푸시는 거룩한 장소가 되게 해달라는 내용의 기도입니다.

솔로몬의 믿음과 하나님을 향한 열심을 잘 아시는 하나님께서 기도와 성전을 기쁘게 받으셨습니다. "나는 네가 건축한 이 성전을 거룩하게 구별하여 내 이름을 영원히 그 곳에 두며 내 눈길과 내 마음이 항상 거기에 있으리니(3)." 이름, 눈길, 마음이 항상 거기에 있으리라는 말씀은 이 성전으로 인하여 솔로몬과 그 후손들에게 영원히 복을 주시겠다는 하나님의 약속입니다. 하나님은 '영원'이라는 말을 담아 복을 약속하셨습니다.

그런데 이 약속이 곧 보증은 아닙니다. 보증이라기보다는 언약(covenant)에 가깝습니다. 보증은 일방적이지만 언약은 쌍방적입니다. 하나님과 백성들, 양자가 조건을 충족하는 행위를 지켜가야 합니다. "마음을 온전히 하고 바르게 하여 내 앞에서 행하며 내가 네게 명령한 대로 온갖 일에 순종하여 내 법도와 율례를 지키면(4)." 이것이 솔로몬과 백성이 자손 대대로 행해야 할 언약의 조건입니다.

하나님의 영원한 은총과 복을 보증하는 것은 세상에 둘도 없이 위대하고 영광스러운 성전이 아닙니다. 하나님 앞에 바르게 행하는 것, 하나님의 말씀을 올바르게 붙잡고 행하며 살아가는 것이 성전을 통해 약속하신 하나님의 은총과 복을 누리는 길입니다. 솔로몬도, 이스라엘 백성도, 그리고 오늘을 사는 우리도 분명하게 알아야 하는 것이 있습니다. 성전을 성전 되게 하는 것은 그곳에 들어간 공력이 아니라 하나님 앞에서 사는 신앙의 자세이고, 하나님의 말씀을 삶의 원칙으로 지켜 살아내는 믿음의 자세라는 것입니다. 하나님이 성전에 계시도록 하는 것은 우리 믿음의 자세, 말씀대로 사는 삶에 달려 있습니다.

매일 성경 읽기
왕하 21장 ☑ 22장 ☐
23장 ☐

하나님이
나로 인하여
성전에 계십니까?

하나님, 우리의 삶이 하나님의 마음에 합하도록 날마다 말씀과 성령으로 인도하여 주옵소서. 교회가 우리의 삶으로 말미암아 영광스러워지기를 원합니다. 말씀이 내 삶의 원칙이 되게 하옵소서. 말씀대로 살아갈 힘을 주옵소서. 예수님의 이름으로 기도합니다. 아멘.

김윤정 목사 _ 행복한교회

가장 큰 은사, 사랑

사도 바울은 고린도 교회에 편지를 쓸 때 교회 안에 직분과 은사의 문제가 심각하다는 것을 알고 있었습니다. 그래서 고린도전서 12장부터 14장까지 몸과 지체의 비유를 통해 교회의 유기체적 통일성과 다양성을 가르칩니다. 바울은 교회 안에 세우신 지체를 사도, 예언자, 교사, 기적을 행하는 사람, 병을 고치는 사람, 도와주는 사람, 조직하는 사람, 방언으로 기도하는 사람으로 소개합니다(12:28, 메시지성경). 바울은 누구나 다 같은 은사와 직분을 가질 수 없음을 설명하면서 은사와 직분의 다양성을 강조합니다. 주목할 점은 방언으로 기도하는 사람을 가장 마지막에 언급하는 것입니다. 당시 방언을 최고의 은사로 여기며 자랑하던 고린도 교인의 잘못을 바로잡습니다.

바울은 고린도 교인을 향하여 '너희는 더욱 큰 은사를 사모하라'고 권면하면서 '가장 좋은 길을 너희에게 보이리라'고 말씀합니다(12:31). 여기서 '더욱 큰 은사'는 은사에도 서열이 있다는 것이 아니라, 교회에 덕을 끼치는 정도에 있어서 더욱 사모해야 할 가장 중요한 은사가 있음을 의미합니다. 그것은 이어지는 13장에 나오는 '사랑'입니다. 바울은 사랑의 은사, 사랑의 길을 사모하라고 말씀한 것입니다. 이러한 바울의 가르침은 여러 분쟁으로 분열과 다툼이 있던 고린도 교회의 문제를 해결하는 근본적인 처방이기도 했습니다.

사랑이 없는 사역, 사랑 없이 행하는 봉사와 예배는 경건의 모양은 있으나 능력은 나타나지 않습니다. 사랑이 빠진 모든 행위는 자기만족, 자기과시에 지나지 않기 때문에 생명이 없습니다. 톨스토이의 단편「사람은 무엇으로 사는가」에 가난한 구두장이 시몬의 이야기가 나옵니다. 시몬은 추운 겨울 교회 뒤에서 알몸으로 떨고 있던 사내에게 자기 외투를 벗어 입혀 주었습니다. 사실 그 사내는 날개가 부러진 천사였습니다. 천사는 시몬의 집에서 함께 지내면서 사람은 사랑으로 산다는 것을 깨닫습니다. 사랑이 사람을 살리고, 교회를 따뜻하게 합니다.

부활하신 주님께서 갈릴리 바닷가에서 베드로에게 요구하신 것은 능력이 아니라 사랑이었습니다. 우리도 가장 큰 은사인 사랑을 사모하고, 가장 좋은 길인 사랑의 길로 걸어가야 합니다.

토요일

3

218장
네 맘과 정성을 다하여서

─

고린도전서 12:31~13:3
너희는 더욱 큰 은사를 사모하라 내가 또한 가장 좋은 길을 너희에게 보이리라 (12:31)

매일 성경 읽기
왕하 24장 ☑ 25장 ☐

하나님, 마음이 점점 메마르고 굳어 가는 것을 느낍니다. 날마다 그리스도의 사랑으로 강권하여 주셔서 굳어진 마음을 사랑으로 가득 채워 주옵소서. 가장 큰 은사인 사랑을 사모하며 예수님처럼 사랑의 길을 걸어가게 하옵소서. 예수님의 이름으로 기도합니다. 아멘.

노명재 목사 _ 은강교회

우리의 예배와 봉사에
사랑의 마음이
담겨 있습니까?

천국에서 큰 사람

5

주일

4

563장
예수 사랑하심을

—

마태복음 18:1~4
그러므로 누구든지 이 어린
아이와 같이 자기를 낮추
는 사람이 천국에서 큰 자
니라 (4)

인간은 누구나 관심과 주목, 환호와 박수를 받기 원합니다. 더 나아가 높은 자리에 앉아 군림하고픈 본능을 품고 살아갑니다. 그래서 '누가 더 크고 높으냐'를 따지며 서열을 매기려 합니다. 서열이 가려지는 순간 자격지심, 교만, 시기, 질투와 같은 온갖 더러운 욕망이 분출되어 공동체에 균열이 생깁니다.

열두 명밖에 되지 않는 제자들 사이에서도 서열을 가리려 했음이 안타깝습니다. 제자들이 예수님께 "천국에서는 누가 크니이까?"라고 물었지만 아마도 속마음은 이 땅에서 크고 높아져 세상 권력을 누리고 싶었던 것 같습니다. 자격지심과 교만은 같은 선상에 놓여 있어서 자격지심에 휩싸인 사람일수록 높은 자리를 탐하게 됩니다. 제자들은 어부와 노동자 등 낮은 계층의 사람들이었기에 더욱 높은 자리에 관심을 가졌을 겁니다. 예수께서 "인자가 장차 사람들의 손에 넘겨져 죽임을 당하고 제삼일에 살아나리라(17:22~23)."고 수난 예고를 하셨지만 제자들은 예수님의 죽으심에는 관심이 없었고, 오직 이 땅에서의 자리다툼에만 골몰해 있었습니다.

예수님은 한 어린아이를 불러 그들 가운데 세우시고 어린아이들과 같이 되지 않으면 결단코 천국에 들어가지 못할 것이라고 말씀하셨습니다(3). 어린아이는 맑은 영혼의 소유자로서 교만과 위축의 늪에 빠지지 않고, 내 편과 네 편을 나누지 않으며, 자기 이익을 계산하지 않고 겸손과 순종을 품은 상징적 존재입니다. 이런 성품은 이 땅에서도 필요하지만 천국에서 더욱 필요합니다. 세상 권력에 관심하느라 천국을 잊어버림은 어리석음이요, 예수를 믿지만 천국에 합당한 성품을 지니지 못함도 안타까움입니다.

우리는 천국에서의 삶에 초점을 맞춰야 합니다. 무엇보다 예수님의 관심을 나의 관심으로 삼고, 예수님의 시선과 지향점에 나의 시선과 삶의 방향을 맞추는 것이 온전한 신앙임을 깨달아야 합니다. 아무도 관심 갖지 않는 어린아이를 예수님의 이름으로 영접하며, 낮고 천하여 멸시받는 사람들을 예수님의 이름으로 돌보아야 합니다. 지금은 "누가 높은가?"를 말할 때가 아니라 어린아이와 같은 성품으로 무장하여 우리가 돌봐야 할 소외된 이웃들을 찾을 때입니다.

매일 성경 읽기
대상 1장 ☑ 2장 ☐
3장 ☐

우리의 관심과 시선은
어디에 있습니까?

하나님, 땅의 것을 움켜쥐다가 하늘의 것을 놓치지 않게 하시고, 땅의 높은 자리를 탐하다가 천국 백성의 자리를 잃어버리는 어리석음을 범하지 않게 하옵소서. 어린아이와 같은 성품으로 천국에 합당한 성도의 삶을 살아가게 하옵소서. 예수님의 이름으로 기도합니다. 아멘.

최규환 목사 _ 가락중앙교회

성경의 유익

월요일

5

200장
달고 오묘한 그 말씀

———

디모데후서 3:14~17
모든 성경은 하나님의 감동으로 된 것으로 교훈과 책망과 바르게 함과 의로 교육하기에 유익하니 (16)

성경은 보물섬을 찾아가는 지도와도 같습니다. 인생의 원리, 행복한 가정의 원리, 그리스도인의 직장생활, 성공적인 관계, 존경받고 사랑받는 삶, 사회생활, 고난에서 승리하는 방법, 죽음의 문제 등 인생의 모든 해답과 풍성한 삶의 매뉴얼이 성경에 다 있습니다. 따라서 성경대로만 살면 반드시 잘되고 형통한 삶을 살 수 있습니다. 이것이 바로 성경이 주는 유익입니다.

오늘 본문은 성경이 주는 유익이 무엇인지 말씀해 주고 있습니다. 첫째로 성경은 구원에 이르는 지혜를 줍니다. 세상에 무수히 많은 책이 있으나 사람의 영혼을 살리고 영혼을 구원에 이르게 하는 책은 오직 성경뿐입니다. 성경을 읽다 보면 자신이 죄인이라는 것을 깨닫게 됩니다. 그리고 죄와 저주에서 구원받는 길은 오직 예수 그리스도밖에 없다는 것을 알게 됩니다. 그렇습니다. 구원에 이르는 길은 오직 하나님의 말씀인 성경을 통해서만 그 해답을 얻을 수 있습니다. 하나님의 말씀을 늘 묵상하고 암송하고 가까이하기 바랍니다. 특히 믿음이 흔들릴 때, 의심이 몰려올 때 하나님의 말씀에 깊이 들어가기 바랍니다.

둘째로 성경은 우리의 삶에 큰 유익을 줍니다(16~17). 성경은 하나님의 감동으로 된 책이기 때문입니다. 성경의 원저자가 하나님이십니다. 따라서 성경에는 하나님의 정신, 속성, 능력이 담겨 있습니다. 그렇기 때문에 그 말씀을 듣고 읽고 묵상하고 삶에 적용하는 사람의 인생에는 놀라운 복된 변화들이 일어납니다. 구체적으로 교훈과 책망, 바르게 함, 의로 교육함으로 우리로 하여금 온전한 삶을 살며 선한 일을 행할 능력을 갖게 합니다. 결국 우리는 하나님과 사람 앞에서 존귀함을 받으며, 풍성하고 만족한 삶, 부족함이 없는 삶을 살게 됩니다. 그래서 복음이 들어간 나라는 역사의 물줄기가 바뀌고, 복음이 들어간 개인은 복된 인생으로 변화되는 것입니다.

나부터 하나님의 말씀인 성경을 인생의 맨 앞에 두고 말씀을 따라 사는 복된 사람이 되십시오. 그리고 자녀들에게도 하나님의 말씀인 성경을 읽고 가까이하게 하십시오. 말씀 중심의 삶에는 언제나 놀라운 역사가 일어납니다. 날마다 말씀의 능력을 경험하며 살아가기를 바랍니다.

매일 성경 읽기
대상 4장 ☑ 5장 ☐

하나님 아버지, 하나님의 감동으로 된 성경을 통해 구원에 이르는 길을 알려 주시니 감사합니다. 성경을 읽고 그 말씀을 따라 살게 하옵소서. 어떤 상황에서도 말씀을 기준 삼고, 말씀의 능력을 경험하며 살아가게 하옵소서. 예수님의 이름으로 기도합니다. 아멘.

김동수 목사 _ 주일교회

성경을 가까이하며
말씀을 따라
살아가고 있습니까?.

여호와의 손

5
화요일

6

406장
곤한 내 영혼 편히 쉴 곳과

—

사무엘상 7:13
이에 블레셋 사람들이 굴복
하여 다시는 이스라엘 지역
안에 들어오지 못하였으며
여호와의 손이 사무엘이 사
는 날 동안에 블레셋 사람
을 막으시매 (13)

러시아의 에르미타주 미술관에는 렘브란트가 그린 〈돌아온 탕자〉가 있습니다. 이 그림에서 아들을 품어 주는 아버지의 두 손 크기가 다릅니다. 왼손은 커다랗고 오른손은 자그마합니다. 하나님은 돌아온 자녀를 넓은 품의 아버지의 모습으로, 따뜻한 어머니의 모습으로 품어 주심을 표현한 것입니다. 그리고 아들의 신발을 보면 다 해어져 있습니다. 이를 통해 아들의 삶이 얼마나 비참하고 힘들었을지 짐작할 수 있습니다. 이 이야기는 누가복음 15장에 담겨 있습니다. 이 장면에서 가장 중요한 전환점은 아들이 아버지에게로 돌아가는 것입니다.

오늘 본문이 속한 사무엘상 7장은 여호와를 사모하던 이스라엘이 우상을 섬기다가 다시 하나님께로 돌아오는 이야기를 담고 있습니다. 사무엘은 이스라엘에게 하나님께 돌아가기 위하여 지금의 삶을 되돌아보라고 합니다. 여호와를 간절히 찾던 이스라엘의 모습은 온데간데없고, 여러 이방 신을 섬기고 있었습니다. 사무엘은 이스라엘에게 "만일 너희가 전심으로 여호와께 돌아오려거든 이방 신들과 아스다롯을 너희 중에서 제거하고 너희 마음을 여호와께로 향하여 그만을 섬기라(3)."고 말합니다. 이 말을 들은 이스라엘은 비통한 마음으로 그들의 우상을 제거하고 여호와만 섬깁니다(4).

잘못을 바로잡았다면 이제 하나님께서 원하시는 방식으로 응답해야 합니다. 사무엘은 하나님 앞에 '온전한 번제'를 드립니다(9). 여호와께서 이 번제에 응답하셨습니다. 온전한 번제는 흠 없이 완벽한 번제를 뜻합니다. 즉 하나님께서 말씀하신 방식대로 드린 번제를 말합니다. 우리가 생각하는 방식이 아니라 하나님께서 원하시는 것을 온전히 드리는 것이 바른 예배입니다.

하나님을 바라보았다면 이제는 하나님의 뜻 안에서 살아가야 합니다. 하나님의 백성은 스스로가 아니라 여호와의 손에 의해 이끌려 살아갑니다. 이것이 우리가 사는 방식입니다. 여호와의 손은 하나님의 권능과 후원을 뜻합니다. 믿음 생활은 결국 하나님의 함께하심이고 도우심입니다. 더 이상 고통과 아픔으로 절망의 늪에 빠지지 않고, 아버지와 함께 기쁨의 잔치에 참여하기를 축원합니다.

매일 성경 읽기
대상 6장 ☑ 7장 ☐
8장 ☐ 9장 ☐

여호와의 손에 이끌려
살아가고 있습니까?

좋으신 하나님 아버지, 우리의 마음이 어디에 있는지 돌아보게 하옵소서. 아버지에게서 멀어져 있다면 따뜻하고 넓은 아버지의 품에 다시 안길 수 있도록 붙들어 주옵소서. 아버지와 함께 기쁨의 잔치에 참여하게 하옵소서. 예수님의 이름으로 기도합니다. 아멘.

신명섭 목사 _ 여주중앙교회

하나님이 찾으시는 한 사람

어린 시절 밤잠을 설쳐가며 소풍을 기다려 본 경험이 있습니까? 그날을 손꼽아 기다린 이유는 다양하겠지만 아마 가장 큰 이유는 '보물찾기'가 아닐까 싶습니다. 숨겨진 보물을 찾았을 때의 기쁨은 말로 형용할 수 없고, 무엇과도 바꿀 수 없습니다.

오늘 본문은 하나님이 한 사람을 찾으신다는 놀라운 말씀입니다. 하나님이 찾으시는 사람은 '정의를 행하며 진리를 구하는 사람'입니다. 하나님께서 옛날이나 오늘이나 변함없이 요구하시는 것은 정의와 진리입니다. 미가서의 말씀을 들어보십시오. "사람아 주께서 선한 것이 무엇임을 네게 보이셨나니 여호와께서 네게 구하시는 것은 오직 정의를 행하며 인자를 사랑하며 겸손하게 네 하나님과 함께 행하는 것이 아니냐(미 6:8)."

하나님은 왜 정의를 행하는 사람을 찾으실까요? 하나님께서 의로우시기 때문입니다. "나 여호와는 사랑과 정의와 공의를 땅에 행하는 자(9:24)"라고 말씀하십니다. 의로우신 하나님은 의로운 자를 찾으십니다. 시편의 말씀을 들어보십시오. "여호와는 의로우사 의로운 일을 좋아하시나니 정직한 자는 그의 얼굴을 뵈오리로다(시 11:7)." 정의를 행한다는 것은 하나님을 인정하고 믿고 의지하고 사는 것을 말합니다. 하나님의 의로우신 오른손에 붙잡혀 사는 것입니다(사 41:10).

그렇다면 진리를 구하며 살아간다는 것은 무엇일까요? 길과 진리와 생명이 되시는 예수님을 바라보고 사는 것입니다. 히브리서 기자는 "믿음의 주요 또 온전하게 하시는 이인 예수를 바라보자(히 12:2)."고 말씀했습니다. 그리고 진리이신 예수님의 말씀을 따라 사는 것입니다. "네 마음을 다하고 목숨을 다하고 뜻을 다하여 주 너의 하나님을 사랑하라 하셨으니 이것이 크고 첫째 되는 계명이요 둘째도 그와 같으니 네 이웃을 네 자신 같이 사랑하라(마 22:37~39)."

오늘도 삶의 자리에서 의로우신 하나님을 믿고 의지하며 정의를 행하기 바랍니다. 또한 진리 되신 예수님만 바라보고 사랑하며 살아가기를 바랍니다. 하나님이 찾으시는 그 한 사람이 되기를 소망합니다.

338장
내 주를 가까이 하게 함은

예레미야 5:1~6
너희는 예루살렘 거리로 빨리 다니며 그 넓은 거리에서 찾아보고 알라 너희가 만일 정의를 행하며 진리를 구하는 자를 한 사람이라도 찾으면 내가 이 성읍을 용서하리라 (1)

매일 성경 읽기
대상 10장 ☑ 11장 ☐
12장 ☐

사랑의 하나님, 하나님의 의로우신 오른손에 붙들린 인생 되기 원합니다. 온전히 정의를 행하고 진리를 구하며 살아가게 하옵소서. 예수님을 바라보고 예수님의 말씀을 따라 살아가 주님이 찾으시는 한 사람이 되게 하옵소서. 예수님의 이름으로 기도합니다. 아멘.

이명신 목사 _ 매포교회

나는 하나님이 찾고 찾으시는 한 사람입니까?

순종하다, 자라다

199장
나의 사랑하는 책

누가복음 2:51~52
예수는 지혜와 키가 자라가
며 하나님과 사람에게 더욱
사랑스러워 가시더라 (52)

병아리가 태어나려면 달걀 껍데기가 깨져야 합니다. 하지만 아무 때나 함부로 껍데기를 깨뜨리면 새 생명의 탄생은 수포가 됩니다. 언젠가는 껍데기를 깨고 부화해야 하지만, 그때가 되기 전까지는 껍데기 안에 갇혀 있어야 합니다. 기존의 테두리(껍데기)는 가두고 제한하는 장벽처럼 보이지만, 틀을 유지하고 보호하는 역할을 합니다. 보호막 안에서 생명의 힘을 기르고 숙련하고 성숙해지는 과정은 생명의 법칙입니다.

하나님의 아들이신 예수는 인간으로 세상에 오셨습니다. 인간이신 예수께서는 생명의 법칙에 따라 부모의 슬하에서 전통과 관습을 충실히 지키며 성장하십니다. 유대인이신 예수께서는 출생 8일 만의 할례부터 시작하여 산모의 정결례와 맏아들 봉헌례 등 율법이 정한 모든 의식을 조목조목 밟아가십니다(21~23). 열두 살이 되어서는 유월절을 맞아 예루살렘 순례를 하십니다(41~50). 이렇게 율법의 요구와 관례를 성실히 지켜가는 예수의 이야기는 '순종하고 받드셨다'는 말로 마무리됩니다.

예수님은 무엇에도 제약받지 않는 초월적 존재이시면서, 동시에 기성 권위와 관습을 존중하는 인간이시라는 사실이 예수의 유년 이야기를 통해 드러납니다. 천사들의 찬양과 만물의 경배를 받으며 태어나신 분이 부모에게 순종하고 받들며 충실한 어린 시절을 보내셨다고 복음서는 적시합니다. 유대인으로서 종교적 규례를 받아들이고, 인간으로서 어른에 대한 복종과 효의 책무를 다하신 것입니다.

하지만 기성의 질서를 지키고 껍데기를 수호하는 것이 예수의 길은 아닙니다. 테두리 안에 살아가면서 예수는 지혜와 키가 자라갑니다(52). 그러다 기존의 껍데기를 깰 때가 이릅니다. 실제로 예수께서는 부모를 떠나 광야로 가서 세례를 받으십니다(3:21~22). 아이가 성장하면 이전에 입던 옷을 버려야 하는 것과 같은 이치입니다.

생명의 특성은 새로움에 있습니다. 믿음의 사람은 새로워져야 합니다. 그리고 그 새로움은 뿌리를 든든히 함에서 옵니다. 새로운 미래와 초월은 뿌리에서 시작됩니다.

매일 성경 읽기
대상 13장 ☑ 14장 ☐
15장 ☐ 16장 ☐

든든한 뿌리를 가지고
날마다 새로워지고
있습니까?

하나님, 빠르게 치닫는 세상의 변화 속에서 우리는 정체성을 잃고 뿌리를 망각하며 살아갑니다. 뿌리를 든든히 함으로 새로워지게 하옵소서. 우리에게 주신 관계와 토대를 소중히 여기고, 사랑과 감사를 통해 더 성숙해지게 하옵소서. 예수님의 이름으로 기도합니다. 아멘.

정명성 목사 _ 팔미교회

어머니의 사랑으로 품으십니다

오늘 말씀의 배경은 바벨론 포로 생활이 끝나고 이스라엘 땅으로 귀환한 이스라엘 백성의 삶의 자리입니다. 다시 고향으로 돌아왔고 하나님의 말씀에 따라 성전도 새로 건축했지만, 이스라엘 백성의 삶의 자리에는 두려움과 불안이 가시지 않았습니다. 이스라엘을 멸시하는 주변의 민족들이 시시때때로 악의를 드러냈기 때문입니다. "너희를 미워하는 백성은 너희가 나의 이름을 부른다고 해서 너희를 따돌리며, 이르기를 '주가 영광을 드러내어 너희들이 기뻐하는 모습을 우리가 한 번 볼 수 있게 하여 보아라' 하고 말하나 그들은 수치를 당할 것이다(5, 새번역)." 하나님은 이스라엘을 미워하는 자들이 수치를 당할 것이라고 말씀하십니다. 그리고 당신의 백성을 향해 예언하십니다. "내가 예루살렘에 평화가 강물처럼 넘치게 하며, 뭇 나라의 부귀영화가 시냇물처럼 넘쳐서 흘러 오게 하겠다(12, 새번역)."

하나님의 현실과 이스라엘의 현실에는 깊은 심연이 있습니다. 그 심연을 어떻게 건널 수 있을까요? 믿음이 필요합니다. 믿음은 하나님의 사랑을 체험하는 것으로 확증됩니다. 이사야는 하나님의 사랑을 자식을 위로하는 어머니의 사랑이라고 말씀합니다. 사랑이 나를 나 되게 하고, 우리를 우리 되게 합니다. 놀랍게도 창세기는 이 사랑을 태초의 사건으로 선언합니다. "태초에 하나님이 천지를 창조하셨다. 땅이 혼돈하고 공허하며, 어둠이 깊음 위에 있고, 하나님의 영은 물 위에 움직이고 계셨다(창 1:1~2, 새번역)." 하나님의 영의 움직임을 묘사하는 히브리어 동사 '라카프'는 어미 새가 알을 품는 모습을 의미합니다. 놀라운 말씀입니다. 혼돈과 공허와 깊은 어둠의 땅을 하나님의 영이 마치 어미 새가 알을 품듯 품고 있다는 고백입니다. 그리고 처음 창조된 것이 '빛'이라고 말합니다. 빛이 우리를 구원하는 하나님의 능력입니다.

오늘 우리의 삶의 자리는 어떤 모습입니까? 하나님의 은혜로 고향으로 귀환했지만 여전히 두려움과 불안에 떨고 있는 이스라엘과 비슷하지는 않습니까? 하나님의 사랑을 생각하십시오. 우리를 어머니처럼 품으시고 위로하시는 그 사랑을 신뢰하십시오. 하나님은 사랑으로 우리를 태초부터 지금까지 이끄시는 분입니다.

금요일

9

299장
하나님 사랑은

—

이사야 66:10~14
어머니가 자식을 위로함 같이 내가 너희를 위로할 것인즉 너희가 예루살렘에서 위로를 받으리니 (13)

매일 성경 읽기
대상 17장 ☑ 18장 ☐
19장 ☐ 20장 ☐

하나님, 태초부터 지금까지 어미 새가 알을 품듯 우리를 품으시는 주님의 사랑이 놀랍기만 합니다. 말씀과 현실 사이에서 방황하는 우리를 불쌍히 여겨 주옵소서. 하나님의 사랑을 따라 용기 있는 신앙의 발걸음을 내딛게 하옵소서. 예수님의 이름으로 기도합니다. 아멘.

신진식 목사 _ 세종청파교회

우리를 품으시는
하나님의 사랑을
경험하고 있습니까?

하나님과 동행하는 행복

5
토요일

10

430장
주와 같이 길 가는 것

—

전도서 2:8~11
그 후에 내가 생각해 본즉
내 손으로 한 모든 일과 내
가 수고한 모든 것이 다 헛
되어 바람을 잡는 것이며
해 아래에서 무익한 것이
로다 (11)

매일 성경 읽기
대상 21장 ☑ 22장 ☐

솔로몬은 지혜의 대명사입니다. 은은 귀금속 축에 들지도 못했다고 기록될 만큼 큰 부자이기도 했습니다(왕상 10:21). 아버지 다윗이 주변 나라들을 복속시켜 조공을 받고, 해상무역을 장악하여 경제적 이득을 얻었기 때문입니다. 또한 다윗은 사울 왕가를 몰아내고 구축한 강력한 왕권도 솔로몬에게 물려주었습니다. 그래서 솔로몬은 큰 지혜와 많은 물질, 거기다가 강한 권력까지 가지고 무엇이든 다 자기 의지대로 할 수 있었습니다.

솔로몬은 이 막강한 힘을 가지고 무엇을 했을까요? 첫째, 마음껏 즐겼습니다. 먹고 싶은 것을 다 먹고, 갖고 싶은 것을 다 갖고, 많은 부인을 거느리며 연애도 실컷 했습니다. 둘째, 마음껏 일했습니다. 하나님의 성전은 물론, 왕궁을 짓고 자신의 명성을 드러낼 도시들을 건설했습니다. 셋째, 마음껏 배웠습니다. 온 세상의 지혜들을 모아 잠언과 전도서를 편집했습니다. 이렇게 자기 마음대로 산 삶의 결론은 무엇입니까? "내 손으로 한 모든 일과 내가 수고한 모든 것이 다 헛되어 바람을 잡는 것이며 해 아래에서 무익한 것이로다 (11)." 모든 것이 헛되다는 것입니다(1:2).

우리는 부족한 것이 많아서 불행하다고 생각합니다. 그래서 더 많이 모으고 누리면 행복할 것이라고 기대하며 열심히 노력합니다. 그런데 모든 것을 다 해보고 누린 솔로몬의 말이 사실이라면 우리의 인생은 열심히 살 가치가 없는 것일까요? 그렇지 않습니다. 솔로몬의 진짜 결론은 하나님을 경외하는 것이 인생의 본분이라는 것입니다(12:13). '어떻게 하면 더 소유하고, 더 높아질까'만을 생각하며 살 때 우리의 인생은 허무해지지만, 삶의 중심에 하나님을 모시고 '어떻게 하면 하나님께 영광을 돌릴까'를 추구하며 살다 보면 어느새 우리의 인생은 의미 있고 행복하다는 것입니다.

물질, 권세, 인기와 동행하는 삶은 결국 허무해집니다. 그래서 반드시 후회합니다. 그러나 하나님과 동행하는 삶은 결국 열매를 맺습니다. 그래서 반드시 행복합니다. 하나님의 살아 계심을 인정하고, 하나님의 뜻을 존중하고, 하나님께서 맡기신 사명을 기쁘게 감당합시다. 하나님을 경외합시다. 그리하여 하나님께서 허락하시는 행복을 누리며 살아가기를 간절히 바랍니다.

우리의 인생은
누구와 무엇과
동행하고 있습니까?

사랑의 하나님, 더 많이 가지려는 욕심을 내려놓고 하나님의 말씀에 더 많이 순종하게 하옵소서. 그래서 흐르는 강물처럼 우리의 인생이 점점 더 가치 있고 행복하게 하옵소서. 허무한 인생이 아닌 귀한 열매 맺는 인생이 되게 하옵소서. 예수님의 이름으로 기도합니다. 아멘.

유영종 목사 _ 신도제일교회

보답하기를 배우게 하라

성숙한 사람은 어떤 사람일까요? 무엇보다 은혜를 알고 행하는 사람입니다. 내가 누리는 것이 당연한 것이 아니라 은혜임을 깨닫는 사람, 나의 성취가 누군가의 도움과 사랑과 헌신이 어우러진 것임을 분별할 줄 아는 사람, 오늘 하루가 하나님의 은혜로 받은 선물임을 알고 감사할 줄 아는 사람이 성숙한 사람입니다.

오늘 본문의 어떤 과부에게 남겨진 자녀나 손자들은 너무나도 귀한 존재들입니다. 그들은 남겨진 시간의 의미일 수 있기 때문입니다. 그렇기에 더더욱 그들은 부모의 사랑과 헌신과 희생을 기억해야 합니다. 자녀들은 결코 하루 아침에 성장하는 것이 아닙니다. 부모도 자녀들과 함께 성장해갑니다. 자녀가 입학하면 함께 입학하고, 졸업하면 함께 졸업합니다. 자녀가 성장하는 모든 순간은 부모에게 기쁨과 감사의 시간입니다. 아플 때도 기쁠 때도, 삶의 어떤 순간에도 부모의 보살핌과 사랑과 헌신 없이 성장하는 자녀는 없습니다. 홀로되어 자녀를 키운 경우라면 더욱 그러합니다. 그렇기에 효를 행하여 부모에게 보답하는 것은 너무나 마땅한 일입니다.

오늘 본문에서 특별히 "부모에게 보답하기를 배우게 하라(4)."고 하였습니다. 자녀들이 '배우도록 가르쳐야 한다'는 뜻입니다. 위대한 인물이 되고 대단한 성과를 내도록 가르치기 이전에 '은혜를 기억하게' 가르쳐야 한다는 것입니다. 은혜를 아는 사람으로 길러내야 합니다. 이것이 "하나님 앞에 받으실 만한 것(4)"입니다.

은혜를 깊이 알지 못하는 사람은 겉으로만 행동합니다. 하나님과의 진실한 관계가 없으면 겉모양만을 그럴듯하게 보이려 할 뿐입니다. 위대한 인물이 되기 전에 진실한 관계를 맺을 수 있어야 합니다. 대단한 성과를 내기 전에 성숙한 사람으로 바로 서야 합니다. 하나님과 진실한 관계를 맺을 줄 아는 것이 참된 경건입니다. "그리스도를 섬기는 자는 하나님을 기쁘시게 하며 사람에게도 칭찬을 받느니라(롬 14:18)." 하나님과 사람들 앞에서 부끄러움이 없는 경건으로 설 때, 은혜를 아는 자로서 진실로 하나님께 영광을 돌리는 삶이 될 것입니다.

579장
어머니의 넓은 사랑

디모데전서 5:1~4
만일 어떤 과부에게 자녀나 손자들이 있거든 그들로 먼저 자기 집에서 효를 행하여 부모에게 보답하기를 배우게 하라 이것이 하나님 앞에 받으실 만한 것이니라 (4)

매일 성경 읽기

대상 23장 ☑ 24장 ☐
25장 ☐ 26장 ☐

하나님, 효를 행하여 보답하기를 배우는 자로 살아가게 하옵소서. 소원해진 관계를 회복하고, 모든 것이 당연한 것이 아니라 은혜임을 고백하며 마땅히 행할 길을 따르게 하옵소서. 하나님을 기쁘시게 하는 자녀가 되게 하옵소서. 예수님의 이름으로 기도합니다. 아멘.

김태인 목사 _ 금성교회

서로 감사와 사랑을
표현하고 있습니까?

영적 체험을 넘어 신실한 믿음으로

542장
구주 예수 의지함이

—

요한복음 20:24~29
예수께서 이르시되 너는 나를 본 고로 믿느냐 보지 못하고 믿는 자들은 복되도다 하시니라 (29)

예수님을 믿고 사랑하는 사람에게 영적인 체험은 아주 중요합니다. 주님의 은혜를 눈으로 보고 손으로 만지고 가슴으로 느낄 수 있기 때문입니다. 영적인 체험은 약한 믿음을 강하게 하고, 불안한 마음에 확신을 주고, 갈급한 영혼에 만족함을 줍니다.

예수님의 부활은 이전에는 본 적도 없는, 이해하고 받아들이기 어려운 사건이었습니다. 합리적이지 않고, 믿기지 않는 일이었습니다. 부활을 믿지 못하는 사람에게 사도 도마는 참 좋은 선생님입니다. 도마는 육적인 열정은 있지만 영적인 믿음이 작은 사람이었습니다. 다른 제자들이 부활하신 주님을 보았다고 할 때, 그는 "내가 그의 손의 못 자국을 보며 내 손가락을 그 못 자국에 넣으며 내 손을 그 옆구리에 넣어 보지 않고는 믿지 아니하겠노라(25)." 고 단호하게 말했습니다. 눈으로 보고, 손으로 만지고, 가슴으로 깨달아 알기까지 주님의 부활을 믿지 못하겠다는 것입니다. 예수님은 이러한 도마의 마음을 아셨습니다. 여드레가 지난 후 예수님은 제자들 가운데 오셔서 "너희에게 평강이 있을지어다(26)."라고 말씀하시고, 도마에게 "네 손가락을 이리 내밀어 내 손을 보고 네 손을 내밀어 내 옆구리에 넣어 보라 그리하여 믿음 없는 자가 되지 말고 믿는 자가 되라(27)."고 하십니다. 예수님은 언제나 친절하고 자상하십니다. 그제야 도마는 부활하신 주님을 향하여 "나의 주님이시요 나의 하나님이시니이다(28)."라고 고백했습니다.

부활하신 주님은 체험보다 믿음이 더 중요하다고 말씀하셨습니다. 체험과 영적인 깨달음은 기쁨과 자유, 행복을 주지만 더 깊은 신앙의 여정으로 나아가게 하지는 못합니다. 우리의 생각과 체험과 경험 너머에 있는 더 크고, 더 높고, 더 넓고, 더 깊은 여정으로 안내하는 것은 믿음입니다. 믿음은 보이지 않는 세계, 하나님 나라와 부활을 향하게 합니다. 영적인 체험이 없어 믿음이 연약하다면 성령 체험을 달라고 간절히 기도해야 하지만, 그보다 중요한 것이 더 큰 믿음임을 잊지 말아야 합니다. 믿음은 우리의 연약함과 죄와 허물을 씻겨 주고, 흰옷을 입고 영광 중에 주님을 찬양하며 살아갈 부활과 하나님 나라로 우리를 안내할 것입니다.

매일 성경 읽기
대상 27장 ☑ 28장 ☐
29장 ☐

영적인 체험을 넘어서는 큰 믿음을 달라고 기도하고 있습니까?

자비로우신 하나님, 믿음이 약한 우리에게 주님을 더 잘 알 수 있도록 영적인 체험을 주옵소서. 그리고 그보다 더욱 큰 믿음을 주옵소서. 그리하여 부활의 증인으로 살아가게 하옵소서. 믿는 자들을 부활의 영광으로 인도하시는 예수님의 이름으로 기도합니다. 아멘.

이기록 목사 _ 신월교회

다윗의 승승장구

하나님께서는 다윗을 이스라엘의 왕으로 만들어 주셨습니다. 여러 환난을 겪고 왕이 된 다윗은 어떤 어려움 가운데서도 하나님이 자신을 지켜 주셨음을 기억하였습니다. 그의 모든 행동의 중심에 하나님이 있었기 때문에, 하나님은 그가 하는 일마다 잘되게 하셨습니다. "다윗이 어디로 가든지, 여호와께서 이기게 하시니라(6)."

다윗은 모든 백성이 하나님만 섬기는 나라를 세우고자 하였습니다. 그래서 언약궤를 수도인 예루살렘으로 옮겨 왔습니다. 또한 예루살렘에 하나님의 성전을 건축하고자 했습니다. 그러나 하나님은 다윗이 아닌 다윗의 아들 솔로몬을 통해 성전을 건축하게 하셨습니다. 다윗은 행동하기 전에 꼭 하나님께 여쭈었고, 하나님께서 말씀해 주신 대로 행하였습니다. 그 결과는 다윗의 성공이었고, 사람들은 다윗의 성공을 통해 다윗과 함께하시는 하나님을 볼 수 있었습니다.

언뜻 보기에 다윗의 성공은 다윗 개인을 멋지게 만들어 준 것 같지만, 성경은 다윗의 성공을 통해 다윗과 함께하신 하나님의 위대하심이 드러났음을 증언합니다. "다윗이 어느 곳으로 출전하든지, 주님께서 그에게 승리를 안겨 주셨다. 다윗이 왕이 되어서 이렇게 온 이스라엘을 다스릴 때에, 그는 언제나 자기의 백성 모두를 공평하고 의로운 법으로 다스렸다(14~15, 새번역)." 다윗의 통치를 통해 다윗이 다스리는 모든 지역에 하나님의 공의로우심이 나타난 것입니다.

하나님이 하나님을 믿는 백성을 잘되게 하시는 이유가 있다면 이와 같을 것입니다. 하나님은 우리가 잘되기를 원하시고, 그것을 통해 하나님의 은혜와 섭리가 세상 가운데 드러나기를 원하십니다. 이를 위해 필요한 것이 있습니다. 우리가 하나님 중심으로 사는 것입니다. 우리가 하나님의 백성으로서 하나님 중심으로 살아갈 때, 하나님은 우리의 삶을 통하여 하나님의 뜻과 섭리를 이 땅에 나타내실 것입니다. 다윗과 같이 하나님의 은혜 가운데 거하며 세상에 선한 영향력을 나타내는 그리스도인으로 승리하는 우리 모두가 되기를 소망합니다.

화요일

13

357장
주 믿는 사람 일어나

사무엘하 8:1~6
다윗이 다메섹 아람에 수비대를 두매 아람 사람이 다윗의 종이 되어 조공을 바치니라 다윗이 어디로 가든지 여호와께서 이기게 하시니라 (6)

매일 성경 읽기
대하 1장 ☑ 2장 ☐
3장 ☐ 4장 ☐

하나님, 나의 성공이 개인의 성공으로 끝나지 않게 하시고, 하나님의 위대하심을 나타내기를 소망합니다. 세상 가운데 하나님의 위대하심을 나타내며, 예수 그리스도의 십자가 구원의 기쁜 소식을 전하는 삶이 되게 하옵소서. 예수님의 이름으로 기도합니다. 아멘.

윤동규 목사 _ 일신교회

우리의 삶이 하나님을 나타내는 그릇임을 믿습니까?

예배를 회복해야 합니다

5

수요일

14

293장
주의 사랑 비칠 때에

창세기 46:1~7
이스라엘이 모든 소유를 이
끌고 떠나 브엘세바에 이르
러 그의 아버지 이삭의 하
나님께 희생제사를 드리니
(1)

매일 성경 읽기
대하 5장 ☑ 6장 ☐
7장 ☐

야곱은 아들 요셉이 살아 있다는 소식을 들었습니다. 이미 요셉이 죽었다는 보고를 받고 힘들어하며 지낸 시간이 20여 년입니다. 그런데 요셉이 살아 있다니 어리둥절하고 믿기 어려웠습니다. 야곱은 자기를 태우려고 보낸 수레를 보고 비로소 하나님께서 인도하고 계셨음을 믿었습니다. 요셉이 보고 싶어 짐을 싸는데, 잠깐의 방문이 아닌 삶의 터전을 옮길 이삿짐을 싸는 마음이 편치 않았습니다. 왜냐하면 가나안은 조상의 땅이요, 하나님이 예비하신 약속의 땅이었기 때문입니다. 야곱은 가나안을 떠나는 것이 과연 하나님의 뜻일까를 고민하지 않을 수 없었습니다. 그래서 가나안의 경계인 브엘세바에 이르렀을 때, 하나님께 제사를 드립니다. 그 밤에 하나님은 환상 가운데서 "나는 하나님이라 네 아버지의 하나님이니 애굽으로 내려가기를 두려워하지 말라 내가 거기서 너로 큰 민족을 이루게 하리라(3)."고 말씀하셨습니다. 이에 야곱은 애굽으로 나아갔습니다.

그리스도인이 세상을 살아갈 때, 특별히 무슨 일을 결정할 때, 그것이 직장이든 배우자든 사업이든 결정하고도 불안감을 느낄 때, 반드시 우리가 해야 할 일이 있습니다. 예배입니다. 예배는 제단을 쌓고 제물을 드리는 행위를 말합니다. 그때는 모든 것을 멈춰야 합니다. 마음과 뜻을 다하여 예배할 때, 주님의 마음을 느끼고 인도하심을 받을 수 있습니다.

우리가 자주 넘어지고 실수하는 이유 중 하나는 자기 열정으로만 일하다가 정작 자신의 연약함을 다스리지 못하고, 스스로 좌절하고 실망하기 때문입니다. 우리는 하나님만은 내 편이 되어야 한다고 억지를 부립니다. 당장 하나님이 내 기도를 들어주시고, 내 비전을 이루어 주셔야 한다고 고집합니다. 기억하십시오. 하나님은 우리가 하나님을 볼 수 있도록 때때로 멈추어 서게도 하십니다. 잘되던 사업을 멈추게 하고, 육신이 병들게도 하십니다. 그렇게 해서라도 올바로 가고 있는지를 확인하라고 하십니다. 오늘 우리는 어느 도상에 멈추어 서 있습니까? 그 자리에서 먼저 하나님을 찾는 예배를 회복해야 합니다. 온전한 예배를 회복하고 올바른 삶의 길이 열리는 복을 누리기를 소망합니다.

마음과 뜻을 다하여
예배하고 있습니까?

우리를 인도하시는 주님, 우리가 하나님을 볼 수 있도록 때때로 멈추어 서게 하심도 감사합니다. 이 자리에서 무엇보다 하나님을 찾는 예배를 회복하게 하옵소서. 예배를 통해 주님을 만나고, 회복을 경험하게 하옵소서. 예수님의 이름으로 기도합니다. 아멘.

윤성덕 목사 _ 군자제일교회

섬김의 패턴

목요일

15

마지막 유월절 만찬 자리에서 예수님은 손수 물을 떠서 제자들의 발을 닦아 주셨습니다. 제자들은 모두 어리둥절했습니다. 베드로는 심지어 "제 발은 절대로 씻지 못합니다."라며 저항했습니다. 그러나 예수님은 "내가 너를 씻어 주지 않으면, 너는 나와 아무 상관이 없다."고 말씀하시며 결국에는 그의 발을 닦아 주셨습니다. 그러고 나서 이렇게 말씀하셨습니다. "내가 너희에게 행한 것 같이 너희도 행하게 하려 하여 본을 보였노라(15)." 여기서 '본(本)'에 해당하는 영어 단어는 '패턴(pattern)'입니다. 버선을 만들어 신던 시절에는 집마다 버선 본이 있었습니다. 그 본에 맞추어 어머니들이 버선을 만들었습니다. 옷이나 그릇을 만들 때도 그냥 대충 만들지 않습니다. 반드시 패턴을 가지고 만듭니다.

그리스도인의 신앙생활에도 분명한 패턴이 있습니다. 예수님이 보여 주신 패턴입니다. 그것을 따라 살아가는 것이 우리의 신앙생활이어야 합니다. 예수님이 말씀하신 대로 말하고, 예수님이 행하신 대로 행하면서 살아가는 것입니다. 그렇게 보면 신앙생활은 그리 어렵지 않습니다. 예수님의 패턴을 그대로 모방하여 따르기만 하면 되기 때문입니다.

예수님은 제자들에게 '섬김의 패턴'을 보여 주셨습니다. 예수님은 당신을 따르는 제자들이 서로의 발을 씻어 주며 살기를 원하셨습니다. 그래서 먼저 제자들의 발을 손수 닦아 주셨습니다. 섬기는 삶을 행동으로 보여 주신 것입니다. 여기에서 우리는 한 가지 중요한 교훈을 깨닫습니다. 가르침은 말이 아니라 '행동'이라는 것입니다. 말로는 얼마든지 옳은 이야기를 할 수 있습니다. 그러나 행동이 따르지 않는 말은 결코 영향력이 없습니다. 보고 배우는 것이 가장 강력합니다.

우리 주님은 말씀하신 대로 살아가심으로써 진정한 권위를 보이셨습니다. 섬기기 위해서 오셨다고 말씀하셨고, 실제로 제자들의 발을 씻기셨습니다. "내가 주와 또는 선생이 되어 너희 발을 씻었으니 너희도 서로 발을 씻어 주는 것이 옳으니라(14)." 이와 같은 섬김의 패턴이 스승에서 제자에게, 부모에서 자녀에게 이어지기를 소망합니다.

559장
사철에 봄바람 불어 있고

요한복음 13:12~15
내가 너희에게 행한 것 같이 너희도 행하게 하려 하여 본을 보였노라 (15)

매일 성경 읽기
대하 8장 ☑ 9장 ☐

사랑의 주님, 우리의 신앙생활이 예수님이 보여 주신 본을 따르는 것이 되게 하옵소서. 서로의 발을 씻어 주는 섬김의 삶이 나로부터 시작되게 하옵소서. 그리하여 우리가 속한 공동체에 작은 천국이 이루어지게 하옵소서. 예수님의 이름으로 기도합니다. 아멘.

유요한 목사 _ 한강중앙교회

주님이 보여 주신 섬김의 패턴이 우리 삶에 자리 잡고 있습니까?

축복의 통로

427장
맘 가난한 사람

—

마태복음 14:19~21
무리를 명하여 잔디 위에 앉히시고 떡 다섯 개와 물고기 두 마리를 가지사 하늘을 우러러 축사하시고 떡을 떼어 제자들에게 주시매 제자들이 무리에게 주니 (19)

우리 주위에는 도움의 손길이 필요한 곳이 많습니다. 여기저기에서 이런저런 모양으로 도움을 요청받기도 합니다. 요청을 거절하는 것도 쉽지 않고, 그렇다고 모든 요청을 들어줄 수도 없는 형편입니다. 이런 고민을 가지고 간절히 기도했을 때 주님은 이렇게 말씀하셨습니다. "나는 너에게 교회를 선물로 주었다. 그 선물을 통하여 은혜의 물결이 널리 흐르게 하라." 생각지도 못했던 말이라 처음에는 의아했으나 한참을 되새겨 보니 너무나 당연한 말씀이었습니다.

그렇습니다. 교회는 우리에게 주신 선물입니다. 교회는 모여서 예배드리고, 봉사하고, 전도하고, 친교를 나누라고 주신 귀한 선물입니다. 더욱이 우리는 교회를 통하여 예수를 믿고 구원받았으며, 지금도 믿음을 세워가고 있습니다. 교회는 세상의 많은 이들에게 은혜를 베푸는 축복의 통로가 되어야 합니다. 그렇게 함으로써 사람들에게 칭찬받고 하나님께 영광을 돌리는 교회다운 교회가 되는 것입니다.

오늘 본문 말씀은 우리가 잘 알고 있는 '오병이어의 기적'에 관한 것입니다. 떡 다섯 개와 물고기 두 마리로 오천 명이 넘는 사람들이 배불리 먹고도 열두 바구니나 남았습니다. 이것은 예수 그리스도께서 행하신 기적의 사건입니다. 더불어 내가 가진 것을 내놓았을 때, 그리고 그것을 떼어 나누어 줄 때 기적이 일어났습니다. 움켜쥐면 없어지고 쓰고 나누면 풍성해진다는 것이 성경의 가르침입니다.

하나님은 우리에게 많은 선물을 주셨습니다. 교회는 물론, 건강 물질 재능 시간 등 내가 가지고 누리는 모든 것이 하나님께서 주신 선물입니다. 이 선물들을 나 혼자만 움켜쥐고 누릴 것이 아니라 널리 흐르게 해야 합니다. 그렇게 할 때 열방이 주께로 돌아오고, 나에게도 복이 됩니다.

우리 주위에 도움이 필요한 곳에 눈 감지 않고, 도움을 요청하는 이들에게 할 수 있는 대로 최선을 다해 베풀어야 하겠습니다. 하나님께서 우리에게 주신 선물들을 축복의 통로로 삼을 때 놀라운 기적이 일어나는 것을 볼 것입니다.

매일 성경 읽기
대하 10장 ☑ 11장 ☐
12장 ☐ 13장 ☐

하나님께서 주신
선물들을
축복의 통로로
삼고 있습니까?

은혜가 풍성하신 하나님, 참 감사합니다. 우리가 도움이 필요한 이들에게 나누고 베푸는 축복의 통로가 되게 하옵소서. 하나님께서 주신 선물들을 혼자 움켜쥐는 것이 아니라, 널리 흘려보낼 수 있는 넉넉한 마음을 갖게 하옵소서. 예수님의 이름으로 기도합니다. 아멘.

최인철 목사 _ 동광교회

요담의 호소

하나님은 이스라엘이 하나님의 통치를 받는 하나님의 백성들이 되기를 바라셨습니다. 그런데 하나님의 뜻과는 상관없이 스스로 악의를 가지고 권세를 잡으려는 인물이 나타났습니다. 바로 아비멜렉입니다. 그는 사사 기드온의 첩의 아들로 외가인 세겜 족속과 결탁해 일종의 군사적 쿠데타를 일으켜 이복형제 70명을 한자리에서 죽이고 자칭 이스라엘의 왕이 되었습니다. 기드온의 막내아들 요담은 요행히 그 자리를 피해 목숨을 부지할 수 있었습니다. 그는 참담한 심정으로 그리심 산에 올라 아비멜렉과 그에게 동조한 세겜 족속에게 '가시나무의 비유'를 들려주며 그들의 행위가 하나님 앞에서 잘못된 것임을 밝힙니다.

이야기에 등장하는 감람나무, 무화과나무, 포도나무는 다른 나무들이 그들을 왕으로 세우려 하자 '자신들의 해야 할 본분이 따로 있음'을 분명히 하며 나무들의 왕이 되어 우쭐대는 자리에 설 수 없다고 합니다. 그들의 본분은 하나님을 영화롭게 하고 사람들을 기쁘게 하며 그들에게 유익을 주는 열매를 맺는 일입니다. 반면 가시나무는 아무런 열매를 맺을 수 없고, 사람들에게 유익함을 줄 만한 능력이 없음에도 불구하고 '뜨거운 햇볕을 막아 주는 그늘이 되겠다'며 넙죽 왕의 자리를 받아들입니다. 하지만 가시나무에 가까이 가면 갈수록 그 가시에 찔려 상처투성이가 될 뿐입니다. 가시나무 같은 아비멜렉의 정권을 고발한 요담의 호소는 3년 뒤 현실이 되었습니다. "아비멜렉이 그의 형제 칠십 명을 죽여 자기 아버지에게 행한 악행을 하나님이 이같이 갚으셨고 또 세겜 사람들의 모든 악행을 하나님이 그들의 머리에 갚으셨으니 여룹바알의 아들 요담의 저주가 그들에게 응하니라(56~57)."

요담의 이야기는 두 가지 교훈을 줍니다. 동서고금을 막론하고 불의를 통해 득세한 정권은 반드시 준엄한 심판을 받는다는 것, 그리고 그리스도인은 비록 몸은 이 땅에 있지만 하나님 나라를 소망하고 그분의 다스림을 받으며 사는 사람들이라는 것입니다. 그리스도인에게 진정한 리더가 되는 길은 '열매도 없이 우쭐대는 자리'가 아니라 '유익한 열매 맺음'을 통해 하나님을 영화롭게 하며 사람들에게 기쁨을 주며 섬기는 자리에 서는 것임을 기억합시다.

토요일

17

212장
겸손히 주를 섬길 때

———

사사기 9:7~15
포도나무가 그들에게 이르되 하나님과 사람을 기쁘게 하는 내 포도주를 내가 어찌 버리고 가서 나무들 위에 우쭐대리요 한지라 (13)

매일 성경 읽기
대하 14장 ☑ 15장 ☐
16장 ☐ 17장 ☐

공의로우신 하나님, 주님의 다스리심을 받으며 살기 원합니다. 또한 주님 안에서, 주님을 닮아 겸손함으로 진정한 리더가 되기 원합니다. 하나님을 영화롭게 하고, 사람들에게 기쁨을 주며, 유익한 열매를 맺게 하옵소서. 예수님의 이름으로 기도합니다. 아멘.

김상혁 목사 _ 주내교회

하나님의
다스리심을 받으며
살고 있습니까?

청년의 때에 창조주를 기억하라

5
주일

18

312장
너 하나님께 이끌리어

—

전도서 12:1~8
너는 청년의 때에 너의 창
조주를 기억하라 곧 곤고한
날이 이르기 전에, 나는 아
무 낙이 없다고 할 해들이
가깝기 전에 (1)

전도서에서 가장 많이 나오는 말은 '해 아래에서'입니다. 전도서의 저자인 솔로몬은 이전에도, 이후에도 다시 없을 부귀와 영화를 누린 사람이었습니다. 그런 그가 인생의 노년에 깨달은 것은 해 아래에서 행하는 모든 것의 헛되다는 것입니다. 그는 인생을 영원한 하나님의 집으로 돌아가는 것이라고 말합니다(5, 7).

솔로몬은 인생을 잘 묘사하고 있습니다. 돌아갈 날이 가까우면 집을 지키는 자들의 손이 노쇠하여 떨립니다(3). 지금까지 허리와 다리의 힘으로 살아왔는데, 허리가 구부러지고 다리가 약해집니다. 치아로 맷돌질하는 것같이 음식을 먹으며 살았는데, 이가 빠지면서 맷돌이 잘 돌아가지 않습니다. 몸의 창문인 눈이 어두워지기 시작합니다. 길거리의 문들이 닫힌다는 것은 귀가 잘 들리지 않는다는 뜻입니다. 맷돌 소리가 적어진다는 것은 나이가 들수록 소화기관이 약해져 음식을 먹는 소리가 점점 적어진다는 뜻입니다. 아침에 지저귀는 새소리에도 잠에서 깨어날 것입니다. 그리고 기력이 쇠하여 언덕이나 계단을 올라가는 것이 힘듭니다. 길거리에 나가는 것이 겁나고 빙판이 두렵습니다. 머리는 백발이 되어 하얗게 살구꽃이 피고, 메뚜기같이 가벼운 것도 짐으로 느껴집니다. 식욕도, 인생의 모든 의욕도 사라집니다. 혈관과 힘줄은 점점 풀어지고 심장은 약해지면서 세상을 떠나게 됩니다.

우리는 어디로 돌아가는 인생인지 확실히 알아야 합니다. 그리고 죽기 전에 우리가 돌아가야 할 하나님을 기억해야 합니다(6~7). 기운이 가장 왕성한 때, 충성하기 가장 좋은 때인 청년의 때에 창조주 하나님을 기억해야 합니다. 후회 없는 인생이 되기 위해서, 영원한 삶을 위해서 하나님을 기억해야 합니다. 또한 마지막 심판의 사실도 기억해야 합니다(14). 예수 그리스도를 구주로 믿고 창조주 하나님을 기억하면서 사는 사람들에게 심판은 두려움이 아닙니다. 우리에게는 죄에 대한 심판이 아닌 오직 상급만이 있음을 소망하며 살아야 합니다. 아무 낙이 없다고, 모든 것이 헛되다고 고백할 때가 가깝기 전에, 창조주를 기억해야 합니다. 이 땅에서 창조주 하나님을 기억하며 살아가는 복된 인생이 되기를 축복합니다.

매일 성경 읽기
대하 18장 ☑ 19장 ☐
　　20장 ☐ 21장 ☐
　　22장 ☐

창조주 하나님을
기억하며
살고 있습니까?

창조주 하나님, 해 아래 모든 것이 헛되지만 창조주를 기억함이 후회 없는 삶임을 믿습니다. 영원한 하나님의 집으로 돌아가는 것이 인생이라 하였습니다. 우리가 오직 창조주 하나님만을 기억하며 살아가게 하옵소서. 예수님의 이름으로 기도합니다. 아멘.

신현구 목사 _ 오곡교회

범사에 그를 인정하라

월요일

19

초대 교부 성 어거스틴은 『고백록』에서 음란한 생활, 불량배와 어울리며 악행을 저지른 일, 돈과 명예 추구, 마니교에 빠져 점성술에 심취한 일 등 왕성한 정욕과 혈기로 젊은 시절을 보냈음을 고백합니다. 그가 31세 되던 해 어느 날, 무화과나무 아래에서 "집어 들고서 읽어라, 집어 들고서 읽어라(tolle lege, tolle lege)."라는 음성을 듣습니다. 이것을 '성경을 펼쳐 처음 들어온 구절을 읽으라'는 하나님의 뜻으로 받아들이고 펼쳐 읽은 말씀이 로마서 13장 13~14절입니다. "방탕하거나 술 취하지 말며 음란하거나 호색하지 말며 다투거나 시기하지 말고 오직 주 예수 그리스도로 옷 입고 정욕을 위하여 육신의 일을 도모하지 말라." 이 말씀은 그의 삶을 변화시켰습니다.

오늘 본문에서 아버지 솔로몬은 아들에게 "내 아들아 나의 법을 잊어버리지 말고 네 마음으로 나의 명령을 지키라(1)."는 명령으로 교훈을 시작합니다. 여기서 '나의 법'과 '나의 명령'은 하나님이 주신 율법을 가리킵니다. 즉 하나님의 말씀을 깊이 새기고 실천하고 순종하라는 의미입니다. 시편 기자의 고백처럼 하나님의 말씀은 우리 인생의 등불이요, 빛입니다(시 119:105). 말씀을 따라갈 때, 우리는 오직 선한 길, 의의 길로 나아갈 수 있습니다. 우리가 방황을 경험하는 까닭은 하나님이 아닌 자신을 너무 의존하기 때문입니다. 인간은 불완전하고 연약합니다. 한 치 앞도 내다볼 수 없는 것이 우리 인생입니다. 이 사실을 깨닫는 데 오랜 시간을 허비하는 것이 우리의 어리석음입니다.

본문 6절에 "너는 범사에 그를 인정하라."고 덧붙입니다. 하나님을 인정한다는 것은 인생을 좋은 길로 이끌어갈 능력과 방법이 내게 없음을 인정하는 것이며, 그때 비로소 완벽한 안내자가 되시는 하나님의 능력과 지혜, 말씀에 마음을 열 수 있습니다. 이것은 솔로몬의 깊은 체험에서 나온 권고입니다. 하나님의 지혜와 말씀을 사모하는 인생과 그렇지 않은 인생이 어떠한지 그는 너무나도 잘 알고 있었습니다.

오늘 우리의 삶은 어떠합니까? 어디로 가야 할지 몰라 아직 방황하고 있습니까? 말씀의 빛 아래 자신을 비추십시오. 그리고 그 빛을 따라가십시오. 하나님은 당신을 인정하는 자의 길을 인도해 주신다고 약속하십니다.

202장
하나님 아버지 주신 책은

―――

잠언 3:1~8
너는 범사에 그를 인정하라 그리하면 네 길을 지도하시리라 (6)

매일 성경 읽기
대하 23장 ☑ 24장 ☐
25장 ☐

사랑의 주님, 우리 인생이 연약하여 넘어지고 방황할 때가 있습니다. 우리가 오직 하나님의 말씀을 인생길의 빛으로 삼게 하옵소서. 나를 신뢰하지 않고 하나님만을 신뢰하며 인생의 발걸음을 내딛을 때, 선한 길로 인도하옵소서. 예수님의 이름으로 기도합니다. 아멘.

김정석 감독회장 _ 기독교대한감리회

오늘 내가 진정으로
의지하는 것은
무엇입니까?

사랑으로 가능합니다

5
화요일

20

90장
주 예수 내가 알기 전

———

아가 8:6~7
너는 나를 도장 같이 마음
에 품고 도장 같이 팔에 두
라 사랑은 죽음 같이 강하
고 질투는 스올 같이 잔인
하며 불길 같이 일어나니
그 기세가 여호와의 불과
같으니라 (6)

매일 성경 읽기
대하 26장 ☑ 27장 ☐
28장 ☐

성경 말씀을 읽다 보면 '이것을 어떻게 지키지?'라는 생각이 드는 말씀이 있습니다. 네 이웃을 내 몸과 같이 사랑하라, 원수를 사랑하며 너희를 박해하는 자를 위하여 기도하라, 너의 오른편 뺨을 치는 자에게 왼편도 돌려대며 네 겉옷을 빼앗는 자에게 속옷도 거절하지 말라는 등 생각만 해도 마음이 어려워지는 말씀이 있습니다. 남을 어떻게 내 몸을 대하듯 사랑할 수 있을까요? 내 것을 빼앗고 나를 해치는 이를 어떻게 친절히 대할 수 있을까요? 도저히 화해할 방법이 없어진 원수를 어떻게 사랑할 수 있을까요? 오늘 본문은 불가능해 보이는 성경 말씀을 행하며 살 수 있는 방법을 들려줍니다.

우리는 하나님의 사랑하심으로 말미암아 살아 있는 사람들입니다. 로마서의 말씀처럼 하나님과 원수 된 나를 하나님께서 먼저 사랑하셨습니다. 그래서 독생자 예수 그리스도를 주시고, 그를 십자가에 달려 죽게 하심으로 회복의 길, 십자가의 길을 열어 주셨습니다. "곧 우리가 원수 되었을 때에 그의 아들의 죽으심으로 말미암아 하나님과 화목하게 되었은즉 화목하게 된 자로서는 더욱 그의 살아나심으로 말미암아 구원을 받을 것이니라(롬 5:10)." 뿐만 아니라 이것을 믿을 수 있는 믿음까지 주시어 하나님의 백성으로 새 생명을 살게 하셨습니다. 우리에게 새 생명을 주신 하나님을 사랑할 때, 우리는 불가능해 보이는 성경 말씀을 당연한 세계로 인식하며 말씀대로 살게 됩니다. 죽음보다 강하고 열정적인 '사랑'이 그것을 가능하게 만들기 때문입니다.

그러하기에 우리는 하나님을 온 마음을 다해 사랑해야 합니다. 온 마음을 다해 사랑한다는 것은 내 안의 바람과 생각, 감정과 의지를 다 동원해 하나님을 지향하는 것입니다. 성경은 이것을 온전함으로 표현하기도 합니다. "너는 마음을 다하고 뜻을 다하고 힘을 다하여 네 하나님 여호와를 사랑하라(신 6:5)." 우리가 온 마음을 다해 하나님을 사랑할 때, 우리는 주님께 배우고 받은 사랑의 힘으로 말씀을 삶으로 행하며 살게 됩니다.

하나님을 온 마음을 다해, 그리고 온 힘을 다해 사랑하십시오. 그러다 보면 어느덧 지킬 수 없다고 생각했던 주님의 말씀을 자연스레 행하는 자신을 발견할 것입니다.

나의 신앙생활은 습관입니까, 아니면 하나님에 대한 진정한 사랑입니까?

사랑의 하나님, 하나님을 향한 사랑이 점점 흐려지는 모습을 보게 됩니다. 습관적인 신앙생활에서 벗어나기 원합니다. 하나님을 더 사랑할 수 있는 은혜를 부어 주옵소서. 사랑으로 생각하고, 사랑으로 결정할 수 있게 하옵소서. 예수님의 이름으로 기도합니다. 아멘.

성중현 목사 _ 봉천교회

우리의 만남은 필연입니다

옷깃만 스쳐도 인연이라는 말이 있습니다. 좋은 인연을 만나는 것은 정말 귀하고 소중한 일입니다. 성경에도 좋은 만남이 있습니다. 특히 창세기 24장에는 이삭이 리브가를 만나 가정을 이루는 과정이 나옵니다. 신앙인의 만남은 우연이 아니라 하나님의 계획과 역사하심으로 이루어지는 필연입니다. 오늘 본문의 이삭과 리브가의 결혼도 그렇습니다. 리브가가 살고 있는 지역은 이삭이 사는 곳에서 약 900km 정도 떨어진 곳입니다. 둘은 만나 본 적도, 얼굴을 본 적도 없는 사이입니다. 그런데 이 둘이 하나님의 계획 가운데 만난 것입니다.

아브라함의 종이 이삭의 아내 될 사람을 찾으러 하란 나홀의 성으로 갑니다. 거기에 도착하여 하나님께 기도합니다. "제가 여기 우물 곁에 서 있다가, 마을 사람의 딸들이 물을 길으러 나오면, 제가 그 가운데서 한 소녀에게 '물동이를 기울여서, 물을 한 모금 마실 수 있게 하여 달라' 하겠습니다. 그 때에 그 소녀가 '드십시오. 낙타들에게도 제가 물을 주겠습니다' 하고 말하면, 그가 바로 주님께서 주님의 종 이삭의 아내로 정하신 여인인 줄로 알겠습니다(13~14, 새번역)." 기도를 마칠 때 나홀의 후예 리브가를 만납니다(22:23). 하나님은 종이 기도하기 전에 리브가를 우물로 가게 하셨고, 종이 기도를 마칠 때 만나게 하셨습니다.

아브라함의 종이 리브가의 가족에게 모든 사정을 이야기하고 리브가를 데리고 가겠다고 합니다. 가족들은 며칠 더 머물기를 원했지만, 리브가는 종을 따라가겠다고 합니다. 이에 가족들은 그를 축복하며 보냅니다. "리브가에게 축복하여 이르되 우리 누이여 너는 천만인의 어머니가 될지어다 네 씨로 그 원수의 성 문을 얻게 할지어다(60)." 이렇게 리브가와 이삭이 만났고, 둘은 결혼하여 가정을 이루었습니다.

이삭과 리브가의 결혼처럼 우리의 모든 만남도 하나님의 계획 가운데 이루어집니다. 특히 부부의 인연은 그 어떤 인연보다 귀하고 소중합니다. 우리 가정이 하나님의 특별한 계획으로 이루어졌음을 기억하기 바랍니다. 모든 가정에 하나님의 기쁨이 넘치기를 주님의 이름으로 축복합니다.

405장
주의 친절한 팔에 안기세

—

창세기 24:61~67
이삭이 리브가를 인도하여 그의 어머니 사라의 장막으로 들이고 그를 맞이하여 아내로 삼고 사랑하였으니 이삭이 그의 어머니를 장례한 후에 위로를 얻었더라 (67)

매일 성경 읽기
대하 29장 ☑ 30장 ☐
31장 ☐

사랑의 하나님, 하나님의 계획 가운데 귀한 가정을 이루게 하시고, 우리의 모든 만남을 주관하심에 감사합니다. 서로 소중하게 여기며 아끼게 하옵소서. 그래서 가정이 하나님의 기쁨이 넘치는 천국을 이루게 하옵소서. 예수님의 이름으로 기도합니다. 아멘.

성진규 목사 _ 신흥동교회

하나님의 계획 속에
이루어진 가정을
소중히 여기고
있습니까?

하나님의 인도하심 따라

549장
내 주여 뜻대로

—

사도행전 16:6~10
무시아 앞에 이르러 비두니아로 가고자 애쓰되 예수의 영이 허락하지 아니하시는지라 (7)

특별새벽기도회에 참석하고 곧장 등교하는 전도사님이 있었습니다. 권사님 한 분이 전도사님의 수고를 덜어 주고자 환승하는 곳까지 데려다주기로 했습니다. 운양역에 가서 학교로 가는 버스를 타면 간단했습니다. 그런데 전도사님이 운양역이 아닌 운정역이라고 말하는 바람에 김포가 아닌 파주로 가게 되었습니다. 졸지에 계획이 엉망이 되었습니다. 그러나 이것이 전화위복이 되었습니다. 그날 서울시 버스 총파업으로 버스가 다니지 않았지만 경의선은 정상 운행했기 때문입니다. 하나님이 하시는 일은 언제나 선(善)입니다.

바울은 2차 전도 여행에서 여전히 연약하고 도움이 필요한 교회들을 돌아보고 양육하고자 소아시아로 가서 말씀을 전하려고 했습니다. 그런데 성령께서 막으셨습니다. 그래서 바울은 무시아를 지나 드로아로 내려갑니다. 드로아에서 주의 인도하심을 구하며 기도하던 바울은 마게도냐 사람이 와서 우리를 도와달라고 청하는 환상을 봅니다. 바울은 이를 새로운 선교 지역으로 가라는 하나님의 뜻으로 받아들입니다. 그리고 계획을 수정하여 즉시 배를 타고 마게도냐로 들어가 복음을 전합니다. 그리하여 유럽 최초의 교회인 빌립보 교회가 세워지고 복음의 지경이 확장되는 놀라운 일들이 시작됩니다.

성령은 바울이 복음을 전하는 길을 열어 주셨지만, 때로는 막기도 하셨습니다. 우리는 열리는 것이 은혜라고 생각하지만, 막히는 것도 은혜입니다. 좋은 일을 해도 막힐 때가 있습니다. 그럴 때도 낙심하거나 불평하지 말아야 합니다. 하나님의 선하심을 믿어야 합니다. "이는 내 생각이 너희의 생각과 다르며 내 길은 너희의 길과 다름이니라 여호와의 말씀이니라(사 55:8)."

하나님의 인도하심은 때로는 허락이라는 모습으로, 때로는 거부라는 모습으로 임합니다. 아무리 철저하게 준비하고 계획하고 노력했어도, 하나님이 허락하시지 않는 것이라면 내려놓아야 합니다. 바울은 자신의 계획보다 하나님의 뜻을 따랐습니다. 하나님은 바울에게 못하게 하신 것이 아닙니다. 새로운 일을 하게 하셨습니다. 하나님의 인도하심에 순종할 때 놀라운 일들이 기다립니다. 내 뜻과 계획이 아니라 성령의 인도하심을 따라 사는 삶이 되기를 기도합니다.

매일 성경 읽기
대하 32장 ☑ 33장 ☐

내 생각과 계획을
내려놓고 성령의
인도하심을 따르며
살고 있습니까?

전능하신 하나님, 우리가 하는 모든 수고와 헌신이 나의 만족이 아니라 하나님의 기쁨이 되기를 원합니다. 우리의 생각과 계획을 내려놓고 성령의 인도하심을 따라 살기를 원합니다. 하나님의 뜻을 이루며 살게 하옵소서. 예수님의 이름으로 기도합니다. 아멘.

양용직 목사 _ 선원교회

조건을 뛰어넘는 새로운 가족

금요일

23

219장
주 하나님의 사랑은

────

마태복음 12:46~50
누구든지 하늘에 계신 내 아버지의 뜻대로 하는 자가 내 형제요 자매요 어머니이니라 하시더라 (50)

가족을 지칭하는 말로 아버지, 어머니, 형제, 자매 등이 있습니다. 그런데 이 말을 사용하는 곳이 또 있습니다. 바로 교회입니다. 하나님을 아버지라고 부르고, 성도들은 서로를 형제, 자매로 부릅니다. 교회가 가정의 확장이기 때문입니다.

오늘 본문에서 예수님은 혈연적인 가족 관계가 아닌 새로운 가족 관계에 대해 말씀하십니다. 예수님은 "손을 내밀어 제자들을 가리켜 이르시되 나의 어머니와 나의 동생들을 보라(49)."고 하십니다. 심지어 밖에 예수님의 어머니와 동생들이 서 있는 상황에서 하신 말씀입니다. 이렇게 말씀하신 이유는 우리가 혈연관계를 넘어서기를 바라시기 때문입니다. 예수님은 우리가 자기 울타리를 넘어 하나님의 울타리로 살아가기를 원하십니다. 그리고 그 기준을 말씀하십니다. "누구든지 하늘에 계신 내 아버지의 뜻대로 하는 자가 내 형제요 자매요 어머니이니라 하시더라(50)."

예수님이 십자가상에서 마리아와 요한에게 부탁하신 말씀이 있습니다. 모친 마리아에게는 요한을 아들로 여겨 달라고, 제자 요한에게는 마리아를 어머니로 모셔 달라고 말씀하셨습니다. 그리하여 새로운 가족 관계가 시작되었습니다. 이후 하나님의 뜻대로 행하는 사람들이 모여 교회가 탄생하였습니다. 그리고 그들은 하나님 안에서 가족이 되었습니다. 예수 그리스도의 보혈로 가족이 되었습니다. 이제 우리는 가족이 된 사람들입니다. 하나님은 아버지가 되시고, 우리 모두는 서로에게 형제, 자매가 된 것입니다.

그러므로 우리는 아버지 하나님의 뜻대로 살아가야 합니다. 서로 하나님 아버지의 뜻대로 살아가도록 돕는 존재가 되어야 합니다. "늙은이를 꾸짖지 말고 권하되 아버지에게 하듯 하며 젊은이에게는 형제에게 하듯 하고 늙은 여자에게는 어머니에게 하듯 하며 젊은 여자에게는 온전히 깨끗함으로 자매에게 하듯 하라(딤전 5:1~2)."

우리 모두 한가족으로 하나님 아버지의 뜻을 행하며 함께 살아가기를 원합니다. 이제 우리의 공동체가 혈연적인 가족 관계를 넘어 하나님 나라의 새롭고 아름다운 가족이 되기를 간절히 소망합니다.

매일 성경 읽기
대하 34장 ☑ 35장 ☐
36장 ☐

사랑의 주님, 지엽적이고 부분적이었던 나의 가족관(觀)을 회개합니다. '나 중심'의 울타리를 넘어서 '하나님 중심'의 가족관을 가지고 살아가게 하옵소서. 우리의 관계 속에서 하나님 아버지의 뜻을 행하며 살게 하옵소서. 예수님의 이름으로 기도합니다. 아멘.

홍병수 목사 _ 부곡교회

내가 속한 공동체를 어떻게 대하고 있습니까?

주님의 살과 피로 살아가야 합니다

5

토요일

24

228장
오 나의 주님 친히 뵈오니

―

고린도전서 11:23~29
너희가 이 떡을 먹으며 이 잔을 마실 때마다 주의 죽으심을 그가 오실 때까지 전하는 것이니라 (26)

예수님은 십자가를 지시기 전 제자들과의 마지막 만찬에서 성찬 예식을 제정하셨습니다. 주님은 성찬 예식을 행하면서 자신의 죽음을 기억하고 기념하라는 당부를 남기셨습니다. 그러므로 그리스도인들은 주님이 주신 귀한 명령을 잘 지켜야 합니다. 그런데 고린도 교회는 성찬 예식을 행하면서 예식에만 집착한 나머지 성찬 예식의 기본 목적을 상실하였습니다. 성찬 예식을 통하여 하나 되기보다는 분열과 분쟁을 조장하였습니다. 그래서 사도 바울은 주님께서 주신 목적에 합당하지 않게 성찬을 먹고 마시는 것은 죄악을 범하는 것이며, 성찬을 먹는 것이 아니라 죄를 먹고 마시는 것이라고 경고합니다(27, 29).

존 웨슬리는 여덟 살에 첫 성찬식에 참여한 이래 한평생 열렬한 성찬주의자로 살았습니다. 특별히 영적인 회심을 계기로 성찬식에 대한 관점을 달리했습니다. 회심 이전의 웨슬리에게 성찬식은 온전한 그리스도인을 위한 특권이었기에 자격을 엄격히 따졌습니다. 성공회 신부였던 웨슬리는 영국성공회에서 세례받지 않은 성도에게는 성찬을 베풀지 않았고, 성도에 합당한 삶을 살지 않는 사람에게도 성찬을 금지했습니다. 금지 이후에는 회개, 고행, 금식, 고백, 기도회 출석 등을 통하여 충분한 훈련을 받아야 성찬을 허가해 주었습니다. 속회 출석표가 있어야 했고, 성찬 받기 6시간 전에는 금식해야 했습니다.

그러나 존 웨슬리는 회심하고 감리교 운동을 시작하면서 성찬을 '은총의 수단'으로 받아들입니다. 예수 그리스도를 구세주로 고백하는 모든 이들이 성찬식에 참여하도록 허용하였습니다. 웨슬리는 성찬을 통하여 그리스도께서 실제로 임재하심을 확신했습니다. 그리고 이 임재를 통하여 죄 사함의 은총을 베푸시고, 주님의 생명을 우리에게 내어 주심으로 우리를 새로운 생명으로 창조하여 새 출발을 하도록 은혜 베푸심을 확신했습니다. 그래서 웨슬리는 빈번한 성찬이 아닌 지속적인 성찬이 올바른 성찬의 자세임을 강조했습니다. 성찬의 은혜를 사모하고 지속적으로 주님의 살과 피를 영접하며 주님의 생명과 능력을 부여받기 바랍니다. 그리하여 세상을 넉넉히 이기는 은혜를 누리기를 기도합니다.

매일 성경 읽기
스 1장 ☑ 2장 ☐

내 안에 그리스도의
생명을 모시는
성찬을 꾸준히
행하고 있습니까?

하나님, 연약한 인생이 험난한 세상을 이겨내는 것이 쉽지 않습니다. 내 힘만 의지할 때는 패할 수밖에 없음을 깨닫습니다. 지속적인 성찬을 통해 주님의 살과 피를 영접하며, 그리스도를 모신 복된 존재로 거듭나게 하옵소서. 예수님의 이름으로 기도합니다. 아멘.

김종구 목사 _ 세신교회

갈릴리로 가라

주일

25

오늘 본문에 등장하는 두 여인은 안식 후 첫날 새벽에 예수님의 무덤에 갔다가 빈 무덤과 천사를 봅니다. 하늘에서 내려온 천사는 두 여인에게 예수님이 말씀하신 대로 살아나셨으니 제자들에게 소식을 전하고 갈릴리로 가라고 명령합니다. 두 여인은 천사의 명령대로 부활 소식을 전하기 위해 떠나는 길에 예수님을 만납니다.

예수님의 부활 사건에서 빈 무덤보다 더 중요한 부활의 증거는 여인들이 예수님을 직접 만난 것입니다. 마찬가지로 오늘 우리의 신앙생활에서 가장 중요한 것은 '예수님을 만나는 것'입니다. 어떤 증거나 증언, 기록보다도 확실한 것은 예수님의 실존을 경험하는 것입니다.

예수님을 만난 여인들은 예수님이 다시 살아나셨음을 확신하였고, 두려움보다 더 큰 기쁨을 얻었습니다. 예수님은 여인들에게 말씀하십니다. "무서워하지 말라 가서 내 형제들에게 갈릴리로 가라 하라 거기서 나를 보리라(10)." 예수님은 자신을 부인하고 떠난 제자들을 '형제들'이라고 부르십니다. 예수님은 형언할 수 없는 사랑으로 제자들을 품으시고, 낙심과 좌절과 죄책감에 빠진 그들에게 새 소망을 주시기 위해 그들을 갈릴리로 부르십니다. 그곳에서 제자들은 살아 계신 예수님을 만나 마음의 모든 짐을 내려놓고, 예수님을 향한 믿음으로 새 힘을 얻어 다시 한번 사명을 받을 것입니다. 갈릴리는 연약한 제자들이 예수님을 만나 재차 새 힘과 소망을 얻는 장소입니다.

오늘 우리에게도 예수님을 만나는 갈릴리가 있습니다. 기도의 자리, 말씀의 자리, 예배의 자리가 바로 우리의 갈릴리입니다. 세상에서 좌절하고 낙망하고 실망한 우리의 인생에 새 소망과 믿음과 힘을 주시기 위해 예수님은 우리를 만나기 원하십니다. 예수님은 제자들에게 갈릴리로 오라고 부르시듯이 오늘 우리를 갈릴리로 부르십니다.

베드로와 요한이 기도의 시간을 정하여 성전으로 나아갔듯이 오늘 우리도 우리 삶의 갈릴리, 예수님을 만나는 자리로 끊임없이 나아가기를 바랍니다. 예수님께서 우리를 만나 주시고, 우리의 영에 쉼을 주시고, 세상을 이길 힘과 소망을 허락하실 것입니다.

539장
너 예수께 조용히 나가

마태복음 28:7~10
이에 예수께서 이르시되 무서워하지 말라 가서 내 형제들에게 갈릴리로 가라 하라 거기서 나를 보리라 하시니라 (10)

매일 성경 읽기
스 3장 ☑ 4장 ☐

하나님, 오늘도 주님을 만나는 자리로 불러 주셔서 감사합니다. 우리 삶의 갈릴리로 끊임없이 나아가오니 우리를 만나 주옵소서. 우리 영이 참 쉼을 얻게 하시고, 예수님의 제자로서 사명을 감당할 힘과 능력을 허락하여 주옵소서. 예수님의 이름으로 기도합니다. 아멘.

최종호 목사 _ 광주교회

예수님을 만나는 갈릴리를 향해 가고 있습니까?

이 산지를 지금 내게 주소서

5

월요일

26

182장
강물같이 흐르는 기쁨

여호수아 14:6~12

그 날에 여호와께서 말씀하신 이 산지를 지금 내게 주소서 당신도 그 날에 들으셨거니와 그 곳에는 아낙 사람이 있고 그 성읍들은 크고 견고할지라도 여호와께서 나와 함께 하시면 내가 여호와께서 말씀하신 대로 그들을 쫓아내리이다 하니 (12)

매일 성경 읽기

스 5장 ☑ 6장 ☐

오늘 본문은 약속의 땅을 앞두고 여호수아와 갈렙이 나눈 믿음의 대화입니다. "오늘 내가 팔십오 세로되 모세가 나를 보내던 날과 같이 오늘도 내가 여전히 강건하니 내 힘이 그 때나 지금이나 같아서 싸움에나 출입에 감당할 수 있으니(10~11)." 본문이 전하는 메시지는 85세의 나이에도 변함없는 갈렙의 건강과 용맹이 아닙니다. 오랜 세월이 지나도 여전히 하나님의 언약을 신뢰하는 갈렙의 믿음입니다.

갈렙의 변함없는 믿음의 근거는 무엇입니까? 하나님께서 모세에게 친히 약속하신 말씀입니다. "그 날에 모세가 맹세하여 이르되 네가 내 하나님 여호와께 충성하였은즉 네 발로 밟는 땅은 영원히 너와 네 자손의 기업이 되리라 하였나이다(9)." 믿음의 본질은 하나님의 언약에 대한 신뢰를 바탕으로 한 의뢰입니다. "여호와께 충성하였으므로"라는 구절이 반복되는데, 이를 통해 갈렙이 하나님의 언약을 45년 동안 변함없이 유지했고, 마침내 행함으로 옮겼다는 사실이 강조됩니다.

믿음과 행함은 둘이 아니라 하나입니다. 사람은 누구나 자신이 믿는 대로 행하기 마련입니다. 행함이 없다는 것은 온전한 믿음이 없다는 뜻입니다. 온전한 순종이 어려운 이유는 무엇일까요? 내 생각과 하나님의 생각, 내 길과 하나님의 길이 전혀 다르기 때문입니다(사 55:8). 내 생각과 내 길보다 하나님의 생각과 하나님의 길이 더 높다는 확실한 믿음이 있다면 순종은 어렵지 않습니다.

"헤브론이 그니스 사람 여분네의 아들 갈렙의 기업이 되어 오늘까지 이르렀으니 이는 그가 이스라엘의 하나님 여호와를 온전히 좇았음이라(14)." 갈렙이 온전한 순종으로 얻은 헤브론은 오래전 믿음의 조상 아브라함이 처음 정착했던 약속의 땅이자 사라를 매장했던 유일한 소유지입니다. 또한 헤브론은 유다 지파의 기업이 되어 먼 훗날 다윗 왕조가 시작된 유대 나라의 도읍지입니다. 갈렙이 좇았던 영원하신 하나님의 언약은 다윗의 자손 예수 그리스도의 출현으로 온전하게 성취되었습니다. 우리도 하나님의 언약을 믿음으로 온전히 순종할 수 있기를 바랍니다.

하나님의 뜻대로 되는 것이 더 좋다는 믿음이 있습니까?

약속을 이루시는 하나님, 우리도 갈렙처럼 하나님의 언약을 온전히 신뢰함으로 순종할 수 있는 믿음을 주옵소서. 그 믿음으로 하나님의 말씀을 온전히 좇아가게 하옵소서. 약속이 성취되는 기쁨을 목도하는 우리가 되게 하옵소서. 예수님의 이름으로 기도합니다. 아멘.

김명섭 목사 _ 강릉예향교회

당신을 존중하겠습니다

『로마인 이야기』를 쓴 시오노 나나미는 역사에 대한 두 가지 관점을 이야기합니다. 역사를 현재의 거울로 삼는 것 못지않게, 그 사건이 당대에 어떤 의미였는지를 발견해야 한다는 것입니다. 성경을 이해하는 데에도 '당대의 관점'은 매우 중요한 지표입니다. 오늘날에는 시대착오적으로 여겨지는 일들이 당대에는 매우 앞서가는 일인 경우가 많기 때문입니다. 특히 성경에 나타난 여성에 대한 관점이 그렇습니다.

잠언이 쓰여진 기원전 10세기에서 7세기경 이스라엘 주변 세계에서 여성의 지위는 매우 낮았습니다. 여성은 인격이 아니라 재산으로 취급되었습니다. 아내가 늙으면 젊은 아내를 새로 맞이하고, 아내를 두고 다른 여자를 만나는 것을 남자다움이라 여겼습니다. 아내는 속이 상해도 밖으로 드러낼 수가 없었습니다. 아브라함의 아내 사라처럼 자신이 아이를 낳지 못하면 다른 여자를 품으라고 남편을 설득하는 것이 현모양처에게 요구되는 도덕이었습니다. 이런 시대에 "네가 젊어서 취한 아내를 즐거워하라(18)."는 말씀은 오늘날처럼 뻔한 의미가 아닙니다. 아내를 재산이나 출산의 도구로 여기던 시대에 아내를 인격으로 대하고 존중하라는 혁명적인 말씀이었습니다. 모든 여성은 누군가의 어머니요, 아내요, 딸입니다. 오늘 본문은 아내를 존중하는 것이 시대를 초월한 하나님의 뜻임을 가르쳐 줍니다.

노벨 문학상 수상자인 도리스 레싱의 단편 「다른 여자」는 2차 세계대전을 배경으로 한 영국 젊은이들의 사랑 이야기입니다. 전쟁 때문에 남자들이 죽어 나가자 젊은 여성들은 소수의 남성을 두고 경쟁을 벌이고, 젊은 남성들은 그러한 경쟁심과 책임감에 짓눌려 있었습니다. 도리스 레싱은 전쟁으로 젊은이들이 겪게 된 시대적 우울에 대해 질문을 던집니다. "남존여비 시대에 남성은 행복한가?"

존중은 곱셈식과 유사합니다. 서로 존중할 때만 플러스 결과가 납니다. 주님은 그리스도인에게 서로 사랑할 사명을 주셨습니다. 그 사명은 가정에서부터 출발합니다. 서로 얼굴을 보며 결단합시다. "당신을 존중하겠습니다. 그것이 하나님의 뜻입니다."

454장
주와 같이 되기를

—

잠언 5:15~19
네 샘으로 복되게 하라 네가 젊어서 취한 아내를 즐거워하라 (18)

매일 성경 읽기
스 7장 ☑ 8장 ☐

언제나 앞서가시며 우리를 아름답고 좋은 길로 인도하시는 주님, 크신 사랑과 은혜에 감사드립니다. 오늘 주님의 말씀 속에서 우리에게 주어진 사명을 깨달았습니다. 서로 존중하며 사랑하기를 힘쓰게 하옵소서. 예수님의 이름으로 기도합니다. 아멘.

우동혁 목사 _ 만남교회

서로 사랑하며
존중하기를
힘쓰고 있습니까?

기적의 재료

371장
구주여 광풍이 불어

열왕기상 17:8~16
이스라엘의 하나님 여호와
의 말씀이 나 여호와가 비
를 지면에 내리는 날까지
그 통의 가루가 떨어지지
아니하고 그 병의 기름이
없어지지 아니하리라 하셨
느니라 (14)

엘리야는 이세벨의 위협을 피해 그릿 시냇가에 머물렀습니다. 가뭄으로 그 시냇물도 다 마르자 하나님은 엘리야에게 시돈의 사르밧에 있는 과부에게 가라고 하십니다. 이 이방 여인은 가난했고, 기근에 먹을 것이 떨어진 상황이었습니다. 엘리야가 여인에게 물과 빵을 달라고 하자 여인은 이제 식량이 떨어져 마지막으로 음식을 해 먹고 아들과 함께 죽을 것이라고 대답합니다. 엘리야는 자기에게 먼저 음식을 해주고 나서 당신과 아들의 음식을 해 먹으라며, 하나님께서 식량이 떨어지지 않을 것이라 말씀하셨다고 합니다.

엘리야의 말이 여인에게 어떻게 들렸을까요? 그 말을 믿고 이제 살았다 싶었을까요, 아니면 벼룩의 간을 내어 먹으려고 하는구나 싶었을까요. 어쨌든 엘리야는 자기가 하나님의 사람임을 밝혔고, 자기를 대접하면 음식 걱정은 없을 것이라고 했습니다. 이제 선택은 여인의 몫입니다. 여인은 자기 목숨을 유지하기도 힘든 기근의 시대에, 그렇지 않아도 삶의 무게가 천근만근인 절망 가운데 찾아온 사람의 무례하고 무리한 요구를 들어줍니다. 화를 내도 시원치 않을 상황에 어떻게 그럴 수 있었을까요?

기적적인 선택, 하기 어려운 일을 할 때 기적이 찾아옵니다. 과부의 식량이 떨어지지 않은 것보다 그런 상황에서 엘리야를 대접하기로 한 여인의 선택이 더 큰 기적입니다. 이 기적의 현장에 하나님의 약속이 있고, 그것을 믿고 선택한 여인이 있습니다. 말씀과 선택이 기적의 재료였습니다.

'감나무 밑에 누워서 홍시 떨어지기를 기다린다'는 속담이 있습니다. 아무런 노력도 하지 않으면서 좋은 결과를 바랄 때 하는 말입니다. 최소한 나무를 흔들든가, 아니면 감나무에 올라가야 홍시를 먹을 수 있습니다. 여인은 마지막 식량을 하나님의 사람에게 주었습니다. 이 여인은 엘리야를 도왔고, 하나님은 엘리야를 통하여 이 여인을 도우셨습니다.

인생에 기적 같은 변화가 있기를 원합니까? 우리 인생을 붙잡아 매는 굴레가 사라지고, 답답한 인생에 희망이 생기고, 하나님의 뜻을 이루는 믿음으로 살기 원합니까? 하나님의 부르심을 깨닫고 하나님의 일을 이루는 결단을 선택해야 합니다.

매일 성경 읽기
스 9장 ☑ 10장 ☐

하나님이 내게
요구하시는 기적 같은
선택은 무엇입니까?

언제나 선한 길로 인도하시는 하나님, 참으로 감사합니다. 하나님께서 부르실 때 그것을 깨닫고, 기적을 택할 수 있기를 원합니다. 그렇게 믿음이 자라고 성숙하기를 원합니다. 우리에게 분별과 믿음과 용기를 허락하여 주옵소서. 예수님의 이름으로 기도합니다. 아멘.

이경민 목사 _ 캘거리제일교회

승천 생활화

29

누가복음은 예수님의 승천을 이렇게 기록합니다. "예수께서는 그들을 축복하시는 가운데, 그들에게서 떠나 하늘로 올라가셨다. 그들은 예수께 경배하고, 크게 기뻐하면서, 예루살렘으로 돌아가서, 하나님을 찬양하면서 날마다 성전에서 지냈다(51~53, 새번역)." 부활하신 예수님이 하늘로 승천하셨고, 이를 목격한 사람들은 큰 기쁨을 안고 예루살렘에 돌아가 성전에서 하나님을 찬송했다는 것입니다. 예수님이 승천하시기 전과 승천하신 후, 그들에게 주어진 현실은 변한 것이 없습니다. 그러나 예수님의 승천을 경험한 후에 그들의 삶은 크게 달라졌습니다. 큰 기쁨을 얻고 찬송하는 삶이 된 것입니다. 이것이 예수님이 승천하신 천국 복음의 능력입니다.

우리가 천국 복음의 능력을 누리기 위해서는 신앙의 세 단계 생활화가 필요합니다. 첫째, 십자가 생활화입니다. 그동안 사랑했던 세상 것들을 주님의 십자가 앞에 내려놓는 것을 의미합니다. 내 마음이 세상에 대해 죽고, 마음을 주님으로 채워서 주님으로 배부르고 만족하는 것입니다. 둘째, 부활 생활화입니다. 십자가에서 죽고 주님의 생명으로 부활한 자는 이 세상을 살아가야 할 이유가 바뀝니다. 그동안 나를 위해 살았다면 이제는 '살아도 주를 위해, 죽어도 주를 위해' 삽니다. 셋째, 승천 생활화입니다. 승천하신 예수님의 동선을 따라 내 마음이 천국으로 승천합니다. 그래서 몸은 이 땅에 있지만, 마음은 천국에 있습니다. 그렇게 하늘에서 세상을 보니 세상일들이 대수롭지 않게 여겨지고 세상에 대해 담대해집니다. 천국 기운으로 날마다 주님을 경배하고, 항상 기쁘고 찬송이 넘칩니다. 주님의 능력이 내 삶에 나타납니다.

승천 생활화가 되지 않은 사람들은 땅의 일에 목숨을 겁니다. 그러나 승천 생활화를 통해 천국을 맛본 사람은 세상일이 맛이 없습니다. 그래서 세상에 미련을 두지 않고 천국의 기쁨으로 성전에서 늘 하나님을 찬양합니다. 이때 그리스도인의 삶에 하나님의 뜻이 흐르고, 하늘의 구원과 땅의 복을 받습니다. 승천 생활화를 통해 세상 어떠한 환경에서도 기쁘고 찬송이 넘치기를 바랍니다. 그리하여 날마다 행복한 그리스도인이 되기를 주님의 이름으로 축복합니다.

27장
빛나고 높은 보좌와

—

누가복음 24:50~53
축복하실 때에 그들을 떠나 하늘로 올려지시니 (51)

매일 성경 읽기
느 1장 ☑ 2장 ☐ 3장 ☐

은혜로우신 하나님, 우리의 마음이 십자가에 달려 죽으시고 부활하시고 승천하신 주님의 동선을 따라 천국에 오르게 하옵소서. 세상 어떤 형편에서도 항상 기뻐하고, 쉬지 말고 기도하고, 범사에 감사하는 그리스도인이 되게 하옵소서. 예수님의 이름으로 기도합니다. 아멘.

민복기 목사 _ 영일교회

천국 복음의 능력이
우리 삶에 나타나고
있습니까?

이 포도나무를 돌보소서

570장
주는 나를 기르시는 목자

—

시편 80:8~19
만군의 하나님이여 구하옵
나니 돌아오소서 하늘에서
굽어보시고 이 포도나무를
돌보소서 (14)

오늘 시편의 말씀은 이스라엘 공동체의 탄식시입니다. 백성들은 자신들이 처한 절망적인 상황을 탄식하며, 하나님께서 분노를 멈추시고 주의 얼굴빛을 비추사 이스라엘을 회복시켜 주시기를 탄원하고 있습니다.

시인은 이스라엘 백성의 모습을 두 가지로 묘사합니다. 첫째, '양 떼'입니다. 이스라엘은 하나님이 인도하시는 양 떼와 같았습니다. "우리는 그의 것이니 그의 백성이요 그의 기르시는 양이로다(100:3)." 이스라엘은 목자를 따르지 않는 고집 센 양이었습니다. 그래서 푸른 초장과 잔잔한 물가에서 부족함 없이 먹고 마시는 대신, 적들의 비웃음과 눈물의 양식을 먹고 있다고 말합니다(5~6). 둘째, '포도나무'입니다. 하나님은 포도나무를 애굽에서 가져다가 가나안에 심으셨습니다(8). 주께서 가꾸시므로 포도나무는 산과 들에 풍성하게 자랐습니다. 그러나 하나님께서는 포도나무 담을 허시고, 지나가는 사람들이 포도 열매를 따 먹게 하셨습니다. 시편 기자는 이것을 탄식합니다. 이스라엘은 하나님 안에서 아름답고 풍요로운 열매를 맺었는데, 그 열매를 이방인들에게 빼앗기고 있음을 슬퍼하는 것입니다.

예수께서는 이렇게 말씀하셨습니다. "나는 참포도나무요 내 아버지는 농부라(요 15:1)." "나는 포도나무요 너희는 가지라 그가 내 안에, 내가 그 안에 거하면 사람이 열매를 많이 맺나니(요 15:5)." 하나님은 포도원의 농부이시고, 예수는 포도나무이며, 백성은 포도 열매를 맺는 가지라는 것입니다. 포도가 열매를 충실히 맺기 위해서는 예수 안에 거하여야 합니다.

하나님은 이스라엘을 떠나신 적이 없습니다. 달구지를 타 본 사람은 압니다. 천천히 움직이는 소달구지 뒤에 걸터앉아 있노라면 길가의 버드나무도 멀어져 갑니다. 길가에 핀 들꽃들도 점점 멀어져 갑니다. 그러나 정말 멀어져 가는 것은 달구지 위의 우리입니다. 우리는 그런 식으로 주님의 곁을 멀리멀리 떠났습니다. 멀어져 간 것은 우리였을 뿐, 주님은 항상 그곳에, 그 자리에 서 계셨습니다. 하나님 곁을 떠난 것은 이스라엘이었습니다. 오늘 말씀처럼 '포도나무를 돌보아 달라'는 것은 하나님께로 돌아가겠다는 우리의 고백이고 다짐입니다.

매일 성경 읽기
느 4장 ☑ 5장 □
6장 □ 7장 □

하나님을 처음 만난
기쁨을 여전히
간직하고 있습니까?

사랑의 주님, 우리의 마음과 생각을 돌보아 주옵소서. 언제나 항상 그곳에, 그 자리에서 우리를 기다리시는 주님을 잊지 않게 하옵소서. 세상의 바쁘고 번잡한 일로 인하여 시나브로 하나님 곁을 떠나는 일이 없도록 지켜 주옵소서. 예수님의 이름으로 기도합니다. 아멘.

손인선 목사 _ 대한기독교서회

참된 예배자를 찾으십니다

이스라엘 백성은 귀한 제물을 드리기만 하면 하나님께서 기뻐하시고 은혜를 주실 것이라고 생각했습니다. 일반적인 번제물인 일 년 된 송아지를 하나님 앞에 드리거나 천천의 숫양이나 만만의 강물 같은 기름을 드리면, 하나님께서 기뻐하실 것이라고 생각한 것입니다(6~7). 심지어 사람들은 자신들에게 가장 중요한 맏아들을 드리려고 합니다(7). 실제로 가나안에는 맏아들을 희생 제물로 드리는 나쁜 풍습이 있었습니다. 하나님이 인신공양을 좋아하실 리가 없습니다.

미가는 이스라엘 백성들의 잘못된 생각을 지적합니다. 많은 제물을 드리면 드리는 사람의 마음이 뿌듯하고 자기 스스로는 만족할지 몰라도, 하나님은 그 제물에 감동하지 않으십니다. 왜냐하면 하나님께서 제물이 없어서 우리에게 요구하신 것이 아니기 때문입니다. 하나님께서는 부족한 것이 없으신 분입니다. 지금 이스라엘 백성은 하나님을 제대로 섬기는 법을 전혀 알지 못하고 있습니다.

하나님은 '무엇을 드리는가'보다 '드리는 자가 어떤 사람인가'를 더 중요하게 보십니다. 하나님은 제물이 아닌 그 제물을 드리는 사람을 보시기 때문입니다. 하나님은 제물이 아닌 참된 예배자를 찾으십니다. 하나님은 아벨과 그의 제물을 받으셨고, 반면에 가인과 그의 제물은 받지 않으셨습니다(창 4:4~5). 이것은 하나님이 기뻐하시는 예배는 제물이 아닌 사람에 초점이 맞춰져 있음을 분명히 보여 줍니다.

미가는 이렇게 외칩니다. "너 사람아, 무엇이 착한 일인지를 주님께서 이미 말씀하셨다. 주님께서 너에게 요구하시는 것이 무엇인지도 이미 말씀하셨다. 오로지 공의를 실천하며 인자를 사랑하며 겸손히 네 하나님과 함께 행하는 것이 아니냐!(8, 새번역)" 하나님은 우리가 생활 속에서 정의를 행하고 인자를 사랑하고 하나님과 동행하는 가운데 드리는 예배를 기뻐 받으십니다. 이 사실을 기억합시다. 그리고 하나님께 '무엇을 드릴 것인가'보다 '어떤 사람이 될 것인가'를 더 생각합시다. 내가 산 제물이 되어 삶을 하나님께 드리는 참된 예배자가 되기를 소망합니다.

토요일

31

327장
주님 주실 화평

―

미가 6:6~8
사람아 주께서 선한 것이 무엇임을 네게 보이셨나니 여호와께서 네게 구하시는 것은 오직 정의를 행하며 인자를 사랑하며 겸손하게 네 하나님과 함께 행하는 것이 아니냐 (8)

매일 성경 읽기
느 8장 ☑ 9장 ☐
10장 ☐

우리의 주인 되시는 하나님, 무엇을 드릴까를 생각하기보다 어떤 사람이 될까를 더 생각하게 하옵소서. 하나님이 진정으로 기뻐하실 제물이 무엇인지를 깨닫게 하옵소서. 내가 하나님이 받으실 만한 산 제물이 되게 하옵소서. 예수님의 이름으로 기도합니다. 아멘.

서신천 목사 _ 찾으시는교회

나는 하나님이
받으실 만한
산 제물입니까?

JUNE

네 시대에

평안함이 있으며

구원과 지혜와 지식이

풍성할 것이니

여호와를 경외함이

네 보배니라

이사야 33:6

6월의 기도

● 기도 제목

● 실천할 일

- ☑
- ☑
- ☑
- ☑

● 감사할 일

● 기억할 일

세상 끝날까지

엄마라는 존재는 곁에 있어 주는 것만으로 큰 힘이 됩니다. "엄마 여기 있다."라는 말만 들어도 든든합니다. 특히 생사의 갈림길에서 홀로 싸우는 아이에게는 더욱 그러합니다. 마치 사고를 당해 혼수상태에 있는 것 같은 인류를 향한 하나님의 마음을 "내가 여기 있다."라고 외치는 엄마의 마음에 담아서 전해 준 선지자가 있습니다. 그는 바로 이사야입니다. "네가 부를 때에는 나 여호와가 응답하겠고 네가 부르짖을 때에는 내가 여기 있다 하리라(사 58:9)." 이 말씀에서 '여기'가 가리키는 장소는 하늘 높은 곳이 아니라 고통받고 있는 삶의 현장, 그 속에서 신음하고 있는 나의 곁을 의미합니다. 하나님은 우리를 지으셨기에 누구보다 나를 잘 아시고 나의 체질을 아십니다. 그러하기에 우리를 참으로 도우십니다.

예수님은 제자들을 지상에 남겨 놓고 승천하시기 전에 다시 다짐하며 말씀하십니다. "세상 끝날까지 너희와 항상 함께 있으리라(20)." 그런데 예수님은 임마누엘의 약속 앞에 전제조건처럼 명령의 말씀을 주십니다. 모든 민족을 제자로 삼아 세례를 주고 예수님의 말씀을 가르치고 지키게 하라는 것입니다. 이 말씀은 너희가 명령을 지킬 때 나도 약속을 지키겠다는 조건부가 아닙니다. 이 명령(미션)을 수행해야 하는 이유는 이것이 예수님과 우리가 소통하는 방식이며, 사랑을 확증하는 표현이기 때문입니다. 말씀에 대한 순종은 예수님의 약속에 응답하는 성도의 방식입니다. "우리가 그의 계명을 지키면 이로써 우리가 그를 아는 줄로 알 것이요(요일 2:3)."

고대 이집트의 바로왕이나 바벨론 제국의 느부갓네살왕이 히브리 노예들에게 명령했던 부역은 형벌입니다. 그러나 예수님의 명령은 사랑의 증표와 같은 것입니다. 물론 예수님은 임마누엘에 대한 보증으로 성령을 보내 주셨습니다. 그분을 통해서 우리는 그 약속을 더 굳게 붙잡을 수 있습니다. 그럼에도 친히 예수님은 지상의 최후 명령의 수행과정을 통해서 우리와 대화하시며 사랑의 손길로 붙잡아 주시고 험난한 인생길에 동행이 되어 주십니다. 세상 끝날까지 함께하시겠다는 약속의 예수님과 오늘 하루도 기쁘게 동행하기를 바랍니다.

438장
내 영혼이 은총 입어

마태복음 28:16~20
내가 너희에게 분부한 모든 것을 가르쳐 지키게 하라 볼지어다 내가 세상 끝날까지 너희와 항상 함께 있으리라 하시니라 (20)

매일 성경 읽기
느 11장 ☑ 12장 ☐
13장 ☐

사랑의 하나님, 우리의 힘과 도움이 되시는 하나님을 찬양합니다. 우리를 가장 잘 아시고 사랑하시는 예수님의 말씀에 순종하여 약속에 응답하는 성도이기를 원합니다. 주님, 세상 끝날까지 우리와 함께하여 주옵소서. 예수님의 이름으로 기도합니다. 아멘.

김진국 목사 _ 도하교회

나는 임마누엘의
은총 안에 있습니까?

그 나라의 가치를 아십니까

595장
나 맡은 본분은

—

마태복음 22:8~14
청함을 받은 자는 많되 택
함을 입은 자는 적으니라
(14)

욕심은 가치와 연관이 있습니다. 가치는 욕심을 결정짓는 기준이 됩니다. 만약 100원짜리 동전만 아는 아이에게 동전과 수표 중 고르라고 하면, 아이는 100원짜리 동전을 손에 꽉 움켜쥘 것입니다. 수표의 가치를 모르기 때문입니다. 정확한 가치를 모르면 그것에 대한 별다른 욕심이 생기지 않습니다. 그런데 가치를 아는 순간, 없던 욕심도 생기기 마련입니다. 우리가 세상 욕심을 버리는 것은 언제 가능할까요? 그것은 우리가 욕심 가득한 채 살아가는 세상보다 월등하게 더 높은 가치 있는 것을 발견할 때입니다.

성경은 세상 나라보다 가치 있는 것이 하나님 나라임을 가르칩니다. 그 나라는 예수님이 니고데모에게 말씀하신 대로 물과 성령으로 거듭나지 않으면 볼 수 없는 나라입니다(요 3:5). 그 나라로 우리보다 먼저 부름을 받았던 유대인들은 주님의 초대에 제대로 응하지 못했습니다. 응하기는커녕 주님의 마음을 전하는 선지자들과 심지어는 예수님까지 핍박하고 죽였습니다. 그 결과 초대에 따른 합당한 자격을 상실했습니다.

이후 주님의 나라를 전하는 복음은 온 세상 모든 민족에게로 향했습니다. "혼인 잔치는 준비되었는데, 초대받은 사람들은 이것을 받을 만한 자격이 없다. 그러니 너희는 네 거리로 나가서, 아무나, 만나는 대로 잔치에 청해 오너라(8~9, 새번역)." 초대에 관심을 보이는 이들 중에는 주님의 나라 잔치에 참여할 만한 준비가 되어 있지 않은 이들도 있었습니다(11~12). 그들 역시 하나님 나라 잔치에 참여하지 못합니다(13~14).

지금도 여전히 하나님 나라에 대한 가치를 모르는 사람이 많습니다. 겸허한 마음으로 주님을 찾고 하나님의 말씀을 읽을 때 성령님께서 역사하셔서 비로소 그 나라의 가치를 알아가도록 도우실 것입니다. 또한 주님의 나라 잔치에 참여할 만한 예복을 우리의 삶 속에서 준비하도록 도우실 것입니다. 성령님은 우리로 하여금 흰옷처럼 거룩한 삶을 살게 하시며(계 3:4), 사랑과 긍휼, 자비와 겸손, 온유와 오래 참음을 옷 입고 살아가도록 도우십니다(골 3:12).

성령님의 도우심을 힘입어 오늘 하루도 주님의 나라를 향하여 함께 나아가기를 소망하며 축복합니다.

매일 성경 읽기
에 1장 ☑ 2장 ☐ 3장 ☐
4장 ☐ 5장 ☐

하나님 나라를
사모하며
살아갑니까?

우리를 도우시는 참 고마우신 주님, 우리가 살아가는 일상에서 주님의 나라를 보게 하옵소서. 가장 가치 있는 것이 무엇인지 알고, 성령님의 도우심을 구하며 살아가게 하옵소서. 주의 나라를 향하여 나아가도록 함께해 주옵소서. 예수님의 이름으로 기도합니다. 아멘.

김은철 목사 _ 목양교회

큰 용사여

기드온이 살던 당시는 미디안 사람들이 이스라엘을 지배한 시대였습니다. 그들은 추수철에 낙타를 타고 들어와서 이스라엘 사람들이 먹을 것을 하나도 남겨두지 않고 다 빼앗아 갔습니다. 이스라엘 사람들은 그들의 침략이 두려워 산에 웅덩이와 굴과 산성을 만들고 살 정도였습니다. 기드온도 미디안 사람들이 두려워 타작마당이 아니라 포도주 틀에서 밀을 타작하였습니다. 멀리서도 잘 보이는 산꼭대기 타작마당을 피하고, 아무 소리도 들리지 않도록 조심하기 위해 즙을 짜는 틀로 타작하는 광경입니다. 우리가 보기에는 겁을 잔뜩 먹은 기드온의 모습입니다.

하지만 하나님의 시선은 달랐습니다. 하나님의 사자는 기드온을 향해 "큰 용사여"라고 불렀습니다. 그런데도 기드온은 동의하지 않고 자신을 '가장 작은 자'라고 말했습니다. 겸손의 표현이기도 하지만 기드온이 여전히 자신의 정체성을 모르고 있음을 보여 주는 것입니다. "여호와께서 그를 향하여 이르시되 너는 가서 이 너의 힘으로 이스라엘을 미디안의 손에서 구원하라 내가 너를 보낸 것이 아니냐 하시니라(14)." 하나님은 기드온의 힘으로 이스라엘을 미디안의 손에서 구원할 수 있다고 말씀하셨습니다. 하나님은 그를 작은 자로 생각하지 않으시고 이스라엘을 구원할 힘을 가진 위대한 용사, 큰 용사로 여기셨습니다.

우리는 자기가 자신을 가장 잘 안다고 생각합니다. 자신이 할 수 있는 일과 없는 일을 잘 구분하고 사는 것이 미덕이라고 생각합니다. 그러나 나보다 나를 가장 잘 아시는 분은 바로 하나님 아버지이십니다. 창조주 하나님 아버지께서 나를 만드셨기 때문입니다. 하나님 나라를 위해 우리를 부르고 세우고 보내기를 원하십니다. 또한 하나님은 우리가 연약한 대로, 가난한 대로, 부족한 대로 하나님 나라의 일을 감당하기 원하십니다.

하나님이 우리에게 주신 최고의 정체성은 그리스도인입니다. 왕 같은 제사장으로 우리를 부르셨습니다. 지극히 작은 자의 모습이라 할지라도 하나님 아버지는 우리가 겁쟁이처럼 세상을 두려워하는 순간에 "큰 용사여 여호와께서 너와 함께 계시도다."라고 말씀하실 것입니다.

화요일

3

292장
주 없이 살 수 없네

—

사사기 6:11~16
여호와의 사자가 기드온에게 나타나 이르되 큰 용사여 여호와께서 너와 함께 계시도다 하매 (12)

매일 성경 읽기
에 6장 ☑ 7장 ☐
8장 ☐ 9장 ☐
10장 ☐

하나님 아버지, 고아 같은 마음으로 염려하고 두려워했던 나의 마음을 주님께 회개합니다. 하늘의 아버지가 나의 아버지이고, 예수 그리스도가 나의 친구이고, 성령님이 나와 한 몸이신 것을 믿는 믿음으로 오늘도 살게 하옵소서. 예수님의 이름으로 기도합니다. 아멘.

정영구 목사 _ 하나교회

하나님 아버지가 말씀하신 나의 정체성은 무엇입니까?

강권하시는 사랑

436장
나 이제 주님의
새 새명 얻은 몸

고린도후서 5:14~17
그런즉 누구든지 그리스도
안에 있으면 새로운 피조물
이라 이전 것은 지나갔으니
보라 새것이 되었도다 (17)

우리는 누군가에게 부탁이나 권면을 받을 때 거절하지 못하는 경우가 있습니다. 대개는 상대방과의 관계성 때문입니다. 도움을 받았거나 많은 사랑을 받았거나 혹은 특별한 인연이 있는 사람이 부탁을 해오면 거절하기가 어렵습니다. 오늘 본문에서 사도 바울은 고린도 교회 성도들을 향해 그리스도의 사랑이 그들을 강권하신다고 말씀합니다. 강권한다는 것은 강하게 권면한다는 뜻입니다. 우리를 강권하시는 그리스도의 사랑은 십자가에서 생명을 내어 주사 우리를 살리신 사랑입니다. 우리 주님께서 사랑으로 강권하시니 그 뜻을 따르는 삶을 살아야 합니다. "그가 모든 사람을 대신하여 죽으심은 살아 있는 자들로 하여금 다시는 그들 자신을 위하여 살지 않고 오직 그들을 대신하여 죽었다가 다시 살아나신 이를 위하여 살게 하려 함이라(15)." 자신을 위해 살지 말고 우리를 대신하여 죽었다가 다시 살아나신 주님을 위해 살라는 것입니다. 죄로 인하여 죽을 수밖에 없는 우리를 주님께서 십자가 대속의 은혜로 살리셨으니, 바울의 고백대로 이제 내가 사는 것이 아니라 내 안에 그리스도께서 사시는 것이며, 우리의 삶은 주님을 위한 것이어야 합니다.

주님의 사랑과 은혜로 그리스도 안에 있으면 새로운 피조물이 됩니다. "그런즉 누구든지 그리스도 안에 있으면 새로운 피조물이라 이전 것은 지나갔으니 보라 새 것이 되었도다(17)." 고린도 교회는 분열과 갈등 속에 있었으나 바울을 통해 주시는 하나님의 말씀으로 사람들이 변화되어 공동체에도 변화가 일어났습니다. 오늘도 주님은 우리에게 새로운 삶을 살아가고 새로운 공동체를 이루라고 사랑으로 강권하십니다. 또한 하나님과 화목하며 화목하게 하는 직분을 감당하라고 말씀합니다. 말씀의 묵상과 기도의 삶을 통해 하나님과 친밀함을 유지하고, 성령의 감동하심 속에서 사람들을 사랑하고 섬김으로 화목하게 하는 삶을 살아야겠습니다.

주님의 놀라우신 은혜와 사랑 안에서 그리스도께서 강권하시는 일에 순종하십시오. 그리할 때 주님을 위한 새로운 피조물로서의 삶을 살아갈 수 있습니다. 하나님의 의를 이루고, 관계를 회복하고, 공동체를 세워가는 영향력 있는 삶을 살기를 주님의 이름으로 축복합니다.

매일 성경 읽기
욥 1장 ☑ 2장 ☐ 3장 ☐

주님께서
강권하시는 대로
살아갑니까?

우리를 강권하시는 하나님, 사랑과 은혜에 감사드립니다. 주님의 사랑과 능력 안에서 주님의 뜻을 따라 살아 아름다운 빛을 발하게 하옵소서. 그리스도께서 사랑으로 강권하시는 일에 순종함으로 주님의 의를 이루게 하옵소서. 예수님의 이름으로 기도합니다. 아멘.

손철산 목사 _ 삼양중앙교회

하나님의 창조 세계

목요일

5

32장
만유의 주재

시편 8:1~9
주의 손으로 만드신 것을
다스리게 하시고 만물을 그
의 발 아래 두셨으니 (6)

환경의 날인 오늘, 하나님이 만드신 창조 세계를 생각해 봅니다. 우리는 그동안 인간 중심적으로 성경을 읽어왔습니다. 하나님의 구원은 인간만 해당한다고 여겨온 것입니다. 하나님께서 만드신 천지 만물을 생각해 보십시오. 하나님은 창조하시는 순간마다 '좋았다'고 감탄하셨습니다. 그런데 아름답다고 감격하신 이 피조세계는 인간의 죄악으로 저주를 받았습니다(창 3:17). 로마서는 그 상황을 '허무에 굴복하여 고통받는 피조물(롬 8:20)'이라고 일러 줍니다. 그럼 이 피조물(세계)은 어떻게 될까요? 성경은 놀랍게도 이 피조세계가 "썩어짐의 종 노릇 한 데서 해방되어 하나님의 자녀들의 영광의 자유에 이르는 것이니라(롬 8:21)."고 말씀합니다. 하나님의 구원 계획에 피조물이 포함되어 있다는 것입니다. 이는 골로새서 말씀에서 더욱 분명해집니다. "그의 십자가의 피로 화평을 이루사 만물 곧 땅에 있는 것들이나 하늘에 있는 것들이 그로 말미암아 자기와 화목하게 되기를 기뻐하심이라(골 1:20)." 하지만 이 일은 그냥 되는 게 아니라 '하나님의 아들들이 나타날 때' 가능합니다. 하나님의 아들들은 구원받아서 본래의 하나님 형상을 회복한 사람을 말합니다.

인간은 흙으로 지음 받았습니다. 별이 빛나는 드넓은 우주에서 먼지보다도 작은 보잘것없는 존재입니다. 그런 인간을 하나님께서는 영화와 존귀로 관을 씌우시고, 주의 손으로 만드신 것을 다스리게 하셨습니다(5~6). 이것을 '왕의 통치권'이라고 합니다. 이는 인간에게 주어진 엄청난 은혜입니다. 그동안 인간은 이 통치권을 오해해 왔습니다. 이 통치권은 이스라엘의 왕이 누구인지를 알아야만 제대로 이해가 됩니다. 이스라엘의 왕은 백성 위에 군림하거나 착취하는 존재가 아니라, 백성들의 안녕과 번영을 책임지는 사람입니다. 이스라엘 왕에 대한 이러한 성경적 이해는 이 구절이 하나님의 창조 세계에 대한 인간의 책임을 강조하는 말씀임을 알게 합니다.

하나님은 인간에게 하나님의 창조 세계를 돌보는 영화로운 청지기의 관을 씌워 주셨습니다. 인간 중심적인 눈에서 벗어나 이제 하나님의 눈으로 성경을 새겨 보십시오. 그러면 창조 세계와 인간에 대한, 그리고 하나님의 구원에 대한 새로운 은혜를 맛볼 것입니다.

창조주 하나님, 하나님의 구원은 인간에게만 해당하는 줄 알았습니다. 하나님은 만물이 구원에 이르기 원하심을 깨닫게 하옵소서. 먼저 구원받은 우리가 해야 할 일이 무엇인지 알게 하시고, 순종함으로 그 일을 수행하게 하옵소서. 예수님의 이름으로 기도합니다. 아멘.
이광섭 목사 _ 전농교회

하나님의 눈으로
성경을 새롭게 보려고
노력합니까?

한 알의 밀이 죽으면

6

191장
내가 매일 기쁘게

—

요한복음 12:20~26
내가 진실로 진실로 너희에
게 이르노니 한 알의 밀이
땅에 떨어져 죽지 아니하면
한 알 그대로 있고 죽으면
많은 열매를 맺느니라 (24)

주님은 말씀하십니다. "한 알의 밀이 땅에 떨어져 죽지 아니하면 한 알 그대로 있고 죽으면 많은 열매를 맺느니라(24)." 여기서 죽는다는 것은 씨가 갖고 있는 생명성의 죽음을 의미하는 것이 아닙니다. 그저 씨의 형태가 죽는다는 뜻입니다. 그렇기에 씨가 땅에 떨어져 싹을 틔울 수 있는 것입니다.

하나님께서 창조하실 때 생령을 불어넣으심으로 인간은 비로소 '생명 있는 영적 존재'가 되었습니다. 그것이 생명의 본질입니다. 육신은 껍데기일 뿐입니다. 육신은 썩어 결국 흙으로 돌아가지만, 영혼은 예수 그리스도 대속의 은혜로 말미암아 영원한 생명을 얻습니다. 예수님께서 영원히 죽을 수밖에 없는 우리의 죄를 담당하시고 십자가에서 죽으시고 부활하사 참 생명이 되셨습니다. 그렇기 때문에 참 생명이신 예수 그리스도를 믿고 품는 자는 육신이 죽어도 생명을 얻습니다. "자기의 생명을 사랑하는 자는 잃어버릴 것이요 이 세상에서 자기의 생명을 미워하는 자는 영생하도록 보전하리라(25)." 자기의 생명을 사랑하는 자, 즉 육적인 삶만 사랑하는 자는 결국 재로 돌아가는 허무한 인생이 될 것입니다. 그러나 자기의 생명을 미워하는 자, 즉 세상의 삶을 구하기보다 생명 되신 주를 품고 주의 뜻대로 사는 자는 오히려 영원한 생명을 얻습니다.

"이 세상이나 세상에 있는 것들을 사랑하지 말라 누구든지 세상을 사랑하면 아버지의 사랑이 그 안에 있지 않느니라(요일 2:15)." 하나님을 사랑하고 그 뜻대로 살기 위하여 육체의 즐거움, 세상의 욕심을 먼저 땅에 묻으십시오. "사람이 나를 섬기려면 나를 따르라 나 있는 곳에 나를 섬기는 자도 거기 있으리니 사람이 나를 섬기면 내 아버지께서 그를 귀히 여기시리라(26)." 세상의 좋은 것을 땅에 묻으면 오히려 하늘의 것으로 귀히 여김 받게 하십시오.

오늘은 현충일입니다. 이 나라 이 민족의 자유와 독립을 위해 자신의 삶을 기꺼이 바친 분들을 기억합니다. 그들은 오늘 우리가 누리는 평화와 번영을 위한 한 알의 밀알이 되었습니다. 반면 찰나의 부귀영화를 위해 민족을 배신하고 반역한 인물들도 우리는 잘 알고 있습니다. 썩어 없어질 순간의 가치가 아닌 영원히 남을 가치 있는 삶을 살기를 바랍니다.

매일 성경 읽기
욥 8장 ☑ 9장 □
10장 □

영원한 가치가 있는
하늘의 삶을 위해
무엇을 하고 있습니까?

주님, 오늘만 즐거우면 되는 삶을 살지 않게 하옵소서. 우리에게는 내일이 있습니다. 하나님의 나라가 있습니다. 오늘 이 땅에서 그 나라의 삶을 살게 하옵소서. 주님 뜻을 마음에 품고 세상 정욕, 욕심을 기꺼이 땅에 묻게 하옵소서. 예수님의 이름으로 기도합니다. 아멘.

이상철 목사 _ 덕성교회

길갈에 세운 돌의 뜻

주님은 구원이시다(the LORD is salvation)라는 의미의 이름을 가진 여호수아는 모세의 후계자이며, 이스라엘 백성을 가나안 땅으로 인도한 지도자입니다. 여호수아의 인도 아래 이스라엘 백성은 이집트에서의 노예 생활과 40년간의 광야 생활을 마치고 약속의 땅인 가나안으로 들어갑니다. 기원전 1400년에서 1200년 사이로 추정되는 이 시기는 이스라엘 역사에서 매우 중요한 전환점입니다. 새로운 사회적·정치적·경제적 기반을 마련하는 시작점이었기 때문입니다.

길갈에 세운 돌은 요단강을 건넌 뒤에 여호수아가 세운 기념물입니다. 이스라엘 백성이 가나안으로 들어갈 때, 요단강의 물이 기적적으로 끊어져 건너갈 수 있었습니다. 오늘 본문에 따르면 하나님은 요단강을 건넌 후 각 지파에서 한 사람씩, 총 열두 사람을 선택하여 그들에게 강에서 돌을 하나씩 가져오라고 하셨습니다. 그리고 그들이 밤을 지낸 첫 번째 장소인 길갈에 돌들을 세우게 하셨습니다. 이것은 이스라엘 백성이 하나님의 도우심으로 요단강을 건너 약속의 땅에 들어선 사건을 기념하기 위함이었습니다.

이 기념비는 미래 세대에게 이스라엘 백성이 겪은 하나님의 기적과 구원의 역사를 전달하는 역할을 합니다. 이스라엘의 열두 돌은 또한 이스라엘의 하나 됨을 의미합니다. 성경은 이 돌들이 요단강 가운데 있는 제사장들의 발 아래서 옮겨온 돌이며, 이스라엘 백성에게 하나님의 능력과 그들에 대한 하나님의 약속이 실현되었음을 상기시켜 준다고 말씀합니다. 즉 길갈에 세운 돌은 이스라엘 백성에게 하나님의 구원 행위와 약속의 땅에 대한 하나님의 언약이 이루어졌다는 믿음의 증거로, 후대에 이르기까지 그 의미를 전달하는 중요한 상징물입니다. 길갈에 세운 돌을 통한 기억은 끊임없이 후대에 전승되면서 하나님의 백성으로서의 정체성을 유지하게 합니다.

우리는 믿음으로 하나님의 백성이 된 사람들입니다. 길갈에 세운 돌이 상징하는 것처럼 여호수아와 이스라엘 백성에게 역사하신 하나님께서 오늘 우리와 함께하십니다. 우리도 믿음으로 하나 되어 언약 백성의 정체성을 잊지 말고, 항상 여호와 하나님을 경외하며 살아야 하겠습니다.

토요일

7

347장
허락하신 새 땅에

여호수아 4:19~24
이는 땅의 모든 백성에게 여호와의 손이 강하신 것을 알게 하며 너희가 너희의 하나님 여호와를 항상 경외하게 하려 하심이라 하라 (24)

매일 성경 읽기
욥 11장 ☑ 12장 ☐
13장 ☐ 14장 ☐

사랑의 하나님, 여전히 우리 삶에 강권적으로 역사하시는 하나님의 놀라운 은혜에 감사와 찬양을 돌립니다. 믿음의 증거로 세운 길갈에 세운 돌들을 기억하며, 하나님의 백성으로서 항상 하나님을 경외하며 살게 하옵소서. 예수님의 이름으로 기도합니다. 아멘.

김진희 목사 _ 안골교회

우리 삶에서
역사하시는 하나님을
잊지 않고 있습니까?

평등한 은혜

187장
비둘기같이 온유한

사도행전 2:14~21
누구든지 주의 이름을 부르는 자는 구원을 받으리라 하였느니라 (21)

오순절 성령강림의 은혜가 임하고 베드로는 요엘서의 말씀을 통해 성령의 은혜를 소개합니다. 성령을 모든 육체에 부어 주실 것이며, 이를 통해 예언하고 환상을 보며 꿈을 꿀 것이라고 말합니다(17). 또한 남종과 여종에게도 동일한 은혜가 임할 것을 전합니다(18). 모든 사람에게 동일하게 역사하시는 하나님의 은혜와 사랑이 바로 성령이심을 전한 것입니다. 각양의 은사를 주시고 능력과 힘으로 행하게 하시는 것은 성령이 주시는 평등한 은혜입니다. 그렇다면 성령의 평등한 은혜를 누리기 위해 우리에게 필요한 것은 무엇입니까?

첫째, 믿음의 기다림입니다. 성경에 "그들이 다같이 한 곳에 모였더니(1)"라는 표현이 나옵니다. 예수님께서 부활 승천하며 주신 마지막 명령은 성령강림을 위한 믿음의 기다림이었습니다(1:8). 그들이 마가의 다락방에 모여 기도에 전념한 이유는 약속하신 성령을 믿음으로 기다렸기 때문입니다(1:4). 고넬료가 천사의 말을 따라 베드로에게 사람을 보낸 후에 그를 맞이하기 위해 온 친척과 가까운 이웃들을 모아 기다렸습니다(10:24). 얼굴도 알지 못하는 베드로였지만 고넬료는 주님의 말씀을 의지하며 믿음으로 기다렸습니다. 그리하여 처음으로 이방인에게도 성령 충만의 은혜가 임하였습니다. 믿음의 기다림이 있는 곳에 성령의 역사가 있습니다.

둘째, 하나 된 마음입니다. 성령을 기다리며 기도하던 이들은 더불어 마음을 같이하였습니다(1:14). 서로 신분과 형편이 달랐지만 성령을 사모함으로 하나가 된 것입니다. 성령이 임하기 전, 모여 기도하던 사람들은 유다의 직무를 대신할 한 사람을 세우고자 했습니다. 이를 위해 '한마음'으로 기도하여 맛디아를 세웠고(1:24~26), 그 후에 강력한 성령강림의 은혜가 임하였습니다. 그들은 성령 충만하여 각양의 언어로 동일하게 '하나님의 큰 일'을 전했습니다(11). 한마음으로 성령을 받고, 한마음으로 성령의 능력을 행한 것입니다. 하나 된 마음이 있는 곳에 성령이 역사하십니다.

성령은 하나님의 사랑으로 함께 살아가며 함께 누리도록 우리를 인도하십니다. 조금 더디고 힘겨울지라도 믿음의 기다림 속에서 하나 된 마음으로 은혜의 성령을 맞이해야 합니다.

매일 성경 읽기
욥 15장 ☑ 16장 ☐
17장 ☐

성령의 평등한 은혜를
누리고 있습니까?

사랑의 하나님, 모든 사람에게 동일하게 역사하시는 하나님의 은혜와 사랑에 감사드립니다. 믿음의 기다림과 하나 된 마음으로 성령 충만함을 누리게 하옵소서. 하나님의 사랑 안에서 성령의 능력을 행하며 살아가게 하옵소서. 예수님의 이름으로 기도합니다. 아멘.

이현식 목사 _ 진관교회

다 알 수 없어도

월요일

9

299장
하나님 사랑은

전도서 11:1~8
너는 네 떡을 물 위에 던져
라 여러 날 후에 도로 찾으
리라 (1)

젊은 집사님에게 어느 날 한 친구가 찾아와 돈을 빌려달라고 부탁했습니다. 선량한 집사님은 친구에게 돈을 빌려주었지만, 친구는 돈을 갚지 않았습니다. 그렇게 시간이 흘렀고, 집사님은 열심히 일해서 직장의 대표가 되었습니다. 그러다 사업이 힘들어지면서 자금이 필요했습니다. 집사님은 식구들에게 기도를 부탁했습니다. 그런데 어느 날 돈을 빌려주었던 친구에게서 연락이 왔습니다. 십여 년 전에 빌린 돈을 갚겠다는 것입니다. 덕분에 집사님은 어려움을 이겨냈습니다. 우리는 왜 친구가 갑자기 연락해서 돈을 갚았는지 알수 없습니다. 그 친구에게 무슨 일이 있었는지, 어떤 변화가 있었는지 모릅니다. 다만 잃어버렸다고 생각했던 돈이 가장 필요한 순간에 돌아왔다는 사실이 중요합니다.

오늘 성경은 이렇게 말씀합니다. "너는 네 떡을 물 위에 던져라 여러 날 후에 도로 찾으리라(1)." 떡을 물에 던지면 그 떡은 먹을 수 없습니다. 물결 따라 흘러가 버리거나 물에 녹아 버리고 맙니다. 그런데 성경은 그 떡을 여러 날 후에 찾는다고 합니다. 어떻게 그런 일이 가능합니까? 성경은 이렇게 말씀합니다. "바람의 길이 어떠함과 아이 밴 자의 태에서 뼈가 어떻게 자라는지를 네가 알지 못함 같이 만사를 성취하시는 하나님의 일을 네가 알지 못하느니라(5)." 세상에는 우리가 알지 못하는 일이 많습니다. 그런데 중요한 것은 하나님께서 그 모든 일을 이루어가신다는 사실입니다.

신앙인은 하나님의 말씀에 순종하는 사람입니다. 때로는 내 생각과 다르고 이해할 수 없어도 하나님을 믿고 말씀에 순종하여 행동하면 하나님이 놀라운 일을 이루어 주십니다. 설경욱 목사가 작사·작곡한 '그 사랑 얼마나'라는 제목의 찬양이 있습니다. "다 표현 못 해도 나 표현하리라, 다 고백 못 해도 나 고백하리라 … 그 사랑 얼마나 크고 놀라운지를, 그 사랑 얼마나 나를 감격하게 하는지." 이 찬양의 가사처럼 사랑을 고백하고 표현하면 하나님께서 그 사랑을 어떻게 이루어가시는지 알게 될 것입니다.

우리가 해야 할 일은 하나님의 선하심을 믿고 말씀에 순종하는 것입니다. 이것을 기억하고 실천하는 오늘이 되기를 바랍니다.

전능하신 하나님, 주님의 사랑을 알지 못하는 우리에게 예수님의 십자가를 통하여 사랑을 깨닫게 하시니 감사합니다. 우리도 사랑을 고백하고 표현함으로 하나님의 사랑과 복이 우리 모두를 감싸 주심을 경험하게 하옵소서. 예수님의 이름으로 기도합니다. 아멘.

신상균 목사 _ 백운교회

다 알 수 없어도
우리가 순종해야 하는
일은 무엇입니까?

부활에 이르는 길

368장
주 예수여 은혜를

빌립보서 3:12~16
내가 이미 얻었다 함도 아니요 온전히 이루었다 함도 아니라 오직 내가 그리스도 예수께 잡힌 바 된 그것을 잡으려고 달려가노라 (12)

오늘 본문에서 사도 바울이 달려가는 푯대는 무엇일까요? 바로 '부활'입니다(11). 부활의 첫 열매 되시는 예수 그리스도를 따라 모든 성도는 그다음 부활의 자리에 이르기 위해 달려가야 합니다. 사도 바울은 어떻게 해야 부활에 이르는 길에 닿을 수 있다고 말합니까?

첫째, "그리스도 예수께 잡힌 바 된 그것을" 잡아야 합니다(12). 예수 그리스도를 믿는 성도들을 박해하고 못살게 굴던 바울을 예수 그리스도께서 붙잡으셨습니다. 예수의 부활과 그의 말씀을 경험한 바울은 자신의 삶을 예수께 사로잡힌 삶이라고 표현합니다. 사도 바울은 사람들의 칭찬이나 비난에 사로잡혀 교만해지거나 괴로워하지 않았습니다. 예수님을 따라 오늘 하루를 잘 보내기 위해 기도했습니다. 무엇인가를 얻었다거나 이루었다는 생각도 하지 않습니다. 예수님을 따라 사는 삶에 집중할 따름입니다.

둘째, "앞에 있는 것을 잡으려고" 해야 합니다(13). 사도 바울은 과거의 영광에 머무는 사람이 아닙니다. 그는 부활하신 예수님을 만났습니다. 부활하신 예수님을 만나는 것은 참으로 영광스러운 일이자 자랑할 만한 경험입니다. 그러나 그의 관심은 앞으로 있을 영광스런 참 부활에 있었습니다. 과거에 받은 은사와 경험에 매달리는 성도들이 있습니다. 그들은 이런저런 신기한 은사와 경험을 자랑하곤 합니다. 그러나 거기에 매몰되어서는 안 됩니다. 사도 바울의 충고처럼 과거의 영광은 잊어버리는 지혜를 얻어야 합니다(13).

셋째, "위에서 부르신 부름의 상을 위하여" 달려야 합니다(14). 여기서 성도가 받는 '상'은 하나님의 부르심 그 자체를 뜻합니다. 푯대, 즉 부활을 목표로 하는 삶은 하늘의 부름을 받는 삶이며, 성령 안에서 살아가는 온전한 삶입니다. 성령 충만한 삶은 언제나 과거나 현재가 아닌 미래를 향해 나아갑니다. "그리스도 예수 안에서, 하나님께서 위로부터 부르신 그 부르심의 상을 받으려고, 목표점을 바라보고 달려가고 있습니다(14, 새번역)."

미래의 부활의 영광, 영원한 생명으로의 초대는 바로 오늘 하루를 통해 매일매일 열립니다. 그래서 성도는 날마다 예수를 따라 과거는 잊고, 온전한 삶을 향해 나아가야 합니다.

매일 성경 읽기
욥 20장 ☑ 21장 ☐

예수 그리스도의 말씀을 따라 살아가고 있습니까?

하늘에 계신 우리 아버지, 오늘도 예수 그리스도의 말씀을 따라 온전히 사는 영광을 허락해 주옵소서. 어제의 걱정과 부끄러움을 잊고, 자랑과 교만한 마음을 내려놓고, 온전히 주님의 말씀에만 집중하여 겸손으로 순종케 하옵소서. 예수님의 이름으로 기도합니다. 아멘.

한수현 목사 _ 청수교회

위대한 변화, 그 뒤에 있는 사람

수요일

11

446장
주 음성 외에는

사도행전 9:26~31
그리하여 온 유대와 갈릴리와 사마리아 교회가 평안하여 든든히 서 가고 주를 경외함과 성령의 위로로 진행하여 수가 더 많아지니라 (31)

한 사람의 위대한 변화에는 반드시 보이지 않는 또 한 사람이 있습니다. 헬렌 켈러 뒤에는 앤 설리번 선생님이 있었고, 사도 바울 뒤에는 바나바가 있었습니다. 바울이 예루살렘에서 제자들과 영적 교제를 나누고 싶었지만 거부당했을 때 "바나바가 데리고 사도들에게 가서 그가 길에서 어떻게 주를 보았는지와 주께서 그에게 말씀하신 일과 다메섹에서 그가 어떻게 예수의 이름으로 담대히 말하였는지를(27)" 바울 대신 제자들에게 전해 주었습니다. 그 결과 예루살렘 교회는 바울을 온전히 받아들입니다.

어떻게 제자들이 편견을 깨고 바울을 받아들일 수 있었을까요? 바나바가 성령에 충만하여 전했기 때문입니다. 성령 충만한 자는 결코 먼저 판단하지 않습니다. 대신 먼저 듣습니다. 바나바는 누구도 다가가지 않는 바울을 향해 먼저 다가갔습니다. 먼저 다가가는 사람이 성령의 사람입니다. 바나바는 바울이 교회 안으로 받아들여지게 하였을 뿐 아니라, 교회 안에서 바울이 온전히 쓰임 받고 세움 받도록 동역하고 동행하였습니다. 바나바는 바울에게 가르침의 은사와 전도의 열정이 있다는 것을 알았습니다. 그래서 다소로 가서 바울을 설득하여 안디옥에 데려와 바울과 함께 일 년간 성도들을 가르쳤습니다. 그 결과 안디옥 교회가 세워지고, 세상 사람들이 안디옥 교인들에 대해 '저들은 그리스도인이다'라고 인정했습니다. 바나바의 사역이 바울에게만 영향을 미친 것이 아니었던 것입니다.

사람의 위로가 아닌 성령의 위로를 경험할 때, 믿는 자의 수가 많아지고 부흥합니다. 이것이 바나바의 존재 이유이자 역할입니다. 한 사람의 위대한 변화 뒤에 성령의 사람이 있었습니다. 그는 먼저 다가가는 사람, 인사하는 사람입니다. 먼저 열린 마음으로 듣고, 한 지체가 공동체에 온전히 받아들여지도록 소개하는 사람입니다. 또한 온전히 동행하여 상대의 달란트와 은사를 알아서 교회에서 쓰임 받고 하나님이 쓰시도록 세워 주는 사람입니다. 우리가 바나바와 같은 자가 되기를 소망합니다. 우리로 인해 교회가 평안하여 든든히 서 가고, 주를 경외함과 성령의 위로로 믿는 자의 수가 더 많아지기를 주님의 이름으로 축복합니다.

매일 성경 읽기
욥 22장 ☑ 23장 ☐
24장 ☐

사랑의 하나님, 바울의 위대한 사역이 가능했던 것은 뒤에서 그를 도와주고 세워 준 바나바가 있었기 때문임을 깨닫습니다. 내가 드러나는 것에 골몰하지 않고, 겸손하게 다른 이를 세워 주고 이끌어 주는 사람이 되게 하옵소서. 예수님의 이름으로 기도합니다. 아멘.

이성조 목사 _ 상동교회

바나바와 같이
다른 지체를 세워 주며
살고 있습니까?

울며 기도하는 느헤미야

312장
너 하나님께 이끌리어

—

느헤미야 1:4~11
울고 수일 동안 슬퍼하며
하늘의 하나님 앞에 금식하
며 기도하여 (4b)

느헤미야는 포로에서 귀환한 사람들을 돌보기 위해 예루살렘으로 파견된 페르시아 아닥사스다왕의 고위 관리였습니다. 그는 예루살렘의 성벽을 재건하고 경제를 개혁했으며, 무엇보다 제사장 에스라와 함께 하나님 중심의 예배와 율법을 회복하였습니다.

페르시아 왕궁에서 느헤미야는 자신의 출세에만 만족하지 않고 멀고 먼 예루살렘 근무를 자원하였고, 대가 없는 마음으로 민족을 위해 헌신했습니다. 하나님을 의지하고 은혜를 구하는 가난한 마음이 있었기 때문입니다. 또한 친동생 하나니에게 유다와 예루살렘 형편을 들은 것이 계기가 되었습니다. 포로에서 돌아간 백성들이 환난과 능욕을 겪는다는 소문을 들은 것입니다. 150년 전, 이미 예루살렘 성은 헐리고 성문들은 불탔는데, 아직 복구하지 못했습니다. 바벨론 포로의 후손인 느헤미야는 예루살렘에 가 본 적이 없었지만, 자기 조상의 조국과 예루살렘을 생각하며 울었습니다.

눈물의 기도는 공감입니다. 공감은 기도하게 하고, 아픈 현실에 참여하게 합니다. 참사를 당해 자녀와 가족을 잃은 이웃을 위한 눈물의 기도, 전쟁으로 고통을 당한 우크라이나와 팔레스타인 가자 지구 난민을 위한 눈물의 기도, 그리고 고려인과 조선족, 재일동포 등 디아스포라 한인들의 역사적 아픔에 동참하려는 눈물의 기도가 필요합니다.

독일의 신학자 헬무트 틸리케 목사는 제2차 세계대전 당시 공습의 공포 속에서 행한 주기도문 강해설교 『세계를 부둥켜 안은 기도』로 유명합니다. 전쟁이 끝난 후 그는 말했습니다. "온 세상이 주님의 손안에 들어 있습니다. 우리가 기도하면서 그 세상을 하나님께 들어올릴 때, 세상은 우리 손안에도 들어 있습니다. 바로 그 기도로 이 세상을 새롭게 보게 되는 것, 그보다 더 위대한 일이 있을까요?"

느헤미야는 150년 전의 사건에도 공감하는 인물이었습니다. 진정한 눈물은 마음의 문을 엽니다. 신앙의 차원으로 보면 공간적 간격이나 시간의 거리감마저 뛰어넘을 수 있습니다. 하나님은 느헤미야와 같은 신실한 사람을 택하여 주의 일을 행하십니다.

매일 성경 읽기
욥 25장 ☑ 26장 ☐
27장 ☐ 28장 ☐
29장 ☐ 30장 ☐
31장 ☐

내 기도에 눈물과
공감과 긍휼히 여기는
마음이 있습니까?

하나님, 내 기도의 지평이 점점 넓어지길 원합니다. 날마다 드리는 기도 속에 이웃과 민족, 온 세상을 품게 하시고, 당장 기도가 필요한 사람들에게 진심으로 다가가게 하옵소서. 이웃의 아픔에 공감하며 눈물의 기도를 올리게 하옵소서. 예수님의 이름으로 기도합니다. 아멘.

송병구 목사 _ 색동교회

끝까지 찾아 주신 그 사랑

오늘 본문에는 양을 백 마리 키우는 목자의 이야기가 나옵니다. 목자는 양을 치다가 한 마리를 잃어버렸습니다. 그 잃은 양을 찾기 위해 목자는 아흔아홉 마리 양을 들에 두고, 양을 찾을 때까지 찾아다닙니다. 짧은 본문에 무려 네 번이나 나오는 '찾다'라는 단어는 목자가 잃은 양을 얼마나 간절히 찾았는지를 보여 줍니다.

목자에게 그 잃은 양은 특별한 의미였습니다. 그저 백 마리를 채우려는 것이 목적이었다면, 다른 곳에서 쉽게 양 한 마리를 사 왔을 것입니다. 그런데 목자는 양을 찾기 위하여 목숨을 걸었습니다. 그 잃은 양은 목자에게 생명이자, 삶의 의미, 그리고 사랑이었기 때문입니다. 4절 말씀은 목자에게 잃은 양 한 마리가 들에 남겨둔 아흔아홉 마리 양과 같은 가치였음을 증언합니다. "너희 중에 어떤 사람이 양 백 마리가 있는데 그 중의 하나를 잃으면 아흔아홉 마리를 들에 두고 그 잃은 것을 찾아내기까지 찾아다니지 아니하겠느냐." 이 말씀에서 '양' 대신 '자녀'로 바꿔서 읽어도 될 정도입니다.

잃어버린 양을 찾았을 때, 목자는 기뻐하며 그 양을 어깨에 메고 집으로 돌아옵니다. 그리고 이웃과 친구들을 불러 잃은 양을 찾은 기쁨을 함께 나눕니다. 하나님께서는 한 영혼이 회복될 때 천국에서 큰 기쁨이 있다고 말씀하십니다. 이 장면은 하나님께서 우리가 돌아올 때 얼마나 기뻐하시는지를 잘 보여 줍니다. "내가 너희에게 이르노니 이와 같이 죄인 한 사람이 회개하면 하늘에서는 회개할 것 없는 의인 아흔아홉으로 말미암아 기뻐하는 것보다 더 하리라(7)."

오늘 비유에서 '목자'는 예수님을, '잃었다가 되찾은 양'은 우리 각 사람을 가리킵니다. 예수님은 우리를 생명으로, 삶의 의미로, 사랑으로 여겨 주셨습니다. 그래서 십자가를 대신 지심으로 구원해 주셨습니다. 우리는 이 지극한 사랑을 제대로 누려야 합니다. 우리도 예수님의 이름을 부르고 그분을 간절히 찾으며 내 생명, 내 삶의 의미, 내 사랑이 되심을 전심으로 고백해야 합니다. 나 같은 죄인 살리사 잃었던 생명도 찾게 하시고, 천국 백성 삼아 주신 예수님께 최고의 감사를 고백하는 일상을 삽시다.

305장
나 같은 죄인 살리신

누가복음 15:3~7
너희 중에 어떤 사람이 양 백 마리가 있는데 그 중의 하나를 잃으면 아흔아홉 마리를 들에 두고 그 잃은 것을 찾아내기까지 찾아다니지 아니하겠느냐 (4)

매일 성경 읽기
욥 32장 ☑ 33장 ☐
34장 ☐ 35장 ☐
36장 ☐ 37장 ☐

선한 목자이신 예수님, 어리석어 곁길로 가버린 양 같은 우리를 끝까지 찾고 품으며 사랑해 주심에 감사합니다. 오늘도 예수님의 사랑을 누리며 생명의 빚진 자요, 그 은혜를 널리 전하는 증인으로 보답하며 살게 하옵소서. 예수님의 이름으로 기도합니다. 아멘.

이재남 목사 _ 평화교회

생명의 은인이신 예수님 앞에 어떠한 삶을 살아갑니까?

그리스도인다운 삶

460장
뜻 없이 무릎 꿇는

이사야 61:1~3
주 여호와의 영이 내게 내리셨으니 (1a)

오늘 본문은 나라가 망하고 바벨론에 포로로 끌려간 남유다 사람들이 긴긴 포로 생활을 마치고 마침내 고국으로 귀환한 때에 쓴 소명 선언문입니다. 이 말씀을 보면서 우리가 놀라는 것은 이사야 선지자가 역사를 신앙의 눈으로 보았음을 발견하기 때문입니다. 똑같은 역사를 바라보면서도 그 안에서 하나님의 섭리를 발견하는 사람, 우리는 그런 사람을 선지자라고 부릅니다. 그도 우리와 똑같이 한 시대 안에서 살았던 인물입니다. 그래서 그의 예언들은 이스라엘 역사를 초월해 있지 않고 이스라엘 역사를 배경으로 합니다. 그는 이스라엘이라는 한 민족의 역사 안에서 하나님의 구체적인 구원 사역을 보았습니다. 결국 그 신앙의 안목으로 인해 이사야는 고통당하는 백성에게 희망의 메시지를 선포할 수 있었습니다.

훗날 예수님께서는 나사렛 회당에서 오늘 이사야 본문 말씀을 읽으신 후에 "이 글이 오늘 너희 귀에 응하였느니라(눅 4:21)."고 선언하셨습니다. 예수님께서는 이사야가 선포했던 그 소명 선언문이 바로 메시아로서 기름 부음을 받은 자신의 사역이라고 보신 것입니다. 누가복음에 나오는 선언입니다. "주의 성령이 내게 임하셨으니 이는 가난한 자에게 복음을 전하게 하시려고 내게 기름을 부으시고 나를 보내사 포로 된 자에게 자유를, 눈 먼 자에게 다시 보게 함을 전파하며 눌린 자를 자유롭게 하고 주의 은혜의 해를 전파하게 하려 하심이라 하였더라(눅 4:18~19)."

그러면 한 시대를 살아가는 그리스도인으로서 우리에게 주어진 소명은 무엇이겠습니까? 이사야가 역사 속에서 보았던 신앙의 시선, 그리고 역사 속으로 찾아오신 주님께서 인식하셨던 가난한 자와 포로 된 자, 눈먼 자와 억눌린 자를 향한 사명감이 우리에게 있어야 하지 않겠습니까? "주님의 은혜의 해와 우리 하나님의 보복의 날을 선언하고, 모든 슬퍼하는 사람들을 위로하게 하셨다(2, 새번역)." 지금 우리에게는 똑같은 역사를 바라보면서도 하나님의 섭리를 발견하는 시선, 대한민국이라는 한 민족의 역사 안에서 하나님의 구체적인 구원 활동을 보는 시선이 필요합니다. 기쁨이란 그러한 신앙의 시선을 통해서만 우리 내면에서 싹트고 자라는 감정입니다.

매일 성경 읽기
욥 38장 ☑ 39장 ☐
40장 ☐ 41장 ☐
42장 ☐

하나님의 구원 사역을
나의 소명으로
여기며 살아갑니까?

생명을 주신 고마우신 하나님, 우리의 삶이 역사를 초월해 있지 않게 하옵소서. 시대적 사명과 고통당하는 이웃을 위한 사명이 이사야처럼, 예수님처럼 우리 안에도 있게 하옵소서. 우리 내면에 진정한 기쁨이 싹트게 하옵소서. 예수님의 이름으로 기도합니다. 아멘.

한석문 목사 _ 해운대교회

아름다운 축복기도

3차 전도여행의 주된 사역지는 에베소였습니다. 하지만 바울은 이전에 사역했던 고린도 교회가 늘 마음에 있었습니다. 음란하고 많은 신을 섬기는 고린도의 상황을 알았기 때문입니다. 그래서 걱정하며 쓴 편지가 고린도전서입니다. 여기에서 불신자와 우상 숭배자들과의 생활 문제, 우상 제물을 먹는 문제, 분열과 교회 파벌의 문제, 성령의 은사 문제, 그리고 부활과 헌금 등 목회적인 것을 다루고 있습니다. 하지만 시간이 지날수록 소위 예루살렘 교회 사도들과의 관련을 주장하며 등장한 이들이 고린도 교회의 근간을 흔들었습니다. 그들은 바울의 도덕성과 사도직을 문제 삼으며 공격하였습니다.

바울은 오해를 풀기 위하여 자신을 변호하면서도 이 같은 문제를 제기하는 고린도 교회 사람들의 믿음이 흔들리고 미혹되고 있음을 걱정합니다. 그래서 다시 방문할 계획을 전하면서 자신이 이르기 전에 스스로를 시험해 보라고 요청합니다. "예수 그리스도께서 너희 안에 계신 줄을 너희가 스스로 알지 못하느냐 그렇지 않으면 너희는 버림 받은 자니라(5)." 동시에 자신이 다시 방문하면 죄와 다른 복음에 대하여 분명하게 치리할 것임을 단호하게 선포합니다. "내가 두 번째로 여러분을 방문하였을 때에, 전에 범죄한 사람들과 또 그 밖에 모든 사람에게 이미 말한 바와 같이, 지금 떨어져 있으면서도 다시 말하여 둡니다. 내가 이번에 다시 가면, 그러한 사람들을 그냥 두지 않겠습니다(2, 새번역)." 이 같이 말한 것은 그들을 사랑하기 때문이었습니다. 그것은 바울이 편지를 축복기도로 마친 것에서 잘 드러납니다. "주 예수 그리스도의 은혜와 하나님의 사랑과 성령의 교통하심이 너희 무리와 함께 있을지어다(13)."

바울은 삼위일체 하나님의 섭리로만 그들이 변화할 수 있음을 알았습니다. 그리고 그들에게 복을 주시려는 하나님의 마음을 알았습니다. 그래서 자신을 오해하고 모함하는 소리에 믿음이 흔들리는 교회의 모습을 보면서도 그들을 위해 축복기도를 할 수 있었습니다. 이 축복기도는 삼위일체 하나님의 전적인 개입을 요청하는 가장 강력한 기도였습니다. 오늘도 삼위일체 하나님의 섭리를 믿으며 매 순간 주님의 개입과 간섭을 기대하고 기다리는 우리가 되기를 소망합니다.

주일

15

28장
복의 근원 강림하사

고린도후서 13:11~13
주 예수 그리스도의 은혜와 하나님의 사랑과 성령의 교통하심이 너희 무리와 함께 있을지어다 (13)

매일 성경 읽기
시 1편 ☑ 2편 ☐ 3편 ☐
4편 ☐ 5편 ☐

하나님, 우리가 여전히 죄 가운데 있고 온전하지 못할 때에도 여전히 우리에게 복 주시는 삼위일체 하나님을 바라봅니다. 매일 주님 앞으로 정직하게 나아가게 하시고, 하나님의 긍휼에 의지하여 바르게 살도록 우리를 도와주옵소서. 예수님의 이름으로 기도합니다. 아멘.

하정완 목사 _ 꿈이있는교회

복 주시려는
하나님의 마음을
알고 있습니까?

처음 교회를 이끄시는 성령님

6
월요일

16

195장
성령이여 우리
찬송 부를 때

—

사도행전 2:42~47
하나님을 찬미하며 또 온
백성에게 칭송을 받으니 주
께서 구원 받는 사람을 날
마다 더하게 하시니라 (47)

오순절 사도 베드로의 설교는 듣는 사람들의 마음을 찔렀습니다. 말씀을 듣고 마음이 찔려 '우리가 어찌할꼬' 질문하던 사람들이 예수님을 믿고 세례를 받았습니다. 3천 명의 신도가 처음 교회의 새가족이 되었습니다. 사도행전 4장에 보면, 사도들의 말씀을 들은 사람 중에서 남자만 약 5천 명이 예수님을 영접하였습니다. 당시 예루살렘에 머문 유대인의 수는 6만에서 20만 정도였다고 추정합니다.

오늘 본문은 사도들과 제자들을 중심으로 한 처음 교회에 등록한 새가족들의 신앙생활을 보여 줍니다. 첫째, 가르침을 받았습니다. 새가족들은 영적 허기로 인하여 사도들의 가르침을 꾸준히 받고 스펀지처럼 그 말씀을 흡수하며 순종했습니다. 그들을 가르치는 사도들의 권위는 기사와 표적으로 확증되었습니다. 둘째, 사랑으로 섬겼습니다. 서로 교제하고 재산과 소유를 팔아 필요를 따라 나눴습니다. 자발적으로 재산과 소유를 내놓으며 나누는 삶을 살았습니다. 셋째, 하나님을 예배했습니다. 기도에 힘쓰고 하나님을 찬양했습니다. 서로를 돌보는 일뿐 아니라 함께 예배드리고 교제하였습니다. 넷째, 전도했습니다. 처음 교회는 배우고 나누고 예배하는 일로 믿지 않는 사람들이 매력을 느끼게 했습니다. 또한 예수님의 증인이 되었습니다. 주님은 구원받는 사람을 날마다 더하여 주셨습니다.

처음 교회 성도들이 본이 되는 신앙생활을 할 수 있었던 원동력은 무엇이었을까요? 바로 성령님입니다. 예수님이 보내신 성령님은 예루살렘을 떠나지 않고 하나님의 약속을 기다리던 120명의 성도에게 먼저 임하셨습니다. 사도 베드로는 그중 한 사람입니다. 베드로의 설교를 듣고 예수님을 믿은 사람들도 성령을 선물로 받았습니다. 성령님은 사도들의 가르침을 받고 사랑으로 돌보며 하나님을 예배하게 했습니다. 또한 복음을 전하는 능력을 주셨습니다. 처음 교회에 일어난 일은 하나부터 열까지 모두 성령님이 행하신 일입니다. 성령님은 사도와 제자들에게 '행할 수 있는 능력'을 주신 것입니다.

성령님은 지금도 수많은 믿음의 사람과 함께하시며 역사하십니다. 오늘도 성령님이 이끄시는 삶을 살아가기를 소망합니다.

매일 성경 읽기
시 6편 ☑ 7편 ☐
8편 ☐ 9편 ☐
10편 ☐

성령님의
인도를 받으며
살고 있습니까?

은혜로우신 주님, 보혜사 성령님을 보내 주셔서 감사합니다. 이제 내 뜻대로 가던 걸음을 멈추게 하옵소서. 보혜사 성령님을 신뢰하며 복음의 능력을 갖게 하옵소서. 일어나고 누울 때도 성령님의 인도를 받게 하여 주옵소서. 예수님의 이름으로 기도합니다. 아멘.

지석영 목사 _ 갈산교회

우리가 서로 손을 잡자

열왕기하 10장에는 예후가 하나님의 뜻에 따라 아합의 아들들과 아합의 지지자들을 진멸한 이야기가 등장합니다. 예후의 개혁은 담대함을 넘어 살벌하였습니다. 피가 흘러넘치는 일을 벌였습니다. 예후에게는 신뢰하고 마음을 나눌 만한 동역자가 없었습니다. 그런데 뜻밖에도 예후에게 여호나답이 찾아옵니다.

여호나답은 온 이스라엘이 우상 숭배에 빠졌을 때 신앙을 지킨 인물입니다. 성경은 여호나답을 '레갑의 아들'이라고 소개합니다. 보다 정확한 해석은 '레갑의 자손'입니다. 레갑 족속은 광야 부족인 겐 족속의 일파입니다. 모세의 장인이 겐 족속이었기에 출애굽 한 이스라엘 백성이 광야 생활을 할 때 이스라엘에 합류하여 가나안으로 들어갔습니다. 하지만 이들은 이스라엘 백성과는 달리 성읍에 정착하지 않고, 여전히 광야에 머물며 유목 생활을 했습니다. 왜냐하면 정착 생활이 가져다주는 안일함과 우상 숭배의 위협에 긴장을 늦추지 않고 하나님과 깊은 교제로 들어가기 위함이었습니다. 이렇게 레갑의 자손들은 300년 이상 가나안 방식의 삶과 종교에 흔들리지 않고, 광야에서 천막생활을 하며 반듯하고 정결한 삶을 살았습니다.

예후는 여호나답에게 "내 마음이 네 마음을 향하여 진실함과 같이 네 마음도 진실하냐."고 묻습니다. 이에 여호나답이 "그러하니이다."라고 대답합니다. 예후는 "그러면 나와 손을 잡자(15)." 하고 그를 끌어 자기가 타고 가던 병거에 올립니다. 그렇게 그와 나란히 앉아 동행합니다. 예후는 천군만마를 얻은 듯했습니다. 자신의 마음을 열어 놓고 신뢰할 수 있는 여호나답이 있기 때문입니다.

세상에서는 우정의 관계를 맺기 전에 내게 도움이 되는지, 내 마음에 드는지를 따져 봅니다. 만약 나에게 도움이 안 되거나 마음에 들지 않으면 관계가 지속되기 어렵습니다. 그런데 믿음 안에서 맺어진 관계는 이해득실을 떠나 서로를 용납하며 끝까지 함께합니다. 그리스도의 사랑이 접착제 역할을 하기 때문입니다. 위기 가운데 끝까지 남는 것은 믿음 안에서 맺은 사귐입니다. 마음속 깊은 이야기를 나눌 수 있는 소중한 믿음의 사귐이 있기를 축복합니다.

화요일

17

327장
주님 주실 화평

열왕기하 10:15~17
예후가 거기에서 떠나가다가 자기를 맞이하러 오는 레갑의 아들 여호나답을 만난지라 그의 안부를 묻고 그에게 이르되 내 마음이 네 마음을 향하여 진실함과 같이 네 마음도 진실하냐 하니 여호나답이 대답하되 그러하니이다 이르되 그러면 나와 손을 잡자 손을 잡으니 예후가 끌어 병거에 올리며 (15)

매일 성경 읽기
시 11편 ☑ 12편 ☐
13편 ☐

하나님, 어려움을 당할 때 기적을 베푸시고 사람을 보내 도우시니 감사합니다. 주님 안에서 믿음의 관계를 이루도록 인도하옵소서. 이해득실의 관계를 넘어 서로 이해하고 용납하는 믿음의 동역자를 만나는 복을 허락하옵소서. 예수님의 이름으로 기도합니다. 아멘.

황신 목사 _ 종교교회

믿음 안에서 만난
동역자가 있습니까?

신령한 것을 구하라

314장
내 구주 예수를 더욱 사랑

베드로전서 2:1~5
갓난 아기들 같이 순전하고 신령한 젖을 사모하라 이는 그로 말미암아 너희로 구원에 이르도록 자라게 하려 함이라 (2)

매일 성경 읽기
시 14편 ☑ 15편 ☐
16편 ☐

신령한 젖을 찾는 갓난아이처럼 예수님을 구하고 있습니까?

태어나자마자 어미 젖을 찾아 빠는 갓난 생명의 모습을 보고 있노라면 숭고함과 신비를 느낍니다. 본문은 바로 그 장면을 떠올리게 합니다. 세상의 악한 것에 둘러싸인 채 연약한 모습으로 살아가지만, 신령한 젖을 갈구할 때 우리는 진정 살아날 수 있습니다. 참 생명과 힘과 능력을 얻을 것입니다. 신령한 젖은 바로 예수 그리스도입니다. 우리가 갓난 생명이 어미 젖을 찾듯 예수님을 찾고 있느냐 묻는 것입니다.

특별히 본문에 제시된 버려야 할 것들의 목록을 주목할 필요가 있습니다. '악독, 기만, 외식, 시기, 모든 비방하는 말'입니다(1). 가까이하면 해로운 것, 그래서 가급적 멀리해야 하는 것들입니다. "버리고(1)"라는 말은 이미 나쁜 것들을 몸에 지니고 있음을 전제합니다. 이런 못된 것들이 어느새 내 안에서 주인 행세를 하여 여러 문제를 일으킵니다. 그런데 버리고 싶어도 방법을 알지 못하거나 내 힘으로 되지 않아서 그저 방치할 때가 많습니다.

이것을 이겨낼 수 있는 유일한 방법이 되신 분이 예수 그리스도입니다. 예수님의 주권을 인정할 때 악한 것들을 떨쳐낼 수 있습니다. 그래서 믿음으로 살아야 하고, 언제나 주님의 도움과 은혜를 구해야 합니다. 말씀을 몸에 지니고, 찬양과 감사의 습관을 회복하며, 기도에 항상 힘쓰는 성도가 되어야 버릴 것을 버리는 능력을 가질 수 있습니다.

사도 베드로는 우리가 사모하며 구하기를 마치 갓난아이가 '신령한 젖'을 찾듯이 해야 한다고 말씀합니다. '신령한'에 해당하는 원어는 "로기콘"으로, 영적으로나 이성적으로 가장 적합하며 최선의 것이라는 뜻입니다. 갓난아이에게 어머니의 젖만큼 좋은 것은 없습니다. 이것이 우리가 예수님을 찾고 구해야 할 이유입니다. "갓난 아기들처럼 순수하고 신령한 젖을 그리워하십시오. 여러분은 그것을 먹고 자라서 구원에 이르러야 합니다(2, 새번역)."

우리에게 가장 적합하게 준비해 두신 분, 그래서 어떤 상황에서도 가장 소중한 분이 예수님입니다. 예수님은 보배로운 산 돌같이 신령한 집으로 세워지셔서 모든 악하고 거짓된 것들을 물리치십니다. 오직 우리가 의뢰하고 의지할 분, 예수 그리스도를 구하는 자녀가 되기 원합니다.

하나님, 버려야 할 것을 여전히 지니고 살아가는 어리석고 유약한 인생을 불쌍히 여겨 주옵소서. 갓난아이가 어머니의 젖을 사모하듯 우리도 보배로운 산 돌이 되신 예수님을 찾고 구함으로 참 생명과 능력을 얻게 하옵소서. 예수님의 이름으로 기도합니다. 아멘.

정진교 목사 _ 마산중앙교회

요한의 증언보다 더 큰 증언

목요일

19

80장
천지에 있는 이름 중

요한복음 5:35~38
그 말씀이 너희 속에 거하
지 아니하니 이는 그가 보
내신 이를 믿지 아니함이
라 (38)

요한은 예수님을 비추는 등불이었습니다. 한때 사람들은 요한이 메시아가 아닐까 생각하기도 했습니다. 그래서 유대 사람들은 제사장들과 레위 사람들을 보내어 요한의 정체를 물었습니다. "유대인들이 예루살렘에서 제사장들과 레위인들을 요한에게 보내어 네가 누구냐 물을 때(1:19)", 요한은 "나는 선지자 이사야의 말과 같이 주의 길을 곧게 하라고 광야에서 외치는 자의 소리로라(1:23)."고 대답했습니다.

이제는 예수님 스스로 하나님이 보내신 분, 메시아이심을 증언하십니다. "나에게는 요한의 증언보다 더 큰 증언이 있다. 아버지께서 나에게 완성하라고 주신 일들, 곧 내가 지금 하고 있는 바로 그 일들이, 아버지께서 나를 보내셨다는 것을 증언하여 준다(36, 새번역)." 예수님은 자신이 지금 하는 일들이 이를 증언한다고 하셨습니다. 또한 아버지께서도 친히 자신을 증언해 주신다고 합니다. 이제 사람의 증언은 더 이상 필요가 없습니다. 세례자 요한의 증언이 중요하지 않다는 말이 아니라 더 명확한 증언이 있다는 것입니다.

이렇듯 예수님이 하나님이 보내신 구세주라는 명확한 증언이 있었지만, 사람들은 이를 받아들이지 않았습니다. 그들은 자기네가 믿는다고 자처한 하나님을 몰랐습니다. 그들은 하나님을 보지도, 듣지도 못했습니다. 그들 안에 말씀이 들어설 자리가 없었기 때문입니다. "그가 보내신 이를 믿지 아니"했기 때문입니다(38). 믿지 않았기에 말씀이 마음속에 자리 잡을 수 없었습니다. 그러니 성경이 예수님에 대해 증언해도 들리지 않았습니다.

어두운 밤이 지나고 아침이 와서 환한 빛살이 비추어도, 눈을 감고 있으면 빛을 볼 수 없습니다. 마찬가지로 예수님이 구세주이심을 아무리 명확하게 증언해도 마음의 문이 닫혀 있으면 그 증언이 들리지 않습니다. 예수님이 하나님의 아들이심을 믿는 자에게만 예수님이 하신 일이 영원한 생명에 이르는 길임이 보이고, 예수님을 통해서 하나님을 볼 수 있다는 하나님의 음성이 들립니다. 구원의 길은 모든 사람에게 열려 있지만, 모든 사람에게 보이고 들리는 것은 아닙니다. 예수님이 하나님이 보내신 구세주이심을 고백하는 자에게만 보이고 들립니다.

주님, 이 세상에서 많은 소리를 듣습니다. 그 소리에 유혹되어 믿음 없는 사람처럼 삽니다. 그러나 예수님이 하나님이 보내신 분임을, 우리의 구세주이심을 증언하는 하나님의 음성을 듣기 원합니다. 우리의 귀와 마음을 열어 주옵소서. 예수님의 이름으로 기도합니다. 아멘.

임광지 목사 _ 울산제일교회

예수님이
구세주이심을
증언하는 음성을
듣고 있습니까?

못 본 체하지 않는 마음

430장
주와 같이 길 가는 것

신명기 22:1~3
나귀라도 그리하고 의복이
라도 그리하고 형제가 잃어
버린 어떤 것이든지 네가
얻거든 다 그리하고 못 본
체하지 말 것이며 (3)

충북 옥천의 작은 마을 파출소에 한 청년이 들어왔습니다. 그는 택배 일을 하려고 옥천으로 왔는데 취업을 위한 검사에서 합격하지 못했습니다. 돈도 다 떨어져 집으로 돌아가지도 못하고 길거리를 배회하다가 불빛을 보고 그냥 파출소로 들어온 것이었습니다. 한 경찰관이 그를 못 본 체하지 않았습니다. 그가 몸을 녹일 수 있도록 따뜻한 차를 주고, 잠시 쉴 수 있도록 휴게공간도 안내해 주었습니다. 어려운 상황에서도 어떻게든 살아보려고 했던 청년의 이야기를 들어주며 잃어버린 의지도 되찾게 해주었습니다. 이 청년은 비록 취업은 하지 못했지만, 낯선 곳에서 그보다 더 소중한 위로와 힘을 얻었다는 이야기가 뉴스로 전해져 많은 사람에게 감동을 주었습니다.

오늘 본문 말씀은 이웃과의 관계에서 어떻게 살아야 하는지를 알려 주는 중요한 말씀입니다. 이웃이 잃어버린 소나 양을 보거든, 못 본 체하지 말고 반드시 끌어다 주인에게 돌려주라는 것입니다. 길 잃은 소를 붙잡는 것은 쉬운 일이 아닙니다. 소를 잡다가 다칠 수도 있고, 따로 시간을 내야 하는 일입니다. 그럼에도 성경은 그렇게 하라고 합니다. 만약 가축을 잃어버린 이웃이 가까이 있지 않거나 누구인지 알지 못할 때는 그 짐승을 집에 끌어다가 주인을 찾을 때까지 먹이고 재우며 돌보고, 주인이 오면 아무 보상 없이 돌려주라고 합니다. 이웃이 잃은 것은 무엇이든지 발견하면 절대로 못 본 체하지 말라고 하십니다.

이스라엘 백성이 이렇게까지 무언가를 잃어버린 사람을 위해 시간과 정성을 쏟아야 하는 이유는 무엇일까요? 신명기에 따르면 이스라엘도 예전에는 이집트에서 나그네였고 노예였습니다. 많은 것을 잃어버리고 살던 연약한 사람들이었습니다. 그런데 하나님께서 그들의 잃어버린 것을 찾아 회복시켜 주셨습니다. 그런 하나님의 은혜를 기억하며 자신이 어떤 존재였는지 잊지 말라는 것입니다.

우리의 삶에 부어 주신 하나님의 은혜를 기억하며 살아가기를 바랍니다. 또한 우리 주변에 있는 이웃의 어려움을 못 본 체하지 않고 먼저 다가가 도와주는 하나님의 사람이 되기를 간절히 소망합니다.

매일 성경 읽기
시 19편 ☑ 20편 ☐
21편 ☐

이웃의 어려움을
못 본 체하고 있지는
않습니까?

하나님, 오늘도 귀한 하루를 살도록 인도해 주시니 감사합니다. 하나님의 은혜에 감사하며 하나님의 사랑을 전하는 사람이 되게 하옵소서. 어려운 처지에 있는 이웃을 못 본 체하지 않고 도우며 살아가는 사람이 되게 하옵소서. 예수님의 이름으로 기도합니다. 아멘.

이평일 목사 _ 이대병설영란여중

책임을 다한 세 지파

오늘 본문에서 우리는 책임을 다함으로써 칭찬받고 자신들의 본향으로 돌아가는 이스라엘의 동쪽 지파들을 만납니다. 르우벤, 갓, 므낫세 반 지파입니다. 이들은 요단강 동편을 분배받은 지파들인데, 이스라엘 백성 모두가 가나안 땅을 차지할 때까지 함께 싸우기로 했습니다. 여호수아 1장에 그 약속이 나와 있습니다. "너희 모든 용사들은 무장하고 너희의 형제보다 앞서 건너가서 그들을 돕되 여호와께서 너희를 안식하게 하신 것 같이 너희의 형제도 안식하며 그들도 너희의 하나님 여호와께서 주시는 그 땅을 차지하기까지 하라(1:14~15)."

이들 지파가 책임을 다하는 삶을 살 수 있었던 것은 그 약속을 하나님께서 주신 명령으로 삼은 성숙한 신앙의 태도 때문입니다. 여호수아는 이렇게 말합니다. "당신들은 주님의 종 모세가 당신들에게 명령한 것을 모두 지켰고, 또 나에게 순종하여, 내가 명령한 모든 것을 다 지켰습니다. 당신들은 오늘까지 이렇게 오랫동안 당신들의 겨레를 저버리지 않고, 주 당신들의 하나님이 명하신 것을 성심껏 다 지켰습니다(2~3, 새번역)."

여호수아는 자기 장막으로 돌아가는 이들을 축복합니다. 그리고 한 가지 당부를 잊지 않습니다. 지금처럼 성실하고 품위 있는 하나님의 백성으로 살아가라는 것입니다. "당신들은 오직 주님의 종 모세가 당신들에게 명령한 계명과 율법을 열심히 좇아서 지키십시오. 주 당신들의 하나님을 사랑하고, 언제나 주님께서 지시하시는 길로 가며, 주님의 명령을 지키며, 주님을 가까이하고, 당신들의 온 마음과 온 정성을 다하여 주님을 섬기십시오(5, 새번역)." 참으로 아름다운 모습입니다.

우리가 살아가는 세상 속에서 그리스도인들이 이와 같은 모습으로 세상을 감동시키면 좋겠습니다. 신앙은 결코 삶과 분리될 수 없습니다. 믿음은 반드시 행함으로 살아 역사해야 합니다. 여러 사건과 사고로 고통받는 현대인들에게 참된 위로와 희망이 필요한 때입니다. 이렇듯 책임을 다하는 멋진 그리스도인들이 곳곳에서 빛과 향기를 발하여 온 땅에 하나님의 평강과 소망이 넘치기를 기도합니다.

토요일

21

321장
날 대속하신 예수께

―

여호수아 22:1~6
오직 너희의 하나님 여호와께서 명령하신 그 책임을 지키도다 (3b)

매일 성경 읽기
시 22편 ☑ 23편 ☐
24편 ☐ 25편 ☐

하나님, 우리의 발걸음에 복을 주옵소서. 우리에게 주어진 역할을 하나님께서 주신 사명으로 받아 믿음의 열매를 맺는 책임 있는 그리스도인으로 살아가게 하옵소서. 우리를 통해 주님 나라가 이 땅 곳곳에 이루어지게 하옵소서. 예수님의 이름으로 기도합니다. 아멘.

진대흥 목사 _ 혜성교회

지금 서 있는 곳에서
책임을 다하고
있습니까?

예수님을 닮은 스데반의 죽음

6
주일

22

288장
예수를 나의 구주 삼고

—

사도행전 7:54~60
스데반이 성령 충만하여 하
늘을 우러러 주목하여 하나
님의 영광과 및 예수께서
하나님 우편에 서신 것을
보고 말하되 보라 하늘이
열리고 인자가 하나님 우편
에 서신 것을 보노라 한대
(55~56)

매일 성경 읽기
시 26편 ☑ 27편 ☐
28편 ☐

오늘 본문에는 예수님을 닮은 사람이 등장합니다. 그의 이름은 스데반입
니다. 그는 기독교 최초 교회인 예루살렘 교회의 첫 집사, 즉 초대 교회 일곱
집사 중 한 사람이며, 최초의 순교자입니다. 순교자기념주일인 오늘, 예수님
을 닮은 스데반의 인생을 살펴보고자 합니다.

첫째, 충성스런 생애입니다. 성경은 "맡은 자들에게 구할 것은 충성이니라
(고전 4:2)."고 말씀합니다. 부활하신 예수께서 제자들에게 "너희는 이 모든 일
의 증인이라(눅 24:48)."고 하셨고, 승천하시기 직전에 "땅 끝까지 이르러 내
증인이 되리라(1:8)."고 하셨습니다. 스데반은 주님께서 주신 사명을 받들었
습니다. 그리스도의 증인으로서 동족의 영혼을 구원으로 인도하려 열정을 다
해 복음을 전하다가 돌에 맞아 죽임을 당했습니다. 죽도록 충성한 스데반의
생애가 아름답습니다.

둘째, 성공적인 죽음입니다. 사람은 누구도 예외 없이 죽음을 맞이합니다.
그러나 죽음의 모습은 동일하지 않습니다. 영예로운 죽음이 있는가 하면, 치
욕적인 죽음이 있습니다. 사는 동안 이름을 날리다가도 부끄럽게 인생을 마
감하는 사람이 있는가 하면, 평소에는 이름 없이 빛도 없이 사는 것 같으나 큰
감동을 주고 가는 사람이 있습니다. 스데반이 운명하는 순간 "보라 하늘이 열
리고 인자가 하나님 우편에 서신 것을 보노라(56)." 한 것을 통해 예수님께서
그를 기뻐 받으셨음을 알 수 있습니다.

셋째, 아름답고 거룩한 유산입니다. 스데반도 예수님처럼 짧은 생애를 살
았습니다. 그러나 그는 사도들의 가르침을 따라 성령과 지혜, 은혜와 권능이
충만한 집사의 본을 보였습니다. 복음을 대적하는 이들에게 회개를 촉구하
고, 예수님을 위해 순교했습니다. 뿐만 아니라 자기를 돌로 쳐 죽이려는 이들
을 위해 하나님께 용서의 기도를 올렸습니다.

인생은 일생입니다. 알파와 오메가이신 주님은 우리를 끝까지 사랑하시며
세상 끝 날까지 함께하십니다(마 28:20). 우리를 하나님의 자녀로 삼아 주셨으
니, 오늘도 성령 안에서 예수님을 닮아가며 감화력 있는 삶을 살도록 겸손히
주님의 도우심을 구합시다.

예수님 닮은 삶을
살아가고 있습니까?

생명의 주 하나님, 연약한 우리를 구원하사 주님의 자녀로 삼으시고, 주의 몸 된 교회의 일
꾼으로 불러 주셨음을 믿고 감사합니다. 우리가 늘 성령 충만하여 지혜와 은혜와 권능으
로 맡은 일을 끝까지 감당할 수 있게 인도하옵소서. 예수님의 이름으로 기도합니다. 아멘.

송상면 목사 _ 성산교회

더불어 사는 신앙

연리지는 뿌리가 다른 나뭇가지가 서로 엉켜서 마치 하나의 나무처럼 자라는 현상을 말합니다. 한 나무가 질병이나 다른 원인으로 죽어가거나 수분을 흡수하지 못할 때, 다른 나무가 자신의 영양분과 수분을 보내 살리기도 합니다. 두 나무인데 하나이고, 한 나무인 것 같은데 두 나무인 매우 놀라운 자연 현상입니다.

사도 바울은 "우리 주 예수 그리스도의 은혜를 너희가 알거니와 부요하신 이로서 너희를 위하여 가난하게 되심은 그의 가난함으로 말미암아 너희를 부요하게 하려 하심이라(9)."고 말씀합니다. 이를 통하여 사도 바울이 예루살렘 교회를 향한 고린도 교회의 구제를 금전적 후원 관계가 아닌 그리스도의 은혜로 여김을 알 수 있습니다. 예수께서 우리를 위하여 낮아지신 성육신 사건은 은혜이고 긍휼의 사건입니다. 경제적으로 부유한 고린도 교회가 예루살렘 교회를 돕는 손길은 단순히 경제적 후원을 넘어서는 그리스도의 성육신 사건과 같은 놀라운 사랑으로 사도 바울은 믿고 있습니다.

고린도 교회는 경제적으로 부유했습니다. 하지만 거기서 머물러서는 안 됩니다. 교회는 그리스도의 사랑으로 덧입어야 합니다. 만약 형제를 돕는 일을 단순히 적선하듯 한다면 교회는 스스로를 강도의 소굴로 만드는 꼴이 되고 맙니다. 사도 바울은 연보하는 것이 유익하다고 강조합니다(10). 왜냐하면 그 손길이 "다른 사람들은 평안하게 하고 너희는 곤고하게 하려는 것이 아니요 균등하게 하려 함(13)"이기 때문입니다. "지금 여러분의 넉넉한 살림이 그들의 궁핍을 채워주면, 그들의 살림이 넉넉해질 때에, 그들이 여러분의 궁핍을 채워 줄 수도 있을 것입니다. 이렇게 하여 평형이 이루어지는 것입니다 (14, 새번역)."

어려운 형제를 돕는 것은 그리스도 예수에게 받은 사랑을 갚는 일임과 동시에 주님의 사랑을 확증하는 일입니다. 또한 사랑의 나눔은 혹시 나중에 내가 어려움에 처할 때 하나님의 선한 도움을 받는 통로가 됨을 기억하기 바랍니다. 오늘 하루도 주님께서 주신 사랑으로 서로 풍성히 나누며 더불어 살아가는 우리가 되기를 소망합니다.

90장
주 예수 내가 알기 전

고린도후서 8:9~14
이제 너희의 넉넉한 것으로 그들의 부족한 것을 보충함은 후에 그들의 넉넉한 것으로 너희의 부족한 것을 보충하여 균등하게 하려 함이라 (14)

매일 성경 읽기
시 29편 ☑ 30편 ☐
31편 ☐ 32편 ☐
33편 ☐

사랑과 은혜의 하나님, 우리에게 오신 예수 그리스도의 낮아지심이 존귀한 사랑임을 압니다. 그 사랑을 나눌 수 있는 넉넉함을 주옵소서. 주는 것이 받는 것임을 알게 하시고, 그것으로 주님의 사랑을 확증하게 하옵소서. 예수님의 이름으로 기도합니다. 아멘.

박용한 목사 _ 연리지교회

연리지 사랑을
실천하고 있습니까?

평안도, 환난도 창조하시는 하나님

6
24
화요일

384장
나의 갈 길 다가도록

이사야 45:1~7
나는 빛도 짓고 어둠도 창
조하며 나는 평안도 짓고
환난도 창조하나니 나는 여
호와라 이 모든 일을 행하
는 자니라 하였노라 (7)

인간을 '호모 사피엔스'라 부르며 지성과 합리적 사고를 다른 동물과 비교되는 인간만의 특징이라고 주장합니다. 그런데 이런 특징이 인간의 완벽함을 보장하지는 않습니다. 톰 필립스는 『인간의 흑역사』에서 인간이란 '욕심은 끝이 없고, 같은 실수를 반복하는 존재'라며 인간이 저질러온 수많은 실패를 되짚습니다. 인간은 많은 착각과 오해 속에 살아갑니다. 신앙인도 예외는 아닙니다. 우리는 하나님을 잘 믿는 신앙인의 삶에는 환난과 어려움이 없고, 오직 평안과 순탄함만이 있어야 한다고 생각합니다. 하지만 오늘 본문 말씀이 증언하듯 하나님께서는 빛과 어두움을 모두 지으시고, 평안과 환난을 함께 창조하시는 전능하신 분입니다.

애굽에서 고통받던 이스라엘 백성의 처지를 보시고 신음 소리를 들으신 하나님은 그들을 탈출시키셨습니다. 그리고 시내산에서 율법을 통하여 새로운 언약을 맺으셨습니다. 하지만 이스라엘 백성은 번번이 불순종함으로 언약을 어깁니다. 하나님의 징계가 임하여 환난을 겪으면 죄를 뉘우치고 회개하여 평안을 얻습니다. 그런데 또다시 죄에 빠져 율법을 등지고 살아가다가 예루살렘의 멸망과 바벨론 포로라는 크나큰 환난을 만납니다. 그렇게 모든 것이 끝났다고 여겨지는 순간에, 하나님은 이방 페르시아의 왕 고레스를 사용하시어 바벨론을 멸망시키십니다. 그리고 돌이킨 이스라엘 백성이 예루살렘으로 돌아올 수 있게 은혜를 베푸십니다.

이스라엘 백성의 반복적인 불순종과 습관적인 회개에도 하나님은 적절한 징계를 통하여 하나님 백성의 참된 회개와 온전한 회복을 기대하십니다. 마치 자녀를 사랑하는 아버지 같습니다. 우리는 환난처럼 보이는 하나님의 징계가 또 다른 은혜의 수단임을 잊지 말아야 합니다. 때때로 우리의 삶에 찾아오는 환난과 어두움의 시간은 우리에게 문제가 있음을 알려 주시는 하나님의 신호입니다. 뜻하지 않은 고난을 당할 때 낙심하거나 원망하는 대신 내 삶을 살피고 변화된 삶을 살아가는 사람이 지혜로운 사람, 믿음의 사람입니다. 즐거워할 만한 때에 찬송하고, 고난의 때에 기도하여 매 순간 하나님과 동행하는 복된 사람들이 되기를 주님의 이름으로 기원합니다.

매일 성경 읽기
시 34편 ✓ 35편 □
36편 □ 37편 □

하나님의 신호에
지혜롭게 반응하고
있습니까?

긍휼이 많으신 하나님, 은혜를 베풀어 주시니 감사합니다. 우리의 생각이나 판단이 아닌, 하나님의 말씀을 기준으로 삼고 하나님의 뜻을 따라 살기 원합니다. 날마다 우리를 인도하여 주시고 지혜롭게 살아가게 하옵소서. 예수님의 이름으로 기도합니다. 아멘.

주홍덕 목사 _ 독립문교회

칼을 쳐서 보습을 만들고

수요일

25

412장
내 영혼의 그윽히
깊은 데서

미가 4:1~5
각 사람이 자기 포도나무
아래와 자기 무화과나무 아
래에 앉을 것이라 그들을
두렵게 할 자가 없으리니
이는 만군의 여호와의 입이
이같이 말씀하셨음이라 (4)

몇 해 전에 비무장지대(DMZ) 인근을 걸은 적이 있습니다. 강원도 고성에서 시작하여 경기도 파주에 이르기까지 열하루를 혼자 걸었습니다. 분단된 아픔의 땅을 밟으며 기도하는 것은 기도실에서 드리는 기도와는 다를 것이라 생각했습니다. 그리고 이 땅을 돌아보는 가장 좋은 길이라 여겼습니다. 비무장지대를 걷다 보면 가장 많이 눈에 띄는 표지가 있습니다. 끝없이 이어지는 철조망에 일정한 간격으로 붙은, 붉은색 바탕의 역삼각형 표지판에 적힌 '지뢰'라는 경고문입니다. 마음 아프게도 우리의 허리를 두르고 있는 것은 철조망과 지뢰입니다.

'누가 여호와와 같은가?'라는 뜻의 이름을 가진 미가는 이사야와 같은 시대에 활동한 예언자로서 백성들의 불의한 모습을 보며 예루살렘과 성전의 몰락을 예고했습니다. 백 년이 지난 뒤 예레미야가 같은 내용을 선포할 때 사람들은 미가를 떠올렸습니다(렘 26:17~18). 미가가 심판만 선포한 것은 아닙니다. 주님의 성전이 있는 주님의 산이 산들 가운데서 가장 높이 솟아 모든 언덕을 내려다보며 우뚝 설 때, 민족들이 구름처럼 몰려올 것을 선언합니다(1).

주님이 온 세상 모든 민족을 다스리시면 진정한 평화가 찾아옵니다. 사람마다 자기 포도나무와 무화과나무 아래에 앉을 것입니다. 이것은 지극한 평화를 의미합니다. 주님께서 민족들 사이의 분쟁을 판결하고 원근 각처에 있는 열강 사이의 갈등을 해결하시면, 나라마다 칼을 쳐서 보습을 만들고, 창을 쳐서 낫을 만들 것입니다. 또한 나라와 나라가 칼을 들고 서로를 치지 않고, 아예 군사 훈련도 하지 않을 것입니다.

오늘은 한국전쟁이 일어난 지 75주년이 되는 날입니다. 형제가 형제에게 총부리를 겨눴던 가슴 아픈 날입니다. 100만 명이 넘는 희생자 중에 군인보다 민간인의 수가 더 많았으니 그 비참함을 짐작할 만합니다. 아직도 상처가 다 아물지 않은 채 우리의 역사와 가슴속에 남아 있습니다. 미가의 예언에 의하면 진정한 평화는 주님이 우리가 사는 땅의 주인이 되실 때 가능합니다. 칼을 쳐서 보습을 만들고 창을 쳐서 낫을 만드는, 우리의 허리에 빼곡히 심긴 지뢰를 파내고 생명의 씨앗을 심고 거두는 평화가 이 땅에 임하기를 빕니다.

매일 성경 읽기
시 38편 ☑ 39편 ☐
40편 ☐ 41편 ☐
42편 ☐ 43편 ☐
44편 ☐

평화의 왕이신 주님, 이 땅에 전쟁이 일어난 지 75년이 지나가지만 여전히 갈등과 불화와 반목이 이어지고 있습니다. 서로를 향한 불신의 총부리를 거두게 하옵소서. 이 땅을 긍휼히 여기셔서 칼을 쳐 보습을 만들게 하옵소서. 예수님의 이름으로 기도합니다. 아멘.

한희철 목사 _ 정릉교회

우리가 사는 땅의
평화를 방해하는 것은
무엇일까요?

구원을 위한 라합의 결단

586장
어느 민족 누구게나

여호수아 6:22~25
여호수아가 기생 라합과 그
의 아버지의 가족과 그에게
속한 모든 것을 살렸으므로
그가 오늘까지 이스라엘 중
에 거주하였으니 (25a)

매일 성경 읽기
시 45편 ☑ 46편 ☐
47편 ☐ 48편 ☐
49편 ☐ 50편 ☐
51편 ☐

성경에 나오는 라합 이야기는 죄인이 구속의 역사에 참여하는 것을 극적으로 보여 줍니다. 가나안 사람이고 우상 숭배자였던 기생 라합이 어떻게 이스라엘 민족의 계보에 이름을 올릴 수 있었을까요? 라합은 고대 도시 중 하나에 세워진 성벽에 살았습니다. 그의 집은 도시 출입문과 가까워 베를 짜는 일과 여인숙을 겸하여 일을 하기에 편리했습니다. 동쪽에서 지중해로 가는 상인들의 행렬로 여인숙은 늘 붐볐고, 덕분에 라합은 부자가 되었습니다. 그런데 최근 불길한 일로 도시의 사람들이 동요했습니다. 장사하는 라합은 그 원인이 애굽에서 탈출하여 수십 년간 광야를 지나온 유목민들에 대한 소문 때문임을 알았습니다.

유목민들은 장정의 수만 60만 명 이상이었고 메뚜기 떼처럼 운집하여 있었습니다. 그들이 광야를 지나는 동안 어떤 왕도, 어떤 나라도 그들에게 대항할 수 없었습니다. 야훼라는 그들의 신, 즉 40년 전에 이스라엘 사람들이 홍해를 건널 때 물을 갈라놓기까지 하신 신이 그들을 돕고 있었기 때문입니다. 이제 야훼와 함께 이스라엘 사람들이 여리고에서 20리밖에 안 되는 요단강 동쪽에 머무르고 있습니다.

젊은 두 남자가 라합의 집에 묵으려고 찾아옵니다. 그때 라합은 그들이 이스라엘 사람인 줄 알아차렸습니다. 어떻게 할 것인지 결정해야 할 때, 라합의 마음에 이스라엘이 하나님의 도움으로 패배하지 않는다는 확신이 자리 잡았습니다. 야훼 하나님이 광야에서 이스라엘 백성을 돌보셨고, 싸울 때도 지도하셨고, 그들의 적을 당황하게 하셨다는 이야기를 들었습니다. 그래서 라합은 자신의 목숨과 가족의 생명을 걸고 정탐꾼을 숨겨 주었습니다. 이 일에 대하여 히브리서 기자는 이렇게 기록합니다. "믿음으로 기생 라합은 정탐꾼을 평안히 영접하였으므로 순종하지 아니한 자와 함께 멸망하지 아니하였도다(히 11:31)."

예수 그리스도를 구주로 고백하는 우리도 세상의 권세에 순종할지, 아니면 하나님의 구속 역사에 동참할지 결단해야 할 때가 있습니다. 믿음과 용기, 그리고 기쁨으로 주의 역사에 참여하는 우리가 되기를 소망합니다.

구속의 역사에
참여하고 있습니까?

주님, 하나님의 도성은 성스럽고, 사랑과 정의, 그리고 공의가 균형을 이루고 있습니다. 세속적이고 이기적인 마음으로는 하나님의 도성에 기거할 수 없음을 압니다. 믿음으로 살겠다는 결단으로 하나님 나라를 소망하게 하옵소서. 예수님의 이름으로 기도합니다. 아멘.

이봉석 목사 _ 신길중앙교회

악수와 묘수

장기를 두다 보면 별것 아닌 것처럼 보이는 한 수를 잘못 두어 패하는 경우가 많습니다. 이렇게 잘못 두는 수를 악수(惡手)라고 합니다. 인생을 살다 보면 악수를 둘 때가 있습니다. 안타깝게도 그 악수로 인해 인생이 수렁에 빠져 헤어나지 못하는 경우가 많습니다.

오늘 본문에 악수를 둔 한 인물이 나옵니다. 바로 헤롯왕입니다. 이 이야기는 열두 제자 파송(7~13)과 제자들의 보고(30) 사이에 기록되어 있습니다. 예수님의 제자들까지 각 마을에 두루 다니며 복음을 전하고 병자들을 고치니 예수님의 이름은 더욱 드러나기 시작했습니다. 사람들은 예수님이 누구인지 궁금해했습니다. 누구는 엘리야라 하고, 또 다른 누구는 선지자 중 하나라고 했습니다. 헤롯왕은 죽은 세례 요한이 살아난 것이라고 했습니다. 이는 자기가 세례 요한을 죽인 죄책감으로 인한 두려움 때문이었습니다.

헤롯은 세례 요한을 잡아 옥에 가둔 일이 있었습니다. 헤롯이 자기 부인과 이혼하고 이복동생이었던 빌립의 아내 헤로디아와 재혼한 것을 세례 요한이 비판했기 때문입니다. 헤로디아는 요한을 죽이고 싶을 만큼 미워했습니다. 반면에 헤롯은 요한의 비판에 괴로워하면서도 그를 의롭고 거룩한 사람으로 알고 두려워하여 보호했으며, 또 그의 말을 달갑게 들었습니다. 헤롯의 생일잔치 때, 헤로디아의 딸이 춤을 추어 헤롯과 참석한 사람을 기쁘게 하였습니다. 헤롯은 딸에게 무엇이든지 말하면 다 들어주겠다고 약속했습니다. 딸은 어머니의 뜻대로 세례 요한의 목을 달라고 요청했고, 헤롯은 자신이 한 약속 때문에 어쩔 수 없이 세례 요한을 죽였습니다.

헤롯은 동생의 아내를 빼앗고 재혼한 것과 세례 요한을 의롭게 여기면서도 자신의 무모한 오만 때문에 그를 참수하는 두 가지 악수를 두었습니다. 헤롯은 진리를 인정하면서도 자신의 지위와 체면, 정치적인 야욕 때문에 악수를 둔 것입니다. 우리도 때로는 옳은 줄 알면서도, 이 길이 진리임을 알면서도 자신의 성공과 지위, 체면 때문에 악수를 둡니다. 우리 인생의 묘수는 다른 데 있는 것이 아닙니다. 예수님을 인정하고 사는 것이 인생의 묘수입니다. 예수님만이 진리이시기 때문입니다.

금요일

27

449장
예수 따라가며

마가복음 6:14~29
이는 요한이 헤롯에게 말하되 동생의 아내를 취한 것이 옳지 않다 하였음이라 (18)

매일 성경 읽기

시 52편 ☑ 53편 ☐
54편 ☐ 55편 ☐
56편 ☐ 57편 ☐
58편 ☐ 59편 ☐
60편 ☐

사랑의 주님, 우리가 세상에 살면서 탐욕에 눈이 멀어 악수를 두지 않게 하옵소서. 진리이신 예수님을 인정하고 그 뜻 가운데 사는 묘수를 두게 하옵소서. 잘못을 바로 보고, 그릇된 길에서 단번에 돌이키는 용기를 주옵소서. 예수님의 이름으로 기도합니다. 아멘.

이재은 목사 _ 초운교회

인생의 묘수를 두고 있습니까?

복음과 함께 고난을 받읍시다

336장
환난과 핍박 중에도

—

디모데후서 1:3~8
그러므로 너는 내가 우리 주를 증언함과 또는 주를 위하여 갇힌 자 된 나를 부끄러워하지 말고 오직 하나님의 능력을 따라 복음과 함께 고난을 받으라 (8)

그레그 모텐슨이 쓴 『세잔의 차』에는 히말라야 오지에서 겪은 희망의 이야기가 담겨 있습니다. 그는 여동생의 죽음을 추모하기 위해서 K2 등정에 오르다가 실패하고, 탈진한 상태에서 파키스탄의 코르페 마을에 들어갑니다. 거기서 그는 마을 사람들의 극진한 간호와 사랑으로 건강을 회복합니다. 이에 대한 보답으로 학교를 지어 주겠다고 결심합니다. 학교를 짓는 일이 쉽지 않았으나 멈추지 않았습니다. 코르페 마을 사람들의 극진한 친절과 보살핌을 결코 잊을 수 없었기 때문입니다.

사람은 누군가에게 좋은 기억으로 남고 싶어 합니다. 바울에게는 디모데가 바로 그런 사람이었습니다. 제2차 전도 여행 중에 루스드라에서 만난 디모데는 바울과 늘 동행하는 충실한 동역자였고, 바울에게 가장 신뢰받는 사람이었습니다. 그의 믿음은 외할머니 로이스와 어머니 유니게에게 물려받은 깨끗한 것이었습니다(5). 그런 이유로 바울은 디모데를 에베소 교회의 담임으로 세우기까지 했습니다. 그런데 얼마 지나지 않아 바울은 거짓 교사들이 에베소 교회 안에 들어와 성도들과 교회의 질서를 흔들고 있다는 소식을 듣습니다. 이에 바울은 디모데가 건전한 말씀으로 무너진 교회를 다시 세우고 성도들을 잘 가르치도록 권면하기 위해 편지를 써서 보냈습니다. 그 편지가 바로 오늘 읽은 디모데후서입니다.

바울은 디모데에게 "하나님이 우리에게 주신 것은 두려워하는 마음이 아니요 오직 능력과 사랑과 절제하는 마음(7)"이며 "복음과 함께 고난을 받으라(8)"고 말합니다. 때로는 복음을 전하다가 혹은 주님의 일을 하다가 어려움과 고난을 겪을 수도 있습니다. 하지만 그것이 두려워서 하던 일을 멈춘다면 우리는 아무것도 할 수 없습니다. 그리스도인들에게는 그리스도를 믿는 특권뿐 아니라, 그를 위해서 고난받는 특권도 있음을 잊지 말아야 합니다(빌 1:29). 의인은 믿음으로 말미암아 삽니다. 우리는 아무리 세상이 어렵고 험난해도 믿음의 길에서 벗어나지 않으려고 애써야 합니다. 그럴 때 우리는 세상이 줄 수 없는 자유와 기쁨을 누릴 줄로 믿습니다. 오늘도 주님이 주시는 굳건한 믿음과 능력으로 승리하는 복된 하루가 되기를 기원합니다.

매일 성경 읽기
시 61편 ☑ 62편 ☐
63편 ☐ 64편 ☐
65편 ☐ 66편 ☐
67편 ☐ 68편 ☐

고난 중에도 믿음을 굳건히 지키고자 애쓰고 있습니까?

사랑의 하나님, 하나님이 우리에게 주신 것은 두려워하는 마음이 아니라 능력과 사랑과 절제하는 마음입니다. 이 말씀을 굳게 붙잡고 어렵고 험난한 세상을 이기게 하옵소서. 세상이 줄 수 없는 자유와 기쁨을 누리게 하옵소서. 예수님의 이름으로 기도합니다. 아멘.

최승균 목사 _ 신천교회

안식은 곧 멈춤이다

주일

29

43장
즐겁게 안식할 날

———

창세기 2:1~3
하나님이 그 일곱째 날을 복되게 하사 거룩하게 하셨으니 이는 하나님이 그 창조하시며 만드시던 모든 일을 마치시고 그 날에 안식하셨음이니라 (3)

하나님은 온 세상과 우주 만물을 창조하셨습니다. 흙으로 사람을 빚으시고 아담이라 이름하셨습니다. 창세기 1장에 나오는 6일간의 창조 사건을 우리는 믿고 고백합니다. 그리고 오늘 우리가 읽은 본문 말씀에서 하나님이 안식하셨다고 이야기합니다. 상상력을 발휘해서 성경을 읽어 보면, 오늘의 말씀이 무척 특별하게 다가옵니다. 하나님이 아담과 하와를 지으셨습니다. 그리고 임무도 주셨습니다. "생육하고 번성하여 땅에 충만하라, 땅을 정복하라, 바다의 물고기와 하늘의 새와 땅에 움직이는 모든 생물을 다스리라(1:28)." 이제 막 창조된 아담과 하와는 의욕이 넘칩니다. 맡겨진 임무를 잘 수행하고 싶습니다. 또 온 세상을 구경하고 맛보고 누리고 싶었을 것입니다. 그런데 하나님이 안식에 들어가십니다(2). 더불어 아담과 하와도 창조된 후 가장 먼저 한 일이 곧 안식이 되어버립니다. 왜 하나님은 창조된 사람에게 먼저 안식을 하게 하셨을까요?

사실 안식에 해당하는 히브리어는 많은 의미를 가지고 있습니다. 쉼이라는 뜻도 있지만, '중단되다, 멈추다'라는 뜻이 있습니다. 그러니 하나님이 안식하셨다는 말은 하나님이 쉬신다는 뜻 외에도 하나님이 창조 사역을 마치신 뒤 멈추셨다는 뜻도 됩니다. 하나님은 사람에게 멈추라고 하십니다. 주어진 사명도, 계획도, 열정도 다 잠시 멈추라고 하십니다. 안식일을 따로 구별해서 삶에 멈춤을 주는 날로 삼으라 하십니다. 그리고 멈춤의 이유를 하나님이 만들어 주십니다. 하나님이 멈추셨으니 우리도 멈추는 것입니다. 더 나아가 사람은 창조 때부터 멈춤이 있는 존재이기에, 거룩한 안식은 사람됨의 필수조건입니다. 잠시 멈출 때 사람은 자신의 영혼을 돌아보고 우리 가운데 일하시는 하나님을 보며, 하나님의 은혜를 떠올립니다. 그것이 바로 거룩한 안식의 의미입니다.

우리는 너무나 바빠 하나님을 떠올리지 못합니다. 마냥 달려야만 잘 살 것 같습니다. 그러나 기억합시다. 하나님도 멈추셨습니다. 그렇기에 성도의 삶에는 멈춤이 있어야 합니다. 잠시 멈춰 하나님을 바라보고 생각하며, 하나님이 하신 일과 베푸신 은혜에 감사하는 성도가 됩시다.

매일 성경 읽기
시 69편 ☑ 70편 ☐
71편 ☐ 72편 ☐
73편 ☐

우리를 창조하신 하나님, 멈춤이 있는 삶을 살게 하신 하나님을 기억합니다. 너무도 바쁜 일상에 멈춤 없이 달려왔던 우리의 걸음을 이 시간 잠시 멈추게 하옵소서. 거룩한 안식을 통해 온전히 하나님을 바라보게 하옵소서. 예수님의 이름으로 기도합니다. 아멘.

차재일 목사 _ 광희문교회

거룩한 안식,
멈춤을 위해서
내려놓아야 할 것은
무엇입니까?

추수할 일꾼을 보내소서

216장
성자의 귀한 몸

마태복음 9:35~38
무리를 보시고 불쌍히 여기
시니 이는 그들이 목자 없
는 양과 같이 고생하며 기
진함이라 (36)

2000여 년 전 유대 사람들은 로마 제국의 압제 아래 살았습니다. 로마 총 독과 포악한 군대의 치리 아래에서 허덕였습니다. 많은 세금을 징수당했고, 각종 대규모 건설에 동원되어 강제 노역을 해야 했습니다. 게다가 예루살렘 성전세와 제물도 감당해야 했습니다. 가난한 갈릴리 지역 사람들은 무척 힘 겨운 삶을 살 수밖에 없었습니다. 육체적으로도 고생스러웠지만, 정신적으로 더더욱 버거웠습니다. 자신들을 이끌어 줄 지도자가 없었기 때문입니다. '목 자 없는 양', 이것이 그들의 처지였습니다. 그러니 그들의 영혼은 늘 불안하 고, 삶은 고될 수밖에 없었습니다.

삶의 지표도 없이 무의미하게 고생하는 사람들에게 다가와 그들을 진정 "불쌍히(36)" 여기신 분이 있었습니다. 바로 예수님입니다. 예수님은 자신의 시야에 들어오는 이들의 고통을 가슴 아파하시며 측은하게 여기셨습니다. 그 런 마음으로 두루 다니시면서, 가르치고 천국 복음을 전파하며 모든 병과 모 든 약한 것을 고치셨습니다(35). 마음이 움직이면 몸도 따라 움직이기 마련입 니다. 예수님은 사람들을 불쌍하다고 생각만 하지 않으시고, 그들을 일으키 고 이끌기 위해 활동하셨습니다.

우리는 어떤 마음으로 세상을 바라보며 살아갑니까? 누군가를 보며 가슴 이 아파서 기꺼이 도우려 했던 경험을 떠올려 보십시오. 이 마음을 얻는 과정 이 제자 됨의 길입니다. 예수님은 제자들에게 청원 기도를 하라고 명령하십니 다. "주님, 추수할 일꾼들을 보내 주소서." 기진한 이를 도울 사람들을 보내 달 라는 간구입니다. 놀랍게도 이 기도는 곧바로 응답되었습니다. 기도한 제자 들이 기도의 응답이 되어, 주님의 일꾼으로 세상 가운데 파송 받은 것입니다.

세상에서 벌어지는 안타깝고 속상한 일들, 가슴 아픈 사건들을 바라보며, 우리는 제자들처럼 기도해야 합니다. '주님, 일꾼을 이 땅에 보내 주십시오.' 그리고 그 기도의 응답이 되는 일꾼이 바로 나 자신은 아닌지 살펴볼 일입니 다. 열두 제자 중에 배신자도 있었고, 믿음이 약한 이들도 있었습니다. 하지 만 그들은 기도의 응답이 되어 주님의 일을 행했습니다. 우리도 사랑의 일꾼 으로 보냄 받는 기쁨을 누릴 수 있기를 바랍니다.

매일 성경 읽기
시 74편 ☑ 75편 ☐
76편 ☐ 77편 ☐
78편 ☐

*예수님의 마음이
내 안에 있습니까?*

사랑의 하나님, 우리에게 예수님의 마음을 주옵소서. 연약한 이들을 불쌍히 여기며, 그들 을 위해 사랑의 수고를 아끼지 않게 하옵소서. 우리를 필요로 하는 이들에게 우리를 보내 주옵소서. 그리고 그것을 기쁨으로 여기게 하옵소서. 예수님의 이름으로 기도합니다. 아멘.
이범석 목사 _ 은평청파교회

7

J U L Y

이는 너희를

어두운 데서 불러 내어

그의 기이한 빛에

들어가게 하신 이의

아름다운 덕을

선포하게 하려 하심이라

베드로전서 2:9

7월의 기도

기도 제목

실천할 일

- ☑
- ☑
- ☑
- ☑

감사할 일

기억할 일

거절할 수 없는 명령

유다가 바벨론의 포로가 되기 직전에 하나님은 예레미야를 예언자로 택하여 이스라엘 백성에게 보내셨습니다. 하나님은 "내가 너를 모태에 짓기 전에 너를 알았고 네가 배에서 나오기 전에 너를 성별하였고 너를 여러 나라의 선지자로 세웠노라(1:5)."고 말씀하십니다. 예레미야는 자신은 어린아이라며 부르심을 거절했지만, 재차 부르시는 하나님의 음성을 거절할 수 없어 하나님의 손을 잡았습니다.

오늘 본문은 부르심에 응답한 예레미야에게 큰 어려움이 닥친 모습을 보여줍니다. 임멜의 아들 제사장 바스훌은 예언하는 예레미야에게 차꼬를 채워서 베냐민 문 옆 창고에 가둡니다. 예레미야 앞에서 그의 친구를 죽일 것이라고 협박하며 같이 죽여서 묻을 것이라고 저주합니다. 위기를 맞은 예레미야는 주님께 불평합니다. 주님께 속았고 치욕과 모욕 거리가 되었다며, 다시는 하나님을 선포하지 않겠다고 합니다.

그런데 이상한 일이 일어났습니다. 주님의 이름으로 외치지 않겠다고 결심해 보지만 하나님의 말씀이 예레미야의 중심에서 불타올라 전하지 않고서는 버틸 수 없었습니다. 하나님을 거부하기로 작정하였지만, 하나님을 거부할 수 없는 일이 일어난 것입니다. 어떻게 이런 반전이 가능했을까요? "심장 속에서 불처럼 타올라 뼛속에까지 타들어가는(9)" 하나님의 말씀 때문입니다. 하나님의 반응은 말씀을 통해 나타났습니다. 예레미야는 그 말씀을 온몸으로 느꼈습니다. 깊고 친밀하게 반응하며 만나 주시는 하나님 사랑을 경험하였습니다. 그 경험은 거부할 수 없는 사랑이 되어 예레미야를 압도했습니다.

하나님은 오늘 우리에게도 같은 방법으로 다가오십니다. 하나님의 뜻과 의지를 말씀하시고, 하나님의 뜻을 사랑하도록 우리를 바꿔 주십니다. 힘들고 아파서 하나님의 뜻을 거절하고 싶을지라도, 하나님의 사랑이 우리를 지배하여 하나님의 뜻을 사랑하게끔 하십니다. 하나님은 우리의 자유의지를 존중해 주시고, 전인격을 사랑해 주십니다. 그래서 하나님의 명령은 거절할 수 없는 명령으로 바뀝니다. 하나님의 온전한 사랑을 경험한 우리에게는 순종이 불순종보다 훨씬 쉽고 편안합니다.

화요일

7

1

425장
주님의 뜻을 이루소서

예레미야 20:7~13
내가 다시는 여호와를 선포하지 아니하며 그의 이름으로 말하지 아니하리라 하면 나의 마음이 불붙는 것 같아서 골수에 사무치니 답답하여 견딜 수 없나이다 (9)

매일 성경 읽기
시 79편 ☑ 80편 ☐
81편 ☐ 82편 ☐
83편 ☐ 84편 ☐
85편 ☐

하나님, 우리를 사랑해 주셔서 감사합니다. 우리를 존중해 주셔서 감사합니다. 우리가 하나님의 뜻을 사랑할 수 있도록 우리를 바꿔 주셔서 감사합니다. 순종을 통해 하나님과의 사랑을 견고하게 하는 오늘이 되길 원합니다. 예수님의 이름으로 기도합니다. 아멘.

이주현 목사 _ 매원교회

하나님의
말씀을 통하여
하나님의 사랑을
경험하고 있습니까?

결단코 상을 잃지 아니하리라

428장
내 영혼에 햇빛 비치니

—

마태복음 10:40~42
너희를 영접하는 자는 나를 영접하는 것이요 나를 영접하는 자는 나를 보내신 이를 영접하는 것이니라 (40)

구약에서는 부모를 공경한 자가 생명이 길어지고 복을 누린다고 합니다(출 20:12, 신 5:16). 부모의 꾸중이나 징계를 받더라도 이를 잘 수용해야 한다고 잠언은 전합니다. 심지어 출애굽기에서는 아버지나 어머니를 치는 자는 반드시 죽이라고 명령합니다(출 21:15). 이렇듯 순종하는 자녀가 지혜로운 자이고, 그렇지 못한 자녀는 무서운 결과를 맞이하게 됩니다. 이에 비추어 볼 때 구약의 가르침에서 '공경'은 윤리적 명령이 아니라 종교적 명령입니다.

반면에 신약에서는 공경의 의미를 달리 해석합니다. 예수님은 종교적 전통을 주장하는 바리새인과 서기관들에게 고르반 관행을 비판하면서 이렇게 질책하십니다. "너희는 이르되 누구든지 아버지에게나 어머니에게 말하기를 내가 드려 유익하게 할 것이 하나님께 드림이 되었다고 하기만 하면 그 부모를 공경할 것이 없다 하여 너희의 전통으로 하나님의 말씀을 폐하는도다(15:5~6)." 부모 공경은 종교적 명령인 동시에 윤리적 명령이며, 그래서 실제적 실천으로 부모를 돌보는 것이 하나님의 뜻에 합당하다는 것입니다. 예수님은 부모 공경을 종교적 명령으로만 적용함을 경계하시는 것입니다(15:4, 막 7:10).

오늘 본문에 나오는 가르침도 그런 맥락에서 이해할 수 있습니다. 예수님은 "나를 영접하는 자는 나를 보내신 이를 영접하는 것이니라(40)."고 말씀하십니다. '영접'이란 종교적 명령입니다. 선지자를 영접하거나 의인을 영접하면 그에 상응하는 '상'이 있을 것이라고 말씀하십니다. 그런데 예수님은 한 걸음 더 나아가 영접의 대상을 지극히 작은 자에게 적용하십니다. 그리스도인들의 영접은 종교적인 전통에만 국한되는 것이 아니라 약자와 소외된 자를 보살피는 윤리적 실천이어야 한다는 사실을 알려 주신 것입니다.

'종교적'이라는 단어가 잘못 읽히는 세상이 되었습니다. 우리도 혹시 종교적인 것이 윤리적인 것과 반하더라도 순종해야 한다는 고르반과 같은 잘못된 가르침을 따르고 있지는 않은지 점검해 보아야 합니다. 종교적이라는 단어의 의미를 바르게 알고 행하기를 바랍니다. 그런 사람은 결단코 상을 잃지 않을 것입니다.

매일 성경 읽기
시 86편 ☑ 87편 ☐
88편 ☐ 89편 ☐
90편 ☐

윤리적인
종교적 실천을
하고 있습니까?

하나님, 하나님 앞에서 살아간다는 것이 세상과 분리되는 것이 아니라 세상과 하나 되어야 한다는 사실을 잊지 않게 하옵소서. 부모를 공경하고 작은 자를 돕는 진정한 하늘의 윤리를 실천하는 그리스도인이 되게 하옵소서, 예수님의 이름으로 기도합니다. 아멘.

양홍석 목사 _ 다릿목교회

향기로운 삶

꽃이 피는 곳에는 벌과 나비가 모여들고, 향기가 나는 곳에는 사람도 모여듭니다. 남프랑스 프로방스지방 발랑솔에서는 보라빛 라벤더 꽃밭이 끝없이 펼쳐진 장관을 볼 수 있습니다. 거대한 꿀벌군단의 날갯짓 소리와 석양에 비친 라벤더 꽃밭의 풍경은 참으로 아름다우며 심신의 평온함을 줍니다. 라벤더는 비옥한 땅에서 자라지 않습니다. 작은 돌멩이가 섞인 건조하고 척박한 토양에서 자랍니다. 그래서 향기가 더 진한 모양입니다.

사도 바울은 고린도 교회에 보낸 두 번째 편지에서 자신과 동역자들을 가리켜 '우리는 하나님께 바치는 그리스도의 향기'라고 했습니다. 여기서 말하는 향기는 저절로 나는 것이 아닙니다. 꽃은 하나님이 디자인하신 대로 DNA에 의해서 고유한 향기가 나지만, 사람의 향기는 가슴에 무엇을 품고 그의 손과 마음이 누구와 닿아 있느냐에 따라 그 향기가 다릅니다. 이것이 꽃의 향기와 사람의 향기가 다른 이유입니다.

오래전 '고도원의 아침편지'에 실려 온 글이 생각납니다. "사람의 향기는 향수처럼 만들어진 냄새가 아닙니다. 살아온 대로, 걸어온 대로 저절로 안에서 풍겨 나옵니다. 그 향내는 숨길 수 없고, 멀리 가고 오래 남습니다. 꽃향기나 향수 냄새는 바람결에 따라 떠다니지만 사람의 향기는 마음에 머물러 마음을 움직입니다('사람의 향기', 2004. 2. 23)."

일찍이 예수께서도 "선한 사람은 그 마음 속에 갈무리해 놓은 선 더미에서 선한 것을 내고, 악한 사람은 그 마음 속에 갈무리해 놓은 악 더미에서 악한 것을 낸다. 마음에 가득 찬 것을 입으로 말하는 법이다(눅 6:45, 새번역)."라고 말씀하셨습니다. 노승현의 『지금에서야 알 수 있는 것들』이라는 책에 따르면, 성격은 얼굴에서 나타나고, 본심은 태도에서 나타나며, 감정은 음성에서 나타난다고 합니다. 또 센스는 옷차림에서 나타나고, 청결함은 머리카락에서 나타나며, 우아함은 옷맵시에서 나타난다고 합니다. 그리고 사랑은 이 모든 것에서 나타난다고 합니다.

우리에게서는 어떤 향기가 나고 있습니까? 생명을 살리는 사랑의 향기로 가득한 삶을 빚어가는 그리스도인이 됩시다.

목요일

3

89장
샤론의 꽃 예수

고린도후서 2:14~17
우리는 구원 받는 자들에게나 망하는 자들에게나 하나님 앞에서 그리스도의 향기니 (15)

매일 성경 읽기
시 91편 ☐ 92편 ☑
93편 ☐

생명의 근원이신 하나님, 우리에게 하늘 향기, 예수 그리스도의 향기를 머금게 하신 은혜를 감사합니다. 우리가 향기로운 삶을 살아가도록 도와주옵소서. 사랑의 향기로 우리를 보듬으시는 예수님이 삶에서 나타나게 하옵소서. 예수님의 이름으로 기도합니다. 아멘.

안중덕 목사 _ 샘터교회

우리의 삶에서
생명을 살리는 사랑의
향기가 납니까?

너희 속에 생기를 넣으리니

182장
강물같이 흐르는 기쁨

에스겔 37:5~10
내가 또 보니 그 뼈에 힘줄이 생기고 살이 오르며 그 위에 가죽이 덮이나 그 속에 생기는 없더라 (8)

오늘 본문은 에스겔서에 나오는 여러 환상 중 가장 잘 알려진 '마른 뼈 환상'입니다. 죽음의 골짜기에 널브러진 마른 뼈들이 하나님의 말씀에 따라 움직이기 시작하고, 서로 연결되어 큰 군대로 일어서는 이야기는 언제 들어도 가슴이 뜁니다. 본문이 많은 사람에게 사랑받는 이유가 있습니다. 우리의 삶에도 널브러진 마른 뼈들이 존재하기 때문입니다. 가난과 질병, 틀어진 관계, 좌절된 꿈과 같은 것들이 우리 삶에 널브러진 마른 뼈들입니다. 이런 마른 뼈들을 향한 우리의 기대는 분명합니다. 환상에서와 같이 회복되고 해결되기를 바라는 마음입니다.

이런 마음으로만 본문을 대할 때 놓치기 쉬운 구절이 8절 말씀입니다. "내가 또 보니 그 뼈에 힘줄이 생기고 살이 오르며 그 위에 가죽이 덮이나 그 속에 생기는 없더라(8)." 마른 뼈들이 서로 연결되고, 그 뼈에 힘줄이 생기고 살이 오르며 가죽이 덮이는 모습은 영락없는 사람의 모습입니다. 만약 누구라도 그 현장에 있었다면 이렇게 외쳤을 겁니다. "오, 하나님! 정말 죽어 있던 뼈들이 다시 살아나 사람이 되었군요!" 그러나 정작 에스겔은 아직 살아난 것이 아니라고 말합니다. 그 속에 '생기'가 없었기 때문입니다.

오늘 본문 말씀은 살아난다고 하는 것은 단지 육신의 모양만 갖추는 것이 아님을 말해 줍니다. 진정한 회복은 그 속에 생기, 즉 하나님의 영이 임해야 가능합니다. "너희 속에 생기를 넣으리니 너희가 살아나리라 또 내가 여호와인 줄 너희가 알리라(6)."

널브러진 뼈들이 영락없는 사람의 모습으로 변해도 그 속에 생기가 없으면 마른 뼈에 불과합니다. 그러나 그 속에 생기가 있다면, 마른 뼈와 같은 우리의 인생도 극히 큰 군대로 설 수 있습니다. '생기'가 있다면 말입니다. "그래서 내가 명을 받은 대로 대언하였더니, 생기가 그들 속으로 들어갔고, 그래서 그들이 곧 살아나 제 발로 일어나서 서는데, 엄청나게 큰 군대였다(10, 새번역)."

혹시 마른 뼈와 같은 여러 아픔과 문제들을 놓고 외형의 변화, 겉모습의 회복만을 위해 기도했다면, 이제 그 속의 생기를 구할 수 있기를 바랍니다. 그리하여 온전히 회복되고 더욱 강건한 삶을 살아가길 바랍니다.

매일 성경 읽기
시 94편 ☑ 95편 ☐
96편 ☐ 97편 ☐

내 안에
생기가 있습니까?

존귀하신 주님, 오늘 말씀을 통해 큰 깨달음을 주셔서 감사합니다. 생기가 없으면 마른 뼈에 불과한 인생인 우리를 기억해 주옵소서. 겉의 변화에만 집착하지 않고 그 속의 생기를 구하는 귀한 믿음의 사람이 되게 하옵소서. 예수님의 이름으로 기도합니다. 아멘.

현병찬 목사 _ 창천교회

예수 그리스도 안에 뿌리내리라

골로새 교인들은 에바브라를 통하여 사도들과 같은 선진들에게 신앙을 물려받았습니다. 골로새 교인들이 받아들인 신앙은 예수 그리스도를 믿는 것입니다. 골로새 교인들은 예수 그리스도 안에 굳게 서서 모든 미혹하는 것을 거부하고, 예수 그리스도의 뜻에 부합한 삶을 살아가려고 힘쓰며 성장해갔습니다.

7절에 "그 안에 뿌리를 박으며"라는 말씀은 골로새 교인들의 신앙이 단번에, 그리고 영구적으로 뿌리를 내렸음을 시사합니다. 그들은 이미 예수 그리스도를 영접하여 신앙이 자리를 잡았던 것입니다. 또한 바울은 터 위에 건물을 지어 올라가는 형상에 비유하여 "세움을 받아"라고 말씀합니다. 이미 뿌리를 박은 터 위에서 계속 성장해야 함을 의미합니다. 이어서 "교훈을 받은 대로 믿음에 굳게 서서 감사함을 넘치게 하라."고 말씀합니다. 여기서 '교훈'은 에바브라가 전해 준 주님 되신 예수 그리스도와 복음의 진리입니다. 거짓 교사들의 미혹에 흔들리지 않고 믿음 안에 굳게 서면 어떠한 상황에서도 감사가 넘칩니다. 감사가 생활화되고 마치 강물이 제방을 넘쳐흐르는 것처럼 넘쳐흐르는 신앙이 되어야 한다는 것입니다.

세상에는 우리를 미혹하는 거짓 교사들이 많습니다. 사람이 만든 전통이나 철학과 사상의 외피를 쓴 세상의 초등학문에 사로잡히지 말아야 합니다. 거짓 교사들의 속임수가 그리스도인을 죄의 노예로 전락하게 만들려고 함을 알아야 합니다. 또한 분명히 알아야 할 것은 우리가 영적으로 그리스도의 할례를 받은 사람들이라는 사실입니다. 그리스도의 할례는 그리스도께서 당하신 죽음과 부활을 가리킵니다. 그리스도께서 아기 때 받으신 할례는 예표에 불과합니다. 진정한 그리스도의 할례는 죽으심과 부활을 통해서 그리스도인들에게 영향력을 행사하는 영적 할례를 말합니다. "너희가 세례로 그리스도와 함께 장사되고 또 죽은 자들 가운데서 그를 일으키신 하나님의 역사를 믿음으로 말미암아 그 안에서 함께 일으키심을 받았느니라(12)."

우리 모두 그리스도 안에 온전히 뿌리를 내리고 세움 받아 흔들리지 않는 믿음의 사람으로 성장해가기를 축복합니다.

85장
구주를 생각만 해도

골로새서 2:6~12
그 안에 뿌리를 박으며 세움을 받아 교훈을 받은 대로 믿음에 굳게 서서 감사함을 넘치게 하라 (7)

매일 성경 읽기
시 98편 ☑ 99편 ☐
100편 ☐

사랑의 주님. 우리로 하여금 믿음의 뿌리를 내리게 하옵소서. 우리의 믿음이 올바로 서며, 미혹에 흔들리지 않고 계속 성장해나가게 하옵소서. 감사 생활이 몸에 배어 어떠한 상황에서도 감사가 넘쳐흐르는 삶을 살게 하옵소서. 예수님의 이름으로 기도합니다. 아멘.

이호군 목사 _ 해남새롬교회

그리스도 안에
뿌리를 내리고
있습니까?

감사의 기준

429장
세상 모든 풍파
너를 흔들어

———

누가복음 17:11~19
예수의 발 아래에 엎드리어
감사하니 그는 사마리아 사
람이라 (16)

지금까지 걸어온 인생길을 되돌아보니 살면서 받은 가장 귀한 선물은 그리스도인으로 부름 받은 삶, 그리스도 안에서 살아가는 삶이었습니다. 그것이 얼마나 귀하고 복된 삶인지를 깨닫고 감사의 찬양을 올리지 않을 수 없었습니다. "범사에 감사하라 이것이 그리스도 예수 안에서 너희를 향하신 하나님의 뜻이니라(살전 5:18)." 범사는 모든 일, 평범한 일을 뜻합니다. 그렇다면 우리의 삶에서는 감사가 끊이지 않아야 하는데, 현실은 그렇지 못해 안타까울 때가 많습니다.

오늘 본문에 보면, 예수께서 예루살렘으로 가시다가 사마리아와 갈릴리 사이 어떤 마을에서 나병 환자 열 사람을 만나셨습니다. 그들은 차마 예수께 가까이 다가오지도 못하고 멀찍이 서서 소리 높여 말했습니다. "예수 선생님이여 우리를 불쌍히 여기소서(13)." 예수님은 그들에게 "제사장들에게 너희 몸을 보이라(14)."고 말씀하셨고, 그들은 제사장에게 가는 동안 몸이 깨끗해졌습니다. 그런데 그들 중 예수께 다시 돌아와 감사 인사를 드린 사람은 단한 사람밖에 없었습니다. 그는 이방 사람 사마리아인이었습니다. 예수님은 "열 사람이 다 깨끗함을 받지 아니하였느냐 그 아홉은 어디 있느냐(17)."고 질문하셨습니다. 우리는 어떻습니까? '그 아홉'에 속한 사람입니까, 아니면 감사를 드린 사마리아인 같은 사람입니까? 감사는 그리스도인이 삶에서 실행해야 할 귀한 덕목입니다.

우리는 큰 병에 걸렸다가 나음을 받거나 위기를 넘기는 등 '큰일'에는 감사하지만, 일상의 사소한 일에 감사하지 못하는 경우가 많습니다. 그 이유는 무엇일까요? 감사의 기준을 너무 크고 높은 곳에 두었기 때문인 것 같습니다. 우리가 밤에 잠이 드는 것과 아침에 눈을 뜨는 것도 감사한 일입니다. 이렇듯 당연하고도 작아 보이는 일에서도 우리는 감사할 수 있고, 기쁨을 찾을 수 있습니다.

감사는 우리가 누리는 복의 규모와는 관계가 없습니다. 중요한 것은 바로 우리의 믿음의 규모입니다. 감사의 기준을 낮추어 범사에 감사하고 행복을 느끼며 살아가길 바랍니다.

매일 성경 읽기
시 101편 ☑ 102편 ☐
103편 ☐ 104편 ☐

삶의 작은 일에도
감사하며
살고 있습니까?

감사의 고백과 찬양을 기쁘게 받으시는 하나님, 영적 감각이 마비된 신앙생활을 벗어버리고 삶의 작은 일에도 감사하게 하옵소서. 작은 것에서도 기쁨을 찾고 행복을 느끼며 하나님께 감사하게 하옵소서. 예수님의 이름으로 기도합니다. 아멘.

이웅천 감독 _ 둔산성광교회

예수 안에 정죄함이 없나니

오늘 본문은 구원받은 우리에게 정죄함이 없음을 힘주어 말씀합니다. "이는 그리스도 예수 안에 있는 생명의 성령의 법이 죄와 사망의 법에서 너를 해방하였음이라(2)." 바울은 똑같은 내용을 앞선 6장에서 "죄가 너희를 주장하지 못하리니 이는 너희가 법 아래에 있지 아니하고 은혜 아래에 있음이라(14)."고 말씀하며 은혜와 법(율법)을 대조했습니다.

바울은 율법이 할 수 없는 일이 있다고 합니다(3). 율법은 우리를 의롭게 할 수 없습니다. 율법에 잘못이 있어서가 아니라, 우리의 육신이 연약하기 때문에 율법에 있는 조항들을 다 지킬 수 없습니다. 그런데 율법이 육신으로 말미암아 할 수 없는 그것, 우리를 의롭게 하는 그 일을 하나님은 하셨습니다. 죄 없는 독생자 예수 그리스도를 죄 있는 육신의 모양인 인간으로 이 땅에 보내어 예수님의 육신에 대하여 죄를 선고하시고 죄의 벌을 내리셨습니다. 그렇게 하심으로 하나님은 우리를 의롭게 하셨습니다.

"육신을 따르지 않고 그 영을 따라 행하는 우리에게 율법의 요구가 이루어지게 하려 하심이니라(4)." 율법의 요구가 무엇입니까? "죄의 삯은 사망(6:23)"입니다. 그런데 하나님은 죄 범한 우리를 내어 주지 아니하시고 대신 예수 그리스도를 사망 가운데 내어 주셨습니다. 우리를 향하신 하나님의 놀라운 사랑입니다. 감당할 수 없는 은혜입니다. 우리를 의롭게 하시고 율법의 요구인 죄와 사망의 법을 이루게 하셨습니다.

율법은 우리를 정죄하려 하지만, 하나님은 우리의 모든 죄를 깨끗하게 용서해 주십니다. 두 번 다시 기억조차도 하지 않으십니다. 우리는 더 이상 법 아래 살지 않고 하나님의 은혜 아래 사는 것입니다. 하나님은 이미 우리가 과거에 지은 죄, 현재 짓는 죄, 미래에 지을 죄까지도 다 용서하셨습니다. 악한 마귀는 간교해서 우리를 자꾸 정죄의 감옥으로 밀어 넣고 넘어뜨리려고 합니다. 죄 때문에 움츠러들어서 하나님의 일을 하지 못하도록 막습니다. 아직도 죄책감에 빠져 몸부림치고 정죄감에서 헤어나지 못하고 있다면, 이 시간 믿음으로 선언하길 바랍니다. "그러므로 이제 그리스도 예수 안에 있는 자에게는 결코 정죄함이 없나니(1)."

268장
죄에서 자유를 얻게 함은

로마서 8:1~8
그러므로 이제 그리스도 예수 안에 있는 자에게는 결코 정죄함이 없나니 이는 그리스도 예수 안에 있는 생명의 성령의 법이 죄와 사망의 법에서 너를 해방하였음이라 (1~2)

매일 성경 읽기

시 105편 ☐ 106편 ☑
107편 ☐ 108편 ☐

은혜가 풍성하신 하나님, 예수 그리스도의 은혜로 구원받은 우리에게 정죄함이 없음을 믿습니다. 모든 정죄함에서 벗어나게 하시고, 주님의 영을 좇아 행하게 하옵소서. 오늘도 그리스도 안에 사는 자의 평안을 누리게 하옵소서. 예수님의 이름으로 기도합니다. 아멘.

신현구 목사 _ 오곡교회

그리스도 예수 안에서 모든 죄의 무거운 짐을 벗어버렸습니까?

하늘을 향한 야곱

338장
내 주를 가까이 하게 함은

—

창세기 28:10~15
꿈에 본즉 사닥다리가 땅
위에 서 있는데 그 꼭대기
가 하늘에 닿았고 (12a)

야곱은 어머니 리브가와 공모하여 이삭에게 장자의 축복을 받았습니다. 형에서의 권리를 빼앗은 것입니다. 이 사실을 뒤늦게 알게 된 에서는 소리 지르고 슬피 울면서 야곱을 죽이고자 다짐합니다(27:41). 이에 리브가는 야곱에게 하란으로 가서 피신하라고 합니다. 하란은 야곱의 외삼촌이 있는 곳입니다. 리브가는 "네 형의 노가 풀리기까지 몇 날 동안 그와 함께 거주하라(27:44)." 고 말합니다. 몇 날이 20년이 될 줄은 꿈에도 몰랐습니다.

길 떠나는 야곱의 심정은 복잡하고 혼란스러웠습니다. 그의 두려움은 형용할 수 없었습니다. 야곱이 가야 하는 길은 100년 전 그의 할아버지 아브라함이 걸었던 길을 거슬러 올라가는 것이기 때문입니다. 아브라함은 하나님과 맺은 '언약의 길'을 따라 내려왔지만, 자신은 도망자 신세가 되어 그 길을 역주행합니다. 이로 인해 앞으로 나아갈 것도 마뜩잖은 일이지만, 그렇다고 되돌아가기엔 너무 늦었습니다. 이제 야곱은 어디로 향해야 합니까?

야곱의 마음에 음습한 어둠이 깔릴 무렵, 그는 어느 지점에 이르러 돌을 베고 고단한 몸을 눕힙니다. 차갑고 딱딱한 돌처럼 서럽게 누운 것입니다. 꿈에 야곱은 하늘로 향한 사닥다리를 보았습니다. 하나님의 사자들이 사닥다리를 통해 하늘과 땅을 오르락내리락하는 것도 보았습니다. 하나님은 사닥다리 위에 서서 야곱에게 말씀하십니다. "나는 여호와니 너의 조부 아브라함의 하나님이요 이삭의 하나님이라 네가 누워 있는 땅을 내가 너와 네 자손에게 주리니(13)." 도망자 야곱에게 하나님이 언약을 맺어 주시는 순간입니다. 야곱은 그가 나아갈 방향을 직감합니다. 사닥다리 너머 언약의 소리가 내려온 위쪽입니다.

야곱이 잠에서 깨어 '하늘을 향해' 일어나, 차갑게 눕혔던 돌을 '하늘을 향해' 일으켜 세워 기름을 붓자 그곳은 '하나님의 집'이 됩니다(18~19). 훗날 출애굽기는 이렇게 기록합니다. "하나님이 그들의 고통 소리를 들으시고 하나님이 아브라함과 이삭과 야곱에게 세운 그의 언약을 기억하사(출 2:24)." 야곱이 하늘을 향해 일어섰을 때, 아브라함과 이삭처럼 언약의 사람이 되었습니다. 야곱을 떠올리며 하늘을 바라는 언약의 사람이 되기를 소망합니다.

매일 성경 읽기
시 109편 ☑ 110편 ☐
111편 ☐ 112편 ☐

나의 시선은 어디를
향해 있습니까?

사랑의 하나님, 앞으로도 뒤로도 나아갈 수 없는 험난한 인생길에서 위에 계신 하나님을 바라보기를 원합니다. 알 수 없는 두려움과 혼란이 엄습할 때, 위에 계신 하나님을 향하여 일으켜 세워 주옵소서. 우리에게 용기를 주옵소서. 예수님의 이름으로 기도합니다. 아멘.

임태일 목사 _ 서강교회

누구에게 순종할 것인가

부활 후 오순절 성령강림의 체험은 제자들을 완전히 바꿔 놓았습니다. 며칠 전까지만 해도 그들은 스승을 버리고 도망쳤고, 알지도 못한다고 부정하던 오합지졸이었습니다. 그러나 성령의 능력으로 바뀌었습니다. 오늘 말씀은 성령 받은 사람이 변화된 대표적인 사례입니다.

공회 앞에서 심문을 당하는 제자들의 모습은 뭉클합니다. 대제사장은 사도들에게 "도무지 예수의 이름으로 말하지도 말고 가르치지도 말라(4:18)."고 으름장을 놓습니다. 공회의 판결은 제자들의 목숨을 위태롭게 할 수 있습니다. 그런데도 베드로와 사도들은 전혀 주눅 들지 않고 담대하게 예수님의 부활을 증언합니다. 성령이 주시는 담대함으로 가득한 사도들은 사람에게 순종하기보다 하나님께 순종하는 것이 마땅함을 믿었기 때문입니다. 그들은 "너희가 나무에 달아 죽인 예수를 우리 조상의 하나님이 살리셨다"며 체험한 것을 분명하게 전합니다(30).

성령으로 채워진 자는 이제 사람을 두려워하지 않고 하나님만을 두려워합니다. 사람에게 순종하지 않고 하나님께만 순종합니다. 사람의 인기에 눈 돌리지 않고 하나님께 인정받는 것을 가장 명예롭게 여깁니다. "이제 내가 사람들에게 좋게 하랴 하나님께 좋게 하랴 사람들에게 기쁨을 구하랴(갈 1:10a)." 이것은 성령의 충만함을 입은 바울에게 고민거리가 될 수 없었습니다. 그의 대답은 간단명료합니다. "내가 지금까지 사람들의 기쁨을 구하였다면 그리스도의 종이 아니니라(갈 1:10b)."

이런 모습이 하나님을 믿는 사람의 모습입니다. 하나님의 사람은 오직 하나님께 인정받기 위해 고난도 기꺼이 감수합니다. 뜻 없이 무릎 꿇는 복종이 아니라, 오직 하나님 앞에 정직하게 자신의 삶을 비춰 보며 나아갑니다. 내 삶을 움직이는 근원이 무엇이냐에 따라 삶의 방향과 종착점은 완전히 달라집니다. "몸은 죽여도 영혼은 능히 죽이지 못하는 자들을 두려워하지 말고 오직 몸과 영혼을 능히 지옥에 멸하실 수 있는 이를 두려워하라(마 10:28)."는 예수님의 말씀을 기억하십시오. 두려움이 우리의 순종을 좌우하게 하지는 말아야겠지만, 이 말씀을 마음에 품고 하나님께 응답하는 삶이 되길 원합니다.

460장
뜻 없이 무릎 꿇는

사도행전 5:27~32
베드로와 사도들이 대답하여 이르되 사람보다 하나님께 순종하는 것이 마땅하니라 (29)

매일 성경 읽기
시 113편 ☑ 114편 ☐
115편 ☐ 116편 ☐

주님, 내가 하나님의 사람입니다. 내가 크리스천입니다. 그러니 하나님만 두려워하게 하옵소서. 그리하여 다른 모든 두려움에서 벗어나게 하옵소서. 내 삶은 온전히 주님의 것입니다. 주님께서 마음껏 사용하여 주옵소서. 예수님의 이름으로 기도합니다. 아멘.

정연수 목사 _ 효성중앙교회

언제나, 어디서나
하나님께 순종하며
살고 있습니까?

사랑을 손과 발에 두신 새 계명

466장
죽기까지 사랑하신 주

—

요한복음 13:34~35
새 계명을 너희에게 주노니 서로 사랑하라 내가 너희를 사랑한 것 같이 너희도 서로 사랑하라 (34)

매일 성경 읽기
시 117편 ☑ 118편 ☐
119편 ☐ 120편 ☐

우리는 대부분 아침에 눈을 뜨자마자 시계를 보며 바쁘게 하루를 시작합니다. 일찍 출근해서 일하고 저녁이 되어 현관문을 열고 집에 들어서면 만사가 귀찮습니다. 어지럽혀진 방, 쌓여 있는 빨래와 설거짓거리, 버려야 하는 쓰레기 등 집안일이 눈에 보입니다. '잠깐 쉬었다가 이따 해야지.' 하고 간단히 씻고 누우면 그만 스르르 잠들어 버리기도 합니다. 그런데 피곤을 이기고 집안일을 하는 사람이 있습니다. 가족을 사랑하는 마음을 담은 섬김이 아닐 수 없습니다.

오늘 본문이 속한 13장을 보면, 예수님과 제자들은 천근만근 무거운 몸을 이끌고 식탁에 앉았습니다. 아침부터 저녁까지 많은 일이 있었고, 오랜 시간 걸었습니다. 어느 정도 식사가 끝나갈 즈음 예수님은 천천히 일어나 겉옷을 벗고 수건을 허리에 두르셨습니다. 그리고 대야에 물을 떠서 가지고 오셨습니다. 제자들은 예수님이 무엇을 하시려나 어리둥절했습니다. 예수님은 마주 보이는 제자 앞에 몸을 굽히시더니 그의 발을 씻기 시작하셨습니다.

예수님은 한 사람씩 보이는 대로 세심히 씻어 주셨습니다. 누구보다 피곤하신 예수님은 스스로 종이 되어 귀찮은 일을 하셨습니다. 거꾸로입니다. 제자가 스승의 발을 씻어 드려야 하는데, 오히려 스승이 제자들의 발을 닦아 주셨습니다. 종이 주인에게 허리를 숙여야 하는데, 오히려 주인이 종들 앞에 허리를 숙이셨습니다. 피조물이 창조주를 섬겨야 하는데, 오히려 창조주이신 하나님이 피조물인 사람을 섬기셨습니다. 상상도 할 수 없는 새로운 일입니다. 귀찮고 하기 싫어 남에게 미루고 싶은 일, 아무도 거들떠보지 않고 소홀히 여기는 일, 그 일을 주님이 하셨습니다. 제자들을 누구보다 사랑하시기 때문입니다.

주님은 사랑을 관념과 철학 속에 두지 않고 손과 발에 두어야 함을 몸소 가르쳐 주셨습니다. 그러므로 주님의 제자는 손과 발에 사랑을 둔 사람입니다. 주님은 서로 사랑하라는 새 계명을 제자들에게 주셨습니다. 그러므로 주님의 제자는 귀찮고 불편한 일을 사랑하는 마음으로 서로 하는 사람입니다. 주님의 제자로 살아가는 우리가 되기를 소망합니다.

우리의 '손'으로 새 계명을 실천해야 할 '발'은 어디입니까?

사랑의 주님, 귀찮아 내버려 두는 더러운 발을 주님의 손으로 씻어 주셔서 감사합니다. 주님의 사랑이 우리의 손에 머물러 힘겨운 이의 발에 닿게 하옵소서. 주님이 몸소 보여 주신 사랑을 우리도 베풀 수 있게 힘을 주옵소서. 예수님의 이름으로 기도합니다. 아멘.

안중회 목사 _ 보화교회

믿음의 가정

룻기는 이방 여인이지만 따뜻한 인간애와 담대한 신앙의 결단으로 하나님의 복을 받은 룻의 이야기를 담고 있습니다. 다윗의 혈통을 잇고, 그 혈통으로 예수 그리스도가 이 땅에 오시는 하나님의 구속사에 기여하게 된 룻의 이야기는 우리 삶의 자리를 다시 한번 돌아보게 합니다.

기근을 피해 모압 땅으로 갔던 나오미는 거기서 남편과 두 아들을 잃었습니다. 연속된 비보 속에서 나오미는 고난의 이유에 대해 깊이 묵상하고, 그 이유를 회개하고 여호와께로 돌아가지 않았음에서 찾았습니다. 나오미는 베들레헴에 풍년이 들었다는 소식을 접하고 고향으로 돌아가려고 합니다. 그런데 며느리 룻은 한사코 나오미를 따르겠다고 합니다. 어머니의 하나님이 나의 하나님이 될 것이기에 죽음 외에는 어머니와 떨어지지 않겠다고 결단합니다. 고향과 친척집을 떠나 모국어를 버리고 기꺼이 문맹의 길을 선택한 것입니다.

헝가리 출신 작가 아고타 크리스토프는 어린 시절에는 적국의 언어인 독일어와 러시아어를 배워야 했고, 자유를 찾아 망명한 스위스에서는 전적으로 프랑스어를 사용해야 했습니다. 마치 전쟁하듯 치열하게 프랑스어와 싸워야 했던 그의 자전적 이야기를 담은 책 『문맹』을 떠올려 보면, 룻이 얼마나 무모하고 희생적인 선택을 했는지 짐작할 수 있습니다. 모압의 이방 풍속에 젖어 살던 룻이 여호와 신앙을 따르겠다고 고백하는 것은 집안의 모든 환난과 고통의 무게를 기꺼이 짊어지겠다는 자기희생의 결단인 셈입니다. 룻이 선택한 길은 좁은 길, 십자가의 길이었습니다.

룻의 신앙과 효심이 특심하지만 나오미의 모습도 눈여겨볼 만합니다. 며느리들에게 친정으로 돌아가 재가할 것을 권하는 시어머니입니다. 그뿐만이 아닙니다. 이삭줍기를 하며 자신을 봉양하는 룻에게 유력한 인물 보아스를 붙여 주려 하고, 룻이 보아스에게서 아들을 낳았을 때 자기가 자식을 얻은 것처럼 기뻐하고 감사하며, 며느리를 '내 딸'이라고 부릅니다. 평소 나오미와 며느리들은 친정엄마와 딸 같은 관계였을 것입니다. 가족이 해체되고 파편화되는 시대에 룻의 이야기는 모든 갈등과 대립을 풀어나갈 해법으로 제시될 수 있을 것입니다.

219장
주 하나님의 사랑은

—

룻기 1:15~18
어머니의 백성이 나의 백성이 되고 어머니의 하나님이 나의 하나님이 되시리니 (16b)

매일 성경 읽기
시 121편 ☑ 122편 ☐
123편 ☐ 124편 ☐
125편 ☐

사랑의 주님, 주님이 주신 아름다운 곳에서 사랑과 희생의 관계를 유지하고 있었는지 돌아봅니다. 가장 가까운 가족을 내 몸같이 사랑하고 돌보게 하옵소서. 그리하여 따뜻하고 경건한 믿음의 가정을 세워가게 하옵소서. 예수님의 이름으로 기도합니다. 아멘.

임일우 목사 _ 수원성교회

가족과 이웃을
주님 안에서 진실하게
사랑합니까?

하나님을 바라볼 때

15장
하나님의 크신 사랑

창세기 50:15~21
당신들은 나를 해하려 하였으나 하나님은 그것을 선으로 바꾸사 오늘과 같이 많은 백성의 생명을 구원하게 하시려 하셨나니 (20)

요셉은 큰 상처를 받았습니다. 왜냐하면 형들이 요셉을 죽이려고 했기 때문입니다. 형들은 요셉이 싸 온 도시락을 먹으며 그를 조롱했습니다. 심지어 던져진 구덩이에서 살려 달라고 울부짖는 요셉의 음성을 묵살하고 미디안 상인들에게 은 20개를 받고 그를 팔아버렸습니다.

세월이 흘러 요셉은 형들과 재회합니다. 형들은 요셉에게 사과한 적이 없습니다. 아버지가 돌아가시자 혹시라도 요셉이 보복을 하지 않을까 두려웠던 형들은 아버지가 하지도 않은 말로 요셉에게 용서를 강요합니다. 그런데 요셉은 형들과 재회하기 훨씬 전에 이미 형들을 용서했습니다. 어떻게 그럴 수 있었을까요?

그는 상처를 보지 않고 눈을 들어 하나님을 바라보았습니다. 뻔뻔스럽게 거짓말로 용서를 강요하는 형들 앞에서도 그의 시선은 하나님께로 고정되어 있었습니다. "두려워하지 마소서 내가 하나님을 대신하리이까(19)." 그는 상처가 떠오르는 순간마다 상처를 묵상하지 않고 하나님을 바라보았습니다. 히브리어로 하나님을 찬양한다는 말은 '할렐루야'입니다. '비추다'라는 뜻의 "할랄"과 하나님의 이름인 '여호와'의 줄임말인 "야"로 이루어진 단어입니다. 즉 할렐루야는 하나님을 향해 빛을 비춘다는 뜻입니다.

상처로 가려져 보이지 않는 눈을 믿음으로 떠서 하나님을 바라보아야 합니다. 상처만 보고 묵상하면 상처만 더 깊어집니다. 눈을 들어 믿음으로 하나님을 바라보면 악을 선으로 바꾸시는 하나님의 은혜를 깨닫게 됩니다. 형들은 악을 행했으나 하나님은 그 악을 선으로 바꾸셨습니다. 형들 덕분에 요셉은 이집트에 오게 되었고, 총리대신이 되어 많은 사람의 생명을 살리는 복의 통로가 되었습니다.

하나님을 바라볼 때 우리는 망각의 어둠 속에 버려두었던 하나님의 은혜를 깨달을 수 있습니다. 형들이 사과하기도 전에 요셉은 이미 용서했습니다. 요셉의 상처에, 그 상처보다 훨씬 더 큰 하나님의 압도적인 은혜가 임했기 때문입니다. 요셉은 이제 더 이상 상처에 매여 있지 않습니다. 하나님의 압도적인 은혜가 부어질 때 상처는 더 이상 상처가 아닙니다.

매일 성경 읽기
시 126편 ☑ 127편 ☐
128편 ☐

모든 상처를
선용하는 위대하신
하나님을 바라보고
있습니까?

하나님, 우리는 하나님의 은혜를 자주 잊어버립니다. 우리를 사랑하시는 하나님이 아닌, 우리가 받은 상처만을 바라보고 묵상할 때가 많았습니다. 우리의 어리석음을 용서해 주옵소서. 눈을 들어 하나님을 바라보게 하옵소서. 예수님의 이름으로 기도합니다. 아멘.

이준구 목사 _ 화도시온교회

성령의 아홉 가지 열매

196장
성령의 은사를

갈라디아서 5:22~23
오직 성령의 열매는 사랑
과 희락과 화평과 오래 참
음과 자비와 양선과 충성과
온유와 절제니 이같은 것
을 금지할 법이 없느니라
(22~23)

우리가 진정 예수님을 믿고, 예수님을 따르고, 예수님과 함께 살아간다면 그에 따른 열매를 맺습니다. 그 열매가 바로 성령의 열매입니다. 우리가 맺어야 할 '사랑'의 열매는 예수님을 통해 우리에게 보여 주신 조건 없는 십자가의 사랑입니다. '기쁨'은 하나님께서 나를 사랑하신다는 믿음으로 인해 환경과 여건에 구애받지 않는 것을 말합니다. '화평'은 어떤 상황에도 마음의 동요가 일어나지 않는 마음의 평화를 말합니다. '오래 참음'은 누군가가 나를 힘들게 하거나 어려운 환경 속에서도 감사로 인내하며 감당해나갈 능력이고, '자비'는 다른 사람의 잘못과 약점을 비난하고 정죄하는 것이 아닌 불쌍히 여기며 돕고 세우고자 하는 마음입니다. '양선'은 착하고 올바르며 너그러운 마음으로 어질고 착한 자세를 뜻합니다. '충성'은 사소한 일에도 최선을 다하는 것입니다. '온유'는 어떠한 상황에서도 상대방에게 부드럽게 대할 수 있는 마음입니다. '절제'는 자신의 감정, 분노, 성질을 다스릴 줄 아는 능력입니다.

성령의 아홉 가지 열매는 각각 다른 것이 아닌 하나의 열매입니다. 한마디로 표현하면 '사랑'입니다. 진정 사랑하면 기쁘고, 화평하고, 오래 참고, 자비, 양선, 충성, 온유, 절제합니다. 그런데 성령의 열매를 맺으며 사는 것, 예수님의 사랑으로 누군가를 사랑하며 산다는 것은 우리의 이기적인 본성을 거스르는 것이기 때문에 어려운 일입니다. 우리 안에 있는 죄의 본성을 이기고 사랑의 삶을 산다는 것이 내 결심만으로는 불가능합니다. 그렇다면 우리가 어떻게 해야 사랑의 삶, 성령의 열매를 맺으며 살아갈 수 있습니까? 우리 안에 성령님이 계시면 가능합니다. 성령님이 우리 안에 계시면 우리 힘으로 불가능하던 것이 가능해지기 시작합니다.

중립지대는 없습니다. 적극적으로 성령의 이끄심을 따라 살거나, 아니면 자신의 악한 욕망에 적극적으로 굴복할 뿐입니다. 성령과 동행하십시오. 오직 은혜를 통해 주님께 순종할 때만 그분이 주시는 능력을 경험할 수 있습니다. 성령의 인도를 받아 열매 맺는 삶을 살기 위해서는 말씀 안에 거하는 것이 중요합니다. 우리 모두 그분의 음성을 듣고 순종하여 성령의 열매를 가득 맺는 삶을 살아가기를 소망합니다.

매일 성경 읽기
시 129편 ☑ 130편 ☐
131편 ☐ 132편 ☐

좋으신 하나님, 우리에게 성령을 보내 주시어 우리의 삶을 다스려 주시니 감사합니다. 오늘 우리에게 맺힌 성령의 열매를 살펴보게 하시고, 부족한 열매가 있다면 주님의 음성에 순종하는 가운데 그 열매를 맺게 하여 주옵소서. 예수님의 이름으로 기도합니다. 아멘.

김은수 목사 _ 화천교회

삶 속에 성령 임재의
증거가 있습니까?

'입의 혀'가 되는 꿈

342장
너 시험을 당해

—

야고보서 3:1~6
우리가 다 실수가 많으니
만일 말에 실수가 없는 자
라면 곧 온전한 사람이라
능히 온 몸도 굴레 씌우리
라 (2)

야고보서는 믿음이 삶의 윤리로 나타나야 한다는 교훈을 주는데, 그중에서도 오늘 본문은 말의 윤리, 온전함의 윤리를 다룹니다. 이 윤리를 입체적으로 알게 하고자 동전의 양면처럼 이중성을 가진 단어들을 등장시킵니다. 그것은 바로 '선생'과 '말'입니다.

선생 본연의 역할을 수행한다면 사람(제자)을 길러내지만, 그 직무를 감당하지 못할 경우에는 사람을 죽이는 파괴적인 결과를 가져올 수도 있습니다. 말 역시 적절하고 따뜻한 말은 살리는 말이 되지만, 부적절하고 냉소적인 말은 죽이는 말이 됩니다. 폭력적이고 추한 말은 나와 타인의 온몸과 인격을 더럽힙니다. 야고보서는 혀의 불이 지옥에서 나왔다고 묘사합니다. 혀의 부정적인 영향력은 사탄의 역사이기 때문에 지옥에서 나온 불이라고 표현한 것입니다. "보라 얼마나 작은 불이 얼마나 많은 나무를 태우는가 혀는 곧 불이요 불의의 세계라 혀는 우리 지체 중에서 온 몸을 더럽히고 삶의 수레바퀴를 불사르나니 그 사르는 것이 지옥 불에서 나느니라(5~6)."

교회 안에서 교사처럼 가르치는 자의 역할에는 '선생'과 '말'의 무게가 지어집니다. 성경은 선생에게 "더 큰 심판을 받을 줄 알라."고 경고하면서 더 나아가 "선생이 많이 되지 말라."고까지 엄중하게 권유합니다. 그만큼 선생이 되어 말로써 누구를 지도하는 일, 사람을 살리는 삶은 매우 어려운 일입니다. 선생 노릇을 하려다가 한 입에서 찬송과 저주가 나오는 바람에 사탄의 도구로 전락하기도 합니다.

우리 각자는 머리 되신 예수님의 몸입니다. 여러분은 어떤 지체가 되겠습니까? "입의 혀 같다"는 표현이 있습니다. 일을 시키는 사람의 뜻대로 움직여 주는 것을 일컫습니다. 입의 혀 같은 사람은 '손해를 감내하는 마음', '상대를 존중하는 태도', '경청하는 겸손'으로 공동체를 화목하고 순항하게 합니다. 이제 우리는 예수님의 입의 혀가 되어야 합니다. 주님의 뜻대로 움직여 교회와 가정과 사회를 순항하게 하는 지체로 쓰임 받아야 합니다. 그리하려면 길들여지지 않는 나의 혀에 재갈을 물리고 예수 그리스도께 배의 키를 드려야 합니다. 그렇게 할 때 '입의 혀'가 되는 꿈은 꿈이 아니라 현실이 됩니다.

매일 성경 읽기
시 133편 ☑ 134편 ☐
135편 ☐ 136편 ☐

말에 담긴
책임의 무게를
알고 있습니까?

우리를 지으시고 선한 길로 인도하시는 하나님, 감사합니다. 하나님께서 우리의 혀를 길들여 주옵소서. 선하고 아름다운 말, 위로하고 살리는 말로 낙심한 사람들을 일으키고, 공동체를 든든히 세우는 데 쓰임 받게 하옵소서. 예수님의 이름으로 기도합니다. 아멘.

이인선 목사 _ 열림교회

스스로 종이 된 자유인

요즘 많이 사용하는 신조어 중에 '갑질'이라는 말이 있습니다. 상대적으로 우월한 신분, 지위, 직급에 있는 자가 상대방에게 오만무례하게 행동하고, 육체적·정신적 폭력, 언어폭력을 가하거나 괴롭히는 환경을 조장하는 것을 일컫는 말입니다. 오늘 본문에는 갑질과 전혀 상반된 삶을 보여 주는 인물이 등장합니다. 바로 바울입니다. "나는 어느 누구에게도 얽매이지 않은 자유로운 몸이지만, 많은 사람을 얻으려고, 스스로 모든 사람의 종이 되었습니다(19, 새번역)."

바울 당시에는 자유인과 노예라는 두 가지 신분이 있었습니다. 자유인이었던 바울은 아무나 가질 수 없는 로마의 시민권도 있었습니다. 그는 정치적, 경제적, 사회적으로 유력한 사람이었지만, 모든 사람에게 종이 되었다고 선언했습니다. 사람들은 대부분 권력이나 지식을 조금만 가지고 있어도 높임을 받고 싶어 하며, 높임 받는 것을 성공으로 여깁니다. 그러나 바울은 가진 것을 포기하고 모든 사람의 종으로 살기로 하였습니다. 왜 그랬을까요?

첫째, 더 많은 사람을 얻기 위해서입니다. 바울은 유대인, 율법 아래에 있는 자, 약한 자를 얻고자, 몇 사람이라도 구원하고자 종이 되었다고 말합니다. "인자가 온 것은 섬김을 받으려 함이 아니라 도리어 섬기려 하고 자기 목숨을 많은 사람의 대속물로 주려 함이니라(막 10:45)." 예수님이 사람을 섬기고 구원하신 것처럼, 바울도 사람의 구원을 위해 종이 된 삶을 살고자 한 것입니다.

둘째, 복음을 위해서입니다(23). 말이든 행동이든 무엇을 하든 최종목표는 복음을 위한 것이라는 의미입니다. 복음은 하나님의 사랑과 예수님의 십자가의 죽음과 부활을 통해 사람에게 영원한 생명을 얻는 길이 열렸다는 복된 소식입니다. 바울은 이 복음을 전하는 것을 최고의 가치로 여긴 것입니다. "형제들아 너희가 자유를 위하여 부르심을 입었으나 그러나 그 자유로 육체의 기회를 삼지 말고 오직 사랑으로 서로 종 노릇 하라(갈 5:13)." 진정한 자유란 '섬김으로 종노릇 할 줄 아는 자유'입니다.

우리도 예수님처럼 바울처럼 진정한 자유를 누리며 살아갈 수 있기를 주님의 이름으로 축복합니다.

427장
맘 가난한 사람

—

고린도전서 9:19~22
내가 모든 사람에게서 자유로우나 스스로 모든 사람에게 종이 된 것은 더 많은 사람을 얻고자 함이라 (19)

매일 성경 읽기
시 137편 ☑ 138편 □
139편 □

사랑과 섬김의 주님, 세상 사람들과 다를 바 없이 나의 유익만 구하는 삶을 포기하게 하옵소서. 더 많은 사람을 구원하기 위하여 섬기는 종이 되는 아름다운 선택을 기꺼이 하게 하옵소서. 사랑으로 종노릇 하게 하옵소서. 예수님의 이름으로 기도합니다. 아멘.

박영철 목사 _ 온동교회

나는 더 많은 사람을
얻기 위하여 어떤
선택을 합니까?

날마다 새롭게 빚으시는 하나님

313장
내 임금 예수 내 주여

———

예레미야 18:1~6
여호와의 말씀이니라 이스
라엘 족속아 이 토기장이
가 하는 것 같이 내가 능히
너희에게 행하지 못하겠느
냐 이스라엘 족속아 진흙
이 토기장이의 손에 있음
같이 너희가 내 손에 있느
니라 (6)

매일 성경 읽기
시 140편 ☑ 141편 ☐
142편 ☐ 143편 ☐
144편 ☐ 145편 ☐

예레미야서는 상징으로 가득합니다. 다양한 상징과 비유 중 토기장이의 비유는 우리 존재를 알게 하는 큰 힘이 있습니다. 하나님은 예레미야에게 토기장이의 집으로 내려가라고 말씀하셨습니다. "내가 토기장이의 집으로 내려가서 본즉 그가 녹로로 일을 하는데 진흙으로 만든 그릇이 토기장이의 손에서 터지매 그가 그것으로 자기 의견에 좋은 대로 다른 그릇을 만들더라(3~4)." 토기장이는 흙으로 그릇을 빚는데 마음먹은 대로, 계획한 대로 모양이 나오지 않자 뒤엎고 다시 만듭니다. 여기서 중요한 것은 시점입니다. 흙으로 그릇을 빚는 과정이며, 가마에 넣기 전의 상황이라는 것입니다. 그러니 마음에 들지 않으면 언제든 뒤엎는 것이 가능합니다.

토기장이는 흙을 자신의 뜻에 맞게 사용합니다. 그릇을 빚다가 마음에 들게 모양이 나오지 않으면 그 흙을 뭉그러뜨리고 다시 물레를 돌려서 다른 그릇을 빚습니다. 다른 흙으로 다른 그릇을 빚는 것이 아니라, 같은 흙으로 다른 그릇을 빚는 것입니다. 어떤 그릇을 빚을 것인가는 토기장이의 마음에 달려 있습니다. 예레미야가 이 광경을 보고 있을 때 하나님은 말씀하셨습니다. "이스라엘 족속아 이 토기장이가 하는 것 같이 내가 능히 너희에게 행하지 못하겠느냐 이스라엘 족속아 진흙이 토기장이의 손에 있음 같이 너희가 내 손에 있느니라(6)." 하나님께서 이스라엘을 이 모양의 그릇으로 빚다가 엎어버리고 다른 그릇을 만드실 수도 있음을 뜻합니다. 이는 전적으로 하나님의 마음에 달려 있습니다. 진흙이 토기장이의 손안에 있듯이, 우리도 하나님의 손안에 있습니다. 모든 것이 하나님의 뜻에 달려 있습니다.

우리의 생은 아직 완결된 상태가 아닙니다. 여전히 하나님의 손안에서 빚어지고 있습니다. 하나님의 손길을 이리저리 피하여 하나님께서 원하시는 모양대로 빚어지지 않는다면, 뭉그러뜨리고 다시 빚으실 수도 있습니다. 또는 다른 모양으로 빚어가실 수도 있습니다. 하나님의 계획과 뜻은 불변하는 것이 아닙니다. 돌들로도 능히 아브라함의 자손을 만드실 수 있는 하나님께서는 우리의 믿음과 순종에 따라 날마다 새롭게 우리를 빚으십니다. 아직 완성되지 않은 우리의 삶, 주님께 온전히 맡겨 쓰임 받는 그릇이 됩시다.

하나님이 우리 인생을
빚어가심을 체험한
적이 있습니까?

창조주 되시는 하나님, 오늘 우리의 모습이 주님의 뜻에 어긋난다면 우리를 다시 빚어 주옵소서. 하나님의 뜻대로 빚으시는 그 손길에 온 마음과 몸을 내어 맡기는 우리가 되기 원합니다. 주님께 쓰임 받는 자녀가 되게 하옵소서. 예수님의 이름으로 기도합니다. 아멘.

정요섭 목사 _ 아침빛교회

보배로운 백성

세계에서 탁월한 민족을 꼽으라면 유대인을 빼놓을 수 없습니다. 유대인은 이스라엘에 700만 명, 미국에 600만 명, 기타 여러 나라에 300만 명 정도가 있습니다. 모두 합해도 지구상 인구의 0.2%에 불과하지만, 그들은 전 세계의 경제, 정치, 교육, 문화계를 주도합니다. 미국의 유명 대학교수 중 30%, 역대 노벨상 수상자 중 25% 정도를 차지합니다. 평화상과 문학상을 제외한 과학/학문 분야의 노벨상만 따지면 30%가 넘습니다.

유대인들이 이렇게 탁월한 비결은 무엇일까요? 그것은 하나님의 말씀에 있습니다. "모든 성경은 하나님의 감동으로 된 것으로 교훈과 책망과 바르게 함과 의로 교육하기에 유익하니(딤후 3:16)." 성경, 즉 하나님의 말씀은 유익합니다. 여기서 '유익'은 히브리어 원어로는 "야알"이며, '수준이 높아지다', '탁월해지다'라는 의미입니다. 즉 하나님의 말씀은 우리의 수준을 높여 주고 탁월하게 만들어 주는 능력이 있습니다.

"오늘 너를 그의 보배로운 백성이 되게 하시고(18)."라는 말씀을 묵상하며 나는 과연 하나님의 보배로운 백성인가를 생각해 봅니다. 19절을 보면 "그런즉 여호와께서 너를 그 지으신 모든 민족 위에 뛰어나게 하사 찬송과 명예와 영광을 삼으시고 그가 말씀하신 대로 너를 네 하나님 여호와의 성민이 되게 하시리라."고 말씀합니다. 보배로운 백성은 모든 민족 위에 뛰어난 백성이고, 여호와 하나님의 성민입니다.

보배로운 백성이 되는 비결은 무엇입니까? 16절 말씀을 보면 "오늘 네 하나님 여호와께서 이 규례와 법도를 행하라고 네게 명령하시나니 그런즉 너는 마음을 다하고 뜻을 다하여 지켜 행하라."고 합니다. 즉 보배로운 백성이 되는 비결은 하나님의 규례와 법도를 지키라는 명령을 따르는 것입니다. 하나님의 말씀에 순종하면, 마음을 다하고 목숨을 다하여 모든 계명을 지키면, 보배로운 백성이 됩니다.

보배로운 백성, 하나님의 성민이 되는 길은 다름 아닌 하나님의 말씀에 있습니다. 온전한 순종으로 우리 모두 하나님의 존귀하고 보배로운 백성이 되기를 간절히 소망합니다.

204장
주의 말씀 듣고서

신명기 26:16~19
여호와께서도 네게 말씀하신 대로 오늘 너를 그의 보배로운 백성이 되게 하시고 그의 모든 명령을 지키라 확언하셨느니라 (18)

매일 성경 읽기
시 146편 ☑ 147편 ☐
148편 ☐ 149편 ☐
150편 ☐

하나님, 우리에게 성경을 주셔서 감사합니다. 말씀에 순종하는 삶을 통하여 탁월한 사람이 되기 원합니다. 마음을 다하고 목숨을 다하여 모든 계명을 지켜 보배로운 백성이 되게 하옵소서. 온전한 순종의 길로 나아가게 하옵소서. 예수님의 이름으로 기도합니다. 아멘.

최인철 목사 _ 동광교회

보배로운 백성이 되기 위해 어떤 노력을 하고 있습니까?

그러므로 깨어 있으라

312장
너 하나님께 이끌리어

—

마가복음 13:28~37
주의하라 깨어 있으라 그
때가 언제인지 알지 못함
이라 (33)

예수께서는 제자들에게 인자가 다시 오실 것을 기다리며 깨어 있으라고 말씀하십니다. 세 번을 반복하여 깨어 있으라고 강조하십니다(33, 35, 37). 깨어 있으라는 것은 잠을 자지 말라는 뜻이 아닙니다. 열 처녀 비유를 생각해 보면 처녀들은 늦어지는 신랑을 기다리다 모두 잠이 들지만, 등잔의 기름을 준비했던 슬기로운 처녀들은 잔치에 참여할 수 있었습니다. 결국 깨어 있으라는 것은 준비하라는 말씀입니다. 그렇다면 무엇을 준비해야 할까요? "누구든지 나의 이 말을 듣고 행하는 자는 그 집을 반석 위에 지은 지혜로운 사람(마 7:24)"이라는 말씀처럼 슬기로운 처녀가 준비한 기름은 주님의 말씀을 듣고 그대로 실행하는 것을 말합니다.

말씀을 듣고자 하는 마음, 실행하고자 하는 의지는 주님과의 관계에서 옵니다. 주님에 대한 신뢰와 사랑, 그 사귐의 관계에서 비롯됩니다. 결국 슬기로운 처녀가 준비한 기름은 신랑을 향한 마음, 간절히 기다리는 마음입니다. 누가복음 12장 35~37절에는 종이 혼인집에서 돌아오는 주인을 깨어 기다리면 주인이 돌아와서 종을 식탁에 앉혀 먹이고 시중을 들 것이라는 말씀이 있습니다. 이것은 우리가 일반적으로 알고 있는 종과 주인의 관계와는 다릅니다. 이 종과 주인은 신분이 다르지만 매우 친밀하고 서로를 존중하고 신뢰하는 관계라는 생각이 듭니다. 종은 허리를 동이고 등불을 들고 기다렸습니다. 주인이 언제 오실지 설레는 마음 또는 늦어지는 주인을 염려하는 마음으로 간절히 기다리는 모습입니다. 주인도 그 마음을 알기에 종이 고맙고 대견해서 얼른 자리에 앉히고 밥도 먹이고 잔치 이야기도 나눌 것입니다.

신분을 뛰어넘는 친밀한 관계, 이것이 주님과 우리의 관계입니다. 하나님은 친히 사람이 되어 우리 곁에 오셨습니다. 스승인 주님께서는 제자들의 발을 씻기고, 우리를 친구라 부르며 목숨을 내어 주셨습니다. 그 받은 사랑으로 우리는 다시 오실 그리스도를 기다립니다. 깨어 기다린다는 것은 주님을 향한 사랑과 믿음을 잃지 않고 계속 키워나가는 일입니다. 이미 오셨고, 지금 우리와 함께 계시며, 다시 오신다는 그 약속을 기억하십시오. 오늘도 주님의 말씀을 준행하며 깨어 있는 우리가 되기를 소망합니다.

매일 성경 읽기
잠 1장 ✓ 2장☐ 3장☐
4장☐ 5장☐

다시 오실 주님을
맞을 준비를
하고 있습니까?

늘 새롭게 우리에게 다가오시는 주님, 우리가 설레는 마음으로, 간절한 마음으로 주님을 깨어서 기다리도록 우리를 붙들어 주옵소서. 우리를 친구라 부르시며 목숨까지 내어 주신 그 사랑을 잊지 않고 계속 키워나가게 하옵소서. 예수님의 이름으로 기도합니다. 아멘.

홍보연 목사 _ 맑은샘교회

신앙의 화룡점정

화룡점정(畵龍點睛)은 용을 그리고 마지막으로 눈동자를 그려 넣자 그림의 용이 살아나 하늘로 날아 올라갔다는 내용의 고사성어입니다. 어떤 일의 핵심이 되는 부분을 완벽하게 마무리하여 완성한다는 뜻입니다. 이와 대비되는 말은 화사첨족(畵蛇添足)인데, 보통 줄여서 사족이라고 합니다. 뱀을 그리다가 기량을 뽐내려는 과욕으로 있지도 않은 다리를 그려 넣어 그림을 망치고 말았다는 이야기입니다. 신앙에도 화룡점정이 있는가 하면, 사족이 있습니다.

진리의 성령이 임하신 일은 예수 그리스도 구원 사역에서 화룡점정에 해당합니다. 예수님은 3년 공생애 동안 동고동락하면서 제자들을 가르치셨습니다. 모범을 보이시고 능력을 발휘할 수 있도록 훈련시키셨습니다. 그리고 십자가에 달려 죽으셨고, 부활하여 제자들과 재회하십니다. 그러나 예수님은 함께 머물지 않고 승천하십니다. 그래야만 제자들에게 유익하다고 하십니다. 예수님이 떠나셔야만 보혜사 성령님이 오시기 때문입니다.

각 사람의 마음속에 주님의 영이 임하시는 성령강림, 그야말로 신앙의 화룡점정입니다. 성령이 임하셔야 주님의 마음으로 거듭날 수 있기 때문입니다. 십자가에 달려 돌아가신 궁극적 이유도 우리를 살리시고 성령님의 임재를 통해 주님 안에서의 새로운 삶을 살게 하기 위함입니다. "그리스도께서 우리를 위하여 죽으신 것은, 우리가 깨어 있든지 자고 있든지, 그리스도와 함께 살게 하시려는 것입니다(살전 5:10, 새번역)."

성령님의 임재에 무심한 채 자기 욕망과 두려움에만 붙들려 살아간다면, 아직도 신앙은 그림의 떡일 수 있습니다. 일상에서 성령님과 직접 교통하기보다 유명세를 타는 설교나 감정에 호소하는 예배를 통해서만 주님을 만나고, 성령 충만하다는 누군가에게만 의지해 살아가는 것은 사족에 마음을 빼앗긴 죽은 신앙일 수 있습니다. 춘향과 이몽룡이 몸종인 방자와 향단이를 통해서만 연애한다면, 그것이 온전한 사랑일 수 있을까요? 우리 안에 함께 계신 성령님과 자나 깨나 함께 살아갈 때 화룡점정으로 날아오르는 신앙이 됩니다. 다른 어떤 것에 의지하지 않고 성령님만 의지하는 진정한 신앙인이 되기를 소망합니다.

183장
빈 들에 마른 풀같이

———

요한복음 16:13~15
그러나 진리의 성령이 오시면 그가 너희를 모든 진리 가운데로 인도하시리니 그가 스스로 말하지 않고 오직 들은 것을 말하며 장래 일을 너희에게 알리시리라 (13)

매일 성경 읽기
잠 6장 ☑ 7장 ☐
8장 ☐ 9장 ☐

사랑의 하나님, 우리 안에 함께 계신 주님으로 인하여 우리의 심령이 깨어나게 하옵소서. 누군가가 전해 준 주님이 아니라, 직접 만나고 경험하며 주님과 함께 살아가게 하옵소서. 늘 깨어 사랑하게 하옵소서. 예수님의 이름으로 기도합니다. 아멘.

하태혁 목사 _ 두미교회

사귐의 일상으로 초대하시는 주님의 부르심에 귀 기울이며 살아갑니까?

하나님의 사랑 안에 거하라

7

20

299장
하나님 사랑은

—

요한일서 4:15~19
하나님이 우리를 사랑하시는 사랑을 우리가 알고 믿었노니 하나님은 사랑이시라 사랑 안에 거하는 자는 하나님 안에 거하고 하나님도 그의 안에 거하시느니라 (16)

매일 성경 읽기
잠 10장 ☑ 11장 ☐
12장 ☐ 13장 ☐
14장 ☐ 15장 ☐

1892년 32세의 나이로 조선 땅을 밟은 무어 선교사는 곤당골 교회를 세우고 교회 안에 예수 학당을 열었습니다. 어느 날 한 학생의 아버지가 죽어간다는 소식에 의사인 다른 선교사를 데리고 가서 치료해 주었습니다. 완쾌된 학생의 아버지가 교회에 나오기 시작했습니다. 그는 이름도 없는 백정 박씨였습니다. 무어 선교사는 그에게 박성춘이라는 이름도 지어 주고, 세례도 베풀었습니다. 그런데 양반 교인들이 그를 내보내라고 요구했습니다. 무어 선교사는 "우리는 모두 하나님의 자녀입니다. 그것은 옳지 않습니다."라고 단호하게 말했고, 백정과 양반과 왕족이 모두 그리스도 안에서 한 지체가 되는 교회를 이루었습니다. 하나님의 사랑 안에서 차별 없이 그 사랑을 나누어 준 결과입니다.

사도 요한이 성경을 기록할 당시에 유대인들은 예수님이 하나님의 아들이신 것을 인정하지 않았습니다. 오히려 예수님이 하나님의 아들이라고 주장하는 것은 신성을 모독하는 일이라 여겼습니다. 그래서 유대인들이 예수님을 십자가에 처형하라고 외쳤던 것입니다. 이런 상황에서 예수님을 하나님의 아들로 고백한다는 것은 역시 신성 모독죄에 해당될 수 있었습니다. 그런데도 예수님을 하나님의 아들이라고 시인하는 사람이 있다면 그는 어떤 사람일까요? 하나님이 우리를 사랑하셔서 우리 죄를 속하기 위해 화목제물로 예수님을 이 땅에 보내셨음을 진정으로 믿는 사람입니다. 이 믿음이 있을 때 우리는 하나님의 사랑을 느끼며, 그 품 안에서 살아갈 수 있습니다. 이것을 하나님의 사랑 안에 거한다고 말합니다.

"하나님이 우리를 사랑하시는 사랑을 우리가 알고 믿었노니 하나님은 사랑이시라 사랑 안에 거하는 자는 하나님 안에 거하고 하나님도 그의 안에 거하시느니라(16)." 이렇게 하나님의 사랑 안에 거하는 자는 자신의 삶 속에서 마땅히 하나님의 사랑을 실천하며 살아가게 됩니다. 또한 그리스도가 이 땅에 살면서 하나님과 이웃을 사랑하셨던 것처럼 동일한 섬김과 사랑으로 살아갈 것입니다. "우리가 사랑함은 그가 먼저 우리를 사랑하셨음이라(19)." 날마다 하나님의 사랑 안에 거하며, 그 사랑을 실천할 수 있기를 바랍니다.

누구에게든 차별 없이 주님의 사랑을 전합니까?

하나님, 우리를 사랑하여 주셔서 감사합니다. 우리를 살리시려고 십자가에서 피 흘리신 사랑이 얼마나 놀랍고 큰지를 우리가 알고 믿게 하옵소서. 그 사랑 안에 거하며 하나님께서 만나게 하시는 모든 사람을 사랑하게 하옵소서. 예수님의 이름으로 기도합니다. 아멘.

최주일 목사 _ 복지교회

이 시대의 우상을 분별하라

월요일

21

447장
이 세상 끝날까지

—

사사기 2:11~15
애굽 땅에서 그들을 인도하여 내신 그들의 조상들의 하나님 여호와를 버리고 다른 신들 곧 그들의 주위에 있는 백성의 신들을 따라 그들에게 절하여 여호와를 진노하시게 하였으되 (12)

사사 시대 이스라엘의 역사는 '범죄-징계-회개-구원-재범죄'의 패턴을 반복합니다. 이스라엘은 하나님께서 택해 주시고 출애굽과 가나안 입성의 놀라운 복을 주셨음에도 끊임없이 범죄를 반복한 것입니다. 오늘 본문에서는 이스라엘 자손이 여호와의 목전에 악을 행하여 바알들을 섬겼다고 말씀합니다 (11). 하나님의 백성이 하나님의 목전에서 버젓이 악을 행했습니다. 하나님의 백성이 결코 해서는 안 되는 우상 숭배를 한 것입니다.

왜 그랬을까요? 하나님의 말씀에 불순종하고, 가나안 우상들을 더 사랑했기 때문입니다. 이스라엘 백성은 가나안 족속을 모두 쫓아내라는 하나님의 말씀에 불순종하고 일부를 남겨 두었습니다. 그리고 그들과 함께 섞여 살다가 가나안 족속과 통혼하기도 하고, 가나안 사람들의 문화와 생활을 받아들이고, 심지어 그들의 신인 바알과 아스다롯까지 섬긴 것입니다. 바알은 가나안 땅의 풍요를 주는 신이고, 아스다롯은 바알 신의 아내로 다산의 여신인 동시에 풍요의 여신이었습니다. 이스라엘 백성은 바알과 아스다롯에게 매료되었고, 가나안 백성이 풍요를 위해 행하는 신전 제사의 음행과 성적인 타락까지 흡수하였습니다. 이렇게 이스라엘 백성들은 하나님을 버리고 쾌락과 풍요를 주는 우상들을 섬겼습니다.

사사기의 혼란과 타락의 이유는 살아 계신 하나님을 버리고 인간의 탐욕과 욕망의 우상 앞에 마음을 빼앗겼기 때문입니다. 본문 말씀은 오늘을 사는 우리에게도 큰 경고의 말씀입니다. 우리는 결코 이스라엘 백성처럼 하나님을 버리고 우상 숭배의 죄를 범해서는 안 됩니다. 팀 켈러는 우리가 사는 현대사회가 '우상이 점령한 사회'이며 인간의 마음은 '우상 공장'이라고 말합니다(팀 켈러, 『팀 켈러의 내가 만든 신』). 고대 사회처럼 신전을 짓고 신상을 숭배하지는 않지만, 현대인들의 마음에는 다양한 욕망, 즉 평생소원, 사랑, 돈, 성취, 권력 등 하나님의 자리를 빼앗는 우상들로 가득하다는 것입니다. 하나님의 백성인 우리는 이 시대의 우상들과 달콤한 유혹을 단호하게 물리쳐야 하겠습니다. 거룩한 하나님의 백성으로서 오직 하나님만을 섬기고 말씀에 온전히 순종하며, 의와 진리 안에 굳건히 살아갑시다.

매일 성경 읽기
잠 16장 ☑ 17장 ☐
18장 ☐ 19장 ☐
20장 ☐

거룩하신 하나님, 우리를 백성으로 삼아 주심을 감사드립니다. 이 시대의 우상들을 분별할 수 있는 영적인 지혜와 담대한 믿음을 주옵소서. 단호하게 우상들을 물리치고 오직 하나님만 잘 섬기는 거룩한 백성이 되게 하옵소서. 예수님의 이름으로 기도합니다. 아멘.

최명관 목사 _ 헤림교회

거짓과 죄악으로 유혹하는 이 시대의 우상들을 분별하고 있습니까?

비움의 그리스도인

254장
내 주의 보혈은

—

사사기 6:25~32
그 날에 기드온을 여룹바알이라 불렀으니 이는 그가 바알의 제단을 파괴하였으므로 바알이 그와 더불어 다툴 것이라 함이었더라 (32)

19세기 미국의 복음 전도자이자 설교자 드와이트 라이먼 무디는 이런 고백을 했습니다. "내 마음속에 잠깐이라도 이기심과 교만이 파고드는 바로 그 순간, 나는 다시 육신의 사람으로 돌아간다. 그래서 나는 시간이 날 때마다 엎드려 이렇게 기도한다. '나를 비우고 나 자신을 포기할 수 있게 하옵소서.' 내가 이기심과 교만을 포기하는 순간마다 성령께서 내 마음속에 임하신다. 그때 비로소 나는 주님께서 원하시는 일을 감당할 힘을 갖게 된다." 기독교 신앙의 출발은 비우는 데 있습니다. 비우면 비로소 성령께서 우리와 함께하시며, 그리스도를 본받게 하시고, 담대하게 하나님의 뜻을 이루게 하십니다.

이스라엘은 미디안에게 7년 동안 괴롭힘을 당했습니다. 그때 기드온은 미디안 사람에게 발각되지 않으려고 포도주 틀 속에서 밀을 타작했습니다. 하나님은 그런 겁쟁이를 이스라엘을 위기에서 건져낼 사사로 사용하기로 계획하셨습니다. 하나님께서 그를 사사로 부르시고 가장 먼저 하신 명령은, 그의 아버지 소유의 바알 제단을 헐고 그 곁의 아세라 상을 찍어 번제의 땔감으로 쓰라는 것이었습니다(25~26). "이에 기드온이 종 열 사람을 데리고 여호와께서 그에게 말씀하신 대로 행하되 그의 아버지의 가문과 그 성읍 사람들을 두려워하므로 이 일을 감히 낮에 행하지 못하고 밤에 행하니라(27)." 기드온은 두려웠지만 하나님의 말씀대로 행한 것입니다. 이 일로 성읍 사람들에 의해 죽을 뻔한 위기에 처하기도 했습니다(31). 결국 그는 능력 있는 사사가 되어 이스라엘을 미디안의 지배에서 구해냈습니다.

기드온이 죽음을 각오하고 우상을 제거했을 때, 하나님은 비로소 그를 능력 있는 사사로 사용하셨습니다. 이처럼 우리도 우리 속에 있는 부정한 것들을 비워낼 때, 성령께서 함께하시고 우리를 이끌어가시며 하나님의 사람으로서 하나님의 뜻을 이루며 살게 하십니다. 혹시 없으면 당장이라도 죽을 것처럼 집착하는 그릇된 내면의 습성과 삶의 방식이 있습니까? 죽으면 죽으리라는 결심으로 비워내십시오. 비우고자 하면 성령님께서 도와주십니다. 깨끗하게 비워내고 하나님의 정결한 자녀, 그리스도를 닮아가는 제자, 성령님의 사람이 되기를 소망합니다.

매일 성경 읽기
잠 21장 ☑ 22장 ☐
23장 ☐ 24장 ☐

하나님께서 채워 주실 것을 갈망하며 자신을 비우고 있습니까?

사랑의 하나님, 주님의 영으로 우리를 채워 주시고 인도해 주옵소서. 그릇된 습성을 버리는 결단을 하게 하옵소서. 그리하여 진정한 하나님의 자녀, 그리스도의 제자, 성령님의 사람이 되어 받은 사명을 감당하며 살게 하옵소서. 예수님의 이름으로 기도합니다. 아멘.

홍의종 목사 _ 전일교회

부름 받은 자

우리의 인생은 '부름'의 인생이라 할 수 있습니다. 하나님께 부름 받아 예배하고 기도하고 찬양하며 하나님의 자녀로 살아가다가, 하나님 곁으로 가기 때문입니다. 우리는 부름 받아 돌아갈 곳이 있는 복된 인생임을 잊지 말고 항상 하나님께 감사하며 살아야 합니다.

오늘 본문에서 사도 바울은 "너희는 하나님이 택하사 거룩하고 사랑 받는 자처럼 긍휼과 자비와 겸손과 온유와 오래 참음을 옷 입고(12)"라고 말씀합니다. 하나님께서 택하셨다는 것은 '부름'을 전제합니다. 하나님의 택하심과 부르심은 동시에 일어나기 때문입니다. 그래서 부름 받은 우리는 거룩하고 사랑받는 자처럼 살아야 할 의무가 있습니다. 다시 말해 거룩하게 살아가며, 사랑을 행하는 자가 되어야만 합니다.

이어서 하나님께서 택하신 백성들이 마땅히 행할 일, 즉 성도의 참모습에 대해 말씀합니다. "긍휼과 자비와 겸손과 온유와 오래 참음을 옷 입고 누가 누구에게 불만이 있거든 서로 용납하여 피차 용서하되 주께서 너희를 용서하신 것 같이 너희도 그리하고(12~13)." 우리는 이렇게 살리라 다짐하고 부단히 노력하지만, 번번이 실패합니다. 이렇듯 인간은 연약합니다. 그럼에도 불구하고 바울은 '참 성도는 이런 모습이어야 한다'고 말씀합니다.

그리고 우리가 참 성도의 모습으로 사는 데에 더 이상 실패하지 않는 방법을 알려 줍니다. 첫째, 이 모든 것 위에 사랑을 더하는 것입니다(14). 가만히 생각해 보면 긍휼, 자비, 겸손, 온유 모두 사랑이 부족했기 때문에 실패한 것입니다. 둘째, 그리스도의 평강이 우리 마음을 주장하게 하는 것입니다(15a). 이 말씀은 곧 하나님께 모두 맡기라는 뜻입니다. 셋째, 감사하는 자가 되는 것입니다(15b). 우리는 예수 그리스도를 힘입어 하나님 아버지께 감사해야 합니다.

세상보다 더 큰 하나님의 사랑으로 인생을 품으십시오. 하나님께 모든 것을 맡기고 의지하여 참 평강을 찾으십시오. 그리고 하나님께 감사하십시오. 이것이 부름 받은 자의 인생입니다. 사랑과 평강을 위하여 한몸으로 부름 받은 자답게 살아가기를 축복합니다.

수요일

23

461장
십자기를 질 수 있나

—

골로새서 3:12~15
너희는 평강을 위하여 한 몸으로 부르심을 받았나니 너희는 또한 감사하는 자가 되라 (15b)

매일 성경 읽기
잠 25장 ☑ 26장 ☐
27장 ☐ 28장 ☐
29장 ☐

사랑과 은혜가 풍성하신 하나님, 우리를 불러 주신 은혜에 감사드립니다. 이 땅에 파송된 우리가 주님을 닮은 삶으로 하나님을 전하며, 하나님을 드러내기를 원합니다. 부름 받은 거룩한 주의 자녀로 살아가게 하옵소서. 예수님의 이름으로 기도합니다. 아멘.

박명순 목사 _ 삽교교회

부름 받은 자로서 살아가고 있습니까?

내가 주님 안에, 주님이 내 안에

455장
주님의 마음을 본받는 자

—

요한복음 15:1~8
너희가 내 안에 거하고 내 말이 너희 안에 거하면 무엇이든지 원하는 대로 구하라 그리하면 이루리라 (7)

우리는 크든 작든 많든 적든 바라는 것이 있습니다. 그런데 때로는 우리가 바라는 것이 이루어지지 않는 편이 개인에게나 공동체에 더 나을 때도 있습니다. 우리가 바라는 것이 모두 옳은 것만은 아니기 때문입니다. 우리가 바라는 모든 것이 옳은 것이어서 전부 이루어진다면 얼마나 좋을까요?

오늘 본문에서 예수님은 "무엇이든지 원하는 대로 구하라 그리하면 이루리라(7b)."고 말씀하십니다. 우리가 구하는 것마다 다 이룰 것이라는 말씀입니다. 하지만 여기에는 한 가지 조건이 있습니다. 그것은 바로 우리가 주님 안에 거하고, 주님의 말씀이 우리 안에 거하는 것입니다. "너희가 내 안에 거하고 내 말이 너희 안에 거하면(7a)" 그릇된 것을 구하지 않고 항상 옳은 것을 구할 수 있다는 말씀입니다.

우리가 주님 안에 거하고 주님의 말씀이 우리 안에 거한다는 것은 무슨 의미일까요? 예수님은 이렇게 설명해 주십니다. "아버지께서 나를 사랑하신 것 같이 나도 너희를 사랑하였으니 나의 사랑 안에 거하라 내가 아버지의 계명을 지켜 그의 사랑 안에 거하는 것 같이 너희도 내 계명을 지키면 내 사랑 안에 거하리라(9~10)." "내 계명은 곧 내가 너희를 사랑한 것 같이 너희도 서로 사랑하라 하는 이것이니라(12)."

우리는 서로 사랑함으로써 우리를 사랑하신 주님 안에 거할 수 있습니다. 또 우리가 서로 사랑할 때 우리 안에 주님이 계신 것입니다. 이 신비를 경험할 수 있다면, 우리가 무엇을 구하든지 다 그대로 이루어질 것이라고 주님은 약속하십니다. 주님은 또 "나는 포도나무요 너희는 가지라(5)."고 하시면서 우리가 열매를 많이 맺으면 하나님께서 영광을 받으실 것이라고 말씀하십니다. 우리가 주님과 붙어 있어야만 생명을 공급받고 열매를 맺을 수 있다는 말씀입니다.

어거스틴의 말을 떠올려 봅니다. "사랑하십시오. 그리고 그대 원하는 대로 하십시오(어거스틴, 『요한서간강해』)." 오늘 하루도 사랑함으로써 주님이 내 안에, 내가 주님 안에 거하기를 원합니다. 그리하여 주님이 원하시는 풍성한 열매를 거두기를 진정으로 소망합니다.

매일 성경 읽기
잠 30장 ☑ 31장 ☐

지금 우리는 사랑함으로써 주님 안에 거하고 있습니까?

우리를 사랑하심으로 우리에게 생명을 주신 주님, 우리도 이웃을 사랑함으로 생명을 끼치는 삶을 살기 원합니다. 우리가 주님 안에, 주님이 우리 안에 거하여 우리의 사랑이 모든 소망을 이루게 하여 주옵소서. 예수님의 이름으로 기도합니다. 아멘.

오태현 목사 _ 의정부제일교회

거룩한 산에서 살 자는 누구입니까

시편 15편은 구약시대 하나님의 백성들이 성전 예배 직전에 노래한 예배시이자 '입당송'으로 알려진 다윗의 시입니다. 입당송이란 예배자들이 예배하러 성전에 들어갈 때 제사장이 예배자에게 입당 자격을 묻고 거기에 예배자가 대답하는 형태로 된 노래를 말합니다. 이 시는 어떠한 사람이 하나님께 예배드리기에 합당한지, 하나님께서는 어떠한 사람의 예배를 기뻐 받으시는지에 대해 간결하고도 분명하게 노래합니다.

"주님, 누가 주님의 장막에서 살 수 있겠습니까? 누가 주님의 거룩한 산에 머무를 수 있겠습니까?(1, 새번역)"라는 질문에 이러한 대답이 이어집니다. "깨끗한 삶을 사는 사람, 정의를 실천하는 사람, 마음으로 진실을 말하는 사람, 혀를 놀려 남의 허물을 들추지 않는 사람, 친구에게 해를 끼치지 않는 사람, 이웃을 모욕하지 않는 사람, 하나님을 업신여기는 자를 경멸하고 주님을 두려워하는 사람을 존경하는 사람입니다. 맹세한 것은 해가 되더라도 깨뜨리지 않고 지키는 사람입니다. 높은 이자를 받으려고 돈을 꾸어 주지 않으며, 무죄한 사람을 해칠세라 뇌물을 받지 않는 사람입니다. 이러한 사람은 영원히 흔들리지 않을 것입니다(2~5, 새번역)."

여기에서 열거하는 주와 함께 거할 자의 자격은 모두 열 가지입니다. 가만히 들여다보면, 그 내용은 모두 '이웃과의 관계'와 연결되어 있습니다. 즉 사람들과 관계를 잘 맺고 사는 자가 하나님 앞에 성전 예배자로 설 수 있음을 의미하는 것입니다. 우리는 하나님과의 관계와 이웃과의 관계가 서로 다른 영역인 것처럼 생각할 때가 많습니다. 그러나 성경은 셀 수 없이 많은 곳에서 다른 사람을 어떻게 대하느냐가 곧 하나님을 대하는 태도와 같다고 말씀합니다. "보이는 자기 형제자매를 사랑하지 않는 사람이 보이지 않는 하나님을 사랑할 수 없습니다(요일 4:20, 새번역)."

예수님께서도 "지극히 작은 자 하나에게 한 것이 곧 내게 한 것이니라(마 25:40)."고 말씀하셨습니다. 이웃을 귀하게 생각하고, 남을 배려하고, 다른 이들을 잘 대하고 좋은 관계를 맺고 사는 것이 곧 하나님께 하는 것입니다. 그런 사람이 참된 예배자이고, 하나님 앞에 설 수 있는 복 된 자입니다.

220장
사랑하는 주님 앞에

시편 15:1~5
여호와여 주의 장막에 머무를 자 누구오며 주의 성산에 사는 자 누구오니이까 (1)

매일 성경 읽기
전 1장 ☑ 2장 ☐ 3장 ☐

언제나 우리를 사랑으로 품어 주시는 주님, 감사합니다. 만나는 모든 사람을 더욱 귀히 여기고 섬김으로써 하나님 앞에 참된 예배자로 서게 하옵소서. 다른 이를 대하는 것이 하나님을 대하는 것과 다르지 않음을 기억하게 하옵소서. 예수님의 이름으로 기도합니다. 아멘.

하헌선 목사 _ 갈릴리교회

사람들을 귀하게
대하고 있습니까?

하나님의 선하심

212장
겸손히 주를 섬길 때

—

창세기 42:36~38
그들의 아버지 야곱이 그들에게 이르되 너희가 나에게 내 자식들을 잃게 하도다 요셉도 없어졌고 시므온도 없어졌거늘 베냐민을 또 빼앗아 가고자 하니 이는 다 나를 해롭게 함이로다 (36)

매일 성경 읽기
전 4장 ☑ 5장 ☐
6장 ☐ 7장 ☐

야곱의 특별한 아들 요셉은 심부름을 갔다가 돌아오지 못했습니다. 돌아온 것이라곤 그의 피 묻은 채색옷뿐이었습니다. 들짐승에게 해를 당한 것 같은데 시신도 찾지 못했습니다. 이번에는 애굽에 양식을 구하러 갔던 아들 중 시므온이 막냇동생을 데려가야 하는 조건의 볼모가 되어 돌아오지 못했습니다. 야곱의 속은 타들어 갔습니다. 어디가 바닥인지 알 수 없는 고통과 슬픔입니다. 야곱은 베냐민까지 다시 볼 수 없게 되면 어쩌란 말이냐며 절망합니다. 사랑했던 아내 라헬이 난산 끝에 생명과 맞바꾼 베냐민입니다. 베냐민을 볼 때 잃어버린 요셉이 아른거렸기에 야곱은 더욱 단호했습니다. "이 애만은 데리고 가지 못한다. 그 형은 죽었고 이 애 하나 남았는데 가는 길에서 무슨 변이라도 당하면 어떻게 할 셈이냐? 너희들은 이 늙은 것이 백발이 성성해 가지고 슬퍼하며 지하로 내려 가는 꼴을 보고 싶으냐?(38, 공동번역)"

베냐민을 절대로 보낼 수 없다던 야곱이었지만, 이후 운명처럼 다가오는 기근과 죽음 앞에서는 어쩔 수 없었습니다. 결국 양식을 꾸러 다른 아들들과 함께 베냐민을 애굽으로 보냈습니다. 애굽의 총리대신으로 있던 요셉은 같은 배에서 난 동생 베냐민을 본 순간 북받쳐 오르는 감정을 주체할 수 없었습니다. 요셉은 형들을 시험하고자 자신의 은잔을 베냐민의 자루에 넣어 두었습니다(44장). 이로 인해 베냐민이 억울하게 사로잡히자 형 유다가 동생을 대신해 종이 되겠다고 나섭니다. 이 모습에서 요셉은 뜨거운 형제애를 확인할 수 있었습니다. 또한 그 과정에서 그리운 아버지의 깊은 슬픔을 직감하였습니다. 요셉은 궁궐이 떠나갈 듯 큰 소리로 울었습니다. 형제들에게 받았던 요셉의 과거 깊은 상처와 쌓여 있던 문제들이 눈물과 화해로 일소되는 순간이었습니다.

절망은 우리의 예상보다 깊어서 때로 '이것만은 절대 잃어버릴 수 없다'며 움켜쥐고 있던 마지막 하나까지 빼앗아 살아갈 소망조차 끊어지게 합니다. 역설이지만 고통의 가장 깊은 바닥은 하나님의 선하심을 가장 가까이서 경험할 수 있는 지점입니다. 더 이상 내려갈 곳이 없는 깊은 슬픔과 고통의 울부짖음을 하나님은 오늘도 들으십니다.

절망의 순간에도
하나님이 함께하심을
믿습니까?

주님, 전환점은 언제나 가장 어둡고 낮은 곳에 있음을 깨닫게 하옵소서. 죽음 앞에서 아버지께 부르짖어 기도하신 예수님을 기억하게 하옵소서. 우리의 작은 신음까지도 기도로 들으시며 응답하시는 하나님의 선하심을 믿습니다. 예수님의 이름으로 기도합니다. 아멘.

신현희 목사 _ 안산나눔교회

전신 갑주를 취하라

주일

27

350장
우리들이 싸울 것은

—

에베소서 6:13~18
그러므로 하나님의 전신 갑
주를 취하라 이는 악한 날
에 너희가 능히 대적하고
모든 일을 행한 후에 서기
위함이라 (13)

매일 성경 읽기
전 8장 ☑ 9장 ☐
10장 ☐ 11장 ☐
12장 ☐

어릴 적 교회학교에서 배운 찬양 중에 이런 가사의 찬양이 있습니다. "서서 진리의 띠를 띠고 의의 흉배 붙이고 평안의 복음의 신을 신고 믿음의 방패 갖고 구원의 투구 쓰고 성령의 검 가지면 야! 악한 마귀 우리에게 덤벼들지 못하리." 선생님의 인도에 따라 율동을 하거나 손뼉을 치면서 힘차게 불렀습니다. 특히 중간에 '야!' 하는 기합 소리를 최대한 크게 내려고 경쟁했던 기억이 납니다. 마치 군가를 부르는 군인들처럼 말입니다.

오늘 본문은 "하나님의 전신 갑주를 취하라(13)."고 말씀합니다. 세상의 전신 갑주, 사람의 전신 갑주가 아닙니다. 하나님의 전신 갑주입니다. 자기 능력이나 지식, 재능, 배경, 학벌로 무장하는 것이 아닙니다. 하나님께서 주시는 진리, 의, 평안, 믿음, 구원, 성령으로 무장하는 것입니다. 이것은 하나님께 부여 받는 것입니다.

전신 갑주는 군대의 완전군장, 완전무장을 떠올리게 합니다. 군인이 전투에 나가려면 방어용 장비, 공격용 무기 모두 필요합니다. 어느 것 하나도 빼놓을 수 없을 정도로 중요합니다. 군인들이 무장하지 않고 전장에 나가는 것은 상상할 수 없습니다. 마찬가지로 믿음의 군병들은 반드시 하나님의 전신 갑주로 완전하게 무장해야 합니다.

이렇게 하나님의 전신 갑주로 무장하는 분명한 이유와 목적이 있습니다. 오늘 본문에도 나오지만, 앞선 11절과 12절 말씀에 더 명확하게 기록되어 있습니다. "마귀의 간계를 능히 대적하기 위하여 하나님의 전신 갑주를 입으라 우리의 씨름은 혈과 육을 상대하는 것이 아니요 통치자들과 권세들과 이 어둠의 세상 주관자들과 하늘에 있는 악의 영들을 상대함이라(11~12)." 그렇습니다. 악한 영과의 영적 전투, 절대로 지면 안 되는 전투에서 승리하기 위하여 하나님의 전신 갑주를 입어야 합니다.

하나님께서는 자녀 된 우리가 세상에서 승리하며 살기를 원하십니다. 아버지의 마음입니다. 아버지께서 주시는 전신 갑주로 완전하게 무장하여 악한 영과의 전투, 불의와의 전투, 비진리와의 전투에서 늘 승리하며 사는 우리 모두가 되기를 간절히 소망합니다.

우리의 아버지이신 하나님, 하나님께서는 자녀 된 우리가 늘 승리하며 살기를 원하시는 줄 믿습니다. 우리 모두가 하나님의 전신 갑주로 무장하게 하옵소서. 그리하여 영적 전투에서 능히 승리하게 하옵소서. 예수님의 이름으로 기도합니다. 아멘.

정재원 목사 _ 좋은교회

하나님의 전신 갑주로 무장하고 있습니까?

구원의 초청에 응답하라

526장
목마른 자들아

—

이사야 55:1~3
너희가 어찌하여 양식이 아닌 것을 위하여 은을 달아 주며 배부르게 하지 못할 것을 위하여 수고하느냐 내게 듣고 들을지어다 그리하면 너희가 좋은 것을 먹을 것이며 너희 자신들이 기름진 것으로 즐거움을 얻으리라 (2)

매일 성경 읽기
아 1장 ☑ 2장 ☐
3장 ☐ 4장 ☐

사람들은 더 큰 행복을 추구하며 열심히 살아갑니다. 그러나 이런 열심은 양식이 아닌 것을 위해 은을 달아 주며 배부르게 하지 못할 것을 위해 수고하는 인간적인 노력입니다(2). 이스라엘이 포로가 된 것과 이 시대가 진리를 잃어버리고 세속주의의 위기에 직면한 이유가 무엇입니까? 하나님의 말씀을 외면하고 내가 인생의 주인이 되어 욕망대로 살려고 했기 때문입니다. 이사야 선지자는 하나님을 떠난 죄로 인해 포로 생활을 하는 이스라엘 백성이 생기를 찾을 구원의 길을 제시합니다. 그것은 하나님의 부르심에 응답하여 여호와께 돌아가는 것입니다.

하나님은 우리를 사랑하사 포기하지 않으십니다. "너희 모든 목마른 사람들아, 어서 물로 나오너라. 돈이 없는 사람도 오너라. 너희는 와서 사서 먹되, 돈도 내지 말고 값도 지불하지 말고 포도주와 젖을 사거라(1, 새번역)." 하나님은 우리를 불러 목마른 자에게는 생수를, 배고픈 자에게는 양식을 값없이 나눠 주십니다. 그러므로 우리는 은혜로 부어 주시는 구원의 복음이 들릴 때 감사하며 하나님께 돌아가야 합니다.

복음을 듣고 하나님께 돌아간 자는 어떻게 살아야 할까요? 이사야 선지자는 "너희는 귀를 기울이고 내게로 나아와 들으라(3a)."고 말씀합니다. 여기서 들음이란 청종(聽從), 곧 선포되는 말씀의 능력을 믿고 순종하는 것입니다. 참된 들음은 말씀이 내 삶에 녹아들어 생각, 언어, 행동을 바꾸고 새사람이 되도록 마음에 새기는 것입니다.

지난날 내 마음대로 살아왔던 욕망의 멍에를 벗어버리는 참된 회개 위에 하나님께 매이는 새 멍에를 지고 주가 이끄시는 대로 살 때, 하나님은 다윗과 맺은 영원한 복의 언약을 나와도 맺겠다고 하십니다. "내가 너희를 위하여 영원한 언약을 맺으리니 곧 다윗에게 허락한 확실한 은혜이니라(3b)." 인생의 참된 만족과 행복은 피조물인 우리가 창조주인 하나님과 말씀을 통해 연합할 때만 누릴 수 있습니다. 우리를 사랑하사 값없이 주시는 은혜의 생명, 영원한 행복의 부르심이 들릴 때 주저하지 말고 하나님께로 돌아가야 합니다. 그리하여 구원의 참 기쁨을 누리는 복된 사람이 되기를 바랍니다.

하나님의 말씀에 귀를 기울이며 구원의 길을 바르게 걷고 있습니까?

우리에게 복의 언약을 허락하신 주님, 세상의 방법으로 목마름을 해결하고자 스스로 애쓰기보다 예수님이 주시는 물로 만족과 기쁨을 누리게 하옵소서. 값없이 주시는 포도주와 젖으로 오늘도 은혜 가득한 하루를 보내게 하옵소서. 예수님의 이름으로 기도합니다. 아멘.

황규진 감독 _ 영종중앙교회

화평하게 사는 법

먼저 자신에게 한 가지 질문을 던져 보면 좋겠습니다. "나는 '된 사람'이 되기 원하는가, 아니면 '난 사람'이 되기 원하는가?" 된 사람이란 타인과 원만한 관계를 유지하며 성품과 인격이 괜찮은 사람이라고 인정받는 사람이라면, 난 사람이란 사회적으로 특출나며 능력을 인정받는 유명한 사람이라고 할 수 있습니다. 성공지향적 삶을 사는 현대에는 된 사람보다 난 사람이 더 인정받는 경향이 강합니다. 요즘 많은 사람이 주식과 비트코인에 관심하고, 초등학교 학생들의 장래 희망이 건물주인 경우도 있다고 합니다. 그 내면에는 엄청난 소득을 통해 다른 사람보다 더 누리고 높아지고 드러나 보이고 싶은 인간의 욕망이 깔려 있습니다. 복된 삶, 잘사는 삶은 곧 돈을 많이 버는 삶, 다른 사람보다 더 누리는 삶이라고 생각하는 것입니다.

교회에서도 언제부터인가 기도와 헌신을 많이 하는 사람보다 헌금을 많이 하는 사람들이 영향력이 있는 것으로 여겨지는 듯합니다. 그 이유는 무엇일까요? 돈이 많은 문제를 해결해 줄 수 있다고 믿기 때문입니다. 돈으로 많은 것을 누리고 경험할 수 있고, 더 나아가 돈이 우리의 삶에 화평을 이루어 줄 것이라고 믿기 때문입니다. 그러나 시편의 기자는 성도들에게 화평을 이야기하고, 주를 경외하는 자들에게 구원이 가까이 있다고 이야기합니다. 우리는 돈이 많고 사람들과 잘 지내면 화평하다고 생각합니다. 그렇게 살아갑니다. 그런데 세상은 더 악해지고, 가지면 가질수록 근심과 걱정이 많아집니다. 돈 많은 교회가 부흥하는 것이 아니라 오히려 길을 잃어버릴 수 있습니다.

오늘 말씀은 하나님께서 누구에게 화평을 말씀하시는지 알려 줍니다. 어리석은 데로 가지 않는 자, 하나님을 경외하고 진리와 의 가운데 있는 사람이 화평한 자라고 이야기합니다. 마귀는 끊임없이 우리가 길을 잃게 만듭니다. 돈이면 다 된다고 말합니다. 난 사람이 최고라고 말합니다. 그러나 성경의 말씀은 그렇지 않습니다. 성도에게, 주를 경외하는 자에게 화평이 임한다고 말씀합니다. 잠잠히 하나님 앞에서, 하나님께서 화평을 말씀하시는 자가 누구인지 묵상하고 기도해 봅시다. 하나님 안에서 참된 화평을 누리는 우리 모두가 되기를 소망합니다.

292장
주 없이 살 수 없네

시편 85:8~13
진실로 그의 구원이 그를 경외하는 자에게 가까우니 영광이 우리 땅에 머무르리이다 (9)

매일 성경 읽기
아 5장 ☑ 6장 ☐
   7장 ☐ 8장 ☐

하나님, 참된 화평은 하나님께 있음을 고백합니다. 하나님을 떠나서는 화평할 수 없음을 고백합니다. 많은 사람이 따라가고 이야기하는 곳에 화평이 없음을 고백하며, 그 길을 따라간 것을 회개합니다. 주님께 돌아가게 하옵소서. 예수님의 이름으로 기도합니다. 아멘.

최헌영 목사 _ 원주제일교회

나에게 화평을 주는 것은 무엇입니까?

그리스도인의 새 생활

503장
세상 모두 사랑 없어

—

로마서 12:14~21
아무에게도 악을 악으로 갚
지 말고 모든 사람 앞에서
선한 일을 도모하라 할 수
있거든 너희로서는 모든 사
람과 더불어 화목하라
(17~18)

매일 성경 읽기
사 1장 ☑ 2장 ☐ 3장 ☐

맥스 루케이도 목사의 『예수님처럼』에는 서두에 이런 구절이 있습니다. "하나님은 당신을 있는 그대로 사랑하신다. 그러나 그대로 두시지는 않는다. 하나님은 당신이 예수님처럼 되기를 원하신다." 하나님 사랑의 너비와 길이, 높이와 깊이는 가히 측량할 길이 없습니다. 하나님은 그런 사랑으로 우리를 택하사 구원하셨으며, 지금도 우리 안에서 예수님을 닮도록 이끄십니다. 하나님 사랑의 최종 목표는 우리가 예수님을 닮는 것입니다.

오늘 본문은 예수님을 닮은 아름답고도 귀한 모습이 신자인 우리 삶의 자리에서 분명하게 드러나야 한다고 말씀합니다. 특별히 나를 불편하고 힘들게 하고 때로는 거스르고 핍박하는 이들에게 더더욱 예수 닮은 모습을 드러내야 함을 강조합니다. 아무리 생각해도 쉽지 않은 일입니다. 하지만 오늘 말씀에 중요한 열쇠가 숨어 있습니다. 하나님은 우리에게 "너희를 박해하는 자를 축복하라(14)."고 하셨습니다. 이 말씀은 박해하는 이들을 축복하도록 하나님께 은혜와 능력을 구하라는 의미입니다. 박해하는 이를 저주하지 않고 도리어 축복하며, 원수가 주리거든 먹이고 마시게 하여 결국에는 선으로 악을 이기는 일, 예수 닮은 신자로 사는 길은 오직 하나님의 은혜와 능력을 힘입어야만 가능합니다.

예수님은 우리를 세상의 소금과 빛이라고 말씀하셨습니다. 세상과는 다르게 살아가야 할 존재라는 말씀입니다. 오늘 본문 말씀의 명령을 온전히 청종하는 삶이야말로 우리가 소금과 빛임을 증명하는 길이요, 결국엔 예수 닮은 사람으로 사는 길입니다. 어그러지고 거스르는 이 세대 가운데 우리 그리스도인이 소금과 빛으로 살아갈 때 참된 평화와 화목이 꽃필 것입니다. 그 여정이 우리가 사는 이 세상을 하나님 나라로 변화시키는 길이요, 우리가 감당해야 할 십자가요, 예수님을 닮고 예수님을 따르는 제자의 삶입니다.

"아무에게도 악을 악으로 갚지 말고 모든 사람 앞에서 선한 일을 도모하라 할 수 있거든 너희로서는 모든 사람과 더불어 화목하라(17~18)." 오늘도 하나님의 은혜와 능력을 힘입어 언제 어디서나 그리스도인으로 살아가기를 바랍니다.

내가 있는 곳에
평화와 화목이
있습니까?

우리를 향하여 세상의 소금과 빛이라 하신 주님, 우리에게 은혜와 능력을 부어 주셔서 어그러지고 거스르는 이 세대에 그리스도인다움을 드러내게 하옵소서. 이 세상을 하나님 나라로 변화시킬 수 있게 인도하여 주옵소서. 예수님의 이름으로 기도합니다. 아멘.

황규선 목사 _ 은광교회

제사장 아론의 축복

목요일

31

397장
주 사랑 안에 살면

민수기 6:22~27
여호와는 그의 얼굴을 네게
비추사 은혜 베푸시기를 원
하며 (25)

오늘 본문은 시내산을 떠나 약속의 땅을 향해 첫 발걸음을 떼는 이스라엘 공동체를 향해 하나님이 선포하시는 복의 선언입니다. 의미심장한 것은 하나님이 제사장 아론에게 축복을 맡기셨다는 점입니다. 이 축복에는 제사장 아론을 향한 하나님의 생각이 아로새겨져 있습니다. 아론은 어떻게 제사장이 되었을까요? 하나님은 어떤 사람을 제사장으로 세우실까요? 아론의 삶을 보면 조금은 이해할 수 있습니다.

아론은 '살아남은 자'입니다. 하나님은 금송아지 사건으로 인해 진노하셨습니다. 이때 우상의 예배를 드린 자들이 삼천 명쯤 죽었다고 말합니다. 그중 살아남은 사람이 아론입니다. 이후 아론은 출애굽기에서 사라집니다. 그리고 레위기 8장에서 다시 등장합니다. 하나님은 살아남은 자 아론을 불러 제사장으로 세웁니다. 레위기는 아론이 제사장으로 세움을 받는 풍경을 이렇게 묘사합니다. "모세는 아론과 그의 아들들을 데려다가 물로 씻게 하였다. 모세는 아론에게 속옷을 입혀 주고, 띠를 띠워 주고, 겉옷을 입혀 주고, 에봇을 걸쳐 주고, 그 에봇이 몸에 꼭 붙어 있도록 에봇 띠를 띠워 주었다. 모세는 또 아론에게 가슴받이를 달아 주고, 그 가슴받이 속에다가 우림과 둠밈을 넣어 주었다. 모세는 아론의 머리에 관을 씌우고, 관 앞쪽에 금으로 만든 판 곧 성직패를 달아 주었다. 이렇게 모세는 주님께서 명하신 대로 하였다(레 8:6~9, 새번역)."

하나님의 제사장으로 세움을 받는 아론의 몸에는 기독교 신앙의 정수가 담겨 있습니다. 우리는 죄에서 살아남은 자들입니다. 그런 우리를 하나님은 예수 그리스도를 통해 이 땅의 제사장으로 부르고 세우십니다. 제사장의 가장 큰 소명은 무엇일까요? 받은 복을 이 세상의 생명들에게 몸소 전하는 일입니다. 제사장 아론을 통해 전하는 축복은 우리의 복이요, 또한 우리가 전해야 할 복입니다. 다시 한번 우리의 마음과 몸을 기울여 제사장 아론의 축복을 읽어 봅시다. "여호와는 네게 복을 주시고 너를 지키시기를 원하며 여호와는 그의 얼굴을 네게 비추사 은혜 베푸시기를 원하며 여호와는 그 얼굴을 네게로 향하여 드사 평강 주시기를 원하노라 할지니라 하라 그들은 이같이 내 이름으로 이스라엘 자손에게 축복할지니 내가 그들에게 복을 주리라(24~27)."

하나님, 예수 그리스도를 통해 우리를 죄에서 구원하시고 제사장의 소명을 허락하시니 감사합니다. 이 은혜를 헛되이 생각하지 않고, 죄로 가득 찬 세상에서 신음하고 있는 생명들에게 주님의 복음을 전하는 제사장으로 살게 하옵소서. 예수님의 이름으로 기도합니다. 아멘.

신진식 목사 _ 세종청파교회

우리를 제사장으로
부르시는 주님의
부르심에 응답하고
있습니까?

A U G U S T

하나님은 우리에게

은혜를 베푸사 복을 주시고

그의 얼굴 빛을 우리에게 비추사

주의 도를 땅 위에,

주의 구원을

모든 나라에게 알리소서

시편 67:1~2

8월의 기도

기도 제목

실천할 일

☑ ....
  ....

☑ ....
  ....

☑ ....
  ....

☑ ....
  ....

감사할 일

기억할 일

그 땅을 안식하게 하라

지친 몸과 마음을 쉬는 것을 '안식'이라고 합니다. 성경은 사람의 안식뿐만 아니라 토지의 안식을 말씀합니다. 땅을 되살리는 토지의 안식년 제도가 그 것입니다. 사람이 엿새 동안 열심히 일하고 7일째는 노동과 의무에서 벗어나 쉼을 누리듯, 모든 농지에 대하여 6년 동안 수확을 하고 7년째는 땅을 쉬게 하는 것입니다. 땅의 안식년을 제정한 목적은 무엇일까요?

첫째, 땅의 주인이 하나님이심을 기억하며 하나님의 말씀을 지킴으로써 하나님을 공경하기 위함입니다. "너희는 내가 너희에게 주는 땅에 들어간 후에 그 땅으로 여호와 앞에 안식하게 하라(2)." 여기서 '여호와 앞에'라는 말과 4절의 '여호와께 대한 안식'이라는 말은 생태계를 향한 우리의 태도가 하나님을 향한 우리의 태도임을 의미합니다. 안식은 결과적으로 여호와를 높이는 것입니다.

둘째, 땅을 보호하기 위한 장치입니다. "일곱째 해에는 그 땅이 쉬어 안식하게 할지니(4a)." 사람이 휴식 없이 과로하면 힘을 잃고 건강을 잃을 수도 있듯이, 농토 역시 쉼을 주지 않고 계속 경작만 하면 지력을 잃어버립니다. 땅이 지력을 잃지 않도록 보호하는 것이 안식년 제도입니다.

셋째, 가난한 사람을 보호하려는 것입니다. "그 해에는, 밭에 씨를 뿌려도 안 되며, 포도원을 가꾸어도 안 된다. 거둘 때에, 떨어져 저절로 자란 것들은 거두지 말아야 하며, 너희가 가꾸지 않은 포도나무에서 저절로 열린 포도도 따서는 안 된다. 이것이 땅의 안식년이다(4b~5, 새번역)." 7년째에는 땅이 쉬도록 씨를 뿌리지 않으며, 자생하여 난 곡물도 거두지 않았습니다. 그 이유는 안식년으로 인해 경작하지 아니한 땅에서 자생한 곡식을 가난한 자와 짐승이 먹도록 배려하기 위함입니다(6~7). 소유가 아니라 나눔과 내어줌으로 함께 즐기고 누리는 것이 참 안식입니다.

안식년 정신은 땅을 쉬게 함으로써 모든 생명이 충분한 쉼을 누리는 것입니다. 여기에는 하나님께서 창조하신 자연과 인간을 보호하시려는 하나님의 사랑이 담겨 있습니다. 창조주 하나님의 섭리를 기억하며 하나님을 높이는 삶을 살아가기 바랍니다.

393장
오 신실하신 주

레위기 25:1~7
네가 거둔 후에 자라난 것을 거두지 말고 가꾸지 아니한 포도나무가 맺은 열매를 거두지 말라 이는 땅의 안식년임이니라 (5)

매일 성경 읽기
사 8장 ☑ 9장 ☐
10장 ☐ 11장 ☐
12장 ☐

주여, 탄식하는 자연의 소리를 듣게 하옵소서. 주님이 창조하신 생태계와 공존하고 공생하는 삶을 선택하여 미래 세대에게 풍요로운 환경을 물려줄 수 있게 하옵소서. 우리가 누리는 것이 우리의 소유가 아님을 알게 하옵소서. 예수님의 이름으로 기도합니다. 아멘.

최정규 목사 _ 창원제일교회

쉼에 담긴
하나님의 섭리를
기억하며 살아갑니까?

삶의 제사

327장
주님 주실 화평

—

히브리서 13:1~6
그가 친히 말씀하시기를 내가 결코 너희를 버리지 아니하고 너희를 떠나지 아니하리라 하셨느니라 (5b)

미국의 하버드와 예일대에서 학생들을 가르쳤던 헨리 나우웬은 자신의 마지막 생애를 의미 있게 보내고 싶었습니다. 그래서 그는 캐나다의 장애인들이 모여 사는 공동체에서 말년을 보냈습니다. 학자인 그는 언제나 무슨 일이든지 분석하는 것이 몸에 배어 있었습니다. '왜 이런 일이 있는가?'에 대해 민감했습니다. 그런데 지체부자유자들과 함께 살면서 그는 또 다른 세계를 경험했습니다. 자기 몸도 제대로 가누지 못하고 남의 도움이 없이는 살기도 힘든 사람들이 자기와는 다른 태도로 사는 것을 본 것입니다. 그들은 '왜 내게 이런 장애가 왔나?'를 질문하며 사는 것이 아니라 '삶을 어떻게 살아가는가?'에 집중하였습니다. 그는 "자기의 작은 자아에서 벗어나 좀 더 넓은 세계를 보게 되었다."고 고백했습니다.

우리는 어떤 태도로 살아가고 있습니까? 삶의 안정감을 돈을 버는 일에서 찾고 있지 않습니까? 하나님은 약속하십니다. "돈을 사랑하지 말고 있는 바를 족한 줄로 알라 그가 친히 말씀하시기를 내가 결코 너희를 버리지 아니하고 너희를 떠나지 아니하리라 하셨느니라(5)." 희망은 '오늘이 주님의 날이요 내일도 주님의 사랑의 손 안에 있다'는 믿음 위에 삶을 세우는 데 있습니다. 그래서 성도는 하나님의 은혜에 감사하여 이웃을 환대하며, 이웃의 고난을 돌아보고, 가족을 사랑합니다(2~4).

예수님은 "내가 곧 길이요 진리요 생명이니 나로 말미암지 않고는 아버지께로 올 자가 없느니라(요 14:6)."고 말씀하십니다. 길이신 예수님을 따라 사는 것이 가장 안전합니다. 예수님은 자기 피로써 우리를 거룩하게 하려고 성문 밖에서 고난을 받으셨습니다(12). 그래서 우리도 예수님이 받으신 치욕을 짊어지며 살기로 결단하는 것입니다. 교회 안에 안주하는 것이 아니라 삶의 자리에서 하나님이 기뻐하시는 제사를 드리면서 사는 것입니다(롬 12:1). "그러므로 우리는 예수로 말미암아 항상 찬송의 제사를 하나님께 드리자 이는 그 이름을 증언하는 입술의 열매니라 오직 선을 행함과 서로 나누어 주기를 잊지 말라 하나님은 이같은 제사를 기뻐하시느니라(15~16)." 오늘도 우리의 삶의 자리에서 하나님이 기뻐하시는 제사를 올려 드리기 원합니다.

매일 성경 읽기
사 13장 ☑ 14장 ☐
15장 ☐ 16장 ☐
17장 ☐

하나님이 기뻐하시는 제사를 드리며 살고 있습니까?

하나님 아버지, 우리가 현재의 불안과 미래의 두려움에 기초하여 살지 않고 하나님과 하나님의 약속에 근거하여 살게 하시니 감사합니다. 삶 속에서 항상 찬송의 제사를 드리고 선을 행하는 산 예배자가 되게 하옵소서. 예수님의 이름으로 기도합니다. 아멘.

이종목 목사 _ 오천교회

한 사람으로 말미암아

주일

3

267장
주의 확실한 약속의
말씀 듣고

—

로마서 5:17~21
한 사람이 순종하지 아니함
으로 많은 사람이 죄인 된
것 같이 한 사람이 순종하
심으로 많은 사람이 의인이
되리라 (19)

집 앞 골목 구석에 쌓여 있는 쓰레기가 너무 지저분해 보여서 마음먹고 청소를 했습니다. 그곳이 처음부터 그렇게 지저분했던 것은 아닙니다. 시작은 작은 휴지 조각이었습니다. 누군가 버린 작은 쓰레기 하나 때문에 지나는 사람마다 쓰레기를 버려도 되는 곳인 줄 알고 함부로 버리기 시작했고, 결국은 더미가 된 것입니다. 쓰레기를 치우기 시작하자 주변 상인들이 하나둘씩 그 일에 동참하였습니다. 한 사람이 버린 쓰레기 하나가 더미가 되더니, 그것을 치우는 한 사람 때문에 모두가 치우는 일에 동참하는 상황이 재미있었습니다. 똑같은 사람들인데 상황에 따라 이렇게 달라집니다. 우리는 그것을 두고 '영향력'이라고 합니다. 그리고 그것이 어떤 것이냐에 따라 죄를 짓게 하기도 하고, 선한 일을 하게 만들기도 합니다.

오늘 본문에서 바울은 아담과 예수님을 비교하며 말합니다. 태초에 아담은 하나님께 불순종하여 범죄를 저질렀습니다. 그로 인해 이후 사람은 죄의 영향권 아래 살게 되었으며, 죄가 우리에게 왕 노릇 하였습니다. 하지만 예수님은 십자가 앞에 온전한 순종의 모습으로 그것을 은혜로 바꾸셨습니다. 예수님의 희생과 순종하심은 이제 우리를 은혜의 영향권 아래 살게 합니다. 그리고 죄 때문에 죽을 수밖에 없었던 우리는 은혜 안에 생명을 얻었습니다. 한 사람의 범죄로 인한 영향력이 모든 사람을 죄인으로 만들어 죽게 했고, 한 사람의 순종과 희생으로 인한 영향력이 모든 사람을 의인으로 만들어 살게 했습니다. 이것이 바로 '범죄한 한 사람과 순종하신 주님'으로 인해 생겨난, 즉 범죄와 순종으로 생겨난 서로 다른 결과입니다.

우리는 지금 어떤 영향권 아래에 살고 있는지, 그리고 어떤 영향력을 가지고 살아가고 있는지 생각해 봅시다. 우리가 신앙을 가지고 교회에 다닌다고 할지라도 여전히 자신의 욕심과 정욕대로 살면서 죄 된 모습을 버리지 못한다면, 그것은 교회와 공동체를 무너뜨리는 원인이 될 것입니다. 죄악의 영향력은 이렇게 무섭습니다. 우리는 예수 그리스도의 순종하심을 배워 은혜 가운데 섬기는 자로서 선한 영향력을 가져야 합니다. 선한 영향력은 우리가 속한 교회와 공동체를 세우고, 우리를 영원한 천국으로 이르게 할 것입니다.

매일 성경 읽기
사 18장 ☑ 19장 ☐
20장 ☐

주님, 십자가에서 죽으시고 부활하사 죽을 수밖에 없었던 우리를 살리신 것을 기억합니다. 예수님의 희생과 순종을 배우게 하옵소서. 또한 그것이 선한 영향력이 되어 교회를 세우고 한 영혼을 살리는 일에 쓰임 받게 하옵소서. 예수님의 이름으로 기도합니다. 아멘.

조재일 목사 _ 맑음교회

교회와 공동체,
가정에서 어떤
영향력을 끼치고
있습니까?

한자리에 모인 부활의 증인들

8
월요일

4

170장
내 주님은 살아계셔

사도행전 1:12~14
여자들과 예수의 어머니 마
리아와 예수의 아우들과 더
불어 마음을 같이하여 오로
지 기도에 힘쓰더라 (14)

예수님의 제자들은 부활 신앙으로 무장하여 감람산에서 내려와 예루살렘 성으로 돌아왔습니다. 마치 기름을 들고 불 속에 뛰어드는 것같이 장차 고난은 물론이요, 생명의 위협까지도 겪을 것을 뻔히 알면서도 제자들은 골고다의 신앙을 넘어 부활의 신앙으로 무장하여 예루살렘 성으로 돌아온 것입니다. 예전에는 생업을 염려하며 뿔뿔이 흩어져 고향으로 돌아갔지만, 이제는 부활 신앙으로 함께 모이는 일에 힘씁니다. 제자들끼리 서열을 따지며 자리다툼을 하느라 반목하지 않고, 마음을 같이하며 위로하는 일에 하나가 됩니다. 복음 증거에 전념하고, 오직 기도하는 일에 힘씁니다. 예전에는 예수께서 죽었으니 모든 상황이 끝났다고 생각했지만 이제는 성령을 기다리며 성령을 통해 새로운 역사를 이어가실 하나님을 기대합니다. 부활을 체험한 제자들은 그 삶과 신앙이 완전히 달라졌습니다.

부활하신 예수님의 못 자국을 보고 옆구리를 만졌으면, 이제 불신과 의심의 수렁에서 나와 예루살렘 성안으로 들어가야 합니다. 부활하신 예수님의 은혜로 153마리의 물고기를 잡고 떡과 함께 먹었으면, 죽음의 그늘에서 나와 정오의 빛 가운데 우뚝 서야 합니다. "네가 나를 사랑하느냐 … 내 양을 먹이라 (요 21:17)."는 명령을 받았으면, 저는 다리를 일으켜 세워 복음 증거의 사명을 감당해야 합니다. 부활하신 예수님과 함께 이 땅에서 40일을 지내고 "오직 성령이 너희에게 임하시면 너희가 권능을 받고 예루살렘과 온 유대와 사마리아와 땅 끝까지 이르러 내 증인이 되리라 하시니라(8)."는 말씀을 받았으면, 몸과 마음을 추슬러 믿음으로 재무장해야 합니다. 예수님이 구름 사이로 승천하시는 모습을 코앞에서 지켜보고 천사들에게 "너희 가운데서 하늘로 올려지신 이 예수는 하늘로 가심을 본 그대로 오시리라(11)."는 언약을 받았으면, 부활의 소망을 품고 담대함으로 일어서야 합니다.

부활은 제자들과 여인들만 체험한 것일까요? 우리도 부활의 예수님을 만나지 않았나요? 우리 또한 부활의 증인들로서 믿음으로 무장해야 하며, 우리에게 맡겨진 복음 증거의 사명을 감당하는 일에 마음을 모으고 기도에 힘써야 합니다.

매일 성경 읽기
사 21장 ☑ 22장 ☐
23장 ☐ 24장 ☐

부활의 신앙으로
무장하고 증인된 삶을
살고 있습니까?

사랑의 주님, 십자가 보혈로 우리를 깨끗케 하심을 감사합니다. 이제는 골고다의 신앙을 넘어 부활의 신앙으로 무장하게 하옵소서. 부활을 체험한 자답게 완전히 달라지게 하옵소서. 복음 증거의 사명도 잘 감당하게 하옵소서. 예수님의 이름으로 기도합니다. 아멘.

최규환 목사 _ 가락중앙교회

네게 묻는 것을 답하라

화요일

5

543장
어려운 일 당할 때

—

욥기 38:1~11
무지한 말로 생각을 어둡게
하는 자가 누구냐 (2)

욥은 동방의 의인으로서 열심히 하나님의 말씀에 순종하며 살았던 하나님의 사람입니다. 사탄이 이러한 욥의 믿음을 시험합니다. 그리하여 욥은 자녀와 재산까지도 다 잃고, 머리끝에서 발끝까지 심각한 욕창에 걸려서 차라리 죽는 것이 좋다고 고백할 정도로 고난에 처합니다. 친구들도 와서 욥을 위로하기보다는 비난합니다. 욥은 하나님께서 자신의 고통을 외면하시고 자기를 버리셨다고 생각하기에 이릅니다.

이러한 상황에서 하나님은 욥에게 "네가 누구이기에 무지하고 헛된 말로 내 지혜를 의심하느냐? 이제 허리를 동이고 대장부답게 일어서서, 묻는 말에 대답해 보아라(2~3, 새번역)."라고 말씀하십니다. 이어서 "내가 땅의 기초를 놓을 때에, 네가 거기에 있기라도 하였느냐? 네가 그처럼 많이 알면, 내 물음에 대답해 보아라. 누가 이 땅을 설계하였는지, 너는 아느냐? 누가 그 위에 측량줄을 띄웠는지, 너는 아느냐?(4~6, 새번역)"고 질문하십니다. 땅과 바다의 기초를 세운 자와 모든 자연 현상을 제어하는 자가 누구냐를 물으신 것입니다. 이 질문의 요지는 간단합니다. 세상을 창조하신 분, 모든 섭리의 주재자이신 하나님을 기억하라는 것입니다.

욥은 많은 고난과 친구들의 비난으로 인하여 하나님께 버림받고 말았다는 연약함 가운데 침잠하였습니다. 스스로 절망의 늪에 빠진 것이었습니다. 우리는 하나님이 세상을 창조하셨고, 우리가 누리는 모든 것들은 하나님께서 허락하신 것이라고 고백합니다. 하지만 어려움을 당하면 하나님이 아닌 나를 둘러싼 고난의 환경만 바라보게 됩니다. 담대하던 믿음이 사라지기도 합니다. 나를 사랑하시는 하나님은 이러한 우리에게 다가와 물으십니다. "내가 누구냐? 너에게 생명을 준, 삶의 모든 섭리의 주재자가 누구냐?"

우리는 신앙의 대장부가 되어야 합니다. 어떤 고난 앞에서도 말씀으로 허리를 묶고 담대하고 당당하게 외쳐야 합니다. "세상의 주관자시여! 나를 사랑하시는 주여! 내 손을 잡아 주소서!" 그때 주님은 "네 높은 파도가 여기서 그칠지니라(11)." 하고 말씀하실 것입니다. 오늘도 주님과 동행하며 담대하게 살아가기를 축복합니다.

매일 성경 읽기
사 25장 ☑ 26장 ☐
27장 ☐ 28장 ☐
29장 ☐

사랑의 하나님, 우리를 둘러싸고 있는 어려운 환경으로 인해 힘들고 지칠 때가 있습니다. 세상을 향하여 하나님을 바라보라고 외치며 흔들리지 않는 대장부의 믿음을 갖게 하옵소서. 말씀 안에서 담대하게 일어서게 하옵소서. 예수님의 이름으로 기도합니다. 아멘.

고영도 목사 _ 행복한교회

하나님을 바라보고
담대하게
서 있습니까?

세겜 언약

546장
주님 약속하신
말씀 위에 서

—

여호수아 24:19~25
그 날에 여호수아가 세겜에서 백성과 더불어 언약을 맺고 그들을 위하여 율례와 법도를 제정하였더라 (25)

'세겜'은 특별한 장소입니다. 믿음의 조상 아브라함이 하나님의 약속을 따라 가나안에 정착했을 때 처음으로 머물렀던 곳이고, 야곱이 밧단아람을 떠나 제단을 쌓고 머물러 살았던 곳이기도 합니다. 요셉은 애굽에서 나와 세겜에 묻힙니다(32). 지금 그곳에 여호수아, 그리고 이스라엘 백성이 서 있습니다. 여호수아는 하나님의 명령에 따라 이스라엘 백성을 이끌고 세겜에 이르렀습니다. 여호수아는 여기서 이스라엘 백성과 언약을 새롭게 합니다. 그는 이미 노년이 되었습니다. 자신이 하나님 앞에 설 날이 얼마 남지 않았음을 깨달았습니다. 이에 이스라엘 백성에게 '오직 하나님만 섬기며 순종하는 믿음'을 세워 주고자 했습니다.

"여호수아가 백성에게 이르되 너희가 여호와를 능히 섬기지 못할 것은 그는 거룩하신 하나님이시요 질투하시는 하나님이시니 너희의 잘못과 죄들을 사하지 아니하실 것임이라(19)." 여호수아는 이스라엘 백성이 가나안의 수많은 우상과 죄악에 넘어질 것을 경계하여 그들에게 결단과 다짐을 요청합니다. 여호수아는 이스라엘 백성의 연약함을 잘 알고 있었습니다. 백성이 다짐하고 또 다짐해도, 여전히 넘어질 수 있음을 생각할 수밖에 없었습니다. 그래서 순간적인 결단과 다짐이 아닌, 지속적이고 의지적인 결단이 있어야 함을 가르치는 것입니다.

믿음은 단순히 감정이나 느낌이 아닙니다. 끊임없는 결단과 선택입니다. 하나님이 주신 말씀, 하나님과 맺은 약속을 기억하며 계속해서 걸어가는 것입니다. 언약을 새롭게 한 이스라엘 백성은 이후 또다시 가나안 신들을 섬기고 하나님의 사랑을 외면합니다. 지금 우리의 모습이 이스라엘 백성의 모습과 닮아 있지는 않습니까? 오직 하나님만 섬기겠다고, 죄의 길에서 떠나겠다고 결단했지만, 여전히 잘못된 길을 선택하지는 않습니까?

우리를 넘어뜨리려는 수많은 죄의 유혹이 있습니다. 그러나 우리는 믿음을 지키며 나아가야 합니다. 우리에게는 하나님의 놀라운 구원의 은혜와 사랑이 있기 때문입니다. 오늘 이 시간 우리의 마음에 새로운 믿음의 결단이 있기를 간절히 소망합니다.

매일 성경 읽기
사 30장 ☑ 31장 ☐
32장 ☐ 33장 ☐
34장 ☐ 35장 ☐

지속적이고 의지적인
믿음의 결단이
있습니까?

다함 없는 사랑으로 우리를 사랑하시는 주님, 수많은 죄의 유혹 속에서 하나님만을 향한 분명한 믿음을 고백하기 원합니다. 삶의 순간마다 믿음의 선택을 할 수 있는 지혜를 주시고, 바른 결단해야 하는 순간마다 용기를 허락하옵소서. 예수님의 이름으로 기도합니다. 아멘.

최세헌 목사 _ 종교교회

순결한 자라

제복을 입은 경찰이나 군인에게 우리는 그에 걸맞은 태도와 자세를 기대합니다. 제복을 입는다는 것은 그에 따른 책임이 필요한 일이기 때문입니다. 그리스도인은 예수 그리스도로 옷을 입은 사람입니다. 그러므로 예수 그리스도의 옷에 걸맞은 삶을 살아야 합니다.

요한계시록 기자는 어린양과 함께 14만 4천 명이 시온산에 서 있는 광경을 봅니다. 그들의 이마에는 어린양의 이름과 그 아버지의 이름이 새겨져 있습니다. 어린양과 하나님의 소유가 된 사람들입니다. 이들은 동물들과 장로들 앞에서 새 노래를 부르고 있습니다. "이 사람들은 여자와 더불어 더럽히지 아니하고 순결한 자라 어린 양이 어디로 인도하든지 따라가는 자며 사람 가운데에서 속량함을 받아 처음 익은 열매로 하나님과 어린 양에게 속한 자들이니 그 입에 거짓말이 없고 흠이 없는 자들이더라(4~5)." 어린양과 함께 시온산에 있는 사람들은 더럽혀지지 않은 순결한 자들이었습니다. 우리가 예수 그리스도의 신부라는 신앙적인 표현은 구원받은 자의 행실이 어떠해야 하는지를 말해 줍니다. 우리는 신랑 되신 예수 그리스도를 최우선으로 사랑하며, 그가 인도하는 대로 따라야 합니다.

세례의 본래 형태는 몸을 물에 온전히 담그는 예식입니다. 죄에 사로잡힌 옛사람은 죽고 이제 예수로만 살아 호흡하겠다는 고백입니다. 그런데 세례받은 우리가 세상을 살아가면서 예수님만으로 채워야 할 자리를 다른 것으로 채우려 할 때가 많습니다. 대표적인 예로 야곱을 들 수 있습니다. 야곱은 자기 삶의 목표를 사랑하는 여인 라헬로만 채우려 하였습니다. 라헬이 죽으니 그 아들 요셉과 베냐민에 집착하였습니다. 집착을 넘어 강박으로 나아가기도 했습니다. 혹시 지금 예수님보다 더 사랑하는 것이 있습니까? 사랑을 넘어 집착하고 있는 것은 무엇입니까?

"또한 너희가 이 시기를 알거니와 자다가 깰 때가 벌써 되었으니 이는 이제 우리의 구원이 처음 믿을 때보다 가까웠음이라(롬 13:11)." 구원이 가까웠음을 아는 우리에게 필요한 것은 거룩의 옷입니다. 시온산에 서 있는 순결한 이들처럼 신랑 되신 예수님만 최우선으로 사랑하며 걸어가야 합니다.

목요일

7

449장
예수 따라가며

요한계시록 14:1~5
이 사람들은 여자와 더불어 더럽히지 아니하고 순결한 자라 어린 양이 어디로 인도하든지 따라가는 자며 사람 가운데에서 속량함을 받아 처음 익은 열매로 하나님과 어린 양에게 속한 자들이니 (4)

매일 성경 읽기
사 36장 ☑ 37장 ☐
38장 ☐ 39장 ☐

사랑의 주님, 우리를 예수 그리스도의 신부 삼아 주시니 감사합니다. 예수로만 호흡하겠다는 고백과 세례받은 자의 거룩함을 잃어버린 우리를 불쌍히 여겨 주옵소서. 거룩의 옷을 입고 오직 예수님만 사랑하고 찬양하게 하옵소서. 예수님의 이름으로 기도합니다. 아멘.

김기승 목사 _ 세길교회

순결함을
잃어버리게 만드는
우상은 무엇입니까?

서로 사랑하고 존경하라

556장
날마다 주님을 의지하는

에베소서 5:31~33
그러나 너희도 각각 자기의 아내 사랑하기를 자신 같이 하고 아내도 자기 남편을 존경하라 (33)

1세기 로마 사회는 남편이 아내와 자녀를 지배하는 남성 중심의 가부장적 구조가 확립되어 있었던 시대였습니다. 이러한 시대 상황에서 사도 바울은 이 세상을 초월하는 하나님의 사랑의 모습을, 남편과 아내의 관계를 통해 새롭게 상호 존중의 관계로 제시합니다.

사도 바울은 남편들에게 "아내를 자기 자신같이 사랑하라."고 권면합니다. 이 사랑은 단순한 감정이 아니라 희생과 헌신을 요구합니다. 예수님께서 자신의 생명을 내어 주신 것처럼, 자기를 내어 주는 사랑을 하라는 것입니다. 아무리 부부라 할지라도 타인을 자신처럼 사랑한다는 것은 그 시대를 살았던 사람들은 물론이고, 지금도 말처럼 쉬운 일이 아닙니다. 그렇지만 분주함 속에서도 서로를 위해 시간 내기, 기쁨과 슬픔 함께 나누기, 먼저 상대방을 배려하기, 실수와 잘못을 용서하고 서로를 이해하기 등 일상의 가까운 곳에서부터 그런 사랑을 실천할 수 있습니다. 이러한 매일의 작은 실천이 진정한 헌신과 희생을 실현해나가는 사랑의 모습입니다.

아내들에게는 "남편을 존경하라."고 말씀합니다. 얼핏 보면 세상 문화를 초월한 하나님 나라의 사랑을 강조한 사도 바울이지만 세상의 관습이나 문화를 정면으로 거부하지는 않은 듯 보입니다. 그러나 자세히 살펴보면 겉모습은 비슷해 보일지 몰라도 실제 내용은 크게 다릅니다. 당시 여성들에게는 강압적이고 맹목적으로 남편에 대한 복종의 의무가 부여되었습니다. 바울이 말하는 '존경'은 신뢰를 바탕으로 한 존중입니다. 이렇게 아내의 역할을 재정의함으로써 부부 관계를 따뜻하고 지지적인 관계로 변화시켰습니다. 이처럼 우리의 관계도 하나님 보시기에 아름답고 온전한 사랑의 모습이 이루어지기를 소망합니다.

이러한 바울의 가르침은 당시의 사회적 구조를 고려하면서도 상호 존중과 헌신에 기반한 새로운 관계 모델을 제공합니다. 이것은 오늘날의 부부 관계에서도 서로 사랑하고 존중하는 방법을 깨닫게 하며, 하나님 안에서 깊고 풍성한 삶을 살도록 인도합니다. 이 말씀을 마음에 새기고 실천하여 하나님의 사랑과 은혜가 충만한 관계를 맺어가기를 기도합니다.

매일 성경 읽기
사 40장 ☑ 41장 ☐
42장 ☐

서로 사랑하며
존경하고 있습니까?

하나님, 오늘도 우리에게 하나님의 말씀으로 깨닫게 하시니 감사합니다. 주님의 말씀을 마음에 새기고 실천하여 서로 사랑하고 존경하며, 하나님 안에서 더욱 깊어지고, 하나님의 사랑과 은혜가 충만한 관계를 맺게 하옵소서. 예수님의 이름으로 기도합니다. 아멘.

황경욱 목사 _ 천성교회

세상을 이기는 믿음

만약 누군가에게 멋진 차를 선물로 받았다고 생각해 보십시오. 보통은 선물을 받자마자 연료를 가득 채운 다음, 자동차의 시동을 걸고 신나게 달릴 것입니다. 새 차가 주는 느낌을 만끽하면서 차를 선물해 준 사람에게 감사한 마음이 가득할 것입니다. 만약 선물을 받고도 주차장에 세워 놓고 타지 않는다면 선물을 준 이의 호의를 짓밟는 것이 되고 맙니다.

우리가 하나님께 받은 선물 가운데 가장 귀한 선물이 무엇인지 아십니까? 차 한 대와는 비교도 되지 않는 귀하고 값진 선물, 바로 '믿음'입니다. 믿음은 우리에게서 난 것이 아니라 하나님의 선물입니다(엡 2:8). 오늘 말씀을 보면 "세상을 이기는 승리는 이것이니 우리의 믿음이니라(4)."고 하였습니다. "세상을 무릎 꿇게 하는 승리의 힘(4, 메시지성경)"이 믿음입니다.

우리는 선물로 받은 믿음을 사용해야 합니다. 그저 소유하는 것만으로는 안 됩니다. 믿음은 장식용이 아닙니다. 선물의 용도에 맞게 바로 즉시 사용해야 합니다. 세상을 이기는 데, 세상의 방식을 이기는 데에 믿음을 사용해야 하는 것입니다.

자동차에 시동을 걸듯이 믿음의 시동을 걸어야 합니다. 믿음의 시동을 건다는 것은 하나님을 온전히 신뢰함으로 사는 것을 의미합니다. 신뢰한다는 말에 담긴 내용은 모험, 맹목적 신뢰, 영웅적 수준의 용기, 거침없는 행동, 요지부동과는 다른 뜻입니다. 일할 때, 계획을 세울 때, 쉴 때, 사람을 만날 때, 무언가를 볼 때, 기도할 때, 어떤 경우에도 하나님을 신뢰함으로 하는 것을 말합니다. 일의 시작도, 마침도 믿음으로 하는 것, 잘 되도, 잘 되지 않아도 믿음으로 하는 것을 말합니다.

믿음의 시동을 걸기 위해 가장 먼저 해야 할 일은 무엇일까요? 연료를 충분히 채우는 것입니다. 여기서 연료는 고통도 감수할 수 있는 열정, '하나님의 영광을 위해서'라는 사명감, 꺾이지 않는 소망을 의미합니다.

하나님이 주신 선물을 간직만 하지 말고 믿음의 시동을 걸고 출발하십시오. 세상의 방식을 물리치고 세상을 무릎 꿇리는 승리의 삶을 사는 우리 모두가 되기를 소망합니다.

357장
주 믿는 사람 일어나

요한일서 5:4~5
세상을 이기는 승리는 이것이니 우리의 믿음이니라 (4b)

매일 성경 읽기
사 43장 ☑ 44장 ☐
45장 ☐

사랑과 은혜가 풍성하신 하나님, 우리에게 믿음을 선물로 주셔서 감사합니다. 받은 선물을 귀하게 여기고, 매일 매 순간, 어떤 상황 속에서도 하나님을 신뢰하게 하옵소서. 믿음의 시동을 걸고 세상을 이기는 삶을 살게 하여 주옵소서. 예수님의 이름으로 기도합니다. 아멘.

최효석 목사 _ 무지개언약교회

믿음이라는 선물을
바르게 사용하고
있습니까?

내가 곧 대안입니다

8

10
주일

595장
나 맡은 본분은

―

사무엘상 3:9~14
엘리가 사무엘에게 이르되
가서 누웠다가 그가 너를
부르시거든 네가 말하기를
여호와여 말씀하옵소서 주
의 종이 듣겠나이다 하라
하니 이에 사무엘이 가서
자기 처소에 누우니라 (9)

매일 성경 읽기
사 46장 ☑ 47장 ☐
48장 ☐ 49장 ☐
50장 ☐

지금 여기에
나를 심으신 분이
하나님이심을
믿습니까?

지금 하는 일이 자기와 잘 맞지 않는다고 생각하며 억지로 일을 수행하는 사람이 있습니다. 설령 진짜로 본인과 안 맞는 일이라고 해도, 피할 수 없고 현재도 그 자리에 있는 상황이라면 마음을 고칠 필요가 있습니다. 인생을 살아가면서 좋아서 하는 일보다 해야만 하기 때문에 하는 일이 더 많기 때문입니다. 때로는 권태롭고 지루하더라도 성실히 수행하면 언젠가는 꼭 맞는 옷을 입은 것처럼 어울리게 됩니다.

어린 사무엘이 엘리 제사장과 함께한 세월이 꽤 흘렀습니다. 그리고 때가 이르러 하나님의 부르심을 받는데, 그것이 엘리의 퇴장과 겹쳐 일어났습니다. 어느 날 밤, 사무엘은 몇 번이고 엘리의 부름에 달려갑니다. 그러나 부른 사람은 엘리가 아니라 하나님이셨습니다. 두 사람 사이에 부르고 대답하는 일이 반복되었을 때, 엘리는 사무엘의 때가 임박했음을 알고 하나님의 부르심에 응답하는 방법을 가르쳐 줍니다.

처소에 누워 있던 사무엘이 드디어 하나님이 부르시는 소리를 듣습니다. 아마도 사람이 느낄 수 있는 최대치의 경이와 감격으로 떨었을 것입니다. 그러나 그것을 깊이 느끼기도 전에 사무엘이 들은 소식은 충격이었습니다. 스승이자 아버지 같은 엘리 가문의 비극적 종말에 관한 것이었기 때문입니다. 다음 날 엘리는 간밤의 일을 소상히 말해 달라고 요청합니다. 사무엘에게는 부르심을 받은 자로서의 첫 번째 임무가 너무나 곤혹스러웠을 것입니다. 그러나 그것은 엄연한 하나님의 명령이므로 전해야만 했습니다. 사무엘은 이렇게 사명자로 태어났습니다.

가끔 본인은 모른 채 모든 이의 대안(代案)이 되는 사람이 있습니다. 자신이 역사에 한 획을 긋는 인물이라는 것을 본인만 모르는 것입니다. 사무엘이 그랬습니다. 이스라엘 사람들에게 사무엘이 대안인 것처럼 우리도 다른 이들의 대안이 될 수 있습니다. 교만한 마음으로서가 아니라 건강한 정체성으로서입니다. 어떤 자리에 있든 나를 거기에 심은 분은 하나님이십니다. 그러므로 그 자리에 나보다 더 적합한 사람은 없음을 믿어야 합니다. 기억하십시오. 내 자리에 나 외에 더 좋은 사람, 더 좋은 대안은 없습니다. 내가 곧 대안입니다.

좋으신 하나님, 지금 내가 하고 있는 일이 나에게 가장 적합한 일임을 깨닫게 하여 주옵소서. 주님의 다른 지시가 있을 때까지 내가 모든 사람의 대안임을 믿게 하시고, 사명자로서 최선을 다하며 살아가게 하옵소서. 예수님의 이름으로 기도합니다. 아멘.

최영식 목사 _ 힘찬교회

잠잠히 하나님만 바라라

우리 삶에 흔들리지 않는 것은 없습니다. 영원할 것만 같은 것들도 어느 순간 변하고 바뀌어 버립니다. 우리가 자연의 한결같음을 바라보며 위로를 얻는 이유는, 사람이 사는 세상에서는 언제나 아쉬움과 슬픔을 넘어 배신과 절망의 순간을 마주하기 때문입니다.

다윗은 수많은 위기와 고난과 절망의 순간들을 지나야 했습니다. 그 속에서 잠잠히 하나님을 바라보는 것이 위로와 평안과 소망과 능력이 됨을 깨달았습니다. 다윗이 "내가 크게 흔들리지 아니하리로다(2)", "내가 흔들리지 아니하리로다(6)"라고 고백할 수 있는 것은 하나님을 의지하는 삶을 살았기 때문입니다. 영원하신 하나님, 변함없으신 하나님, 언제나 소망이 되시는 하나님, 새 힘을 주시는 하나님, 치료하며 회복하게 하시는 하나님과 교제하며 다시 시작하는 힘을 얻는 삶을 배웠습니다.

왜 잠잠히 하나님만 바라라고 했을까요? 들뜨고 자신감이 넘칠 때도, 낙심이 되고 모든 것을 포기하고 싶을 때도 여전히 하나님을 바라볼 수 있어야 한다는 의미가 아닐까 생각합니다. 날마다 하나님 앞에서 내 삶을 돌아보며, 하나님이 바라고 기뻐하시는 것이 무엇인지를 물으며, 오늘 여기에 있게 하시는 하나님의 뜻을 구하며 하나님의 인도하심을 찾으라는 것입니다.

다윗이 광야의 생활을 지나서 이러한 놀라운 고백을 한 후에 영적인 추락을 경험했다는 것이 놀랍기도 하고, 한편으로는 인간적인 위로가 되기도 합니다. 그래서 더더욱 하나님만 잠잠히 바라보아야 합니다. 소망은 나에게 있는 것이 아니라 하나님께 있기 때문입니다. 자신을 과신하지 않아야 합니다. 그렇다고 너무 자신을 과소평가하지도 말아야 합니다. 언제나 이 순례의 길을 걷게 하시는 하나님의 은혜가 우리를 온전케 함을 기억해야 합니다. 그래서 다윗은 이렇게 말했습니다. "백성들아 시시로 그를 의지하고 그의 앞에 마음을 토하라 하나님은 우리의 피난처시로다(8)." 의지하고 마음을 토할 수 있는 하나님과 동행하는 삶은 결국 우리를 부활과 승리의 삶으로 이끌어갑니다. "나의 구원과 영광이 하나님께 있습니다(7)." 이 고백이 우리의 고백이 되기를 간절히 소망합니다.

435장
나의 영원하신 기업

—

시편 62:5~12
나의 영혼아 잠잠히 하나님만 바라라 무릇 나의 소망이 그로부터 나오는도다 (5)

매일 성경 읽기

하나님 아버지. 오늘도 새 힘을 주시니 감사합니다. 하나님을 잠잠히 바라보며 사명의 길을 감당하게 하옵소서. 언제나 의지하고 그 앞에 마음을 토하며 생명의 길을 달려가게 하옵소서. 소망이 주님께만 있음을 깨닫게 하옵소서. 예수님의 이름으로 기도합니다. 아멘.

김태인 목사 _ 금성교회

내가 가장
의지하는 것은
무엇입니까?

선한 목자를 믿고 살기

8
화요일

12

569장
선한 목자 되신 우리 주

—

요한복음 10:11~18
나는 선한 목자라 선한 목
자는 양들을 위하여 목숨을
버리거니와 (11)

매일 성경 읽기
사 56장 ☑ 57장 ☐
58장 ☐ 59장 ☐

하나님은 우리의 삶이 더욱 풍성해지기를 원하십니다. 신앙생활은 우리의 삶을 풍성하게 해주는 길입니다. 풍성한 삶을 위해서는 분명한 목표를 세울 필요가 있습니다. 또한 뒤에 있는 것을 잊어버리고 열심히 살아가는 지혜도 필요합니다. 내가 가진 것을 남에게 나눌 때 오히려 풍성한 삶을 살 수 있습니다. 나누어 주고 빈자리를 만들어 놓을 때 새로운 은혜와 복이 임하는 것입니다. 그런데 이 모든 것의 바탕이 되는 풍성한 삶을 위한 가장 확실한 길이 있습니다. 그것은 바로 주님을 모시고 사는 것입니다. 예수님은 "내가 온 것은 양으로 생명을 얻게 하고 더 풍성히 얻게 하려는 것이라(10)."고 말씀하십니다. 풍성하게 하시는 주님의 인도하심을 따르지 않으면 우리는 풍성해질 수 없습니다.

오늘 본문에서 예수님은 자신을 '선한 목자'라고 소개하십니다(11). 주님은 품꾼과는 다르다는 말씀입니다. 품꾼에게는 돈이 주된 관심사입니다. 품꾼은 양과 친밀한 관계를 맺지도 않습니다. 그래서 위험이 닥치면 양을 두고 도망가고 맙니다. 하지만 주님은 양과 밀접한 관계를 맺으십니다. 그 관계의 깊이가 하나님과 예수님의 관계 같습니다. "나는 선한 목자라 나는 내 양을 알고 양도 나를 아는 것이 아버지께서 나를 아시고 내가 아버지를 아는 것 같으니 나는 양을 위하여 목숨을 버리노라(14~15)." 예수님은 양을 아십니다. 그리고 위험이 찾아왔을 때 양을 위해 목숨을 바치십니다. 따라서 선한 목자이신 주님을 믿고 모시고 살아가는 삶에 안전과 평안뿐만 아니라 풍성함의 은혜가 임합니다.

영화 〈파이어프루프 – 사랑의 도전〉(Fireproof)에 주인공인 소방관이 화재 신고를 받고 출동하는 장면이 나옵니다. 소방관은 어린 소녀를 구하기 위해 불이 난 집 안으로 뛰어 들어갑니다. 질식해 쓰러져 있는 아이에게 자신의 산소호흡기를 씌워 주고, 자신의 옷을 덮어 줍니다. 화상을 입고 탈진했지만 결국 주인공은 아이를 구해냅니다. 그의 모습에서 우리를 위해 자신의 생명까지 내어 주신 예수님을 떠올리게 됩니다. 주님은 선한 목자이십니다. 우리가 그분을 믿고 살아갈 때, 풍성한 은혜를 누릴 것입니다.

주님이
선한 목자이심을
믿습니까?

사랑의 하나님. 우리를 살리기 위해 자신을 기꺼이 내어 주신 예수 그리스도의 사랑을 알게 하옵소서. 그 선하심을 믿고 온전히 주님께 맡기며 살아가게 하옵소서. 주님이 주시는 풍성한 은혜 가운데 영원히 거하게 하옵소서. 예수님의 이름으로 기도합니다. 아멘.

최성복 목사 _ 돈암동교회

질그릇에 담긴 보배

복음은 우리에게 그리스도 안에서 건강한 자아상을 가질 수 있다는 소중한 메시지를 전합니다. 하나님은 우리에게 "내가 너를 보배롭고 존귀하게 여겨 너를 사랑하였으므로, 너를 대신하여 다른 사람들을 내주고, 너의 생명을 대신하여 다른 민족들을 내주겠다(사 43:4, 새번역)."고 말씀하십니다. 이는 우리가 세상에서 성공하거나 특별한 능력을 가지고 있는지에 관계없이 하나님의 사랑 속에서 소중한 존재임을 의미합니다.

하지만 우리는 질그릇처럼 연약하고 부서지기 쉬운 존재입니다. 질그릇은 진흙으로 만들어 유약 없이 구운 그릇으로, 모양이 소박하고 작은 충격에도 쉽게 부서집니다. 그래서 이것저것 담아 사용하다가 깨지거나 잃어버려도 아깝지 않은 그릇입니다. 질그릇과 같은 우리는 삶의 어려움과 고난 속에서 좌절감과 패배감을 느끼기도 합니다. 사도 바울은 이러한 경험을 사방으로 욱여쌈을 당하고, 답답한 일을 겪고, 박해를 받고, 거꾸러뜨림을 당하는 네 가지 인생 경험으로 묘사합니다. 바울은 우리에게 이러한 연약함을 부끄러워하거나 숨기려고 하지 말라고 합니다. 오히려 우리의 연약함을 솔직하게 인정하고 하나님의 능력에 의지할 때 진정한 힘을 얻을 수 있다고 강조합니다.

그리스도인은 어떤 어려움 속에서도 희망을 잃지 않습니다. 왜냐하면 우리는 그 안에 예수 그리스도의 삶과 죽음의 의미를 담은 보배를 간직하고 있기 때문입니다. "우리는 이 보물을 질그릇에 간직하고 있습니다. 이 엄청난 능력은 하나님에게서 나는 것이지, 우리에게서 나는 것이 아닙니다(7, 새번역)." 우리가 겪는 모든 고난과 시련은 결국 하나님의 영광을 드러내고 우리를 더욱 강하게 만들어 주는 기회가 될 것입니다.

우리 삶의 목표는 세상의 기준에 맞추어 자신을 멋지게 보이게 하는 것이 아닙니다. 오히려 하나님의 뜻에 따라 살며 예수 그리스도의 생명을 우리 삶에 드러내는 것입니다. "우리가 항상 예수의 죽음을 몸에 짊어짐은 예수의 생명이 또한 우리 몸에 나타나게 하려 함이라(10)." 우리의 연약함을 솔직하게 인정하고 하나님의 은혜에 의지할 때, 우리는 진정한 평안과 행복을 얻을 수 있습니다.

수요일

13

94장
주 예수보다 더
귀한 것은 없네

———

고린도후서 4:7~11
우리가 이 보배를 질그릇에 가졌으니 이는 심히 큰 능력은 하나님께 있고 우리에게 있지 아니함을 알게 하려 함이라 (7)

매일 성경 읽기
사 60장 ☑ 61장 ☐
62장 ☐ 63장 ☐

주님, 우리가 하나님의 사랑 안에서 얼마나 소중한 존재인지 알게 해주셔서 감사합니다. 세상의 기준에 맞추어 멋지게 보이려는 노력을 버리고, 오직 아버지의 뜻에 따라 살며 예수 그리스도의 생명을 드러낼 수 있게 인도해 주옵소서. 예수님의 이름으로 기도합니다. 아멘.
주요한 목사 _ 창영교회

예수 그리스도의
생명을 어떻게
우리 삶에 드러낼 수
있을까요?

낙심하지 말고 기도하라

8
목요일

14

365장
마음속에 근심 있는 사람

누가복음 18:1~8
하물며 하나님께서 그 밤낮
부르짖는 택하신 자들의 원
한을 풀어 주지 아니하시겠
느냐 그들에게 오래 참으시
겠느냐 (7)

하나님을 두려워하지 않고 사람을 무시하는 참으로 고약한 재판장이 있었습니다. 그가 한 과부의 송사를 맡았습니다. 평소대로라면 그는 과부에게 유리한 판결을 할 리 없었습니다. 그런데 그 과부는 아주 집요하고 끈질긴 사람으로 하루가 멀다 하고 재판장을 찾아와 원한을 풀어 달라고 매달렸습니다. 결국 불의한 재판장이 과부에게 손을 들고 말았습니다. "내가 하나님을 두려워하지 않고 사람을 무시하나 이 과부가 나를 번거롭게 하니 내가 그 원한을 풀어 주리라 그렇지 않으면 늘 와서 나를 괴롭게 하리라(4~5)." 예수님은 이 비유를 들려주신 후에 이렇게 말씀하셨습니다. "불의한 재판장이 말한 것을 들으라 하물며 하나님께서 그 밤낮 부르짖는 택하신 자들의 원한을 풀어 주지 아니하시겠느냐(6~7)." 즉 포기하지 말고 계속해서 기도하라는 말씀입니다.

이 비유에서 중요하게 생각해야 하는 것이 있습니다. 예수님이 말씀하신 불의한 재판장이 누구인가 하는 것입니다. 불의한 재판장은 바로 우리 자신입니다. 내 생각, 내 고집, 내 판단입니다. 하나님을 두려워하지도 않고 사람을 무시하는 교만한 나의 자아입니다. 기도는 그 자아와의 싸움입니다. 하나님의 말씀을 붙잡고 성령님의 도우심을 의지하여 나와의 싸움을 벌이는 것입니다. 내 욕심이나 나의 원한을 풀기 위해 기도하는 것이 아니라, 왜곡된 나의 자아를 바로잡기 위해 쉬지 않고 낙심하지 말고 기도해야 합니다. 그래서 결국은 승리해야 합니다. 하나님의 뜻이 하늘에서 이루어진 것처럼 내 속에서도 이루어지게 해야 합니다.

우리 인생의 문제는 우리가 재판장의 자리에 있기 때문에 생깁니다. 선과 악을 스스로 판단하려고 하기 때문이라는 것입니다. 선과 악은 하나님께 달린 것입니다. 하나님이 선하다고 하신 것을 선하다고 믿고, 악하다고 하신 것을 악하다고 믿어야 합니다. 그 믿음으로 기도해야 합니다. 선악을 판단하는 불의한 자아와 싸워야 합니다. 그럴 때 성령님이 도와주시고 하나님이 응답하십니다. "나의 원대로 마시옵고 아버지의 원대로 하옵소서."라는 예수님의 기도를 기억하며, 낙심하지 말고 끝까지 기도합시다. 나의 소원이 아닌 하나님의 뜻이 이루어지기를 기도합시다.

어떤 기도를
하고 있습니까?

사랑의 하나님. 우리의 기도를 바로잡아 주옵소서. 어리석은 내 욕심과 판단에서 벗어나 하나님의 뜻을 구하게 하옵소서. 포기하지 않고 끝까지 기도하게 하옵소서. 하나님의 뜻을 이루는 주님의 사람이 되게 하옵소서. 예수님의 이름으로 기도합니다. 아멘.

전승문 목사 _ 교문교회

주께서 창성하게 하시나이다

오늘 본문에 등장하는 스불론과 납달리 땅은 이스라엘의 북쪽 지역으로서 요단강 상류에 조성된 풍부한 농경지가 있는 곳입니다. 앗수르 제국과 같은 북방 세력이 남진할 때 가장 먼저 공격을 받아 쉽게 황폐해져 버려진 땅이기도 했습니다. "여호와께서 스불론 땅과 납달리 땅이 멸시를 당하게 하셨더니 (1)"라는 성경의 표현대로 어둠의 땅이고, 절망의 땅이었습니다.

그 땅이 즐거움이 넘치는 땅이 되었습니다. 3절에 보면 "주께서 이 나라를 창성하게 하시며 그 즐거움을 더하게 하셨으므로 추수하는 즐거움과 탈취물을 나눌 때의 즐거움 같이 그들이 주 앞에서 즐거워하오니"라고 합니다. '즐겁다'라는 단어를 무려 4번이나 반복하여 사용했습니다. 고대사회에서 공동체의 즐거움은 크게 두 가지로, 추수하여 곡식을 거둘 때와 전쟁에서 승리하여 탈취물을 나눌 때 즐거워했습니다. 추수 때에 농부는 그동안의 수고를 잊고 기쁨의 환호를 지릅니다. 탈취물은 목숨을 담보로 한 전쟁에서 승리한 후 얻는 것입니다. 주님께서 나라를 창성하게 하시며 그 즐거움을 더하게 하시므로 추수 때와 탈취물을 나눌 때처럼 "주 앞에서(3)" 즐거워한다고 이사야는 고백합니다.

오늘은 제80주년 광복절입니다. "흑암에 행하던 백성이 큰 빛을 보고 사망의 그늘진 땅에 거주하던 자에게 빛이 비치도다(2)."라는 말씀처럼 우리 민족에게도 큰 빛이 비친 날입니다. 우리나라가 광복을 얻고 자유민주주의 국가로 번영하고 있는 것은 선조들의 눈물과 땀과 피의 결실이요, 하나님의 은혜가 아니면 불가능한 일입니다. 한반도의 지리적 특성을 고려할 때, 우리 민족의 생존 자체가 놀라울 뿐입니다. 대한민국은 우리가 생각하는 것보다 훨씬 더 위대한 나라입니다. "한국인은 자신들이 이룩한 것이 얼마나 대단한지를 모르는 유일한 민족이다."라는 말을 그저 웃고 넘길 일은 아닙니다.

하나님께서 우리나라를 창성하게 하셨습니다. 주 앞에서 모두 함께 온전히 즐거워할 일입니다. 광복을 주신 하나님, 평강의 하나님께 감사를 드립시다. 그리고 오늘 우리에게 주신 평화의 소명을 기억하며 잘 감당해나가기를 간절히 바랍니다.

금요일

15

586장
어느 민족 누구게나

이사야 9:1~4
주께서 이 나라를 창성하게 하시며 그 즐거움을 더하게 하셨으므로 추수하는 즐거움과 탈취물을 나눌 때의 즐거움 같이 그들이 주 앞에서 즐거워하오니 (3)

매일 성경 읽기
렘 1장 ☑ 2장 ☐ 3장 ☐

빛 되신 주님, 우리나라가 광복 80주년을 맞이한 역사적인 날입니다. 모든 것이 하나님의 은혜임을 고백하며 감사드립니다. 애쓴 선조들의 눈물과 땀과 피를 기억하면서 우리에게 부여된 시대의 사명을 잘 감당하게 하옵소서. 예수님의 이름으로 기도합니다. 아멘.

김진홍 목사 _ 수표교교회

우리에게 주어진
시대의 사명은
무엇입니까?

그곳에 선지자 오뎃이 있었습니다

8

토요일

16

351장
믿는 사람들은 주의 군사니

—

역대하 28:8~15
그 곳에 여호와의 선지자
가 있는데 이름은 오뎃이라
(9a)

하나님의 역사는 우리가 알고 있는 방식과는 다르게 일어납니다. 세상은 숫자와 강력한 힘의 원리에 따라 움직이지만, 참된 힘은 보잘것없어 보여도 참과 바름을 따르고 지키는 데서 나옵니다. 하나님은 한 사람을 통해서도 얼마든지 구원과 반전의 역사를 이루실 수 있습니다. 상황도 중요하지만 그 상황 속에 어떤 사람이 있는지가 훨씬 더 중요합니다.

하나님 앞에서 바른길을 걸었던 아버지 요담과는 달리, 유다 왕 아하스는 바알의 우상을 부어 만들고, 심지어 힌놈의 아들 골짜기에서 자녀들을 불사를 정도로 이방의 가증한 일을 저질렀습니다. 결국 하나님은 아하스와 그의 나라 유다를 아람과 북이스라엘의 손에 넘기십니다. 이것이 하나님이 잘못된 것을 바로잡으시는 방법입니다.

이런 배경 속에서 아람 왕과 손잡고 남유다를 침략했던 북이스라엘은 많은 재물과 함께 무려 20만 명이나 되는 사람들을 사로잡아 돌아가고 있었습니다. 그런데 그곳에 선지자 오뎃이 있었습니다. 오뎃은 승리의 기쁨에 도취해 형제였던 유다 사람들을 노예로 삼으려 하는 군인들을 향하여 "너희는 너희의 하나님 여호와께 범죄함이 없느냐(10)."고 책망하며 자신을 먼저 돌아보라고 권면합니다. 아울러 임박한 하나님의 진노를 생각하면서 사로잡아온 포로들을 놓아 돌아가게 하라고 했습니다.

눈앞의 이권에 사로잡혀 분별력을 잃고 폭주하는 세상의 흐름을 막아선 오뎃의 메시지는 그 말에 공감한 에브라임의 몇 사람의 결단으로 마침내 무기를 들고 거침없이 질주하던 사람들의 걸음을 멈추게 합니다. 끌려가던 포로들은 돌이킨 이들을 통하여 돌봄을 받고 회복하였습니다. 들려온 말씀에 순종하여 포로들을 놓아 주고 돌아가게 했던 사마리아 사람들도 진정한 회복을 경험했습니다. 사실 북이스라엘은 남유다에 비하여 훨씬 더 패역하고 불신앙적이었습니다. 하지만 그런 곳에서도 하나님의 뜻을 구하며 잘못된 길로 나아가는 흐름을 막아서는 오뎃과 같은 한 사람이 있다면 얼마든지 회복의 역사는 일어날 수 있습니다. 오뎃이란 이름의 뜻은 '회복하게 하는 자'입니다. 우리가 이 땅에서 오뎃과 같은 사람이 되기를 소망합니다.

매일 성경 읽기
렘 4장 ☑ 5장 ☐ 6장 ☐

나는 오뎃과 같은
사람입니까?

주님, 그동안 좋은 게 좋은 것인 줄로만 알았습니다. 그저 악한 세상을 탓하기만 했지 왜 우리를 이런 세상에 두셨는지는 생각하지 않았습니다. 다시 회복의 꿈을 꾸게 하시고 이 곳에 두신 하나님의 뜻을 붙들게 하옵소서. 예수님의 이름으로 기도합니다. 아멘.

김종윤 목사 _ 평동교회

성령이 증언하십니다

캐나다 작가인 루시 모드 몽고메리가 1908년 발표한 소설 『빨간 머리 앤』은 공상을 좋아하는 수다쟁이 소녀 앤이 커스버트 남매에게 입양되어 성장하는 과정을 그린 작품입니다. 커스버트 남매는 원래 농장일을 도와줄 남자아이를 입양하고자 했지만 결국 앤을 가족으로 맞이합니다. 그리고 자신이 거부당할까 두려워하는 앤을 향해 이렇게 이야기하죠. "앤, 넌 그저 평범한 소녀야. 하지만 절대 실망하지 마. 오늘부터 너는 초록 지붕 집의 가족이란다." 그 순간 앤의 인생은 완전히 달라집니다.

우리에게도 이와 같이 받아들여진 순간, 존재가 완벽하게 달라진 감격의 순간이 있습니다. 바로 우리의 신분이 죄인에서 하나님의 자녀로 뒤바뀐 순간입니다. 사도 바울은 우리가 이제 "다시 무서워하는 종의 영을 받지 아니하고 양자의 영을 받았으므로(15)" 하나님을 아버지라고 부를 수 있는 자격을 얻었다고 말씀합니다. 동시에 우리는 '하나님의 상속자, 그리스도와 함께한 상속자'가 됩니다(17). 상속자란 단순히 아버지의 재산과 소유를 물려받는 사람이라는 뜻에서 그치지 않고, 아버지의 가치관과 신념을 물려받는 사람을 의미합니다. 다시 말해 우리는 하나님의 자녀이면서 동시에 이 땅에서 하나님 나라의 가치관을 이어받고 하나님의 성품을 닮아가는 사람들로 부름을 받은 것입니다.

이 사실을 우리 안에 계신 성령께서 늘 증언하여 주십니다(16). 우리는 겁에 질린 노예가 주인을 섬기듯 하나님을 섬겨야 하는 존재가 아니라, 하나님과 인격적인 관계 안에서 친밀하게 사랑하며 살아가도록 부름 받은 존재임을 기억해야 합니다. 성령이 내 안에 계신다는 것은 그 자체로 이미 우리가 하나님의 자녀라는 증거입니다. 성령이 나로 하여금 하나님의 은혜를 깨닫게 하고, 하나님의 성품을 닮아가는 길을 안내합니다. 그리고 우리는 성령을 따라 하나님을 닮은 성품으로 세상에 우리가 누구인지를 드러내며 살아갑니다. 이렇게 아름다운 순환구조 속에서 '주는 내 안에, 나는 주 안에' 살아가는 것이야말로 우리가 이 땅에서 누릴 수 있는 가장 귀한 복이 아닐까요? 오늘도 주님 안에서 살아가는 하루이기를 소망합니다.

주일

17

183장
빈 들에 마른 풀같이

—

로마서 8:12~17
너희는 다시 무서워하는 종의 영을 받지 아니하고 양자의 영을 받았으므로 우리가 아빠 아버지라고 부르짖느니라 (15)

매일 성경 읽기
렘 7장 ☑ 8장 ☐ 9장 ☐

하나님, 우리를 주님의 자녀 삼으시고 날마다 놀라운 은혜와 사랑을 공급하여 주심에 감사드립니다. 우리 안에서 증언하시는 성령, 일하시는 성령을 따라 우리가 하나님의 상속자요 자녀답게 세상을 이기며 살아가게 하옵소서. 예수님의 이름으로 기도합니다. 아멘.

김선아 목사 _ 충성교회

내 안에서 일하시는 성령을 의식하며 살아가고 있습니까?

이제는 안심하라

400장
험한 시험 물 속에서

사도행전 27:20~26
내가 너희를 권하노니 이제
는 안심하라 너희 중 아무
도 생명에는 아무런 손상
이 없겠고 오직 배뿐이리
라 (22)

바울은 예루살렘 교회에 헌금을 전하러 갔다가 체포되었습니다. 예루살렘과 가이사랴에서 재판받았는데, 재판 결과가 차일피일 미루어졌습니다. 유대 총독 벨릭스와 후임 베스도는 유대인들을 두려워하여 바울이 죄가 없음을 알면서도 석방하지 않고 2년이 넘는 세월 동안 구류해 두었습니다. 이에 로마 시민권을 가진 바울은 로마에 가서 재판을 받게 되어, 아드라뭇데노 배를 타고 로마로 호송되었습니다.

이때 바울은 어떤 생각을 했을까요? 바울은 에베소 사역이 절정이었을 때 로마 선교의 비전을 품었습니다. 그의 비전은 욕심이 아니라 말씀을 가슴에 품고 깊이 기도한 끝에 나온 확신이었습니다. 그는 비전을 품었고, 그 일을 이루시는 분은 하나님이셨습니다. 하나님은 특별한 방법으로 그를 로마로 인도해 주셨습니다. 하나님은 바울이 걸어서 가지 않고, 악한 자들에게 위협을 당하지 않도록 죄수의 신분이 되게 하셨습니다. 그리고 호송하는 사람들을 통해 바울을 보호하시고 안전하게 로마로 인도해 주셨습니다. 바울은 이런 하나님의 놀라운 섭리를 깨닫고 드디어 로마에서 복음을 전할 수 있음에 기뻐했을 것입니다.

그런데 순조롭게 항해하던 배가 광풍을 비켜 가지 못하고 그만 빨려 들어가 버렸습니다. 배에 있는 모든 물건을 바다에 던졌지만, 희망은 점점 사라져 갔습니다. 그때 하나님의 사자가 바울에게 찾아와 용기를 주셨습니다. 바울은 두려워하는 모든 사람에게 "이제는 안심하라(22)."고 전합니다. "하나님께서 너와 함께 항해하는 자를 다 네게 주셨다 하였으니 그러므로 여러분이여 안심하라 나는 내게 말씀하신 그대로 되리라고 하나님을 믿노라(24~25)." 바울의 확신은 곧 현실이 되어 배에 있던 276명 모두 구원받았습니다.

믿음의 사람들은 이 정도의 자부심은 가져야 합니다. 나로 말미암아 하나님은 오늘도 우리의 가정을 돌보시고, 나의 믿음으로 인해서 내가 일하는 일터도 지켜 주시고 날로 부흥할 것이라는 확실한 믿음을 가져야 합니다. 오늘 아무리 힘들고 어려운 상황을 마주하더라도 바울처럼 주님이 주시는 소망을 믿음으로 선포할 수 있기를 바랍니다.

매일 성경 읽기
렘 10장 ☑ 11장 ☐
　　12장 ☐ 13장 ☐

나로 인하여
주변 사람들이
하나님의 복을 받고
있습니까?

사랑의 하나님, 오늘도 문제 앞에서 낙심하지 않고 먼저 무릎 꿇어 기도하는 사람이 되기를 원합니다. 절망을 주는 사람이 아니라 용기와 소망을 전하는 복의 통로로 쓰임 받게 하옵소서. 나로 인하여 모두가 구원받게 하옵소서. 예수님의 이름으로 기도합니다. 아멘.

장석주 목사 _ 창천교회

하나님의 약속

하나님께서 열 번째 재앙을 내리시는 밤이 오기 전, 이스라엘 백성은 모든 준비를 마쳤습니다. 하나님의 약속을 믿고, 또한 말씀대로 이루어질 것을 믿으며 문 인방과 좌우 설주에 어린 양의 피를 우슬초 묶음에 적셔서 뿌렸습니다. 이스라엘 백성이 피를 바르는 일은 생명의 주인이신 여호와의 편에 서겠다는 것이고, 이제 노예의 삶을 끝내고 하나님의 백성으로서 자유롭게 살겠다는 것이며, 하나님의 구원을 확신한다는 고백이었습니다.

예고하신 대로 하나님께서는 애굽 땅에서 모든 처음 난 것, 곧 왕위에 앉은 바로의 장자를 비롯하여 옥에 갇힌 사람의 장자와 가축의 처음 난 것을 다 치셨습니다. 하나님의 말씀을 거역한 자들은 맏아들이 죽고 아끼던 집짐승의 첫 새끼가 죽는 큰 불행을 겪었습니다. 그러나 하나님을 믿고 말씀에 순종한 사람은 재앙이 넘어가는 구원을 경험하였습니다. 애굽 사람들은 죽은 아들을 껴안고 통곡했고, 그 통곡 소리는 온 성읍에 밤새도록 계속되었습니다. 완악했던 바로가 비로소 전능하신 하나님께 항복했습니다. 바로가 모세와 아론을 불러 "너희와 이스라엘 자손은 일어나 내 백성 가운데에서 떠나 너희의 말대로 가서 여호와를 섬기며 너희가 말한 대로 너희 양과 너희 소도 몰아가고 나를 위하여 축복하라(31~32)."고 한 것입니다.

하나님의 구원계획은 이스라엘 자손을 애굽에서 가나안으로 인도하는 것과 온 세상에 여호와의 이름을 알리는 것이었습니다. 애굽 사람들은 이스라엘 백성에게 은금 패물과 의복을 주며 패배자임을 인정했고, 이스라엘 백성은 승리자가 되어 애굽 사람들이 건네준 물품들을 가지고 탈출하였습니다. 하나님께서 약속하신 것이 이루어진 것입니다. 이스라엘 자손은 430년의 노예 생활을 끝내고 하나님의 백성으로 출발하였습니다. 자유를 향한 행진에 이스라엘 자손 외에 수많은 이방인도 함께했습니다. 하나님의 구원은 온 세상을 향하고 있음을 알 수 있습니다. 하나님은 하나님을 의지하는 자들을 구원하고 돌보고 높여 주려는 계획을 가지고 계십니다. 하나님의 구원계획은 빈틈 없이, 틀림없이, 분명하게 이루어집니다. 성실하신 하나님은 오늘도 구원의 약속을 지키고 계십니다.

화요일

19

384장
나의 갈 길 다 가도록

출애굽기 12:31~42
여호와께서 애굽 사람들에게 이스라엘 백성에게 은혜를 입히게 하사 그들이 구하는 대로 주게 하시므로 그들이 애굽 사람의 물품을 취하였더라 (36)

매일 성경 읽기
렘 14장 ☑ 15장 ☐
16장 ☐

전능하신 하나님, 삶이 비참하고 헛되다 생각하며 홀로 눈물 흘릴 때, 우리를 향한 하나님의 구원을 기억하게 하옵소서. 성실하신 하나님께서 우리를 복된 길로 인도하실 것을 믿음으로 힘겨운 삶을 견뎌내게 하옵소서. 예수님의 이름으로 기도합니다. 아멘.

이기록 목사 _ 신월교회

하나님의 약속을 믿고 기다리고 있습니까?

생명을 살리는 강

8
수요일

20

407장
구주와 함께 나 죽었으니

에스겔 47:6~12
이 강물이 이르는 곳마다
번성하는 모든 생물이 살
고 또 고기가 심히 많으리
니 이 물이 흘러 들어가므
로 바닷물이 되살아나겠고
이 강이 이르는 각처에 모
든 것이 살 것이며 (9)

매일 성경 읽기
렘 17장 ☑ 18장 ☐
19장 ☐ 20장 ☐

나는 무엇에
목말라합니까?

오늘 말씀은 에스겔 선지자에게 보여 주신 환상입니다. 에스겔이 환상 중에 주님을 따라 예루살렘에 갔는데 그곳 성전에서 물이 흘러나옵니다. 성전에서 흘러나온 물은 점점 차올라 사람이 능히 건너지 못할 만큼 불어 넘쳐 큰 강을 이룹니다. 주님이 그 강물을 보여 주면서 에스겔에게 말씀하십니다. "이 물은 동쪽 지역으로 흘러 나가서, 아라바로 내려갔다가, 바다로 들어갈 것이다. 이 물이 바다로 흘러 들어가면, 죽은 물이 살아날 것이다. 이 강물이 흘러가는 모든 곳에서는, 온갖 생물이 번성하며 살게 될 것이다(8~9, 새번역)." 여기서 바다는 사해를 말합니다. 염도가 일반 바다에 비해 10배가량 높아서 생명체가 살 수 없습니다. 그런데 성전에서 흘러나온 물이 이르는 곳마다 모든 생명체가 번성하고, 사해에도 수많은 물고기가 살며, 그곳에 어부들이 그물을 치고 살아갈 것이라고 말씀하십니다. 그리고 강가에 나무들은 풍성한 열매와 잎사귀를 맺어 사람들에게 양식과 약재를 제공할 것이라고 하십니다(12).

성전으로부터 흐르는 물은 하나님의 보좌에서 흘러나오는 생수를 말합니다. 생수는 생명을 살리는 물입니다. 우리는 이런 생수에 목말라해야 합니다. 사람들은 돈에 목말라하고, 명예나 성공에 목말라합니다. 명품에 목말라하고 술에 목말라하는 사람도 있습니다. 그런데 세상이 주는 어떤 것도 우리의 목마름을 근본적으로 해결해 줄 수 없습니다. 오히려 더 갈증 나게 만듭니다. 목마르다고 바닷물을 마시는 것과 같습니다. 우리는 생명을 살리는 물을 마셔야 합니다. 생수를 마시려면 생수가 나오는 곳으로 가야 합니다. 주님만이 우리에게 생수를 주십니다. 주님은 "목마른 자들아 내게로 오라."고 우리를 부르십니다.

오늘 나의 목마름은 무엇입니까? 생수의 강이 닿는 곳마다 치료와 회복이 이루어지고 필요가 채워진다고 했습니다. 주님은 누구보다 나의 목마름을 이해하십니다. 죽어가던 나의 몸도 다시 살고, 도저히 살 수 없는 절망의 환경이 소망의 환경으로 바뀔 것입니다. 오늘도 주님의 부르심에 응답하며 믿음으로 구하기를 바랍니다. 그리하여 목마름을 해결받고 예수 생명의 능력을 경험하길 기원합니다.

생명의 근원이신 주님, 오늘도 주님 앞에 나아갑니다. 예수 생명수로 나를 적셔 주옵소서. 나의 목마름을 주의 은혜와 능력으로 해갈되어 생명의 풍성함을 누리게 하옵소서. 또한 이웃들과 함께 나누고 전하며 살아가게 하옵소서. 예수님의 이름으로 기도합니다. 아멘.

이승열 목사 _ 주사랑교회

두 개의 눈

가나안 땅에 입성하기 전, 모세는 정탐꾼 12명을 선발합니다. 선발된 사람들은 "모세가 여호와의 명령을 따라 바란 광야에서 그들을 보냈으니 그들은 다 이스라엘 자손의 수령 된 사람이라(3)."고 성경은 증언합니다. 어중이떠중이가 아닌, 아무렇게나 대충 뽑은 사람들이 아닌, 출애굽과 광야에서 이스라엘 공동체를 이끈 최고의 믿음의 사람들입니다. 이들의 역할은 그 땅이 어떠한지 '정탐'하는 것입니다. 정탐 기간은 40일입니다. 40일이라는 기간은 성경에서 매우 특별한 숫자입니다. 엘리야가 호렙산까지 걸어간 날이 40일이고, 주님께서 광야에 계신 날이 40일입니다. 성경에서 40일은 하나님의 사람들에게 주의 임재를 나타내신 시간입니다. 이에 근거하여 12명의 정탐꾼은 하나님의 사람들이라 할 수 있습니다.

정탐꾼들은 돌아와 가나안 땅의 모습을 보고합니다. "그 곳은 정말 젖과 꿀이 흐르는 곳입니다. 이것이 바로 그 땅에서 난 과일입니다. 그렇지만 그 땅에 살고 있는 백성은 강하고, 성읍들은 견고한 요새처럼 되어 있고, 매우 큽니다(27~28, 새번역)." 여기까지는 객관적인 보고라고 할 수 있습니다. 그런데 상황에 대한 정탐꾼들의 의견은 둘로 갈립니다. "우리가 곧 올라가서 그 땅을 취하자 능히 이기리라(30)."는 의견과 "우리는 능히 올라가서 그 백성을 치지 못하리라 그들은 우리보다 강하니라(31)."라는 의견입니다.

사람들이 보는 눈은 대부분 비슷합니다. 그런데 성도는 세상 사람들과 다르게 봅니다. '믿음으로 바라보는 눈'이 있기 때문입니다. 믿음의 영역은 같은 것을 보더라도 전혀 다르게 반응합니다. 가나안 땅을 보고 온 여호수아와 갈렙은 옷을 찢으며 말했습니다. "여호와께서 우리를 기뻐하시면 우리를 그 땅으로 인도하여 들이시고 그 땅을 우리에게 주시리라 이는 과연 젖과 꿀이 흐르는 땅이니라(14:8)."

성경 속 구원 이야기의 주인공들은 세상을 객관적으로 보았을 뿐 아니라 믿음의 눈으로 보았음을 기억해야 합니다. 믿음의 눈을 가진 자가 하나님의 마음에 합당한 자입니다. 우리 앞에 놓인 상황과 환경들도 믿음의 눈으로 바라볼 수 있기를 바랍니다.

목요일

21

515장
눈을 들어 하늘 보라

민수기 13:25~31
이스라엘 자손 앞에서 그 정탐한 땅을 악평하여 이르되 우리가 두루 다니며 정탐한 땅은 그 거주민을 삼키는 땅이요 (32a)

매일 성경 읽기
렘 21장 ☑ 22장 ☐
23장 ☐

힘과 능력이신 주님, 세상은 크고 강해 보이지만, 믿음의 눈을 들어 하늘을 보게 하옵소서. 하늘 아래 모든 것이 주님의 것이며, 이 생명이 주님의 것임을 믿고 담대히 살아가게 하옵소서. 믿음의 눈으로 세상을 바라보게 하옵소서. 예수님의 이름으로 기도합니다. 아멘.

박용한 목사 _ 연리지교회

나는 믿음의 눈으로 바라보는 성도입니까?

처음 열매, 다음 열매

탈무드에 보면 사람의 머릿속에는 두 개의 방이 있다고 합니다. 하나는 기억의 방이고, 다른 하나는 망각의 방입니다. 사람은 어떤 일은 기억의 방에 집어넣고, 어떤 일은 망각의 방에 집어넣는다고 합니다. 그래서 어떤 일은 또렷이 기억하지만, 또 어떤 일은 완전히 망각합니다. 문제는 기억과 망각이 우리의 기대대로 되지 않아서 생깁니다. 깨끗이 잊어버렸으면 좋겠는데 기억나는 일이 있는가 하면, 반대로 꼭 기억해야 하는데 잊어버리는 경우도 종종 있습니다.

우리가 예수님을 그리스도 주님으로 믿고 고백하는 하나님의 자녀로서 절대 잊어버려서는 안 되는 것이 있습니다. 그것은 바로 예수님의 부활입니다. 세상에는 많은 종교가 있고 수많은 신이 있습니다. 세계적으로 자리 잡은 종교들을 보면 그 종교를 세운 사람도 있습니다. 그들에게는 무덤이 있지만 예수님의 무덤은 비었습니다. 이것이 본질적인 차이입니다. 예수님은 죽음을 정복하고 부활하셨습니다.

"그러나 이제 그리스도께서 죽은 자 가운데서 다시 살아나사 잠자는 자들의 첫 열매가 되셨도다(20)." 예수님의 부활이 첫 열매입니다. 첫 열매가 있다는 것은 다음 열매, 그다음 열매, 그다음 열매가 계속해서 있다는 것입니다. 그러면 누가 부활의 다음 열매가 될까요? 바로 그리스도에게 속한 자입니다. "아담 안에서 모든 사람이 죽는 것과 같이, 그리스도 안에서 모든 사람이 살아나게 될 것입니다. 그러나 각각 제 차례대로 그렇게 될 것입니다. 첫째는 첫 열매이신 그리스도요, 그 다음은 그리스도께서 재림하실 때에, 그리스도께 속한 사람들입니다(22~23, 새번역)."

예수 그리스도에게 확실하게 속하면 우리에게도 부활이 옵니다. 그리스도 안에서 모든 사람이 살아날 것입니다. "한 사람으로 말미암아 죽음이 들어왔으니, 또한 한 사람으로 말미암아 죽은 사람의 부활도 옵니다(21, 새번역)." 그리스도 안에서 우리가 바라는 것이 이 세상의 삶뿐은 아닙니다. 부활에 대한 기대와 소망으로 험한 세상을 넉넉히 이기며 살아가는 우리 모두가 되기를 소망합니다.

부활에 대한 기대와 소망으로 세상을 이기며 살고 있습니까?

생명의 주관자 되시는 하나님. 부활의 첫 열매가 되신 예수 그리스도를 기억합니다. 그리고 예수님께 속한 자들이 부활의 다음 열매가 될 것을 믿습니다. 이와 같은 부활 신앙으로 세상을 이기며 살아가게 하옵소서. 예수님의 이름으로 기도합니다. 아멘.

황충호 목사 _ 공주중앙교회

끝까지 견디라

예수께서는 제자들을 세상으로 보내면서 "내가 너희를 보냄이 양을 이리 가운데로 보냄과 같도다(16)."라고 하셨습니다. 제자들이 살아내야 할 세상의 본질을 정확하게 꿰뚫어 보고 하신 말씀입니다. 양은 천성이 낙천적이요 무방비적입니다. 짐승 중에 가장 약한 편에 속합니다. 반면에 이리는 잔인하고 사나운 데다가 약한 짐승을 잡아먹고 살아갑니다. 한마디로 양은 이리의 밥입니다. 이리들이 우글거리는 곳에 가는 양과 같은 존재들, 놀랍게도 이것이 보냄 받은 제자들의 정체성입니다.

이어서 예수님은 제자들이 받을 고난과 박해의 구체적인 사례들을 말씀하십니다. 사람들이 제자들을 공회에 넘겨주고 회당에서 채찍질할 것이며(17), 총독들과 임금들 앞에 끌려갈 것이라고 하십니다(18). 장차 형제가 형제를, 아버지가 자식을 죽는 데 내어 주며 자식들이 부모를 대적하여 죽게 하는 일도 있고(21), 예수님의 이름으로 말미암아 모든 사람에게 미움을 받을 것이라고도 하십니다(22).

이런 세상에서 어떻게 살아야 합니까? 예수께서는 "너희가 내 이름으로 말미암아 모든 사람에게 미움을 받을 것이나 끝까지 견디는 자는 구원을 얻으리라(22)."고 말씀하셨습니다. 여기에서 '끝'으로 번역된 헬라어 "텔로스"는 '최후의 목표를 달성하는 끝'을 의미하는 말입니다. 최종적인 단계, '목적을 이룰 때까지'를 말하는 것입니다. '견디다'로 번역된 헬라어에 "휘포메노"는 '밑에 머무르다'라는 말로 풀이할 수 있는데, 잘 참고 있는 것을 말합니다. 그렇습니다. 목적을 이룰 때까지 잘 참는 사람이 승리할 수 있습니다.

영국의 수상 윈스턴 처칠이 모교를 방문하였을 때 젊은 후배들을 향한 연설을 부탁받았습니다. 그는 "절대, 절대, 절대, 포기하지 마라(Never, never, never, give up)."는 한마디만 남기고 연단을 내려갔습니다. 이 짧은 말은 전설 같은 명언으로 회자되고 있습니다.

고난과 박해로 가득한 세상을 살아가면서 일찍 포기하는 자는 패배자로 남고, 끝까지 견디는 자는 승리자로 남을 것입니다. 잘 참고 견뎌서 승리의 주인공이 되기를 바랍니다.

토요일

23

341장
십자가를 내가 지고

—

마태복음 10:16~23
또 너희가 내 이름으로 말미암아 모든 사람에게 미움을 받을 것이나 끝까지 견디는 자는 구원을 얻으리라 (22)

매일 성경 읽기
렘 26장 ☑ 27장 ☐
28장 ☐

사랑의 하나님, 고난과 박해의 현실을 그냥 살아가는 것이 아니라, 예수님의 제자 되어 살아가게 하시니 감사합니다. 끝까지 이 선한 싸움을 잘 싸우게 하옵소서. 달려갈 길을 잘 마치도록 믿음으로 굳건히 승리하게 하옵소서. 예수님의 이름으로 기도합니다. 아멘.

권영규 목사 _ 논현교회

고난과 박해 속에서도 끝까지 견딜 준비가 되어 있습니까?

바울의 매임

8
주일

24

336장
환난과 핍박 중에도

—

빌립보서 1:12~18
형제 중 다수가 나의 매임
으로 말미암아 주 안에서
신뢰함으로 겁 없이 하나님
의 말씀을 더욱 담대히 전
하게 되었느니라 (14)

매일 성경 읽기
렘 29장 ☑ 30장 ☐
31장 ☐

우리는 살면서 고난을 만납니다. 그리스도인들은 고난의 상황을 어떻게 받아들여야 합니까? 실망하고 절망하고 포기하는 것이 아니라, 고난의 현장에서 들려오는 하나님의 음성을 들어야 합니다. 고난을 통해 나에게 말씀하시는 하나님의 뜻을 읽어내야 합니다. 그럴 때 고난은 성장과 성숙의 결론으로, 더 풍성한 삶으로 나타납니다. 이것이 바로 고난이 주는 유익입니다.

바울은 로마 감옥에서 빌립보서를 씁니다. 자신이 감옥에서 풀려날지 아니면 죽임을 당할지 모르는 불안하고 두려운 상황입니다. 그런데 바울은 거듭 기쁨을 말합니다. 무엇이 감옥의 두려움을 수도원의 기쁨으로 바꾸었을까요? 바로 믿음입니다. 고난조차도 복의 재료로 사용하시는 하나님의 능력을 믿기 때문입니다. 고난 속에도 나를 향한 하나님의 선하신 계획이 있음을 믿기 때문입니다. 이런 믿음이 고난과 고통을 기쁨과 감사로 바꾸었습니다.

바울은 오늘 본문에서 고백합니다. "형제들아 내가 당한 일이 도리어 복음 전파에 진전이 된 줄을 너희가 알기를 원하노라(12)." 자신은 비록 감옥에 매여 있지만 하나님은 그 매임조차도 복음의 진전이라는 결과로 나타나게 하실 것이라는 고백입니다. 또한 자신이 감옥에 있는 것이 로마 병사들과 시위대 사람들에게 복음을 전할 기회가 되어 기쁘다고 말합니다(13~14, 18). 바울은 믿음이 흔들리기보다 오히려 더욱 확고해져서 복음을 전하고 있습니다. 고난 속에도 하나님의 선하신 계획이 있음을 믿습니까? 바울처럼 오히려 고난을 통하여 하나님의 영광이 드러나고, 고난이 반전과 역전의 결과로 나타날 것을 믿기 바랍니다.

바울은 자신과 적대적 관계에서 복음을 전하고 있는 사람들, 자신을 비난하고 공격하는 사람들을 향해 이렇게 말합니다. "당신들은 나를 괴롭히고 다툼으로 복음을 전하더라도 그리스도가 전파된다면 나는 기뻐하고 또한 기뻐할 것입니다." 자신은 고난을 당하더라도 하나님의 영광이 드러나고 복음이 전파될 수 있다면 그것으로 충분하다는 말입니다. 바울의 인생이 오직 예수, 오직 복음, 오직 영광에 초점을 맞추고 있음을 알 수 있습니다. 어떤 상황 속에서도 주님만을 주목하고 주님께만 영광이 되는 삶을 살아가기 바랍니다.

나는 어떤 태도로
고난을 대합니까?

하나님 아버지, 우리의 고난에도 함께해 주셔서 감사합니다. 인생에서 만나는 수많은 고난에 믿음으로 반응하게 하옵소서. 고난조차 유익의 재료로 사용하시는 하나님의 능력을 신뢰하므로 기쁨과 감사가 넘치게 하옵소서. 예수님의 이름으로 기도합니다. 아멘.

김동수 목사 _ 주일교회

그가 우리를 변화시킵니다

유대 종교지도자들은 베드로와 요한을 붙잡아 가두며 생각했습니다. '우리가 힘을 좀 보여 주면 예수의 제자들은 전처럼 겁을 먹고 예수의 부활을 가르치는 것을 포기할 거야.' 그러나 그들의 예상은 보기 좋게 빗나갑니다. 제자들은 힘으로 굴복시키려는 유대 종교지도자들을 향해 예수님의 부활과 그 이름의 능력, 그리고 오직 예수님을 통해서만 구원받을 수 있음을 담대히 선언합니다. "다른 이로써는 구원을 받을 수 없나니 천하 사람 중에 구원을 받을 만한 다른 이름을 우리에게 주신 일이 없음이라 하였더라(12)."

그러면 무엇이 제자들을 이렇게 바꿔 놓았을까요? 바로 성령 체험입니다. 보혜사 성령님을 만난 제자들 안에 예수님의 말씀대로 변화가 나타난 것입니다. 우선 그들은 진리의 성령님을 만나 '장래의 일'을 알게 되었습니다. "진리의 성령이 오시면 그가 너희를 모든 진리 가운데로 인도하시리니 그가 스스로 말하지 않고 오직 들은 것을 말하며 장래 일을 너희에게 알리시리라(요 16:13)." 예수님께서 심판자가 되심을, 그러하기에 오직 예수님의 이름으로만 구원받음을 깨달았습니다. 그래서 그들은 정말 두려워해야 하는 것이 무엇인지를 분별하고 종교지도자들의 위협을 견뎌냈습니다. 또 제자들은 내 안에 거하시는 성령님이 나의 걸음을 지키시고, 인도자가 되어 주심을 깨달았습니다. 그로 인해 그들은 담대했습니다.

우리도 예수님을 믿어 그리스도인이 되었습니다. 우리의 마음 문을 성령님께서 두드리십니다(계 3:20). 성령님을 마음에 모시면 우리 안에서도 변화가 일어나기 시작합니다. 믿음의 눈을 뜨게 됩니다. 진리이신 성령님께서 하나님의 말씀을 깨닫게 하시기 때문입니다.

오늘의 세상도 가진 힘을 과시하며 '예수만이 진리라는 편협함을 버리고 다른 종교, 다른 진리를 존중하고 인정하라'고 강요합니다. 이런 위협들이 우리의 마음을 흔들지만 성령님이 오시면 우리는 담대해집니다. 위협 앞에서도 주님만이 진리요 유일한 구원의 길이 되심을 신뢰합니다. 성령님을 마음에 모심으로써 이런 변화를 경험하며 살아가기를 바랍니다. 또한 진실한 하나님의 사람들이 되기를 간절히 바랍니다.

187장
비둘기같이 온유한

사도행전 4:5~12
다른 이로써는 구원을 받을 수 없나니 천하 사람 중에 구원을 받을 만한 다른 이름을 우리에게 주신 일이 없음이라 하였더라 (12)

매일 성경 읽기
렘 32장 ☑ 33장 ☐

사랑의 주님. 날마다 성령님을 사모합니다. 오순절 다락방에 임하셨듯이 우리에게도 임하여 주옵소서. 그리하여 우리 믿음의 선조들처럼 진리를 깨닫고 담대히 살아가게 하옵소서. 순간순간 흔들릴 때가 있사오니 붙잡아 주옵소서. 예수님의 이름으로 기도합니다. 아멘.

성중현 목사 _ 봉천교회

성령의 능력으로
살고 있습니까?

하나님의 배려와 은혜인 도피성

26

502장
빛의 사자들이여

민수기 35:9~15
이 여섯 성읍은 이스라엘
자손과 타국인과 이스라엘
중에 거류하는 자의 도피성
이 되리니 부지중에 살인한
모든 자가 그리로 도피할
수 있으리라 (15)

도피성은 부지중에 살인한 자를 보호하는 제도입니다. 살인할 의도가 없이 사람을 죽인 경우, 그가 정당한 판결을 받기까지 복수하는 자에게서 죽임당하지 않도록 보호하는 제도입니다. 사람은 실수할 수 있습니다. 실수와 무관한 사람은 아무도 없습니다. 그래서 하나님은 "너희를 위하여(11)" 도피성을 정하라고 말씀하신 것입니다.

레위인에게 줄 48개 성읍 중 6개는 도피성으로 구별하라고 하셨습니다(13). 세 성읍은 요단 동쪽에 두고, 나머지 세 성읍은 요단 서편(가나안 땅)에 두게 하셨습니다(14). 여호수아 20장에 구체적으로 기록된 도피성의 위치를 살펴보면, 이 여섯 개의 도피성은 이스라엘 전 지역에 골고루 퍼져 있습니다. 부지중에 사람을 죽인 자가 어디에 있든지 실제적인 도움을 받을 수 있게 하신 것입니다. 하나님의 세심한 배려입니다.

도피성으로 피한다고 그 죄가 면제되는 것은 아닙니다. 다만 공정한 판결을 받을 때까지 일시적으로 보호받을 수 있습니다 "이는 너희가 복수할 자에게서 도피하는 성을 삼아 살인자가 회중 앞에 서서 판결을 받기까지 죽지 않게 하기 위함이니라(12)." 또한 우리가 주목해야 할 사실은 이스라엘 자손뿐 아니라 타국인과 이스라엘 중에 거류하는 모든 사람이 도피성으로 피할 수 있다는 점입니다(15). 이 약속을 믿고 도피성으로 피하는 모든 사람은 보호를 받을 수 있습니다.

하나님이 이스라엘을 택하셨다고 하여 이스라엘의 하나님만은 아닙니다. 하나님을 경외하는 모든 사람, 즉 예수 그리스도를 믿고 하나님의 자녀가 된 모든 사람은 하나님 품 안에 들어오기만 하면 다 보호하심의 은총을 누릴 수 있습니다. 출애굽 당시 마지막 열 번째 재앙인 장자의 죽음이 임할 때, 어린 양의 피를 묻힌 집 안에 있는 사람들은 누구든 살 수 있었듯이 말입니다.

도피성 제도 속에 하나님의 배려와 구원의 의미가 담겨 있습니다. 이것이 바로 하나님의 은혜요, 복음입니다. 이러한 사랑을 받은 우리도 이 땅에서 공의를 실천하며, 우리의 이웃들을 배려하고, 사랑을 나눌 수 있기를 간절히 소망합니다.

매일 성경 읽기
렘 34장 ☑ 35장 ☐
36장 ☐

도피성 제도에 담긴
하나님의 성품을
닮아가고 있습니까?

주님, 우리의 연약함을 아시고 도피성을 통해 우리를 보호해 주심에 감사합니다. 우리를 향한 하나님의 배려와 은혜를 깨달아 우리도 이웃에게 사랑을 나누게 하옵소서. 주님의 공의를 실천하며 이웃을 배려하며 살아가게 하옵소서. 예수님의 이름으로 기도합니다. 아멘.

서신천 목사 _ 찾으시는교회

모세의 간곡한 당부

모세의 120년 인생은 셋으로 나눌 수 있습니다. 먼저 애굽 왕자로 산 40년입니다. 당시 애굽은 가장 부유하고 힘 있는 나라였고, 그런 애굽에서 왕자로 사는 삶은 부족할 것 없는 풍족한 삶이었습니다. 다음은 미디안 광야에서 보낸 40년입니다. 비록 애굽에서 도망쳐서 간 곳이지만, 거기에서 결혼도 하고 자녀도 낳고 큰 문제없이 오히려 평화롭게 지냈습니다. 마지막은 출애굽과 광야의 40년입니다. 하나님의 부름을 받은 모세가 지팡이를 들고 백성들을 애굽에서 탈출시키고, 광야를 지나 가나안으로 인도하는 지도자의 삶이었습니다.

"그 후에는 이스라엘에 모세와 같은 선지자가 일어나지 못하였나니 모세는 여호와께서 대면하여 아시던 자요(34:10)." 성경은 모세가 하나님과 함께 살아온 일을 강조합니다. 모세가 영화 같은 삶을 살 수 있었던 것은 하나님과 동행했기 때문입니다. 나일강에 버려진 아기 모세가 애굽의 왕자가 될 수 있었던 일도, 미디안 광야에서 몸과 마음을 회복할 수 있었던 일도, 출애굽과 광야 40년도 하나님께서 함께하셨기에 가능했습니다.

이처럼 하나님과 함께 120년 인생을 잘 살아낸 모세가 이제 죽을 때가 되었습니다. 감사한 마음이지만 한 가지 걱정이 있습니다. 남겨질 여호수아와 백성들에 대한 걱정입니다. 그래서 모세는 그들에게 하나님과 동행하는 삶을 살아가라고 간곡히 당부합니다. 하나님을 경외하며 하나님의 말씀을 지켜 행하라고 강조합니다. "온 이스라엘이 네 하나님 여호와 앞 그가 택하신 곳에 모일 때에 이 율법을 낭독하여 온 이스라엘에게 듣게 할지니 … 듣고 배우고 네 하나님 여호와를 경외하며 이 율법의 모든 말씀을 지켜 행하게 하고(11~12)."

모세의 이 마지막 당부는 오늘 우리에게도 해당됩니다. 우리가 모세처럼 하나님의 말씀을 따라서 살면, 하나님께서 우리와 함께해 주십니다. 홍해를 여신 것처럼 장애물을 열어 주시고, 구름기둥과 불기둥으로 인도하신 것처럼 인생의 길도 인도해 주십니다. 만나와 메추라기를 주신 것처럼 일용할 양식을 주십니다. 우리 모두 하나님을 의지하며 하나님과 함께 사는 자녀가 되기를 바랍니다.

신명기 31:7~13
곧 백성의 남녀와 어린이와 네 성읍 안에 거류하는 타국인을 모으고 그들에게 듣고 배우고 네 하나님 여호와를 경외하며 이 율법의 모든 말씀을 지켜 행하게 하고 (12)

매일 성경 읽기
렘 37장 ☑ 38장 ☐

주님, 우리는 잘 살기 위해 필요한 것을 얻기 위해서 무척이나 노력합니다. 그러나 그 무엇보다 주님과 함께 사는 일이 가장 중요함을 늘 기억하게 하옵소서. 모세와 동행하신 것처럼 언제나 우리와도 함께해 주옵소서. 예수님의 이름으로 기도합니다. 아멘.

방진석 목사 _ 나우리교회

인생을 잘 살기 위해서 필요한 것은 무엇입니까?

너의 행사를 여호와께 맡기라

375장
나는 갈 길 모르니

잠언 16:1~9
사람이 마음으로 자기의 길을 계획할지라도 그의 걸음을 인도하시는 이는 여호와시니라 (9)

하나님의 계획과 정반대의 생각을 가졌던 사람이 있습니다. 구약시대의 선지자 요나입니다. 하나님은 니느웨를 구원하고자 하셨으나 요나는 니느웨의 멸망을 원했습니다. 그래서 하나님이 말씀하신 곳이 아닌 다시스로 갔습니다. 하나님의 계획을 저버리고 자신의 계획대로 하려 한 것입니다.

자식이 없었던 아브라함은 85세에 하나님께 후손에 대한 약속을 받았습니다. 이 약속이 성취되는 데 무려 15년이나 걸렸습니다. 기다리는 일이 만만치 않았습니다. 아브라함의 나이가 적지 않았기 때문입니다. 기다리다 못한 아브라함은 사라의 제안을 받아들여 사라의 몸종인 하갈을 통해서 이스마엘을 낳았습니다. 그리고 아브라함과 사라는 하나님의 뜻이 이루어졌다고 기뻐했습니다. 하지만 하나님의 뜻은 사라를 통해 후손을 허락하시는 것이었습니다. 아브라함은 자기방식대로 하나님의 계획을 이루었다고 생각했습니다.

그런가 하면 하나님의 생각과 내 생각이 완전히 달랐지만 내 생각을 버리고 하나님의 뜻대로 행한 사람이 있습니다. 사도 바울입니다. 사도 바울은 서방으로 전도 여행을 떠나기 원했지만 하나님은 동방의 관문인 마게도냐로 가라고 지시하셨고, 사도 바울은 순순히 자기 생각을 내려놓고 하나님의 뜻을 따랐습니다.

우리는 예수님께서 십자가를 지기 전에 겟세마네 동산에서 기도하신 것을 기억해야 합니다. "나의 원대로 마시옵고 아버지의 원대로 하옵소서(마 26:39)." 하나님의 뜻을 추구하는 방식은 먼저 내 뜻을 버리는 것입니다. 그것이 곧 하나님께 나의 행사를 맡기는 태도이며, 하나님의 계획을 따르는 선행조건입니다.

나의 계획이 하나님의 계획과 같을 때도 있지만 다를 때가 종종 있습니다. 시간이 지나서 생각해 보면, 내 생각이나 방식대로 한 것보다 하나님의 뜻대로 했을 때에 훨씬 좋은 결과를 가져왔음을 깨닫습니다. 우리는 문제를 하나님께 맡겨야 합니다. 그러기 위해서 먼저 해야 하는 일은 내 생각과 계획을 내려놓는 일입니다. 완전하게 내려놓아야 완전하게 맡기는 것이며, 완전하게 맡길 때 하나님의 역사가 이루어집니다.

매일 성경 읽기
렘 39장 ☑   40장 ☐
     41장 ☐

하나님께 온전히 맡기는 삶을 살고 있습니까?

주님, 하나님의 생각과 뜻을 묻기보다는 나의 생각과 뜻대로 행할 때가 더 많았음을 고백합니다. 나의 고집이 나의 올무가 되지 않게 하옵소서. 항상 주의 뜻을 분별하며 하나님께 의탁하는 믿음을 갖고 살아가게 하옵소서. 예수님의 이름으로 기도합니다. 아멘.

김진국 목사 _ 도하교회

부드러운 믿음

사도 바울은 믿음에 관해 이야기합니다. 우리는 곧고 단단한 믿음, 강한 믿음, 돋보이는 믿음을 좋은 믿음으로 여깁니다. 하지만 참된 믿음은 부드럽습니다. 좋은 믿음은 있는 듯 없는 듯 그 사람의 인격과 삶과 일상 속에 녹아 있습니다.

믿음은 내 의지로 믿으려고 애써서 얻을 수 있는 것이 아닙니다. 나도 모르게 '믿어지는' 것입니다. 물론 믿기지 않았던 것들이 아무 이유 없이 그냥 믿어지지는 않습니다. 믿음에는 먼저 하나님의 은혜가 필요합니다. 또한 믿음의 조상 아브라함이 그랬듯이 넘어질지언정 하나님과 믿음의 관계가 이어져야 합니다.

사도 바울은 이렇게 말합니다. "네게 있는 믿음을 하나님 앞에서 스스로 가지고 있으라 자기가 옳다 하는 바로 자기를 정죄하지 아니하는 자는 복이 있도다(22)." 이것은 무슨 의미일까요? 믿음은 남에게 보여 주기 위한 것이 아닙니다. 우리에게 있는 믿음을 하나님 앞에서 스스로 가지고 있으면 됩니다. 참된 믿음의 사람은 내 믿음이 남에게 어떻게 보일지 신경 쓰지 않습니다. 다른 사람의 믿음에 대해서도 마찬가지입니다. 우리는 겉으로 보이는 모습들로 타인의 믿음을 함부로 판단해서는 안 됩니다. 좋은 믿음을 가진 사람이 믿음이 없는 것처럼 보일 수도 있고, 누가 봐도 좋은 믿음을 가진 것처럼 보이는 사람의 믿음이 거짓된 것일 수도 있기 때문입니다.

'부드러움은 단단함을 누르고, 약함이 강함을 누른다'는 말이 있습니다. 정말로 강한 사람은 부드럽고 심지어 약해 보이기까지 해서 부딪치려 하지도 않거니와 부딪힐 것을 앞에 두지도 않습니다. "그러므로 이제부터는 서로 남을 심판하지 마십시다. 형제자매 앞에 장애물이나 걸림돌을 놓지 않겠다고 결심하십시오(13, 새번역)."

중요한 것은 사람 앞에서 보이는 믿음이 아니라 하나님 앞에서 가지고 있는 자신의 믿음입니다. 하나님 안에서, 우리의 믿음에 대한 믿음을 가지십시오. 우리의 행동은 믿음 안에서 자유롭게, 우리의 믿음은 사랑 안에서 자유롭게 삶의 언어로 펼쳐져야 합니다.

금요일

29

545장
이 눈에 아무 증거
아니 뵈어도

로마서 14:13~23
네게 있는 믿음을 하나님 앞에서 스스로 가지고 있으라 자기가 옳다 하는 바로 자기를 정죄하지 아니하는 자는 복이 있도다 (22)

매일 성경 읽기
렘 42장 ☑ 43장 ☐
44장 ☐ 45장 ☐

하나님, 우리에게 믿음을 주셔서 거룩하고 복된 삶으로 인도해 주시니 감사합니다. 사람 앞에서의 믿음이 아니라 하나님 앞에서 스스로 간직하는 순전한 믿음, 화평의 일과 서로 덕을 세우는 믿음이 되게 하옵소서. 예수님의 이름으로 기도합니다. 아멘.

조진호 목사 _ 전농교회

나의 신앙과 삶에서
부드러운 믿음이
필요한 곳은
어디입니까?

네 자리를 들고 걸어가라

90장
주 예수 내가 알기 전

—

요한복음 5:2~9
예수께서 이르시되 일어나
네 자리를 들고 걸어가라
하시니 그 사람이 곧 나아
서 자리를 들고 걸어가니라
(8~9)

이 땅에 문제가 없이 살아가는 사람은 없습니다. 크고 작은 문제 가운데 살아가는 것이 자연스러운 삶의 모습입니다. 그런데 어떤 사람은 문제 앞에 주저앉아 일어나지 못하는가 하면, 어떤 사람은 그 문제를 도리어 인생의 기회로 만들기도 합니다. 과연 어떤 사람이 문제를 기회로 만들어 더 큰 기쁨을 누릴까요?

첫째, 문제의 해결자 되시는 예수님과 함께하는 사람입니다. 오늘 본문에는 38년 된 병자가 등장합니다. 그는 스스로 행동하지 못하고 누군가의 도움만 기대하며 산 사람입니다. 자기가 원하는 대로 도움을 받지 못했기에 원망만 키우고 있었습니다. 그런데 이 사람에게 예수님이 찾아오시면서 변화가 일어나기 시작합니다. 이제 예수님이 그와 함께하셨습니다. 예수님은 그에게 "병이 낫기를 원하는가?"를 물으셨습니다. 그는 물이 동할 때 자신을 물에 넣어 줄 사람이 없었다며 그동안 쌓인 아픔을 예수께 풀어냈습니다. 예수님은 그가 하는 말을 비난하거나 외면하지 않으셨습니다. 오히려 그와 함께하시며 그의 아픔에 공감해 주시고, 그의 이야기를 다 들어주셨습니다.

둘째, 예수님의 말씀에 순종하는 사람입니다. 38년 된 병자를 찾아오신 예수님은 그에게 스스로 할 수 있는 일을 찾게 해주셨습니다. 문제를 가지고 원망만 쌓아 올리던 그에게 예수님은 다른 누가 아니라 스스로 네 자리를 들고 일어나 걸어가라고 말씀하십니다. 그가 예수님의 말씀에 순종하자 놀라운 일이 일어났습니다. 그가 실제로 자리를 들고 일어난 것입니다. 불가능해 보였던 일이 가능해졌습니다.

우리는 알아야 할 것이 있습니다. 그것은 예수님이 이미 우리 곁에 찾아와 주셨다는 사실입니다. 예수님을 믿는다고 하는 것은 이미 예수님이 우리 곁에 찾아와 주셨음을 의미합니다. 예수님이 함께하신다면 우리는 확신을 가져야 합니다. 우리와 함께하시는 예수님이 모든 문제를 해결하여 주실 수 있는 분임을 믿어야 합니다. 그리고 그분이 하시는 말씀에 순종할 수 있기를 바랍니다. 말씀에 순종하여 자리를 들고 일어날 때, 바로 그곳에서 하나님이 역사하십니다.

매일 성경 읽기
렘 46장 ☑ 47장 ☐
48장 ☐

인생의 문제를
기회로 만들어가고
있습니까?

사랑의 주님, 우리가 주님을 멀리할 때에도 찾아와 도와주시고 우리를 회복시켜 주심을 감사드립니다. 날마다 주님과 동행하고 주님의 말씀에 순종하며 살아가는 자녀 되게 하옵소서. 주님 안에서 놀라운 일을 경험하게 하옵소서. 예수님의 이름으로 기도합니다. 아멘.

곽태권 목사 _ 선교중앙교회

구하라, 찾으라, 두드리라

주일

31

463장
신자 되기 원합니다

—

마태복음 7:7~12
구하라 그리하면 너희에게
주실 것이요 찾으라 그리하
면 찾아낼 것이요 문을 두
드리라 그리하면 너희에게
열릴 것이니 (7)

누구에게나 무언가를 잃어버렸다가 찾은 경험이 있을 것입니다. 무척이나 반갑고 기쁘고, 새삼 그 소중함을 느낍니다. 잃어버린 자가 다시 주님 품으로 돌아올 때 주님의 마음도 그러하시지 않을까 생각합니다. 반대로 우리가 세상에서 상처받고 주님께로 돌아와 주님을 다시 찾았을 때 감격의 눈물을 쏟는 것도 동일한 이유일 것입니다.

내게 필요한 것을 구하고 찾는 것은 누구나 할 수 있습니다. 간혹 구하고 찾고 두드리라는 말씀을 오해해서 내게 필요한 것으로만 기도를 꽉 채우는 사람이 있습니다. 하지만 주님이 구하고 찾으라 하시는 것은 내게 필요한 것들에 관한 말씀이 아닙니다. 닫힌 마음을 활짝 열고 다시 주님을 만날 수 있도록 두드리라는 것입니다. 구하는 것은 간절함이고, 찾는 것은 회복이고, 두드리는 것은 도전입니다. "구하는 이마다 받을 것이요 찾는 이는 찾아낼 것이요 두드리는 이에게는 열릴 것이니라(8)." 간절함 없는 신앙은 빈껍데기요, 회복이 없는 신앙은 추락하는 신앙이요, 도전 없는 신앙은 죽은 신앙입니다.

노인과 청년을 구분하는 기준으로 '호기심'을 들기도 합니다. 신앙에서도 마찬가지가 아닐까 합니다. 주님에 관하여 더욱 알고 싶고, 주님께서 내게 어떤 은혜를 베풀어 주실지 궁금하고 기대하는 신앙이 청년 신앙입니다. "너희가 악한 자라도 좋은 것으로 자식에게 줄 줄 알거든 하물며 하늘에 계신 너희 아버지께서 구하는 자에게 좋은 것으로 주시지 않겠느냐(11)."라는 말씀에 의지하여 아버지께 믿고 구하는 신앙입니다.

신앙인을 이렇게도 나눌 수 있습니다. 문제가 생겨서 구하고 찾고 두드리는 신앙인과 언제나 주님을 구하고 찾고 두드리는 신앙인입니다. 전자의 신앙은 개인의 소유물이고, 후자의 신앙은 주님으로 출발하고 주님으로 끝나는 알파와 오메가의 믿음이라 할 수 있습니다.

이제 우리가 걷는 길을 다시 한번 되돌아보고 우리의 신앙의 지점을 확인해야 합니다. 누구를 위해 구하고, 무엇을 위해 찾고, 어떻게 두드리고 있는지 확인해야 합니다. 꽃길만이 주님의 길은 아닙니다. 날마다 믿음의 길로 바른 걸음을 걸어가기 바랍니다.

매일 성경 읽기
렘 49장 ☑ 50장 ☐

우리의 길을 인도하시는 주님, 우리가 잃어버린 것이 무엇이고 정말로 찾아야 할 것이 무엇인지 알게 하옵소서. 또한 앞으로 나아가기 위해서 두드려야 할 것이 무엇인지 가르쳐 주옵소서. 우리의 신앙이 바른길로 나아가게 하옵소서. 예수님의 이름으로 기도합니다. 아멘.

김형국 목사 _ 양화교회

지금 무엇을 구하고
찾고 두드리고
있습니까?

9

SEPTEMBER

너는 하나님께

소망을 두라

그가 나타나

도우심으로 말미암아

내가 여전히

찬송하리로다

시편 42:5

9월의 기도

● 기도 제목

● 실천할 일

☑ _____

☑ _____

☑ _____

☑ _____

● 감사할 일

● 기억할 일

지금 여기, 하나님의 집

야곱은 형 에서가 사냥을 마치고 돌아와 무척 시장했던 때를 노려서 죽 한 그릇으로 장자의 명분을 가로챕니다. 또 노쇠한 아버지를 속여 장자의 축복까지 받아냈습니다. 그런 야곱이지만, 아버지를 통한 하나님의 약속을 믿지 못하고 형의 보복이 두려워 브엘세바를 떠나 하란으로 도망했습니다. 해 질 무렵 한 곳에 이르러 돌 하나를 주워 베개 삼을 정도로 야곱은 참담했습니다. 과거에 저질렀던 실수, 죽음에 대한 공포, 미래에 대한 막연함으로 범벅된 혼돈과 공허와 흑암의 밤을 보낸 것입니다. 창세기는 인간 존재 심연의 혼돈, 공허, 흑암이 어떻게 하나님 보시기에 심히 좋은 상태로 바뀌는지 아브라함과 이삭과 야곱을 통해 설명합니다.

비록 혼돈의 자리일지라도 하나님은 함께 계시며 당신의 뜻을 알려 주십니다. 잘못을 저질러 달아나는 야곱에게 하나님은 잘못의 책임을 묻지 않고 아브라함에게 하셨던 자손의 약속과 땅의 약속을 다시 한번 말씀하십니다(14~15). 꿈에서 깬 야곱은 드디어 깨닫습니다. "야곱이 잠이 깨어 이르되 여호와께서 과연 여기 계시거늘 내가 알지 못하였도다(16)."

우리는 비장하게 나선 길이나 열정적으로 들어선 집에서 하나님을 발견하지 못할 때가 많습니다. 그런데 야곱은 무심결에 돌베개를 베고 자다가, 모세 역시 무심결에 호렙산에 오르다 하나님을 만났습니다. 중요한 것은 내 중심의 꿈에서 깨는 것입니다. 비록 영적인 꿈이라 해도 깨어야 할 때가 있습니다. 변화산에 올랐던 세 제자도 마치 꿈을 꾸듯 여기에 집을 짓고 살자고 했습니다. 하지만 하나님은 언제나 꿈을 깬 자리에 함께 계십니다. 그래서 꿈을 깬 사람은 '지금, 여기'에 집중할 수 있습니다. 하나님의 현존을 느끼지 못하게 했던 무의식의 욕망에서 벗어났기 때문입니다.

야곱은 혼돈의 밤과는 완전히 다른 창조의 아침을 맞습니다. 현재 상황이 바뀐 것은 없지만 꿈에서 깨어났기 때문입니다. 비참하게 베개 삼아 누웠던 돌이 성전의 기둥으로 보이고, 무심하게 누웠던 자리가 성전이 됨을 깨달았습니다. 우리 모두 잠에서 깨어 바로 여기가 하나님의 집이 되고, 그 집으로 들어가는 문을 발견하는 기쁨을 누리기를 소망합니다.

338장
내 주를 가까이 하게 함은

—

창세기 28:16~22
야곱이 잠이 깨어 이르되 여호와께서 과연 여기 계시거늘 내가 알지 못하였도다 (16)

매일 성경 읽기
렘 51장 ☑ 52장 ☐

구원의 약속을 허락하신 주님, 야곱이 무심코 베고 잤던 돌을 새로운 차원으로 본 것처럼 우리도 영적인 눈을 뜨기 원합니다. 잠에서 깨어나게 하옵소서. 지금 여기, 돌베개가 성전의 기둥이 되고, 하늘로 가는 문이 되게 하여 주옵소서. 예수님의 이름으로 기도합니다. 아멘.

박난수 목사 _ 선광교회

지금 여기를 누리지 못하게 하는 내 안의 욕망은 무엇입니까?

찬양, 참 이스라엘의 증거

9

화요일

2

621장
찬양하라 내 영혼아

—

역대상 25:1~8
다윗이 군대 지휘관들과 더불어 아삽과 헤만과 여두둔의 자손 중에서 구별하여 섬기게 하되 수금과 비파와 제금을 잡아 신령한 노래를 하게 하였으니 그 직무대로 일하는 자의 수효는 이러하니라 (1)

매일 성경 읽기
애 1장 ☑ 2장 ☐

다윗은 솔로몬에게 왕권을 물려주면서 성전 건축을 부탁합니다. 그 일을 위해 준비했던 막대한 유산도 함께 넘겨주는데, 그 규모가 금 십만 달란트, 은 백만 달란트, 그리고 많은 놋과 철, 재목과 돌이라고 성경은 기록하고 있습니다(22:14). 지금의 경제 가치로 환산하면 1경 원이 넘는 천문학적 액수입니다. 그만큼 다윗은 성전 건축에 마음과 정성을 다했고, 아들 솔로몬과 이스라엘 백성들이 성전을 중심으로 하나님을 잘 섬기며 가치 있는 인생을 살기를 원했습니다.

역대상 23장 이하에는 레위인들의 직분과 역할을 나누는 내용이 소개됩니다. 이들은 직장이 달라도 결국 하는 일이 동일합니다. 성전을 섬기는 것입니다. 하나님과 연결되어 살아가는 이들이야말로 가치 있는 인생이고 참 이스라엘의 모습입니다.

오늘 본문은 성전에서 찬양하는 자들을 조직하는 내용입니다. "다윗이 군대 지휘관들과 더불어 아삽과 헤만과 여두둔의 자손 중에서 구별하여 섬기게 하되 수금과 비파와 제금을 잡아 신령한 노래를 하게 하였으니(1)." "이들은 … 심벌즈와 거문고와 수금을 타면서, 주님의 성전에서 노래를 불렀다(6, 새번역)." 군대 지휘관들과 같이 뽑았다는 것은 전쟁같이 급박한 상황에서도 찬양이 끊이지 않는 삶을 살았고, 그런 찬양과 믿음으로 위기를 헤쳐나갔다는 의미일 것입니다. 그렇게 이스라엘이 날마다 찬양할 수 있던 이유는 그들의 마음이 성전을 통해 하나님께 사로잡혀 있었기 때문입니다.

남편의 월급이 적다며 잔소리하는 아내가 있었습니다. 참다못한 남편이 한마디 했습니다. "당신은 입만 열면 돈이야!" 아내가 입만 열면 돈 이야기를 하는 것은 그 마음이 돈에 사로잡혔기 때문입니다. 우리는 어떻습니까? 우리의 입에서는 무엇이 흘러나옵니까? 우리는 영적으로 말하면 하나님의 구원을 받은 참 이스라엘입니다. 그렇다면 하나님께 사로잡혀 살아야 하고, 그 증거는 날마다 찬양하는 삶으로 나타나야 합니다. 어떠한 형편에서도 입만 열면 찬양하는 참 이스라엘이 되기를, 그래서 찬양과 복음으로 세상을 이겨내기를 주님의 이름으로 축복합니다.

날마다 찬양하며 살고 있습니까?

은혜의 하나님, 우리의 삶이 성전에 사로잡힌 참 이스라엘이 되게 하옵소서. 어떤 형편에서도 하나님과 연결되게 하옵소서. 원망과 불평이 아닌 찬양하는 입술이 되게 하옵소서. 우리의 찬양으로 주님을 영화롭게 하기 원합니다. 예수님의 이름으로 기도합니다. 아멘.

민복기 목사 _ 영일교회

네가 나를 사랑하느냐

부활하신 예수님께서 세 번째로 제자들에게 나타나셨을 때, 예수님은 제자들에게 손수 따뜻한 아침밥을 지어 주셨습니다. 식사를 마친 후 예수님은 베드로에게 이렇게 질문하셨습니다. "요한의 아들 시몬아 네가 이 사람들보다 나를 더 사랑하느냐(15)." 그것도 연거푸 세 번이나 물으셨습니다. 이미 세 번이나 주님을 부인했던 베드로인지라 자신의 사랑이 예수님이 물으신 완전한 사랑(아가페)에 미치지 못함을 뼈저리게 알았습니다. 하지만 베드로는 주님의 사랑에는 미치지 못하는 사랑(필리아)이지만, 예수님을 사랑한다고 고백했습니다. 베드로는 어떻게 감히 주님을 사랑한다고 고백할 수 있었을까요?

밤새 고기 잡느라 지치고 차가운 제자들이 몸을 녹이도록 지피신 뜨거운 숯불과 손수 지으신 따뜻한 밥상 앞에서 베드로는 주님의 사랑을 보았을 겁니다. 또한 예수님이 자기를 향해 "베드로야!"라고 부르시지 않고 "요한의 아들 시몬아!"라고 하실 때도 주님의 용서와 사랑을 보았을 겁니다. '요한의 아들 시몬'이라는 호칭을 사용한 것은 예수님이 자기를 제자로 부르신 그날뿐이었습니다(1:42). 그러니 주님이 "요한의 아들 시몬아!"라고 부르시는 것은 예수님을 두고 도망했고 주님을 모른다고 했던 배신자 베드로를 부르신 것이 아닙니다. 다시금 베드로를 제자로 부르시는 예수님의 용서와 사랑의 호칭입니다. 이러고 보니 "네가 나를 사랑하느냐?"라는 주님의 질문은 "난 너를 여전히 사랑한단다. 비록 네가 나를 배신했지만, 날 모른다고 했지만, 난 널 알고, 난 널 믿고, 사랑한단다."라는 주님의 음성으로 들립니다. 이런 주님의 완전한 사랑 앞에, 베드로는 비록 모자라지만 겸손하게 주님을 사랑한다고 고백합니다. 이 고백 뒤에 예수님은 '내 양을 먹이라', '내 양을 치라'는 사명을 주십니다. 완전한 사랑도 아닌데, 턱없이 모자란 작은 사랑인데, 교회를 지키라는 귀한 사명을 맡기십니다.

늘 모자라고 부족한 우리가 일어서서 교회를 섬기고 사명을 감당할 수 있는 것은, 우리가 가진 사랑이 크고 우리가 대단해서가 아닙니다. 때로는 넘어지고 연약하여 실패할지라도 우리를 향한 주님의 크신 사랑 때문에, 오늘도 우리는 맡기신 사명을 감당하며 나아갈 수 있습니다.

80장
천지에 있는 이름 중

요한복음 21:15~17
그들이 조반 먹은 후에 예수께서 시몬 베드로에게 이르시되 요한의 아들 시몬아 네가 이 사람들보다 나를 더 사랑하느냐 하시니 이르되 주님 그러하나이다 내가 주님을 사랑하는 줄 주님께서 아시나이다 이르시되 내 어린 양을 먹이라 하시고 (15)

매일 성경 읽기
애 3장 ☑ 4장 ☐ 5장 ☐

사랑의 주님, 주를 향한 우리의 마음과 사랑이 늘 모자랍니다. 주님의 뜻을 이루기에 턱없이 부족합니다. 하지만 우리를 향한 주의 크고 완전한 사랑으로 인해 오늘도 일어섭니다. 주님께서 맡기신 사명을 감당할 수 있게 하옵소서. 예수님의 이름으로 기도합니다. 아멘.

박정원 목사 _ 세움교회

날 향한 주님의 크신 사랑을 믿습니까?

예수 장단에 맞춰라

9

목요일

4

440장
어디든지 예수 나를 이끌면

—

마태복음 11:16~19
이르되 우리가 너희를 향하
여 피리를 불어도 너희가
춤추지 않고 (17a)

예수님은 비유를 들어 엇박자 세태에 대해 안타까워하십니다. 아이들이 장터에서 놀면서 어른들이 하던 모습을 따라 합니다. 피리를 불고 춤을 추며 놀고, 곡을 하고 가슴을 칩니다. 아이들의 놀이는 혼례와 장례를 흉내 낸 것입니다. 그런데 놀이를 지켜보는 주변의 아이들은 무심합니다. 예수님은 이런 아이들의 모습을 비유로 말씀하시면서 모여든 무리를 향해 다시 묻습니다. "너희는 왜 세상의 기쁨이나 슬픔에 그리 무심한가?"

여기서 장터는 헬라어로 '아고라'입니다. 아고라는 사람들이 모이는 광장인데, 물건을 사고파는 시장 기능과 함께 서로 소통하는 공적인 대화 장소를 의미합니다. 온라인으로 소통하는 요즘 시대에 다음(DAUM)의 아고라, 페이스북, 혹은 트위터와 카톡 등은 모두 말의 장터와도 같습니다. 그 안에서 우리는 서로의 살아가는 이야기를 나눕니다. 결혼식과 장례식은 흔히 볼 수 있는 낯익은 풍경이고, 사람 사는 세상에서 모두가 겪는 일입니다. '피리를 불면 춤을 추고, 슬피 울면 가슴을 치라'는 말씀은 세상의 기쁨과 슬픔에 반응을 보이며 살라는 것입니다.

이 비유를 말씀하신 배경은 세례 요한 때문입니다. 요한은 요단강에서 죄의 심판을 선포하고, 용서의 세례를 베풀었습니다. 그때 많은 백성은 회개하고 하나님께 돌아왔으나, 더 크게 회개하고 애통해야 할 당시 종교인이나 사회의 지배층은 그렇지 않았습니다. 오히려 그들은 세상의 장례식을 연출하는 요한을 비난하였습니다. 백성의 지도자들은 세례 요한도, 예수님도 무시하였습니다. 그들은 자기 죄에 대한 뼈아픈 회개도, 자기 삶에 대한 감격도 없이 살았습니다. 그들의 정죄는 당시 지배층과 민중 사이의 장단이 다른 결과였습니다. 하나님의 이름으로 하나님과의 관계를 가로막은 그들은 하나님의 기쁨에 동참하지 못했습니다.

예수님은 내 삶을 향해 주님의 마음과 그 장단에 맞추라고 초대하십니다. 더 이상 율법의 멍에가 아니라, 사랑의 멍에를 같이 짊어지자고 우리를 부르십니다. 세상이 기뻐하면 박수하고, 세상이 아파하면 가슴도 치며 살라는 것입니다. 좋은 신앙인은 하나님의 장단과 맞출 줄 알아야 합니다.

매일 성경 읽기
겔 1장 ☑ 2장 ☐ 3장 ☐

세상의 기쁨에
함께 웃고,
슬픔에 함께 울며
살아갑니까?

사랑의 하나님, 자기중심으로 살아왔던 모습을 돌아봅니다. 이제 관계의 동심원을 넓혀 이웃과 세상의 웃음과 아픔에 동참하게 하옵소서. 즐거워하는 이들과 함께 즐거워하고, 우는 자들과 함께 울라는 말씀에 순종하게 하옵소서. 예수님의 이름으로 기도합니다. 아멘.

송병구 목사 _ 색동교회

하나님의 얼굴을 구하는 사람

오늘 본문은 야곱의 하나님의 얼굴을 구하는 사람에 대한 설명입니다. 하나님의 얼굴을 구한다는 것은 '하나님을 찾고 그 앞에 나아가는 것'을 뜻합니다. 즉 오늘 본문 말씀은 누가 하나님 앞에 나아갈 수 있는지를 우리에게 가르쳐 줍니다. 하나님은 창조주이시며 사람을 포함한 온 세상 만물의 주인이고 다스리시는 분입니다(1~2). 이는 하나님이 세상을 주관하고 다스리시는 왕이라는 말씀입니다. 만왕의 왕이신 하나님을 만나려면 우리는 어떻게 나아가야 할까요?

하나님을 만나기 위해서는 여호와의 산, 즉 그가 거하시는 성전에 올라야 합니다. 그러기 위해 요구되는 자격과 조건이 있습니다(4). 첫째, 손이 깨끗해야 합니다. 이것은 행실의 깨끗함을 의미합니다. 즉 죄를 짓지 말아야 한다는 뜻입니다. 둘째, 마음이 청결해야 합니다. 이것은 마음에 부정한 것, 즉 음욕, 탐욕, 불신과 근심 등이 없어야 한다는 뜻입니다. 셋째, 뜻을 허탄한 데 두지 말아야 합니다. 이것은 헛된 것을 바라지 않아야 한다는 의미입니다. 참으로 귀한 생명을 오직 이생의 자랑과 욕망, 쾌락을 위해 허비해서는 안 된다는 것입니다. 성경은 영원하신 하나님을 소망하는 것이 참되게 사는 것이라고 말씀합니다. 넷째, 거짓 맹세하지 말아야 합니다. 남을 속이고, 악을 도모하고, 계략을 꾸미고, 간사하고, 배반하는 등의 일들을 하지 말라는 뜻입니다. 곧 정직과 진실에 대한 요구입니다. 이러한 사람이 하나님께 복과 구원을 받으며, 하나님 앞에 설 수 있는 것입니다. "여호와께 복을 받고 구원의 하나님께 의를 얻으리니 이는 여호와를 찾는 족속이요 야곱의 하나님의 얼굴을 구하는 자로다(5~6)."

이와 같은 조건들을 충족하는 일은 너무 어려워 보입니다. 우리의 수준으로는 불가능해 보이기까지 합니다. 그러하기에 우리가 의지할 것은 십자가에서 대속의 은총을 베푸신 예수 그리스도뿐입니다. 하나님께 나아갈 마지막 조건, 어쩌면 유일한 조건은 예수님을 의지하는 우리의 진실한 믿음입니다. 그리스도의 은혜를 힘입어 우리 모두가 하나님 앞에 나아가 구원의 복을 누릴 수 있기를 간절히 소망합니다.

370장
주 안에 있는 나에게

시편 24:1~6
여호와의 산에 오를 자가 누구며 그의 거룩한 곳에 설 자가 누구인가 (3)

매일 성경 읽기
겔 4장 ☑ 5장 ☐
6장 ☐ 7장 ☐

만왕의 왕이신 하나님, 홀로 높임과 찬송을 받으시옵소서. 하나님의 자녀로 부르신 은총을 따라 거룩하고 정결하게 살아가야 함에도 연약하여 실수하고 넘어집니다. 그럴수록 더욱 예수님을 의지하오니 은혜를 베풀어 주옵소서. 예수님의 이름으로 기도합니다. 아멘.

권혁중 목사 _ 성남제일교회

오늘도 하나님을 찾고 그 앞에 나아가고 있습니까?

하나님을 기쁘시게 하는 삶

9

토요일

6

286장
주 예수님 내 맘에 오사

―

말라기 2:17~3:6
그가 임하시는 날을 누가 능히 당하며 그가 나타나는 때에 누가 능히 서리요 그는 금을 연단하는 자의 불과 표백하는 자의 잿물과 같을 것이라 (3:2)

매일 성경 읽기
겔 8장 ☑ 9장 ☐
10장 ☐ 11장 ☐

하나님의 은혜로 바벨론에서의 포로 생활을 끝내고 예루살렘으로 돌아온 이스라엘은 어려운 형편과 환경에서도 무너진 성전을 재건하고 성벽을 다시 쌓았습니다. 그러나 선지자들이 예언했던 영광과 축복이 더뎌 보이자 하나님을 향한 사랑이 식고, 믿음은 위선과 외식으로 변해갔습니다. 성전의 기능은 멈추지 않았으나 겉만 번지르르한 형식적인 예배만 드리는 곳으로 전락했습니다. 하나님을 아는 지식을 잃어버리고 자기 멋대로 살았습니다. 그러면서도 공평과 정의의 하나님은 어디 계시느냐고 비아냥거리고 투덜대며, 자신들의 기대와 뜻대로 되지 않는 이유와 원인을 하나님께 전가했습니다.

하나님은 이스라엘에게 심판을 위해 사자를 보내겠다고 말씀하십니다. "그가 이르는 날에, 누가 견디어 내며, 그가 나타나는 때에, 누가 살아 남겠느냐? 그는 금과 은을 연단하는 불과 같을 것이며, 표백하는 잿물과 같을 것이다(3:2, 새번역)." 이스라엘은 하나님의 심판이 다른 사람들, 즉 이방 민족들을 향한 것이라고 생각했습니다. 그러나 하나님의 심판에는 예외가 없습니다.

우리는 자신에게 지나치게 관대합니다. 하나님께 예배드리고 예물을 드리는 종교적 행위를 하므로 스스로 굉장히 의롭고 괜찮은 사람이라고 생각합니다. 그러나 착각하지 말아야 합니다. 하나님이 원하시는 것은 크고 화려한 예배와 예물이 아닙니다. 종교 행위가 거룩한 삶을 대신하지 못합니다. 하나님은 우리의 종교 행위에 속지 않으십니다. 가난한 여인의 두 렙돈을 보고 누구보다도 더 많이 하였다고 말씀하셨습니다. 하나님은 물질의 크기가 아닌 마음의 크기를 보십니다.

하나님은 금속을 정련하는 불과 더러운 것을 씻어내는 잿물로 레위 자손을 깨끗하게 하겠다고 말씀하십니다. 그들이 깨끗해지면 다시 올바른 제물을 드리고 하나님을 기쁘시게 할 것입니다. 하나님이 우리에게 원하시는 것은 크고 화려한 예배와 제물이 아닙니다. 우리가 성결하기를 원하십니다. 올바르게 믿고 하나님을 기쁘시게 하는 삶을 살기를 원하십니다. 단순히 교회만 열심히 다니는 것으로는 안 됩니다. 겉으로 드러난 화려한 종교 행위에 속지 않기를 바랍니다.

하나님이 기뻐하시는 삶을 살고 있습니까?

거룩하신 하나님, 겉으로 드러난 화려한 종교 행위에 속아 영적으로 교만하지 않게 하옵소서. 우리의 심령을 거듭나게 하사 진실한 믿음의 사람이 되게 하옵소서. 하나님이 진정으로 기뻐하시는 삶을 살게 하옵소서. 예수님의 이름으로 기도합니다. 아멘.

양용직 목사 _ 선원교회

행복을 주시는 예수님

주일

7

93장
예수는 나의 힘이요

—

누가복음 19:1~9
예수께서 이르시되 오늘 구원이 이 집에 이르렀으니 이 사람도 아브라함의 자손임이로다 (9)

해마다 유엔(UN)에서 세계행복보고서를 발표합니다. 2024년 세계행복보고서에 의하면 143개국 중 우리나라는 52위로 OECD 국가 중 최하위권이었습니다. 우리나라가 경제력으로는 세계 상위권이지만 행복은 그렇지 않습니다. 행복에 영향을 미치는 것은 과연 무엇일까요?

오늘 본문은 예수님을 만나 행복한 삶을 되찾은 삭개오를 소개합니다. 삭개오는 사회적인 지위도 있었고 부유했지만 행복하지는 않았습니다. 그는 로마를 위해 세금을 걷었기 때문에 사람들에게 미움을 받았습니다. 예수님이 여리고에 들어오셨을 때 삭개오도 예수님을 만나고 싶었습니다. 하지만 삭개오는 키가 작아 사람들에게 가려 만날 수가 없었습니다. 그래서 그는 돌무화과나무에 올라갔습니다. 그런데 예수님은 그가 있는 곳으로 가셔서 "삭개오야" 하고 이름을 부르시며 "어서 내려오너라. 오늘은 내가 네 집에서 묵어야 하겠다(5, 새번역)."고 말씀하셨습니다. 예수님은 공동체 안에서 소외당하던 삭개오의 집에서 하룻밤을 지내겠다고 하셨습니다. 사람들은 그를 죄인이라고 손가락질했지만, 예수님은 그를 좋은 친구로 만나 주셨습니다.

삭개오는 집에 들어서자 '서서' 어린아이처럼 소리쳤습니다. "예수님, 내 소유의 절반을 가난한 사람에게 주겠습니다. 또 강제로 빼앗은 것이 있으면 네 배로 갚아 주겠습니다." 삭개오는 좋으신 예수님을 만난 이후 삶이 변했습니다. 물질적인 삶에서 나눔의 삶으로, 소유의 삶에서 베푸는 삶으로, 그리고 자기중심의 삶에서 이웃 중심의 삶으로 바뀌었습니다. 예수님은 삭개오를 향하여 "이 사람도 아브라함의 자손임이로다(9)."라고 선언해 주셨습니다. 삭개오의 사회적 관계를 회복시켜 주셨고, 구원받은 하나님의 백성으로 초대해 주셨습니다. 돈과 물질 중심으로 살아가던 삭개오는 예수님을 만나 진정한 삶의 행복을 느꼈습니다.

우리의 진정한 행복과 긍정적인 삶의 변화는 좋은 친구가 되어 주시는 예수 그리스도를 만날 때 가능합니다. 예수님은 우리에게 다가와 주시고, 우리의 이름을 불러 주시며, 자신의 생명보다 우리를 더 사랑하시는 분이기 때문입니다. 그런 예수님을 만나 행복한 삶을 살아가기를 소망합니다.

매일 성경 읽기
겔 12장 ☑ 13장 ☐
14장 ☐

하나님, 진정한 행복의 근원이 되시는 예수님을 만나기 원합니다. 삭개오를 만나 주신 것처럼 우리를 만나 주시고, 우리의 이름을 불러 주시며, 우리의 삶에 동행해 주옵소서. 예수님이 주시는 참된 행복을 누리며 살게 하옵소서. 예수님의 이름으로 기도합니다. 아멘.

이평일 목사 _ 이대병설영란여중

예수님을 만나
행복한 삶을 살고
있습니까?

성령의 은사

323장
부름 받아 나선 이 몸

고린도전서 12:4~11
이 모든 일은 같은 한 성령
이 행하사 그의 뜻대로 각
사람에게 나누어 주시는 것
이니라 (11)

하버드 대학교 마이클 샌델 교수는 『공정하다는 착각』이라는 책에서 "능력주의는 공정한가?"라는 질문을 던집니다. 능력에 따른 보상이 무척 정의로운 기준인 것 같지만 능력은 행운의 산물인 경우가 많습니다. 세계적인 축구선수 리오넬 메시가 르네상스 시대의 피렌체에서 태어났다면 어땠을까요? 재능을 가지고 태어난 것, 그 재능이 각광받는 시대에 태어난 것은 엄청난 행운의 결과가 아닐 수 없습니다. 마이클 샌델 교수가 능력주의 문제를 파고드는 이유가 있습니다. 모든 사람을 능력과 무능력으로 구별하는 이분법적인 능력주의가 미국 사회의 전통을 뿌리째 흔들고, 전대미문의 분열상을 만들고 있기 때문입니다.

고린도 교회도 능력주의가 문제였습니다. 고린도 교회는 사도 바울이 2차 전도 여행에서 세운 교회입니다. 사도 바울이 고린도 선교에 뛰어든 시간은 1년 6개월에 불과했으나 고린도 교인들의 열심과 뜨거운 신앙 덕분에 수많은 성령의 은사가 쏟아졌습니다. 짧은 기간에 놀라운 속도로 성장했습니다. 그러나 고린도 교인들은 신앙의 연륜이 짧은 탓에 은사를 세속적인 방식으로 접근했습니다. 은사가 있는 사람은 은사가 없는 사람을 무시했습니다. 은사를 받은 사람들 사이에서도 어떤 은사가 더 높은지 다투기 시작했습니다.

고린도 교회의 위기는 성장통이기도 했습니다. 서로의 다름을 알게 된 순간이 분열의 순간일 수도 있지만 진정한 사랑이 시작되는 순간일 수도 있습니다. 사도 바울은 고린도 교회가 겪는 위기 속에서 일치와 사랑의 길을 제시합니다. 은사는 성령께서 각 사람에 맞게 주신 복입니다. "또 사역은 여러 가지나 모든 것을 모든 사람 가운데서 이루시는 하나님은 같으니 각 사람에게 성령을 나타내심은 유익하게 하려 하심이라(6~7)." 모든 은사는 그리스도의 몸 된 교회를 위해 꼭 필요한 은사입니다.

그러나 아무리 좋은 은사와 능력을 가졌다 할지라도 사랑이 없으면 소용이 없습니다. 그리스도인에게 가장 바탕이 되는 믿음은 서로의 다름을 존중하고 협력하여 선을 이루는 사랑입니다. 믿음 소망 사랑, 그중에서 제일은 사랑입니다.

매일 성경 읽기
겔 15장 ✓ 16장 ☐
17장 ☐

성령께서 주신 은사로
협력하여 선을
이루고 있습니까?

사랑하는 주님, 귀하고 빛나는 은사만 탐하는 것이 아니라, 낮은 곳에서 섬기고 양보하고 사랑하는 은사를 사모하는 주의 자녀가 되게 하옵소서. 내가 받은 은사를 귀하고 감사하게 여기며, 다른 이가 받은 은사도 존중하게 하옵소서. 예수님의 이름으로 기도합니다. 아멘.

우동혁 목사 _ 만남교회

저녁에는 울음이 깃들일지라도

'백야'는 기울어진 지구 자전축 때문에 일정 시기 북극 지방에 낮만 계속되는 현상을 말합니다. 정반대 현상도 있습니다. 자전축 기울어진 방향이 반대가 되는 시기 북극 지방에 이번에는 밤만 계속되는데 이것이 '극야'입니다. 스웨덴의 경우 백야는 여름에, 극야는 겨울에 생깁니다. 오래전 이 지역 주민들은 극야를 두려워했습니다. 하지만 기독교 전래 이후에는 '성 루치아의 날'이라는 전통을 만들어 두려움을 극복했습니다. 전설 속 기독교 성녀 루치아로 분한 어린 소녀들이 캄캄한 극야의 날에 머리에 밝은 등을 달고 교회에서 나와 행진하면서 사람들에게 빵을 나누어 주는 풍습이 생긴 것입니다. 한겨울에 선물을 나누어 주는 또 하나의 산타입니다. 노벨상 시상식도 이날에 맞출 정도로 스웨덴 사람들에게는 큰 잔치입니다. 스웨덴 교회는 가장 불길하게 여기던 어둠의 날을 오히려 제일 밝은 축제의 날로 바꾸어냈습니다.

오늘 본문에는 몇몇 부정적인 단어들이 나옵니다. 스올, 무덤, 노염, 울음 같은 것들입니다. 살다 보면 이렇게 어두운 말들 속에 삶 전체가 매몰될 때가 있습니다. 빠져나갈 구멍 없는 길고 긴 어둠의 날이 무덤처럼 내 인생을 뒤덮어 두려움과 슬픔의 '극야'를 경험하게 합니다. 행여 이런 일이 닥쳐올지라도 우리 믿음의 사람들은 좌절하거나 낙심할 필요가 없습니다. 왜냐하면 그 어떤 어둠 속에서도 하나님이 빛이 되어 주시기 때문입니다. 캄캄한 저녁에는 울음이 닥쳐오지만, 빛 되신 하나님이 아침을 열어 주실 때 결국 우리는 기뻐할 것입니다.

"주님의 진노는 잠깐이요, 그의 은총은 영원하니, 밤새도록 눈물을 흘려도, 새벽이 오면 기쁨이 넘친다(5, 새번역)." 이 믿음을 가진 자들은 극야의 밤을 지날 때도 기쁨의 빛을 흩뿌리며 사람들 사이를 당당히 행진합니다. 밤의 울음을 용기 있게 헤쳐나와 기쁨의 아침을 맞이합니다. 슬픔과 어둠의 시기에 두려워 떨지 마십시오. 주님은 우리 영혼을 스올에서 끌어내어 살리실 것입니다. 극야의 반대편에 백야가, 고난의 뒤편에 은혜가 있습니다. 밝아오는 아침, 우리는 주님과 함께 환히 웃을 것입니다. 밤새 눈물을 흘려도, 새벽에는 기쁨이 넘칠 것입니다.

337장
내 모든 시험 무거운 짐을

—

시편 30:1~7
그의 노염은 잠깐이요 그의 은총은 평생이로다 저녁에는 울음이 깃들일지라도 아침에는 기쁨이 오리로다 (5)

매일 성경 읽기
겔 18장 ☑ 19장 ☐
20장 ☐

하나님, 절망의 밤에 소망의 아침을 약속하심을 믿습니다. 우리 안에 좌절과 낙심, 포기와 우울감을 허락하지 마옵소서. 그리스도의 최후 승리를 바라보고 담대히 인내하게 하옵소서. 어두운 세상에 빛으로 오신 주님을 찬양합니다. 예수님의 이름으로 기도합니다. 아멘.
류성렬 목사 _ 나무십자가교회

고난 앞에서
어떤 자세를
가져야 할까요?

기름 부음의 의미

182장
강물같이 흐르는 기쁨

—

사무엘상 16:1~13
사무엘이 기름 뿔병을 가져
다가 그의 형제 중에서 그
에게 부었더니 이 날 이후
로 다윗이 여호와의 영에게
크게 감동되니라 (13a)

매일 성경 읽기
겔 21장 ☑ 22장 ☐
23장 ☐

사무엘은 하나님의 명령을 받고 이새의 집으로 갔습니다. 사무엘은 이새의 큰아들 엘리압을 보고 마음에 들어 했지만, 하나님은 그 자리에 없는 막내아들 다윗을 굳이 불러서 그에게 기름을 붓게 하셨습니다. 이때 다윗은 '기름 부음'의 의미를 알아차렸을까요? 그의 아버지나 형들은 어땠을까요?

사무엘은 아무런 설명도 하지 않습니다. 단지 다윗에게 기름을 붓고 말없이 떠나갔을 뿐입니다. 아무도 '기름 부음'의 진정한 의미를 알지 못했습니다. 사무엘이 입을 다물고 있는 한, 사울을 대신하여 다윗을 왕으로 삼으시려는 하나님의 계획을 아무도 알지 못할 것입니다. 다윗 자신도 그 사실을 알지 못했습니다. 그렇다면 기름 부음이 무슨 의미가 있습니까? 하나님은 왜 다윗에게 기름을 부으라고 하셨을까요?

기름 부음 받은 날부터 다윗에게 한 가지 의미 있는 변화가 나타나기 시작했습니다. 여호와의 영에게 크게 감동된 것입니다(13). 새번역 성경은 "주님의 영이 그 날부터 계속 다윗을 감동시켰다(13)."고 합니다. 공동번역 성경은 "그 날부터 줄곧 그에게 머물러 있었다", 메시지성경은 "하나님의 영이 급한 바람처럼 다윗 안에 들어가, 그가 살아 있는 동안 큰 능력을 부어 주셨다"고 합니다. 여기에서 우리는 '계속', '줄곧', '살아 있는 동안'이라는 표현에 주목해야 합니다. 기름 부음과 함께 다윗에게 하나님의 영이 임하여 그가 사는 동안 지속해서 영향을 끼쳤다는 뜻입니다.

사울도 처음에는 하나님의 영에 감동된 사람이었습니다. 성경은 "사울이 이 말을 들을 때에 하나님의 영에게 크게 감동되매(11:6)."라고 기록합니다. 그러나 그때뿐이었습니다. 그 이후로 사울의 인생에서 '하나님의 영'은 더 이상 언급되지 않습니다. 사울은 점점 하나님과 상관없는 사람이 되어간 것입니다. 하나님의 영이 다윗에게 임하여 그를 감동하기 시작하자, 그와 동시에 사울에게서는 하나님의 영이 떠나갑니다. 사울은 그렇게 하나님께 버림을 받았습니다.

기름 부음은 하나님의 영에 감동되는 것입니다. 아니, 하나님의 감동에 따라 살아가는 것입니다. 하나님은 그런 사람을 높여 사용하십니다.

하나님이 주시는
감동에 따라
살아가고 있습니까?

사랑의 하나님, 우리에게 성령의 기름을 부어 주옵소서. 그리하여 하나님의 영에 감동되어 살아가게 하옵소서. 한때만이 아니라 우리가 살아 있는 동안 계속해서 하나님이 주시는 감동에 따라 살게 하옵소서. 예수님의 이름으로 기도합니다. 아멘.

유요한 목사 _ 한강중앙교회

다만 하나님을 섬기라

예수님은 풍성한 생명을 주시려고 이 땅에 오셨지만, 마귀는 '도둑'이요 '거짓의 아비'라는 별명처럼 끊임없는 거짓말로 우리를 속이고 유혹하여 사망에 이르게 합니다. 오늘 본문은 우리를 속이는 마귀의 수법을 알려 줍니다.

세례를 받으신 예수님은 성령에 이끌려 광야로 가시고, 그곳에서 40일 동안 금식하며 공생애를 준비하십니다. 주린 예수님 앞에 나타난 마귀는 예수님이 정말 하나님의 아들이라면 "이 돌들로 떡덩이가 되게 하라(3)."고 시험합니다. 예수님은 사람에게 먹고사는 일이 중하지만 떡이 아닌 하나님의 말씀을 의지해서 사는 사람이 진짜 하나님의 자녀라고 말씀하십니다.

이제 마귀는 예수님을 거룩한 성, 예루살렘 성전 꼭대기에 세우고는 "네가 만일 하나님의 아들이어든 뛰어내리라(6)."고 유혹합니다. 하나님께서 천사들을 통해서 안전하게 지켜 주실 것이니 뛰어내리라는 것입니다. 이번에도 예수님은 "주 너의 하나님을 시험하지 말라."는 신명기 말씀을 인용하여 마귀의 시험을 물리치십니다.

첫 번째 시험이 우리의 '생존 욕구', 두 번째 시험이 '안전 욕구'를 자극한 것이라면, 마지막 시험은 '통제 욕구'를 이용합니다. 마귀는 예수님을 지극히 높은 산으로 이끌고, 그곳에서 천하만국과 그 영광을 보여 주고는 세상의 영광을 주겠다고 말합니다. 그러면서 조건을 붙이는데, 자기에게 엎드려 경배하라고 합니다. '엎드리다'에 해당하는 헬라어 "핍토"는 '넘어지다', '실패하다'와 더불어 '굴복하다'라는 뜻도 있습니다. 사람은 대개 누군가의 통제나 지배를 거부하고, 다른 사람을 부리며 사는 것이 성공한 인생이라고 생각합니다. 하지만 그런 욕구가 마귀에게 굴복하여 마귀가 시키는 대로 살게 만드는 것을 알 수 있습니다.

인생의 참된 자유와 성공의 비결은 오직 하나님께만 경배하고, 하나님만 섬기며 사는 데 있습니다. 우리의 욕구를 이용해서 마귀는 우리 자신을 섬기다가 멸망에 빠지게 합니다. 말씀을 통해 주시는 지혜와 기도의 은혜를 통하여 마귀의 거짓을 분별해야 합니다. 오직 주만 섬기며 하나님이 주시는 풍성한 생명을 누리며 살기 바랍니다.

날마다 풍성한 은혜를 베푸시고 일용할 양식을 주시는 하나님, 감사합니다. 우리가 세상적인 욕심에 빠져 주님을 잊지 않게 하옵소서. 오직 하나님만 의지하고 섬기며 살아가는 진짜 하나님의 자녀들이 되게 하옵소서. 예수님의 이름으로 기도합니다. 아멘.

주홍덕 목사 _ 독립문교회

342장
너 시험을 당해

___

마태복음 4:8~11
이에 예수께서 말씀하시되 사탄아 물러가라 기록되었으되 주 너의 하나님께 경배하고 다만 그를 섬기라 하였느니라 (10)

매일 성경 읽기
겔 24장 ☑ 25장 ☐
26장 ☐ 27장 ☐

자신이 아닌
하나님을 섬기며
살고 있습니까?

빈손으로 곁에 있는 형제를 도우라

9
금요일

12

429장
세상 모든 풍파
너를 흔들어

———

레위기 25:35~38
나는 너희의 하나님이 되며
또 가나안 땅을 너희에게
주려고 애굽 땅에서 너희를
인도하여 낸 너희의 하나님
여호와이니라 (38)

매일 성경 읽기
겔 28장 ☑ 29장 ☐
30장 ☐ 31장 ☐

'인정은 남을 돕는 일이 아니다'라는 말이 있습니다. 인정, 즉 남을 동정하고 따뜻한 마음을 베푸는 일은 상대를 도울 뿐만 아니라 나에게도 도움이 된다는 뜻입니다. 사자가 생쥐를 살려 주었더니 나중에 생쥐가 사자를 잡은 그물을 이빨로 끊어서 사자를 살려 주었다는 이솝 우화도 있습니다. 생쥐에게 관대함을 베푼 사자는 그 관대함으로 인해 자신에게 닥친 위기에서 벗어납니다. 성경을 모르는 세상에서도 관대함과 자비는 돌고 돌아 결국 내게 돌아온다는 교훈을 남깁니다. 그런데 성경의 관대함과 자비는 이것과는 차원이 다릅니다. 아무것도 아닌, 심지어는 죄인인 인간이 하나님의 사랑 하나로 구원을 받는다는 엄청난 사랑의 차원입니다.

오늘 본문 말씀은 하나님이 애굽에서 탈출한 이스라엘 백성에게 명하신 이자 금지법입니다. 너 나 할 것 없이 가난한 노예였던 이스라엘 백성은 모두 같은 처지였으나 시간이 지나면서 빈부의 격차가 생깁니다. 어쩌다가 흉작이라도 들면 농부는 당장 돈이나 음식 혹은 새로운 종자를 꾸어야만 했습니다. 하나님은 이윤을 생각하지 말고 피할 수 없는 가난을 맞닥뜨린 형제를 도우라고 하십니다.

이스라엘 백성이 이렇게 해야만 하는 이유가 있습니다. 하나님께서 이스라엘 백성의 하나님이 되려고 이스라엘 백성을 이집트 땅에서 이끌어내셨고, 가나안 땅을 주셨기 때문입니다. 하나님께서 이스라엘 백성에게 아무런 대가 없이, 오직 사랑한다는 이유 하나만으로 은혜와 자비를 베풀어 주셨기 때문입니다. 하나님께서 베푸신 은혜와 자비, 그리고 측량할 수 없는 사랑은 이스라엘 백성이 서로에게 관대하고 자비를 베풀 근거가 된다고 하나님은 말씀하십니다.

하나님의 사랑을 생각해서라도 우리는 빈손으로 우리 곁에 있는 형제와 자매를 아무 조건 없이 사랑하며 자비를 베풀어야 합니다. 오늘 내 곁에 있는 형제와 자매가 빈손이라고 해서 부담스러워하거나 멀리하지 마십시오. 그들에게 관대함과 자비, 그리고 사랑을 베풀어야 합니다. 하나님의 사랑과 명령을 기억하며 서로에게 사랑을 실천하기 바랍니다.

내 곁의 형제에게
어떻게 자비를 베풀 수
있을까요?

사랑의 하나님, 죄인인 우리에게 측량할 수 없는 사랑을 베풀어 주셔서 감사합니다. 반복되는 죄와 악행에도 끊임없는 용서로 사랑하신 주님을 기억합니다. 우리도 형제와 자매에게 사랑과 자비를 베풀며 살아가게 하옵소서. 예수님의 이름으로 기도합니다. 아멘.

김청규 목사 _ 살림교회

믿음의 사람

예수 믿는 사람을 두 부류로 나눌 수 있습니다. 하나는 예수를 믿기는 하지만 간신히 구원만 받아 살아가는 사람입니다. 겨우 교회에는 나오지만 그 이상 아무것도 없습니다. 하나님이 주시는 엄청난 복을 경험한 적도 없습니다. '작은 믿음'의 사람입니다. 반면 성경에 약속된 모든 복을 맛보고 누리면서 사는 사람이 있습니다. 병 고침 받는 기적이나 방언, 예언 등 복을 경험하며 사는 큰 믿음의 사람입니다. 이런 사람은 받은 복을 다른 사람에게도 나누어 주는 '성숙한 믿음'의 사람입니다.

작은 믿음과 성숙한 믿음의 차이는 주님과의 만남에 있습니다. 바울은 다메섹 도상에서 주님을 만나 인생이 바뀌었습니다. 주님의 뜻 가운데 목표를 세웠기에 전도의 힘든 사역에도 흔들리지 않고 끝까지 믿음을 지켰습니다. 삭개오는 자기 재산의 반을 가난한 사람에게 주고, 토색한 일이 있다면 네 배나 갚겠다고 했습니다. 예수님을 자기 집으로 영접했기 때문에 변화가 일어나고 베푸는 자가 된 것입니다. 주님을 만나지 못한 사람은 그런 변화를 경험할 수 없습니다. 자기가 가진 것이 부족하다 여기기 때문에 나눌 줄 모르고, 오히려 남의 것에 욕심을 냅니다. 예수를 믿으면서도 세상 사람들처럼 늘 불안해하고, 물질에 집착하며 더 많이 소유하기를 원합니다. 그러나 성경은 물질을 사랑하는 것이 일만 악의 뿌리라고 가르칩니다(딤전 6:10). 물질이 하나님의 은혜와 연결될 때는 복과 기쁨이 되지만, 은혜 없는 물질은 가정과 인격을 파괴할 뿐입니다.

오늘 본문을 보면 바울은 마침내 로마에 도착합니다. 죄인의 모습으로 온 그를 환영하고 기다리는 사람은 소수 몇 사람뿐입니다. 하지만 바울은 낙심하지 않았고 오히려 용기를 얻었습니다. 그의 목표는 분명했고 그 여정을 주님과 함께했기 때문입니다.

우리는 어떻습니까? 지금 나의 믿음은 어디로 향하고 있습니까? 믿음의 방향이 없다는 것은 방황하고 있다는 뜻입니다. 그러므로 먼저 주님을 영접하여 목표를 분명하게 설정하기를 바랍니다. 그리고 믿음으로 결정한 그 길을 주님과 함께 걷는 행복한 여정이 되기를 소망합니다.

토요일

13

449장
예수 따라가며

——

사도행전 28:11~16
거기서 형제들을 만나 그들의 청함을 받아 이레를 함께 머무니라 그래서 우리는 이와 같이 로마로 가니라 (14)

매일 성경 읽기
겔 32장 ☑ 33장 ☐
34장 ☐ 35장 ☐

임마누엘의 하나님, 내 중심에 무엇이 있는지 살피게 하옵소서. 우리의 인생을 기쁘게 하는 것이 무엇이든 주님과 함께 누리게 하옵소서. 끝날까지 항상 함께하신다 약속해 주신 주님의 음성을 듣고 믿음으로 승리하게 하옵소서. 예수님의 이름으로 기도합니다. 아멘.

윤성덕 목사 _ 군자제일교회

나는 믿음으로
주님과 함께
나아가고 있습니까?

평화의 왕 그리스도

412장
내 영혼의 그윽히
깊은 데서

스가랴 9:9~10
내가 에브라임의 병거와 예루살렘의 말을 끊겠고 전쟁하는 활도 끊으리니 그가 이방 사람에게 화평을 전할 것이요 그의 통치는 바다에서 바다까지 이르고 유브라데 강에서 땅 끝까지 이르리라 (10)

매일 성경 읽기
겔 36장 ☑ 37장 ☐

예언자 스가랴는 말씀합니다. "도성 시온아, 크게 기뻐하여라. 도성 예루살렘아, 환성을 올려라. 네 왕이 네게로 오신다. 그는 공의로우신 왕, 구원을 베푸시는 왕이시다. 그는 온순하셔서, 나귀 곧 나귀 새끼인 어린 나귀를 타고 오신다(9, 새번역)." 여기서 '왕'이란 이스라엘 사람들이 기대하는 메시아입니다. 스가랴는 바벨론 포로기 이후 페르시아가 당시 패권을 가지고 있을 때 기록된 말씀입니다. 나라의 기초를 다시 세울 때 메시아를 기대했다면, 또 다른 바벨론이 될지도 모르는 페르시아의 영향권에서 완전히 독립할 군사 영웅을 기대하지 않았겠습니까? 그런데 스가랴는 말이 아닌 나귀를 탄 온유하신 분이 메시아라고 합니다.

메시아는 "내가 에브라임의 병거와 예루살렘의 말을 끊겠고 전쟁하는 활도 끊으리니 그가 이방 사람에게 화평을 전할 것이요 그의 통치는 바다에서 바다까지 이르고 유브라데 강에서 땅 끝까지 이르리라(10)."고 선포합니다. 이방 민족에게 전쟁이 아닌 '평화(平和)'를 선포합니다. 평화의 한자어를 파자해 보면, 평(平)은 두 사람이 상 위에 앉아 있는 모습이고, 화(和)는 벼 화(禾) 자에 입 구(口) 자를 더한 말입니다. 즉 두 사람이 같은 평상에 앉아 밥을 먹는 것, 이것이 평화입니다. 이스라엘과 이방인이 활과 전쟁 무기를 버리고 같이 한 상에 앉아 밥을 먹을 것이며, 이 평화가 바다에서 바다까지 이르고 유브라데 강에서 땅 끝까지 이를 것이라고 했습니다. 강을 중심으로 이 나라 저 나라가 분열되는 것이 아니라, 강을 통해 화합하고 모든 물줄기가 바다에서 하나 되는 나라를 메시아가 이끄신다는 것입니다.

어린 나귀를 타고 예루살렘에 입성하는 분은 예수 그리스도이십니다. 하나님과 우리 사이의 막힌 담을 허무신 예수님은 유대인과 이방인의 벽, 그리고 나와 다른 사람의 벽도 허무십니다. 나와 생각, 뜻, 인종이 다른 사람과의 벽을 허무십니다. 주님은 서로 다른 우리가 화해하고 하나 될 때까지 우리에게 들어오십니다. 지금도 우리의 가슴과 삶 속에 겸손히 들어오시는 주님을 환영하며 기뻐하고, 우리 사이에 있는 모든 벽과 적대감이 사라지기를 간절히 바랍니다.

화해를 위해
들어오시는 주님을
환영하고 있습니까?

하나님, 우리에게 평화의 왕을 보내 주신 은혜에 감사드립니다. 오늘 우리의 삶 한복판으로 겸손히 들어오시는 예수 그리스도를 환영하고, 기쁨의 밥상을 만들어 서로 하나 되게 하옵소서. 모든 벽과 적대감이 사라지게 하옵소서. 예수님의 이름으로 기도합니다. 아멘.

최대광 목사 _ 공덕교회

주의 말씀은 내 발의 등이요

19세기 영국의 화가 조지 프레데릭 와츠가 그린 〈소망〉이라는 작품은 앞을 못 보는 여인이 둥근 지구 위에 고독하게 앉아 있는 풍경을 표현합니다. 여인의 품에는 단 한 줄만 남은 비파가 있습니다. 캄캄한 밤하늘, 오직 별 하나만 반짝이는 칠흑 같은 어둠 속에서 여인은 한 줄 남은 비파를 튕기며 노래를 부릅니다. 작가는 그것이 소망이라고 합니다. 혼자인 것 같은 처절한 외로움이 엄습할지라도 하나님과 교통할 수 있는 한 가닥 줄만 있다면 인생을 아름답게 노래할 수 있습니다. 우리에게 그 남은 한 가닥의 줄은 '말씀'입니다.

"내 발에 등(105)"이라 할 때 '등'은 길을 걷는 사람이 실족하지 않도록 앞을 비춰 주는 도구입니다. 하나님의 말씀이 거친 인생길을 걷는 우리가 실족하여 넘어지지 않도록 앞길을 비춰 주는 등불이 됩니다. "내 길에 빛(105)"이라 할 때 '빛'은 길을 가는 사람들이 가야 할 방향을 알려 주는 역할을 합니다. 인생이라는 항해에서 갈 바를 알지 못할 때, 말씀의 인도를 받아야 비로소 목적지인 항구에 무사히 도착할 수 있습니다.

그러면 하나님의 말씀을 어떻게 대해야 합니까? 요한계시록에 의하면 책을 먹어야 합니다. 씹고, 음미하고, 즐거움을 누리고 위장으로 내려보내면 소화가 되어 피가 되고 살이 됩니다. 하나님의 말씀을 내 마음 안에 집어넣고 내 입술에서 계속 되뇌면 됩니다. 읽고 듣고 쓰고 묵상하면 됩니다. 삶의 에너지를 만들어내는 먹는 행위는 누가 대신해 줄 수 없습니다. 신앙도 그렇습니다. 다른 사람이 받은 은혜로 살 수가 없습니다. 말씀도 자신이 먹어야 합니다. 마음이 저절로 강하고 담대해지지 않습니다. 마음의 평안이 저절로 오지 않습니다. 묵상할 때 말씀의 위력을 체험합니다. 묵상은 하나님의 말씀을 자기 안에 채우는 것입니다. 말씀은 격언, 교훈, 인문학 책과는 차원이 다릅니다. 성경은 성령의 감동으로 기록된 책입니다. 성경을 읽을 때 성령의 역사가 일어납니다. 말씀을 읽는 단계에서 좀 더 나아가면 말씀이 나를 붙드는 단계가 옵니다. 내가 말씀을 붙드는 것이 아니라 말씀이 나를 붙들어 주어야 합니다. 오늘 말씀을 붙드십시오. 그 말씀을 내 말씀으로 여기고 말씀 속으로 들어가십시오. 그러면 말씀이 나를 이끌어갈 것입니다.

매일 성경 읽기
겔 38장 ☑ 39장 ☐

하나님, 하나님의 말씀이 보이는 육신을 입고 우리에게 오셨습니다. 주님이 보여 주고 가르쳐 주신 말씀을 통하여 우리에게 임한 하나님 나라를 보게 하옵소서. 오늘도 일상의 깊이 가운데 일하시는 하나님을 증언하게 하옵소서. 예수님의 이름으로 기도합니다. 아멘.

문병하 목사 _ 덕정교회

내 발의 등이 되고
내 길의 빛이 되는
말씀이 있습니까?

까마귀들이 너를 먹이게 하리라

391장
오 놀라운 구세주

열왕기상 17:1~7
까마귀들이 아침에도 떡과 고기를, 저녁에도 떡과 고기를 가져왔고 (6a)

엘리야 선지자 시대에 수년 동안 이슬도 비도 내리지 않은 척박한 광야의 때가 있었습니다. 엘리야는 하나님의 명령대로 요단 앞 그릿 시냇가에 숨어 그 시냇물을 마셨습니다. 그러나 사람이 물만 먹고 살 수는 없는 일입니다. 가뭄으로 많은 사람이 죽음의 문턱에서 허덕일 때, 하나님께서 까마귀들에게 명령하여 광야에서 그를 먹이게 하셨다는 동화 같은 이야기가 펼쳐집니다.

까마귀는 죽은 동물도 먹어 치우는 습성을 가진 새입니다. 하나님의 사람 엘리야라도 그런 까마귀가 음식을 날라다 준다는 것을 쉽게 믿을 수 없었을 것입니다. 그러나 엘리야는 하나님을 원망하지 않았습니다. 그곳을 떠나 먹을 것을 찾아 헤매지도 않았습니다. 그곳에서 엘리야는 하나님의 공급하심을 경험합니다. "까마귀들이 아침에도 빵과 고기를 그에게 가져다 주었고, 저녁에도 빵과 고기를 그에게 가져다 주었다. 그리고 물은 그 곳 시냇물을 마셨다(6, 새번역)."

엘리야는 자기를 죽이려는 이세벨을 피해 도망할 때 하나님의 공급하심을 또 한 번 경험합니다. 엘리야는 로뎀 나무 아래서 탄식했습니다(19:4). 존 오트버그는『관계훈련』이라는 책에서 '원망'과 '탄식'의 차이를 이렇게 설명합니다. "하나님은 탄식을 명령하고, 원망은 금하셨다. 탄식은 하나님의 면전에서 이루어지지만, 원망은 하나님의 등 뒤에서 이루어진다. 믿음의 사람들은 슬픔과 고통 속에 무릎을 꿇고 하나님 앞에서 탄식하지만, 원망하는 자들은 제멋대로 자신의 시각에서 상황을 과장하고 남을 탓하고, 하나님께 불평한다." 엘리야는 주님 앞에 원망이 아닌 탄식을 한 사람입니다. 그런 엘리야에게 하나님은 먹이심으로 힘을 주셨습니다.

엘리야는 언제나 하나님만을 의지하고 신뢰하며, 말씀에 온전히 순종하였습니다. 하나님은 우리가 이런 믿음의 사람이 되기를 바라십니다. 하나님은 말씀에 순종하는 자들에게 놀라운 방법으로 그 필요를 넉넉히 채워 주십니다. 믿음은 순종으로 나아가게 하는 힘이며, 순종은 그 믿음을 더욱 굳세고 단단하게 다져 줍니다. 우리의 믿음과 순종을 통하여 하나님의 공급하시는 세밀한 손길을 경험할 수 있기를 원합니다.

매일 성경 읽기
겔 40장 ☑ 41장 ☐

언제나 하나님만 신뢰하고 있습니까?

모든 형편을 아시는 주님, 고난 중에도 함께하심을 감사합니다. 하나님만을 의지하고 신뢰하기 원합니다. 하나님 말씀에 대한 순종의 믿음으로 충만케 하옵소서. 도우시고 이끄시는 주님의 은혜를 넉넉히 체험하게 하옵소서. 예수님의 이름으로 기도합니다. 아멘.

이상현 목사 _ 여명교회

보배롭고 존귀한 자

하나님은 우리를 지으신 분이요, 우리는 그의 백성입니다. 사랑이 많으신 하나님은 당신의 백성이 아파하는 모습을 견딜 수 없어 하십니다. 비록 그 백성이 하나님을 멀리하고 떠나 있을지라도 말입니다. 하나님의 사랑은 자녀의 아픔을 자신의 아픔처럼 느끼는 부모의 사랑으로도 비할 수 없는 큰 사랑입니다. 오늘 본문 말씀은 그러한 하나님의 사랑을 잘 표현해 주고 있습니다.

하나님은 선지자들을 통해 당신의 백성에게 말씀하십니다. 이방신을 버리고, 다른 나라를 의지하지 말고, 오직 하나님만을 섬기며 하나님께로 돌아오라는 말씀입니다. 하지만 이스라엘 백성은 끝까지 그들의 죄에서 돌이키지 않았습니다. 결국 이방 민족에 의해 나라가 멸망할 위기에 처하고 말았습니다. 나라가 망하고 이방 민족의 포로가 될 것이라는 이사야 선지자의 말씀을 듣고 백성은 크게 낙담하고 절망하며 두려워하였습니다.

그들의 마음을 아신 하나님께서 그들을 향해 다시 회복의 메시지를 들려주십니다. "네가 내 눈에 보배롭고 존귀하며 내가 너를 사랑하였은즉 내가 네 대신 사람들을 내어 주며 백성들이 네 생명을 대신하리니(4)." '보배롭다'에 해당하는 히브리어 "야카르"는 '다른 것과 비교할 수 없는 가치 있는 존재'를 뜻합니다. 이스라엘 백성은 하나님을 떠난 그들의 죄로 인해 나라를 잃고 포로가 되어 살아갈 운명에 처했습니다. 하지만 여전히 그들은 하나님께 가장 소중하고 가치 있는 존재였습니다. 그래서 하나님은 당신의 백성을 내버려 두지 않고 다시 회복하고 구원해 주겠다고 약속하신 것입니다. "내 이름으로 불려지는 모든 자 곧 내가 내 영광을 위하여 창조한 자를 오게 하라 그를 내가 지었고 그를 내가 만들었느니라(7)."

하나님은 우리의 아픔을 결코 외면하지 않으시는 분입니다. 비록 우리가 연약하여 잠시 하나님과 멀어져 있을지라도 우리를 향한 그분의 사랑은 결코 우리를 포기하지 않으십니다. 하나님은 우리를 끝까지 붙잡아 주실 것입니다. 그러므로 우리를 보배롭고 존귀하게 여겨 주시는 하나님의 기대와 사랑 안에서 떠나지 말아야 합니다. 항상 그 은혜 가운데 살아가는 우리가 되기를 소망합니다.

수요일

17

299장
하나님 사랑은

―

이사야 43:1~7
야곱아 너를 창조하신 여호와께서 지금 말씀하시느니라 이스라엘아 너를 지으신 이가 말씀하시느니라 너는 두려워하지 말라 내가 너를 구속하였고 내가 너를 지명하여 불렀나니 너는 내 것이라 (1)

매일 성경 읽기
겔 42장 ☑ 43장 ☐

사랑의 하나님, 하나님은 언제나 우리의 작은 신음에도 응답하시며 물과 불 가운데서도 우리를 지키시는 분임을 믿습니다. 어떤 상황 속에서도 하나님을 떠나지 않고, 우리를 향하신 기대와 사랑 안에 살아가게 하옵소서. 예수님의 이름으로 기도합니다. 아멘.

김명윤 목사 _ 신도제일교회

하나님은 우리를
포기하지 않고
사랑하심을 믿습니까?

생명이 너를 삼킬 것이다

9
목요일

18

413장
내 평생에 가는 길

고린도후서 5:1~5
오히려 덧입고자 함이니 죽을 것이 생명에 삼킨 바 되게 하려 함이라 (4b)

죽음의 눈초리는 섬뜩합니다. 무심히 일상을 살다가 불현듯 그 눈초리를 느낄 때가 있습니다. 언제든 달려들어 우리를 집어삼킬 수 있는 어둠의 힘, 죽음의 무시무시한 힘을 의식할 때 우리는 두려움을 느낍니다. 그런데 오늘 본문은 놀라운 반전을 예고합니다. "죽음이 생명을 삼키는 것이 아니라 생명이 죽음을 삼킨다." 바울의 목소리는 단호합니다.

초대 교회 그리스도인들의 삶은 큰 풍파처럼 휘몰아쳐 오는 고난과 시련의 연속이었습니다. 막막한 현실을 맨몸으로 견뎌내는 성도의 모습은 황량한 벌판 위에 서 있는 장막, 초라한 텐트처럼 위태로워 보였을 것입니다. 장막(skēnos)은 플라톤 이래로 유한한 인간의 몸을 가리키는 은유적 표현입니다. 바울은 '땅에 있는 우리의 장막 집'이 결국 무너질 수밖에 없음을 예감합니다. 장막이 무너진다는 것은 생명이 스러진다는 뜻입니다. 생명이 죽음에게 삼켜지는 것입니다.

그런데 우리가 한 번도 생각해 본 적이 없는 생생한 비전이 바울의 시야를 가득 채웁니다. 무너진 장막 위로 하나님께서 지으신 집, 하늘에 있는 영원한 집이 내려와 그 장막을 감싸 안습니다. 땅의 장막이 하늘의 집을 '덧입는 것'입니다. 하늘의 집은 우리가 죽은 후에 가는 '장소'를 뜻하는 말이 아니라 새롭게 완성된 '부활의 몸'을 가리키는 표현입니다. 옷 위에 새로운 옷을 껴입는 것처럼, 지금 우리의 몸이 영원한 하늘의 몸을 덧입는 것입니다.

우리의 몸은 언젠가 벗어 던져야 할 지긋지긋한 굴레가 아닙니다. 우리는 이 몸으로 사랑하고 아파하면서 순례의 길을 걸어갑니다. 사랑의 상처, 고난의 흉터, 뼈아픈 고통, 수치, 한계의 흔적을 고스란히 간직한 우리의 몸이 영광의 몸을 덧입을 것입니다. 두 손과 옆구리의 상처를 그대로 간직한 예수님의 몸이 부활의 몸을 덧입으신 것처럼 말입니다.

죽음의 세력이 우리를 삼키려고 입 벌리고 달려드는 것 같은 현실이지만, 우리는 말씀을 통해 더욱 강력하고 생생한 현실을 우러러봅니다. 죽을 수밖에 없는 우리의 몸이 새 생명의 몸으로 덧입혀짐, 크고 영원하신 생명에 삼켜짐을 미리 맛보며 노래합니다. "내 영혼 평안해, 내 영혼 내 영혼 평안해!"

매일 성경 읽기
겔 44장 ☑ 45장 ☐
46장 ☐

크고 영원한 생명에 대한 소망이 있습니까?

두 손과 옆구리의 상처를 보이며 제자들에게 평화를 선포하신 주님, 고통과 상처가 가득한 몸이 부활의 몸을 덧입게 됨을 믿으며 전진합니다. 우리의 눈을 열어 주셔서 생명이 죽음을 삼키는 놀라운 승리를 보게 하옵소서. 예수님의 이름으로 기도합니다. 아멘.

손성현 목사 _ 숨빛청파교회

하나님이 높이 세우신 자, 다윗

다윗의 마지막 말은 자기 정체성에 대한 세 가지 고백으로 시작합니다(1). 첫째, '높이 세워진 자'입니다. 다윗은 이새의 여덟 번째 아들이자 무명의 목동이었습니다. 그런 그를 하나님은 골리앗과의 대결을 통해 구국 영웅으로 만들어 이스라엘의 정치무대 중심에 등판시키셨습니다. 그리고 다윗을 이스라엘 역사에서 가장 위대한 왕이 되게 하셨습니다. 다윗은 자신을 '이새의 아들'이라고 표현하며 지극히 작은 자를 왕이 되게 하신 하나님을 높입니다. 다윗 인생의 주어는 항상 '하나님'입니다. 이것이 바로 다윗의 신앙입니다.

둘째, '기름 부음을 받은 자'입니다. 다윗은 통일왕국의 왕이 되기까지 세 번의 기름 부음을 받았습니다. 그만큼 왕이 되는 길이 험난하고 어려웠음을 의미합니다. 그러나 다윗은 시편 139편에서 자신이 어머니 태중에서 지음을 받을 때 이미 주의 책에 자신을 향한 계획이 다 기록되었다고 고백함으로써 이 또한 하나님의 섭리였음에 감사합니다.

셋째, 다윗은 자신을 '이스라엘의 노래하는 자'로 소개합니다. 다윗의 시편에는 고난과 전쟁에서 구해 주신 구원의 하나님, 반석이신 하나님을 향한 찬양으로 가득합니다. 이처럼 다윗은 하나님의 영이 충만한 자였고, 모세처럼 하나님을 대면하여 알던 사람이었습니다. 그래서 다윗은 하나님에 대한 명확한 신앙고백과 자기 정체성을 가지고 있었습니다. 우리도 하나님과 더 깊은 만남을 통해 명확한 신앙고백과 자기 정체성을 가져야 합니다.

이러한 믿음의 기반에는 다윗과 하나님 사이의 영원한 언약이 있었습니다. 다윗은 "하나님이 나와 더불어 영원한 언약을 세우사 만사에 구비하고 견고하게 하셨으니 나의 모든 구원과 나의 모든 소원을 어찌 이루지 아니하시랴(5)."고 고백합니다. 다윗이 성전을 건축하겠다고 하였을 때 하나님은 나단 선지자를 통해 그 일을 중단시키셨지만 그의 마음을 기쁘게 보시고 "네 집과 네 나라가 내 앞에서 영원히 보전되고 네 왕위가 영원히 견고하리라(7:16)."고 언약하십니다. 다윗은 또 하나님께 '내 마음에 맞는 사람', '나의 종'이라는 칭찬을 들었습니다. 다윗처럼 하나님께서 기뻐하시고 세워 주시는 충성된 종으로 살아가는 우리 모두가 되기를 소망합니다.

금요일

19

314장
내 구주 예수를 더욱 사랑

사무엘하 23:1~5
내 집이 하나님 앞에 이같지 아니하냐 하나님이 나와 더불어 영원한 언약을 세우사 만사에 구비하고 견고하게 하셨으니 나의 모든 구원과 나의 모든 소원을 어찌 이루지 아니하시랴 (5)

매일 성경 읽기
겔 47장 ☑ 48장 ☐

신실하신 하나님, 다윗처럼 하나님을 전심으로 사랑하고, 하나님을 기쁘시게 하는 삶을 살게 하옵소서. 여호와의 영으로 충만하게 하옵소서. 주님의 말씀에 순종함으로 하나님이 높이 세워 주시는 사람이 되게 하옵소서. 예수님의 이름으로 기도합니다. 아멘.

노명재 목사 _ 은강교회

하나님께서 나를 어떤 사람이라 말씀하실까요?

성전을 사모하는 삶

9
토요일

20

208장
내 주의 나라와

—

시편 84:8~12
만군의 여호와여 주께 의
지하는 자는 복이 있나이
다 (12)

누구에게나 자신이 좋아하는 공간이 있습니다. 집, 카페, 도서관, 영화관 등 다양한 공간에서 만족함을 채우며 살아갑니다. 그중에서 그리스도인인 우리가 가장 좋아해야 하는 공간은 바로 하나님의 성전입니다. 시편 기자는 하나님의 성전을 무척 사모했습니다. 성전에는 하나님이 주시는 평안함이 있습니다. 그래서 세상에서 힘들고 고통받던 심령이 성전 안에 들어오면 주님이 부어 주시는 참된 평안을 누립니다. 시편 기자는 주의 궁정에서의 한 날이 다른 곳에서의 천 날보다 낫고, 악인의 장막에 사는 것보다 내 하나님의 성전 문지기로 있는 것이 좋다고 고백했습니다(10). 세상이 알지도 못하고, 줄 수도 없는 풍성한 은혜가 넘치는 곳이 성전임을 분명히 알았기 때문입니다.

우리도 이런 고백을 할 수 있어야 합니다. 성전에서 하나님과 인격적으로 만나 힘을 얻고 이 세상을 정직하게 살아가는 사람은 하나님이 부어 주시는 은혜와 영화를 누릴 수 있습니다. "여호와 하나님은 해요 방패이시라 여호와께서 은혜와 영화를 주시며 정직하게 행하는 자에게 좋은 것을 아끼지 아니하실 것임이니이다(11)."

특별히 우리가 기억해야 하는 것은 우리가 성령의 전, 즉 하나님의 전이라는 사실입니다. 사도 바울은 "너희는 너희가 하나님의 성전인 것과 하나님의 성령이 너희 안에 계시는 것을 알지 못하느냐(고전 3:16)."고 말씀했습니다. 예배당에서 예배를 드릴 때만 성전 중심의 삶을 살아가는 것이 아니라, 우리가 하나님의 전이라는 사실을 기억하고 일상의 자리에서 언제나 성전 중심, 하나님 중심의 삶을 살아내야 합니다.

우리의 몸이 하나님의 전이 되어 일상에서 하나님과 동행하는 삶을 살아낼 때, 우리의 구별된 삶을 통해 하나님을 모르는 많은 사람이 하나님을 인정하고 주께로 돌아오는 놀라운 기적이 일어날 것입니다. 하나님을 사랑하고 의지하며 하나님의 전을 가까이하는 사람은 복이 있습니다. "만군의 여호와여 주께 의지하는 자는 복이 있나이다(12)." 성전에서 예배하며 하나님을 만나기를 바랍니다. 또한 세상으로 나아가서도 우리 안에 계신 하나님과 교제하며 거룩한 삶을 살아내는 우리 모두가 되기를 주님의 이름으로 축복합니다.

매일 성경 읽기
단 1장 ☑ 2장 ☐

일상에서 하나님과
동행하고 있습니까?

우리의 방패이신 하나님, 우리가 하나님의 성전임을 기억하게 하옵소서. 일상에서 거룩하게 구별된 모습으로 선한 영향력을 끼치게 하옵소서. 그리하여 세상에서 하나님을 모르고 살아가는 사람들에게 하나님을 증거하게 하옵소서. 예수님의 이름으로 기도합니다. 아멘.

윤동규 목사 _ 일신교회

쉐마, 이스라엘

주일

21

204장
주의 말씀 듣고서

신명기 6:4~9
너는 마음을 다하고 뜻을 다하고 힘을 다하여 네 하나님 여호와를 사랑하라 (5)

오늘 본문은 유대인들에게 가장 중요한 '쉐마'라고 불리는 말씀입니다. 쉐마는 '들으라'는 의미로, 하나님의 백성인 우리가 무엇을 들어야 하는지, 그리고 어떻게 살아가야 하는지, 어떤 용기를 내고 어떤 결단을 해야 하는지를 가르쳐 줍니다.

4절에서 "이스라엘아 들으라 우리 하나님 여호와는 오직 유일한 여호와"라고 선언합니다. 이 말씀은 하나님께서 유일하신 분임을 강조합니다. 우리의 하나님 여호와는 유일하신 참 하나님이십니다. 이어서 "너는 마음을 다하고 뜻을 다하고 힘을 다하여 네 하나님 여호와를 사랑하라(5)."고 말씀합니다. 이는 우리의 전 존재를 다하여 하나님을 사랑하라는 명령입니다. 우리의 마음, 성품, 그리고 힘을 다하여 하나님을 사랑하는 것은 단순히 감정적인 사랑이 아니라, 우리의 삶 전체를 하나님께 드리는 헌신을 의미합니다. 예수님도 이 말씀을 가장 큰 계명으로 언급하셨습니다. "네 마음을 다하고 목숨을 다하고 뜻을 다하여 주 너의 하나님을 사랑하라 하셨으니 이것이 크고 첫째 되는 계명이요(마 22:37~38)."

또한 하나님의 말씀을 마음에 새기고, 부지런히 자녀에게 가르치라고 명령합니다. "네 자녀에게 부지런히 가르치며 집에 앉았을 때에든지 길을 갈 때에든지 누워 있을 때에든지 일어날 때에든지 이 말씀을 강론할 것이며(7)." 이 말씀은 우리가 하나님의 말씀을 단순히 듣고 끝내는 것이 아니라, 마음에 새기고 삶 속에서 실천하며, 다음 세대에도 전수하는 책임이 있음을 강조합니다. "너는 또 그것을 네 손목에 매어 기호를 삼으며 네 미간에 붙여 표로 삼고 또 네 집 문설주와 바깥 문에 기록할지니라(8~9)." 지금도 전통적인 유대인들은 이 쉐마의 말씀을 작은 상자에 넣어서 이마에 매달고, 집의 좌우 문설주에 붙여놓고 항상 기억하며 자녀들에게 가르친다고 합니다.

만약 교회와 성도가 세상에서 빛과 소금의 역할을 하지 못하고 있다면, 말씀을 몰라서가 아니라 말씀대로 살지 않아서 생긴 일임을 기억해야 합니다. 하나님의 말씀을 늘 묵상하고 기도하며 실천하는 삶을 살아서 하나님을 기쁘시게 해드리는 성도들이 되기를 소망합니다.

매일 성경 읽기
단 3장 ☑ 4장 ☐

사랑의 하나님, 오늘 우리에게 주신 말씀을 마음에 새기고, 전심으로 주님을 사랑하며, 주님의 말씀을 삶 속에서 실천하게 하옵소서. 우리가 하나님의 말씀으로 가득 차게 하시고, 세상에서 빛과 소금의 역할을 감당하게 하옵소서. 예수님의 이름으로 기도합니다. 아멘.

최우성 목사 _ 태은교회

세상에서 빛과 소금의 역할을 감당하고 있습니까?

우리와 같이 성령을 받았으니

183장
빈 들에 마른 풀같이

—

사도행전 10:44~48
이에 베드로가 이르되 이
사람들이 우리와 같이 성령
을 받았으니 누가 능히 물
로 세례 베풂을 금하리요
하고 (47)

매일 성경 읽기
단 5장 ☑ 6장 ☐

로마군의 백부장인 고넬료는 경건하고 하나님을 경외하는 사람이었습니다. 또 백성을 많이 구제하며, 항상 기도하는 믿음의 사람이었습니다. 그는 어느 날 기도하는 중에 성령님의 역사하심으로 베드로를 자기 집에 초청하였습니다. 베드로 역시 성령님의 역사하심 가운데 하늘에서 내려온 큰 보자기 같은 것에 담긴 네 발 가진 짐승과 기는 것과 공중에 나는 것들을 잡아 먹으라는 음성을 들었습니다. 베드로는 속되고 깨끗하지 아니한 것을 먹지 않겠다고 하였으나 성령님은 "하나님께서 깨끗하게 하신 것을 네가 속되다 하지 말라(15)."고 말씀하십니다. 이런 일이 세 번이나 일어납니다.

이후 성령님은 베드로에게 이방인 고넬료의 집에 들어가 복음을 전하게 하십니다. 말씀에 순종하여 복음을 전하는 순간 고넬료와 친척들과 친구들에게 성령이 임하여 방언을 말하고 하나님을 높입니다. 이 광경을 보고 그 자리에 함께한 모든 유대인까지도 다 놀랐습니다. 그리고 베드로가 성령 받은 모든 이방인에게 세례를 베푸는 감동의 사건이 일어났습니다. "이 사람들도 우리와 마찬가지로 성령을 받았으니, 이들에게 물로 세례를 주는 일을 누가 막을 수 있겠습니까?(47, 새번역)"

우리는 베드로와 고넬료에게 임하신 성령님, 고넬료의 집에 모여 있던 모든 이방인과 베드로를 따라온 모든 유대인에게 임하신 성령님과 동일하신 한 성령님을 통하여 은혜를 받고 복음을 영접하고 영혼의 구원함을 입은 성도들입니다. 그런데 우리도 이전의 베드로처럼 교회 안과 바깥 사람들을 향해 자신만의 잣대로 거룩하다, 부정하다 구분하며 거부하지는 않습니까? 종교, 교파, 교리, 정치적 신념, 지역적 구분, 경제적 형편, 그 외 수도 없이 많은 잣대로 사람들을 판단하지는 않습니까? 기독교인도 아니고, 예수님도 몰랐던 군인 고넬료를 예수님의 거룩한 군사로 부르시는 성령님의 인도하심을 우리도 바라보아야 합니다. 내 생각과 판단과 결정을 내려놓고, 오직 성령님의 음성에 귀를 기울이고 순종해야 합니다. 우리도 모든 사람을 품어 천국 복음을 전하고 예수 그리스도의 이름으로 세례를 베푸는 성령의 사람이 되기를 간절히 소원합니다.

편견 없이
모든 사람에게 복음을
전하고 있습니까?

사랑의 하나님, 하나님은 모든 사람을 사랑하시는데 우리는 편견과 아집으로 원하는 사람만 사랑했음을 회개합니다. 성령님, 우리에게 임하여 주옵소서. 주님과 같은 마음으로 모든 사람을 사랑할 수 있게 은혜를 베풀어 주옵소서. 예수님의 이름으로 기도합니다. 아멘.

정동일 목사 _ 생명나무교회

사랑하기에 말씀을 지킵니다

하나님과 하나님의 말씀을 대하는 태도는 사람마다 다릅니다. 하나님은 선지자를 통해 사울과 다윗에게 각각 말씀하셨습니다. 선지자는 사울에게 "어찌하여 왕이 여호와의 목소리를 청종하지 아니하고 탈취하기에만 급하여 여호와께서 악하게 여기시는 일을 행하였나이까(삼상 15:19)."라고 말씀했습니다. 그리고 다윗에게는 "어찌하여 네가 여호와의 말씀을 업신여기고 나 보기에 악을 행하였느냐(삼하 12:9)."고 말씀했습니다. 하나님의 말씀에 사울은 변명하고, 다윗은 회개합니다. 말씀 앞에 선 두 사람의 마음의 모습이 달랐습니다. 그래서 한 사람은 '버림'을 받고, 한 사람은 예수님의 '조상의 반열'에 오릅니다.

십자가를 앞두신 예수님은 남겨질 제자들을 향해 간절함을 담아 마음을 전하셨습니다. "나를 사랑하면 내 말을 지킬 것이다." 예수님은 제자들이 앞으로도 예수님의 말씀을 지키며 살아가길 간절히 원하셨습니다. '지키다'라는 말은 '마음에 간직해 둠'을 의미합니다.

성경은 누군가의 말을 남다르게 마음에 간직한 사람들의 이야기를 전합니다. 요셉은 많은 가족 앞에서 꿈 이야기를 했는데, 그중 아버지 야곱이 요셉의 이야기를 남다르게 들었습니다. 이것을 창세기는 다음과 같이 기록합니다. "그 말을 간직해 두었더라(창 37:11)." 또 마리아는 천사들에게 예수님의 탄생 소식을 듣고 찾아와 예수님을 경배하며 이루어진 일을 증언하는 목자들의 말을 듣고 마음에 새깁니다. 누가복음은 이렇게 기록합니다. "이 모든 말을 마음에 새기어 생각하니라(눅 2:19)."

예수님은 "나의 계명을 지키는 자라야 나를 사랑하는 자니 나를 사랑하는 자는 내 아버지께 사랑을 받을 것이요 나도 그를 사랑하여 그에게 나를 나타내리라(21)."고 말씀하십니다. 예수님의 말씀을 잘 듣고 마음에 간직하며 지키는 사람이 예수님을 사랑하는 사람입니다.

우리는 마음속에 무엇을 간직하고 있습니까? 예수님의 말씀을 마음에 품고 있습니까? 지금 이 시간 '예수님의 말씀을 마음에 품습니다'라는 고백을 예수님께 드립니다. 이 고백이 사랑하는 주님께 올려지기를 원합니다.

말씀으로 세상을 창조하시고 독생자 예수를 세상에 보내신 하나님, 예수님을 사랑한다고 말하면서도 예수님의 말씀을 마음에 깊이 간직하지 않았던 모습을 회개합니다. 예수님을 마음에 새기고 말씀을 지켜나가도록 은혜를 주옵소서. 예수님의 이름으로 기도합니다. 아멘.

이병길 목사 _ 산유리교회

화요일

23

199장
나의 사랑하는 책

요한복음 14:15~24
예수께서 대답하여 이르시되 사람이 나를 사랑하면 내 말을 지키리니 내 아버지께서 그를 사랑하실 것이요 우리가 그에게 가서 거처를 그와 함께 하리라 (23)

매일 성경 읽기
단 7장 ☑ 8장 ☐ 9장 ☐

예수님의 말씀을
마음에 품고
있습니까?

더욱 크게 소리를 질러라

366장
어두운 내 눈 밝히사

마가복음 10:46~52
많은 사람이 꾸짖어 잠잠하라 하되 그가 더욱 크게 소리 질러 이르되 다윗의 자손이여 나를 불쌍히 여기소서 하는지라 (48)

바디매오는 보지 못하는 이요, 거지였습니다. 그는 길가에 앉아 있다가 나사렛 예수님이 지나가고 있다는 소리를 들었습니다. 그래서 그는 소리치기 시작합니다. "다윗의 자손이여 나를 불쌍히 여기소서(47)." 주변에 있던 사람들이 시끄럽다고 꾸짖어도 아랑곳하지 않고 그는 또다시 외칩니다. 그때 예수님은 가시던 길을 멈추고 그를 만나 주십니다. 그리고 이렇게 물으십니다. "네게 무엇을 하여 주기를 원하느냐." 그때 바디매오는 "선생님이여 보기를 원하나이다."라고 대답합니다.

'보기를 원한다'는 바디매오의 말에는 눈을 뜨기를 기대하는 것 이상의 더 깊은 의미가 있습니다. 그것은 현실적으로 그에게 가장 필요한 것을 구했다는 것입니다. 사람마다 형편과 처지가 다르지만 누구에게나 오늘 가장 절실히 필요한 것이 있습니다. 절실히 필요한 것이 있다면 바디매오처럼 구해야 합니다. 그런데 여기서 한 가지 주목할 것이 있습니다. 바디매오는 한 번의 요청으로 응답을 받은 것이 아니라는 사실입니다. 주변에 있는 사람들이 바디매오가 예수님을 만나도록 쉽게 길을 열어 주지 않았습니다. 잠잠히 하라고 꾸짖었습니다. 그러나 바디매오는 포기하지 않았습니다. 오히려 더 소리를 질렀습니다.

오늘 우리에게 필요한 것은 "다윗의 자손이여 나를 불쌍히 여기소서(48)." 하는 외침입니다. 더욱 크게 소리를 질러야 합니다. 원어 성경으로 보면 바디매오의 두 번째 소리는 '비명에 가까운 말'입니다. 바디매오는 방해하는 세력을 이기기 위해 몸부림을 친 것입니다. 이러한 바디매오의 외침이 우리에게 필요합니다.

기도 몇 번 하고 응답이 없으면 포기하고, 예배 몇 번 드리고 큰 감흥이 없으면 교회를 향한 발길을 끊어버리는 사람들이 있습니다. 더욱 기도하고 더욱 예배의 발자국을 찍어야 합니다. 보기를 원합니까? 바디매오처럼 간절하게 다시 외치며 주님께 나아가기를 바랍니다. 주님이 듣고 만나 주시고, 무엇을 해주기 원하느냐고 물으실 것입니다. 주님의 응답을 경험하고 주님의 온전한 제자로 살아가기를 축원합니다.

매일 성경 읽기
단 10장 ☑ 11장 ☐
12장 ☐

바디매오처럼
간절함을 가지고
주님께 나아갑니까?

좋으신 주님, 우리에게 바디매오와 같은 믿음을 주옵소서. 우리가 신앙생활 중에 만나는 문제들이 있다면 더욱 기도하여 이기게 하옵소서. 예배로 나아가 주님을 만나고 주님의 음성을 듣게 하옵소서. 포기하지 않게 하옵소서. 예수님의 이름으로 기도합니다. 아멘.

박진용 목사 _ 한빛교회

지혜로운 사람

현재 대한민국 최고층 건물은 서울 잠실에 세워진 롯데월드타워입니다. 555m 높이의 건축이 가능했던 이유는 당연히 기초를 튼튼히 다졌기 때문입니다. 먼저 단단한 암반층이 나올 때까지 땅을 파고, 그 위에 4,200톤의 철근과 8만 톤에 달하는 고강도 콘크리트를 투입했습니다. 또한 지름 1m, 길이 30m의 쇠기둥 108개를 박아 암반과 건물기초를 단단히 연결했습니다. 이 기초 위에 123층짜리 건물을 지었습니다.

신앙생활도 마찬가지로 기초가 중요합니다. 기초가 튼튼해야 무너지지 않습니다. 예수님은 우리 인생을 건축에 비유하여 두 종류의 인생이 있다고 하셨습니다. 반석 위에 집을 지은 지혜로운 사람, 그리고 모래 위에 집을 지은 어리석은 사람입니다. 지혜로운 사람인지, 아니면 어리석은 사람인지는 어려움이 닥칠 때 드러납니다. 우리는 비가 내리고 큰물이 나고 강한 바람이 불어 부딪혀도 견뎌내는 반석 위에 집을 지은 지혜로운 사람이 되어야 합니다.

"그러므로 누구든지 나의 이 말을 듣고 행하는 자는 그 집을 반석 위에 지은 지혜로운 사람 같으리니(24)." 기초가 튼튼한 성도는 예수님의 말씀을 듣고 행하는 자입니다. 말씀을 듣고 행하는 것이 우리 신앙의 집, 인생의 집을 반석 위에 세우는 것입니다. 말씀은 하나님께서 알려 주시는 인생 설계도입니다. 우리가 하나님 앞에 설 때 하나님은 물어보실 것입니다. "너는 내가 준 설계도대로 네 인생을 건축하였느냐?" 그때 우리는 "네, 말씀대로 살려고 최선을 다하였습니다."라고 대답할 수 있기를 바랍니다. 튼튼한 기초 위에 설계도대로 지은 집은 무너질 수가 없습니다. 주님을 소망으로 삼고, 주님의 말씀을 듣고 그 말씀을 따라 살아가십시오. 이것이 반석 위에 집을 지은 지혜로운 인생입니다.

"이 몸의 소망 무언가 우리 주 예수뿐일세 우리 주 예수밖에는 믿을 이 아주 없도다 주 나의 반석이시니 그 위에 내가 서리라 그 위에 내가 서리라." 이 찬송의 가사처럼 주님을 나의 반석 삼고, 그 위에 집을 짓는 지혜로운 인생이 되기를 바랍니다. 그리하여 어떠한 상황이 와도 무너지지 않는 견고한 인생이 되길 기원합니다.

목요일

25

488장
이 몸의 소망 무언가

―――

마태복음 7:24~27
그러므로 누구든지 나의 이 말을 듣고 행하는 자는 그 집을 반석 위에 지은 지혜로운 사람 같으리니 (24)

매일 성경 읽기
호 1장 ☐ 2장 ☑
3장 ☐ 4장 ☐

사랑의 하나님. 언제나 주님의 말씀을 듣고 행하는 지혜로운 자녀가 되기를 원합니다. 은혜로 인도하여 주옵소서. 반석 위에 집을 지어 어떤 상황과 환경에도 넘어지지 않게 하옵소서. 소망이 되시는 주님만 의지하게 하옵소서. 예수님의 이름으로 기도합니다. 아멘.

이명신 목사 _ 매포교회

나는 반석 위에
집을 지은 지혜로운
사람입니까?

쉬지 않을 기도

364장
내 기도하는 그 시간

—

사무엘상 12:22~25
나는 너희를 위하여 기도하기를 쉬는 죄를 여호와 앞에 결단코 범하지 아니하고 선하고 의로운 길을 너희에게 가르칠 것인즉 (23)

기도로 아들을 낳은 한나는 그의 이름을 '사무엘'이라고 지었습니다. "내가 여호와께 그를 구하였다(1:20)"는 뜻의 이름대로 사무엘은 평생 기도하며 살았습니다. 전쟁을 치르고 백성들을 복되게 인도했으며, 이스라엘이 큰 위기에 처했을 때 미스바 성회를 이끌어 나라를 구한 것도 사무엘의 기도였습니다. 백성들은 사무엘에게 "당신은 우리를 위하여 우리 하나님 여호와께 쉬지 말고 부르짖어 우리를 블레셋 사람들의 손에서 구원하시게 하소서(7:8)."라고 간청했습니다. 이에 부응하여 사무엘은 쉬지 않고 부르짖었고, 블레셋을 크게 물리쳐 승전비를 세웁니다. 에벤에셀은 여호와께서 여기까지 우리를 도우셨다는 의미의 간증입니다.

이제 사무엘이 은퇴할 때가 되었습니다. 오늘 본문은 사무엘의 퇴임연설입니다. 여기에 사무엘의 기도 모습이 다시 등장합니다. 사무엘은 "나는 너희를 위하여 기도하기를 쉬는 죄를 여호와 앞에 결단코 범하지 아니하고(23)."라고 말합니다. 또한 백성이 그에게 간청했던 '쉬지 않는 기도'를 퇴임 후에도 팽팽한 긴장감으로 계속할 것을 약속합니다. 나아가 사무엘은 어떤 이유와 사정으로 기도하기를 쉬는 일이 있다면 이는 죄를 짓는 것이라고 단호하게 선포합니다. 죄가 하나님과 우리 사이를 가로막는다면 기도가 응답되지 못할 것입니다. 그래서 "만일 너희가 여전히 악을 행하면 너희와 너희 왕이 다 멸망하리라(25)."고 경고합니다. 사무엘은 은퇴 후에도 하나님의 백성에게 결단코 이런 일이 일어나지 않게 할 것이라고 말합니다.

에벤에셀을 경험한 사무엘은 하나님께서 자기 백성을 구원하여 주실 때까지, 환난을 이기고 승리의 기쁨을 누리기까지 쉬지 않고 기도할 것을 약속합니다. 그리고 자기 백성으로 인해 하나님이 기뻐하시기까지, 하나님께서 자기 백성을 위해 크고 놀라운 일을 이루시기까지 쉬지 말고 기도하자고 권면합니다. 쉬지 않는 기도는 하나님의 구원이 성취될 때까지 계속 이어질 하나님 백성의 특권입니다.

잠시도 쉬지 않으시는 하나님의 사랑을 향해 우리 또한 기도를 쉬는 일은 없어야 하겠습니다. 늘 기도하는 하나님의 자녀 되기를 소망합니다.

매일 성경 읽기
호 5장 ☑ 6장 □ 7장 □
8장 □ 9장 □

쉬지 않을
평생의 기도 제목은
무엇입니까?

살아 계신 하나님, 사무엘의 기도를 들으셨던 것처럼 우리의 기도에도 귀를 기울여 주옵소서. 사무엘에게 산 응답을 주셨듯이 우리의 간구에도 오른손을 내밀어 주옵소서. 평생 기도하기를 쉬지 않는 특권과 복을 누리게 하옵소서. 예수님의 이름으로 기도합니다. 아멘.

유경선 목사 _ 좋은샘교회

복을 비는 기도

추석이나 설 같은 명절에 친인척을 만나면 서로 덕담을 주고받습니다. 단순히 좋은 말을 해주는 것이 아니라 복을 빌어 주는 것입니다. 교회는 서로 복을 빌어 주는 것을 '축복'이라고 합니다. 성서에는 축복의 전통이 있습니다. 축복에도 방법이 있는데, 오늘 본문은 야곱을 통하여 좋은 축복의 길을 보여 줍니다.

첫째, 축복을 하는 사람은 하나님 앞에서 겸손해야 합니다. 하나님은 겸손한 사람에게 영광의 자리를 허락하십니다. 야곱은 자신이 받은 복이 태고적 산맥이 받은 복보다 더 크다고 고백합니다(26). 하나님께 받은 은혜가 커도 그것을 알지 못하는 사람이 있고, 깊은 은혜를 헤아려 진심으로 감사하는 사람이 있습니다. 감사하지 못하는 사람이 베푸는 축복은 그저 입술로 하는 겉치레입니다.

둘째, 축복을 하는 사람은 말씀에 깨달음이 있어야 합니다. 야곱은 하나님이 요셉에게 베푸실 복을 네 가지로 말합니다. 하늘에서 내리는 복, 아래에서 솟는 복, 흐르는 복, 그리고 태의 복입니다(25). 즉 하늘과 땅, 그리고 풍요와 자손의 복입니다. 이 복들은 야곱이 그의 조상에게 얻은 배움과 신앙생활을 통해 얻은 하나님 말씀의 결과입니다. 복의 본질이 무엇인지 모르는 사람은 그것을 베푸는 기도를 하면서도 믿음으로 구하지 못합니다.

셋째, 축복을 하는 사람은 상대방의 영적 필요가 무엇인지 알아야 합니다. 야곱은 요셉이 담을 넘는 가지와 같은 사람이라고 말합니다(22). 요셉은 불굴의 시련을 당할수록 더욱 강해졌습니다. 그 이유는 전능하신 하나님의 능력이 함께하며 목자와 같이 요셉을 이끌어 주었기 때문입니다(24). 야곱은 이것을 알고 더욱 기도했습니다. 더 나아가 계속되는 복을 통하여 요셉이 아들 중에 으뜸이 되기를, 그래서 하나님이 기르시는 사람이 가장 큰 사람이 됨을 증언합니다. "너의 아버지가 받은 복은 태고적 산맥이 받은 복보다 더 크며, 영원한 언덕이 받은 풍성함보다도 더 크다. 이 모든 복이 요셉에게로 돌아가며, 형제들 가운데서 으뜸이 된 사람에게 돌아갈 것이다(26, 새번역)." 하나님이 이끄시는 삶이 최고의 복입니다.

토요일

27

453장
예수 더 알기 원하네

창세기 49:22~26
네 아버지의 축복이 내 선조의 축복보다 나아서 영원한 산이 한 없음 같이 이 축복이 요셉의 머리로 돌아오며 그 형제 중 뛰어난 자의 정수리로 돌아오리로다 (26)

매일 성경 읽기
호 10장 ☑ 11장 ☐
12장 ☐ 13장 ☐
14장 ☐

하늘에 계신 우리 아버지, 우리가 복을 빌어 주는 성도가 되기 원합니다. 하나님의 은혜를 깊이 깨닫고 하나님 말씀의 뜻을 온전히 받아 복을 베푸는 기도를 하기 원합니다. 영적인 눈을 열어 주옵소서. 복의 통로가 되게 하옵소서. 예수님의 이름으로 기도합니다. 아멘.

한수현 목사 _ 청수교회

축복의 통로가 되는
삶을 살고 있습니까?

당신은 어디에 있습니까

9
주일

28

216장
성자의 귀한 몸

—

요한일서 2:7~11
빛 가운데 있다 하면서 그
형제를 미워하는 자는 지금
까지 어둠에 있는 자요 (9)

신앙인이라면 누구나 빛 가운데 거하기를 원합니다. 빛 가운데 거하는 삶이란 과연 어떤 삶일까요? 오늘 본문은 형제를 사랑하는 삶이라고 말씀합니다. 형제 사랑을 통해 그가 빛 가운데 있는지 여부를 알 수 있다는 것입니다. 빛 가운데 있다고 하면서 여전히 형제를 미워한다면 실상은 어둠에 있는 삶입니다(9).

예수님은 "새 계명을 너희에게 주노니 서로 사랑하라 내가 너희를 사랑한 것 같이 너희도 서로 사랑하라 너희가 서로 사랑하면 이로써 모든 사람이 너희가 내 제자인 줄 알리라(요 13:34~35)."고 말씀하셨습니다. 우리가 서로 사랑하는 모습이야말로 그리스도의 제자 된 모습이며, 세상을 향한 증거입니다. 기독교의 핵심 가치는 사랑입니다. 세상 사람들은 우리가 전하는 진리 이전에 우리의 삶이 어떠한지를 봅니다. 우리의 믿음은 형제를 사랑하고 이웃을 사랑하는 것을 통해 증명됩니다.

예수님께서 말씀하신 것처럼 사도 요한도 형제 사랑을 '새 계명'이라고 말합니다. 서로 사랑하는 것이 왜 새 계명일까요? 구약 시대에도 이웃을 사랑하라는 계명이 있었습니다. 그런데 이제 사랑의 기준이 율법이 아닌 예수님으로 바뀌었기 때문입니다. 우리는 예수님처럼 사랑해야 합니다. 예수님께서 세상에 계실 때 사람들을 사랑하시되 끝까지 사랑하신 것처럼 사랑해야 합니다. 예수님은 심지어 아무 죄 없는 자기를 십자가에 못 박고 저주하는 자들을 향해서도 용서하고 기도하셨습니다. 원수를 사랑하고 박해하는 자를 축복하는 삶이 빛 가운데 거하는 삶입니다.

고린도전서 13장을 '사랑장'이라고 부릅니다. 사랑 없이 하는 말과 행동은 아무리 그럴듯해 보여도 아무것도 아니라고 말씀합니다. 열심을 가지고 사역하고 봉사한다 해도 사랑으로 하지 않으면 모든 것이 헛됩니다. 모든 것을 하여도 사랑을 잃어버리면 다 잃어버린 것입니다. 반대로 모든 것을 다 하지 못하였어도 사랑을 붙들고 있다면 우리는 하나님 안에 있는 것이고, 빛 가운데 있는 것입니다. 언제나 빛 가운데 거하는 우리 모두가 되기를 간절히 소망합니다.

매일 성경 읽기
욜 1장 ☑ 2장 ☐ 3장 ☐

빛과 어둠,
어느 쪽에 거하고
있습니까?

사랑의 주님, 우리가 아직 죄인이었을 때 사랑해 주신 은혜에 감사합니다. 우리가 받은 사랑을 깨달아 예수님처럼 사랑의 삶을 살게 하옵소서. 미움으로 영적 어둠 가운데 있지 아니하고 사랑의 빛으로 나아오게 하옵소서. 예수님의 이름으로 기도합니다. 아멘.

이재은 목사 _ 반석교회

각 지체의 분량에 따라

사이좋게 지내던 코와 눈이 어느 날 심하게 다툽니다. 코가 눈을 보고 볼품이 없는 눈이라는 말로 먼저 공격합니다. 눈이 화가 나서 길을 걷던 중에 눈꺼풀을 내려버립니다. 그러자 넘어져 코가 깨지고 말았습니다. 코는 잔뜩 화가 나서 냄새를 맡지 않았습니다. 볼 줄만 아는 눈은 먹어서는 안 될 음식을 먹었고, 온몸이 병들어 버렸습니다.

몸은 하나이지만 지체는 여럿입니다. 간혹 우리는 어느 한 지체에게 다른 지체가 할 일을 기대하는 경우가 있습니다. 하지만 코한테 보라고 하거나 눈한테 냄새를 맡으라고 할 수는 없습니다. 교회는 여러 지체가 여러 모양으로 활동하며 하나님의 나라를 이루는 공동체입니다. 성령님께서는 각 지체의 분량에 따라 서로 다른 직분을 주셨습니다. 어떤 사람은 사도로, 어떤 사람은 선지자로, 어떤 사람은 복음 전하는 자로, 어떤 사람은 목사와 교사로 삼으셨습니다(11). 그러나 우리를 부르신 그분의 목적은 하나입니다. 그것은 바로 성도를 온전하게 하여 그리스도의 몸을 세우는 것입니다. 그러므로 우리는 부르심에 순종하여 맡은 사명에 최선을 다하고, 그리스도의 몸을 세우는 목표를 향해 함께 나아가야 합니다.

우리는 사명 앞에 어떤 마음가짐으로 임해야 할까요? 첫째, 목적이 같다는 것을 기억해야 합니다. 우리에게 맡겨 주신 사명과 직분은 귀하지 않은 것이 없습니다. 모두가 그리스도의 몸을 세우는 일이기 때문입니다. 둘째, 함께 거룩한 성숙을 이루어야 합니다. 세상의 지식과 유혹과 속임수에 미혹되지 않고 그리스도에게까지 이르려면 하나님의 말씀을 바로 알고, 그 말씀을 기준으로 세상을 살아가야 합니다. 셋째, 연합하게 하시는 하나님의 사랑을 알아야 합니다. 성도가 각자의 자리에서 자신의 분량에 따라 역할을 할 때, 하나님은 그리스도의 지체가 사랑으로 연합하도록 도우십니다. 하나님의 사랑이 없이는 완전한 지체를 이루지 못합니다. 왜냐하면 각 지체의 마디를 이어주는 것이 바로 하나님의 사랑이기 때문입니다. 우리는 모두 하나님의 나라를 위해 부름 받은 지체들입니다. 사랑으로 하나 되어 하나님 나라를 전파하고 세워가는 일에 쓰임 받는 지체들이 되기를 소망합니다.

331장
영광을 받으신 만유의 주여

에베소서 4:11~16
그가 어떤 사람은 사도로, 어떤 사람은 선지자로, 어떤 사람은 복음 전하는 자로, 어떤 사람은 목사와 교사로 삼으셨으니 (11)

매일 성경 읽기
암 1장 ☑ 2장 ☐ 3장 ☐
4장 ☐ 5장 ☐

사랑의 주님. 다양한 마음과 열정으로 모인 지체들이 온전히 연합할 수 있기를 원합니다. 우리가 사랑으로 하나 되게 하옵소서. 복음으로 하나 되는 목적을 가지고 예수 그리스도의 선한 영향력을 드러내게 하옵소서. 예수님의 이름으로 기도합니다. 아멘.

박동식 목사 _ 서초중앙교회

사랑으로 연합하며 맡겨 주신 사명에 최선을 다하고 있습니까?

바울의 작별

222장
우리 다시 만날 때까지

—

사도행전 20:28~38
범사에 여러분에게 모본을
보여준 바와 같이 수고하여
약한 사람들을 돕고 또 주
예수께서 친히 말씀하신 바
주는 것이 받는 것보다 복
이 있다 하심을 기억하여야
할지니라 (35)

매일 성경 읽기
암 6장 ✓ 7장 ☐
8장 ☐ 9장 ☐

예수님처럼
살아가기 위해
어떤 노력을
해야 할까요?

사도행전을 기록한 누가는 오늘 본문을 통해 사도 바울이 에베소 교회를 얼마나 사랑하는지를 알려 줍니다. 사도 바울의 마음은 에베소 교회에 전하는 마지막 당부이자 권면인 이 설교에 매우 절절히 담겨 있습니다. 이 설교를 듣는 장로들은 사도 바울이 '감독자'라고 표현하는 자들로서 교회에서 열심히 활동할 뿐 아니라 영적인 사명을 수행했을 것입니다. 그렇기에 그들에게 전하는 사도 바울의 권면은 구체적이며 영적입니다.

첫째, 근면할 것을 권면합니다. 하나님께서는 감독자를 세우셔서 아들의 피로 사신 교회를 돌보게 하셨습니다. 자기 영혼을 소홀히 하는 사람은 다른 영혼을 결코 도울 수 없습니다. 그렇기에 우리는 늘 겸손해야 하고, 예수님을 통하여 우리에게 전해진 하나님의 말씀을 늘 묵상하며 기도해야 합니다. 영적으로 깨어 성령의 도우심을 구해야 합니다. 사도 바울은 거짓 교사들이 그들을 미혹할 것이며, 교회 내에서도 분쟁이 발생할 것을 이미 알고 있었습니다. 그래서 교회의 머리 되신 예수 그리스도의 말씀만을 의지하여 악의 세력에서 스스로 보호하고 거룩하게 나아가라고 권면합니다.

둘째, 탐욕을 경계하라고 합니다. 작은 균열이 견고한 성벽을 무너뜨리기도 합니다. 하나님께서는 십계명의 마지막을 통하여 다른 사람의 소유를 탐내지 말라고 하셨습니다. 탐하는 사람은 자기가 원하는 것을 얻기 위하여 도둑질하고, 거짓을 말하며, 다른 십계명도 어길 수 있기 때문입니다.

셋째, "주는 것이 받는 것보다 복이 있다(35)" 하신 예수님의 말씀을 기억하라고 합니다. 우리는 하나님의 은혜로 많은 것을 누려 왔습니다. 다만 그것이 하나님이 주신 것임을 모를 뿐입니다. 우리는 하나님께 받은 것이 얼마나 큰 사랑인지 알아야 합니다. 예수님도 "너희가 거저 받았으니 거저 주라(마 10:8)."고 하십니다. 주는 기쁨은 우리를 향한 하나님의 마음이며, 우리가 닮아가야 하는 마음입니다.

바울은 이 모든 말을 전한 뒤에 무릎을 꿇고 모든 사람과 함께 하나님께 기도하였습니다. 우리가 영적으로 승리하는 길은 예수님을 따라가며 순종하고 닮아가는 것입니다.

은혜와 사랑이 풍성하신 하나님, 우리가 받은 큰 은혜를 기억하며 감사합니다. 예수님을 본받아 하나님의 말씀대로 살기 원합니다. 예수님을 닮아가기 위해 성령의 도우심을 구합니다. 기도하고 깨어 있게 하옵소서. 예수님의 이름으로 기도합니다. 아멘.

김진태 목사 _ 보문교회

OCTOBER

풀은 마르고

꽃은 시드나

우리 하나님의 말씀은

영원히 서리라 하라

이사야 40:8

10월의 기도

● 실천할 일

☑ _____

_____

☑ _____

_____

☑ _____

_____

☑ _____

_____

● 기도 제목

● 기억할 일

● 감사할 일

여리고가 무너지다

이스라엘 백성에게 '종려나무의 성읍'이라 불리던 여리고는 가나안 정복 전쟁의 첫 대상지였습니다. 여호수아서는 여리고 성을 정복한 이야기를 기록합니다. 이스라엘 백성들은 하나님의 말씀을 따라 여호와의 언약궤를 메고 엿새 동안 매일 한 번씩 여리고 성벽을 돌았습니다. 그리고 일곱째 날에는 그 성을 일곱 번 돌았습니다. "일곱째 날에는 그 성을 일곱 번 돌며 그 제사장들은 나팔을 불 것이며 제사장들이 양각 나팔을 길게 불어 그 나팔 소리가 너희에게 들릴 때에는 백성은 다 큰 소리로 외쳐 부를 것이라 그리하면 그 성벽이 무너져 내리리니 백성은 각기 앞으로 올라갈지니라(4~5)." 이스라엘 백성들은 하나님의 말씀에 순종하였고, 성벽이 무너져 라합의 가족 외에는 모두 진멸하였습니다.

여리고 성이 무너진 사건에서 중요한 것이 있습니다. 이스라엘 백성들이 여호와의 언약궤를 메고 성을 돌았다는 것입니다. 이스라엘 백성들은 여호와의 궤를 앞세우고 제사장들이 나팔을 불었습니다. 이것은 이스라엘 백성들이 자기 생각보다 여호와께서 주신 지혜와 능력을 의지했다는 뜻입니다. 그들은 성벽을 돌면서 침묵할 때와 함성으로 결집된 힘을 드러낼 때를 구별하였습니다. 이러한 백성들의 단합되고 용기 있는 함성에 여리고 사람들은 사기를 잃고 두려움에 빠졌습니다.

이스라엘 백성들은 여리고 성 함락에서 적군과 맞서 싸우는 실제적인 전투 행위가 없었습니다. 이 전쟁은 여호와께서 이끄신 거룩한 전쟁입니다. 그러니 정복한 성읍에 있는 물건은 여호와의 것입니다. 하나님은 그 물건에 손대지 말라고 엄히 명령하십니다. 전리품은 여호와께 온전히 바쳐야 합니다.

오늘 말씀은 여호와의 언약궤를 앞세운 사람들에게 나타난 은혜를 전합니다. 여리고 성 점령은 하나님께서 하신 일이며, 그 백성들은 하나님의 계획에 순종했습니다. 이스라엘 백성들은 절제된 행동으로 분열과 갈등이 없었습니다. 우리도 자기 생각과 경험에 의존하기보다 언제나 하나님의 뜻을 살피고 인내해야 합니다. 하나님은 그런 사람에게 좋은 기회를 마련하신다는 것을 기억해야 합니다.

351장
믿는 사람들은 주의 군사니

여호수아 6:15~21
일곱 번째에 제사장들이 나팔을 불 때에 여호수아가 백성에게 이르되 외치라 여호와께서 너희에게 이 성을 주셨느니라 (16)

매일 성경 읽기
옵 1장 ☑
욘 1장 ☐ 2장 ☐
3장 ☐ 4장 ☐

전능하신 하나님 아버지, 살면서 어려운 문제를 만날 때 내 생각을 앞세우지 않고 하나님의 뜻을 기다리게 하옵소서. 그리고 하나님의 말씀에 순종하게 하옵소서. 하나님이 주신 지혜로 믿음의 사람들과 함께함으로 형통케 하옵소서. 예수님의 이름으로 기도합니다. 아멘.

유영설 목사 _ 여주중앙교회

내 생각과 경험보다 여호와의 지혜와 능력을 의지하고 있습니까?

믿음은 맡기는 것입니다

543장
어려운 일 당할 때

—

역대상 4:9~10
야베스가 이스라엘 하나님
께 아뢰어 이르되 주께서
내게 복을 주시려거든 나의
지역을 넓히시고 주의 손으
로 나를 도우사 나로 환난
을 벗어나 내게 근심이 없
게 하옵소서 하였더니 하나
님이 그가 구하는 것을 허
락하셨더라 (10)

탄소는 자기들끼리도 잘 뭉치지만 다른 원소와도 잘 뭉친다는 사실을 유시민의 『문과 남자의 과학 공부』라는 책을 읽다가 알게 되었습니다. 예를 들면 탄소 원자 하나가 다른 탄소 원자 3개와 평면에서 손을 잡으면 연필로 쓰이는 흑연이 되고, 탄소 원자 하나가 다른 탄소 원자 4개와 만나서 3차원 구조를 만들면 다이아몬드가 됩니다. 과학자들은 지구상의 모든 물체가 탄소와 연결되어 있다고 말합니다. 동물과 식물, 인간의 몸에도 있습니다. 탄소는 처음부터 지구에 존재했고, 모든 생명체에게 도움이 되어 왔습니다. 탄소 배출이 기후 변화에 영향을 미친다고 해서 탄소에 대한 부정적 이미지가 강했는데, 책을 통해 탄소에 대한 이미지가 바뀌었습니다.

오늘 본문에는 이미지가 바뀐 사람이 등장합니다. 바로 야베스입니다. 야베스라는 이름은 고통이라는 뜻으로, 어머니가 고통 중에 낳았다고 해서 지은 이름입니다(9). 창세기 35장에 라헬이 해산의 고통을 겪으면서 아들의 이름을 '슬픔의 아들'이라는 뜻의 '베노니'라고 짓기를 원했지만, 결국 남편 야곱이 '오른손의 아들'이라는 뜻의 '베냐민'으로 지은 이야기가 나옵니다. 야베스의 어머니는 어떤 이유에서인지 아들에게 좋은 이름을 남겨 주지 않았습니다.

오늘 말씀에서 우리가 주목할 것은 야베스가 자기가 처한 운명대로 살지 않았다는 사실입니다. 그는 하나님께 이렇게 기도합니다. "주께서 내게 복을 주시려거든 나의 지역을 넓히시고 주의 손으로 나를 도우사 나로 환난을 벗어나 내게 근심이 없게 하옵소서(10)." 성경은 하나님께서 그가 구하는 것을 허락하셨다고 기록합니다. 이제 그는 자신에게 주어진 삶을 믿음으로 극복한 사람이 되었습니다.

믿음이란 무엇입니까? 자신에게 주어진 운명대로 살아가는 것이 아니라, 하나님께 자신의 삶을 맡기는 것입니다. 지금 혹시 고통에서 벗어나지 못하고 그것을 운명으로 여기며 살아가고 있지는 않습니까? 이 시간 믿음으로 주님께 나아가 기도를 드리십시오. 야베스의 기도를 들으신 하나님께서 우리의 기도를 들으시고 삶의 고통을 기쁨으로 바꾸실 줄로 믿습니다. 오늘 하루도 이런 하나님 나라를 이루며 살아가는 복된 자녀들이 되기를 기원합니다.

매일 성경 읽기
미 1장 ☑ 2장 ☐ 3장 ☐

하나님께 온전히
맡기고 있습니까?

사랑의 하나님, 야베스는 기도를 통해서 고통과 환난의 삶을 극복했음을 알았습니다. 우리에게도 주님께 나아가 기도할 수 있는 용기를 주옵소서. 그리하여 고통을 기쁨으로 바꾸시는 하나님의 역사하심을 경험하게 하옵소서. 예수님의 이름으로 기도합니다. 아멘.

최승균 목사 _ 신천교회

이기는 자로 살아가게 하소서

금요일

3

484장
내 맘의 주여 소망되소서

요한계시록 21:1~7
이기는 자는 이것들을 상속으로 받으리라 나는 그의 하나님이 되고 그는 내 아들이 되리라 (7)

요한계시록은 극심한 박해를 당하는 성도들을 위로하고 권면하기 위해 기록한 서신입니다. 로마 황제 도미티아누스는 황제 숭배를 강요하며 그리스도교를 박해하기 시작했습니다. 당시 로마 제국은 황제 숭배에 동참하지 않았던 그리스도인을 선별하여 사형하거나 유배지로 보냈습니다. 황제의 공포 정치는 많은 그리스도인의 믿음을 흔들기에 충분했습니다. 설상가상으로 화산 폭발과 지진과 같은 자연재해가 발생하여 그리스도인의 고통은 극에 달했습니다. 이러한 상황에서 서신을 쓴 사도 요한도 믿음을 지키다 결국 밧모섬으로 유배를 갔습니다. 요한은 그곳에서 고통당하는 성도들을 생각하며 요한계시록을 기록한 것으로 알려져 있습니다.

이와 같은 상황에서 사도 요한이 전해야만 했던 메시지는 무엇이었을까요? 그것은 바로 위로와 권면의 메시지였습니다. 오늘 본문은 요한계시록의 마지막 결론이자 핵심 내용을 담고 있습니다. 비록 현실은 암담하여 앞이 보이지 않지만, 오늘의 절망을 뒤엎고 새롭게 임하는 새 하늘과 새 땅을 고대하며 그날을 준비하라는 것입니다. 하나님으로부터 임하는 새 나라는 눈물을 닦아 주는 위로의 나라요, 고통과 사망이 없는 회복의 나라요, 목마른 자들에게 값없이 샘물을 주는 은혜의 나라입니다. 사도 요한은 이 나라를 '거룩한 성 새 예루살렘'이라고 표현합니다. 오늘의 예루살렘과는 전혀 다른 차원의 경신(更新)이 일어날 것이라는 뜻입니다. 폭군 황제의 공포에서 벗어나 하나님의 평화와 사랑으로 다스림을 받을 그날을 생각하며 성도들은 오늘을 견딜 힘과 위로를 얻었을 것입니다.

여기서 우리는 중요한 사실 한 가지를 기억해야 합니다. 누구나 새 예루살렘에 들어갈 수 있는 것은 아니라는 사실입니다. 이기는 자만이 들어갈 수 있는데, 여기서 이기는 자란 끝까지 믿음을 지킨 성도를 의미합니다. 현실만 바라보지 않고, 모든 상황을 이기고 회복하실 하나님의 신실하심과 권능을 믿고 기대하는 사람만이 이기는 자로 살아갈 수 있습니다. 하나님은 시대를 초월하여 모든 성도가 이기는 자로 살아가기를 바라십니다. 날마다 하나님을 더욱 의지하고 바라보며 이기는 자의 삶을 사는 하나님의 자녀 되기를 소망합니다.

매일 성경 읽기
미 4장 ☐ 5장 ☑
6장 ☐ 7장 ☐

좋으신 하나님, 우리가 오늘의 아픔과 고통에만 집중하지 않게 하옵소서. 하나님을 의지하고 신뢰하는 자들에게 허락하시는 하늘의 복과 회복의 때를 고대합니다. 오늘의 자리에서 믿음의 길을 걸어가는 이기는 자가 되게 하옵소서. 예수님의 이름으로 기도합니다. 아멘.

신태하 목사 _ 보문제일교회

이기는 자로
살아가는 길은
무엇입니까?

복음에 합당한 삶을 사는 사람

10

토요일

4

420장
너 성결키 위해

빌립보서 1:27~30
오직 너희는 그리스도의 복음에 합당하게 생활하라
(27a)

바울은 예수 그리스도를 믿고 복음을 전하는 삶을 살았습니다. 그러다가 여러 차례 감옥에 갇히는 고난도 겪었습니다. 빌립보서는 바울이 로마 가택 연금 중에 빌립보 교인들에게 쓴 편지로 보입니다. 바울은 빌립보 교회에 바라는 것이 있었습니다. 그것은 빌립보 교회가 복음에 합당한 삶을 살아가고 있다는 소식을 듣는 것이었습니다. 여기서 "합당하게 생활하라(27)"고 번역된 헬라어는 '올바른 시민으로 처신한다'라는 의미가 있습니다. 하나님 나라의 시민답게 사는 것, 세상의 시민이 아니라 천국 시민으로 살아가는 사람이 그리스도인입니다.

그렇다면 이 세상에서 천국 시민으로 사는 삶은 어떤 것일까요? 첫째, 복음을 위해서 협력하는 삶입니다(27). 천국 시민을 움직이는 가장 강력한 동기는 '복음'입니다. 그렇기에 복음을 위해 모든 그리스도인은 협력하고 서로를 돌봅니다. 이웃을 사랑하는 것, 주의 일에 마음을 모으고 힘쓰는 것은 복음에 합당한 삶입니다.

둘째, 대적하는 자들과 고난을 두려워하지 않습니다(28~29). 세상에서 천국 시민으로 산다는 것은 참 어려운 일입니다. 왜냐하면 방향이 다르기 때문입니다. 그래서 그리스도인에게는 항상 대적이 있습니다. 고난이 뒤따릅니다. 그러나 복음에 합당하게 살아가는 사람은 두렵지 않습니다. 십자가의 길을 걷는 자는 담대하며 당당하기 때문입니다. "무슨 일에든지 대적하는 자들 때문에 두려워하지 아니하는 이 일을 듣고자 함이라 이것이 그들에게는 멸망의 증거요 너희에게는 구원의 증거니 이는 하나님께로부터 난 것이라(28)." 복음의 길 위에서 만나는 고난은 구원의 증거입니다.

셋째, 믿음의 선배들이 걸어간 길을 걷는 것입니다(30). 바울은 빌립보 교회가 겪는 고난과 어려움을 자신도 겪었다고 말합니다. 복음에 합당한 삶은 어떤 새로운 삶이 아니라, 우리의 믿음의 선배들이 이미 걸어온 길을 따라 걷는 것입니다. 그리고 가장 먼저 그 길을 걸어가신 예수 그리스도를 바라보며 생명의 길로 나아가는 것입니다(히 12:2).

우리가 바로 천국 시민임을 기억하며 복음에 합당한 삶을 살아갑시다.

매일 성경 읽기
나 1장 ☑ 2장 ☐ 3장 ☐

복음에 합당하게
살기 위해서
어떻게 해야 할까요?

사랑의 주님, 복음의 시작이 되시는 예수님의 삶을 기억합니다. 바울이 복음을 몸으로 온전히 살아냈듯이 우리도 복음에 합당한 삶을 살아가는 천국 백성이 되게 하옵소서. 세상을 밝히는 빛과 소금이 되게 하옵소서. 예수님의 이름으로 기도합니다. 아멘.

차재일 목사 _ 광희문교회

최후의 만찬

유월절에 이스라엘 민족은 아주 독특한 식사를 했습니다. 누룩을 넣지 않은 딱딱한 무교병과 쓴 나물을 먹었고, 어린 양을 잡아 그 머리와 내장을 삶지 않고 구워 먹었습니다. 특별히 어린 양의 피는 문설주에 발라 죽음의 사자가 그 집을 지나가게 하였습니다. 그리고 아침이 될 때까지 집 밖에 나가서는 안 되었습니다. 죽음의 사자가 모든 첫 생명을 거두어가는 위험이 지나갈 때까지 이스라엘 민족이 사는 집은 마치 외부와 차단된 토굴 같았습니다. 어린 양의 피는 죽음에서 구원할 보증이어서 이스라엘 민족은 숨죽이며 유월절의 밤을 보냈습니다. 다음 날 동이 트면 이제껏 고통과 힘겨움, 그리고 굴종과 예속으로 살았던 날들을 정리하고 해방과 자유의 새날을 맞이할 것입니다. 그것이 유월절 식사였습니다.

예수님이 성찬을 제정하신 '최후의 만찬'은 유월절의 정황을 가지고 있습니다. 예루살렘 성에 군중이 모여들 때 제자들도 비장한 마음으로 식탁 앞에 앉았습니다. 그런데 예수님은 "떡을 가지사 축복하시고 떼어 제자들에게 주시며 이르시되 받으라 이것은 내 몸이니라(22)."고 하셨습니다. 제자들은 순간 놀랐습니다. 유월절 식사를 할 때 당연히 이집트 이야기, 해방의 이야기가 나와야 하는데, 이 시점에 떡이 당신의 몸이라니 제자들은 귀를 의심하지 않을 수 없었습니다. 그러는 사이 잔이 돌았습니다. 예수님은 잔에 대하여 "이것은 많은 사람을 위하여 흘리는 나의 피 곧 언약의 피니라(24)."고 하셨습니다. 제자들은 그 말씀을 다 이해하지 못했습니다. 그저 속으로 이상하게 생각할 뿐이었습니다.

성찬은 살아생전의 예수님과 우리를 하나로 묶어 주는 신비한 공동의 식사입니다. 어쩌면 무슨 일이 있어도 예수님을 따르겠다는 결단의 자리라고 보는 것이 더 맞을 것입니다. 예수님이 바라신 것은 하나님이 이스라엘을 애굽에서 구원하셨듯이 죄 가운데 죽음으로 끝나는 인생이 죽어도 다시 사는 구원의 완성입니다. 유월절 양의 피가 묻은 집은 죽음의 사자가 넘어갔듯이 예수님의 몸과 피를 먹고 마심으로써 영원한 생명을 얻었습니다. 최후의 만찬은 이것을 기억하는 성례전입니다. 우리가 기억해야 할 가장 귀한 식탁의 자리입니다.

주일

5

458장
너희 마음에 슬픔이
가득할 때

마가복음 14:22~26
또 잔을 가지사 감사 기도 하시고 그들에게 주시니 다 이를 마시매 이르시되 이것은 많은 사람을 위하여 흘리는 나의 피 곧 언약의 피니라 (23~24)

매일 성경 읽기
합 1장 ☑ 2장 ☐ 3장 ☐

참 좋으신 주님, 죄인 된 인생을 구하기 위해 자신의 몸과 피를 죄의 값으로 내어 주신 크신 사랑에 감사합니다. 이제 주님의 몸과 피를 통해 우리가 하나님과 거룩하고 신비한 연합을 이루었습니다. 영원히 주와 동행하게 하옵소서. 예수님의 이름으로 기도합니다. 아멘.

이봉석 목사 _ 신길중앙교회

성찬을 행하며
우리가 기억해야
할 것은 무엇입니까?

감사하며 기뻐하자

68장
오 하나님 우리의
창조주시니

신명기 26:10~11
네 하나님 여호와께서 너와
네 집에 주신 모든 복으로
말미암아 너는 레위인과 너
희 가운데에 거류하는 객과
함께 즐거워할지니라 (11)

'더도 말고 덜도 말고 한가위만 같아라'는 말처럼 추석은 가장 풍요롭고 기분 좋은 명절입니다. 햇곡식이 익어 먹을 것이 풍성하고, 가을바람은 신선하며, 크고 둥근 달이 떠올라 사람의 마음을 채웁니다. 밤이면 들려오는 귀뚜라미 소리는 '나도 이 가을에 살아 생명을 노래하고 있다!'고 외치는 것 같습니다. 이러한 좋은 때에 맞이하는 한가위는 무엇보다 하나님께 감사하는 명절입니다. 이 모든 것을 허락하신 하나님께 감사하며 보내길 바랍니다.

이스라엘 사람들에게도 우리 같은 명절이 있었습니다. 그중에 하나가 첫 열매의 단을 주께 바치는 절기입니다. 이 절기를 지키며 이스라엘 사람들은 지나온 시절들을 하나님께 감사하고, 함께 기뻐하였습니다. 광야의 나그네였던 이스라엘이 가나안 땅을 얻고, 그 땅에서 얻은 소산물로 하나님께 감사드렸습니다. 그렇습니다. 모든 것은 하나님께로부터 옵니다. 따라서 하나님께 감사하는 것이 우리의 마땅한 본분입니다. 첫 열매와 첫 새끼로 감사드린 이스라엘처럼 가장 귀한 정성으로 감사드리고, 언제나 감사하며 살아갈 수 있기를 소망합니다.

〈신세계 교향곡〉으로 많은 사랑을 받은 작곡가 안토닌 드보르자크는 작곡을 끝내고 꼭 'Thanks to God(하나님께 감사)'이란 문구를 적어놓았습니다. 그러한 방식으로 모든 작곡마다 하나님께 감사를 표현한 것입니다. 우리의 지나온 삶에 대해 하나님께 감사드릴 때, 하나님은 그 삶의 현재와 미래에 복을 주십니다.

이번 추석에는 어떤 형편과 처지에 있든지 무조건 감사합시다. 불평과 원망은 미루어두고 베푸신 은혜에 감사하는 절기를 보냅시다. 가족들이 둘러앉아 감사를 고백하면 하나님께서 우리 가정과 가족들에게 더 크게 복을 주실 것입니다. 새가 두 날개로 날고, 철로가 두 레일로 나아가며, 마차에 두 바퀴가 있듯이, 기도와 감사로 함께 나아갈 때 신앙인의 삶은 온전해집니다. 그리스도인에게는 감사가 필수적인 덕목입니다. 윌리엄 바클레이는 '믿음, 소망, 사랑, 이 세 가지 위에 감사를 더하라'고 말했습니다. 한 번뿐인 인생, 하나님께서 복 주신 삶을 감사드리며 기뻐하며 살기를 축복합니다.

매일 성경 읽기
습 1장 ☑ 2장 ☐ 3장 ☐

우리의 삶에
하나님께 드리는
감사와 기쁨이
있습니까?

거룩하신 하나님, 주님께 감사를 드립니다. 건강을 주시고, 가족들을 주시고, 할 일을 주셨습니다. 또한 믿음을 주셔서 하나님을 알게 하시고, 성령의 은혜를 날마다 허락하셨습니다. 이 모든 것에 감사하오며, 예수님의 이름으로 기도합니다. 아멘.

박신진 목사 _ 삼척제일교회

하나님과 맺은 계약

오늘 본문에는 이삭이 그랄의 지도자 아비멜렉 일행과 계약하는 장면이 나옵니다. 어느 날 아비멜렉이 그의 친구 아훗삿과 군대장관 비골을 데리고 이삭을 찾아와서 계약서를 들이밉니다. 이삭은 아비멜렉 일행이 불편했습니다. 그랄 주민들은 이삭이 큰 부자가 되자 시기 질투하여 공공연히 시비를 걸어왔는데, 아비멜렉이 그랄 주민들의 편을 들어 이삭을 추방했기 때문입니다 (15~20). 이삭은 무례한 아비멜렉 일행을 내쫓아 버릴 수도 있었지만 오히려 그들을 극진히 접대했습니다. 그들이 원하는 대로 계약도 맺었습니다. 또한 평안히 가도록 배웅도 해주었습니다.

이 계약은 분명 이삭에게 손해가 될 여지가 있었습니다. 그런데도 이삭은 불리함과 손해를 그대로 받아들였습니다. 왜냐하면 아비멜렉과의 만남을 통하여 중요한 사실을 확신하게 되었기 때문입니다. 그들은 이삭에게 "여호와께서 너와 함께 계심을 우리가 분명히 보았으므로 … 이제 너는 여호와께 복을 받은 자니라(28~29)."라고 말했습니다. 아비멜렉이 찾아오기 전에 이삭은 하나님을 만났습니다. 하나님은 이삭의 아버지인 아브라함의 기도에 대한 응답으로 이삭과 함께할 것이고 복을 주어 자손을 번성케 하겠다고 말씀하셨습니다(24). 이는 하나님과 이삭 사이에 맺은 계약이었습니다. 그 계약의 응답으로 이삭은 제단을 쌓고 예배를 드렸습니다. 그리고 뜬금없이 찾아온 아비멜렉 일행을 통하여 하나님과 맺은 언약이 분명하고 확실한 것임이 증명되었습니다.

이삭은 아비멜렉과의 계약보다 하나님과의 계약에 더 기뻤습니다. 이 기쁨은 뻔뻔하고 무례한 아비멜렉에 대하여 부정적이고 불편한 감정을 사라지게 했습니다. 동시에 이 기쁨 안에서 이삭은 하나님을 향한 믿음이 더욱 군건하고 온전해졌습니다. 이후 이삭은 진행 중인 우물 파기 공사에서 복된 소식을 듣습니다. "우리가 물을 얻었나이다(32)." 이 물은 아비멜렉의 계약으로 얻은 것이 아닙니다. 이는 하나님과의 계약에서 얻은 생명수입니다. 하나님과의 계약이 군건하여 이삭이 누린 생명수의 은혜를 오늘 우리도 누릴 수 있기를 바랍니다.

화요일

7

370장
주 안에 있는 나에게

—

창세기 26:23~33
그 밤에 여호와께서 그에게 나타나 이르시되 나는 네 아버지 아브라함의 하나님이니 두려워하지 말라 내 종 아브라함을 위하여 내가 너와 함께 있어 네게 복을 주어 네 자손이 번성하게 하리라 하신지라 (24)

매일 성경 읽기
학 1장 ☑ 2장 ☐

주님, 오늘도 피로 맺으신 약속 안에서 참 생명을 누리게 하시니 감사합니다. 하나님과의 계약 속에서 누리는 생명수의 은혜와 기쁨을 만나는 모든 이들과 함께 나누게 하옵소서. 또한 복음을 전하는 복된 일상을 살게 하옵소서. 예수님의 이름으로 기도합니다. 아멘.
이재남 목사 _ 평화교회

참 생명과 그 기쁨을 이웃에게 전하고 있습니까?

인생의 갈림길에서

204장
주의 말씀 듣고서

신명기 30:15~20
내가 오늘 하늘과 땅을 불러 너희에게 증거를 삼노라 내가 생명과 사망과 복과 저주를 네 앞에 두었은즉 너와 네 자손이 살기 위하여 생명을 택하고 (19)

모세는 생명의 길과 죽음의 길을 선택할 수 있는 결정적인 순간을 제시합니다. 이는 구약 시대의 이스라엘 백성만이 아니라, 오늘 우리에게도 동일하게 적용되는 영원한 진리입니다. 생명과 복, 사망과 화, 이 두 갈래 길이 우리 앞에 놓여 있습니다. 어떤 선택을 하느냐에 따라 우리의 삶의 방향이 달라질 수밖에 없습니다.

"네 하나님 여호와를 사랑하고 그 모든 길로 행하며 그의 명령과 규례와 법도를 지키라(16)." 하나님을 사랑한다는 것은 단지 감정적이거나 종교적인 측면에 머무는 것만이 아니라, 우리의 생각과 행동, 가치관 등을 모두 하나님께 집중하는 것입니다. 이런 삶으로 우리는 하나님께서 주시는 복, 즉 진정한 생존과 번성을 경험할 수 있습니다. 반면 하나님께서 주신 복된 길에서 벗어나 다른 신들을 좇고 그것들을 섬기면 망합니다. "네가 만일 마음을 돌이켜 듣지 아니하고 유혹을 받아 다른 신들에게 절하고 그를 섬기면 내가 오늘 너희에게 선언하노니 너희가 반드시 망할 것이라 너희가 요단을 건너가서 차지할 땅에서 너희의 날이 길지 못할 것이니라(17~18)." 여기서 '다른 신들'은 물질, 권력, 명예, 쾌락과 같은 우리 시대의 우상을 포함합니다. 이러한 것들은 영혼에 화를 끼치며 하나님과의 관계를 손상하는 원인이 되기 때문입니다.

우리에게 장수와 복을 보장해 주시겠다는 하나님의 약속은 조건부입니다. 하나는 "생명을 택하라(19)."는 것으로 삶의 모든 선택에서 하나님과 생명의 길을 우선시하라는 뜻입니다. 다른 하나는 "네 하나님 여호와를 사랑하고 그의 말씀을 청종하며 또 그를 의지하라(20)."는 것으로 신앙의 자세, 즉 일상의 사소한 결정에서도 하나님을 우선시하는 삶의 태도를 의미합니다. '이리 갈까, 저리 갈까, 차라리 돌아갈까?' 우리는 늘 갈림길에서 당황합니다. 하나님 앞에서의 선택이 영원을 좌우하는데 말입니다. 이토록 중요한 선택, 어떻게 하면 좋을까요? "우리가 이것을 말하거니와 사람의 지혜가 가르친 말로 아니하고 오직 성령께서 가르치신 것으로 하니 영적인 일은 영적인 것으로 분별하느니라(고전 2:13)." 하나님의 사람들에게만 주어진 놀라운 은혜가 아닐 수 없습니다. 오늘도 인생의 갈림길에서 옳은 선택을 할 수 있길 바랍니다.

매일 성경 읽기
슥 1장 ☑ 2장 ☐ 3장 ☐
4장 ☐ 5장 ☐

인생의 갈림길에서
어떤 태도를
취하고 있습니까?

주님, 순간의 선택이 평생을 좌우한다는 말처럼 하나님 앞에서의 선택이 영원을 좌우함을 잘 알고 있습니다. 사람의 지혜가 가르친 말이 아니라 오직 성령께서 가르치신 것으로, 영적인 일은 영적인 것으로 분별하게 하옵소서. 예수님의 이름으로 기도합니다. 아멘.

한성수 목사 _ 진주중앙교회

거울을 보라

목요일

9

62장
고요히 머리 숙여

시편 19:7~14
자기 허물을 능히 깨달을
자 누구리요 나를 숨은 허
물에서 벗어나게 하소서
(12)

잉글랜드 프리미어리그의 명문 구단인 첼시FC는 2015년 리그 우승컵을 들어 올립니다. 그런데 다음 시즌은 초반부터 강등권 직전까지 추락하며 최악의 상황을 맞이합니다. 구단은 감독을 경질하고 거스 히딩크를 임시 감독으로 선임했습니다. 히딩크는 선수들에게 "거울을 보라. 잠깐이 아닌 오랫동안…"이라는 따끔한 충고로 시작했습니다. 자신이 이곳에 부임한 이유는 팀의 성적 부진 때문이며, 부진의 이유를 알기 위해서는 각자가 거울을 봄으로써 자신의 현재 상태를 제대로 들여다보아야 한다는 주문이었습니다. 수시로 자기 모습을 들여다보지 않는다면, 우리가 지금 잘하고 있는지를 정확히 알 수 없습니다.

시편 19편은 만물을 통한 하나님의 계시(1~6), 율법을 통한 하나님의 계시(7~13), 그리고 이 두 가지를 통해 깨달은 자기 모습으로 인해 하나님을 묵상하며 올리는 기도로 이루어져 있습니다(14). 오늘 본문은 하나님의 말씀이 우리의 영혼을 살리고 지혜롭게 하며, 우리의 마음을 기쁘게 하고 눈을 밝게 한다고 노래합니다(7~8). 뿐만 아니라 시편 기자는 주의 말씀으로 인해 경고를 받고 말씀을 지킴으로 하나님께 받을 상도 크다고 노래합니다(11). 나 스스로는 자신의 허물을 발견하지 못하지만 하나님의 말씀에 비추어 보면 숨은 허물을 깨닫고 거기에서 벗어날 수 있습니다(12). 공의로우신 주님의 말씀이 나를 주장할 때 고의로 죄를 짓지 않음으로 그 죄가 나를 주장하지 못할 것입니다(13).

시편 1편에서 복 있는 사람은 오직 여호와의 율법을 즐거워하여 그의 율법을 주야로 묵상하는 사람이라고 했습니다. 그 이유는 바로 오늘 본문의 시가 노래하는 것처럼, 말씀이라는 거울 앞에 나를 끊임없이 성찰함으로써 하나님이 기뻐하시는 삶을 살 수 있기 때문입니다. 안무가는 연습할 때 전신 거울에 자신의 모습을 비춰가며 연습합니다. 그래야 어느 동작이 부족한지, 혹은 어느 부분이 멋진지를 확인하며 수정·보완할 수 있기 때문입니다. 마찬가지로 그리스도인도 매일 말씀의 거울 앞에 나의 모습을 비춰 보아야 합니다. 그럴 때 우리는 복된 하나님의 사람으로 살아갈 수 있습니다.

매일 성경 읽기
슥 6장 ☑ 7장 ☐
8장 ☐ 9장 ☐
10장 ☐

하나님, 오늘도 주 앞에 홀로 서게 하옵소서. 말씀의 거울 앞에 나의 모습을 비추어 보며 회개하고 죄를 멀리하게 하옵소서. 말씀을 붙잡고 지혜롭고 밝은 눈으로 살아가게 하옵소서. 하나님의 선하신 뜻 가운데 놓이게 하옵소서. 예수님의 이름으로 기도합니다. 아멘.

이병민 목사 _ 생명의교회

말씀의 거울을
매일 들여다보며
살고 있습니까?

섬기는 자가 되어라

463장
신자 되기 원합니다

—

마가복음 10:42~45
인자가 온 것은 섬김을 받
으려 함이 아니라 도리어
섬기려 하고 자기 목숨을
많은 사람의 대속물로 주려
함이니라 (45)

평범한 가정의 막내딸로 태어나 많은 사랑을 받으며 자란 마더 테레사는 예수님을 인격적으로 만난 후 예수님처럼 일평생 가난한 사람들을 위해 살기로 결심했습니다. 수녀가 된 후 세계에서 가장 열악한 지역으로 알려진 인도의 콜카타에 갔습니다. 그곳에 자선 선교회를 설립하고, 가난한 자들과 죽음을 앞둔 환자들을 예수님의 사랑으로 섬겼습니다. 비록 그녀는 세상을 떠났지만 낮은 자를 향한 섬김은 지금도 많은 사람에게 감동을 주고 있습니다.

오늘 본문에서 예수님은 제자들에게 섬기는 자가 되라고 말씀하십니다. "너희 중에 누구든지 으뜸이 되고자 하는 자는 모든 사람의 종이 되어야 하리라(44)." 이것은 우리가 더 높아지고 인정받는 자가 되려고 애쓰기보다 오히려 주위에 소외되고 어려운 이들을 보살피고 도우라는 말씀입니다. 사람들은 세상에서 성공한 삶을 살기 원합니다. 그래서 어떻게 해서든 자신을 내세우고 박수받는 자리에 가려고 합니다. 때로는 낮은 자를 무시하고 속이고 불법을 행하기도 합니다. 이것은 하나님께서 우리에게 바라시는 삶이 아닙니다. 그래서 주님은 섬기는 삶이 섬김을 받는 삶보다 더 귀하다고 말씀하시며 스스로 섬김의 본을 보여 주셨습니다. 주님은 만왕의 왕이시며 하나님과 동등된 분이십니다. 그럼에도 불구하고 세상에 오실 때 가장 낮은 자의 모습으로 오셨습니다. 또한 이 땅에서 사역하는 동안에 늘 가난한 자들, 병든 자들과 함께 하셨고, 그들의 도움 요청을 외면하지 않으셨습니다. 아무런 죄도 짓지 않으셨지만 우리를 대신하여 십자가에서 죽으심으로 우리를 자유케 하셨습니다.

이처럼 우리는 주님의 큰 사랑을 입은 자들입니다. 주님의 사랑과 희생으로 우리가 하나님의 자녀가 되었습니다. 그렇다면 우리는 과거의 죄악 된 삶이 아닌 하나님의 자녀로서 살아가야 합니다. 세상의 가치관과 욕망을 좇아 남보다 높아지고 뽐내려 하기보다 주위에 어렵고 소외된 자들을 돌보고 섬기는 삶을 살아야 합니다. 우리가 예수님처럼 이웃을 사랑하며 섬길 때, 사람들은 우리가 제자인 줄 알 것이고, 교회를 칭찬하며 하나님께 영광을 돌릴 것입니다. 그리고 우리의 섬김을 통하여 세상은 더욱 아름다워지고 이 땅에 하나님 나라가 회복될 것입니다.

매일 성경 읽기
슥 11장 ☑ 12장 ☐
13장 ☐ 14장 ☐

섬김의 삶을 살기 위해
결단해야 할 것은
무엇입니까?

사랑이 풍성하신 하나님, 죄로 인해 죽을 수밖에 없는 우리를 용서하시고, 하나님의 자녀 삼아 주심에 감사드립니다. 주님께서 우리에게 보이신 섬김의 본을 따라 우리도 가난하고 소외된 자들을 돌보며 섬김의 삶을 살게 하옵소서. 예수님의 이름으로 기도합니다. 아멘.

장이규 목사 _ 천호제일교회

승리자

성경은 우리의 인생을 경기에 비유합니다. 모든 경기에는 승자와 패자가 존재합니다. 우리의 인생이 끝나고 주님 앞에 서는 날, 하나님이 우리에게 상급을 주시는 순간, 시상대에 올라 면류관을 받는 승리자가 되어야 할 것입니다. 그러기 위해서 우리는 오늘도 싸워 이겨야 합니다. 자신과의 싸움에서도 이겨야 하고, 외부의 적과도 싸워 이겨야 합니다. 우리의 싸움은 육에 있는 것이 아닙니다. 우리는 영적 전쟁을 치르는 그리스도의 군사입니다. 이 전쟁에서 싸워 이겨야 합니다.

마귀는 우는 사자와 같이 우리를 삼키려고 기회를 엿봅니다(벧전 5:8). 우리는 절대로 그들에게 틈을 주어서는 안 됩니다. 우리가 더 열심히 신앙생활을 하려고 하면 꼭 유혹과 방해가 따라붙습니다. 이상하게도 은혜를 풍성히 받은 날에는 화낼 일이 더 생기고, 은혜 쏟을 일이 생깁니다. 영적인 훈련을 받고 경건하게 살려고 결심하면 꼭 사탄이 우리에게 시비를 겁니다. 바로 그때를 조심해야 합니다. 정신을 바짝 차리고 사탄의 시비에 넘어가지 말아야 합니다.

성경의 이야기는 유혹에 무릎을 꿇은 사람과 유혹을 물리쳐 이긴 사람의 이야기로 나눌 수 있습니다. 모든 사람은 유혹을 받습니다. 유혹을 받는 것은 죄가 아닙니다. 다만 유혹에 넘어가고 굴복하는 것이 죄입니다. 다양한 운동을 통해서 근육이 강화되고 튼튼해지는 것처럼 우리는 유혹을 이기는 훈련을 통해서 영적 성장을 이룰 것입니다. 그러므로 유혹이 올 때 기뻐하십시오. 영혼이 더 건강해질 기회이기 때문입니다. 그리고 이기십시오. 주님 앞에 서는 날, 시상대에 당당히 올라야 합니다.

우리는 서로가 필요합니다. 혼자 힘보다는 함께 하면 더 강해지기 때문입니다. 2024년 세계수영선수권대회 당시 남자 자유형 200m에서 황선우 선수가, 자유형 400m에서 김우민 선수가 금메달을 획득하였습니다. 그들은 서로가 경쟁자이자 격려자가 되어 주어서 가능했다고 합니다. 우리도 이처럼 때로는 경쟁자이기도 하지만 협력자요 조력자입니다. 아름다운 경쟁과 협력으로 승리하는 신앙인이 되기를 소망합니다.

토요일

11

348장
마귀들과 싸울지라

—

요한복음 16:33
이것을 너희에게 이르는 것은 너희로 내 안에서 평안을 누리게 하려 함이라 세상에서는 너희가 환난을 당하나 담대하라 내가 세상을 이기었노라 (33)

매일 성경 읽기
말 1장 ☑ 2장 ☐
3장 ☐ 4장 ☐

하나님, 우리는 세상의 유혹과 공격에 속수무책일 때가 많습니다. 우리를 둘러싼 온갖 영적 싸움에서 승리하게 하옵소서. 또한 우리 주변에 있는 이웃과 성도들을 신앙의 조력자와 협력자로 여겨 사랑하며 더불어 살아가게 하옵소서. 예수님의 이름으로 기도합니다. 아멘.

방일섭 목사 _ 조암교회

우리는 수많은 영적 싸움 앞에 승리자로 살고 있습니까?

심는 대로 거두게 하시는 하니님

10

12
주일

384장
나의 갈 길 다 가도록

역대하 26:6~10
또 광야에 망대를 세우고 물
웅덩이를 많이 파고 고원과
평지에 가축을 많이 길렀으
며 또 여러 산과 좋은 밭에
농부와 포도원을 다스리는
자들을 두었으니 농사를 좋
아함이었더라 (10)

매일 성경 읽기
마 1장 ☑ 2장 ☐
3장 ☐ 4장 ☐

무엇을 마음에 두는가, 무엇을 좋아하는가는 중요한 문제입니다. 사람들은 좋아하는 것에 시간과 물질을 투자하기 때문입니다. 성도인 우리는 근본적인 일과 가치 있는 일, 특별히 하나님의 기쁨이 되는 일에 마음을 두어 행복하고 풍요로운 믿음의 삶을 살아야 합니다. 겉으로 보기에 화려한 것보다 내실을 중시하는 신앙인이 되기를 꿈꾸고 노력해야 합니다.

오늘 본문에서 남유다의 10대 왕 웃시야는 여호와께서 보시기에 정직하게 행하는 사람이었습니다. 또한 하나님의 말씀과 영적 지도에 순종하였고, 복을 받아 영토 확장과 건축, 군대 정비 등의 국가 부흥기를 이루었습니다. "그에게는 기르는 가축이 많았다. 언덕 지대와 평지에는 농부들을 배치시켰고, 산간지방에는 포도원을 가꾸는 농부도 두었다. 그는 농사를 좋아하여서 벌판에도 곳곳에 망대를 세우고, 여러 곳에 물웅덩이도 팠다(10, 새번역)." 웃시야 왕이 농업 진흥책을 펼치고 농사를 좋아했다는 것은 근본적인 일을 좋아하고 중요시했다는 의미입니다. 수고롭지만 근본적인 일, 생산성이 있는 일을 좋아하면 풍성하고 아름다운 결과를 얻습니다.

뿐만 아니라 웃시야왕은 신앙적인 측면에서 심는 대로 거두게 하시는 신앙의 원리를 알고 추구했습니다. 농부는 씨앗을 뿌리고 심고 가꾸어 열매를 얻을 때까지 인내하며, 결국에는 그 결실을 수확합니다. 이것은 전적으로 주님의 은혜 안에 가능한 일입니다. 그래서 농부는 하늘을 바라보고 기꺼이 수고하며 삽니다. 무엇보다 하늘에 감사하며 삽니다. 하나님의 은혜를 구하며 감사하는 삶을 사는 것입니다.

씨앗을 심고 열매를 거두는 농사는 예수님의 비유에 나타나는 복음 전도의 의미입니다. 눈물로 씨를 뿌리면 기쁨으로 열매를 얻는다고 말씀하셨습니다. 복음의 씨앗을 뿌리고 가꾸어 생명구원의 열매를 얻는, 전도하기를 좋아하는 성도들이 되기를 바랍니다. 오늘도 내게 주신 은혜에 감사하며 삶과 신앙의 근본적인 일을 중요시하며 살아갑시다. 심는 대로 거두게 하시는 하나님의 원리를 믿고 복음을 전도하여 주님께서 기뻐하시는 삶을 살아갑시다. 그리하여 풍성한 은혜를 누리고 사명을 잘 감당하기를 간절히 소망합니다.

심은 대로
거두게 하심을 믿고
복음 전도의 삶을
살고 있습니까?

항상 선한 길로 인도하시는 하나님 아버지, 주님만을 전적으로 신뢰하기 원합니다. 오늘 말씀처럼 농부의 마음으로 순수하고 소망이 가득한 삶을 살게 하옵소서. 그리하여 복음의 열매 맺는 삶을 살아가게 하옵소서. 예수님의 이름으로 기도합니다. 아멘.

손철산 목사 _ 삼양중앙교회

좋은 소식을 전하며

하나님을 떠나 있던 이스라엘은 황폐하였습니다. 예루살렘 성은 무너지고, 이스라엘 백성은 포로로 끌려가 자유 없이 압박 속에서 노예로 살아갔습니다. 이런 예루살렘에 기쁜 소식이 전해집니다. "너 예루살렘의 황폐한 곳들아 기쁜 소리를 내어 함께 노래할지어다 이는 여호와께서 그의 백성을 위로하셨고 예루살렘을 구속하셨음이라(9)." 하나님께서 그의 백성을 위로하시고, 구원하신다는 소식입니다. 하나님께서 다시 이스라엘을 통치하신다는 소리가 울려 퍼집니다. 이사야는 '하나님께서 통치하신다'는 평화의 복된 소식을 전하는 발이 너무 아름답다고 고백합니다. 이 소식을 듣고 사람들은 소리 높여 노래합니다. 주님의 위로와 구원이 황폐함을 그치게 하고 생명의 싹을 틔우기 때문입니다.

사도행전에는 성전 미문에서 구걸하며 앉아 있는 사람의 이야기가 나옵니다. 그는 태어나 한 번도 걸어 본 적 없었습니다. 그는 미문에 걸쳐 있지만 한 번도 성전 안으로 들어가 본 적이 없는 사람입니다. 그에게 '미문 앞에 있다'는 소식은 복된 소식이 아니었습니다. 그는 매일 '무엇을 얻을까'를 고민하였습니다. 성전 앞에 있었지만 안식을 누리지 못했습니다. 베드로는 그에게 은과 금이 아니라 나사렛 예수 그리스도의 이름을 전해 줍니다. 복음을 받아들인 그는 예수 그리스도의 이름으로 일어나 걷기도 하고 뛰기도 합니다. 그리고 성전 안으로 들어가 하나님을 찬양합니다.

우리에게 본질적으로 필요한 것은 복음입니다. 우리를 구원하기 위해서 하나님이 어떤 일을 사랑으로 행하셨는지를 듣고 받아들여야 합니다. 그러나 세상에는 복음이 아닌 것을 복음인 것처럼 여기며 살아가는 사람이 많습니다. 교회 안에도 복음이 아니라 복음의 결과를 복음인 것처럼 착각하는 사람이 많습니다. 복음을 전하되 제대로 전해야 합니다. 황폐한 우리를 구원하기 위해서 주님이 사랑으로 행하신 그 일을 전해야 합니다. 복음을 전하기 위해서 산을 넘는 발은 무엇보다 아름답습니다. 우리의 발은 무엇을 위해, 어디를 향해 달려가고 있습니까? 황폐함 속에서 살아가는 자들에게 복음을 전하십시오. 복음을 전하는 발걸음이 아름답습니다.

월요일

13

502장
빛의 사자들이여

이사야 52:7~10
좋은 소식을 전하며 평화를 공포하며 복된 좋은 소식을 가져오며 구원을 공포하며 시온을 향하여 이르기를 네 하나님이 통치하신다 하는 자의 산을 넘는 발이 어찌 그리 아름다운가 (7)

매일 성경 읽기
마 5장 ☑ 6장 ☐ 7장 ☐

사랑의 주님, 황폐한 우리를 구원하기 위해 이 땅에 오심을 감사합니다. 예수님이 우리를 구원하기 위해 이 땅에 오신 복된 좋은 소식을 전하는 자가 되게 하옵소서. 우리의 입술과 삶을 통하여 영혼들이 주님을 영접하게 하옵소서. 예수님의 이름으로 기도합니다. 아멘.

김기승 목사 _ 세길교회

우리의 발은
무엇을 위해
달려가고 있습니까?

아굴의 기도가 주는 신앙 명제

397장
주 사랑 안에 살면

—

잠언 30:7~9
곧 헛된 것과 거짓말을 내 게서 멀리 하옵시며 나를 가난하게도 마옵시고 부하 게도 마옵시고 오직 필요한 양식으로 나를 먹이시옵소 서 (8)

잠언은 욥기, 전도서와 더불어 지혜 문학에 속합니다. 구약에서 '지혜'란 하 나님의 섭리대로 이 땅에서 잘 살아가게 해주는 기술을 의미합니다. 즉 잠언 은 하나님의 백성으로서 날마다 다양한 상황을 만날 때 어떻게 처신하는 것이 옳은지를 가르쳐 주는 말씀입니다.

오늘 본문은 '아굴의 기도'라는 제목으로 유명합니다. 사실 아굴이 어떤 사 람이었는지는 밝혀진 바가 없습니다. 히브리어 본문에 아라비아의 동네 이름 인 '마사'가 등장하는 것을 근거로 아라비아 출신의 이방인이 아닐까 추정할 뿐입니다. 그럼에도 기도문의 주인공인 아굴을 높이 평가하는 이유는 본문을 통해 드러나는 그의 신실한 믿음 때문입니다.

본문에서 아굴은 두 가지를 위해 기도합니다. 헛됨과 거짓말을 하지 않게 해달라는 것, 가난하게도 부하게도 말고 필요한 양식을 달라는 것입니다. '헛 됨'은 허영심에서 오는 내면의 공허감을 의미하고, '거짓'은 악한 의도로 남을 속이려 하는 기만적인 행위를 의미합니다. 한마디로 헛됨은 자신을 속이는 데서 오는 공허감이고, 거짓은 남을 속이는 것입니다. 공통점은 속인다는 데 있습니다. 헛됨에 빠지면 자신이 상처를 입고, 거짓을 반복하면 타인에게 상 처를 남깁니다. 따라서 하나님의 백성이라면 자신이든 타인이든 누구에게도 상처를 주어서는 안 됩니다.

가난하게도 부하게도 말고 필요한 양식을 달라는 기도는 예수께서 가르쳐 주신 주기도문의 "오늘 우리에게 일용할 양식을 주시옵고(마 6:11)"와 바울이 빌립보서에서 전하는 "내가 궁핍하므로 말하는 것이 아니니라 어떠한 형편에 든지 나는 자족하기를 배웠노니(빌 4:11)."라는 자족의 신앙과 일맥상통합니 다. 아굴이 전하는 기도의 초점은 자신이 아니라 하나님입니다. 내가 부를 누 리든 가난에 처하든 상관없이 굳건히 하나님께 영광을 돌리는 것이야말로 인 생의 최고 목표임을 천명합니다.

아굴의 기도가 던져 주는 신앙 명제, 즉 '자신을 사랑하고, 타인도 사랑하 는 것, 어떤 상황에 처하든 하나님 중심으로 사는 것'은 돈이 최고의 신이 된 맘몬의 세상에 사는 우리에게 큰 울림을 줍니다.

매일 성경 읽기
마 8장 ☑ 9장 ☐
10장 ☐

무엇을 위해
기도하고 있습니까?

거룩하신 하나님, 욕심을 채우기 위해 기도했던 우리를 용서하옵소서. 이제 그리스도인으 로서 바르게 살고픈 마음으로 기도하게 하옵소서. 자신을 사랑하고 타인도 사랑하며, 어 떤 상황에 처하든 하나님 중심으로 살게 하옵소서. 예수님의 이름으로 기도합니다. 아멘.

양세훈 목사 _ 원천교회

가나안 땅에 들어가거든

수요일

15

347장
허락하신 새 땅에

———

민수기 33:50~56
그 땅을 점령하여 거기 거주하라 내가 그 땅을 너희 소유로 너희에게 주었음이라 (53)

여호와께서 가나안 땅을 목전에 두고 모세에게 말씀하십니다. "가나안 땅에 들어가거든 그 땅의 원주민을 너희 앞에서 다 몰아내고 그 새긴 석상과 부어 만든 우상을 다 깨뜨리며 산당을 다 헐고 그 땅을 점령하여 거기 거주하라 내가 그 땅을 너희 소유로 너희에게 주었음이라(51~53)." 우리 그리스도인은 하나님 나라를 바라보며 그 안에서 지금 이 땅, 가나안을 살아가는 사람들입니다. 그렇다면 하나님 나라에 사는 자들의 삶은 어떠해야 할까요?

먼저 그 땅의 원주민을 다 몰아내야 합니다(52). 즉 그 땅의 주인이 되어야 합니다. 그리스도인은 세상에서 종으로 살아서는 안 됩니다. 세상이 즐겨하고 추구하는 것에 매여 살거나 그것을 그저 따르기만 하는 종이 되어서는 안 됩니다. "새긴 석상과 부어 만든 우상을 다 깨뜨리며 산당을 다 헐고(52)"라는 말씀처럼 세상의 헛된 가치관을 헐고 깨뜨려야 합니다. 대신 하나님의 말씀으로 가치관을 분명히 세우고 이 세상을 살아가야 합니다.

가나안에 합당한 자는 그 땅에서 말씀으로 싸워야 합니다. 가나안에 입성하는 것은 주의 은혜이지만 그 땅을 정복하는 것은 우리의 사명입니다. 믿음으로 싸워 쟁취하는 것입니다. "너희가 만일 그 땅의 원주민을 너희 앞에서 몰아내지 아니하면 너희가 남겨둔 자들이 너희의 눈에 가시와 너희의 옆구리에 찌르는 것이 되어 너희가 거주하는 땅에서 너희를 괴롭게 할 것이요(55)."라는 경고를 기억해야 합니다. 이미 거주하던 원주민, 즉 세상적 가치관에 대하여 말씀으로 맞서야 합니다. 그렇지 않으면 가나안의 복을 약속받고도 괴로움으로 넘어지고 맙니다.

하나님 나라, 가나안의 복은 싸워 쟁취하는 것입니다. "천국은 침노를 당하나니 침노하는 자는 빼앗느니라(마 11:12)." 우리는 무엇을 위해 열심을 내고 있습니까? 무엇을 쟁취하기 위해 시간과 열정을 다합니까? 세상이 원하는 것을 위해 애쓰고 수고하는 것은 당연히 여기면서도 하나님 뜻대로 사는 일은 가볍게 여기거나 혹시 막아서고 있지는 않습니까? 약속의 땅 가나안에 들어가는 우리는 말씀의 깃발을 들고 믿음의 싸움을 싸워야 합니다. 그러면 하나님께서 이 땅을 기업으로 얻게 하실 것입니다.

매일 성경 읽기
마 11장 ☑ 12장 ☐
13장 ☐

주님, 세상 욕심만 따르는 세상의 종으로 살고 있음을 용서하여 주옵소서. 이제 주님의 말씀을 따르는 주인으로 살겠습니다. 더 이상 안일하게 살지 않고, 세상의 탐욕과 악에 맞서 말씀을 붙잡고 적극적으로 살게 하옵소서. 예수님의 이름으로 기도합니다. 아멘.

이상철 목사 _ 덕성교회

이 땅에서
어떤 모습으로
살고 있습니까?

권면하고 인내하며

208장
내 주의 나라와

—

데살로니가전서
5:12~15
삼가 누가 누구에게든지 악
으로 악을 갚지 말게 하고
서로 대하든지 모든 사람
을 대하든지 항상 선을 따
르라 (15)

오늘 본문은 교회 공동체를 구성하고 있는 지도자와 성도들 간의 바람직한 상호 관계에 관한 내용입니다. 바울은 성도들을 향해 그들의 영적 지도자들을 존경하고 사랑해야 함과 대인 관계에서 사랑과 겸손으로써 이웃과 화평을 유지해야 함을 교훈합니다. "너희 가운데서 수고하고 주 안에서 너희를 다스리며 권하는 자들을 너희가 알고(12)" "그들의 역사로 말미암아 사랑 안에서 가장 귀히 여기며 너희끼리 화목하라(13)"고 권면합니다.

교회 공동체는 영적 지도자를 존경하고 그의 지도력을 인정해야 합니다. 영적 지도자의 권면과 가르침을 따르고, 그들의 수고에 감사해야 합니다. 왜냐하면 그들은 모든 지체를 아우르며 주님의 몸 된 교회 공동체를 세워가는 일에 전력을 다하기 때문입니다. 여기에 모든 지체는 사랑 안에서 서로를 소중히 여기며 화목을 도모하는 일로 화답해야 합니다. 교회는 그리스도 예수 안에서 한몸 된 영적 공동체의 이상과 꿈을 펼쳐가야 할 사명이 있기 때문입니다. 이것이 예수께서 십자가의 피로써 세우신 이유이기도 합니다.

바울은 게으른 자들을 권계하며, 마음이 약한 자들을 격려하고, 힘이 없는 자들을 붙들어 줄 것을 명한 후에 "모든 사람에게 오래 참으라(14)."고 합니다. 여기서 '모든 사람'은 모든 성도이며, 그중에서도 특히 규모 없는 자, 마음이 약한 자, 힘이 없는 자와 같은 허물이 있는 사람들입니다. 그들을 향해 우리가 먼저 가져야 할 태도는 인내입니다. 물론 그들의 잘못을 견책하며 참된 길을 가르쳐 주는 일도 중요합니다. 하지만 그보다 더욱 중요한 것은 오래 참고 기다리며 격려하는 것입니다. 그때 비로소 치유를 위한 첫걸음을 내딛을 것입니다.

누군가 자신을 믿고 기다려 주는 사람이 있다는 사실이 허물 있는 자에게는 무엇보다 큰 힘이 됩니다. 사도 바울은 그 사실을 잘 알고 있었기에 인내를 최고 위치에 두고 교훈하는 것입니다. "누가 누구에게든지 악으로 악을 갚지 말게 하고 서로 대하든지 모든 사람을 대하든지 항상 선을 따르라(15)." 우리 공동체가 권면하고 인내함으로써 영적 공동체의 이상과 꿈을 펼쳐가기를 소망합니다.

매일 성경 읽기
마 14장 ☑   15장 ☐
16장 ☐

우리는 화목하고
인내하는
공동체입니까?

주님, 피 흘려 세우신 교회를 늘 사랑합니다. 공동체를 허물려는 거센 세속의 도전 앞에 무릎 꿇지 않고, 지도자의 권면과 다스림에 순종하며, 모든 지체가 서로 화목하게 하옵소서. 서로 인정하고 격려하며 인내하게 하옵소서. 예수님의 이름으로 기도합니다. 아멘.

조장환 목사 _ 평창중앙교회

자기를 낮추는 자는 높아지리라

금요일

17

예수님은 바리새인과 세리가 같은 시간에 성전에 올라가 기도하는 이야기를 들려주십니다. 이 이야기를 통해 주시려는 교훈이 무엇인지도 분명하게 밝히십니다. 자기를 높이려 하지 않고 오히려 낮추는 사람이 진정으로 높아진다는 것입니다. 자기를 남보다 나은 존재로 드러내고 싶은 욕구는 인간에게 거의 원죄와 같은 뿌리 깊은 죄성입니다. 죄는 우리의 선한 행실도, 경건을 위한 노력도 아주 교묘하게 교만의 수단으로 변질시킵니다. 작은 선행도 남들이 알아주기를 바라고, 혹 남들이 알아주지 않으면 심기가 불편해지는 것이 죄입니다. 남들보다 열심히 신앙생활을 하는 것은 당연히 좋은 일이지만 자기만큼 열심히 하지 않는 사람들을 평가하고 비판할 때, 그의 경건 생활은 무의미해집니다. 하나님은 그런 경건을 기뻐하지 않으십니다. 이것이 예수님의 말씀입니다.

본문에 등장하는 바리새인은 행위로만 보면 훌륭한 신앙의 사람입니다. 그는 남의 것을 탐하거나 억지로 취하지 않았습니다. 불의하지도 않았습니다. 간음 같은 것과는 거리가 먼 생활을 했고, 일주일에 두 번이나 금식하고 십일조를 성실하게 드렸습니다. 반면에 세리는 그저 고개를 숙이고 스스로를 죄인이라고 고백하는 삶을 살았습니다. 그런데 예수님의 말씀에 따르면 바리새인의 기도가 아니라 세리의 기도를 받으셨습니다. 예상치 못한 결과입니다. 두 기도의 차이는 무엇일까요? 바리새인은 자기의 경건의 의미를 다른 사람과의 비교에서 드러내려 했고, 세리는 오직 자기 자신에 대해서 성찰하는 것으로 하나님 앞에 서 있었습니다.

신학자 라인홀드 니부어는 "우리에게 정말로 웃긴 일은, 자신을 너무도 대단하게 여긴다는 바로 그것이다."라고 말했습니다. 스스로를 대단하게 여기는 것, 즉 교만은 그의 인생을 추하고 복 없게 만든다는 사실을 깊이 생각해야 합니다. 경건을 닦는 목적은 누구와 비교해서 내가 더 낫다고 평가받거나 하나님께 더 나음을 칭찬받기 위함이어서는 안 됩니다. 우리는 다만 아름답고 향기로운 꽃이기를 원해야 합니다. 다른 꽃보다 더 아름답고 향기로우려고 해서는 안 됩니다. 그것이 겸손입니다.

455장
주님의 마음을 본받는 자

누가복음 18:9~14
무릇 자기를 높이는 자는 낮아지고 자기를 낮추는 자는 높아지리라 하시니라 (14b)

매일 성경 읽기
마 17장 ☑ 18장 ☐
19장 ☐ 20장 ☐

하나님, 우리는 하나님을 향한 경건의 활동조차 교만의 행위로 변질될 유혹에 쉽게 흔들리는 연약한 존재입니다. 우리의 기도와 예배와 예물, 헌신, 모든 것이 순수함을 지킬 수 있게 지켜 주옵소서. 늘 경계하여 깨어 있게 하옵소서. 예수님의 이름으로 기도합니다. 아멘.
김윤정 목사 _ 행복한교회

나에게
겸손의 의미는
무엇입니까?

네가 어디 있느냐

310장
아 하나님의 은혜로

—

창세기 3:1~9
여호와 하나님이 아담을 부르시며 그에게 이르시되 네가 어디 있느냐 (9)

에덴동산의 하와에게 뱀이 말을 걸어왔습니다. 기막힌 질문이었습니다. "하나님이 참으로 너희에게 동산 모든 나무의 열매를 먹지 말라 하시더냐(1)." 이 질문은 하와의 위치를 의심하게 함과 동시에 하나님의 위치를 흔드는 질문입니다. 하와는 '그렇다'고 답하기면 하면 되는 상황에서 '그러나'라는 접속사를 넣어 대답합니다. "동산 나무의 열매를 우리가 먹을 수 있으나 동산 중앙에 있는 나무의 열매는 하나님의 말씀에 너희는 먹지도 말고 만지지도 말라 너희가 죽을까 하노라 하셨느니라(2~3)." 분명히 하나님은 "동산 각종 나무의 열매는 네가 임의로 먹되 선악을 알게 하는 나무의 열매는 먹지 말라 네가 먹는 날에는 반드시 죽으리라(2:16~17)."고 말씀하셨지만, 하와는 이 말씀을 과장하여 해석했습니다. 심지어 '너희가 죽을까 하노라'며 하나님의 말씀을 흐리게, 실상은 자기 마음대로 해석했습니다.

바로 그때 그 틈으로 뱀, 곧 사탄이 공격적으로 들어옵니다. 놀랍게도 뱀은 훨씬 단호하고 확장된 해석을 제시합니다. "너희가 결코 죽지 아니하리라 너희가 그것을 먹는 날에는 너희 눈이 밝아져 하나님과 같이 되어 선악을 알 줄 하나님이 아심이니라(4~5)." 하와는 뱀의 말을 들으면서 의심하지 않습니다. 이미 흔들린 것입니다. 어이없게도 '하나님과 같이 되어'라는 말을 거부감없이 받아들였고, 아담마저 동조합니다. 하와에게 의지하여 아담 역시 자신의 위치를 슬그머니 올린 것입니다. 그것은 하나님과의 분리를 의미했습니다. 타락입니다.

하와의 마음이 무엇에 흔들린 것인지 알 수 없지만 놀랍게도 그 흔들림의 끝은 '하나님과 같이 되어'로 표현되는 자신의 위치에 대한 착각이었습니다. 이것이 이후 하나님이 아담과 하와를 찾아와 그들에게 "네가 어디 있느냐(9)."라고 물으신 이유입니다. 분명히 우리는 예수를 믿어 하나님의 은혜로 의롭게 되었지만 "본질상 진노의 자녀(엡 2:3)"였습니다. 그것이 원래 우리의 위치였습니다. 그래서 바울은 한순간도 자신이 죄인이었음을 잊지 않았습니다. 죽음을 앞둔 상황에서도 "죄인 중에 내가 괴수니라(딤전 1:15)"고 고백한 이유입니다. 자신의 위치를 잊지 않은 것, 그것이 바로 바울의 힘이었습니다.

매일 성경 읽기
마 21장 ☑ 22장 ☐
23장 ☐

하나님의 은혜로
의롭게 되었음을
기억하며 살아갑니까?

은혜로우신 주님, 우리는 본질상 진노의 자녀입니다. 우리가 구원받은 것은 전적으로 하나님의 은혜임을 시인합니다. 이것을 단 한순간도 잊지 않게 하옵소서. 언제나 겸손함으로 하나님과 사람 앞에 서게 도와주옵소서. 예수님의 이름으로 기도합니다. 아멘.

하정완 목사 _ 꿈이있는교회

사랑하기에 주님께로

주일

19

305장
나 같은 죄인 살리신

히브리서 4:14~16
그러므로 우리는 긍휼하심을 받고 때를 따라 돕는 은혜를 얻기 위하여 은혜의 보좌 앞에 담대히 나아갈 것이니라 (16)

예수님께서 제자들의 발을 씻기시던 날, 베드로가 예수님께 이렇게 말합니다. "내 발을 절대로 씻지 못하시리이다(요 13:8a)." 그러자 예수님은 "내가 너를 씻어 주지 아니하면 네가 나와 상관이 없느니라(요 13:8b)."고 말씀하십니다. 베드로가 "주여 내 발뿐 아니라 손과 머리도 씻어 주옵소서(요 13:9)."라고 말하자 예수님은 "이미 목욕한 자는 발밖에 씻을 필요가 없느니라(요 13:10)." 고 하셨습니다. 이 말씀은 우리가 구원받았음에도 불구하고 여전히 죄의 유혹에 넘어갈 때가 있다는 것입니다.

사도 바울은 "나는 속사람으로는 하나님의 법을 즐거워하나, 내 지체에는 다른 법이 있어서 내 마음의 법과 맞서서 싸우며, 내 지체에 있는 죄의 법에 나를 포로로 만드는 것을 봅니다(롬 7:22~23, 새번역)."라며 탄식합니다. 우리는 이렇게 연약한 존재입니다.

그런데 참 감사한 것은 주님께서 우리의 연약함을 아신다는 것입니다. 오늘 본문에서는 "우리에게 있는 대제사장은 우리의 연약함을 동정하지 못하실 이가 아니요 모든 일에 우리와 똑같이 시험을 받으신 이로되 죄는 없으시니라(15)."고 말씀합니다.

예수님은 구원자이십니다. 예수님은 우리를 위해 십자가에 달려 죽으셨고, 우리를 위해 부활하셨습니다. 죽은 것이 아니라 산 것이고, 끝난 것이 아니라 다시 시작하는 것입니다. 그러므로 우리는 주님 앞으로 나아가야 합니다. 나의 잘못을 용서해 주시는 은혜를 받기 위하여, 나를 다시 일어서게 하시는 주님의 도움을 받기 위하여 주님 앞으로 나아가야 합니다. 우리가 주님 앞으로 나아갈 때, 죄를 용서받고 다시 새로운 기회를 얻습니다.

오늘은 주일입니다. 주님께 나아가 예배할 때 우리의 모든 죄를 용서하시는 예수님의 은혜를 받음을 믿기 바랍니다. 거룩하게 산다는 것, 깨끗하게 산다는 것은 결코 쉬운 일이 아닙니다. "그러므로 우리는 담대하게 은혜의 보좌로 나아갑시다. 그리하여 우리가 자비를 받고 은혜를 입어서, 제때에 주시는 도움을 받도록 합시다(16, 새번역)." 예수님의 도우심으로 모든 유혹을 이기는 능력 있는 신앙인이 되기를 바랍니다.

매일 성경 읽기
마 24장 ☑ 25장 ☐

하나님 아버지, 연약한 우리를 끝까지 사랑해 주시니 감사합니다. 우리가 이 세상 사는 동안 죄의 유혹을 이기게 하시고, 주님의 은혜로 거룩함을 이룰 수 있게 도와주옵소서. 구원자이신 예수님을 믿고 나아가게 인도하옵소서. 예수님의 이름으로 기도합니다. 아멘.

신상균 목사 _ 백운교회

나의 죄를 용서하신 주님이 앞으로의 모든 죄도 용서하심을 믿습니까?

하나님을 경외하는 사람

20

408장
나 어느 곳에 있든지

—

출애굽기 1:15~21
하나님이 그 산파들에게 은
혜를 베푸시니 그 백성은
번성하고 매우 강해지니라
그 산파들은 하나님을 경외
하였으므로 하나님이 그들
의 집안을 흥왕하게 하신지
라 (20~21)

우리는 몸이 아플 때 질병에서 벗어나 건강해지기를 원하고 기도합니다. 그러나 거기서 끝나서는 안 됩니다. 건강해진 다음에 무엇을 할 것인지도 기도해야 합니다. 아플 때는 하나님께 기도하다가 건강해진 후에 다시 죄의 자리로 돌아간다면 회복의 은혜가 아무 소용이 없습니다. 돈을 많이 벌고 싶은 소망이 있다면, 그 자체가 목적이 아니라 그것으로 무엇을 할 것인가에 대한 계획이 있어야 합니다. 기도하면서 목적이 분명하지 않으면 나중에 방향을 잃어버린 삶을 살기 쉽습니다.

출애굽 사건은 노예에서 자유인으로 구원받은 이스라엘 백성에게만 특별한 것이 아니라, 오늘을 사는 우리에게도 중요한 의미가 있습니다. 오늘 말씀을 보면, 하나님은 구원을 위하여 히브리 산파들을 사용하셨습니다. 사실 하나님의 구원은 인간의 도움 없이도 가능한 일입니다. 산파들이 쓰임 받은 것은 그들이 능력이 많아서가 아니라, 눈에 보이는 바로의 권세보다 하나님을 두려워하고 경외하였기 때문입니다(17). 하나님의 역사는 하나님께 전적으로 순종하는 자를 통해 이루어짐을 산파들을 통해 보여 줍니다.

많은 사람이 권세와 능력을 달라고 기도합니다. 그러나 하나님의 역사는 똑똑하고 유능한 자를 통해서만 이루어지는 것이 아닙니다. 하나님은 세상 사람이 미련하게 여기는 십자가를 택하여 구원하신 것처럼 우리에게도 역설(逆說)의 은혜를 베푸십니다. "십자가의 말씀이 멸망할 자들에게는 어리석은 것이지만, 구원을 받는 사람인 우리에게는 하나님의 능력입니다(고전 1:18, 새번역)." 하나님께서 믿음으로 반응한 산파들에게 강건함과 번성의 은혜를 선물로 주셨음을 기억해야 합니다. 또한 하나님을 경외하는 그들의 집안을 흥왕하게 하셨습니다.

우리에게 주어진 삶의 모든 영역에서 이전보다 더욱 하나님을 경외하고 의지하기 바랍니다. 삶의 작은 일에도 주님을 초청하고 말씀의 길을 따르도록 노력하기 바랍니다. 세상을 본받지 않고 하나님을 두려워하며 살아가는 순종과 헌신을 통하여 우리 삶에도 제2의 모세, 제2의 출애굽 사건이 나타날 것입니다.

매일 성경 읽기
마 26장 ☑ 27장 ☐
28장 ☐

나는 누구를
믿고 의지하며
살아갑니까?

좋으신 하나님, 세상의 권세와 지혜와 강함을 두려워하며 살지 않기를 원합니다. 삶의 모든 영역에서 오직 하나님 한 분만을 경외하는 믿음이 되게 하옵소서. 하나님 앞에서 자랑할 것 없는 겸손한 모습으로 살게 하옵소서. 예수님의 이름으로 기도합니다. 아멘.

조세영 목사 _ 청학교회

여선지자 드보라

'꿀벌'이라는 의미의 이름을 가진 드보라는 구약성경 사사기에 등장하는 이스라엘의 네 번째 사사이자 선지자입니다. 드보라 이야기는 사사기 4장과 5장에 걸쳐 나옵니다.

이스라엘 백성이 하나님을 버리고 우상 숭배를 했습니다. 하나님은 이방 민족들을 통해 이스라엘 백성을 벌하셨습니다. 이스라엘은 가나안 왕 야빈과 잔혹한 군대 장관 시스라의 손에 20년 동안 억압받았습니다. 드보라는 당시 이스라엘의 사사로서 재판을 집행하며 사람들의 분쟁을 해결했습니다. 그러다가 하나님의 명령을 받아 이스라엘 군대를 이끌고 가나안 군대에 대항하기로 결심합니다. 드보라는 바락을 군대의 지휘관으로 세우고, 하나님께서 가나안 군대를 그들의 손에 넘겨주실 것이라고 예언했습니다.

그러나 불안했던 바락 장군은 드보라가 함께 가지 않으면 전투에 나서지 않겠다고 합니다. 드보라는 하는 수 없이 그의 부탁을 받아들입니다. 바락은 다볼산에서 이스라엘 군대를 이끌고 가나안 군대와 맞붙었습니다. 하나님의 도움으로 이스라엘은 대승을 거두었습니다. 시스라는 도망쳤지만 야엘의 손에 의해 최후를 맞이합니다. 겐 사람 헤벨의 아내인 야엘은 시스라가 자기 집에 숨어들었을 때 그를 죽여 이스라엘의 승리에 결정적인 역할을 했습니다. 승리의 영광이 바락 장군이 아닌 여성에게 돌아갈 것이라는 드보라의 예언대로 된 것입니다.

드보라는 이스라엘 백성들의 분쟁에서 늘 하나님의 지혜와 지시를 반영한 판단으로 공동체의 평화와 정의를 유지하는 데 기여했습니다. 뿐만 아니라 겁 많고 믿음 없는 바락을 격려하며 전쟁터로 함께 나간 용감한 전사였습니다. 드보라는 당시 이스라엘 사회에서는 드물게 여성으로서의 강인한 리더십, 신앙적 권위를 모두 갖춘 인물이었습니다. 정의로움을 바탕으로 이스라엘을 승리로 이끈 드보라는 이스라엘 역사상 뛰어난 리더 중 한 명으로 평가받고 있습니다. 오늘날에도 드보라와 같이 지혜와 용기를 모두 겸비한 위대한 영적 지도자가 절실합니다. 하나님을 굳게 믿음으로 우리가 그 주인공이 되기를 바랍니다.

화요일

21

352장
십자가 군병들아

———

사사기 4:4~10
내가 야빈의 군대 장관 시스라와 그의 병거들과 그의 무리를 기손 강으로 이끌어 네게 이르게 하고 그를 네 손에 넘겨 주리라 하셨느니라 (7)

매일 성경 읽기
막 1장 ☑ 2장 ☐ 3장 ☐

주님, 믿음에 굳건히 서서 하나님을 깊이 신뢰하며 이스라엘을 승리로 이끈 드보라 선지자처럼 우리도 늘 삶에서 더 깊이 주님을 신뢰함으로 선택의 상황에서도 갈등하지 않고 용기를 내어 주님의 뜻을 따르게 하옵소서. 예수님의 이름으로 기도합니다. 아멘.

김진희 목사 _ 안골교회

하나님만 의지하며 담대하게 나아갈 수 있습니까?

형제가 연합하여 동거함

220장
사랑하는 주님 앞에

—

시편 133:1~3
보라 형제가 연합하여 동거
함이 어찌 그리 선하고 아
름다운고 (1)

한식당 '아토믹스'는 미국 뉴욕타임스가 선정한 '2024년 뉴욕 최고의 레스토랑 100곳' 중에 4위에 올랐습니다. 아토믹스는 음식도 음식이지만 무엇보다 고객에게 최고의 환대로 2022년 환대 특별상을 수상한 바 있습니다. 우리나라 돈으로 1인분에 50만 원이 넘는데도, 두 달 치 예약이 불과 1~2분 만에 마감된다고 합니다. 그곳에 다녀온 사람들은 깊고 아름다운 배려를 통한 진정성 있는 환대를 받아 인생 최고의 기쁨을 누렸다고 입을 모읍니다.

'환대'는 현대 교회가 가장 관심을 기울이는 키워드 중 하나입니다. '환대의 예배'나 '환대의 공동체'가 위기를 맞은 교회 부흥의 실마리라고 보는 이들이 많습니다. 그래서인지 교회마다 새교우 담당 부서를 만들고 마치 '손님은 왕이다'라는 듯이 그들을 환영하고 섬깁니다. 하지만 진정한 환대는 그런 것이 아닙니다. 무엇보다 환대를 중요하게 생각하는 식당에서조차 그런 환대는 오히려 사람을 불쾌하게 만들기도 합니다. "진정한 환대는 동등한 입장에서 서로 즐겁게 어울리는 것"이라는 아토믹스 대표의 말에 귀를 기울일 필요가 있습니다.

시편 133편은 형제가 연합하여 동거함이 선하고 아름답다고 말씀합니다. '형제', '연합', '동거'라는 단어는 동등함을 전제합니다. 섬기는 이나 섬김을 받는 이가 모두 동등한 관계일 때 비로소 선하고 아름다운 공동체가 세워지는 것입니다. 남녀노소, 빈부격차, 사회적 인식에 따른 지위의 고하를 막론하고, 모두가 동등하게 친구가 되는 곳이 진정한 교회입니다.

우리의 공동체는 어떻습니까? 세상의 자녀들이 빛의 자녀들보다 더 지혜롭다고 한탄하시는 예수님의 음성이 들릴 것 같지는 않습니까? 세상에서 받았던 대우와 내가 받고 싶은 대우를 모두 내려놓을 때, 우리가 동등한 형제와 자매로서 연합하고 동거하려 할 때, 선하고 아름다운 공동체가 될 수 있습니다. 시편 기자는 형제가 연합하여 동거함이 보배로운 기름이 아론의 수염에 흘러서 그의 옷깃까지 내림 같고, 헐몬의 이슬이 시온의 산들에 내림 같다고 하였습니다. 우리가 속한 모든 공동체가 선하고 아름답기를 간절히 소망합니다. 그리하여 여호와께서 예비하신 복을 충만히 누리기를 소망합니다.

매일 성경 읽기
막 4장 ☑ 5장 ☐ 6장 ☐

믿음의 공동체 안에서
진정한 환대를
실천하고 있습니까?

우리를 형제와 자매로 부르신 아버지 하나님, 우리를 환대해 주신 은혜에 감사드립니다. 우리도 예수님 안에서 온전히 연합하게 하옵소서. 그리하여 동거하는 기쁨의 공동체를 이루어갈 수 있게 인도해 주옵소서. 예수님의 이름으로 기도합니다. 아멘.

오태현 목사 _ 의정부제일교회

구원받은 이의 소원

한 랍비가 마을 어귀에서 하룻밤을 지내려는데 어떤 사람이 달려왔습니다. "지난밤 꿈에 천사가 나타나, 오늘 여기에서 만날 랍비님께 값진 보석을 받아 영원한 부자가 되라고 했습니다." 랍비는 보따리를 뒤져 보석을 꺼냈습니다. "이것을 말하는 겁니까? 며칠 전 숲길에서 주웠소. 원한다면 가져가시오." 선뜻 건네주는 보석을 받아보니 사람 머리만큼 큰 금강석이었습니다. 환희에 차 집으로 돌아온 밤, 잠이 오지 않았습니다. 다음날 동이 트자마자 달려가 랍비를 깨웠습니다. "선생님, 이 금강석을 그처럼 서슴없이 내줄 수 있게 하는 그 보물은 대체 무엇입니까? 이 보석을 돌려 드릴 테니 그것을 주십시오."

다들 침 흘리며 탐내는 것을 선뜻 내주는 마음에는 무엇이 있을까요? 구원받은 마음도 그만큼 자유롭습니까, 아니면 보물을 안전하게 소유하려는 집착으로 가득합니까? 이런 질문은 신앙의 근본에 대한 것입니다. '기독교 신앙은 왜 하나님을 믿고 따르는가? 문제 해결과 완벽한 보호 때문인가, 아니면 영생의 보장 때문인가? 내세에 눈물도 아픔도 없는 영원한 생명만이 궁극적인 목적인가?' 무시할 수 없는 이유들이지만 바울은 더 깊고 넓은 영혼을 보여 줍니다.

바울은 영생조차 기꺼이 내줄 만큼 간절한 소원을 지녔습니다. 자신이 저주를 받아 그리스도에게서 끊어지더라도 이루고 싶은 바람입니다. 그것은 동족 이스라엘의 구원입니다. 모세도 금송아지를 만든 백성들의 죄를 하나님께서 용서해 주시길 간구하면서 말합니다. "이제 그들의 죄를 사하시옵소서 그렇지 아니하시오면 원하건대 주께서 기록하신 책에서 내 이름을 지워 버려 주옵소서(출 32:32)."

구원은 이들처럼 영생보다 더 소중한 것을 품은 마음이 아닐까요? 바울과 모세에게 영생보다 더 중요한 것은 공동체의 구원입니다. 사랑하는 이들이 지옥에 있다면 천국에서 행복할 수 있겠습니까? 영생조차 포기할 수 있는 사랑, 그것이 십자가에서 주님이 보여 주신 길이고, 모세와 바울이 따른 구원입니다. 자기 집착으로부터의 구원이 없다면 사랑도 영생도 불가능합니다. 성령님이 이끄시는 길은 나는 죽고 내 안에 주님이 사시는 구원입니다.

목요일

23

292장
주 없이 살 수 없네

———

로마서 9:1~8
나의 형제 곧 골육의 친척을 위하여 내 자신이 저주를 받아 그리스도에게서 끊어질지라도 원하는 바로라 (3)

매일 성경 읽기
막 7장 ☑ 8장 ☐

사랑의 본체이신 주님, 공동체를 향한 모세와 바울의 사랑을 깨닫게 하옵소서. 그 놀라운 사랑의 근원 되시는 주님의 마음을 온전히 알게 하옵소서. 그 사랑을 부어 주셔서 소중한 이들을 마음껏 사랑하게 하옵소서. 예수님의 이름으로 기도합니다. 아멘.

하태혁 목사 _ 두미교회

나의 가장 중요한
소원은 무엇입니까?

에티오피아 내시의 기쁨

449장
예수 따라가며

사도행전 8:29~39
둘이 물에서 올라올새 주
의 영이 빌립을 이끌어간지
라 내시는 기쁘게 길을 가
므로 그를 다시 보지 못하
니라 (39)

예수님이 공생애를 보낸 제2성전 시대에 '세보메노이'라고 불리는 사람들이 있었습니다. 유대인은 아니지만 하나님을 공경하고, 유대교 경전을 읽고, 예루살렘에서 정기적으로 예배를 드리는 이방인들을 가리킵니다. 누가복음과 사도행전은 초대 교회의 중요한 전도 대상자로 이들을 꼽습니다.

오늘 본문의 주인공인 에티오피아 내시도 그중 한 사람입니다. 그는 에티오피아 여왕 간다게의 고관으로서 여왕의 모든 재정을 관리하는 내시였습니다. 그는 예배하러 예루살렘에 왔다가, 돌아가는 길에 마차에 앉아서 예언자 이사야의 글을 읽고 있었습니다(27~28). 주석가들에 따르면 그는 여왕을 모시기 위해 스스로 고자가 된 사람이며, 한 나라의 재정을 책임지는 높은 직위의 관료라고 합니다. 자기에게 맡겨진 국가와 시대의 소명을 다하기 위해 최선을 다하는 사람임을 짐작할 수 있습니다. 의미심장한 것은 에티오피아 내시가 예루살렘으로 예배드리러 가는 예배자이고, 이사야서의 '고난받는 종의 노래'를 인상 깊게 읽는 하나님을 경외하는 사람이라는 사실입니다.

빌립은 성령의 인도하심에 따라 그에게 고난받는 종의 노래가 메시아에 관한 신앙고백임을 설명하면서 예수 그리스도의 복음을 전합니다. 그는 복음을 영접하고 곧장 세례를 받습니다. 사도행전은 세례를 통해 그리스도인이 된 에티오피아 내시가 "기쁨에 차서 가던 길을 갔다(39, 새번역)."고 전합니다. 기쁨에 차서 가는 길은 어떤 길일까요? 부러울 것 없는 높은 권력과 명예의 자리에 선 사람이 '고난받는 종의 노래'로 이해하는 예수 그리스도의 복음의 의미는 무엇일까요? 우리는 예수님의 세례의 풍경에서 들려오는 음성을 통해 그것이 무엇인지를 알 수 있습니다. "예수께서도 세례를 받으시고, 기도하시는데, 하늘이 열리고, 성령이 비둘기 같은 형체로 예수 위에 내려오셨다. 그리고 하늘에서 이런 소리가 울려 왔다. '너는 내 사랑하는 아들이요, 나는 너를 좋아한다'(눅 3:21~22, 새번역)."

복음으로 인해 기뻐하며 예수님이 가신 그 길을 용기 있게 걷는 우리가 되기를 소망합니다. 우리의 걸음걸음에 하나님 나라의 생명과 평화가 임하기를 간구합니다.

매일 성경 읽기
막 9장 ☑ 10장 ☐

예수 그리스도의
복음으로 인해
기뻐하고 있습니까?

주님, 에티오피아 내시를 통해 예수 그리스도의 복음의 깊이와 넓이를 깨닫습니다. 이 큰 복음을 조그맣게 만들어버리는 우리의 연약함을 또한 깨닫습니다. 예수 그리스도의 복음으로 기뻐하며 십자가의 길을 걷게 하옵소서. 예수님의 이름으로 기도합니다. 아멘.

신진식 목사 _ 세종청파교회

세상 두려움을 이기는 방법

토요일

25

327장
주님 주실 화평

창세기 15:1∼7
이 후에 여호와의 말씀이
환상 중에 아브람에게 임하
여 이르시되 아브람아 두려
워하지 말라 나는 네 방패
요 너의 지극히 큰 상급이
니라 (1)

전쟁은 힘의 불균형에 의한 불편한 대화입니다. 어느 정도 힘의 균형이 이루어진다고 해도 언제 어떻게 될지 모르는 불안정한 평화가 이어집니다. 세상은 일방적인 물리적 힘에 의해 구현되는 '팍스 로마나'와 같은 평화를 추구합니다. 그러나 하나님께서 우리 안에 이루어가시는 평화는 완전한 조화 '샬롬'입니다. 하나님은 당신과의 깊은 관계 속에서 그 무엇도 부족함이 없는 놀라운 샬롬을 우리 안에 이루십니다.

아브라함이 하란에서 가나안으로 이주하여 살던 당시에 주변에는 전쟁이 있었습니다. 소돔에 거주했던 아브라함의 조카 롯은 소돔의 전쟁 패배로 사로잡혀 끌려갑니다. 아브라함은 318명의 훈련된 자들을 이끌고 가서 롯과 부녀자와 친척들, 그리고 빼앗긴 재물을 모두 되찾아옵니다. 그런데 아브라함은 혹시나 적들의 보복이 있을까 극도의 두려움에 빠집니다. 그때 하나님께서 아브라함에게 친히 그의 이름을 부르시면서 두려워하지 말 것과 하나님이 그의 방패이며 큰 상급임을 말씀해 주셨습니다(1).

아브라함은 만일 자신이 죽는다면 누가 뒤를 이을지까지 생각했습니다. 그러면서 자신에게 자식이 없음을 한탄합니다(2). 그런 그에게 하나님은 뒤를 이을 자식을 주겠다고 약속하셨습니다(4). 그리고 "그를 이끌고 밖으로 나가 이르시되 하늘을 우러러 뭇별을 셀 수 있나 보라 또 그에게 이르시되 네 자손이 이와 같으리라(5)."고 말씀하셨습니다. 후손이 셀 수 없이 많아지리라는 그 말씀을 아브라함은 믿었습니다(6).

오늘 말씀에서 주목하게 되는 것은 불안한 세상, 그리고 그 안에서 살아가는 우리의 인생입니다. 세상은 힘에 의한 평화를 추구하며, 그 이면은 온통 두려움과 불안으로 가득합니다. 전쟁에서 승리한다 해도 두려움은 결코 사라지지 않습니다. 두려움 가운데 있었던 아브라함이 하나님을 만나 깊이 교제하자 비로소 샬롬이 가득 차오릅니다. 주님과의 깊은 관계에서 누리는 평화는 험하고 두렵고 불안한 이 세상 파도를 극복하는 유일한 길입니다. 오늘 하루도 주님의 손을 잡고 놀라운 평화를 누리는 우리 모두가 되기를 간절히 소망합니다.

매일 성경 읽기
막 11장 ☑ 12장 ☐
13장 ☐

사랑의 하나님, 세상을 향한 우리의 걸음을 지켜 주옵소서. 마음속 두려움과 번민을 주님께 가지고 나아갑니다. 싸워 이긴다고 평화가 오는 것이 아님을 깨닫습니다. 주님과의 깊은 만남 속에서 진정한 평화를 누리게 하옵소서. 예수님의 이름으로 기도합니다. 아멘.

김은철 목사 _ 목양교회

마음에 참된 평화가
있습니까?

오직 믿음으로 살리라

10

주일

26

542장
구주 예수 의지함이

—

로마서 1:16~17
내가 복음을 부끄러워하지
아니하노니 이 복음은 모든
믿는 자에게 구원을 주시는
하나님의 능력이 됨이라 먼
저는 유대인에게요 그리고
헬라인에게로다 (16)

오늘 본문은 복음의 본질과 복음이 우리 삶에서 나타내는 능력을 증거하고 있습니다. 바울은 먼저 자신이 복음을 부끄러워하지 않는다고 담대하게 선언합니다. 당시의 시대적·역사적 상황에서 이것은 대단히 민감하고 중요한 발언이었습니다. 예수 그리스도의 복음은 기득권자나 제도권 세력의 반대와 조롱에 직면했으나, 바울은 복음과 복음의 능력을 선포하며 굳게 믿었습니다. 복음은 단지 말이 아니라 하나님의 능력입니다. 복음은 삶을 변화시키고, 죄와 사망의 사슬을 끊고, 천국 소망을 줍니다. 예수님을 죽음에서 일으킨 능력, 그 동일한 능력이 복음을 통해 우리에게 역사합니다.

바울은 복음이 믿는 모든 사람에게 구원을 주시는 하나님의 능력이 됨을 강조합니다(16). 복음은 제한적이거나 배타적인 것이 아니라, 무제한적이고 포용적인 것입니다. 주님께서는 모든 민족에게 복음을 증거해야 하는 사명을 믿는 자들에게 맡기셨습니다. 또한 바울은 복음에는 하나님의 의가 나타난다고 말합니다(17). 이 의는 우리가 스스로 얻을 수 있는 것이 아니라, 믿음을 통해 주어지는 것입니다. 처음부터 끝까지 믿음으로 시작하여 믿음으로 나아갑니다. 이것은 우리의 의가 우리의 노력이 아니라 하나님에게서 온다는 것을 증거합니다. 오직 우리는 예수 그리스도를 믿음으로 하나님과 올바른 관계를 맺습니다.

바울은 하박국 선지자의 말씀 "의인은 그의 믿음으로 말미암아 살리라(합 2:4)."를 인용하여 말씀합니다. 이는 매일 매순간 믿음으로 사는 삶에 대한 부르심을 말하는 것입니다. 하나님을 향한 우리의 신뢰와 믿음은 우리 삶의 모든 순간에 나타나야 합니다. 기쁠 때에만이 아니라 시련의 때에도 우리는 하나님께서 우리와 함께하시고 그분의 약속이 신실하심을 의지하며 믿음으로 살아야 합니다. 이 믿음은 단순한 지적 동의가 아니라, 하나님을 향한 깊은 신뢰와 의지와 확신입니다.

그러므로 복음을 부끄러워하지 말고, 구원하는 복음의 능력을 믿으며 담대히 복음을 선포합시다. 또한 하나님의 의를 나타내며, 모든 사람과 주님의 사랑을 나누며, 믿음으로 살아가기를 바랍니다.

매일 성경 읽기
막 14장 ☑ 15장 ☐
16장 ☐

복음의 능력을
확신합니까?

하나님 아버지, 복음의 능력을 깨닫게 하시니 감사합니다. 우리가 믿음으로 살며, 하나님의 의를 확신하고, 만나는 모든 사람과 주님의 사랑을 나누게 하옵소서. 복음의 좋은 소식을 선포할 수 있도록 우리를 담대하게 하옵소서. 예수님의 이름으로 기도합니다. 아멘.

이대희 목사 _ 인천중부교회

나는 생명의 떡이다

주님을 만나기 위해 모여드는 군중의 수가 눈에 띄게 늘어나기 시작했습니다. 얼마 전 예수님이 오병이어의 표적을 행하셔서 오천 명이 넘는 사람들을 배불리 먹이신 놀라운 사건 후 생긴 현상입니다. 그 자리에 있었던 사람들이 예수님을 '참으로 세상에 오실 그 선지자'라고 칭송하며 그분을 세상의 임금 삼기 위해 모여들기 시작한 것입니다.

사람들은 앞으로 예수님만 따라다니면 먹고사는 문제는 충분히 해결되리라고 생각했습니다. 구약의 모세가 애굽에서 종살이하던 이스라엘 민족을 구출하고 40년 광야 여정에서 만나의 기적을 통해 그 백성들을 먹였듯이, 예수님이 로마의 압제에서 자신들을 해방하여 다윗 왕국의 영화를 회복하실 분으로 철석같이 믿었던 것입니다. 그들이 '만나'를 언급하며 주님께 표적을 구하는 모습은 그러한 기대를 잘 보여 줍니다. 그런데 그들의 기대는 주님의 생각과는 전혀 상반된 것입니다. 주님은 공생애를 시작하시기 전 광야에서 마귀에게 시험을 받을 때 분명히 말씀하셨습니다. "사람이 떡으로만 살 것이 아니요 하나님의 입으로부터 나오는 모든 말씀으로 살 것이라(마 4:4)."고 말입니다. 목마른 수가성의 여인에게도 "내가 주는 물을 마시는 자는 영원히 목마르지 아니하리니 내가 주는 물은 그 속에서 영생하도록 솟아나는 샘물이 되리라(4:14)."고 하셨습니다.

주님이 공생애 동안 행하신 표적들과 기적들은 모두 하나님 나라와 영생에 초점이 맞춰져 있습니다. 그래서 병자들을 고치신 다음에 반드시 "네 믿음이 너를 구원하였다."고 말씀하시며 몸의 회복보다 더 중요한 것이 영혼의 회복임을 분명히 하셨습니다. 오병이어 사건 역시 예수님이 하나님께서 보내신 구원자이심을 나타내기 위한 표적입니다. 모세를 통해 만나를 먹이신 하나님께서 주님을 통해 영원한 양식을 주시는 분임을 가르쳐 주기 위함입니다. 예수님이 이 땅에 오신 목적은 "믿는 자마다 영생을 얻게 하려 하심(3:15)"입니다. 십자가의 희생을 통해 자신을 온전히 내어 주신 주님을 전적으로 믿고 그분의 말씀에 순종하는 삶을 살아가는 것, 이것이 영원한 생명의 양식을 구하는 자들의 올바른 자세입니다.

월요일

27

198장
주 예수 해변서

요한복음 6:30~35
예수께서 이르시되 나는 생명의 떡이니 내게 오는 자는 결코 주리지 아니할 터이요 나를 믿는 자는 영원히 목마르지 아니하리라 (35)

매일 성경 읽기
눅 1장 ☑ 2장 ☐
3장 ☐ 4장 ☐

사랑의 주님, 우리를 위해 독생자 예수를 세상에 보내사 십자가에서 희생하게 하신 그 크신 사랑 앞에 진심으로 감사를 드립니다. 그 사랑을 잊지 않고 살게 하옵소서. 생명이신 주님이 주시는 말씀과 은혜 가운데 살게 하옵소서. 예수님의 이름으로 기도합니다. 아멘.

김상혁 목사 _ 주내교회

생명의 떡이신
주님을 믿습니까?

너는 내게 부르짖으라

10

화요일

28

539장
너 예수께 조용히 나가

—

예레미야 33:3~9
너는 내게 부르짖으라 내가
네게 응답하겠고 네가 알지
못하는 크고 은밀한 일을
네게 보이리라 (3)

세계 각국에서 모인 선교 지도자들이 특별한 기도를 하고 싶을 때 외치는 말이 있습니다. "코리안 스타일로 기도합시다!" 기도의 간절함이 필요할 때 기도회를 인도하는 사람이 코리안 스타일로 기도를 요청하면, 그 자리에 모인 사람들이 자신의 언어로 있는 힘껏 소리를 내어 부르짖어 기도하기 시작합니다. 순간 그곳은 뜨겁게 기도하는 한국교회로 바뀝니다. 외국 사람들은 통성기도를 코리안 스타일 기도라고 부릅니다. 외국 사람들의 눈에 우리는 통성으로 뜨겁게 부르짖으면서 기도하는 민족입니다.

그런데 어느 순간 우리는 그 기도를 잃어가고 있습니다. 교회에서 주님을 향하여 뜨겁게 부르짖는 소리가 사라져갑니다. 사실 한국교회를 급속하게 성장시킨 가장 중요한 영성적 자원은 기도입니다. 기도는 한국교회 성장의 제일 중요한 동력입니다. 다른 나라에서 발견할 수 없는 우리만의 독특한 영적인 문화는 다 기도와 관련된 것입니다. 새벽 기도, 산 기도, 철야 기도, 기도원, 이런 것들은 다른 나라 기독교 공동체에서는 찾아보기 어렵습니다. 우리는 기도를 좋아하고 또 열심히 하였습니다. 특별히 우리는 부르짖는 기도, 코리안 스타일로 기도하였습니다. 주님은 그 기도에 응답하시고 우리나라에 놀라운 부흥을 주셨습니다.

오늘 본문에 보면 주님께 부르짖어 기도하면 응답하시고 우리가 알지 못하는 크고 비밀한 일들을 알려 주겠다고 하십니다(3). 바벨론 사람들에게 수치스러운 일들을 당한 이스라엘에게 주님은 말씀하셨습니다. "내게 부르짖으라." 그러면 예루살렘 성읍이 다시 치료되고 포로들이 돌아올 것이요, 이스라엘의 죄를 사하며 예루살렘 성은 다시 세계 열방 가운데 기쁜 이름이 될 것이라고 하셨습니다(6~9). "일을 행하시는 여호와, 그것을 만들며 성취하시는 여호와, 그의 이름을 여호와라 하는 이"가 하신 말씀입니다.

우리에게는 이미 부르짖는 기도의 유산이 있습니다. 우리가 주님께 부르짖으면 주님은 약속대로 우리를 구원하고 회복시키실 것입니다. 주님의 약속을 신뢰하며 뜨겁게 기도하는 우리가 되기를 소망합니다. 그리하여 하나님이 말씀하신 크고 은밀한 일을 볼 수 있길 바랍니다.

매일 성경 읽기
눅 5장 ☑ 6장 ☐

주님의 약속을 믿고
간절히 부르짖고
있습니까?

작은 신음에도 귀 기울이시는 주님, 반드시 응답하신다는 주님의 약속을 믿고 부르짖어 기도하게 하옵소서. 주님이 우리에게 허락하신 기도의 유산을 결코 잃지 않게 하옵소서. 주님께서 베푸실 복과 평화를 기대하게 하옵소서. 예수님의 이름으로 기도합니다. 아멘.

강연희 목사 _ 감리교선교사훈련원

돌이킬 수 없는 제자의 사명

323장
부름 받아 나선 이 몸

—

누가복음 9:57~62
예수께서 이르시되 손에 쟁기를 잡고 뒤를 돌아보는 자는 하나님의 나라에 합당하지 아니하니라 하시니라 (62)

예수님께서 사역하시던 당시, 예수님의 직계 제자들 외에도 예수님을 따르는 제자가 되기로 결단한 사람들이 많이 있었습니다. 오늘 본문은 그런 사람들의 모습을 소개합니다. 첫 번째 사람은 주님이 어디로 가시든지 따라가 겠다고 고백합니다. 이에 주님께서는 주님이 가는 길은 무척 외로운 길이라고 말씀하십니다. 어떤 대가도 바라지 말고, 이름 없이 빛도 없이 제자가 되어야 한다는 점을 강조하셨습니다. 두 번째 사람은 주님의 제자로 따르려는 시점에 아버지가 돌아가셔서 장사하고 나서 따라가겠노라고 양해를 구합니다. 주님은 가족을 살피는 일도 소중하지만 우선순위가 하나님 나라를 전파하는 데 있음을 말씀하십니다. 세 번째 사람은 주님을 따르는 제자가 되기 전에 가족들과 작별 인사할 시간을 허락해 달라고 합니다. 주님은 농부가 밭을 갈기 위해서 손에 쟁기를 잡고 뒤돌아보는 사람이 되어서는 안 된다고 강하게 권면하십니다. 제자가 되기로 결단하였으면 미루지 말고 바로 시행하라는 말씀입니다.

주님은 제자가 되려고 하는 이들을 향해 제자의 기준을 분명하게 제시하십니다. 즉 제자로 부름 받은 자의 태도에 관하여 말씀하십니다. 한마디로 제자가 되는 일은 '다시는 돌아오지 못할 다리를 건너는 일'이라는 것입니다. 그리고 제자로서의 사명은 미루거나 다른 일과 겸할 수 없는 일임을 가르쳐 주십니다. 주님은 '돌이킬 수 없는 제자의 길'의 성격에 대해 분명하게 말씀하신 것입니다.

하나님과 재물을 둘 다 주인으로 섬길 수 없습니다. 제자가 되기로 결단한 성도는, 세상을 살기 위해 때로는 타협해도 될만한 일이라도 타협하지 말고 바른길을 가야 합니다. 우리가 미련을 두고 끌어안고 있는 것을 내려놓지 않고서는 온전한 제자의 길, 사명자의 길을 완성할 수 없습니다. 주님께서 오늘 우리를 부르셨다면, 우리는 오늘 길을 나서야 합니다. 더 나은 환경을 기다리며, 세상의 아쉬움을 여전히 안은 채 제자의 길을 갈 수는 없습니다.

지금 우리를 부르신 주님의 음성에 따라나서겠다는 결단이 있습니까? 그렇다면 머뭇거리지 말고 앞을 향하여 가야 합니다.

매일 성경 읽기
눅 7장 ☑ 8장 ☐

좋으신 하나님, 주님의 제자가 되어 살아가겠다는 비전에 합당한 사명을 잊고, 내려놓지 못한 채 살아가는 연약한 우리를 불쌍히 여겨 주옵소서. 주신 사명에 눈을 뜨고 새롭게 결단하여 주님이 기뻐하시는 삶을 살게 하여 주옵소서. 예수님의 이름으로 기도합니다. 아멘.

강성률 목사 _ 수원종로교회

주님의 제자답게
나아가고 있습니까?

네 이름을 바꾸어라

436장
나 이제 주님의
새 생명 얻은 몸

창세기 32:27~30
그 사람이 그에게 이르되
네 이름이 무엇이냐 그가
이르되 야곱이니이다 그가
이르되 네 이름을 다시는
야곱이라 부를 것이 아니요
이스라엘이라 부를 것이니
이는 네가 하나님과 및 사
람들과 겨루어 이겼음이니
라 (27~28)

매일 성경 읽기
눅 9장 ☑ 10장 ☐

시력을 잃은 아버지 이삭은 아들에게 축복하기 전에 "너는 누구냐?"라고 물었습니다. 그때 야곱은 "아버지의 맏아들 에서입니다."라고 거짓말로 대답하였습니다. 20년이 지난 후 얍복강에서 씨름하던 하나님께서 야곱에게 "네 이름이 무엇이냐?" 하고 물으십니다. 그의 이름을 몰라서 물으신 것이 아닙니다. 이름을 밝히라는 것입니다. 인생의 벼랑 끝에 몰린 야곱은 이번에는 거짓말하지 않고 "야곱입니다."라고 대답합니다. 마침내 하나님과 자신에게, 나는 '발뒤꿈치를 잡은 자', '사기꾼', '찬탈한 자'라는 사실을 인정하고 회개한 것입니다.

하나님께서 왜 야곱에게 이름을 밝히라고 요구하셨을까요? 단순히 이름을 물은 것이 아니라 야곱이라는 이름으로 살아온 지금까지의 삶을 되돌아보라는 것입니다. 그는 온갖 술수와 방법을 동원해서 갖고 싶은 것을 다 가졌습니다. 형의 장자권도 가로챘습니다. 외삼촌 라반의 재산도 거의 다 자기 것으로 만들었습니다. 하나님은 속임수로 점철된 그의 과거의 삶을 고백시키신 것입니다.

야곱이라는 이름으로 살아온 모습을 있는 그대로 하나님 앞에 내려놓고 회개하자, 하나님은 그에게 '이스라엘'이라는 새 이름을 주셨습니다. 이름이 바뀌었다는 것은 존재가 바뀌었음을 의미합니다. 지금까지는 자기 꾀와 수단과 방법을 의지하여 사는 삶이었다면, 이제는 철저히 하나님의 통치를 받는 인생이 된 것입니다. 우리는 야곱과 다를 바 없는 사람들입니다. 야곱의 심성과 특성이 우리 속에도 다 있습니다. 이제 우리도 삶의 방식을 바꾸어야 합니다. 야곱처럼 내 생각, 내 욕심, 내 방식대로 살다가는 우리 역시 벼랑 끝에 몰릴 것입니다. 자기를 신뢰하는 방식이 아니라 믿음의 방식으로 살아야 합니다.

야곱이 받은 새 이름 이스라엘은 전적으로 하나님의 다스림에 의존하는 방식입니다. 모든 것을 하나님께 맡겨드릴 때 하나님은 우리의 영혼에 평화를 주시고, 참된 승리자가 되게 하십니다. 하나님과의 화해가 이루어지면 사람과의 화해는 자연히 따라옵니다. 두려웠던 형 에서의 얼굴이 하나님의 얼굴로 바뀌어 보인 것처럼 말입니다.

**위기로 인해
오히려 새로워진
경험이 있습니까?**

주님, 우리에게 고난과 위기가 임할 때, 내가 은혜에서 멀어져 불순종의 삶을 살고 있지는 않은지 돌아보게 하옵소서. 회개하고 주님 곁으로 돌아가게 하옵소서. 삶의 위기를 새 출발의 계기로 삼는 지혜자가 되게 하여 주옵소서. 예수님의 이름으로 기도합니다. 아멘.
김영대 목사 _ 꿈마을엘림교회

여호와의 백성이 되기 위한 개혁

금요일

31

585장
내 주는 강한 성이요
—
역대하 23:16~21
여호야다가 자기와 모든 백성과 왕 사이에 언약을 세워 여호와의 백성이 되리라 한지라 (16)

여호야다는 제사장으로서 무너진 성전의 질서를 바로잡고 하나님께 드리는 제사를 회복하려 했습니다. 여호야다의 개혁을 제대로 이해하려면 당시의 정치적 상황을 알아야 합니다. 이 개혁은 아달랴 여왕에 대한 반란으로 시작되었습니다. 아달랴는 아하시야의 어머니로, 남왕국의 왕이던 아하시야가 죽자 왕위를 이을 만한 후손들을 모두 죽이고 스스로 왕위에 오른 인물입니다. 아합 가문인 아달랴의 통치는 아합의 악정과 불신앙을 그대로 이어받았습니다. 아달랴의 통치 칠 년째 되던 해에 제사장 여호야다는 여러 군 지휘관과 더불어 반란을 일으켜 아달랴 여왕을 죽이고, 간신히 살아남은 일곱 살 요아스 왕자를 왕으로 세우는 쿠데타를 성공시킵니다.

정치적 개혁에 성공한 여호야다는 곧이어 종교와 신앙을 바로 세우는 개혁적 조치들을 취합니다. 여호야다의 개혁 조치는 분명한 목표점이 있었는데, 그것은 '언약을 세워 여호와의 백성이 되게 하는 것'이었습니다. 먼저 바알 신당과 제단들을 부수고 그 제사장을 죽였습니다. 성전의 직원들이 제사장의 지휘 아래 제 역할을 할 수 있게 배치하고, 성전에 문지기를 두어 부정한 사람들의 출입을 막아 성전의 거룩함을 지켰습니다. 또한 다른 지도자들과 함께 새로운 왕을 옹위하여 세웠습니다. 그 결과 모든 백성이 즐거워하고 성안이 평화로워졌습니다.

개혁은 상시적으로 조용하게 자신 안에서 일어나야 하는 것이지만, 크게 잘못된 것을 정리하고 바로잡는 일도 필요합니다. 여기에는 큰 결단과 아픔이 수반됩니다. 우리의 믿음에도, 또 믿음으로 살아가는 삶에 있어서도 그런 때가 많이 있습니다. 종교의 역할은 사회·정치적인 상황들과 분리되어 있지 않기 때문에 신앙인은 보다 광범위한 문제에 대해 하나님의 뜻을 묻고, 결단하고, 참여해야 합니다. 온통 자기 이익만을 챙기려는 세상에서 '좋은 게 좋다'는 식의 나태함으로는 하나님을 바로 예배할 수 없기 때문입니다. 여호야다의 개혁이 여호와의 백성이 되기 위한 간절함에서 비롯된 것처럼, 우리 역시 세상을 바로잡고 자신의 신앙을 개혁하는 아픔을 감수할 수 있어야 하나님을 참되게 예배할 수 있습니다.

매일 성경 읽기
눅 11장 ☑ 12장 ☐
13장 ☐

하나님, 부정한 것을 바로잡는 아픔을 감당할 용기를 주옵소서. 버리고 부수지 않으면 아무것도 새롭게 이룰 수 없음을 깨닫고, 여호와의 백성이 되기 위한 개혁에 참여하는 결단을 허락하옵소서. 참된 예배자가 되게 하옵소서. 예수님의 이름으로 기도합니다. 아멘.

김창연 목사 _ 후용교회

지금 내 삶에
개혁해야 할 부분이
있습니까?

11

N O V E M B E R

하나님께서 지으신

모든 것이 선하매

감사함으로 받으면

버릴 것이 없나니

하나님의 말씀과 기도로

거룩하여짐이라

디모데전서 4:4~5

11월의 기도

기도 제목

실천할 일

- ☑
- ☑
- ☑
- ☑

감사할 일

기억할 일

행복한 자유

미국의 제7대 부통령 존 칼훈은 "자유는 획득하는 것보다 간직하는 것이 더 어렵다."고 말했습니다. 자유를 보장받을 권리는 누구에게나 있지만, 자유가 방종이나 무절제가 된다면 그에 따른 책임과 고통도 감내해야 합니다. 그리스도인의 자유도 잘 지키고 선용하면 행복한 신앙생활이 되지만, 변질되면 심판과 멸망으로 치닫는 방종이 됩니다(15). 참된 자유를 누리고 선용하기 위해 필요한 것은 무엇일까요? 그리스도인의 자유를 어떻게 선용하고 누릴 것인가에 대한 가르침을 전하는 갈라디아서 5장 말씀에서 답을 찾아봅니다.

첫째는 '은혜의 정체성'입니다. 1절에 보면 그리스도께서 자유를 주셨다고 합니다. 자유는 나의 노력이나 수고가 아닌 십자가의 사랑으로 주어진 하나님의 은혜입니다. 내가 오직 하나님의 은혜 아래 있음을 자각하며 인정하는 은혜의 정체성을 가져야 합니다. 바울이 위대한 사도이자 복음의 전도자로 설 수 있었던 것은 그에게 은혜의 정체성이 있었기 때문입니다. 그는 '내가 나 된 것은 하나님의 은혜'라고 고백하며, 하나님의 은혜로 모든 것이 가능하였음을 인정했습니다(고전 15:10). 나의 자유함은 모두 하나님의 은혜입니다.

둘째는 자유를 '사랑할 기회'로 삼는 것입니다. 13절에서 자유로 육체의 기회를 삼지 말고 오직 사랑으로 서로 종 노릇 하라고 합니다. 자유를 육체의 기회가 아닌 사랑할 기회로 삼으라는 것입니다. 바울의 가장 큰 변화는 사랑의 수고였습니다. 그는 박해자이며 핍박자였습니다. 누군가에게 고통을 주고 생명을 빼앗는 일을 당연하게 여겼습니다. 그러나 변화된 후에는 만나는 사람들에게 복음을 전하며 치유와 기적을 행하고, 그리스도의 사랑을 나누었습니다. 그리스도의 사랑으로 자유케 된 은혜를 기억하며 사랑의 수고를 아끼지 않았습니다. 바울은 "그 중의 제일은 사랑이라(고전 13:13)."고 고백합니다. 그리스인의 자유는 사랑할 기회입니다.

우리는 자유를 얻는 것보다 그것을 잘 간직해 나가는 지혜로운 그리스도인이 되어야 합니다. 또한 참된 자유의 기쁨과 영광을 누릴 수 있어야 합니다. 그러기 위해 모든 것이 주님의 은혜로 주어졌음을 기억하며, 자유를 방종의 기회가 아닌 사랑할 기회로 삼기 바랍니다.

434장
귀하신 친구 내게 계시니

—

갈라디아서 5:13~14
형제들아 너희가 자유를 위하여 부르심을 입었으나 그러나 그 자유로 육체의 기회를 삼지 말고 오직 사랑으로 서로 종 노릇 하라 (13)

매일 성경 읽기
눅 14장 ☑ 15장 ☐
16장 ☐

사랑의 하나님, 우리의 존재와 자유가 오직 하나님의 은혜 아래 있음을 깨닫게 하시니 감사합니다. 주께서 주신 자유를 은혜로 여기며 사랑의 기회로 삼게 하옵소서. 자유를 잘 간직하는 지혜로운 그리스도인이 되게 하옵소서. 예수님의 이름으로 기도합니다. 아멘.

이현식 목사 _ 진관교회

나는 그리스도인의 자유를 잘 간직하고 있습니까?

능력 있는 삶의 비결

11

주일

2

440장
어디든지 예수 나를 이끌면

빌립보서 4:10~13
나는 비천에 처할 줄도 알고 풍부에 처할 줄도 알아 모든 일 곧 배부름과 배고픔과 풍부와 궁핍에도 처할 줄 아는 일체의 비결을 배웠노라 (12)

매일 성경 읽기
눅 17장 ☑ 18장 ☐

'사서 고생한다'는 말이 있습니다. 안 해도 되는 일을 공연히 해서 고생을 자초한다는 말입니다. 어리석음을 지적하는 말이기도 합니다. 그런데 우리가 살면서 얻는 큰 교훈은 사서 하는 고생이 모두 헛된 것은 아니라는 것입니다. 오히려 그것이 유익이 될 때도 있습니다. 다만 전제가 있습니다. 사서 하는 고생이 결과가 아니라 과정이고, '배움'이 되는 것입니다. 배움이 있다면 심지어 실패조차도 나쁜 것이 아닙니다. 배움이 있다면 사서 하는 고생보다 큰 경험은 없습니다.

바울은 빌립보 성도들에게 이렇게 말합니다. "너희가 내 괴로움에 함께 참여하였으니 잘하였도다(14)." 이 말씀은 복음 때문에 고난 가운데 있는 바울을 돕기 위하여 바울의 괴로움에 동참한 빌립보 교인들의 '사서 고생'에 대해 말하는 것입니다. 바울은 이러한 고생을 통해 얻는 귀한 배움이 있음을 빌립보 교인들에게 꼭 말해 주고 싶었습니다.

사도 바울은 그리스도를 따르면서 많은 핍박을 받았습니다. 매와 돌을 수없이 맞았고, 여러 차례 감옥에도 갇혔습니다. 배고프고 목마름에도 처했고, 헐벗기도 했습니다. 빌립보서를 기록할 때도 바울은 로마의 감옥에 갇혀 있습니다. 그런데 바울은 이렇게 고백합니다. "내게 능력 주시는 자 안에서 내가 모든 것을 할 수 있느니라(13)."

바울은 어떤 상황에서도 '모든 것'을 할 수 있다고 말합니다. 그리고 궁핍, 핍박, 어떤 환경에서도 할 수 있는 것을 생각했습니다. 실제로 성경에 보면 그는 어디서도 능력 있는 삶을 살아갑니다. "내가 궁핍하므로 말하는 것이 아니니라 어떠한 형편에든지 나는 자족하기를 배웠노니 나는 비천에 처할 줄도 알고 풍부에 처할 줄도 알아 모든 일 곧 배부름과 배고픔과 풍부와 궁핍에도 처할 줄 아는 일체의 비결을 배웠노라(11~12)." 환경이 그의 한계를 정하거나 그의 삶을 구속하지 못합니다. 왜냐하면 그는 이미 그리스도 예수 안에서 모든 것이 합력하여 선을 이루는 '일체의 비결'을 배웠기 때문입니다. 그리스도를 따라가는 우리도 이런 비결을 배워 삶에서 능력이 나타나기를 간절히 소망합니다.

능력 있는 삶의 여정을 걸어가고 있습니까?

사랑의 주님, 주님을 따라가는 삶의 여정이 녹록하지 않을 때가 있습니다. 그러나 그런 삶에서도 그리스도 안에서 '일체의 비결'을 배우게 하옵소서. 또한 그 비결로 그리스도인의 능력 있는 삶을 시작하게 하옵소서. 예수님의 이름으로 기도합니다. 아멘.

전창희 목사 _ 종교교회

날마다 새로운 은혜를 주십니다

한 청년이 하나님만 섬기는 수도자가 되기로 서원하고 수도원에 들어갔습니다. 처음에는 열정이 넘쳤지만 갈수록 힘들었습니다. 먹는 음식, 불편한 잠자리, 일찍 일어나는 일, 오랜 시간 기도하는 것, 어느 것 하나 쉬운 일이 없었습니다. 낙심한 청년은 수도 생활을 포기하고 떠나기로 마음먹었습니다. 짐을 다 싼 후에 내일 떠나기로 하고 잠이 들었습니다. 다음 날 아침, 막상 떠나려고 하니 하루 정도는 더 버틸 수도 있을 것 같았습니다. 그래서 내일 떠나기로 하고 수도원에서 하루를 더 보냈습니다. 다음 날 아침이 되었는데, 그날도 하루는 더 있을 수 있을 것 같았습니다. 청년은 그렇게 그다음 날도, 또 그다음 날도 수도원을 떠나지 않았습니다. 몇 개월이 지났을 때 청년은 깨달았습니다. 하나님께서 하루를 살아가는 힘과 은혜를 날마다 주신다는 사실을 말입니다.

이 청년처럼 우리도 각자 앞의 삶과 해야 할 일에 압도당하는 순간이 있습니다. 마치 벽에 부딪힌 것처럼 막막하고, 그 벽을 뚫고 나갈 힘이 나에게는 전혀 없는 것처럼 느껴지기도 합니다. 그래서 포기하거나 좌절하기 쉽습니다. 이때 우리에게 필요한 것이 믿음입니다. 구체적으로 말하면 하나님께서 매일 아침 우리에게 그날을 살아갈 때 필요한 힘과 은혜를 주심을 믿는 믿음입니다.

믿음을 가진다고 해서 삶의 문제가 없어지지는 않습니다. 그러나 믿음은 삶의 무게를 가볍게 만듭니다. 왜냐하면 우리 삶의 짐을 함께 지시는 주님이 계시기 때문입니다. 믿는다고 해서 가로막고 있는 벽이 갑자기 사라지는 것도 아닙니다. 그러나 믿음은 벽에 갈라진 틈을 발견하게 하고, 벽 옆에 숨겨진 샛길을 드러나게도 해줍니다.

주님의 한결같은 사랑은 다함이 없고 긍휼이 끝이 없습니다(22). 그러니 믿음으로 날마다 하나님께서 주시는 힘과 사랑을 얻기 바랍니다. 아침마다 새로운 힘을 주시는 하나님의 사랑이 크심을 믿고, 날마다 새로운 은혜를 주시는 하나님을 경험하기 바랍니다. "주님의 사랑과 긍휼이 아침마다 새롭고, 주님의 신실이 큽니다(23, 새번역)."

월요일

3

205장
주 예수 크신 사랑

―

예레미야애가 3:22~26
이것들이 아침마다 새로우니 주의 성실하심이 크시도소이다 (23)

매일 성경 읽기
눅 19장 ☑ 20장 ☐

하루를 살아갈
힘과 은혜를 주시는
하나님을 경험하고
있습니까?

주님, 아직 해결하지 못한 일이 있고, 우리를 힘겹게 만드는 것도 남아 있습니다. 그러나 다시 하루를 시작할 때, 주님께서 새로운 사랑과 힘을 주실 것을 믿습니다. 그 사랑과 힘이 오늘보다 나은 내일을 만들어 줄 것도 믿습니다. 예수님의 이름으로 기도합니다. 아멘.

방진석 목사 _ 나우리교회

나의 공로인가, 하나님의 은혜인가

11
화요일

4

310장
아 하나님의 은혜로

예레미야 9:23~24
자랑하는 자는 이것으로 자
랑할지니 곧 명철하여 나
를 아는 것과 나 여호와는
사랑과 정의와 공의를 땅
에 행하는 자인 줄 깨닫는
것이라 나는 이 일을 기뻐
하노라 여호와의 말씀이니
라 (24)

매일 성경 읽기
눅 21장 ✓ 22장 ☐
   23장 ☐ 24장 ☐

지혜와 용맹, 부와 명예는 분명 자랑스럽고 소중한 것들이지만, 자랑하지 말아야 합니다. 이것들은 두고 가는 것이자 변하는 것이며, 사라지는 것이고, 내 맘대로 좌지우지되지 않는 것이기 때문입니다. 무엇보다 내 힘으로 쟁취하는 것이 아니라 하나님의 은혜로 허락받은 선물인 까닭입니다. 살다 보면 모든 것이 하나님의 은혜라는 사실을 인정할 수밖에 없는 순간이 옵니다.

오늘 본문은 예레미야가 눈물을 머금고 예언했던 남유다의 멸망이라는 절망적 상황을 배경으로 합니다. 영원한 나라가 없듯 영원한 인생도 없습니다. 이 사실을 하루라도 빨리 깨닫고 사는 것이 명철입니다. 나의 공로를 내세우며 자랑할 것이 아니라, 사랑과 정의와 공의를 베풀어 주신 하나님의 은혜를 자랑해야 합니다. 은혜는 감사를 잉태하고, 감사는 기쁨을 낳고, 기쁨은 자라서 행복한 삶으로 성장하기 때문입니다. 사도 바울은 하나님께서 작은 자를 사용하시는 목적을 분명하게 증언합니다. "그러나 하나님께서 세상의 미련한 것들을 택하사 지혜 있는 자들을 부끄럽게 하려 하시고 세상의 약한 것들을 택하사 강한 것들을 부끄럽게 하려 하시며 하나님께서 세상의 천한 것들과 멸시 받는 것들과 없는 것들을 택하사 있는 것들을 폐하려 하시나니 이는 아무 육체도 하나님 앞에서 자랑하지 못하게 하려 하심이라(고전 1:27~29)." 우리가 할 일은 하나님의 은혜를 알고, 내 작은 삶을 통해서 하나님이 행하신 큰 일을 온 세상에 널리 전파하는 것입니다.

창세기 4장에 두 부류의 사람이 등장합니다. 두 부류는 각각 가인의 후예 '라멕'과 아벨을 대신하여 주신 셋의 후예 '에노스'로 대표됩니다. 라멕은 '유능함'이라는 이름의 뜻처럼 자신의 유능함을 내세우며 사는 교만한 사람입니다. 에노스는 '죽을 수밖에 없는 존재'라는 이름의 뜻처럼 날마다 죽음을 자각하며 사는 겸손한 사람입니다. 이제껏 라멕과 에노스는 공존해 왔습니다. 세상에 하나님이 창조하시지 않은 사람이 없듯 세상에 하나님의 은혜를 받지 않고 사는 사람도 없습니다. 다만 하나님의 은혜를 모르고 사는 사람과 하나님의 은혜를 알고 사는 사람이 존재할 뿐입니다. 하나님의 은혜를 알고 자랑하며 사는 우리이길 소망합니다.

삶에서 누리는
모든 것이 하나님의
은혜임을 고백합니까?

사랑의 주님, 지금까지 누려온 모든 것들이 오직 하나님의 은혜임을 고백합니다. 우리의 공로로 된 것은 하나도 없습니다. 우리에게 베풀어 주신 주의 크신 은혜를 자랑하며 살게 하옵소서. 오직 하나님만 자랑하게 하옵소서. 예수님의 이름으로 기도합니다. 아멘.

김명섭 목사 _ 강릉예항교회

말씀을 듣고 백성들이 울었다

느헤미야는 150년간 무너진 상태로 방치된 예루살렘 성벽을 재건하는 사명을 받았습니다. 그는 페르시아 궁정의 높은 직책을 버리고, 머나먼 조국 유대 땅에 와서 성벽 쌓는 일을 시작했습니다. 이방 대적들의 끈질긴 방해와 위협을 물리치고, 52일 만에 예루살렘의 성벽과 성문을 중건하는 공사를 마쳤습니다. 이제 예루살렘 성은 외부의 침략을 든든하게 방어할 수 있어서 성안에 사는 사람들이 평안을 누리게 되었습니다.

그러나 그들의 심령은 아직도 황폐한 상태였습니다. 무엇보다 시급하고 중요한 과제는 예루살렘 백성들의 믿음과 영혼을 견고하게 세우는 일이었습니다. 느헤미야는 예루살렘 백성들의 심령이 하나님의 말씀으로 충만하고 새로워지지 않으면 예루살렘이 든든히 세워질 수 없음을 알았습니다. 예루살렘에 영적으로 큰 부흥이 일어나야 했습니다. 아무리 튼튼한 성벽과 성문이 있어도 하나님 말씀으로 무장되지 않으면 사방의 대적을 막아낼 수가 없는 것입니다.

마침 초막절이 다가와 수문 앞 광장에 온 백성이 모였습니다. 백성들은 학사 에스라에게 모세의 율법책을 강론하도록 요청합니다. 수문 앞 광장 집회는 말씀 잔치였습니다. 말씀이 선포될 때 온 백성은 다 같이 일어서서 경청했고, 새벽부터 정오까지 두 손 들고 여호와 하나님을 송축하며 아멘으로 응답하였습니다. 에스라가 성경을 읽을 때 많은 레위인이 백성들에게 말씀을 설명해주어 백성들은 그 말씀을 밝히 깨달았습니다. 그리고 말씀 앞에 가슴을 치면서 애통하는 역사가 일어났습니다. 하나님이 원하시는 거룩하고 성결한 삶을 살지 못한 죄인임을 고백하며 회개한 것입니다. 느헤미야와 에스라, 그리고 레위인들은 말씀 앞에 회개하며 통곡하는 백성들에게 구원의 기쁨을 누리도록 격려했고, 함께 음식을 나누며 하나님 나라 잔치를 벌였습니다.

"여호와께서 집을 세우지 아니하시면 세우는 자의 수고가 헛되며 여호와께서 성을 지키지 아니하시면 파수꾼의 깨어 있음이 헛되도다(시 127:1)." 집과 성을 지키는 일은 외벽만 세워서 되는 일이 아닙니다. 하나님의 말씀으로 마음과 영혼을 더욱 든든하게 세워야 합니다. 우리 모두 내 발에 등이요 내 길에 빛이 되시는 하나님의 말씀으로 무장합시다.

203장
하나님의 말씀은

느헤미야 8:5~12
이 날은 우리 주의 성일이니 근심하지 말라 여호와로 인하여 기뻐하는 것이 너희의 힘이니라 하고 (10b)

매일 성경 읽기
요 1장 ☑ 2장 ☐ 3장 ☐

능력의 하나님, 우리가 말씀으로 무장되지 않으면 대적을 막아낼 수가 없음을 깨닫습니다. 하나님의 말씀으로 마음과 영혼을 든든히 무장하게 하옵소서. 하나님의 말씀 위에 든든히 서서 승리하는 성도가 되게 하옵소서. 예수님의 이름으로 기도합니다. 아멘.

황규선 목사 _ 은광교회

마음과 영혼을 든든히 세우는 일에 얼마나 열심을 내고 있습니까?

정의를 물 같이, 공의를 강 같이

11
목요일

6

586장
어느 민족 누구게나

———

아모스 5:21~27
오직 정의를 물 같이 공의
를 마르지 않는 강 같이 흐
르게 할지어다 (24)

구약의 이스라엘 백성에게는 특별한 믿음이 있었습니다. '여호와의 날'이라는 하나님이 정하신 마지막 때에 하나님께서 세상을 심판하시고 의인에게는 상을, 악인에게는 벌을 내리신다는 것입니다. 이스라엘 백성은 여호와의 날이 오면 이스라엘을 괴롭히던 모든 이방 나라는 심판을 받아 망하고, 자신들은 큰 기쁨을 누릴 것으로 생각했습니다. 이스라엘은 하나님이 명하신 율법을 따라 절기와 성회를 지키고, 번제와 소제, 화목제와 같은 제사를 드리며 하나님을 찬양하며 살았으니 마땅히 구원을 받으리라 생각했습니다. 그런 이스라엘을 향하여 선지자들은 여호와의 날이 이방 나라뿐 아니라 이스라엘에게도 어둠과 심판의 날이 될 것이라고 경고합니다. 아모스도 아브라함의 후손이라든지 혹은 율법을 안다는 것이 하나님의 심판을 피할 방법이 될 수 없다고 경고합니다. 또한 하나님의 징계를 피할 유일한 방법은 '정의를 물 같이, 공의를 마르지 않는 강 같이 흐르게 하는 것'뿐이라고 증거합니다.

공의(미쉬파트)가 법정에서 행하는 공정한 판결, 즉 옳고 그름을 분별하여 불의를 버리고 옳음을 선택하는 것이라면, 정의(체다카)는 내게 주어진 책임과 의무를 성실하게 감당함으로써 이루어지는 질서를 뜻합니다. 다시 말해서 공의가 개인의 문제라면, 정의는 관계의 문제입니다. 아모스는 오늘 말씀에서 정의와 공의를 '물'에 비유합니다. 물이 있는 곳마다 생명이 태어나고 자라나듯 정의로운 사회는 번영하기 마련입니다. 반대로 물이 없는 황무지처럼 정의가 실종되고 불의가 득세하는 국가는 망할 수밖에 없습니다. 더욱이 고인 물은 썩기 마련이고, 그 물이 닿은 것들도 상하듯이, 불공평하고 불공정한 세상은 결국 도태되고 말 것입니다.

하나님께서는 하나님의 형상을 따라 지은 사람에게 세상에 충만하고 모든 생물을 다스리라고 당부하셨습니다(창 1:28). 본디 '땅' 자체는 생명을 키울 힘이 없지만, 하나님께서 비를 내려 주실 때 생명이 자랄 수 있습니다(창 2:5). 구원을 기대하는 하나님 백성에게는 하나님이 만드신 세상을 아름답게 가꾸어야 할 책임이 있습니다. 정의와 공의를 실천함으로 하나님의 명령에 순종할 수 있음을 기억하기 바랍니다.

매일 성경 읽기
요 4장 ☑ 5장 ☐ 6장 ☐

하나님의 뜻을 따라
정의와 공의를 이루며
살고 있습니까?

공의로우신 하나님. 오직 믿음만이 우리를 하나님 앞에 의롭게 하는 유일한 수단임을 깨닫습니다. 우리가 하나님의 성품을 닮아 정의와 공의를 이루며 살아가게 하옵소서. 하나님의 복과 은혜를 풍성히 누리게 하옵소서. 예수님의 이름으로 기도합니다. 아멘.

주홍덕 목사 _ 독립문교회

복음에 참여하여 완주하길

오늘 본문에는 '달음질', '버림당함에 대한 두려움', '싸움', '이기기를 다투는 자', '상을 받는 사람은 한 사람', '상을 받도록', '썩을 승리자의 관', '썩지 아니할 것', '몸을 쳐 복종'이라는 말들이 나옵니다. 이런 본문을 읽으며 운동선수를 경쟁시켜 서로 성장하도록 격려하는 듯한 느낌을 받습니다. 사도 바울은 가는 길을 선명하게 하고 그 길을 온전히 밝힘으로써 복음의 길을 보여 줍니다. 그리고 신앙의 두 가지, 즉 복음에 참여하는 것과 복음의 완주를 위한 절제를 말합니다. 상을 얻는 것과 썩지 아니할 승리의 관은 이 두 가지에서 파생되는 자연스러운 결과물들이지 본질은 아닙니다.

먼저 복음에 참여하는 것이 모든 행함의 근거가 된다는 점에 귀를 기울여야 합니다. 23절에 보면 "내가 복음을 위하여 모든 것을 행함은 복음에 참여하고자 함이라."고 합니다. 여기서 복음에 참여한다는 말은 헬라어로 '쉥코이노노스'입니다. '~함께'라는 뜻의 전치사 '쉰'과 참여자, 동료라는 뜻의 '코이노노스'가 합쳐진 말인데, 여기서는 '쉰(쉥)'에 더 강조점이 있습니다. 내가 주체가 되어 복음에 참여하는 것이 아니라, 내가 가진 것을 나누고 공유하는 데 초점이 있습니다. 나누려면 내게 있는 것이 분명하고 선명해야 합니다. '상을 받도록 달음질하라'는 말씀 역시 상을 받는 한 사람보다는 달려감의 의미에 강조점이 있습니다. 달음질은 달리기를 중단하지 않는 성실과 노력의 삶을 말합니다. 바울은 이런 달음질 정신이 흐려져 버림을 당할까 두려워하며 자신을 채찍질합니다.

바울은 또한 절제를 권합니다. 절제는 승리의 가장 중요한 재료로서 분명한 방향을 지지해야 합니다. 달음질의 방향은 선명합니다. 26절의 '향방 없는'에 해당하는 헬라어 '아델로스'는 '아'와 '델로스'가 합쳐진 단어입니다. 델로스는 '명백한' 혹은 '밝혀진'이라는 뜻이고, 거기에 부정불변사 '아'가 붙어 아델로스는 '분명한 마음의 정한 바가 없다'라는 의미입니다. 마음에 정한 바 없이 절제하는 것은 헛된 열심입니다. 그런데 절제는 단번에 성취되는 성품이 아닙니다. 몸을 쳐 복종시키는 훈련을 감내하는 제자의 삶이 요구됩니다. 그래야 복음에 참여하여 완주할 수 있습니다.

384장
나의 갈 길 다 가도록

고린도전서 9:23~27
내가 복음을 위하여 모든 것을 행함은 복음에 참여하고자 함이라 (23)

매일 성경 읽기
요 7장 ☑ 8장 ☐

우리에게 생명을 주신 주님, 그 이름을 높여 드립니다. 복음을 나누는 삶을 완주하기까지 절제의 삶을 살게 하옵소서. 그리하여 정한 바가 흔들리지 않고 끝까지 인도해 주옵소서. 최고보다 최선의 나눔을 위해 달려가게 하옵소서. 예수님의 이름으로 기도합니다. 아멘.

이병칠 목사 _ 갈월교회

복음을 나누는 소명을
완주하기 위해
절제하고 있습니까?

함께 걷는 길

430장
주와 같이 길 가는 것

——

누가복음 24:13~27
그들이 서로 이야기하며 문
의할 때에 예수께서 가까
이 이르러 그들과 동행하
시나 (15)

오늘 본문에 기록된 두 사람은 예루살렘에서 지난 며칠 동안 일어난 일에 대하여 누구보다 잘 알고 있었습니다. 이들은 예수님을 따랐고, 예수님의 행동과 말씀에 힘이 있다는 것도 알았고, 이스라엘을 구원하실 분이라는 소망을 갖기도 했습니다. 또한 예수님의 죽음을 보았고, 부활하심에 관한 이야기도 들었습니다(23).

예수님은 그들에게 조용히 다가가십니다. 그리고 가만히 그들의 이야기를 들으며 함께 걷기 시작하십니다(15). 예수님은 '왜 나를 알아보지 못하느냐'고, '왜 이 죽으심과 부활하심의 사건의 의미를 깨닫지 못하냐'고 성내지 않으십니다. 다만 그들이 스스로 말하고 생각할 수 있도록 질문을 건네시며 그들의 길을 함께 걸어가십니다(17).

두 제자에게는 엠마오라는 목적지가 있지만 예수님에게는 목적지가 없습니다. 예수님은 그저 사랑하는 두 제자와 함께 걷는 것이 기쁘셨습니다. 그들의 이야기를 듣고 당신의 이야기를 하고, 함께 떡을 떼며 식사를 나누시는 것이 예수님의 목적입니다. 깨달음은 긴 동행 이후에 그들 안에서 일어나기 때문입니다.

많이 듣고 잘 알고 있지만, 깨달아지지 않을 때 무척이나 답답하고 속상합니다. 부활의 능력을 왜 나만 경험하지 못하는지 낙심이 될 때도 있습니다. 주님은 오늘도 이런 우리 곁에 찾아오셔서 한 번 더 질문하고 계시는지도 모릅니다. 그 일을 다시 한번 생각해 보자고, 지금 왜 그렇게 속상해하며 걷고 있느냐고 말입니다. 하나님은 우리가 예수 그리스도와 함께 걷는 즐거움을 깨닫기를 원하십니다.

살면서 우리는 마치 눈 덮인 길처럼 앞이 잘 보이지 않는 순간을 맞닥뜨리기도 합니다. 그때 앞선 사람이 걸어간 발자국이 남아 있다면 큰 행운입니다. 그보다 더 즐거운 일은 그 길을 만드신 분과 함께 그 길을 걷는 것입니다. 오늘도 우리가 두려워하지 않을 수 있는 것은, 주님이 나와 함께 걷고 계시기 때문입니다. 매일 우리에게 찾아와 질문하고 말씀하시는 하나님과 오늘도 함께 걸어갑시다.

매일 성경 읽기
요 9장 ☑ 10장 ☐
11장 ☐

지금 누구와 함께
걷고 있습니까?

깨달음이 더딜 때 답답해지는 마음을 누구보다 잘 아시는 하나님, 오늘도 우리 곁에 찾아와 말씀하시며 인도해 주심을 믿습니다. 두려움과 불안함이 아니라 감사와 기쁨으로 오늘을 살아가게 하옵소서. 주와 함께 걷게 하옵소서. 예수님의 이름으로 기도합니다. 아멘.

유동근 목사 _ 부산온누리교회

참된 그리스도인

주일

9

218장
네 맘과 정성을 다하여서

—

야고보서 5:13~20
너희가 알 것은 죄인을 미혹된 길에서 돌아서게 하는 자가 그의 영혼을 사망에서 구원할 것이며 허다한 죄를 덮을 것임이라 (20)

매일 성경 읽기
요 12장 ☑ 13장 ☐

야고보서는 위선적인 신앙, 즉 믿음과 행함이 일치하지 않는 신앙의 사람들에게 올바른 신앙인의 모습을 갖게 하고자 기록한 책입니다. 오늘 본문은 야고보서의 마지막에 있는 말씀으로 기도와 관련된 내용입니다. 기도에서 중요한 것은 기도하는 행위보다 기도한 내용과 삶의 일치입니다. 사람이 맹세하고 지키지 않으면 그 맹세는 헛것이 되고 맙니다. 마찬가지로 기도하는 사람이 기도한 대로 살지 않는다면 그 기도는 헛된 기도가 되고 맙니다. 예를 들어 교회 부흥을 위해 열심히 기도했으면 본인부터 모든 예배에 잘 참석하고, 훈련과 봉사와 전도, 헌금 생활 등 교회 부흥을 위하여 자기가 할 수 있는 최선을 다해야 합니다. 그런데 정작 본인은 열심을 다하지 않는다면 허공을 치는 기도가 되고 맙니다.

"너희 중에 고난 당하는 자가 있느냐 그는 기도할 것이요(13)." 신앙생활을 아무리 잘해도 질병과 같은 고난이 찾아올 수 있습니다. 고난당할 때에도 우리는 기도해야 합니다. 고난 속에서도 기도하는 것은 그만큼 하나님을 신뢰하고 의지하는 믿음이 있음을 뜻합니다. 고난 속에서도 불평하지 않고 고난에 담긴 뜻이 무엇인지, 그리고 고난을 통해 나를 어떻게 이끄실지 묵상하며 기도하는 자가 참된 그리스도인입니다.

또한 우리는 미혹을 받아 교회를 떠난 자들을 돌아오게 하는 데에도 힘써야 합니다. 그들이 속히 자기들의 불신앙을 깨닫고 주님께 돌아오도록 기도해야 합니다. 그리고 그들이 돌아왔을 때 사랑으로 품어 주어야 합니다. 기도해서 그들이 돌아왔는데 이러쿵저러쿵 말하며 따돌린다면 그 기도 역시 헛된 기도가 되고 맙니다. "너희가 알 것은 죄인을 미혹된 길에서 돌아서게 하는 자가 그의 영혼을 사망에서 구원할 것이며 허다한 죄를 덮을 것임이라(20)."

기도는 분명 신앙생활에 매우 중요한 요소입니다. 하지만 기도를 하는 것에 그치지 않고 기도한 대로 살아야 합니다. 믿음과 행함이 일치하는 사람, 기도한 대로 살아가는 사람이 참된 그리스도인입니다. 이런 참된 그리스도인이 많아질 때 교회의 신뢰도는 점점 높아지고 많은 사람이 주께로 돌아올 것입니다.

사랑의 주님, 우리가 말만 앞세우지 않고 말한 대로 살아가게 하여 주옵소서. 기도만 하는 것이 아니라 기도한 대로 살게 하여 주옵소서. 그리하여 우리가 주님의 거룩한 뜻을 이루는 복된 삶을 살게 하여 주옵소서. 예수님의 이름으로 기도합니다. 아멘.

이재은 목사 _ 초운교회

기도한 대로
살고 있습니까?

선한 일이 자의가 되게 하라

11
월요일

10

212장
겸손히 주를 섬길 때

—

빌레몬서 1:10~19
다만 네 승낙이 없이는 내
가 아무 것도 하기를 원하
지 아니하노니 이는 너의
선한 일이 억지 같이 되지
아니하고 자의로 되게 하려
함이라 (14)

매일 성경 읽기
요 14장 ☑ 15장 ☐

빌레몬서는 바울이 빌레몬에게 쓴 편지입니다. 빌레몬의 이름 뜻은 '사랑받는 자'이고, 바울을 통해 회심한 골로새 교회 지도자이며 오네시모의 주인입니다. 오네시모의 이름 뜻은 '유익한 자'이고, 그는 골로새 출신이며 빌레몬의 노예입니다. 오네시모는 빌레몬에게 무익한 종이었습니다. 15절의 "떠나게 된"이라는 구절은 오네시모가 빌레몬에게서 도망쳤다는 사실을, 뒤이어 18절의 "빚진 것"이라는 표현은 과거 그가 주인의 돈을 훔쳐 달아났다는 사실을 알려 줍니다.

주인에게 무익하며 돈까지 훔쳐 도주했던 오네시모는 그리스도를 믿고 성도가 된 후, 바울과 빌레몬에게 유익한 자가 되었습니다(11). 바울은 오네시모를 "갇힌 중에서 낳은 아들(10)", 그리고 "내 심복(12)"이라고 할 정도로 극진히 사랑했습니다. 더 나아가 오네시모는 이제 바울의 사역에 없어서는 안 될 꼭 필요한 존재였습니다. 그래서 바울은 오네시모가 자신의 곁에서 섬기기를 간절히 원했습니다(13). 하지만 주인의 허락 없이 그가 자신을 돕는 것이 합당하지 않다고 여겨 그를 빌레몬에게 돌려보냅니다. 선한 일이 자의로 되기를 원했기 때문입니다.

"네 승낙이 없이는 내가 아무 것도 하기를 원하지 아니하노니 이는 너의 선한 일이 억지 같이 되지 아니하고 자의로 되게 하려 함이라(14)." 여기서 '선한 일'이란 빌레몬이 오네시모를 용서하고 다시 바울을 섬기도록 허락하는 일이고, '자의'란 오네시모에 대한 빌레몬의 자발적인 결정이었습니다. 물론 바울은 빌레몬에게 자신에게 "빚진 것(19)"을 요구하거나, 사도적 권위와 하나님의 뜻이라는 핑계로 오네시모를 돌려보내지 않을 수도 있었습니다. 그러나 바울은 그렇게 하지 않았습니다. 겸손하게 빌레몬을 존중하면서 그의 의사를 물었고, 그가 자발적으로 결정하도록 도운 것입니다.

하나님이 기뻐하시는 좋은 열매를 맺으려면, 그 과정과 방법도 하나님의 뜻에 합당해야 합니다. 그러므로 우리는 교회 안팎에서 겸손한 태도로 타자를 존중하며 협력하는 길을 늘 주의하며 모색해야 합니다. 그럴 때 우리 삶의 자리에서 하나님이 기뻐하시는 열매와 큰 기쁨이 풍성하게 나타날 것입니다.

겸손히
다른 사람을 존중하며
그의 결정을 돕습니까?

사랑의 주님, 우리가 하나님의 일을 할 때 선한 방법을 사용하게 하옵소서. 강요하거나 명령하는 것이 아니라, 겸손하게 상대의 의사를 묻고 존중하게 하옵소서. 그리하여 자발적인 헌신과 순종의 결과들이 나타나게 하옵소서. 예수님의 이름으로 기도합니다. 아멘.

정기수 목사 _ 중부연회 총무

이로써 네가 잘되리라

미국 제22대 클리블랜드 대통령 시절에 장관을 지낸 스털링 모튼의 아내는 안타깝게도 막내 아들을 낳던 중 세상을 떠났습니다. 이후 모튼은 아들들을 훌륭한 신앙인으로 키웠습니다. 훗날 그들은 아버지의 양육 방법에 대해 이렇게 말했다고 합니다. "해마다 아버지는 어머니의 기일에 우리를 어머니의 묘에 데리고 가셨다. 그리고 묘비에 적혀 있는 '스털링 모튼의 아내, 그리고 조이와 폴과 마크의 어머니, 프랑스 여인 캐롤라인이 여기 잠들다'라는 글을 우리에게 크게 읽어 주셨다. 그런 다음 아버지는 이렇게 말씀하셨다. '너희 중에 여기 잠드신 어머니를 슬프게 하거나 욕되게 한다면 이 묘비에 적혀 있는 어머니의 아들이라는 이름을 지워버리겠다.' 그런 준엄하고 경건한 아버지의 말씀이 오늘의 우리를 만들었다."

부모가 자녀를 훈계하고 가르치는 것은 매우 중요합니다. 성경은 하나님의 감동으로 된 것으로 교훈과 책망과 바르게 함과 의로 교육하기에 유익합니다(딤후 3:16). 우리 그리스도인은 성경으로, 하나님의 말씀으로 자녀를 가르쳐야 합니다. 또한 부모가 하나님의 말씀을 따라 사는 모습을 보여 주는 것도 무척 중요합니다. 세상이 아무리 혼란해도 부모가 바르게 살면 자녀도 바르게 살게 됩니다. 시대가 어지러워도 부모가 진실하면 자녀도 진실한 삶을 살며, 한 시대의 문화가 아무리 타락해도 부모가 바르게 서 있으면 자녀의 정신도 똑바로 설 것입니다. 그러나 부모가 거짓을 아무렇지도 않게 행하면 자녀도 거짓을 아무렇지도 않게 할 것입니다.

가정이 행복하고 자녀들을 믿음의 사람으로 키우려면 다른 방법이 없습니다. 성경의 원리로 돌아와야 합니다. 성경은 가정이 하나님의 복을 받고 잘 되는 길을 다음과 같이 가르쳐 줍니다. "자녀들아 주 안에서 너희 부모에게 순종하라 … 네 아버지와 어머니를 공경하라(1~2)." "또 아비들아 너희 자녀를 노엽게 하지 말고 오직 주의 교훈과 훈계로 양육하라(4)." 자녀들은 부모를 공경하며 순종하고, 부모는 자녀들을 하나님의 말씀으로 양육하는 것이 가정을 세우는 길이요, 자녀들이 하나님의 복을 받는 길입니다. "이로써 네가 잘 되고 땅에서 장수하리라(3)." 하신 복을 누리기를 바랍니다.

559장
사철에 봄바람 불어 잇고

에베소서 6:1~4
이로써 네가 잘되고 땅에서
장수하리라 (3)

매일 성경 읽기
요 16장 ☑ 17장 ☐

하나님 아버지, 하나님의 말씀을 따라 자녀들이 부모를 공경하며 순종하고, 부모는 자녀들을 하나님의 말씀으로 잘 양육하게 하옵소서. 그리하여 성경의 약속대로 땅에서 잘되고 장수하는 하나님의 복을 충만히 누리게 하옵소서. 예수님의 이름으로 기도합니다. 아멘.

조재진 목사 _ 산곡교회

자녀는 부모를 공경하고 부모는 자녀를 말씀으로 양육하고 있습니까?

네가 기도를 시작할 즈음에

11
수요일

12

280장
천부여 의지 없어서

—

다니엘 9:20~24
곧 네가 기도를 시작할 즈
음에 명령이 내렸으므로 이
제 네게 알리러 왔느니라
너는 크게 은총을 입은 자
라 그런즉 너는 이 일을 생
각하고 그 환상을 깨달을지
니라 (23)

매일 성경 읽기
요 18장 ☑ 19장 ☐

다니엘은 포로로 잡혀간 때부터 유다를 멸망시킨 바벨론이 망하기를 고대
했습니다. 바벨론이 멸망하면 고향으로 돌아갈 수 있다고 생각했기 때문입
니다. 하지만 바벨론이 망해도 포로 생활은 끝나지 않고 유다 백성의 상황은
그대로였습니다.

다니엘은 말씀을 읽다가 하나님께서 예레미야에게 예루살렘의 황폐함이
70년 만에 끝날 것이라고 약속하신 것을 알게 되었습니다. 그리고 금식하며
간구할 것을 결심합니다(2~3). 다니엘은 언약을 지키시고 인자를 베푸시는
하나님께 회개하며 기도합니다(4). 이런 기도를 외면하지 않고 응답하시는 하
나님은 그가 기도할 때 이전에 보내셨던 가브리엘 천사를 보내 주십니다(21).

오늘 본문에서 23절을 보면, 하나님은 다니엘의 기도가 끝날 때가 아닌 다
니엘이 기도를 시작할 즈음에 가브리엘에게 명령하셨습니다. 하나님은 우리
가 기도를 시작할 때 이미 응답하기로 작정하시는 분입니다. 다니엘이 기도
할 때 가브리엘이 '빨리 날아서' 옵니다(21). 그 구절의 히브리어를 직역하여
읽으면 '매우 걱정이 되어서 서둘러 날아 왔다'는 의미입니다. 하나님은 우리
의 간절한 기도 가운데 우리를 걱정하고 긍휼히 여기며 빠른 응답을 하시는
분입니다. 당시 저녁 제사는 유대교에서 가장 중요한 기도 시간이었습니다.
가장 중요한 기도 시간에 가장 중요한 기도의 자리에 있던 다니엘에게 하나님
의 빠른 응답이 임한 것입니다.

하나님의 응답은 무엇이었습니까? 하나님은 가브리엘을 통해 기도하는 다
니엘에게 지혜와 총명을 주십니다(22). 하나님은 기도하는 자에게 지혜를 주
시고, 기도하기 전에는 보지 못하고 이해하지 못했던 것을 알 수 있는 통찰력
과 깨달음을 주십니다. 아직 문제에 막혀 있다면 기도해야 합니다. 하나님께
서 지혜와 총명을 주시며 길을 열어 주시고 회복의 길로 인도하실 것입니다.
또한 가브리엘은 기도하는 다니엘에게 '너는 크게 은총을 입은 자'라고 말합
니다(23). 하나님은 기도하는 자를 사랑하고 기뻐하시며, 기도하는 자에게 은
총과 깨달음을 주십니다. 그러므로 오늘도 성경을 읽으십시오. 그리고 약속
의 말씀을 붙드십시오. 하나님은 벌써 응답을 준비하고 계십니다.

하나님은
기도하는 자에게
응답하심을 믿습니까?

우리를 사랑하시는 하나님, 오늘도 기도함으로 하나님이 준비하신 은혜를 맛보며 살아가
도록 도와주옵소서. 우리가 기도를 시작할 때 이미 응답을 준비하고 계시는 주님의 크신
사랑을 날마다 경험하며 살게 하옵소서. 예수님의 이름으로 기도합니다. 아멘.

성낙윤 목사 _ 평안교회

이슬과 산물이 그친 까닭

학개 선지자를 통해 주시는 하나님의 명령은 '성전을 재건하라'는 것입니다. 바벨론 포로에서 돌아온 이들에게 부여된 가장 중요한 임무가 바로 성전을 다시 세우는 것이었습니다. 의욕적으로 추진된 성전 재건 프로젝트는 얼마 못 가서 중단된 채 16년이 흘렀습니다. 이에 학개 선지자가 나서서 성전을 건축하라는 하나님의 뜻을 전합니다. 건축이 중단된 동안 백성들은 생업으로 돌아가 많은 노력을 했지만 뚜렷한 성과가 없었습니다. 하늘에서는 이슬이 그쳤고 계속된 가뭄에 수확은 보잘것없었습니다. 삶은 더욱 곤궁해져만 갔습니다. 그 이유가 바로 성전 건축을 중단한 데 있다는 점을 학개 선지자는 분명히 합니다. 하나님의 은혜가 그치면 사람의 애쓰고 힘씀이 헛수고가 됩니다.

성전을 재건하라는 것은 하나님 중심, 하나님 우선의 믿음을 회복하라는 명령입니다. 여기서 주목할 것은 하나님이 원하시는 성전은 솔로몬의 성전처럼 과거의 화려한 모습이 아니라는 것입니다. 이는 "너희는 산에 올라가서 나무를 가져다가 성전을 건축하라(8)."는 명령에서 잘 드러납니다. 솔로몬의 성전은 진귀한 레바논의 백향목으로 지었는데, 다시 지을 새 성전의 재목은 주변 산에서 얼마든지 구해도 되고, 구할 수 있는 것입니다.

하나님이 원하시는 것은 성전을 향한 백성들의 마음과 중심이지 화려한 건축물이 아닙니다. 성전을 향한 마음이 재건이라는 하나의 목표로 모여 하나님의 뜻 가운데 하나 되고 예배를 회복하기를 원하셨습니다. 하나님은 그것으로 말미암아 기뻐하실 것입니다. 그 중심과 마음을 기쁘게 여기신다고 약속하십니다. 또한 다시 영광을 회복할 것이라고 하십니다.

원인을 알아야 문제를 해결할 수 있습니다. 질병의 근원을 알아야 치유도 급속한 법입니다. 하늘의 이슬과 땅의 산물이 그친 이유는 바로 자신들에게 있었습니다. 먼저 해야 할 일, 앞서 추구해야 할 옳은 일을 뒤로 미루고 자신들의 안위와 성공만을 구했기 때문입니다. 이제 원인을 알았습니다. 하나님 중심, 하나님 우선의 삶의 가치와 목적을 바로 세우고, 예배와 믿음의 회복이 최우선 과제입니다. 그래야 하나님의 은혜 가운데 풍성한 결실을 얻을 수 있습니다.

526장
목마른 자들아

학개 1:7~11
너희는 산에 올라가서 나무를 가져다가 성전을 건축하라 그리하면 내가 그것으로 말미암아 기뻐하고 또 영광을 얻으리라 여호와가 말하였느니라 (8)

매일 성경 읽기
요 20장 ☑ 21장 ☐

은혜의 하나님, 우리가 가장 먼저 회복해야 할 것이 예배와 믿음임을 알게 하시니 감사합니다. 예배와 믿음을 회복함으로 하나님의 은혜가 우리 삶에 가득하고, 좋은 결실과 아름다운 열매로 하나님께 영광을 돌리게 하옵소서. 예수님의 이름으로 기도합니다. 아멘.

정진교 목사 _ 마산중앙교회

하나님 중심,
하나님 우선으로
살고 있습니까?

조건이 아닌 존재에 대한 감사

413장
내 평생에 가는 길

하박국 3:16~19
나는 여호와로 말미암아 즐거워하며 나의 구원의 하나님으로 말미암아 기뻐하리로다 (18)

하박국은 유다 왕 중에 가장 개혁적인 요시아왕이 죽은 후 여호야김 시대에 살았던 선지자입니다. 여호야김은 요시아왕의 개혁을 다 망쳐놓고 우상 숭배를 합니다. 그 밑에서 부자들은 가난한 사람들을 더 착취하고 억압합니다. 하박국은 하나님께서 악을 보고도 왜 일하시지 않는지, 그리고 정의를 왜 이루시지 않는지를 질문합니다. 하나님은 때가 되면 북쪽에 있는 갈대아인들, 곧 바벨론을 통해서 유다를 심판하겠다고 대답하십니다.

때가 되어 하나님의 진노가 임하자 하박국은 창자가 흔들릴 정도로 두려워합니다(16). 바벨론 군사들은 모든 나무가 다시는 과실을 맺을 수 없도록 밑동을 잘라버릴 것입니다. 그리고 그동안 키워온 양과 소도 다 빼앗아 버릴 것입니다. 요시아왕의 개혁으로 의인들이 땀을 흘려 밭에 소출이 나기 시작했는데, 간신히 그 개혁의 결실을 보고 이제 좀 누리려는데, 한순간에 빼앗기게 생긴 것입니다.

바벨론이 선한 사람들의 밭과 외양간까지 빼앗아 가는 것은 그들의 악과 교만이 쌓여가서 결국 그들도 공의의 심판을 받기 위해 필요한 과정입니다. 동시에 우리가 의지하고 우상시하는 밭과 외양간을 내려놓게 하시는 신앙의 훈련이기도 합니다. 내려놓을 때 비로소 나의 힘이 아닌 하나님의 전능하심을 경험할 수 있고, "주 여호와는 나의 힘이시라(19)."고 고백할 수 있습니다. 그리고 구원의 하나님으로 말미암아 기뻐할 수 있습니다. 오늘 말씀처럼 포도나무에 열매가 없고 밭에 먹을 것이 없으며 우리에 양이 없어도 여호와로 말미암아 즐거워할 때, 우리는 조건적 감사에서 탈피할 수 있습니다. 당신의 아들을 포기하고 구원하실 정도로 하나님이 사랑하시는 나, 그 존재 자체로 감사할 수 있습니다.

오늘 하나님은 하박국에게, 그리고 우리에게 이렇게 말씀하십니다. "두려워하지 말아라. 그리고 너의 선과 악의 기준으로 불평하고 원망하며 살 필요 없단다. 내가 너를 위해 내 아들마저 값없이 주었잖니. 그래서 이제 내 자녀가 되었으니 나의 사랑으로 인하여 기뻐하렴. 그리고 감사하렴." 오늘도 조건이 아닌 존재로 인한 감사로 가득 채우는 하루가 되기를 간절히 소망합니다.

매일 성경 읽기
행 1장 ☑ 2장 ☐

하나님의 존재만으로 감사하고 기뻐합니까?

우리를 눈동자처럼 지켜 주시는 하나님, 감사합니다. 때로 우리는 주님의 심판이 버거워 울부짖고 불평하고 두려워합니다. 우리를 향한 하나님의 사랑을 잊지 않게 하옵소서. 독생자 예수를 보내 주신 그 사랑을 기억하게 하옵소서. 예수님의 이름으로 기도합니다. 아멘.

이성조 목사 _ 상동교회

세 겹 줄은 쉽게 끊어지지 않습니다

토요일

15

220장
사랑하는 주님 앞에

전도서 4:9~12
한 사람이면 패하겠거니와 두 사람이면 맞설 수 있나니 세 겹 줄은 쉽게 끊어지지 아니하느니라 (12)

영화 〈어바웃 어 보이〉(About a boy)의 주인공은 자신의 인생을 '외딴 섬'에 비유하며, 섬 같은 생활에 전혀 불편함을 느끼지 않는다고 말합니다. 텔레비전, CD, DVD, 커피머신 등 과학문명의 발전이 섬 같은 생활의 불편을 제거해 주기 때문입니다. 결혼은 꿈도 꾸지 않습니다. 주위의 쓸데없는 참견에 시달릴 일도, 남을 위해 저녁을 지을 일도, 돈을 벌어다 주어야 할 의무도 없습니다. 다만 하나의 섬인 자기만 보살피면 됩니다. 그의 시간은 철저히 자신을 위한 시간입니다. 이런 삶의 패턴에서 즐거움과 쾌락을 증가시킵니다. 모든 판단의 기준은 '나에게 편리한가', '나에게 기분 좋은가'입니다. 그런데 이렇게 살면 삶은 편리해지는 반면, 사라지는 것이 있습니다. 바로 너와 나의 연결, 너와 나의 맞잡은 손, 즉 '공동체성'입니다.

전도서 4장은 세상에 존재하는 네 종류의 불행한 인생을 논합니다. 학대받는 인생, 경쟁심에 사로잡힌 인생, 권력에 사로잡힌 인생, 그리고 타인과의 연대 의식이 없는 인생입니다. 오늘 본문은 그중 연대 의식이 없는 인생의 불행을 이길 특별한 해결책을 제시합니다. "두 사람이 한 사람보다 나음은 그들이 수고함으로 좋은 상을 얻을 것임이라 혹시 그들이 넘어지면 하나가 그 동무를 붙들어 일으키려니와 홀로 있어 넘어지고 붙들어 일으킬 자가 없는 자에게는 화가 있으리라(9~10)." 결론적으로 말하면 함께하는 삶이 주는 특별한 기쁨입니다. 혼자서 편하게 사는 삶은 아무리 수고해도 그 수고의 기쁨을 나눌 사람이 없습니다. 병들고 지쳐 쓰러질 때 일으켜 줄 동무도 없는 인생입니다. 마음이 시리고 아플 때 따스한 위로로 손잡아 줄 이가 없는 쓸쓸한 인생입니다. 그래서 전도서 기자는 함께하는 인생의 즐거움과 유익을 알려 줍니다. "한 사람이면 패하겠거니와 두 사람이면 맞설 수 있나니 세 겹 줄은 쉽게 끊어지지 아니하느니라(12)."

기쁨을 함께 나누고 슬픔과 위기를 함께 이겨내도록 돕는 인생이 최후승리를 얻는 인생입니다. 우리는 이러한 삶을 이루며 살아야겠습니다. 하나님 사랑, 이웃 사랑의 마음으로 함께하며, 결코 끊어지지 않는 아름다운 사랑의 세 겹 줄 인생길을 걸어가기를 간절히 소망합니다.

매일 성경 읽기
행 3장 ☑ 4장 ☐ 5장 ☐

사랑의 하나님, 섬처럼 사는 인생을 편리함으로 여기고 살았던 이기적인 삶을 회개합니다. 이제는 나의 기쁨을 이웃과 함께 나누고, 지쳐 쓰러지는 이웃을 일으켜 주며 모두가 함께 승리하는 세 겹 줄의 삶을 살아가게 하옵소서. 예수님의 이름으로 기도합니다. 아멘.

김종구 목사 _ 세신교회

기쁨과 슬픔을 함께 나누는 세 겹 줄 인생을 살고 있습니까?

감사절 고백문

인간은 시련과 환난을 통하여 하나님의 임재하심과 사랑과 은총과 자비하심을 더 밝히 알게 됩니다. 시련의 과정을 거친 욥은 "내가 주께 대하여 귀로 듣기만 하였사오나 이제는 눈으로 주를 뵈옵나이다(욥 42:5)."라고 고백합니다. 그러므로 "범사에 감사하라(살전 5:18)."는 사도의 말씀은 옳은 권고입니다. 감사는 신앙의 가장 높은 수위의 고백이며, 깨달음을 통한 믿음의 최고 수준입니다.

본문에서 이스라엘이 가나안 땅을 얻을 때 해야 할 의식을 언급합니다. 곧 모든 구원의 행위가 여호와로 인한 것이라는 고백입니다. 여호와께서 크고 강하고 번성한 민족이 되게 하셨고, 애굽 사람의 학대와 괴롭힘과 중노동에서 해방하셨으며, 우리의 음성을 들으시고 고통과 신고와 압제에서 강한 손과 편 팔과 큰 위엄과 이적과 기사로 애굽에서 인도하여 젖과 꿀이 흐르는 땅을 얻게 하셨다고 고백합니다. 그러므로 그 땅의 첫 열매를 여호와께 바쳐 경배하고, 받은 복을 레위인과 거류하는 나그네와 함께 즐거워하라는 것입니다. 이를 통해 가나안의 새로운 시작이 전적으로 여호와의 은혜임을 인정하는 것입니다. 즉 본문은 여호와의 복 아래에서만 즐거워할 수 있음을 고백하는 이스라엘의 감사절 고백문입니다.

은혜는 헬라어로 '카리스(Charis)'인데, 선물이라는 뜻입니다. 따라서 하나님께 은혜를 받았다는 말은 선물을 받았다는 뜻입니다. 사람에게 받는 선물도 행복하고 즐거운데, 하나님께 받는 선물은 얼마나 귀하겠습니까? 이에 대한 우리의 감사 표현은 선물이 나의 노력이나 공로로 주어진 것이 아님을 표현하는 방식이며, 더 나아가 이웃과 함께 나누는 일은 더욱 그 은혜를 인정하는 것입니다.

감사 생활은 신앙인으로서 믿음이 성숙하였다는 증거이며, 인간 됨의 거룩한 표현입니다. 미숙한 사람은 모든 일에 불평과 불만이 습관처럼 나오지만, 성숙한 사람은 범사에 감사와 나눔으로 자신과 이웃에게 풍성한 감동과 즐거움을 줍니다. 추수감사주일을 보내며 하나님께 진정한 감사를 드리고, 이웃과 받은 복을 나눌 수 있기를 바랍니다.

304장
그 크신 하나님의 사랑

신명기 26:5~11
네 하나님 여호와께서 너와 네 집에 주신 모든 복으로 말미암아 너는 레위인과 너희 가운데에 거류하는 객과 함께 즐거워할지니라 (11)

매일 성경 읽기
행 6장 ☑ 7장 ☐
8장 ☐ 9장 ☐

하나님께 받은 은혜를
어떻게 관리하고
있습니까?

감사의 조건을 풍성케 하시는 주님, 우리가 범사에 누리는 모든 것이 하나님께서 주신 선물임을 알았습니다. 그 은혜를 깨닫고 감사하며, 선물을 나누는 삶을 살게 하옵소서. 나누는 삶이 더 즐거운 삶임을 알게 하옵소서. 예수님의 이름으로 기도합니다. 아멘.

안세기 목사 _ 새빛교회

소망의 근거

우리는 인생을 살면서 다양한 고난을 경험합니다. 고난은 삶을 어렵고 힘들게 합니다. 그러나 성경은 고난을 통해 얻을 수 있는 영적 유익에 관하여 말씀하며 고난을 두려워하지 말라고 용기를 줍니다. 그리스도인은 고난에 초점을 맞추는 것이 아니라 고난 가운데서도 함께하시는 예수님을 바라보고 희망을 가져야 합니다. 그리스도인의 정체성을 기억하고 고난 가운데서도 하나님의 뜻을 행해야 합니다.

본문은 고난과 핍박당하는 그리스도인들에게 위로와 희망을 주기 위해 기록한 말씀입니다. 똑같은 고난 앞에서 세상 사람들과 그리스도인들은 차이를 보입니다. 그 차이를 만드는 것은 '소망'입니다. 그리스도인은 부활과 영생을 소유한 사람이며, 하나님의 보호하심을 받는 사람입니다. 고난 가운데서도 하나님께서 우리와 함께하심을 알고 믿는 사람은 어떤 고난과 어려움이 와도 두려워하거나 불안해하지 않습니다.

"선을 행함으로 고난 받는 것이 하나님의 뜻일진대 악을 행함으로 고난 받는 것보다 나으니라(17)." 때로는 선을 행하는 사람도 고난을 받습니다. 이 고난은 악을 행하거나 죄로 인함이 아니라, 고난을 통해서 하나님의 뜻과 섭리를 나타내기 위한 것입니다. 중요한 것은 어떠한 상황에서도 선을 행하는 일에 최선을 다하고 포기하지 않는 것입니다.

예수님은 하나님 나라와 복음을 선포하시면서 수많은 고난과 근심할 일들을 만나셨습니다. 그럼에도 끝까지 포기하거나 피하지 않고 선을 행하시며 묵묵히 하나님의 뜻을 이루셨습니다. "그리스도께서도 죄를 사하시려고 단 한 번 죽으셨습니다. 곧 의인이 불의한 사람을 위하여 죽으신 것입니다. 그것은 그가 육으로는 죽임을 당하시고 영으로는 살리심을 받으셔서 여러분을 하나님 앞으로 인도하시려는 것입니다(18, 새번역)."

그리스도인으로 산다는 것은 예수님을 따라 사는 것을 의미합니다. 우리도 예수님처럼 고난과 어려움 가운데서도 함께하시는 하나님을 의지해야 합니다. 예수님과 동행하며 믿음으로 우리 앞에 놓인 고난을 이겨내기를 주님의 이름으로 소망합니다.

월요일

17

412장
내 영혼의 그윽히
깊은 데서

—

베드로전서 3:13~19
너희 마음에 그리스도를 주로 삼아 거룩하게 하고 너희 속에 있는 소망에 관한 이유를 묻는 자에게는 대답할 것을 항상 준비하되 온유와 두려움으로 하고 (15)

매일 성경 읽기
행 10장 ☑ 11장 ☐
12장 ☐

우리와 동행하시는 주님, 우리는 날마다 크고 작은 고난 속에서 살아갑니다. 그러나 동시에 주님의 도움과 보호 안에서 살아감을 기억하게 하옵소서. 고난 가운데 믿음으로 소망을 간직하며, 예수님과 동행하며 살게 하옵소서. 예수님의 이름으로 기도합니다. 아멘.

이선균 목사 _ 아현중앙교회

하나님께 소망을 두며 살고 있습니까?

오늘부터 성경 읽기

204장
주의 말씀 듣고서

––––

디모데후서 3:13~17
또 어려서부터 성경을 알았
나니 성경은 능히 너로 하
여금 그리스도 예수 안에
있는 믿음으로 말미암아 구
원에 이르는 지혜가 있게
하느니라 (15)

매일 성경 읽기
행 13장 ☑ 14장 ☐

우리말에 '쏜살같이'라는 말이 있습니다. 쏜 화살처럼 매우 빠르게 지나가는 시간 혹은 일을 뜻합니다. 오늘날 우리는 모든 것이 빠른 첨단의 시대를 살아갑니다. 호아킴 데 포사다와 엘렌 싱어의 『마시멜로 이야기』에 이런 구절이 있습니다. "아프리카에서는 매일 아침 가젤이 잠에서 깬다. 가젤은 가장 빠른 사자보다 더 빨리 달리지 않으면 죽는다는 사실을 알고 있다. 그래서 그는 자신의 온 힘을 다해 달린다. 아프리카에서는 매일 아침 사자가 잠에서 깬다. 사자가 가젤을 앞지르지 못하면 굶어 죽는다는 사실을 알고 있다. 그래서 그는 자신의 온 힘을 다해 달린다. 네가 사자이든, 가젤이든 마찬가지다. 해가 떠오르면 달려야 한다." 우리는 매일 아침 눈을 뜨자마자 누군가를 따라잡기 위해, 또 앞서가기 위해 달리고 또 달립니다.

이런 삶의 태도가 너무도 익숙하다 보니 자칫 성경조차도 더 빠른 삶을 위한 도구로 이용할 때가 있습니다. 바로 성경을 세상적인 성공을 이루는 자기계발서로 읽는 경우입니다. 성경의 전체적인 맥락 속에서 하나님이 원하시는 것이 무엇인지 알려고 애쓰기보다는, 그저 오늘 하루 내 삶을 더 풍요롭고 안락하게 해주는 말씀만을 찾아 읽는 것입니다. 이런 태도를 버리지 않고서는 결코 하나님의 사람으로 온전히 설 수도, 또 모든 선한 일을 행할 능력을 갖출 수도 없습니다.

성경은 이런 맹목적인 달리기에 제동을 걸고, 우리를 정반대의 길로 초청합니다. 빠르지는 않지만 바른 길, 보이지는 않지만 영원한 하나님 나라로 향하는 길로 말입니다. 구약학자 엘런 데이비스는 『하나님의 진심』에서 이렇게 말합니다. "성경을 통해 하나님과 관계 맺는 비법이 있다면, 그것은 아마도 책장을 천천히 넘기는 일일 것이다."

벌써 연말을 향해 갑니다. 그동안 바쁘다는 핑계로 성경 읽기를 미뤄왔다면, 오늘부터 다시 성경 읽기를 시작해 보기 바랍니다. 단, 시간에 쫓겨 해치우듯 읽지 말고, 한 장 혹은 한 절을 읽더라도 가만히 멈춰 서서 천천히 책장을 넘겨 보십시오. 그렇게 시작하는 하루는 어제의 오늘과는 비교할 수 없는 감격과 감사의 하루가 될 줄로 믿습니다.

맹목적인 달리기를
멈추기 위해
할 일은 무엇입니까?

존귀하신 주님, 하나님을 믿는다고 하면서도 하나님의 뜻이 무엇인지 성경을 통해 배우려 하지 않았음을 고백합니다. 향방 없이 달리는 우리의 걸음을 멈추고, 다시 성경을 펼쳐 천천히 책장을 넘기는 하루가 되게 하여 주옵소서. 예수님의 이름으로 기도합니다. 아멘.

현병찬 목사 _ 창천교회

나는 선지자가 아니오

아모스는 북왕국 이스라엘에서 여로보함 2세 때 짧은 기간 활동했던 선지자입니다. 여로보함 2세는 영토를 확장하고 경제적 부흥을 이루었지만, 빈부의 격차가 컸습니다. 백성은 절기 때가 되면 성소로 모여 호화스런 제사를 드렸지만, 그들의 신앙은 오만과 안일함에 빠져 있었습니다. 아모스는 이런 이스라엘 왕과 백성을 향해 하나님의 질책의 말씀을 선포했습니다.

아모스가 벧엘에서 예언하자 그곳의 제사장 아마샤가 다른 곳으로 가서 예언하라고 했습니다. 아모스는 자신은 선지자가 아니라 목자요 뽕나무를 재배하는 농부라고 소개합니다. 이것은 평범한 그에게 하나님의 환상이 임하여 하나님의 말씀을 전하게 된 것이라는 의미입니다.

선지자가 따로 있는 것이 아닙니다. 하나님의 음성을 들으면 누구나 선지자입니다. 그런데 왜 사람들은 하나님의 계시와 말씀을 듣지 못하는 것일까요? 하나님이 옛날에는 말씀하시고 지금은 침묵하시는 걸까요? 아닙니다. 하나님은 언제나 말씀하시지만 우리가 듣지 못하는 것입니다. 우리의 인생을 인도하는 음성은 '에고'와 '성령'입니다. 에고는 우리가 살아오면서 겪은 경험, 지식, 판단이 주는 소리입니다. 에고의 음성은 '생각'입니다. 우리가 잠에서 깨어 잠들 때까지 하는 것입니다. 반면 성령은 하나님의 진리입니다. 하나님의 음성은 우리의 생각과 의식 너머에 있습니다. 에고의 생각이 멈춘 후에 비로소 우리는 성령의 음성을 들을 수 있습니다.

『될 일은 된다』의 저자 마이클 싱어는 내 삶을 내가 원하는 것으로 만들기 위해 생각이 주는 방향을 따라 현실과 싸우는 것이 나을까, 아니면 내가 원하는 바는 내려놓고 삶이 흘러가는 대로 자연스럽게 내맡기는 것이 더 나을까를 고민했습니다. 그리고 삶이 흘러가는 대로 내맡기며 살아갑니다. 그는 예기치 않게 기업가가 되어 성공한 경험을 이야기하며, 한 가지 일이 이루어지면 이어서 다른 것과 맞물리면서 자신이 상상하지 못했던 곳으로 가게 되었다고 고백합니다. 그가 말하는 내맡기기는 성령의 음성을 따라 사는 삶과 일면 통하는 부분이 있습니다. 나의 욕망과 자아를 내려놓고 온 세상을 창조하신 하나님의 뜻에 온전히 내맡기는 삶, 그것이 성령을 따라 사는 삶입니다.

446장
주 음성 외에는

아모스 7:11~15
아모스가 아마샤에게 대답하여 이르되 나는 선지자가 아니며 선지자의 아들도 아니라 나는 목자요 뽕나무를 재배하는 자로서 (14)

매일 성경 읽기
행 15장 ☑ 16장 ☐
17장 ☐

주님, 우리의 경험과 지식에서 나오는 생각과 판단을 내려놓고, 두려워하지 말고 하나님의 음성에 귀를 기울일 수 있게 인도하여 주옵소서. '에고'가 주는 생각에 사로잡히지 않고, 주님의 음성을 듣고 신뢰하게 하옵소서. 예수님의 이름으로 기도합니다. 아멘.

손인선 목사 _ 대한기독교서회

묵상을 통해
하나님의 음성을
들으려고 노력합니까?

하나님이 지으신 새로운 성전

550장
시온의 영광이 빛나는 아침

에스겔 43:1~5
영이 나를 들어 데리고 안
뜰에 들어가시기로 내가 보
니 여호와의 영광이 성전에
가득하더라 (5)

성전은 하나님 임재의 상징입니다. 그래서 하나님은 출애굽한 이스라엘에게 성막을 지으라 하시고 그곳에 임재하셨습니다. 이후 솔로몬 때 지은 성전에 하나님은 임재하셨습니다. 원래 하나님의 집은 온 세상입니다. 하나님이 안 계신 곳은 없습니다. 그럼에도 하나님은 특정한 곳을 지정하여 임재하셨습니다. 그곳이 바로 성전입니다.

그런데 이스라엘은 하나님을 배반하면서 성전을 더럽혔습니다. 이로 인해 하나님은 더 이상 성전에 임하실 수 없었습니다. 하나님께서 성전을 떠나시자 이스라엘은 바벨론에게 망하고 말았습니다. 에스겔에게 이스라엘이 멸망할 것을 환상으로 보여 주신 지 19년 후에 하나님은 '새로운 성전'을 환상으로 보여 주십니다. 에스겔은 새로운 성전에 하나님의 영광이 가득함을 보았습니다. "여호와의 영광이 동문을 통하여 성전으로 들어가고 영이 나를 들어 데리고 안뜰에 들어가시기로 내가 보니 여호와의 영광이 성전에 가득하더라(4~5)." 새로운 성전에는 앞으로도 영원토록 하나님의 영광이 떠나지 않을 것이라고 약속하셨습니다.

그렇다면 새로운 성전은 어떤 곳일까요? 분명한 것은 사람이 지은 건물로서의 성전은 아니라는 사실입니다. 아무리 뜻깊은 솔로몬 성전이라도, 아무리 웅장한 헤롯 성전일지라도 모두 사람에 의해 무너졌습니다. 이제 하나님께서 지으신 새 성전은 어느 누구도 무너뜨릴 수 없습니다. 하나님께서 지으신 것이기 때문입니다. 하나님께서 거하시는 처소로서 하나님은 성도(거룩한 무리)와 교회(부름 받은 무리)를 만드셨습니다. "너희 몸은 너희가 하나님께로부터 받은 바 너희 가운데 계신 성령의 전인 줄을 알지 못하느냐(고전 6:19)." "우리는 살아 계신 하나님의 성전이라 이와 같이 하나님께서 이르시되 내가 그들 가운데 거하며 두루 행하여 나는 그들의 하나님이 되고 그들은 나의 백성이 되리라(고후 6:16)."

우리는 하나님이 지으신 '새 성전'으로 살아가야 합니다. 하나님이 영원히 거하시는 삶이 되기에 힘씁시다. "너희는 너희 자신의 것이 아니라 값으로 산 것이 되었으니 그런즉 너희 몸으로 하나님께 영광을 돌리라(고전 6:19~20)."

매일 성경 읽기
행 18장 ☑ 19장 ☐
20장 ☐ 21장 ☐
22장 ☐

나의 삶과
우리 교회에는
하나님의 영광이
가득합니까?

하늘 보좌를 버리고 세상에 오신 사랑의 주님, 나의 몸과 교회 공동체를 '성전'으로 여기지 못하고 살았음을 회개합니다. 예수님의 피로 사신 나의 삶과 교회 공동체를 거룩하게 만들어가겠습니다. 영원토록 우리 안에 임재하옵소서. 예수님의 이름으로 기도합니다. 아멘.

홍병수 목사 _ 부곡교회

도리어 선을 행하라

사람은 홀로 살아갈 수 없습니다. 살다 보면 이런저런 사람을 만나게 됩니다. 내게 유익이 되는 사람을 만나기도 하고, 해가 되는 사람을 만나기도 합니다. 내게 아무 의미 없는 사람도 있습니다. 그것은 상대방의 입장에서도 마찬가지일 것입니다. 사도 바울도 그랬습니다. 그에게 좋은 사람이 있고, 해가 되는 사람도 있었습니다. 그의 마음을 아프게 했던 사람도 있었습니다.

서신의 수신자인 디모데는 바울이 빨리 보고 싶어서 "어서 속히 내게로 오라(9)."고 할 만큼 중요한 사람이었습니다. 바울이 스스로 복음으로 낳은 아들이라고 부를 정도였습니다. 누가는 지금 바울과 함께 있고, 마가는 바울의 전도사역에 유익한 사람이었습니다. 반면에 데마는 이 세상을 사랑하여 바울을 버리고 데살로니가로 갔고, 구리 세공업자 알렉산더는 그에게 해를 많이 입혔습니다. 사도 바울은 자신에게 해가 된 사람들에게 어떻게 하였습니까? 그들에게 허물을 돌리지 않습니다. 왜냐하면 원수 갚음은 하나님께 달려 있기 때문입니다. 바울은 주님께서 모든 악한 일에서 구원하실 주님을 신뢰하였습니다. 그리고 오로지 주님이 주시는 힘으로 말씀 전파에 전념하였습니다. "주께서 내 곁에 서서 나에게 힘을 주심은 나로 말미암아 선포된 말씀이 온전히 전파되어 모든 이방인이 듣게 하려 하심이니 내가 사자의 입에서 건짐을 받았느니라(17)."

우리도 바울처럼 모든 것을 하나님께 맡기고 그리스도인으로서 우리의 일을 하면 됩니다. 우리의 일이 무엇입니까? 거울이 되지 않는 것입니다. 거울이 되면 어떻게 행동합니까? 상대가 내게 험담을 하면 나도 험담을 합니다. 상대가 내게 찡그리면, 나도 찡그립니다. 상대가 내게 인사를 하지 않으면, 나도 인사하지 않습니다. 상대가 하는 대로 똑같이 행동하는 것이 거울의 삶입니다. 거울의 삶을 사는 것은 그리스도인이 취할 자세가 아닙니다. 우리는 상대에 따라 내 행동을 결정하는 거울이 아닙니다. '거울 속의 나는 먼저 웃어 주지 않는다'는 말이 있습니다. 상대의 행동에 따라 내 행동을 결정하지 말고, 도리어 그에게 선을 행할 수 있기를 바랍니다. 주님의 사랑으로 그를 변화시키는 우리가 됩시다.

561장
예수님의 사랑은

—

디모데후서 4:9~16
내가 처음 변명할 때에 나와 함께 한 자가 하나도 없고 다 나를 버렸으나 그들에게 허물을 돌리지 않기를 원하노라 (16)

매일 성경 읽기
행 23장 ☑ 24장 ☐
25장 ☐

구원의 주님, 우리의 지나온 삶과 관계없이 주를 향한 믿음을 보시고 우리를 품어 주시니 감사드립니다. 상대방의 행동에 따라 우리의 삶을 결정하지 않고, 주님의 사랑으로 품어 주게 하옵소서. 우리가 먼저 선을 행하게 하옵소서. 예수님의 이름으로 기도합니다. 아멘.

정요섭 목사 _ 아침빛교회

상대방의 행동에 똑같이 반응하지 않으려면 어떻게 해야 합니까?

내가 약할수록 주님이 드러납니다

341장
십자가를 내가 지고

—

고린도후서 12:1~10
그러므로 내가 그리스도를
위하여 약한 것들과 능욕과
궁핍과 박해와 곤고를 기뻐
하노니 이는 내가 약한 그
때에 강함이라 (10)

요즘 SNS에 자신의 일상을 올리는 사람들이 많습니다. 자신의 부와 건강, 외모, 몸매, 인맥 등을 자랑하는 내용도 적지 않습니다. 특별하지 않은 나의 일상과 온라인상의 행복한 타인의 삶을 비교하며 우울감에 빠지는 사람들도 생겨납니다. 이러한 자랑에 많이 노출될수록 나의 삶은 더욱 초라하게 느껴지고 자아상은 위축됩니다. 세상이 추구하는 자랑의 방식은 이렇게 상대적 박탈을 느끼게 합니다.

그런데 성경에는 정반대의 자랑이 존재합니다. "나의 여러 약한 것들에 대하여 자랑하리니 이는 그리스도의 능력이 내게 머물게 하려 함이라(9)." 사도 바울은 자신의 사도직의 권위를 의심하고 육체의 질병을 비난하는 사람들에게 자신의 강점이나 높은 지식을 자랑하지 않았습니다. 그가 자랑하는 '약한 것들'은 예수를 위해 받아야 했던 온갖 고초와 자신의 육체가 지닌 약점, 단점들이었습니다.

바울은 그것들을 '하나님이 주신 육체의 가시'라고 설명합니다. "너무 자만하지 않게 하시려고 내 육체에 가시 곧 사탄의 사자를 주셨으니 이는 나를 쳐서 너무 자만하지 않게 하려 하심이라(7)." 사실 바울도 이런 약함이 사라지기를 하나님께 여러 번 구했습니다. 그러나 하나님은 바울의 소원이 아닌 하나님의 뜻대로 응답하셨습니다. "내 은혜가 네게 족하도다 이는 내 능력이 약한 데서 온전하여짐이라(9)." 비록 구하던 바는 아니었지만, 바울은 하나님의 뜻을 깨닫고 주신 응답에 기쁨으로 동의합니다.

'만족하다'는 모자람이 없이 충분하고 넉넉하다는 의미인데, '족하다'는 의미가 조금 다릅니다. 설령 모자랄지라도 모자람이 없다고 여겨 더 바라는 바가 없음을 의미합니다. 하나님은 바울이 주어진 은혜를 족하게 여기기를 바라셨습니다. 바울은 하나님의 능력이 인간의 한계와 연약함을 통해서 더욱 온전하게 드러날 수 있다는 것에 수긍하였기에 약함을 자랑하는 것입니다. 자신의 약함을 자랑할수록 하나님의 위대하심을 깨닫게 됩니다. 이것이 바로 그리스도인이 추구하는 자랑의 방식입니다. 약한 자들을 들어 강하게 하시는 하나님의 능력이 연약한 나를 통해 온 세상에 드러날 것입니다.

매일 성경 읽기
행 26장 ☑ 27장 ☐
28장 ☐

나는 무엇을
자랑하고 있습니까?

하나님, 우리에게 육체의 가시와 연약함을 허락하셨음에 감사합니다. 주님의 은혜가 내게 족합니다. 세상의 방식대로 뽐내고 드러내기보다는 오직 나를 통해 하나님의 능력만이 드러나기를 원합니다. 우리를 사용하옵소서. 예수님의 이름으로 기도합니다. 아멘.

김선아 목사 _ 충성교회

십자가 그늘에 머무는 삶

인생의 끝에 결산의 시간이 우리를 기다립니다. 결산의 날은 예고 없이 찾아오기에 하나님의 뜻대로 잘 준비하지 않으면 그날이 곧 심판의 날이 될 수 있습니다. 그렇게 되지 않으려면 우리는 하나님께서 준비하신 구원의 도피성에 들어가야 합니다. 그곳은 십자가입니다. 하나님의 심판에서 구원받으려면 우리는 반드시 십자가 그늘 밑에 머물러야 합니다.

하나님의 법을 잘 지킴으로 구원받을 수 있다는 착각에 빠진 사람들이 적지 않습니다. 율법의 의로는 하나님의 심판을 피할 수 없습니다. 왜냐하면 우리는 하나님의 법을 온전히 지킬 수 없기 때문입니다. 하나님의 법을 생각할 때 우리는 지킨 것만 생각하고, 지키지 못한 것은 잘 생각하지 않습니다. 하나님의 법을 온전히 지켰는지 진실하게 자기를 돌아봐야 합니다.

율법은 죄를 깨닫게 해줄 뿐, 우리를 심판에서 구원하지 못합니다. 그래서 하나님께서 율법 외에 다른 의(義)를 준비하셨습니다. "이제는 율법 외에 하나님의 한 의가 나타났으니 율법과 선지자들에게 증거를 받은 것이라 곧 예수 그리스도를 믿음으로 말미암아 모든 믿는 자에게 미치는 하나님의 의니 차별이 없느니라(롬 3:21~22)." 여기서 의는 하나님의 의를 뜻합니다. 출애굽 때 하나님께서 이집트에 장자가 죽는 재앙을 내리셨습니다. 그때 어린 양의 피를 문설주와 인방에 바른 집들은 보호받았습니다. 피할 수 없는 재앙에서 어린 양의 피로 구원을 받은 것입니다.

동일한 원리가 모든 인간에게 적용됩니다. 모든 인간이 죄인이기에 이미 하나님의 심판은 내려졌습니다. 하나님은 심판에서 피할 수 있는 장소를 준비하셨습니다. 예수 그리스도의 십자가 그늘 밑입니다. 구원받은 자의 자리는 언제나 십자가 그늘 밑입니다. 구원받으려면 반드시 예수님을 나의 주님으로 영접하고 주님의 다스림을 받는 삶을 살아야 합니다. 결산의 날이 심판의 날이 되지 않으려면 우리는 십자가 그늘에서 벗어나지 않도록 조심해야 합니다. 예수님께서 유일한 구원자이심을 믿고 주님의 다스림을 받는 삶을 살도록 늘 기도로 깨어 조심해야 합니다. 이것이 결산의 날을 준비하는 사람의 삶임을 기억하기 바랍니다.

주일

23

259장
예수 십자가에 흘린 피로써

—

요한계시록 22:12~16
보라 내가 속히 오리니 내가 줄 상이 내게 있어 각 사람에게 그가 행한 대로 갚아 주리라 (12)

매일 성경 읽기
롬 1장 ☑ 2장 ☐ 3장 ☐

사랑의 주님, 십자가의 은혜로 우리를 구원해 주심을 감사합니다. 우리가 십자가 그늘에 머물러 살기 원합니다. 늘 주님께 물으며 주님이 기뻐하시는 일들을 행하며 살게 하옵소서. 주님의 다스리심 가운데 기뻐하며 살게 하옵소서. 예수님의 이름으로 기도합니다. 아멘.

이준구 목사 _ 화도시온교회

영과 혼과 육이
주님의 다스림을
받고 있습니까?

환경을 이겨내는 꾸준한 기도

11

월요일

24

382장
너 근심 걱정 말아라

—

다니엘 6:10~16
이에 왕이 명령하매 다니엘을 끌어다가 사자 굴에 던져 넣는지라 왕이 다니엘에게 이르되 네가 항상 섬기는 너의 하나님이 너를 구원하시리라 하니라 (16)

신앙생활을 하다 보면 환경의 지배를 받는 경우가 많습니다. 환경이 조금 바뀌거나 안 좋은 일이 생기면 신앙적으로 흔들려 버립니다. 다니엘에게도 신앙이 흔들릴 만한 환경이 있었습니다. 다니엘은 날마다 하나님께 하루에 세 번 창문을 열고 예루살렘을 향하여 기도하였는데, 어떤 신에게도 기도하지 못하게 하는 금령이 내려온 것입니다. 그것을 어기면 사자 굴에 떨어지는 벌을 받아야 했습니다.

그런데 10절에 보면 "다니엘이 이 조서에 왕의 도장이 찍힌 것을 알고도 자기 집에 돌아가서는 윗방에 올라가 예루살렘으로 향한 창문을 열고 전에 하던 대로 하루 세 번씩 무릎을 꿇고 기도하며 그의 하나님께 감사하였더라."고 기록되어 있습니다. 다니엘이 이렇게 담대하게 기도할 수 있었던 이유는 무엇일까요? 처한 상황과 환경에 상관하지 않고 하나님을 향한 꾸준한 기도를 드린 신앙생활 덕분입니다. 지금 내가 하는 기도가, 찬양이, 말씀을 묵상하는 것이 당장은 아무런 힘이 없는 것처럼 느껴질지도 모릅니다. 그러나 어느 날 감당하기 어려운 일을 만났을 때 어려운 환경이 아니라 신앙에 의해 움직이는 저력을 보여 줄 것입니다.

다리오왕은 다니엘을 사자 굴 속에 던져 넣으면서도 "네가 항상 섬기는 너의 하나님이 너를 구원하시리라(16)."고 고백합니다. 결국 다리오왕도 다니엘을 구원하실 것을 믿게 된 것입니다. 그리고 왕의 고백처럼 하나님께서 다니엘을 구원해 주십니다. 이로써 다리오왕은 새로운 조서를 내립니다. "내 나라 관할 아래에 있는 사람들은 다 다니엘의 하나님 앞에서 떨며 두려워할지니 그는 살아 계시는 하나님이시요 영원히 변하지 않으실 이시며 그의 나라는 멸망하지 아니할 것이요 그의 권세는 무궁할 것이며 그는 구원도 하시며 건져내기도 하시며 하늘에서든지 땅에서든지 이적과 기사를 행하시는 이로서 다니엘을 구원하여 사자의 입에서 벗어나게 하셨음이라 하였더라(26~27)."

우리는 다니엘과 같은 신앙을 가져야 합니다. 환경에 흔들리는 신앙이 아닌 습관을 따라 꾸준함으로 하나님께 기도합시다. 하나님께서 베풀어 주시는 놀라운 은혜를 경험하기를 소망합니다.

매일 성경 읽기
롬 4장 ☑ 5장 ☐
6장 ☐ 7장 ☐

꾸준히 하는
신앙의 습관이
있습니까?

사랑의 하나님, 살다 보면 우리는 어렵고 힘든 일들을 많이 만납니다. 그러나 환경을 바라보며 좌절하거나 낙심하지 않게 하옵소서. 하나님만을 바라보며 꾸준한 신앙을 통해 환경을 이겨내는 믿음을 갖게 하옵소서. 예수님의 이름으로 기도합니다. 아멘.

엄원석 목사 _ 새샘교회

마르다의 신앙고백

실버타운에서 홀로 지내는 권사님이 있었습니다. 기력이 많이 약해져서 교회에 출석하여 예배드리지 못한 지가 꽤 되었습니다. 그간의 영적 갈증을 해소하듯 심방을 통해 뜨거운 눈물로 예배를 드렸습니다. 그리고 차 한 잔을 마시며 정답게 담소를 나눴습니다. "권사님, 기도 제목이 있으세요?" 이 질문에 권사님은 한 치의 망설임도 없이 꼿꼿한 목소리로 대답하였습니다. "자식들 고생시키지 않고, 사모하는 주님 나라에 빨리 가는 겁니다." 심방을 마치고 집으로 돌아오는 길, 권사님의 고백이 머릿속에서 떠나지 않았습니다. 그저 오매불망 자식을 걱정하는 어머니의 마음에 눈시울이 붉어지고 가슴이 먹먹했습니다. 하지만 이러한 우리의 삶의 현실 속에서도 주님 나라를 향한 믿음이 있기에 감사하였습니다. 주님 나라, 그 영원한 생명의 품을 더욱 갈망하며 바라봅니다.

오늘 본문에서 오라버니 나사로를 떠나보낸 마르다가 예수님을 맞이합니다. 마르다는 지금 자신에게 벌어진 일들을 제대로 감당하기 어려웠습니다. 그만큼 당황스럽고 아픈 일이었습니다. 그래서 자신도 모르게 예수님을 만나자마자 원망스러운 말을 쏟아냅니다. "주께서 여기 계셨더라면 내 오라버니가 죽지 아니하였겠나이다(21)." 그 말을 들은 예수님은 마르다에게 이렇게 말씀하십니다. "나는 부활이요 생명이니 나를 믿는 자는 죽어도 살겠고 무릇 살아서 나를 믿는 자는 영원히 죽지 아니하리니 이것을 네가 믿느냐(25~26)." 마르다는 순간 움찔하였습니다. 자기 안에 무언가 알지 못하는 뜨거움이 흐르는 것 같았기 때문입니다. 경황없고 슬픔이 가득한 삶의 자리였지만 그의 입을 열어 고백합니다. "주는 그리스도시요 세상에 오시는 하나님의 아들이신 줄 내가 믿나이다(27)."

우리 삶의 현실도 다르지 않습니다. 그렇기에 예수님의 말씀을 듣고 믿음을 가져야 합니다. 그 믿음의 뜨거움으로 신앙을 고백할 때, 위대한 역사가 시작됩니다. 영원한 생명의 은총이 일어납니다. 이제 대림절이 다가옵니다. 우리에게 찾아오시는 주님을 기다리는 시간입니다. 지금 서 있는 자리에서 입을 열어 우리도 마르다처럼 믿음을 고백합시다. 할렐루야!

570장
주는 나를 기르시는 목자

요한복음 11:20~27
주는 그리스도시요 세상에 오시는 하나님의 아들이신 줄 내가 믿나이다 (27b)

매일 성경 읽기
롬 8장 ☑ 9장 ☐
10장 ☐ 11장 ☐

사랑의 주님, 주님은 생명의 주관자가 되십니다. 나를 위하여 십자가에 죽으심으로 내 모든 죄를 사하고 자녀 삼아 주신 구원자이십니다. 지금 서 있는 자리에서 주님을 사모합니다. 주님 나라의 영광이 이루어지게 하옵소서. 예수님의 이름으로 기도합니다. 아멘.

진대흥 목사 _ 혜성교회

우리에게 찾아오신
주님께 어떤 신앙의
고백을 하겠습니까?

어려움 가운데 서로 붙잡아 주며

543장
어려운 일 당할 때

베드로전서 4:7~11
만물의 마지막이 가까이 왔
으니 그러므로 너희는 정신
을 차리고 근신하여 기도하
라 (7)

이어령 선생이 젊은 시절에 쓴 『흙 속에 저 바람 속에』에는 이런 이야기가 담겨 있습니다. 선생이 지프차를 타고 농촌길을 운행하던 중이었습니다. 그때 앞에 늙은 부부가 걸어가는 것이 보였습니다. 경적을 울리자 갑작스러운 소리에 부부는 서로 손을 부둥켜 쥐고 뒤뚱거리며 곧장 앞으로만 달려갔습니다. 그러다가 고무신이 벗겨지자 그것을 집으려고 뒷걸음쳤습니다. 운전하던 선생은 그들을 비껴가며 화가 났습니다. 그러다가 문득 그 잔영이 마음에 사무치는 것을 깨달았습니다. 그들에게서 우리 민족의 모습을 보았기 때문입니다. 급작스러운 경적에 손을 놓기는커녕 더욱 부둥켜 쥐었다는 글귀에서 어려운 삶일수록 서로 손잡아 돌보며 신앙생활 하는 성도들의 모습이 떠올랐습니다.

여기저기서 살기 어렵다는 말이 자주 들려옵니다. 신앙인이라고 예외는 아닙니다. 사실 이는 인류의 역사 속에서 반복되어 온 말입니다. 고대나 현대나 자신의 삶에 만족한다고 말하는 사람은 적습니다. 심지어 어떤 이들은 세상의 종말을 기대하기도 합니다. 아마도 고통이 끝나기를 기대하는 마음에서일 것입니다.

초대 교회는 처음부터 종말을 기대하였습니다. 이는 그리스도의 오심에 대한 기대이자 고통의 세상에서 성도의 구원을 기대한 것입니다. 그런데 종말에 대한 관점을 왜곡하여 가르치는 경우가 있었습니다. 극단적인 가르침으로 성도들을 불안과 낙심에 빠뜨리기도 했던 것입니다. 이런 상황에서 베드로전서 4장은 명료하게 말씀합니다. "만물의 마지막이 가까이 왔으니 그러므로 너희는 정신을 차리고 근신하여 기도하라(7)." 그리고 '뜨겁게 사랑하라', '서로 대접하라', '서로 봉사하라'는 말씀이 이어집니다.

베드로는 종말의 날이 언제인지 계수하라거나 그때의 상황이 얼마나 무서운지 묘사하지 않습니다. 오히려 경거망동하지 말고 먼저 정신을 차릴 것과 성도의 아름다운 직무를 행하기를 바랍니다. 이때 성도의 참모습이 드러납니다. 어려울 때일수록 옆에 있는 성도의 손을 붙잡고 서로 격려해 주며 나아갑시다. 이러한 성도는 하나님의 일을 하는 사람이 됩니다(11).

매일 성경 읽기
롬 12장 ☑ 13장 ☐
14장 ☐

만물의 마지막 때에
우리는 어떻게
해야 할까요?

주님, 어려운 일을 당할 때 우리의 마음과 행동이 흩어지기도 합니다. 주님의 은혜를 기억함으로 마음을 잘 가다듬게 하옵소서. 또한 어려울 때마다 오늘의 말씀이 기억나게 하셔서 주께서 맡겨 주신 직무를 잘 감당하게 하옵소서. 예수님의 이름으로 기도합니다. 아멘.

서동성 목사 _ 향내교회

누구의 꿈인가

2002년 월드컵에서 우리나라가 4강에 올랐을 때 "꿈은 이루어진다"라는 슬로건이 등장하여 한동안 한국 사회를 휩쓸었습니다. 월드컵 열기도 대단했지만, 꿈이라는 단어가 주는 매력도 그에 못지않았습니다.

꿈은 교회 강단에서도 자주 선포되는 메시지입니다. 대표적인 것이 요셉의 꿈 이야기입니다. 형들의 계략으로 이집트에 종으로 팔려 와, 노예와 죄수가 되어 억울한 젊은 날을 보내다가, 일약 최강 제국 이집트의 총리가 되는 요셉의 인생은 그야말로 극적인 반전의 연속입니다. 요셉의 인생사는 그가 꾸거나 해몽했다는 꿈과 밀접하게 연결되어 있습니다. 결국 요셉은 꿈을 꾸고 마침내 이룬 꿈쟁이의 대명사로 추앙받습니다.

그런데 요셉의 꿈 서사에 대한 근본적 오해가 있습니다. 요셉이 꾼 꿈이 요셉의 꿈이라는 오해입니다. 요셉은 그러한 꿈을 꾸기를 원한 적도 없고, 꿈을 이루고자 노력한 일도 없습니다. 요셉이 꾼 꿈은 요셉의 의도와는 무관했고, 주변 사람들의 기대와도 동떨어진 얼토당토않은 것이었습니다. 할 수 있다면 요셉 자신도 거부했을 그런 꿈이었습니다. 비록 꿈일지언정 하늘의 해와 달과 열한 별이 요셉에게 절한다는 가정은 용납될 수 없기에, 아버지 야곱은 요셉을 꾸짖습니다(37:9~10). 그리고 형들은 죽음에 상응하는 벌을 요셉에게 가함으로써, 부친과 가족의 실추된 권위를 회복하려 합니다(37:18~28). 무도한 언행으로 가문을 욕보인 가족 구성원을 처벌하는 명예살인 관습은 고대 세계에서 널리 허용되었습니다.

꿈으로 인해 요셉이 겪은 고초가 가혹하긴 해도, 그것이 요셉의 꿈이요 소원이었다면 억울할 일은 아닙니다. 그러나 그 꿈은 요셉이 선택하고 설계한 것이 아니라, 하나님이 계획하신 하나님의 꿈이었습니다. 자기 것도 아닌 꿈 때문에 요셉은 혹독한 대가를 치릅니다. 그리고 보면 요셉이 대국의 총리 자리에 오르는 성공도 요셉의 성취가 아니라, 하나님 꿈의 완성입니다. 하나님의 꿈은 요셉을 축복함이 아니라, 모든 생명을 구원함이었습니다. 하나님은 지금도 그와 같은 꿈을 꾸십니다. 그리고 누군가의 삶을 통해서 그 꿈들은 실현됩니다.

490장
주여 지난밤 내 꿈에

—

창세기 41:37~43
너는 내 집을 다스리라 내 백성이 다 네 명령에 복종하리니 내가 너보다 높은 것은 내 왕좌뿐이니라 (40)

매일 성경 읽기
롬 15장 ☑ 16장 ☐

나의 꿈은
무엇입니까?
그 꿈은
누구의 것입니까?

하나님, 욕망이 빚어낸 꿈들이 성행하고, 자신의 꿈을 설계하고 실현하라고 부추기는 시대입니다. 그러나 우리는 이 시대에 생명을 세상에 보내시는 하나님의 꿈이 있음을 생각합니다. 보내신 분의 꿈을 이루며 살아가게 하옵소서. 예수님의 이름으로 기도합니다. 아멘.

정명성 목사 _ 팔미교회

그날은 반드시 온다

516장
옳은 길 따르라 의의 길을

말라기 4:1~6
보라 여호와의 크고 두려운
날이 이르기 전에 내가 선
지자 엘리야를 너희에게 보
내리니 (5)

예측하기 어려운 시대입니다. 젊은이들은 불확실한 미래 때문에 불안해합니다. 오늘보다 내일이 더 나아질 것 같지 않아 더 이상 꿈꾸지 않습니다. 이러한 때에 교회는 무엇을 해야 할까요? 하나님의 약속인 '그날은 반드시 온다'는 말씀을 전해야 합니다. 그날은 모든 것이 회복되고 치유되는 날이며, 동시에 모든 불의와 악함이 심판받는 날입니다. 그날을 기다리며 하나님을 경외하며 사는 자들에게는 시대를 이기며 사는 소망의 날이요, 그렇지 않은 자들에게는 그저 불안과 고통의 날일 것입니다. 마지막 때가 가까이 올수록 하나님의 약속을 믿는 자와 그렇지 않은 자가 확연히 구별됩니다. "용광로 불 같은 날(1)"이 이르면 교만한 자와 악을 행하는 자들은 다 지푸라기같이 살라 없어져 버릴 것이며, 하나님을 경외하는 자들에게는 공의로운 해가 떠올라서 그들을 치료하여 외양간에서 나온 송아지같이 뛰게 할 것입니다. 확실히 대조되는 약속입니다.

말라기를 끝으로 이스라엘은 역사 중 가장 긴 침묵의 시간을 맞습니다. 하나님은 이스라엘에게 400년 동안 말씀하지 않으셨습니다. 얼마나 답답했을까요? 약속을 믿지 않으면 견딜 수 없는 세월이었을 것입니다. 약속은 약속하는 사람을 신뢰할 좋은 기회입니다. 언약을 지키는 신실하신 하나님에 대한 믿음으로 우리도 매일 신실한 삶을 살아야 합니다.

하나님은 크고 두려운 날이 이르기 전에 선지자 엘리야를 보내 주겠다고 약속하셨습니다. 그런데 누가복음 1장 17절에 보면 세례 요한이 "엘리야의 심령과 능력으로 주 앞에 먼저 와서" 주님이 오실 길을 준비할 것이라고 합니다. 하나님의 약속대로 세례 요한은 회개를 선포하며 예수 그리스도의 길을 예비했습니다. '그날의 약속'은 곧 예수 그리스도입니다.

우리는 다시 오실 예수 그리스도를 기다리며 삽니다. 그날은 반드시 올 것이므로 '삼시 받는 환난의 경한 것'에 흔들리지 말고, 장차 올 그날을 준비하며 '지극히 크고 영원한 영광의 중한 것'을 함께 보자고 권면해야 합니다. 오늘을 이길 힘이 오늘에 있는 것이 아니라 하나님이 허락하신 약속에 있다고 전해야 합니다. 교회가 그 사명을 감당해야 합니다.

매일 성경 읽기
고전 1장 ☑ 2장 ☐
3장 ☐ 4장 ☐

하나님의 약속을 믿고
내일을 바라보며
살고 있습니까?

주님, 우리가 기다리는 그날이 반드시 올 것을 믿습니다. 이 땅에서 받는 잠깐의 고통에 얽매이지 않고 장차 올 영광의 날에 소망을 두게 하옵소서. 오늘을 살되 내일을 꿈꾸게 하셔서 당장의 고난이 나를 살리는 힘이 되게 하옵소서. 예수님의 이름으로 기도합니다. 아멘.

서소원 목사 _ 주님의교회

모든 시간 속에 너와 함께하리라

햇빛이 프리즘을 통과하면 무지개가 생깁니다. 그것을 스펙트럼이라고 부릅니다. 스펙트럼 안에서 실제로 우리가 눈으로 볼 수 있는 색의 영역을 '가시광선'이라고 부릅니다. 가시광선보다 짧은 파장인 자외선과 가시광선보다 긴 파장인 적외선도 있습니다. 눈으로 볼 수는 없지만 자외선은 피부를 태우거나 살균 작용을 하고, 적외선은 열작용을 합니다. 이처럼 이 세상에는 분명히 존재하지만 우리의 눈으로 볼 수 없는 것들이 있습니다. 볼 수 없다고 해서 존재하지 않는다고 말해서는 안 됩니다. 아무리 부정해도 존재는 없어지지 않습니다.

하나님은 분명히 존재하시지만 눈에 보이지 않기에 하나님이 없다고 말하는 사람들이 있습니다. 하지만 하나님은 자신을 '알파와 오메가'라고 선언하십니다. 하나님은 이 세상이 시작되기 전부터 눈에 보이는 세계가 사라지고 영원한 하나님의 나라가 이 땅에 임할 그 시간에도 존재하십니다. 눈에 보이는 것만 보고 믿는 것은 '사실 확인'일 뿐 믿음은 될 수 없습니다. 믿음은 눈에 보이지 않는 것을 보고 믿는 것입니다(히 11:1).

그리스도인은 하나님을 본 사람들입니다. 우리를 죄에서 해방하시고, 하나님을 위하여 거룩한 제사장으로 삼아 주셨기에 주님을 볼 수 있고, 믿게 되었습니다(5~6). 지금은 하나님이 존재하지 않는다고 말하는 사람들도 주님께서 구름을 타고 오시는 날에는 결국 모두 주님을 볼 것입니다(7). 보이지 않는 하나님을 인식하는 것, 그것이 구원받은 사람에게 주어진 은혜이자 특권입니다.

알파와 오메가가 되시며, 전에도 계셨고 장차 오실 하나님을 보는 것은 초대 교회 성도들에게 고난을 이길 위로와 소망이 되었습니다. 삶에 일어나는 일들을 어떤 시선으로 바라보고 있습니까? 현실이라는 한계 속에서 살아가지만 함께하시는 주님을 잊지 않기를 바랍니다. 눈을 열어 우리와 함께하시는 하나님을 보십시오. 믿음의 눈을 열면 걸어왔던 모든 시간 속에 항상 계신 주님을 볼 수 있습니다. 그리고 다시 오실 전능의 하나님과 함께 인생길을 걷는 기적 같은 삶을 살 것입니다.

135장
어저께나 오늘이나

요한계시록 1:4~8
주 하나님이 이르시되 나는 알파와 오메가라 이제도 있고 전에도 있었고 장차 올 자요 전능한 자라 하시더라 (8)

매일 성경 읽기
고전 5장 ☑ 6장 ☐
7장 ☐ 8장 ☐

주님, 우리를 구원하셔서 영적인 눈을 열어 주시고 하나님을 깨닫고 믿게 하시니 감사합니다. 오늘 일어나는 모든 순간 속에 알파요 오메가이신 하나님을 발견하게 하옵소서. 하나님만 의지하며 삶의 순간을 살아내게 하옵소서. 예수님의 이름으로 기도합니다. 아멘.

정연수 목사 _ 효성중앙교회

매일 함께하시는
하나님을 발견합니까?

내 백성을 위로하라

30

주일

93장
예수는 나의 힘이요

—

이사야 40:1~5
너희의 하나님이 이르시되
너희는 위로하라 내 백성을
위로하라 (1)

아모스의 아들 이사야는 유다 백성의 영적 타락, 정치, 사회 문제 등의 전반적인 예언을 하며 회개를 촉구한 선지자입니다. 그는 바벨론의 공격으로 유다가 멸망할 것을 예언하였습니다. 히스기야왕에게는 모든 소유와 조상들이 쌓아 둔 것이 바벨론으로 옮겨질 것이며, 태어날 자손 중에서 몇이 사로잡혀 바벨론 왕궁의 환관이 된다는 무서운 말도 전합니다(39:5~7). 결국 유다는 하나님의 심판으로 멸망당하고 예루살렘 백성들은 70년 동안 포로 생활을 해야 했습니다.

하지만 이사야가 심판만을 전하는 것은 아닙니다. 오늘 본문은 포로 생활을 하는 유다 백성들에게 주시는 소망의 말씀입니다. "너희는 위로하라 내 백성을 위로하라(1)." 그렇다면 하나님은 당신의 백성을 어떻게 위로하실까요?

첫째, 죄를 용서하심으로 위로하십니다(2). 바벨론에서의 긴 포로 생활이 끝날 것이라는 소식은 가뭄에 내리는 단비와 같은 위로입니다. 그러나 그보다 더 큰 위로는 하나님의 용서입니다. 유다 백성들은 하나님의 신뢰를 잃어버린 죄로 인해 나라를 잃고 이방인의 포로가 되었습니다. 유다 백성이 죄를 용서받은 것은 죄에 대한 벌을 다 받아서가 아니라 전적인 하나님의 은혜입니다. 그 은혜의 풍성함으로 주신 위로입니다. 죄로 인해 죽을 수밖에 없는 우리를 끝없이 용서하시는 하나님의 은혜를 기억해야 합니다.

둘째, 하나님이 직접 오셔서 위로하십니다(3). 하나님의 아들 예수님은 사람의 몸으로 세상에 오셨고, 몸소 고난을 당하심으로 우리를 위로하셨습니다. "그가 시험을 받아 고난을 당하셨은즉 시험 받는 자들을 능히 도우실 수 있느니라(히 2:18)." 예수님은 모든 사람을 위한 희생제물이 되셨고, 십자가에 달려 피 흘림으로 우리의 죗값을 치르셨습니다. 우리를 위로하기 위해 직접 우리 가운데로 오신 하나님의 사랑을 기억해야 합니다.

유다 백성들에게 선포된 위로와 소망의 말씀처럼 하나님은 무엇으로도 씻을 수 없는 우리의 죄를 용서하심으로 위로하십니다. 사람의 몸으로 세상에 오셔서 십자가에서 죽으시고 부활하신 주님이 "모든 위로의 하나님(고후 1:3)" 되심을 기억하기 바랍니다.

매일 성경 읽기
고전 9장 ☑ 10장 ☐
11장 ☐

나를 향한 하나님의
위로는 어떠합니까?

사랑의 주님, 죄로 인해 낙심한 우리를 용서해 주시고 하나님의 자녀로 삼아 주신 은혜에 감사합니다. 오늘도 주님의 크신 위로에 힘입어 열방을 향한 하나님의 약속의 말씀을 전하며 살게 하옵소서. 우리를 죄에서 구원하신 예수님의 이름으로 기도합니다. 아멘.

지석영 목사 _ 갈산교회

DECEMBER

보라 하나님은

나의 구원이시라

내가 신뢰하고 두려움이 없으리니

주 여호와는 나의 힘이시며

나의 노래시며

나의 구원이심이라

이사야 12:2

12월의 기도

● 기도 제목

● 실천할 일

☑
☑
☑
☑

● 감사할 일

● 기억할 일

의로운 새싹을 기다리며

"화 있으리라!" 섬뜩한 저주의 외침이 쟁쟁합니다. 누구를 향한 저주입니까? '내 목장의 양 떼를 멸하며 흩어지게 하는 목자(2)'를 겨냥하고 있습니다. 고대 근동에서 목자는 정치 지도자, 특히 왕을 가리키는 말이었습니다. 그를 직격하며 저주를 선포하는 오늘의 본문은 '매우 강력한 정치적 발언'입니다. "너희가 내 양 떼를 흩으며 그것을 몰아내고 돌보지 아니하였도다 보라 내가 너희의 악행 때문에 너희에게 보응하리라 여호와의 말씀이니라(2)."

지금 남유다 왕국은 끔찍한 멸망을 눈앞에 두고 있습니다. 바벨론의 느부갓네살이 다윗의 성읍을 포위했습니다. 막강한 바벨론 군대가 난폭한 맹수처럼 그 목장(예루살렘 성) 안으로 몰려들어와 백성을 포로로 끌고 갈 것입니다. 그런데 이 처참한 비극의 책임이 맹수에게 있는 것이 아니라 '목자'에게 있습니다. 이것이 오늘 본문의 일갈입니다. 한 나라를 다스리는 왕의 악행이 멸망의 진짜 원인이라는 것입니다.

예나 지금이나 정치 지도자의 책임은 막중합니다. 책임을 다하지 못하는 정권 하에서는 불안, 두려움, 상실의 고통이 커질 수밖에 없습니다. 그 결과는 '흩어짐'입니다. 바벨론 군대에게 사로잡힌 유다 백성은 먼 곳으로 끌려가, 물리적인 의미에서 뿔뿔이 흩어진 채 살아가야 했습니다. 그러나 곰곰 생각해 보면, 그 전부터 사람들의 마음은 사분오열 흩어져 있었습니다. 책임 있는 리더십이 부재한 곳에서 사람들은 혼란과 분열에 시달리게 마련입니다.

그래서 그곳을 치유하는 하나님의 능력은 '모으심(3)'으로 나타납니다. 그와 동시에 "지혜롭게 다스리며 세상에서 정의와 공의를 행할(5)" 왕이 새롭게 세워집니다. "보라 때가 이르리니 내가 다윗에게 한 의로운 가지를 일으킬 것이라(5)." 여기서 '가지'라고 번역된 히브리어 "체마흐"는 '싹'을 의미합니다. 무책임한 정치에 의해 내버려진 나무, 무자비한 폭력에 의해 훼손된 나무, 도저히 회생이 불가능할 것 같은 나무에서 연한 새싹이 돋아납니다. 그를 통해 남유다의 백성만 구원을 얻는 것이 아니라 북이스라엘의 백성도 평안을 누릴 것입니다(6). 분열된 나라, 분열된 마음, 흩어진 사람들을 하나로 모으시는 '공의로운 새싹' 예수 그리스도! 우리는 그분을 기다리는 사람들입니다.

104장
곧 오소서 임마누엘

예레미야 23:1~8
여호와의 말씀이니라 보라 때가 이르리니 내가 다윗에게 한 의로운 가지를 일으킬 것이라 (5a)

매일 성경 읽기
고전 12장 ☑ 13장 ☐
14장 ☐

사랑의 주님, 사람들의 마음을 분열로 몰아가는 세력에게 마음을 주지 말게 하옵소서. 의로운 새싹이신 예수 그리스도를 기다리면서, 예수님의 정의롭고 공의로운 통치를 학수고대하면서 이 겨울을 뚫고 나가게 하옵소서. 예수님의 이름으로 기도합니다. 아멘.

손성현 목사 _ 숨빛청파교회

우리는 무엇을,
누구를 기다리며
살아갑니까?

하나님 아버지의 마음

525장
돌아와 돌아와

—

누가복음 15:25~32
아버지가 이르되 얘 너는
항상 나와 함께 있으니 내
것이 다 네 것이로되 이 네
동생은 죽었다가 살아났으
며 내가 잃었다가 얻었기로
우리가 즐거워하고 기뻐하
는 것이 마땅하다 하니라
(31~32)

어떤 사람에게 두 아들이 있었습니다. 그중 둘째 아들이 아버지의 재산을 받고 집을 나가 허랑방탕하다가 결국 모든 것을 잃고 아버지의 집으로 돌아왔습니다. 아버지는 둘째 아들을 환대하고 그를 위해 큰 잔치를 벌입니다. 밭에서 일하고 돌아온 맏아들은 이 상황을 듣고 분노하며 아버지에게 항변합니다. "나는 아버지를 위해 여러 해 섬기지 않았습니까? 그런 나를 위해서는 아무것도 해준 것이 없는데, 어찌 허랑방탕하다가 돌아온 이 아들을 위해 이런 잔치를 베풀 수 있습니까?" 맏아들은 동생이 용서가 안 되고, 아버지 또한 이해할 수 없었습니다. 형은 동생을 자신과 상관이 없다는 뜻으로 "이 아들(30)"이라고 표현합니다. 아버지가 '내 아들', 종들이 '당신의 동생'이라고 부른 것과는 사뭇 다릅니다. 맏아들은 둘째가 아버지께 용서받은 것이 불쾌했고, 마음을 돌이키고 돌아온 둘째 아들을 위해 아버지가 잔치를 베풀었다는 사실에 더욱 분노했습니다.

맏아들은 아버지의 마음을 알지 못했습니다. 최선을 다해 아버지를 섬긴다고는 했지만 아버지가 그토록 바라는 일, 즉 둘째 아들을 찾는 일에 순종하지 않았습니다. 아버지가 나와서 잔치에 참여하라고 권했으나 역시 순종하지 않았습니다. 그리고 아버지를 아주 인색한 사람으로 알고 있었습니다. 자기에게는 염소 한 마리 주지 않았다고 불평합니다. '내 아버지가 맞나? 내 아버지가 맞다면 이럴 수는 없어!' 결국 맏아들은 아버지를 철저히 불신합니다.

본문은 세리와 죄인들을 영접하는 예수님을 비난하는 바리새인들을 향해 말씀하신 비유입니다. 둘째 아들은 당시 죄인으로 여겨진 세리나 창기 같은 이들을 상징하고, 맏아들은 바리새인을 상징합니다. 맏아들의 모습에서 사랑 없는 이기적이고 독선적인 바리새인이 떠오릅니다. 이들은 율법에 매여 있었기에 죄인들을 정죄하고 비난하는 데 익숙했고, 그들이 죄를 용서받고 구원의 기쁨을 누리는 것을 못마땅하게 여겼습니다. 우리는 맏아들의 불신을 보면서 진정한 신앙은 하나님의 사랑을 기초로 삼아야 함을 깨닫습니다. 아버지 하나님의 마음을 알고, 그 사랑을 깊이 알 때 비로소 우리에게 주어진 지금 이 순간이 가장 큰 은혜임을 깨달을 것입니다.

매일 성경 읽기
고전 15장 ☑ **16장** ☐

내 안에 맏아들과 같은
모습은 없습니까?

존귀하신 하나님, 하나님 아버지의 마음을 온전히 알게 하옵소서. 내 가족과 이웃에게 하나님의 사랑을 베푸는 데 인색하지 않게 하시고, 한 영혼 한 영혼이 주께 돌아오는 기쁨을 얻는 넉넉한 마음을 우리에게 허락하여 주옵소서. 예수님의 이름으로 기도합니다. 아멘.

호은기 목사 _ 청주에덴교회

하나님의 이름을 자랑하는 삶

프랑스 인상파 화가 에드가 드가의 그림 〈다윗과 골리앗〉은 같은 소재의 그림들과 다른 점이 있습니다. 다윗이 골리앗보다 크다는 것입니다. 원근법을 사용하여 가까이 있는 다윗을 크게, 멀리 있는 골리앗을 작게 그렸기 때문입니다. 평면의 그림 속에서는 다윗이 골리앗보다 크고 골리앗은 다윗보다 작아 보입니다. 눈에 보이지 않는 힘의 차이를 표현한 것입니다.

이스라엘과 블레셋의 전쟁터에서 다윗은 압도적인 모습의 골리앗을 목격합니다. 골리앗은 그 거대한 풍채부터 가지고 있는 무기까지 완벽한 군인 그 자체였습니다. 눈빛조차도 마주치기 두려운 골리앗이 이스라엘 군대를 모욕하며 싸움을 걸어옵니다. 이스라엘 군대는 골리앗의 기세에 눌려 그저 발만 동동 구를 뿐 아무도 골리앗의 도발을 막지 못했습니다. 이 모습을 지켜본 다윗은 골리앗과 싸우기로 결심합니다. 너무나 무모한 도전이기에 다윗의 큰형 엘리압은 다윗을 나무랍니다. 사울왕도 다윗을 불러 타이릅니다. 그러나 다윗이 보여 주는 용기와 자신감은 남달랐습니다. 결국 사울왕의 허락 하에 다윗과 골리앗의 대결이 이루어집니다.

다윗은 골리앗 앞에 섰습니다. 다윗을 본 골리앗이 어이없어하며 자기 신의 이름으로 저주하고 다윗의 비참한 최후를 예고합니다. 그때 다윗의 고백입니다. "너는 칼과 창과 단창으로 내게 나아 오거니와 나는 만군의 여호와의 이름 곧 네가 모욕하는 이스라엘 군대의 하나님의 이름으로 네게 나아가노라 (삼상 17:45)." 다윗은 하나님의 이름을 의지하고 골리앗 앞으로 빨리 달려갑니다. 다윗이 거대해지고 골리앗이 초라해지는 순간입니다. 골리앗은 속절없이 떨어지는 낙엽처럼 쓰러져 다윗에게 목이 베입니다.

자기의 힘과 능력, 무기와 경험을 의지하고 자랑하던 골리앗은 비참한 최후를 맞이합니다. 그러나 하나님의 이름을 의지하는 다윗은 하나님의 이름으로 승전가를 부르고 승리의 깃발을 휘날립니다. 하나님의 이름을 자랑하는 삶은 보이는 게 전부가 아닙니다. 보이지 않는 곳에 더 크고 거대한 하나님의 능력을 힘입고 있는 삶이 분명합니다. "우리는 여호와 우리 하나님의 이름을 자랑하리로다(7)."라는 시편의 말씀이 오늘 우리의 고백 되기를 바랍니다.

357장
주 믿는 사람 일어나

—

시편 20:1~9
어떤 사람은 병거, 어떤 사람은 말을 의지하나 우리는 여호와 우리 하나님의 이름을 자랑하리로다 (7)

매일 성경 읽기
고후 1장 ☑ 2장 ☐
3장 ☐ 4장 ☐

여호와 하나님, 우리도 다윗처럼 하나님의 시선으로 골리앗을 볼 수 있게 도와주옵소서. 하나님의 이름으로 달려나가 멋지게 승리를 쟁취하게 하옵소서. 하나님의 이름을 자랑하는 삶이 되도록 우리를 인도하옵소서. 예수님의 이름으로 기도합니다. 아멘.

안중회 목사 _ 보화교회

하나님의 이름을 자랑한 경험이 있습니까?

말씀대로 내게 이루어지이다

98장
예수님 오소서

누가복음 1:26~38
마리아가 이르되 주의 여종
이오니 말씀대로 내게 이루
어지이다 하매 (38a)

천사 가브리엘이 나사렛 동네에 살고 있던 요셉과 정혼한 마리아에게 나타났습니다. 가브리엘은 마리아에게 "기뻐하여라, 은혜를 입은 자야, 주님께서 그대와 함께 하신다(28, 새번역)."고 합니다. 그리고 마리아가 아들을 낳을 것이라는 소식을 전합니다. 이 소식은 약혼한 처녀에게는 죽음과 같은 소식입니다. 그러나 마리아는 "보십시오, 나는 주님의 여종입니다. 당신의 말씀대로 나에게 이루어지기를 바랍니다(38, 새번역)."라며 순종합니다.

마리아의 순종은 자기희생을 통한 순종이었습니다. 순종의 결단이 어려운 이유가 여기에 있습니다. 그러나 이 순종으로 말씀이 육신이 되어 사람들 사이에 거하러 오시는 역사를 이루게 되었습니다. 이로써 인간은 하나님께로 가는 길을 얻었습니다. 하나님은 세상을 창조하신 분이기에 인간의 동의 없이도 모든 일을 이루실 수 있습니다. "대저 하나님의 모든 말씀은 능하지 못하심이 없느니라(37)." 그러나 하나님은 인간에게 자유의지를 주셨고, 그 자유의지를 억압하지 않으셨습니다. 마리아는 말씀이 육신이 되어 오시는 일에 자신의 자유의지로 동의했습니다. 여기서 마리아의 순종은 빛납니다.

교부들은 하나님께서 동정녀 마리아의 몸을 빌려 인간의 몸으로 오신 성육신 사건이 인간을 위한 '한 집의 건축'이라고 보았습니다. 14세기 콘스탄티노플의 필로테오스 성인은 "지혜가 일곱 기둥을 깎아 세워서 제 집을 짓고(잠 9:1, 새번역)"라는 말씀이 바로 인간을 구원하기 위하여 하나님께서 한 집을 건축한 것으로 해석했습니다. 동정녀 마리아는 자신의 몸을 하나님의 집으로 내어 드렸습니다. 하나님께서 인간의 몸으로 오신 사건, 이것이 하나님께서 인간을 위해 건축하신 가장 거룩한 집입니다. 이 언약이 마리아의 순종으로 이루어졌습니다.

순종을 굴욕이라고 생각하는 사람들이 있습니다. 그러나 상대방을 진정으로 사랑하면 순종이 기쁨이고 보상입니다. 하나님의 뜻과 말씀에 순종하는 사람을 하나님은 자신의 거처로 삼으십니다. 또한 하나님은 그를 거처로 삼아 놀라운 역사를 이루어가십니다. 우리 모두 그 역사의 주인공이 되기를 소망합니다.

매일 성경 읽기
고후 5장 ☑ 6장 ☐
7장 ☐ 8장 ☐
9장 ☐

하나님의 말씀에
늘 순종합니까?

사랑의 주님, 안전과 안일을 포기하는 일이 있더라도 주의 말씀에 순종하게 하여 주옵소서. 순종의 대가를 요구하지 않고, 주님께 순종하는 그 자체가 기쁨이 되게 하옵소서. 또한 우리의 순종으로 주님도 기쁘시기를 원합니다. 예수님의 이름으로 기도합니다. 아멘.

임광지 목사 _ 울산제일교회

예수 오심을 기다리며 노래하십시오

호모 무지쿠스(Homo musicus)라는 말이 있습니다. 인간은 음악적 존재이고 노래하는 존재라는 뜻입니다. 우리는 기쁨과 슬픔, 절망과 분노를 노래로 표현합니다. 힘들게 일할 때도 노래하면서 고단함을 이겨냅니다. 기쁨에 찬 마음을 밝고 높은 노래로 표현하고, 애가(哀歌)를 부르며 슬픔을 이겨내기도 합니다. 분노의 노래로 저항하며, 절망 앞에서는 따뜻한 노래로 서로를 위로합니다. 어떤 사건이 일어날 때 그것을 받아들이거나 넘어서는 노래를 만들어 내는 것이 우리가 살아가는 방식이라고 해도 틀리지 않을 것입니다. 대림절을 살아가는 우리는 기다림의 간절함을 노래하는 사람들입니다.

오늘 본문에서 예수의 어머니 마리아와 세례 요한의 어머니 엘리사벳이 만나는 사건 역시 하나의 노래를 만들어냅니다. 엘리사벳은 마리아의 방문이 무슨 의미인지 알게 하시는 성령의 역사를 큰 소리로 외치는데, 그것은 하나의 노래가 됩니다. 엘리사벳뿐 아니라 태중에 있던 세례 요한 역시 예수 그리스도를 잉태한 마리아의 방문에 복중에서 기쁨으로 뛰노는 것으로 화답합니다 (41, 44). 마리아의 태중에 계신 하나님의 아들 예수 그리스도와의 만남은 기쁨의 노래를 만들어내는 현장이 되는 것입니다.

미국의 역사학자이며 사회운동가인 하워드 진 교수는 "그들은 총을 가졌고 우리에게는 시인(詩人)이 있습니다. 그러므로 우리가 이길 것입니다."라고 말했습니다. 그리스도인은 예수를 노래하는 시인입니다. 하나님 나라는 강압적인 힘으로 이룰 수 없습니다. 오직 예수 오심을 간절히 기다리는 마음으로 하늘을 노래하는 사람들이 하나님 나라를 이루어갈 수 있습니다. 2010년 8월, 칠레 북부의 한 금광이 무너지는 사고로 33명이 매몰되었다가 69일 만에 극적으로 전원이 구조된 일이 있었습니다. 광부들은 캄캄한 갱도에서 노벨 문학상을 받은 칠레의 시인 파블로 네루다의 시를 돌려 읽으며 삶의 의지와 희망을 일깨웠습니다. 이것이 노래의 힘입니다.

예수 오심을 간절히 기다리는 사람은 비록 지금 여기가 어둠의 땅이라 해도 희망을 노래합니다. 그 노래는 '주께서 하신 말씀이 반드시 이루어지리라 (45)'는 것입니다. 마라나타, 주 예수여, 오시옵소서!

사랑의 하나님, 이미 오셨고, 지금 여기 계시며, 앞으로 오실 주님의 이름을 찬양합니다. 우리로 하늘을 노래하는 사람이 되게 하옵소서. 예수 그리스도와 마주치는 모든 순간을 기쁨의 노래로 채우는 그리스도인의 길을 걷게 하옵소서. 예수님의 이름으로 기도합니다. 아멘.

이공훈 목사 _ 양광교회

예수 오심을 기다리며 부를 희망의 노래는 무엇입니까?

믿음의 결산

데살로니가에 대한 바울의 기억은 짧고 강렬했습니다. 바울은 2차 전도 여행 중 단 3주 동안 데살로니가에 머물며 복음을 전했는데, 경건한 헬라인의 큰 무리와 적지 않은 귀부인들이 믿고 따랐습니다(행 17:1~4). 그들은 바울이 성경을 강론하며 '해를 받고 죽은 자 가운데서 살아나신 예수가 그리스도 곧 메시아'임을 가르치며 선포했을 때, 마음을 열고 믿었습니다.

많은 이들이 바울을 따르기 시작하자 회당을 중심으로 모이던 그 지역 유대인들의 시기가 폭발하였습니다. 바울의 가르침이 가이사에게 반역하는 것이라고 모함하면서 불량배들까지 동원해 소동을 일으켰습니다. 바울 일행은 예수를 구주로 믿고 고백한 지 얼마 되지 않은 사람들을 뒤로한 채 피신할 수밖에 없었습니다. 베뢰아와 남쪽 아덴을 거쳐 고린도에 도착하고 얼마 뒤에 바울은 반가운 소리를 들었습니다. 박해 속에서 생이별했던 데살로니가 성도들이 지금껏 믿음을 지키며 든든히 서 있다는 소식이었습니다. 잠깐의 만남을 통해 그들에게 떨어진 복음의 씨앗은 생명력이 있어 뿌리를 내리고 줄기와 가지를 뻗어 열매를 맺기에 이른 것입니다.

데살로니가 교회를 향한 바울의 걱정은 이제 기쁨과 감사로 바뀌었습니다. 그들의 영적 성장은 놀라웠습니다. 이제 막 세워진 교회이지만 믿음의 역사, 사랑의 수고, 소망의 인내로 본이 되는 교회가 되었습니다. 주께서 그들 가운데 함께 계심으로 성도들의 믿음을 통해 하나님의 역사가 두루 나타났습니다. 데살로니가 교회는 하나님 사랑, 이웃 사랑으로 복음을 전하고 선한 일을 위한 수고를 아끼지 않았습니다. 장성하기도 전에 닥친 불같은 시험도 잘 견뎌 냈습니다. 그들은 소망이신 예수 그리스도를 굳게 믿으며 핍박과 거짓 소문을 견뎌낸 인내의 본보기였습니다. 유럽 선교의 기점이 된 마게도냐의 빌립보, 고린도를 중심으로 한 아가야 지역을 넘어 오늘날의 교회들에게도 데살로니가 교회는 복음 전파의 열매요, 든든히 세워지는 교회의 선례가 되었습니다.

이처럼 믿음은 꼭 오랜 기간이 필요한 것은 아닙니다. 지금 우리의 모습은 어떠합니까? 신앙의 햇수만 자랑하고, 이전의 체험만 내세우고 있지는 않습니까? 주님께서 다시 오실 그날, 우리는 어떤 모습일지 생각할 때입니다.

176장
주 어느 때 다시 오실지

—

데살로니가전서 1:2~7
너희의 믿음의 역사와 사랑의 수고와 우리 주 예수 그리스도에 대한 소망의 인내를 우리 하나님 아버지 앞에서 끊임없이 기억함이니 하나님의 사랑하심을 받은 형제들아 너희를 택하심을 아노라 (3~4)

매일 성경 읽기
갈 1장 ☑ 2장 ☐ 3장 ☐

나는 어떤
그리스도인으로
기억되고 있습니까?

사랑의 주님, 이전이 아니라 지금 우리 믿음 위에 일하시는 하나님의 역사를 자랑하겠습니다. 지치지 않는 사랑의 수고를 은혜로 계속 감당하겠습니다. 유일한 소망이신 예수 그리스도만을 의지하여 끝까지 참고 인내하겠습니다. 예수님의 이름으로 기도합니다. 아멘.

신현희 목사 _ 안산나눔교회

평화와 화평의 나라

어느 추운 겨울밤, 한센인이 한 수도사의 집을 찾아왔습니다. 그는 너무 춥다며 잠시 방에서 몸을 녹이게 해달라고 간청했습니다. 수도사는 침대를 한센인에게 내주고 자신은 차가운 바닥에 누웠습니다. 그런데 한센인은 한술 더 떠서 체온으로 자신을 녹여 달라고 하였습니다. 당장이라도 그를 내쫓고 싶었지만 수도사는 '십자가의 은혜'를 생각하며 꾹 참고 그를 안고 침대에 누웠습니다. 꿈속에서 예수님은 수도사에게 이렇게 말씀하셨습니다. "수도사야, 나는 네가 사랑하는 예수란다. 네가 나를 이렇게 극진히 대접했으니 하늘의 상이 클 것이다." 수도사가 몸 둘 바를 모르며 대답했습니다. "주님, 저는 아무것도 주님께 드린 것이 없습니다." 수도사는 자신처럼 가장 비천한 사람을 찾아와 주신 하나님께 감사기도를 올렸습니다. 이 기도가 바로 '평화의 기도'이고, 그는 아시시의 성자라고 불리는 성 프란치스코입니다.

"주여, 나를 당신 평화의 도구로 써 주소서. 미움이 있는 곳에 사랑을, 다툼이 있는 곳에 용서를, 분열이 있는 곳에 일치를, 오류가 있는 곳에 진리를, 의혹이 있는 곳에 믿음을, 절망이 있는 곳에 희망을, 어둠이 있는 곳에 광명을, 슬픔이 있는 곳에 기쁨을 심게 하소서." 오늘 본문은 이러한 성 프란치스코의 고백처럼 완전한 평화와 화평이 이루어진 하나님 나라를 설명합니다. 하나님 나라는 이리와 어린 양이 함께 살고, 표범과 어린 염소가 함께 눕습니다. 어린아이가 독사의 구멍에서 장난하고, 암소와 곰이 함께 음식을 먹습니다. 도저히 연합할 수 없는 존재가 연합하고, 하나 될 수 없는 존재가 하나 된 곳이 하나님 나라입니다. 예수님이 다스리고 통치하실 때 이러한 역사가 일어납니다.

하나님 나라는 죽어서만 가는 곳이 아닙니다. 하나님 나라는 하나님의 다스림이 임하는 곳입니다. 하나님의 다스림이 내 삶에 임하면 그곳이 곧 하나님 나라가 됩니다. 가정도, 일터도, 하나님의 다스림이 임하면 하나님 나라입니다. 하나님 나라는 서로를 해하지 않고, 파괴하지 않으며, 상처를 주지 않는 완전한 화평과 평화가 이루어진 곳입니다. 우리의 삶에 하나님의 다스림과 통치가 임하고, 하나님이 주시는 평화와 화평이 넘치기를 축복합니다.

288장
예수를 나의 구주 삼고

—

이사야 11:6~10
내 거룩한 산 모든 곳에서 해 됨도 없고 상함도 없을 것이니 이는 물이 바다를 덮음 같이 여호와를 아는 지식이 세상에 충만할 것임이니라 (9)

매일 성경 읽기
갈 4장 ☑ 5장 ☐ 6장 ☐

사랑의 주님, 예수 그리스도를 통해 우리를 구원하시고 하나님과의 관계를 화목하게 하신 것을 기억합니다. 우리의 삶 가운데 하나님이 주신 화평이 넘치게 하시고, 주님의 평화를 전하는 도구로 우리를 사용하여 주옵소서. 예수님의 이름으로 기도합니다. 아멘.

유영완 목사 _ 하늘중앙교회

하나님이 기뻐하시는 평화와 화평이 있습니까?

미래는 오직 현재로만 존재합니다

491장
저 높은 곳을 향하여

—

마태복음 24:36~44
노아의 때와 같이 인자의
임함도 그러하리라 (37)

헤롯 대왕이 건설한 예루살렘 성전은 당시 로마의 황궁보다 더 화려하고 튼튼하다는 평가를 받을 정도로 유명했습니다. 성전 기초를 위한 돌 하나의 크기만 해도 길이 14m, 높이 3m, 두께 5m 정도로 견고했고, 전체 면적은 축구장 20개를 붙여 놓은 14만 제곱미터 정도라고 합니다. 마태복음 24장 1절을 보면 화려한 예루살렘 성전에 넋이 나간 제자들은 애써 예수님을 부추겨 성전을 쳐다보게 만들지만, 예수께서는 성전을 가리켜 냉정하게 말씀하십니다. "돌 하나도 돌 위에 남지 않고 다 무너뜨려지리라(2)." 그러자 제자들은 사뭇 궁금하여 예수께 묻습니다. "어느 때에 이런 일이 있겠습니까?(3)"

마태복음 24장에는 이와 같은 예수님의 '성전 파괴 예고'와 이어지는 '세상 끝에 관한 예고'가 정교하게 겹쳐져 둘은 신비롭게 물들어 있습니다. 그중 오늘 본문인 마태복음 24장 36~44절은 세상 끝에 관한 주님 말씀 중 일부입니다. 앞서 제자들이 성전 파괴의 시기를 물었던 것 이상으로 세상 끝의 시기가 궁금할 것입니다. 이에 예수께서는 노아 시대의 홍수를 언급하시며 "그들을 다 멸하기까지 깨닫지 못하였으니 인자의 임함도 이와 같으리라(39)."고 말씀하십니다. 하나님의 대홍수 심판은 아무도 모르게 시작되었습니다. 노아조차도 몰랐던 일입니다. 하나님의 심판 예고 앞에 노아는 다만 "하나님이 자기에게 명하신 대로 다 준행(창 6:22)"할 뿐이었고, "방주로 들어가라(창 7:1)."는 하나님 말씀에 따라 이행할 뿐이었습니다.

마찬가지로 예수께서는 세상 끝의 시기에 대해서 이렇게 못을 박으셨습니다. "그 날과 그 때는 아무도 모르나니 하늘의 천사들도, 아들도 모르고 오직 아버지만 아시느니라(36)." 초대 교회 교부인 성 어거스틴은 그의 책 『고백록』에서 이렇게 말했습니다. "우리가 미래에 행할 일을 생각할 경우, 그 일은 미래이기 때문에 아직 존재하지 않습니다. 미래는 오직 현재로서만 존재합니다." 세상의 종말은 언제 옵니까? 지금 당신의 생각이 종말입니다. 당신이 사용하는 언어에 종말이 달려 있습니다. 오늘 드리는 이 작은 예배를 대하는 당신의 신앙 태도가 당신의 종말을 말해 줍니다. 이 사실을 기억하고 복된 하루하루를 사는 우리 모두가 되기를 소망합니다.

매일 성경 읽기
엡 1장 ☑ 2장 ☐ 3장 ☐

종말을 사는 신앙은
무엇입니까?

하나님, 오늘의 사명을 다음으로 미루며 살았습니다. 노아처럼 '지금' 준행하지 못하고 내일만 바라보며 살았음을 회개합니다. 하루를 살아도 마지막처럼, 내 옆에 있는 사람을 마지막 볼 것처럼 아끼고 사랑하며 살게 하옵소서. 예수님의 이름으로 기도합니다. 아멘.

임태일 목사 _ 서강교회

값없는 은총과 사랑

하나님의 사랑이 가장 극적으로 드러난 사건은 예수 그리스도의 십자가입니다. 사도 바울은 하나님의 사랑에 대해서 이렇게 말합니다. "우리가 아직 죄인 되었을 때에 그리스도께서 우리를 위하여 죽으심으로 하나님께서 우리에 대한 자기의 사랑을 확증하셨느니라(롬 5:8)." 구원받을 자격이 없는 우리에게 하나님의 은총과 사랑이 주어졌습니다. 값없는 은총과 사랑을 받은 우리는 어떻게 살아야 할까요?

오늘 본문에서 요한은 예수님에 대해 '말씀이 육신이 되어 우리 가운데 거하시는 분(14)'이라고 선포합니다. 이 말씀에서 우리는 두 단어에 주목할 필요가 있습니다. 첫째, '육신'이라고 번역된 헬라어 '사륵스'입니다. 사륵스는 인간의 육체적 본성을 뜻합니다. 육신은 연약하며 깨지고 상처받기 쉽습니다. 그래서 말씀이 육신이 되었다는 것은 참 빛이신 주님이 인간들과 똑같이 한계를 가질 수밖에 없는 조건 속에 들어왔다는 의미입니다. 세상을 창조하고 다스리는 하나님이시며 아들이신 예수님이 구원받을 자격이 없는 우리를 위하여 육신을 입고 오셨습니다. 이것은 하나님의 은총과 사랑이 아니면 설명할 수 없습니다.

둘째, '거하다'에 해당하는 헬라어 동사 '스케나오'입니다. 스케나오는 '장막을 치다'라는 뜻입니다. 출애굽 공동체는 광야에서 하나님과 만나기 위해 가는 곳마다 성막을 만들었습니다. 성막은 하나님의 임재 장소와도 같았습니다. 그러므로 예수께서 우리 가운데 거하셨다는 것은 예수 그리스도가 하나님과 인간이 만나는 장소가 되셨다는 뜻입니다. 주님께서는 말씀이 육신이 되어 나약한 인간의 모습으로 오셨지만, 동시에 그분을 통해 하나님과 사람 사이가 이어지고 하나님의 영광이 드러나게 되었습니다. 예수님은 그 존재 자체로 하나님을 증언하고, 하나님의 은혜와 사랑을 흘려보내셨습니다.

지금 우리에게 주어진 과제는 하나님과 사람 사이를 이어주고 하나님의 영광을 드러내는 일입니다. 우리의 존재 자체로 하나님을 증언하고, 우리를 통해 하나님의 은혜와 사랑이 흘러가기를 주님은 원하십니다. 값없는 은총과 사랑을 받은 자답게 살아갑시다.

화요일

9

461장
십자가를 질 수 있나

—

요한복음 1:14~18
말씀이 육신이 되어 우리 가운데 거하시매 우리가 그의 영광을 보니 아버지의 독생자의 영광이요 은혜와 진리가 충만하더라 (14)

매일 성경 읽기
엡 4장 ☑ 5장 ☐ 6장 ☐

주님, 주님께서 존재 자체로 하나님을 증언하고 하나님의 은혜와 사랑을 흘려보내신 것을 기억합니다. 우리의 존재 자체로 하나님을 증언하게 하옵소서. 우리도 하나님과 사람 사이를 이어주고, 하나님의 영광을 드러내게 하옵소서. 예수님의 이름으로 기도합니다. 아멘.

공성훈 목사 _ 불꽃교회

값없는 은총과
사랑을 받은 자답게
살고 있습니까?

마음을 위에 있는 것에 두라

12
수요일
10

92장
위에 계신 나의 친구
—
골로새서 3:1~4
위의 것을 생각하고 땅의
것을 생각하지 말라 (2)

우리는 성도로서의 삶을 살아내지 못할 때가 있습니다. 그 이유는 세상에 붙잡혀서 너무 땅만 바라보기 때문이고, 땅만 바라보다 보니 마음을 지키는 데 실패하기 때문입니다. 복된 성도로 살기 위해서는 마음을 지켜야 합니다. 마음을 지키려면 모든 일을 하면서 마음을 항상 위의 것에 두어야 합니다. 그렇다면 우리의 마음을 두어야 할 '위의 것'은 무엇입니까?

첫째, '위'는 그리스도께서 계신 곳입니다. 우리는 예수님께 마음을 두고 예수님과의 관계에 우선순위를 둘 때 제대로 살 수 있는 존재입니다. 예수님과 바른 관계를 맺는 것을 최우선으로 삼고, 거기에 집중하며 살아가기 위한 좋은 방법이 있습니다. 아침에 눈을 뜨고 일어나면서부터 예수님께 초점을 맞추고, 항상 예수님을 생각하고, 하루의 삶을 마치면서 예수님 앞에서 영성 일기를 쓰는 것입니다.

둘째, '위'는 하나님의 보좌 우편입니다. 하나님의 보좌 우편은 권세와 통치를 의미하는 곳입니다. 즉 주님의 통치에 마음을 두고 살라는 것입니다. 세상은 우리에게 '눈에 보이는 것이 전부이다, 세상에는 좋은 것이 많다'는 강력한 메시지를 전합니다. 우리가 여기에 마음을 빼앗기지 않으려면 주님의 통치가 실현되고 주님의 왕권과 권능이 역사하는 '위의 것'에 마음을 두고 살아가야 합니다.

셋째, '위'는 우리의 생명이 감추어진 곳입니다. 우리는 예수님을 믿음으로 영원한 생명, 참 생명을 얻었습니다. 이 아름답고도 귀한 생명을 지키고 성장시켜야 합니다. 위의 것을 찾으면 우리가 구원받아 얻은 영원한 생명이 얼마나 귀한지를 깨닫고 놀랄 것입니다. 위의 것을 찾으려면 주님이 주시는 참 생명 중심의 삶을 펼치십시오.

예수 믿고 구원받은 우리는 위를 보는 사람들입니다. 위를 본다는 것은 삼위일체 하나님을 보고 산다는 말입니다. 그분을 두려워하며, 그분이 주시는 은혜를 누리며, 그분이 주실 복을 사모하며 살아가는 것입니다. 세상을 두려워하지 않고 하나님을 두려워하며 위를 보고 살겠다고 다시 한번 결심하는 우리가 되기를 바랍니다.

무엇을 바라보며
살고 있습니까?

하나님, 세상 가운데 우리의 마음을 지켜 주시니 감사합니다. 내게 주어진 일에 열심과 최선을 다하며 살아갈 때 위의 것을 바라보게 하옵소서. 하나님을 두려워하며 위를 보고 살아가며 주님이 주시는 은혜를 누리게 하옵소서. 예수님의 이름으로 기도합니다. 아멘.

서길원 목사 _ 빛가온교회

아버지의 마음을 자녀에게

대림절은 이천여 년 전 이 땅에 오신 아기 예수님을 기억하며 성탄절을 기다리는 시간입니다. 또한 다시 오실 주님을 기다리는 시간이기도 합니다. 예수님이 태어나시기 전, 예수님의 오심을 미리 준비하도록 부르심을 받은 이들이 있었습니다. 그리스도의 길을 예비한 선지자 세례 요한, 그리고 그의 부모 사가랴와 엘리사벳이었습니다.

사가랴는 아비야 반열의 제사장이고, 엘리사벳은 아론의 자손이었습니다. 이 두 사람은 하나님 앞에 의인이었고, 주의 모든 계명과 규례대로 흠이 없이 행하는 자들이었습니다. 하지만 이들에게는 자녀가 없었습니다. 하나님께 오랫동안 기도했지만 자녀가 생기지 않았고, 둘은 나이가 많아졌습니다. 그러던 중 사가랴가 성전에 들어가 분향할 기회를 얻었습니다. 하나님은 사가랴를 택하고 부르셔서 천사를 통해 그들의 기도에 응답하셨습니다. "네 아내 엘리사벳이 네게 아들을 낳아 주리니 그 이름을 요한이라 하라(13)."

하지만 사가랴는 이 말씀을 신뢰하지 못했습니다. 현실의 한계에 갇혀서 기도의 능력을 스스로 제한해 버렸던 것입니다. 처음에는 간절하게 기도했을 것입니다. 그러나 시간이 지나면서 간절함이 식었고, 기도의 응답을 사모하는 마음도 변했습니다. 믿지 못한 까닭에 사가랴는 엘리사벳이 아들을 낳기까지 말을 하지 못하게 되었습니다. 아들을 낳고 그 이름을 천사의 지시에 따라 '요한'이라고 하였을 때, 사가랴의 입이 열리고 혀가 풀렸습니다. 그제야 비로소 사가랴는 하나님을 찬송했고, 성령의 충만함을 받아 아들 요한이 감당해야 할 인생의 사명을 담대히 선포했습니다. 사가랴는 말씀에 순종하지 못했던 자신의 잘못을 깨닫고 그것이 자녀의 삶에서 반복되지 않도록 아버지의 마음을 자녀에게 전하고자 한 것입니다. 세례 요한은 부모의 믿음대로 이 땅에 예수 그리스도의 길을 준비하는 거룩한 사명을 감당했습니다.

부모는 자녀에게 하나님을 기쁘시게 할 거룩한 마음을 전하기 바랍니다. 자녀는 날마다 부모님의 마음을 헤아리고 순종하기 바랍니다. 그럴 때 사람들에게 존귀하게 여김을 받고 하나님께 귀히 쓰임 받는 복된 인생이 될 것입니다.

80장
천지에 있는 이름 중

—

누가복음 1:68~79
이 아이여 네가 지극히 높으신 이의 선지자라 일컬음을 받고 주 앞에 앞서 가서 그 길을 준비하여 (76)

매일 성경 읽기
골 1장 ☑ 2장 ☐
3장 ☐ 4장 ☐

하나님 아버지, 오늘도 하나님께서 기뻐하시는 거룩한 삶을 살도록 인도해 주옵소서. 서로를 위해 기도하며 하나님께서 주시는 사명을 온전히 감당케 하옵소서. 사람들에게 존귀히 여김을 받고 주님께 귀하게 쓰임 받게 하옵소서. 예수님의 이름으로 기도합니다. 아멘.
김형래 목사 _ 아현교회

하나님께서 나에게 주시는 거룩한 사명은 무엇입니까?

한 아기가 우리에게 났고

102장
영원한 문아 열려라

이사야 9:6~7
이는 한 아기가 우리에게
났고 한 아들을 우리에게
주신 바 되었는데 그의 어
깨에는 정사를 메었고 그의
이름은 기묘자라, 모사라,
전능하신 하나님이라, 영존
하시는 아버지라, 평강의 왕
이라 할 것임이라 (6)

매일 성경 읽기
살전 1장 ☑ 2장 ☐
3장 ☐ 4장 ☐
5장 ☐

아름다운 발을
가진 자로
살고 있습니까?

세상에는 큰일, 큰 사건들이 있습니다. 인생에서 큰일이라면 결혼을 예로
들 수 있습니다. 하나님께서 짝지어 주셔서 이제는 혼자가 아니고 둘이 같이
살게 되었습니다. 새로운 가정을 이루는 것입니다. 국가적으로 큰일이라 하
면 경제적 위기나 전염병이 도는 일을 생각할 수 있습니다. 성경에도 큰일이
있습니다. 하나님의 천지창조를 비롯하여 모세의 출애굽 사건 등입니다. 그
러나 이런 것들보다 더 큰 사건이 있습니다. 바로 예수님께서 이 세상에 메시
아 구세주로 탄생하신 사건입니다.

하나님께서 이사야 선지자를 통해 예수님의 탄생을 정확하게 알려 주셨습
니다. 이사야는 기원전 740년 남왕국 유다에서 활동했던 선지자입니다. 하나
님께서 우리를 위해 한 아기를 주신다고 말씀하셨습니다. 그는 왕권을 가진
분이고, 놀라운 능력을 지닌 분이며, 탁월한 지도력을 가진 분이라고 했습니
다. 더 구체적으로 그는 전능하신 하나님, 영존하시는 아버지, 평강의 왕이라
고 했습니다. "그의 왕권은 점점 더 커지고 나라의 평화도 끝없이 이어질 것
이다. 그가 다윗의 보좌와 왕국 위에 앉아서, 이제부터 영원히, 공평과 정의
로 그 나라를 굳게 세울 것이다. 만군의 주님의 열심이 이것을 반드시 이루실
것이다(7, 새번역)."

마침내 하나님의 때가 되었습니다. 하나님께서 마리아라는 여인을 지명하
셨습니다. 그리고 그에게 성령으로 한 아이를 임신하게 하셨습니다. "예수 그
리스도의 나심은 이러하니라 그의 어머니 마리아가 요셉과 약혼하고 동거하
기 전에 성령으로 잉태된 것이 나타났더니(마 1:18)." 이 말씀처럼 예수님은
성령으로 잉태되셨습니다. 그래서 그분은 죄가 없으십니다. 예수님이 누구입
니까? 그분은 곧 하나님이요, 구세주 메시아이십니다.

인간은 모두 죄인입니다. 성경은 "의인은 없다. 한 사람도 없다(롬 3:10, 새
번역)."고 말씀합니다. 모든 사람이 죄를 범하여 하나님의 영광에 이르지 못하
게 되었다고도 말씀합니다(롬 3:23). 그러나 예수님을 메시아 구세주로 믿고
고백하는 사람은 누구든지 구원받습니다. 우리 모두가 예수님이 탄생하신 기
쁜 소식을 전하고 나누는 아름다운 발을 가진 자로 살아가기를 소망합니다.

예수 그리스도를 세상에 보내 주신 하나님, 우리가 예수님의 탄생을 전하고 그 기쁨을 함
께 나누기 원합니다. 아름다운 발을 가진 자로 살게 하여 주옵소서. 우리가 전한 복음을
듣는 자마다 구원을 얻게 하옵소서. 예수님의 이름으로 기도합니다. 아멘.

황충호 목사 _ 공주중앙교회

베들레헴에 나실 예수

성탄은 하나님께서 사람이 되어 이 땅에 태어나신 사건입니다. 최초의 인간 아담과 하와가 하나님의 말씀을 믿지 못하여 불순종하는 죄를 저지른 이후, 아담의 후손인 인류는 죄인이 되었습니다(롬 3:23). 인류는 하나님에게서 분리된 삶을 살았습니다. 이런 삶을 성경은 죄라고 말하고, 죄의 결말은 사망이라고 말합니다. 하나님과 관계없는 삶을 살면서 죽어가는 인류를 살리기 위해 하나님은 독생자를 보낼 계획을 세우셨습니다. 죄의 굴레를 끊고, 다시 하나님과 하나 되는 살림의 역사를 이루려고 예수님을 보내셨습니다.

오늘 본문을 보면, 하나님은 이 생명의 역사가 이루어질 거룩한 장소로 베들레헴을 예정하셨습니다. 미가 선지자는 이것을 예수님의 탄생 700년 전에 예언했습니다. 성탄의 장소가 성전이 있는 예루살렘이 아닙니다. 베들레헴은 예루살렘 남쪽 약 8km 지점에 있는 목축으로 살아가는 가난하고 작은 마을이었습니다. 왜 베들레헴일까요? 베들레헴의 뜻은 '빵집'입니다. 빵은 양식으로 사람이 일상을 살아갈 힘을 줍니다. 어떤 사람도 양식을 먹지 않고는 살 수 없습니다. 하나님은 베들레헴을 일용할 양식을 만드는 빵집에서, 영생하는 양식을 제공하는 빵집이 되게 하셨습니다. 하나님이 생명의 빵이신 예수님을 베들레헴에서 태어나게 하신 것입니다(요 6:51). 예수님으로 인해 우리는 일용할 양식만 구하는 인생이 아니라 영생하는 양식을 먹고 참 생명을 누리는 존재가 되었습니다.

베들레헴에서 메시아가 탄생한 것은 그곳이 다윗의 고향이었기 때문이기도 합니다. 이스라엘의 가장 위대한 왕이 된 다윗은 그의 집안에서 말째였습니다. 아버지조차 관심을 두지 않는 아들이었습니다. 하나님께서 목동 소년을 왕이 되게 하신 것처럼 보잘것없는 인생을 하나님의 자녀로 거듭나게 하시고, 왕 같은 제사장이요 거룩한 나라요 하나님의 소유된 백성이 되게 하시려고 예수님을 베들레헴에서 나게 하셨습니다. 베들레헴은 작은 고을이지만 이스라엘을 다스릴 자가 탄생한 곳입니다. 지금 비록 작고 보잘것없지만 하나님을 믿고 바라보고 살면, 누구든지 하나님과 세계와 민족을 위한 훌륭한 인물이 될 수 있습니다.

120장
오 베들레헴 작은 골

미가 5:2~4
베들레헴 에브라다야 너는 유다 족속 중에 작을지라도 이스라엘을 다스릴 자가 네게서 내게로 나올 것이라 그의 근본은 상고에, 영원에 있느니라 (2)

매일 성경 읽기
살후 1장 ☑ 2장 ☐
3장 ☐

생명을 주신 하나님, 우리를 통해 생명을 살리는 일을 하시려고 우리에게 사랑을 주시고, 모든 허물을 덮어 주심을 감사드립니다. 오늘도 생명 살리는 일에 참여함으로 받은 사랑에 보답하며 기쁨과 보람을 맛보게 하옵소서. 예수님의 이름으로 기도합니다. 아멘.

유영일 목사 _ 사천교회

죽은 것을 살리는 일에
참여하고 있습니까?

우리가 교회입니다

620장
여기에 모인 우리

―

에베소서 2:20~22
너희도 성령 안에서 하나님
이 거하실 처소가 되기 위
하여 그리스도 예수 안에서
함께 지어져 가느니라 (22)

교회는 하나님의 선한 일을 위해 지어진 공동체입니다(10). 예수 그리스도를 영접하고 회개하여 거듭난 사람을 성도(聖徒)라고 부릅니다. 성도가 하나님의 선한 일을 위해 성령으로 하나 된 그리스도의 공동체가 바로 교회입니다. 교회는 모퉁잇돌(주춧돌)이신 예수 그리스도를 중심으로 성도가 함께 지어 가는 것입니다(22). 그래서 성도는 걸어 다니는 교회입니다.

성도가 가장 가치 있게 사는 길은 무엇일까요? 그리스도인의 존재 목적은 어제나 오늘이나 주님 다시 오시는 그날까지 오직 한 가지입니다. 예수님을 더 알아가고, 예수님을 더 알게 하며, 내가 있는 이곳에 하나님 나라를 세우는 것입니다. 이것이 하나님께서 세상에 교회를 세우시고 우리를 성도로 구별하여 세우신 목적입니다. 내가 교회입니다. 내 안에 성령이 계시면 내가 성전입니다. 내 안에 하나님 나라가 있습니다. 그리스도 안에서 내가 교회입니다. 우리가 교회입니다. 이제 우리는 교회를 일상의 수단으로 여기지 말고 주체로서 내가, 우리가 교회라는 사실을 직시해야 합니다.

교회는 세상을 변화시키는 그리스도의 공동체입니다. 교회의 보편적 사명은 사람들에게 복음을 전하여 영혼을 구원하고, 성도들을 양육하여 온전한 그리스도인이 되게 하며, 참된 그리스도의 공동체를 이루어 세상을 변혁시키는 것입니다. 교회에서 이루어지는 모든 사역의 목적도 성도로서 예수님을 더 알아가고, 이웃에게 복음을 전하며, 삶의 현장에서 하나님의 나라를 세우는 것입니다. 교회가 본질과 사명에 충실하기 위해서는 '우리가 교회다'라는 주체 의식이 필요합니다. 그때 비로소 교회는 세상에서 빛이 되고, 성도는 세상의 희망이 될 수 있습니다.

"주님, 우리 교회가 물을 가득 모아둔 저수지가 아니라 모든 생명을 살리는 옹달샘이 되게 하소서. 주님, 우리 교회가 구경꾼만 가득 실은 유람선이 아니라 모든 생명을 보듬고 구원하는 방주가 되게 하소서. 주님, 우리 교회가 나이가 많고 쓸모없는 고목(古木)이 아니라 많은 사람의 쉴 곳을 만들어 주는 거목(巨木)으로 자라나 하나님 나라의 재목(材木)이 되게 하소서."

우리가 교회입니다. 교회가 세상의 희망입니다.

매일 성경 읽기
딤전 1장 ☑ 2장 ☐
3장 ☐

나는 교회를
교회 되게 하는
성도입니까?

우리를 통해 교회를 세우시는 하나님, 그리스도 안에서 우리를 성도로 부르시고 성령을 따라 교회를 이루게 하시니 감사드립니다. 우리가 교회임을 깨달아 교회의 본질과 사명을 회복하고, 성도로서 세상의 빛이 되게 하옵소서. 예수님의 이름으로 기도합니다. 아멘

안중덕 목사 _ 샘터교회

말씀의 운동력

히브리서는 유대교에서 개종한 히브리인들에게 예수 그리스도를 증거하는 편지입니다. 유대교 신앙과 그리스도교 신앙을 구분하지 못하고 혼동하던 히브리인들을 향해 예수님이 누구이신가를 가르치고 있습니다. "곧 하나님의 아들 예수시라(14)." 그리스도교는 유대교를 모태로 하여 태어났지만, 다시 유대교로 돌아갈 수 없는 새로운 신앙입니다. 히브리서는 예수님을 바르게 설명하기 위해 모세와 비교하고, 새로운 대제사장직으로 설명하고, 옛 율법이 아닌 새 언약을 일깨워 줍니다.

초대 교회에서 그리스도인들은 외부의 박해로, 고난과 희생 그리고 미래에 대한 불안 때문에 예수님을 믿는 믿음의 길에서 벗어나곤 하였습니다. 그러기에 흔들리지 않는 확고한 믿음을 지키는 일은 매우 중요합니다. 예수님을 든든히 붙잡으려면, 예수님을 잘 알아야 합니다.

성경은 예수님에 대한 지식과 증거로 가득합니다. 그 말씀은 우리를 바른 길로 인도합니다. 하나님의 말씀은 과거의 문서가 아니며, 지금도 생생히 살아 있어 운동력이 있습니다. 양쪽에 날이 선 검보다 더 날카롭고 예리하기에 사람의 영적 삶과 육체적 삶 모든 것을 살피시고, 마음의 생각과 뜻을 감찰합니다. 하나님의 말씀은 적나라하게 비추는 거울과 같아서 그 말씀 앞에서 다 벌거숭이로 드러나고 말 것입니다.

필리핀 마닐라에 있는 한 교회 앞에 이런 글귀가 적혀 있습니다. "예수는 해답이시다." 어느 날 교회 앞을 지나가는 젊은이들이 킬킬거리면서 말합니다. "누가 물어봤대?" 문제는 묻지 않는다는 점입니다. 남의 일이 아닙니다. 사실 물음이 없는 우리 시대는 중병을 앓고 있습니다. 정답을 너무나 잘 알아서일까요, 대체 내가 믿는 예수 그리스도는 누구입니까?

히브리서는 예수 그리스도야말로 우리 삶의 기준임을 일깨워 줍니다. 그러니 견고히 굳게 붙잡아야 합니다. 우리에게 필요한 것은 지금 이 순간, 오늘, 더욱 진실하게 하나님 앞에서 충실한 삶을 사는 것입니다. 이것은 예수 그리스도와 더불어 은총을 누리는 비결입니다. 날마다 하나님의 말씀의 능력을 힘입고 예수님과 동행하기를 바랍니다.

200장
달고 오묘한 그 말씀

—

히브리서 4:12~13
하나님의 말씀은 살아 있고 활력이 있어 (12a)

매일 성경 읽기
딤전 4장 ☑ 5장 ☐
6장 ☐

하나님, 오늘도 하나님의 말씀을 읽고, 듣고, 묵상합니다. 말씀의 빛으로 우리의 삶을 성찰하며 주님이 인도하시는 대로 살아가게 하옵소서. 인생길의 목적이 되시는 주님, 언제나 말씀으로 삶의 신호등과 표지판을 삼게 하옵소서. 예수님의 이름으로 기도합니다. 아멘.

송병구 목사 _ 색동교회

예수 그리스도를 잘 알고 증거하며 살고 있습니까?

하나님의 은혜

310장
아 하나님의 은혜로

—

롯기 4:13~17
이에 보아스가 룻을 맞이하
여 아내로 삼고 그에게 들
어갔더니 여호와께서 그에
게 임신하게 하시므로 그가
아들을 낳은지라 (13)

롯기는 네 장으로 구성된 짧은 책이지만, 복음의 핵심과 하나님의 구원경영을 분명하고 자세하게 말씀해 줍니다. 롯기서의 핵심은 바로 고엘(기업 무를 자)로부터 주어지는 '은혜'입니다. 이 은혜를 구체적으로 세 가지로 구분할 수 있습니다.

첫째는 '반전의 은혜'입니다. 롯기는 장례식으로 시작하여 혼인 잔치의 기쁨으로 이어집니다. 그리고 새로운 생명이 태어납니다. 단절되고 끝났을 것으로 생각했던 곳에서 일어난 반전의 역사입니다. 나오미와 룻이 어떻게 이런 반전의 은혜를 누릴 수 있었습니까? 절망의 자리, 죽음의 자리까지 찾아오신 하나님을 바라보았기 때문입니다. 우리도 이러한 믿음을 주신 하나님께 소망을 두어야 합니다.

둘째는 '사명 회복의 은혜'입니다. 하나님께서 룻의 인생을 반전시켜서 놀라운 은혜의 자리를 허락하십니다. 나오미는 며느리 룻이 낳은 아이로 인해 기쁨과 은혜를 만끽합니다. 거기에서 그치지 않고 그 아이의 믿음의 양육자가 되었습니다. 우리는 죽음의 자리에서 생명의 자리로 반전의 은혜를 입었습니다. 그러므로 우리는 그 은혜를 나누는 사명자로 살아야 합니다.

셋째는 '택하심의 은혜'입니다. 롯기는 하나님이 택하신 한 사람에 대한 기록입니다. 룻과 나오미에게 주어진 반전의 은혜 배후에는 하나님이 계셨습니다. 롯기에는 엘리멜렉, 룻, 나오미 등이 등장하지만 진짜 주인공은 하나님입니다. 우리는 엘리멜렉의 실패를 반전의 은혜로 회복시키신 하나님, 나오미와 룻을 절망의 구렁텅이에서 건져내고 그들을 통해 끝내 다윗의 계보를 잇게 하시는 하나님을 볼 수 있어야 합니다. 이런 관점으로 롯기를 보면 한 사람의 회복에 집중하시는 하나님의 성품을 발견할 수 있습니다. 지금도 하나님은 한 사람을 위해 여전히 일하십니다.

우리도 이러한 은혜를 주시는 하나님께 소망을 두어야 합니다. 하나님은 지금도 나를 위해 여전히 일하고 계십니다. 우리의 삶이 하나님이 준비하신 놀라운 은혜들을 온전히 누리는 삶이 되기를 축복합니다. 또한 그 은혜를 흘려보낼 수 있기를 주님의 이름으로 간절히 축복합니다.

매일 성경 읽기
딤후 1장 ☑ 2장 ☐
3장 ☐ 4장 ☐

우리의 삶에서
하나님은 어떻게
일하고 계십니까?

은혜로우신 하나님, 어두움에 있는 우리에게 빛을 비춰 주셔서 감사합니다. 우리에게 베풀어 주신 놀라운 은혜들을 풍성히 누리며 믿음으로 살게 하옵소서. 또한 그 은혜를 넉넉히 흘려보내는 삶이 되게 하옵소서. 예수님의 이름으로 기도합니다. 아멘.

백성현 목사 _ 학익교회

주 예수보다 더 귀한 것은 없습니다

수요일

17

94장
주 예수보다 더
귀한 것은 없네

누가복음 1:46~55
긍휼하심이 두려워하는 자
에게 대대로 이르는도다 (50)

마리아에게 천사가 와서 "보라 네가 잉태하여 아들을 낳으리니 그 이름을 예수라 하라(31)."고 말씀하였습니다. 이 말씀을 들은 마리아의 마음은 어땠을까요. 결혼하지 않은 처녀가 임신했다는 사실은 받아들이기 어려운 일이었을 겁니다. 사람들이 수군거리고 손가락질을 할 일입니다. 두렵고 힘든 시간을 보내야 할 것이 자명합니다. 그런데 마리아는 주님을 찬양합니다.

오늘 본문은 엘리사벳을 통해 하나님의 위로를 경험한 마리아의 고백입니다. 엘리사벳은 성령으로 충만하여 마리아와 태중의 아이를 축복합니다. 이러한 엘리사벳의 축복과 위로는 마리아에게 큰 힘이 되었을 것입니다. 마리아는 "내 마음이 하나님 내 구주를 기뻐하였음은 그의 여종의 비천함을 돌보셨음이라(47~48)."고 고백합니다. 하나님은 마리아를 돌보셨고, 그녀를 통해 큰 일을 이루셨습니다. 마찬가지로 하나님은 우리를 돌보셨고, 앞으로도 돌보실 것입니다. 오늘 우리에게 있는 아픔과 어려움으로 인해 절망하지 마십시오. 역전시키시는 하나님을 신뢰하십시오. 하나님이 돌보시고 위로를 주실 것입니다.

마리아의 고백은 "긍휼하심이 두려워하는 자에게 대대로 이르는도다(50)."로 이어집니다. 우리는 이 고백에서 하나님의 긍휼하심이 얼마나 크고 놀라운지를 깨닫습니다. 하나님의 긍휼은 두려워하는 자, 곧 하나님을 경외하는 모든 이들에게 대대로 임할 것입니다. 이것이 우리가 두려움과 어려움 속에서도 하나님의 긍휼하심을 소망할 수 있는 이유입니다. 하나님의 자비와 긍휼을 소망하는 뜻깊은 대림절을 보내야 하겠습니다. 또한 마리아는 "우리 조상에게 말씀하신 것과 같이 아브라함과 그 자손에게 영원히 하시리로다 하니라(55)."고 고백합니다. 하나님은 고난 가운데 있는 우리에게 약속하신 대로 반드시 자비를 베푸실 것입니다.

혹시 두렵고 떨리는 순간을 보내고 있습니까? 오늘의 문제와 상황에 매이지 마십시오. 하나님의 약속은 반드시 이루어집니다. 마리아에게 임한 하나님의 위로와 약속의 성취가 우리에게도 동일하게 임할 것입니다. 주 예수보다 더 귀한 것은 없다는 사실을 고백하는 하루가 되기를 소망합니다.

매일 성경 읽기
딛 1장 ☑ 2장 ☐ 3장 ☐
몬 1장 ☐

하나님, 우리를 위해 인간의 몸을 입고 세상에 오셔서 영생을 약속해 주시니 감사합니다. 구주의 오심을 기다리는 대림절에 예수님을 깊이 만나기 원합니다. 크신 사랑에 감격하며 주 예수보다 귀한 것은 없음을 고백하게 하옵소서. 예수님의 이름으로 기도합니다. 아멘.

박준기 목사 _ 주님의교회

내게 주 예수보다
더 귀한 것은
없습니까?

어떠한 감사로 보답할까

12

목요일

18

361장
기도하는 이 시간

—

데살로니가전서 3:7~13
너희 마음을 굳건하게 하시
고 우리 주 예수께서 그의
모든 성도와 함께 강림하실
때에 하나님 우리 아버지
앞에서 거룩함에 흠이 없게
하시기를 원하노라 (13)

사도 바울은 데살로니가 교회를 방문하고 돌아온 디모데를 통하여 기분 좋은 소식을 들었습니다. 데살로니가 성도들이 바울이 전한 복음을 받아들여 믿음의 뿌리를 확고히 내리고 있다는 소식이었습니다. 데살로니가 교회의 교인들이 환난 때문에 믿음을 포기하거나 그로 인해 선교사역이 무너지지 않을까 염려했던 바울은 더없이 기뻤습니다. 그의 불안과 염려가 기쁨과 감사로 바뀌었습니다.

바울은 데살로니가 성도들의 믿음으로 말미암아 위로를 받았다고 고백합니다. 당시 바울은 고린도에서 물질적인 궁핍과 환난으로 어려움을 겪고 있었습니다. 믿음이라는 것이 단순한 신념을 넘어, 삶의 힘과 위안이 되는 것임을 보여 줍니다. 바울은 "우리가 우리 하나님 앞에서 너희로 말미암아 모든 기쁨으로 기뻐하니 너희를 위하여 능히 어떠한 감사로 하나님께 보답할까(9)."를 생각했습니다. 우리도 바울처럼 믿음을 통해 어떤 상황에서도 하나님께 감사할 수 있기를 바랍니다.

바울은 이어서 데살로니가 성도들을 위해 밤낮으로 간절히 기도합니다. "주야로 심히 간구함은 너희 얼굴을 보고 너희 믿음이 부족한 것을 보충하게 하려 함이라(10)." 바울의 기도에는 그들을 보고 싶은 마음과 그들의 믿음을 돕고 싶은 열망이 담겨 있습니다. 그래서 하나님께 그 길을 열어 달라고 기도하는 것입니다. 또 데살로니가 성도들이 주님 오실 때까지 거룩함에 흠이 없고, 서로 돕고 사랑 안에서 살아가기를 하나님께 간구합니다. 믿음 안에서 살려면 끊임없는 기도가 필요합니다.

오늘 말씀은 우리에게 감사의 중요성을 일깨워 줍니다. 감사하는 마음은 믿음에서 비롯되며 하나님과의 관계를 깊어지게 합니다. 데살로니가 성도들을 향한 바울의 기도처럼 우리도 믿음을 위해 기도해야 합니다. 믿음으로 거룩한 삶을 살게 해달라고, 믿음 안에서 서로 돕고 나누며 사랑하는 삶을 살게 해달라고 기도해야 합니다. 그런 믿음이 우리의 삶을 감사로 채워갈 수 있습니다. 끊임없이 하나님과 함께하므로 하나님과 더욱 친밀해지기를, 믿음으로 하나님께 감사하며 살아가기를 소망합니다.

매일 성경 읽기
히 1장 ☑ 2장 ☐ 3장 ☐
4장 ☐

감사하게 하는
믿음을 위해 얼마나
기도합니까?

사랑의 하나님, 우리가 믿음과 하나님께 감사하는 마음으로 살아가게 하시니 감사합니다. 날마다 믿음을 위해 기도하게 하옵소서. 우리의 모든 부족함과 허물을 용서하여 주시고, 주님의 뜻대로 살아가도록 인도하옵소서. 예수님의 이름으로 기도합니다. 아멘.

최종호 목사 _ 광주교회

포기하지 않으시는 하나님

세상에서 가장 강력한 힘 가운데 하나로 '모성애'를 꼽습니다. "신은 자신의 손길이 다 미치지 못하는 곳에 '어머니'를 보냈다"는 말이 있을 정도입니다. 하지만 안타깝게도 모든 어머니가 자식을 품어 주는 건 아닙니다. 모성애도 상황과 환경에 따라 변하는 것을 봅니다. 모성애와는 비교될 수 없을 만큼, 절대 변하지 않는 사랑이 있습니다. 바로 우리를 향한 하나님의 사랑입니다. 오늘 본문을 보면 이스라엘 민족이 하나님을 무시하고 외면해도 하나님은 그들을 포기하지 않겠다는 마음을 보여 주십니다. 그렇다면 하나님은 자기 백성을 위해 어떻게 일하실까요?

첫째, 하나님은 흩어진 백성을 다시 돌아오게 하십니다. 하나님은 이렇게 약속하십니다. "내가 내 양 떼의 남은 것을 그 몰려 갔던 모든 지방에서 모아 다시 그 우리로 돌아오게 하리니(3)." 하나님을 떠나 흩어진 백성들을 찾아가셔서 그들을 지켜 주시고, 때가 되면 다시 하나님의 집이 있는 이스라엘 땅으로 돌아오게 하신다는 뜻입니다.

둘째, 그들을 바른길로 인도할 지도자를 세우십니다. 하나님은 이어서 이렇게 약속하십니다. "내가 그들을 기르는 목자들을 그들 위에 세우리니(4)." 그동안 잘못된 지도자로 인해 하나님을 떠났던 일을 반복하지 않도록, 그들을 하나님의 길로 인도할 지도자를 세우시겠다는 뜻입니다. 그들이 번성하기를 원하시며, 다시는 두려워하거나 놀라거나 잃어 버리지 않게 하시려는 하나님의 사랑을 느낄 수 있습니다.

쉽지 않은 약속이지만 하나님은 그 약속을 잊지 않고 이루셨습니다. 자신의 독생자인 예수 그리스도를 구원자로 이 땅에 보내셨습니다. 그리고 예수 그리스도만 믿으면 구원받을 것이라며 우리를 부르십니다. 그 약속의 성취가 시작된 예수 그리스도의 강림! 그 위대한 강림을 기억하며 기다리는 대림절을 오늘도 보냅니다. 이 하루를 살아가면서 우리를 포기하지 않기 위해 약속하시고 마침내 이루시는 하나님의 사랑에 감사합니다. 그 사랑을 힘입어 절망과 낙담의 자리에서 일어나 힘차게 걷는 복된 인생이 되기를 진심으로 축복합니다.

304장
그 크신 하나님의 사랑

—

예레미야 23:1~4
내가 그들을 기르는 목자들을 그들 위에 세우리니 그들이 다시는 두려워하거나 놀라거나 잃어 버리지 아니하리라 여호와의 말씀이니라 (4)

매일 성경 읽기
히 5장 ☑ 6장 ☐
7장 ☐ 8장 ☐
9장 ☐ 10장 ☐

하나님, 우리를 포기하지 않으시고 독생자 예수 그리스도를 보내 주심에 감사합니다. 예수 그리스도를 통하여 참된 길과 진리를 알게 하신 것도 감사합니다. 우리가 이렇게 사랑받는 존재임을 기억하며 살아가도록 인도하옵소서. 예수님의 이름으로 기도합니다. 아멘.

김학중 목사 _ 꿈의교회

포기하지 않으시는
하나님을 믿습니까?

우리가 전할 예수님

453장
예수 더 알기 원하네

마가복음 1:21~28
다 놀라 서로 물어 이르되
이는 어찜이냐 권위 있는
새 교훈이로다 더러운 귀신
들에게 명한즉 순종하는도
다 하더라 (27)

매일 성경 읽기
히 11장 ☑ 12장 ☐
13장 ☐

예수님의 권위와
능력을 경험하고
있습니까?

마가복음은 예수님의 탄생 이야기를 생략하고 바로 사역 이야기로 들어갑니다. 세례 요한에게 세례를 받고 제자들을 부르신 예수님이 회당에 들어가 말씀을 전하는 장면을 소개합니다. 안식일에 회당에 모인 사람들은 정통 유대인들이라 할 수 있습니다. 예수님이 회당에서 말씀을 전하는 자체가 놀라운 일입니다. 그들은 예수님을 제지하지 않았을 뿐 아니라 예수님의 말씀을 듣고 놀랐습니다. 더 놀라운 일이 이어집니다. 회당에 있던 귀신 들린 자가 소란을 벌인 것입니다. 예수님은 그 사람에게서 귀신을 쫓아내셨습니다. 예수님이 회당에서 말씀을 전하시고 귀신 들린 자를 치유하신 일로 인하여 사람들이 놀랐고, 이로 인하여 예수님의 소문이 갈릴리 사방에 퍼집니다.

오늘 본문은 두 가지 사역을 통해 예수님이 누구이신지를 보여 줍니다. 먼저 예수님은 말씀으로 사람들에게 깨우쳐 주셨습니다. 유대인들은 이전에 듣던 말씀의 뜻을 분명하게 깨닫고 놀랐습니다. 구약성경은 이스라엘이 경험하고 고백한 하나님에 대한 기록이면서 메시아의 오심을 고대하는 내용입니다. 예수님은 구약성경의 율법과 예언을 완성하시는 분이기에 분명하게 가르치셨습니다. 그리고 예수님은 귀신을 꾸짖어 귀신 들린 자를 치유하셨습니다. 예수님은 말씀만 하는 분이 아니라 행동하는 분이셨습니다. 귀신은 하나님의 권위에 대적하는 세력입니다. 영적인 존재일 뿐 아니라 오늘날 우리의 마음을 빼앗는 존재들입니다. 예수님은 우리의 마음에서 하나님 아닌 그릇된 존재들을 쫓아내십니다. 그것은 재물과 권력과 명예에 대한 욕망입니다. 더러운 귀신은 예수님이 누구인지 알고 있었습니다. "나사렛 예수여 … 나는 당신이 누구인 줄 아노니 하나님의 거룩한 자이니이다(24)."

회당에서 예수님의 말씀을 듣고, 귀신 들린 자의 외침을 듣고, 예수님이 귀신을 쫓아내는 장면을 본 사람들은 나가서 예수님을 전했습니다. 그들이 전한 것은 예수님의 말씀의 권위와 귀신을 쫓아내는 능력이었습니다. 예수님에 대한 소문을 내기 위해서는 예수님의 권위와 능력을 목격하고 경험해야 합니다. 삶 속에서 예수님을 바라보고 그분의 거룩하신 권위와 능력을 경험함으로 예수님을 전하는 우리가 되기를 소망합니다.

거룩하신 주님, 말씀으로 우리를 깨우치고 능력으로 우리를 고치시는 주님의 능력을 경험하고 고백하고 전하는 우리가 되기를 원합니다. 우리의 마음에서 하나님 아닌 것들을 쫓아내어 주시고, 주님을 전하는 제자가 되게 하옵소서. 예수님의 이름으로 기도합니다. 아멘.

박도웅 목사 _ 동인교회

하나님의 사랑 고백

오늘 본문은 마태복음에서 요셉에게 주의 사자가 나타나 마리아가 성령으로 잉태한 것을 전할 때 인용한 말씀입니다. 그래서 교회는 구약의 이 말씀이 예수께서 구원자로 나실 것을 예언한 것이라고 해석합니다. 물론 그러하지만 이사야서에서도 말하려는 바가 있습니다. 이사야서에서도 예언이 되고, 동시에 예수님을 예언하는 이중적 예언인 것입니다.

아람과 이스라엘의 연합군이 유다를 위협할 때, 하나님께서 유다 왕 아하스에게 징조를 구하라고 하셨는데 아하스가 거부합니다. 아하스의 대답에 관계없이 이사야가 하나님의 말씀을 전합니다. "보라 처녀가 잉태하여 아들을 낳을 것이요 그의 이름을 임마누엘이라 하리라(14)." 이어지는 말씀을 보면, 머지않아 아람과 이스라엘의 군사적 위협이 끝날 것입니다. 하나님의 인도하심은 그것을 거부하는 사람에게도 역사합니다.

태어날 아이의 이름인 '임마누엘'은 '하나님이 우리와 함께 계신다'는 뜻입니다. 이사야 때에도 임마누엘이라는 이름의 아이는 찾을 수 없고, 예수님의 이름도 '예수'이지 '임마누엘'이라고 하지 않았습니다. 그러니 이 말은 실제 이름이라기보다 상징적인 의미를 담고 있는 것입니다. 하나님의 백성이 하나님을 떠나도, 그 백성의 왕이 하나님의 인도하심을 구하지 않아도 하나님은 역사하신다는 하나님의 사랑 고백입니다. 이런 하나님의 모습이 짝사랑 같기도 하고, 떠난 연인을 끝까지 사랑하는 모습 같기도 합니다. 아하스왕도 하나님의 인도하심을 구하지 않았고, 예수님이 나실 때도 사람들은 자기들이 원하는 메시아를 기다렸습니다. 그래도 자기 백성을 인도하시고 구원하시는 하나님의 사랑이 참 감동적입니다.

더 놀라운 것은 하나님께서 그 사랑으로 우리를 사랑하신다는 것입니다. 하나님은 고난 가운데에도, 감사의 순간에도 우리와 함께 계십니다. 우리가 미련하여 하나님의 인도하심을 구하지 않을 때도 하나님은 일하십니다. 개인과 가정, 교회에 어떤 일이 닥쳐와도 두려워하지 말고 임마누엘 하나님을 의지하십시오. 하나님이 함께하신다는 믿음의 고백 위에서 견디면 우리는 승리할 것입니다.

주일

21

191장
내가 매일 기쁘게

—

이사야 7:10~14
그러므로 주께서 친히 징조를 너희에게 주실 것이라 보라 처녀가 잉태하여 아들을 낳을 것이요 그의 이름을 임마누엘이라 하리라 (14)

매일 성경 읽기
약 1장 ☑ 2장 ☐ 3장 ☐
4장 ☐ 5장 ☐

임마누엘 하나님, 믿음의 눈을 떠서 우리를 인도하시는 하나님의 사랑과 손길을 보게 하옵소서. 하나님을 믿고 의지함으로 외로워하지 않고, 두려워하지 않고, 하나님의 인도하시는 길을 온전히 따라 살게 하여 주옵소서. 예수님의 이름으로 기도합니다. 아멘.

이경민 목사 _ 캘거리제일교회

하나님이 함께하심을
경험하고 있습니까?

예수, 임마누엘

98장
예수님 오소서

마태복음 1:18~25
아들을 낳기까지 동침하지
아니하더니 낳으매 이름을
예수라 하니라 (25)

처녀인 마리아의 잉태는 마리아와 약혼자인 요셉이 받아들이기에는 가혹한 것이었습니다. 이때 마리아의 반응은 누가가, 요셉의 반응은 마태가 소개합니다. 요셉은 극심한 마음의 고통 속에서도 마리아를 위해 매우 사려 깊게 행동합니다(19). 주의 사자가 요셉에게 현몽하여 말씀합니다. "다윗의 자손 요셉아 네 아내 마리아 데려오기를 무서워하지 말라 그에게 잉태된 자는 성령으로 된 것이라 아들을 낳으리니 이름을 예수라 하라 이는 그가 자기 백성을 그들의 죄에서 구원할 자이심이라 하니라 이 모든 일이 된 것은 주께서 선지자로 하신 말씀을 이루려 하심이니 이르시되 보라 처녀가 잉태하여 아들을 낳을 것이요 그의 이름은 임마누엘이라 하리라 하셨으니 이를 번역한즉 하나님이 우리와 함께 계시다 함이라(20~23)."

이 믿기 어려운 말씀 앞에서 요셉은 놀랍게도 주의 사자가 전해준 말의 사실 여부를 가려내는 일보다 믿음의 당위성, 즉 '믿어야만 하는 당위성'에 더 적극적으로 부응합니다. 그 당위성은 아기의 이름 안에 신비롭게 감추어 있었습니다. "아들을 낳으리니 이름을 예수라 하라(21)." 예수는 히브리어로 '여호수아', 즉 '하나님이 구원하신다'라는 뜻입니다. 요셉은 알고 있었습니다. 그들 모두에게는 하나님의 구원이 절실하게 필요했습니다. 아기의 두 번째 이름은 '임마누엘'입니다. "그의 이름은 임마누엘이라 하리라(23)." 여기에는 '예수'보다 메시아의 신비가 더 선명하게 담겨 있습니다. 마리아가 낳을 아기 예수를 통해 하나님이 우리와 함께하시겠다는 것입니다. 이것이 마태가 우리에게 말하고 싶어 하는 하나님 구원의 신비입니다.

사실 이것은 요셉과 마리아로서는 쉽게 받아들일 수 있는 사안이 아니었습니다. 가깝게는 마리아의 목숨이 위험한 일이고, 장차 아들의 죽음을 십자가 아래서 바라봐야 하는 비극적인 사건이었습니다. 그럼에도 요셉은 이를 받아들입니다(24~25).

신앙이란 무엇입니까? 예수를 따름으로 함께 겪을 박해와 희생을 받아들이면서도, 그리스도 안에 있는 생명을 믿고 흠모하며 그 생명을 위해 헌신하는 것 아니겠습니까?

매일 성경 읽기
벧전 1장 ☑ 2장 ☐
3장 ☐ 4장 ☐
5장 ☐

예수님과 함께
박해받을 준비가
되어 있습니까?

사랑의 하나님, 예수님을 통해 우리를 구원하시고 우리와 함께하심을 믿습니다. 그리스도 안에 있는 생명을 흠모합니다. 예수의 이름을 믿음으로 받아들일 뿐 아니라, 예수의 이름으로 고난도 감당할 수 있게 하옵소서. 예수님의 이름으로 기도합니다. 아멘.

한석문 목사 _ 해운대교회

오직 주님만을 신뢰하는 믿음

지금 우리는 소위 불안의 시대를 살아가고 있습니다. 묻지마 범죄와 각종 사건·사고가 뉴스를 통해 끊임없이 보도됩니다. 이런 시대를 살아가는 우리는 어떻게 마음의 평강을 얻을 수 있을까요? 오늘 말씀에서 그 비결을 찾을 수 있습니다.

3절 말씀을 보면 "주께서 심지가 견고한 자를 평강하고 평강하도록 지키시리니 이는 그가 주를 신뢰함이니이다."라고 합니다. 심지가 견고한 자란 '마음의 뿌리가 견고한 자, 한결같은 마음을 가진 자'라는 뜻입니다. 즉 흔들리지 않고 변함없는 믿음의 자세를 가진 사람을 말합니다. 주님께서 그러한 사람들을 '평강하고 평강하도록' 지켜 주신다고 말씀합니다. 어떤 상황 속에서도 오직 주님만을 신뢰하고 변함없는 믿음으로 나아갈 때 주님이 주시는 평강의 은혜를 경험할 수 있습니다. "너희는 영원토록 주님을 의지하여라. 주 하나님만이 너희를 보호하는 영원한 반석이시다(4, 새번역)."

우리나라 역대 최고의 남자 골프선수로 평가받는 최경주 선수는 미국프로골프(PGA) 최초로 우승한 한국 선수입니다. 최경주 선수는 놀라울 정도로 침착하게 경기를 풀어나가는 것으로 유명합니다. 그 비결이 무엇일까요? 바로 말씀 묵상입니다. 티샷을 한 뒤 세컨드샷 지점까지 걸어가며 쪽지에 적힌 성경 구절을 읽고 묵상하며 엄청난 압박감을 이겨낸다고 합니다. 어떤 상황 속에서도 주님만을 의지하고 신뢰할 때 주님께서 평강 위에 평강을 더해 주십니다. "주님께서는 의로운 사람의 길을 곧게 트이게 하십니다. 의로우신 주님, 주님께서는 의로운 사람의 길을 평탄하게 하십니다(7, 새번역)."

이처럼 불안과 두려움의 시대를 살아가는 우리가 평강의 은혜를 경험하려면 어떤 상황 속에서도 주님을 신뢰하고 변함없는 믿음으로 살아야 합니다. 지금 무엇을 염려하고 두려워하고 있습니까? 아무리 힘들고 어려운 상황일지라도 오직 주님만을 신뢰하기 바랍니다. "주님께서 우리에게 평화를 주실 것을 확신합니다. 우리가 성취한 모든 일은 모두 주님께서 우리에게 하여 주신 것입니다(12, 새번역)." 믿음을 굳게 지켜 평강의 은혜를 한껏 누리기를 주님의 이름으로 축복합니다.

412장
내 영혼의 그윽히
깊은 데서

—

이사야 26:1~7
주께서 심지가 견고한 자를 평강하고 평강하도록 지키시리니 이는 그가 주를 신뢰함이니이다 (3)

매일 성경 읽기
벧후 1장 ☑ 2장 ☐
3장 ☐

의로우신 하나님, 이 시대는 너무나 많은 불안과 두려움을 우리에게 안겨 줍니다. 이러한 때에 오직 주님만을 신뢰하고 믿음을 지켜나가게 하옵소서. 주님이 주시는 평강의 은혜를 경험하고, 온전히 승리하게 하옵소서. 예수님의 이름으로 기도합니다. 아멘.

이선목 목사 _ 숭의교회

우리 삶의 불안과
두려움을 어떻게
극복하고 있습니까?

있을 곳이 없음이러라

108장
그 어린 주 예수

누가복음 2:1~7
첫아들을 낳아 강보로 싸
서 구유에 뉘었으니 이는
여관에 있을 곳이 없음이
러라 (7)

성탄 전날입니다. 성탄절은 예수님의 나심을 축하하는 날입니다. 죽은 사람을 위해서는 추도예배를 합니다. 죽은 이의 생일잔치를 하지는 않습니다. 우리가 성탄을 축하하고 기뻐하는 것은 예수님이 지금도 살아 계시기 때문입니다. 예수님의 생일을 마음껏 축하하고 기뻐하기 바랍니다. 그러면서 '구유'를 함께 생각하면 좋겠습니다.

예수님, 그 귀하신 어린 몸이 가축들의 먹이통 안에 누워 계십니다. "첫아들을 낳아 강보로 싸서 구유에 뉘었으니 이는 여관에 있을 곳이 없음이러라 (7)." 예수님이 태어날 방이 없었습니다. 사람들이 모두 차지하고 있었습니다. 이 짧은 구절은 많은 의미를 품고 있습니다. 아니, 성탄의 의미 전부를 나타내 주고 있습니다. 예수님은 가장 낮고 천한 자리로 오셔서 구원받을 수 없는 사람들을 구원하셨습니다. 높은 자리, 귀한 자리로 오면 낮고 천한 이들을 구원할 수 없습니다. 죄가 없어 죽을 이유도 없으시고 세례받을 필요도 없으신 분이 우리처럼 세례받고 죄인같이 십자가를 지고 죽으셨습니다. 그 시작이 구유입니다. 신분이 높은 자리로 오면 낮은 이들을 섬길 수 없습니다. 그분은 왕이시면서 종으로 섬기기 위해 오셨습니다. 그래서 하나님 나라를 선물로 주셨습니다. 그 처음이 구유입니다. 예수님은 천국을 가르치면서 마음이 가난한 자가 복이 있다고 하셨습니다(마 5:3). 우리 마음이 구유가 되기를 바랍니다. 높아진 마음이 낮아지기 바랍니다. 그래야 예수님이 누우실 수 있습니다. "너희 안에 이 마음을 품으라 곧 그리스도 예수의 마음이니 그는 근본 하나님의 본체시나 하나님과 동등됨을 취할 것으로 여기지 아니하시고 오히려 자기를 비워 종의 형체를 가지사 사람들과 같이 되셨고 사람의 모양으로 나타나사 자기를 낮추시고 죽기까지 복종하셨으니 곧 십자가에 죽으심이라(빌 2:5~8)."

예수님의 생일을 축하하십시오. 마음껏 기뻐하십시오. 그 기쁜 소식을 널리 알리고 나누십시오. 그러기 위해 마음을 낮추기 바랍니다. 거기에 예수님이 오셔서 누우실 것입니다. 낮은 곳을 찾아가십시오. 거기에 우리의 축하를 받을 예수님이 계실 것입니다. 예수님이 이 땅에 오신 기쁨과 은혜가 우리 안에 먼저 넘쳐나기를 축복합니다.

나의 발걸음은
예수님 계신 곳,
그 낮은 곳을 향하고
있습니까?

참 좋으신 하나님, 이 땅에 오셔서 하나님 나라를 선물로 주시고, 우리를 섬기는 삶으로 이끌어 주시니 감사합니다. 우리의 마음을 비웁니다. 우리의 걸음을 주님 계실 또 다른 낮은 곳으로 향하게 도와주옵소서. 예수님의 이름으로 기도합니다. 아멘.

윤광식 목사 _ 생명샘교회

구유에 누이신 구주

목요일

25

119장
옛날 임금 다윗성에

누가복음 2:7~14
너희가 가서 강보에 싸여 구유에 뉘어 있는 아기를 보리니 이것이 너희에게 표적이니라 하더니 (12)

인류 역사상 가장 깊은 곳까지 다녀온 사람은 빅터 베스코보입니다. 그는 특수 제작된 잠수정을 타고 마리아나 해구 수심 약 10,924미터까지 다녀왔습니다. 반대로 가장 높은 곳까지 다녀온 사람은 1970년 발사된 아폴로 13호 승무원들입니다. 이들은 우주선이 고장을 일으키는 바람에 목적지였던 달 앞면에 착륙하지 못하고 달을 크게 돌아 유턴해야 했습니다. 덕분에 가장 높은 고도에 도달한 유인우주선 탑승자로 기록되었습니다.

이들은 인류 역사상 유례없는 불멸의 기록 보유자들입니다. 하지만 이들도 예수님이 세운 기록 앞에서는 명함을 내밀지 못합니다. 예수님은 높고 높은 하늘 보좌에서 가장 낮고 낮은 구유 위로 오셨기 때문입니다. 누구보다 높은 곳에 계시던 분이 누구보다 낮은 자리로 임하신 것입니다. 베스코보와 아폴로 13호가 세운 기록이 아무리 대단해도 전 세계 사람들이 매년 이 기록을 축하하고 노래를 부르며 카드를 써서 나누지는 않습니다. 하지만 성탄절에는 그리합니다. 또한 사람들은 기뻐하고, 소외된 이웃들을 돌아보며 이날을 기념합니다. 가장 높으신 하나님의 아들이 가장 낮은 곳으로 임하신 일은 그렇게 특별한 사건입니다. "두려워하지 말아라. 나는 온 백성에게 큰 기쁨이 될 소식을 너희에게 전하여 준다. 오늘 다윗의 동네에서 너희에게 구주가 나셨으니, 그는 곧 그리스도 주님이시다(10~11, 새번역)."

세상 그 누구도 해내지 못한 불멸의 겸손과 자기 비움의 신기록을 기념하는 날이 바로 오늘, 성탄절입니다. "지극히 높은 곳에서는 하나님께 영광이요 땅에서는 하나님이 기뻐하신 사람들 중에 평화로다 하니라(14)." 베스코보는 특수 잠수정을 사용하여 심해로 잠수했고, 아폴로 13호는 당대의 과학기술을 힘입어 비행했지만, 예수님의 놀라운 기록을 가능케 한 원동력은 바로 '끝없는 사랑'입니다. 인간을 향한 하늘 아버지의 지극한 사랑이 초월과 비초월의 경계를 허물고 위대한 여행을 하게 한 것입니다. 그러므로 만약 누군가가 이 세상에서 가장 먼 거리를 이동한 기록이 무엇이냐고 묻는다면 우리는 정말 자신 있게 이렇게 답할 수 있습니다. "천국 보좌에서 구유의 강보까지, 아니 십자가와 무덤까지!"

매일 성경 읽기
요이 1장 ☑
요삼 1장 ☐
유　1장 ☐

우리와 늘 함께하시는 주님, 사랑과 은혜에 감사합니다. 우리를 위해 하늘 보좌 버리고 낮고 천한 구유 위로 오신 예수님을 찬양합니다. 그 놀라운 겸손과 사랑을 본받아 우리도 나누고 섬기며 사랑하며 살게 하옵소서. 예수님의 이름으로 기도합니다. 아멘.

류성렬 목사 _ 나무십자가교회

겸손하게 낮아지신 예수님을 본받기 위해 어떤 삶을 살아야 할까요?

진짜 왕은 누구인가

38장
예수 우리 왕이여

—

마태복음 2:1~12
유대인의 왕으로 나신 이가
어디 계시냐 우리가 동방에
서 그의 별을 보고 그에게
경배하러 왔노라 하니 (2)

원래 이스라엘에는 왕이 없었습니다. 왕 대신 하나님의 뜻과 계획을 전달하는 영적인 리더가 그 역할을 하였습니다. 사사 시대를 지나면서 이스라엘 백성은 주변국처럼 왕을 달라고 요구하기 시작했습니다. 자신들의 부족함이 강력한 왕권의 부재 때문이라고 여긴 것입니다. 이에 하나님은 사무엘을 통해 왕정 제도의 폐단에 대해 조목조목 설명하십니다. 세상의 권력은 너희의 생명과 재산을 노략하고 탈취하며, 급기야 너희를 종으로 삼는다는 것입니다. 그럼에도 불구하고 이스라엘은 왕을 원했고, 하나님은 그들에게 사울이라는 첫 통치자를 허락해 주십니다. 그렇게 시작된 이스라엘의 왕정은 순기능보다는 아픔의 역사를 만들어냈습니다. 오늘 우리 삶을 다스리시는 왕은 누구입니까? 하나님 한 분의 통치를 받을 때, 우리 삶의 모든 질서가 바로 서는 줄로 믿습니다.

오늘 본문에는 동방의 박사들이 예수 그리스도를 찾아와 경배하는 장면이 나옵니다. 그들은 별의 인도를 따라 아기 예수가 태어나신 곳으로 찾아가 경배하고 보배합을 열어 황금과 유향과 몰약을 드렸습니다(11). 명실상부 새로운 시대가 도래했음을 알리는 기쁨과 감격의 자리였습니다. 그러나 이 말씀은 '왕의 탄생'이라는 영광스러운 장면만을 담고 있지는 않습니다. 새로운 왕의 탄생은 "헤롯 왕 때에(1)"라는 시간적 배경에서 일어납니다. 세상에는 두 왕이 있을 수 없기에 헤롯은 새로운 왕이 탄생했음을 인정할 수 없었습니다. 그래서 크게 소동하며, 급기야 두 살 이하의 사내아이를 살육하기에 이릅니다.

마태복음은 '누가 진짜 왕인가?'라는 주제를 담고 있습니다. 오늘 말씀은 헤롯이 왕인 세상에서 이 땅의 진짜 왕이 탄생했음을 선포합니다. 세상의 왕은 칼과 창으로 질서를 유지하고, 폭력으로 사람을 통치하려 합니다. 그러나 성경이 증언하는 진짜 왕은 아주 초라하고 보잘것없이 태어났고, 사랑과 희생으로 세상을 다스리다가 마침내 죽음으로 통치를 완성할 것입니다. 말씀이 우리에게 묻습니다. '진짜 왕은 누구입니까?' 우리의 삶을 다스리고 통치하시는 분은 누구입니까? 오직 한 분, 예수 그리스도가 나와 우리 가정을 붙드시길 소망합니다.

매일 성경 읽기
계 1장 ☑ 2장 ☐ 3장 ☐

삶에서
주님보다 앞세운 것은
무엇입니까?

오 주님, 주님만이 왕이십니다. 삶의 가장 높은 자리에 예수 그리스도가 우뚝 서기를 소망합니다. 세상의 다른 것을 좇지 않고, 세상의 다른 것을 흠모하는 어리석은 삶을 살지 않게 하옵소서. 우리의 삶을 다스려 주옵소서. 예수님의 이름으로 기도합니다. 아멘.

신동훈 목사 _ 꿈의교회

좋은 소식을 전하는 발걸음

한 해가 저물어갑니다. 과연 한 해 동안 우리의 발걸음이 어디를 가장 많이 향했는지 생각해 보면 좋겠습니다. 오늘 본문에서 복된 소식은 이스라엘의 포로 해방과 귀환에 관한 소식입니다. 선지자 이사야는 산 위에 선 자의 발이 얼마나 아름다운지를 노래하고 있습니다. 그만큼 구원의 복된 소식은 이스라엘 백성들이 갈망하던 소식이었습니다. 가장 아름답고 복된 발걸음은 복음을 전하는 자의 발걸음입니다.

우리는 죄와 사망의 포로된 인생들에게 천국 구원을 주는 복된 소식을 가진 사람들입니다. 누구든지 이 복음을 듣고 예수 그리스도를 의지하는 자는 구원을 얻을 수 있습니다. 또한 우리는 하나님의 구원을 확신하는 자로서 어떤 상황에 있든지 찬양할 수 있습니다. 9절에 나오는 '예루살렘의 황폐한 곳'이란 바벨론에 멸망당하고 오랫동안 절망 가운데 살아온 이스라엘 백성들이 거하는 곳입니다. 선지자는 바로 그러한 백성들에게 기쁜 소리를 내어 노래할 것을 격려하고 있습니다. 찬양하는 이유는 하나님께서 그의 백성을 위로하시고, 반드시 바벨론 포로에서 해방하실 것을 믿기 때문입니다. 선지자는 하나님의 구원 역사, 은혜로운 위로의 역사를 확신하였기에 백성들을 향해 하나님께 찬양하라고 권면하는 것입니다.

이제 우리는 하나님의 크신 능력을 전하는 발걸음이 되어야 합니다. 하나님의 능력 앞에 강력한 바벨론도 허무하게 무너질 것입니다. 가장 놀라운 하나님의 능력은 바로 '예수 그리스도의 십자가'에서 나타납니다. 하나님은 십자가를 통해 자기 백성을 죄의 억압에서 구원하셨습니다. 모든 인생은 죄의 포로에서 벗어날 수 없었고, 온갖 인생의 질고에 시달리다가 허망하게 죽어야 했습니다. 그러나 이제부터 누구든지 예수 그리스도의 십자가를 믿고 의지하는 자는 죄의 포로에서 벗어나 참된 구원의 은총을 누릴 수 있습니다.

예수 그리스도의 십자가만이 능력이고, 위대한 구원의 역사이며, 험한 세상에서 우리를 지탱해 주는 버팀목이 됩니다. 저물어가는 한 해를 바라보며 다시 한번 마음을 추스르기 바랍니다. 또한 복음을 전하는 자의 발걸음이 얼마나 귀하고 복된지를 기억하며 우리의 발걸음을 살필 수 있기 바랍니다.

498장
저 죽어가는 자
다 구원하고

이사야 52:7~10
좋은 소식을 전하며 평화를 공포하며 복된 좋은 소식을 가져오며 구원을 공포하며 시온을 향하여 이르기를 네 하나님이 통치하신다 하는 자의 산을 넘는 발이 어찌 그리 아름다운가 (7)

매일 성경 읽기
계 4장 ☑ 5장 ☐
6장 ☐ 7장 ☐

존귀하신 하나님, 우리를 죄와 사망에서 해방해 주시려 예수 그리스도를 보내 주셔서 감사합니다. 이제 우리도 받은 구원의 은총을 힘입어 잃어버린 한 영혼 한 영혼을 찾아 복음을 전하는 복된 발걸음이 되게 하여 주옵소서. 예수님의 이름으로 기도합니다. 아멘.

호은기 목사 _ 청주에덴교회

주님의 십자가를 담대히 전하는 발걸음이 되고 있습니까?

네가 복되고 형통하리라

393장
오 신실하신 주

—

시편 128:1~6
여호와를 경외하며 그의 길
을 걷는 자마다 복이 있도
다 (1)

'천국 장'이라 부르는 마태복음 13장에서 예수님은 "천국은 좋은 씨를 제 밭에 뿌린 사람과 같으니(마 13:24)."라고 말씀하셨습니다. 좋은 씨를 뿌리면 좋은 결실을 얻을 것입니다. 예수님을 믿는 가정이 행복을 누리는 까닭은 좋은 씨를 뿌렸기 때문입니다. 그렇다면 좋은 씨는 무엇일까요? 오늘 본문에서는 "여호와를 경외하며 그의 길을 걷는 자(1)", "여호와를 경외하는 자(4)"가 복이 있다고 합니다. 즉 하나님을 경외하는 삶을 사는 것이 좋은 씨를 뿌리는 것이라는 말입니다.

그렇다면 한 해가 저물어가는 이때 우리가 질문해야 할 것이 있습니다. "한 해 동안 하나님을 경외하며 살았는가?" 이것을 다른 말로 바꾸면 "한 해 동안 우리에게 가장 소중한 것은 무엇이었는가?"입니다. 우리에게는 돈도 중요하고, 성공하는 것도 중요합니다. 자녀도 중요하고, 건강도 소중합니다. 하지만 무엇보다 '하나님을 경외하는 것'이 가장 소중합니다.

축구 경기를 할 때 "대~한민국!"이라고 외치고 응원하는 사람은 대한민국 사람입니다. 마찬가지로 가정에서 찬양과 기도와 예배하는 소리가 들려야 하나님을 경외하는 가정입니다. 이런 가정은 분위기가 다를 수밖에 없습니다. 분위기에 가정의 영적 상태가 담겨 있기 때문입니다. 이런 씨를 뿌리며 사는 가정에 주시는 하나님의 복이 '형통(2)'과 '번영(5)'과 '평강(6)'의 열매입니다.

가정의 행복은 몸부림쳐서 얻어내는 것이 아닙니다. 오직 하나님이 왕이심을 믿고 주님께 순종할 때, 하나님께서 이루어 주시는 복입니다. 그것은 마치 봄이 오면 자연스럽게 꽃이 피는 것과 같습니다. 그러므로 자신의 힘으로 무엇을 이룰 수 있는 것처럼 착각하지 말고, 모든 것을 주님께 맡기고 순종하며 살아야 합니다. 그럴 때 하나님께서 주시는 복이 임할 것입니다. "네가 네 손이 수고한 대로 먹을 것이라 네가 복되고 형통하리로다(2)."

가정의 행복을 원한다면 예수님이 우리 집에 함께 계신다고 여기며 살아야 합니다. 그것이 '경외'입니다. 그리고 하나님의 말씀에 절대 순종하며 살아야 합니다. 그러면 하는 일마다, 걷는 길마다 복을 받아 누릴 것입니다. 주님의 복된 자녀 되기를 간절히 소망합니다.

매일 성경 읽기
계 8장 ☑ 9장 ☐
10장 ☐ 11장 ☐

한 해 동안
어떤 씨를 뿌리며
살았습니까?

살아 계신 하나님, 날마다 동행해 주심에 감사합니다. 악한 영의 권세로 가득한 세상에서도 하나님을 경외하는 마음으로 씨를 뿌리고, 매 순간 주님의 인도하심을 의지하며 살게 하심도 감사합니다. 더욱 주님만 바라보게 하옵소서. 예수님의 이름으로 기도합니다. 아멘.

박행신 목사 _ 현대교회

눈부시게 불완전한

경쟁과 비교가 내면화된 시대에 사는 현대인들은 자주 불행해집니다. 이웃을 대하는 태도가 무시나 질시, 둘 중 하나인 까닭입니다. 그뿐만이 아닙니다. 자기 자신을 마주하는 자세도 마찬가지입니다. 과시하거나 비하하거나, 이 범주 안에 머무는 경우가 많습니다. 사랑할 줄 모르는 인간의 실상입니다. 그렇게 세상은 살풍경한 지옥이 됩니다. 이런 세상에서 성탄의 기쁨을 제대로 만끽하기란 쉽지 않은 일입니다. 전쟁이 그치지 않는 까닭입니다. 적대, 혐오, 조롱이 난무하는 까닭입니다. 병거와 말, 무기와 폭력을 숭배하는 이들이 있는 한, 무고한 희생은 그치지 않을 것입니다. 성경은 우리에게 무엇을 의지하며 살 것인지 질문합니다. 우리가 자랑해야 할 것은 패권, 힘과 무기가 아니라 사랑과 평화의 하나님입니다.

그림책 『리디아의 정원』은 경제적인 어려움으로 부모와 떨어져 지내야 했던 소녀 리디아의 이야기를 그립니다. 회색 건물 투성이의 도시 풍경, 그늘진 삼촌의 얼굴에서 책의 배경이 세계대공황 시절임을 유추할 수 있습니다. 리디아는 빵을 만들어 파는 삼촌의 일을 거들면서 적응해갑니다. 리디아가 삼촌에게로 온 지 10개월이 지날 무렵, 잿빛이던 세상이 밝아집니다. 리디아가 할머니에게 소포로 받은 씨앗들로 옥상에 비밀정원을 꾸몄고, 도심 곳곳에 꽃을 심은 까닭입니다. 그림책은 리디아가 집으로 돌아가기 위해 기차 승강장에서 삼촌과 작별 인사를 하는 것으로 끝이 납니다. 처음 만남은 어색했지만, 이내 서로를 따스하게 바라보게 된 삼촌과 리디아. 삼촌에게 꽃내음을 선물하고 싶었던 리디아의 따스한 마음이 인상적입니다.

일본 소설가 엔도 슈사쿠에 따르면 아무것도 할 수 없고 무능력하다는 점에서 참다운 그리스도교의 신비가 숨겨져 있습니다. 큰 능력이 세상을 구원하는 것이 아닙니다. 불완전함이 눈부실 때가 있습니다. '아기'와 '눈물', 그리고 '꽃'은 취약함을 상징합니다. 그런데 아기의 미소 하나만으로 사람들의 강퍅한 마음이 단번에 녹아내립니다. 눈물 어린 눈으로 세상을 바라보면 미워할 사람이 없습니다. 차가운 총구에 꽃을 심는 모습이 얼마나 아름다운지 알 수 없습니다. 기독교의 신비를 체험하고 나누는 우리가 되기를 소원합니다.

월요일

29

85장
구주를 생각만 해도

—

시편 20:6~9
어떤 사람은 병거, 어떤 사람은 말을 의지하나 우리는 여호와 우리 하나님의 이름을 자랑하리로다 (7)

매일 성경 읽기
계 12장 ☑ 13장 ☐
　　14장 ☐ 15장 ☐

하나님, 아기의 모습으로 오시는 그리스도를 영접할 수 있는 용기를 허락하여 주옵소서. 세상은 무력을 숭배하지만 그럴수록 그리스도인들은 칼을 쳐서 보습을, 창을 쳐서 낫을 만들라는 히브리 예언자의 비전을 붙들게 하옵소서. 예수님의 이름으로 기도합니다. 아멘.

김민호 목사 _ 지음교회

우리는
어떤 하나님을
의지하며
살고 있습니까?

오늘 나의 삶에 응하였습니다

384장
나의 갈 길 다 가도록

누가복음 4:16~21
주의 성령이 내게 임하셨으니 이는 가난한 자에게 복음을 전하게 하시려고 내게 기름을 부으시고 나를 보내사 포로 된 자에게 자유를, 눈 먼 자에게 다시 보게 함을 전파하며 눌린 자를 자유롭게 하고 주의 은혜의 해를 전파하게 하려 하심이라 하였더라 (18~19)

매일 성경 읽기
계 16장 ☑ 17장 ☐
18장 ☐

누구나 한 번쯤은 '이름'을 지어 본 적이 있을 것입니다. 자녀의 이름, 회사나 가게의 상호, 어떤 모임 등 이름을 지을 때 우리는 많이 고민합니다. 여러 번 생각하고 기도합니다. 한 번 지은 이름은 바꾸기도 어려울뿐더러, 이름에는 의미가 담기기 때문입니다. 성부 하나님은 아들의 이름을 '예수', 그리고 '임마누엘'이라고 지으셨습니다(마 1:21~23). 이 땅에 주님이 우리에게 어떤 의미로 오시는지를 그 이름에 담아 두신 것입니다. 이 이름은 '하나님의 구원이 우리와 함께하신다'라는 뜻입니다. 임마누엘의 예수님을 믿는 자는 무슨 일을 만나든지 예수 안에 형통할 수 있습니다.

CCM 사역자이자 언어학을 가르치는 조준모 교수가 찬양팀을 지도할 때 한 청년에게 질문을 받았습니다. "교수님, 외로움의 반대말이 뭘까요?" 조준모 교수는 1초의 망설임도 없이 "응. 외로움의 반대말은 임마누엘이지."라고 답했다고 합니다. 그렇습니다. 임마누엘을 고백하는 인생에는 외로움이 자리 잡을 틈이 없습니다. 하나님이 지금 나와 함께하심을 믿는데 어떻게 외로울 수 있겠습니까? 두려움, 괴로움, 걱정, 근심 등 부정적인 단어의 반대말은 모두 '임마누엘'입니다. 이런 단어들은 임마누엘을 믿고 고백할 때 사라지는 단어들입니다.

오늘 우리가 읽은 본문은 주님이 왜 이 땅에, 그리고 우리에게 임하셨는지에 대한 내용을 담은 '예수님의 사명선언문'입니다. 예수님을 믿는 사람은 본문 21절처럼 이렇게 고백해야 합니다. "이 글이 오늘 나의 삶에 응하였습니다!" 주님의 임마누엘을 믿을 때, 나의 영적, 육적 가난함이 부요함으로 바뀔 것입니다. 여러 가지 부담과 빚, 중독 등에 포로된 내가 자유케 될 것이며, 영적인 눈을 떠서 주님의 뜻을 볼 것입니다. 그리고 모든 부정적인 단어들, 즉 두려움, 외로움, 괴로움, 절망 등에 눌린 심령이 자유함을 얻어 독수리처럼 날아오를 것입니다.

이틀 뒤면 새해입니다. 임마누엘의 주님께서 밝아오는 2026년을 '은혜의 해'가 되게 하실 것입니다(19). 주님을 기대하십시오. 하나님이 함께하시는 인생은 무슨 일을 만나든지 만사형통입니다.

주님이 계시기에 '은혜의 해'가 될 2026년을 기대합니까?

임마누엘의 주님, 우리를 부요하고 자유하게 하시려 이 땅에 오신 주님을 찬양합니다. 주님이 영원히 우리와 함께하실 것을 확실히 믿습니다. 임마누엘을 고백하는 인생 가운데 은혜의 해가 선포되게 하옵소서. 예수님의 이름으로 기도합니다. 아멘.

김병삼 목사 _ 만나교회

손을 놓을 때

수요일

31

301장
지금까지 지내온 것

—

전도서 3:1~8
범사에 기한이 있고 천하
만사가 다 때가 있나니 (1)

서커스 종목 중에 공중그네 타기가 있습니다. 까마득한 높이에서 그네를 타던 한 사람이 힘껏 공중으로 날아올라 공중제비를 돌며 떨어지면, 거꾸로 매달려 그네를 타고 있던 반대편의 동료가 그의 손을 붙잡고 함께 건너편으로 건너갑니다. 실수하면 어쩌나 초조하게 바라보던 사람들은 환호성을 올리며 박수합니다. 공중그네를 탈 때 공중으로 날아오르는 사람이 명심해야 할 것이 있습니다. 그것은 바로 가장 높은 곳에 이르렀을 때, 손을 놓아야 한다는 것입니다. 두렵다고 망설이면 동료의 손을 잡을 수가 없습니다. 또 한 가지 명심해야 할 것은 내 손에서 힘을 빼는 일입니다. 동료의 손을 잡으려고 내 손에 잔뜩 힘을 주면 동료는 내 손을 놓치고 맙니다. 동료를 믿고 편안하게 맡기는 것이 중요합니다.

오늘 본문에는 상반되는 일들의 목록이 모두 열네 가지 등장합니다. 날 때와 죽을 때, 심을 때와 뽑을 때, 죽일 때와 치료할 때, 헐 때와 세울 때, 울 때와 웃을 때, 슬퍼할 때와 춤출 때, 돌을 던질 때와 돌을 거둘 때, 안을 때와 멀리할 때, 찾을 때와 잃을 때, 지킬 때와 버릴 때, 찢을 때와 꿰맬 때, 잠잠할 때와 말할 때, 사랑할 때와 미워할 때, 전쟁할 때와 평화할 때입니다. 이 일들은 우리의 삶 속에서 일어나는 모든 일을 대표합니다. 우리가 보내는 하루가 밝음과 어둠으로 이루어지듯이 우리의 삶에는 다양한 일들이 찾아옵니다. 기쁜 일도 있고, 슬픈 일도 있습니다. 생각하지 못한 일도 있고, 원하지 않은 일들도 있습니다. 하지만 그 모든 것을 주관하시는 분은 하나님입니다. 하나님은 모든 것이 제때에 일어나도록 만드셨습니다(11). 하나님이 하시는 일에는 감히 보탤 것도 뺄 것도 없습니다(14).

오늘은 2025년을 보내는 마지막 날입니다. 지난간 모든 것에 감사하고, 다가올 모든 것을 긍정하는 날입니다. 한 해를 보내는 우리에게 가장 의미 있는 일이 있다면 그것은 무엇일까요? 모든 것을 주관하시는 하나님 앞에 내 손을 놓는 것 아닐까요? 나의 모든 것을 하나님의 손에 맡기는 것 말입니다. 하나님을 신뢰하며 내 손을 놓을 때 하나님은 가장 크고 너그러운 손으로 우리를 붙잡아 주실 것입니다.

매일 성경 읽기
계 19장 ☑ 20장 ☐
21장 ☐ 22장 ☐

시간의 주인이신 전능하신 하나님, 한 해 동안 우리를 지켜 주셔서 감사합니다. 오늘은 2025년의 마지막 날입니다. 모든 것을 주관하시는 주님 앞에 우리의 손을 놓습니다. 우리를 받으시고, 영원한 길로 인도하여 주옵소서. 예수님의 이름으로 기도합니다. 아멘.

한희철 목사 _ 정릉교회

신뢰하는 마음으로
내 손을 놓을 수
있습니까?

특별
예배

생일에 드리는 예배

병환 중에 드리는 예배

시험 앞둔 자녀와 드리는 예배

추모 예식 ①②

설날에 드리는 예배

한가위에 드리는 예배

생일에 드리는 예배

마음 모으기	인 도 자

오늘 ○○○의 생일을 맞아 생명의 주인이신 하나님께 감사하면서 다 함께 조용한 기도로 예배를 드리겠습니다.

조용한 기도	다 함 께

나는 여호와로 말미암아 즐거워하며 나의 구원의 하나님으로 말미암아 기뻐하리로다 주 여호와는 나의 힘이시라 나의 발을 사슴과 같게 하사 나를 나의 높은 곳으로 다니게 하시리로다 (합 3:18~19a)

찬　　　송	찬송가 28장 복의 근원 강림하사	다 함 께

기　　　도	맡 은 이

우리에게 생명을 주신 하나님, 매일의 삶을 돌봐 주시고 사랑과 은혜로 채워 주심에 깊은 감사를 드립니다. 모든 시간 속에 함께해 주심을 되돌아보며 어려운 순간에도 붙들어 주시고, 기쁨과 슬픔 모두를 통해 성장하게 하신 하나님께 경배와 찬양을 드립니다. 앞으로의 시간도 하나님께 맡깁니다. 하나님의 뜻대로 살아가게 하옵소서. 삶 속에서 하나님의 사랑을 더 깊이 깨닫고, 이 사랑을 다른 사람들에게 나누게 하옵소서. 또한 믿음이 날로 자라나며, 하나님께 더 가까이 나아가게 하옵소서. 생일을 맞아 축복해 주는 모든 이들의 사랑과 배려 속에서도 하나님의 사랑을 느끼며 감사드립니다. 그들 모두에게도 하나님의 복이 함께하길 바라며, 예수님의 이름으로 기도합니다. 아멘.

성 경 봉 독	창세기 21:8	다 함 께

8아이가 자라매 젖을 떼고 이삭이 젖을 떼는 날에 아브라함이 큰 잔치를 베풀었더라

말씀 나누기	맡 은 이

찬　　　송	찬송가 559장 사철에 봄바람 불어 잇고	다 함 께

주님의 기도	다 함 께

태어남의 축복

　생명을 주신 하나님을 기억하고 감사하는 오늘, 사랑하는 이들이 함께 모였습니다. 우리의 인생이 하나님 보시기에 기쁘고, 다른 사람들에게 복이 되기를 축복합니다.

　인류 역사에서 가장 위대한 탄생은 예수 그리스도의 탄생입니다. 예수님이 태어나셨을 때 천사들의 인도로 목자들이 찾아와 축하했고, 별을 보고 동방박사들이 찾아와 축하하며 예물을 드렸습니다. 그리고 2000년이 지난 오늘, 예수님을 믿지 않는 사람까지도 크리스마스를 즐기고 있습니다. 그리고 이에 못지않게 이삭의 탄생도 중요합니다. 그가 태어나지 않았더라면 예수님의 탄생도 없었을 것이기 때문입니다. 20세기 유명한 성경학자인 아더 핑크는 "이삭의 탄생은 하나님의 목적을 이루는 데 있어서 중추적인 사건"이라고 말했습니다.

　오늘 본문은 이삭이 젖을 떼는 날 아브라함이 큰 잔치를 베풀었음을 전합니다. 우리가 생일에 의미를 부여하여 잔치를 여는 것과 유사합니다. 하나님의 약속대로 아브라함은 100세에 아들 이삭을 낳았습니다. 6절에 보면 "사라가 이르되 하나님이 나를 웃게 하시니 듣는 자가 다 나와 함께 웃으리로다."라고 합니다. 아브라함 가정이 받은 복이 아닐 수 없습니다.

　아브라함이 큰 잔치를 베풀었던 것처럼, 우리는 오늘 생일을 맞은 이와 함께 기쁨과 감사를 나누고 있습니다. 생일을 맞아 하나님께서 우리의 삶을 어떻게 인도하셨고, 또 앞으로 어떻게 인도하실지를 생각하며 하나님의 은혜에 감사하는 마음을 가지면 좋겠습니다. 또한 삶에 대한 거룩한 책임을 가지고 인생을 후회 없이 살아가리라 다짐하길 바랍니다. 우리는 하나님의 계획 속에서 날마다 자라가고 있음을 믿습니다. 하나님의 뜻을 이루어가는 삶이 되기를 소망합니다.

　지난날에 어려움이 있었다 할지라도 그로 인하여 불평하거나 원망하는 것이 아니라, 여기까지 도우시고 인도하신 하나님의 은혜에 감사하며 살기 바랍니다. 또한 앞으로도 영원히 함께하실 하나님의 인도하심과 펼쳐질 아름다운 날들을 소망하기 바랍니다. 삶의 소중함과 가치를 진정으로 깨닫고 하나님을 의지하면서 살아가는 복된 인생이 되기를 축복합니다.

> 생명을 주신 하나님께 날마다 감사하며 살고 있습니까?

> 하나님 아버지, 우리를 이 땅에서 태어나게 하시고 날마다 은혜로 함께하시니 감사합니다. 삶으로 예배하며 찬양하는 것이 하나님을 기쁘시게 하는 삶임을 잊지 않게 하옵소서. 또한 주어진 인생을 보람있게 살아가게 하옵소서. 예수님의 이름으로 기도합니다. 아멘.
>
> 최영권 목사 _ 하늘빛교회

병환 중에 드리는 예배

마음 모으기	인 도 자

이 시간 우리를 사랑하시는 주님 앞에 마음을 모아 ○○○의 건강 회복을 바라며 예배합니다.

조용한 기도	다 함 께

내 이름을 경외하는 너희에게는 공의로운 해가 떠올라서 치료하는 광선을 비추리니 너희가 나가서 외양간에서 나온 송아지 같이 뛰리라 (말 4:2)

찬　　　송	**찬송가 292장 주 없이 살 수 없네**	다 함 께

기　　　도	맡 은 이

(가급적 예배한 모든 이들이 환자의 몸에 손을 얹고 기도합니다.)
사랑의 주님, 여기에 ○○○가 누워 있습니다. 시편에 "그가 네 모든 죄악을 사하시며 네 모든 병을 고치시며 네 생명을 파멸에서 속량하시고 인자와 긍휼로 관을 씌우시며 좋은 것으로 네 소원을 만족하게 하사 네 청춘을 독수리 같이 새롭게 하시는도다(시 103:3~5)." 라고 말씀하신 대로 이루어 주옵소서. 이 몸은 성령이 거하시는 전입니다. 하늘보좌에서 흘러나오는 신성한 생명력으로 충만하여 시간이 흐를수록 건강하고 활력 있게 하옵소서. 예수님의 이름으로 기도합니다. 아멘.

성 경 봉 독	**시편 41:1~11**	돌아가며

[1] 가난한 자를 보살피는 자에게 복이 있음이여 재앙의 날에 여호와께서 그를 건지시리로다 [2] 여호와께서 그를 지키사 살게 하시리니 그가 이 세상에서 복을 받을 것이라 주여 그를 그 원수들의 뜻에 맡기지 마소서 [3] 여호와께서 그를 병상에서 붙드시고 그가 누워 있을 때마다 그의 병을 고쳐 주시나이다

말씀 나누기	맡 은 이

삶　나 누 기	다 함 께

- 혹시 아픈 중에 특별히 떠오른 생각이 있다면 무엇입니까?
- 회복되면 하나님 앞에 어떤 추억을 쌓기 원합니까?

찬　　　송	**일어나 걸어라** (나의 등 뒤에서)	다 함 께

주님의 기도	다 함 께

소망하고 감사하며 회복되어

거인 적장 골리앗을 물맷돌로 쓰러뜨린 다윗은 이후 가는 곳마다 하나님께서 승리하게 하셨습니다. 그렇게 용맹무쌍한 다윗도 병들어 누웠던 적이 있습니다. 오늘 본문인 시편 41편은 다윗이 병들어 누워 있을 때의 기록입니다. 이 시간 말씀을 통해 주님의 음성을 듣고 힘을 얻으며, 속히 회복되어 병상을 박차고 일어나 이전처럼 활기차게 생활하기를 바랍니다.

첫째, 사람은 누구나 병들 수 있으니 낙심하지 마십시오. 인생은 다양한 병과 함께 살아간다고 해도 과언이 아닙니다. 어떤 이는 과로로, 어떤 이는 사고로, 어떤 이는 건강관리 소홀 등으로 질병에 걸립니다. 모든 사람이 아플 수 있다는 것입니다. "그가 징계를 받으므로 우리는 평화를 누리고 그가 채찍에 맞으므로 우리는 나음을 받았도다(사 53:5)."라는 말씀을 묵상하면서 소망을 가지기 바랍니다.

둘째, 하나님께서 병을 치료해 주심을 믿고 감사하며 기도하기 바랍니다. 다윗은 자기를 시기하는 이들에게 병석에서 못 일어나기를 바란다고 하는 말까지 들었습니다. 그때 다윗은 먼저 자신의 영혼을 살피며 회개기도를 하였습니다(4). 또한 사람들의 말에 동요하지 않고 하나님이 자기를 기뻐하심을 알기에 일으켜 주실 것을 믿고 기도했습니다(10~11). 하나님께서 우리를 사랑하심을 믿고 감사기도를 드리십시오.

셋째, 지금까지의 신앙생활을 추억해 보기 바랍니다. 하나님께서는 빈약한 자를 보살피는 이가 재앙을 당할 때 그를 건져 주시며, 그를 병상에서 붙드시고 그가 누워 있을 때마다 그의 병을 고쳐 주신다고 다윗은 고백합니다. 열왕기하에 보면, 히스기야왕이 죽을병에 걸렸을 때 "여호와여 구하오니 내가 진실과 전심으로 주 앞에 행하며 주께서 보시기에 선하게 행한 것을 기억하옵소서(왕하 20:3)." 하고 기도했더니 곧 회복되어 건강하게 15년을 더 살았습니다. 하나님은 소자에게 물 한 컵 대접한 것도 기억하시는 분입니다(마 10:42).

때로 질병은 하나님의 영광을 드러내고 새로운 삶을 살게 합니다. "여호와께서 그를 지키사 살게 하시리니 그가 이 세상에서 복을 받을 것이라(2)." 하셨으니 소망하고 감사하며 회복되어 앞으로 더 풍성한 영적 추억을 쌓아가기를 축복합니다.

소망을 가지고 감사하며 기도하고 있습니까?

사랑의 하나님, 여기 주님의 자녀가 아픔 중에 있습니다. 만물을 새롭게 하시는 그 손길로 이 병든 몸을 만져 주옵소서. 그리하여 처음 이 땅에 보내실 때의 건강으로 회복되어 교회와 가정을 세우는 귀한 삶을 살아가게 하옵소서. 예수님의 이름으로 기도합니다. 아멘.

송상면 목사 _ 성산교회

시험 앞둔 자녀와 드리는 예배

마음 모으기	인 도 자

시험을 앞둔 ○○○을 주님께서 도와주시기를 바라며 우리가 함께 예배를 드리려고 합니다. 조용한 기도드리겠습니다.

조용한 기도	다 함 께

가르침을 받는 자는 말씀을 가르치는 자와 모든 좋은 것을 함께 하라 (갈 6:6)

찬　　송	**찬송가 379장** 내 갈 길 멀고 밤은 깊은데	다 함 께

기　　도	맡 은 이

사랑의 하나님, 중요한 시험을 앞둔 ○○○을 위해 함께 모여 예배하게 하시니 감사합니다. 지금까지 ○○○을 돌보아 주셔서 우리 교회와 가족의 보배로 성장하게 하심도 감사드립니다. 이 시간 우리가 함께 기도하며 주님의 도우심을 바랍니다. 시험을 앞둔 이에게 평안함과 담대함을 주옵소서. 시험을 준비하는 과정에도 함께해 주신 주님께서 그동안의 노력이 좋은 결과를 얻도록 보살펴 주옵소서. 늘 우리를 선한 길로 인도하시는 예수님의 이름으로 기도합니다. 아멘.

성 경 봉 독	**잠언 9:9**	다 함 께

9지혜 있는 자에게 교훈을 더하라 그가 더욱 지혜로워질 것이요 의로운 사람을 가르치라 그의 학식이 더하리라

말씀 나누기	맡 은 이

삶　나누기	다 함 께

- 지금까지 시험을 준비하며 수고한 자녀를 격려하는 '한마디 응원 메시지'를 전합니다.
- 시험 준비에 여러 모양으로 함께하며 도와준 가족에게 '감사의 한마디'를 전합니다.

찬　　송	**찬송가 442장** 저 장미꽃 위에 이슬	다 함 께

주님의 기도	다 함 께

시험! 어른이 되는 길입니다

일반적으로 지혜는 영적이며 덕성(德性)에 관한 것으로, 지식은 학문과 과학에 대한 이해 또는 실천을 통해 알게 된 것으로 구분합니다. 그런데 오늘 본문인 잠언 9장 9절에서는 지혜 있는 사람이 깨달음을 얻으면 나날이 학식(지식)이 더할 것이라며 지혜와 학식을 연결 짓습니다. 지혜도 학식처럼 결국은 가르치는 사람에 의해 전수되기 때문에 배움을 갈망하는 데는 지혜와 지식이 다르지 않다는 것입니다. 하나님을 알고자 하는 지식이 곧 지혜에 이르고, 하나님을 아는 지혜는 곧 세상의 학식을 더하는 길이 됩니다. 의로운 사람이 배운 학식이라면 하나님과 세상을 위해 바르게 쓰일 것이기 때문입니다.

지혜로운 사람에게 지혜로운 교훈을 더하면 더욱 지혜로워지고 의로운 사람을 가르치면 학식이 더하리라는 말씀은, 지혜와 학식이 단번에 완성되는 것이 아니라 '더하여' 가는 성장과 성숙의 과정에 있음을 알려 줍니다. 지혜의 교훈을 잘 받아들이는 자는 '더욱' 지혜로워지고 올바른 지식을 받아들이려 애쓰는 자는 학식이 '더하리라'는 말씀은, 성장과 성숙의 단계가 높아져가는 것을 의미합니다.

어른이 되는 길에는 여러 문(門)이 있습니다. 결혼하거나 취직하는 일 등입니다. 진학을 위해서 시험을 치르는 일은 우리 사회에서 가장 일반적인 성장의 문이자 과정입니다. 시험은 단지 학식의 테스트를 넘어서 자신의 인생이나 믿음을 돌아보는 계기가 되기도 합니다.

이렇듯 시험을 치르는 일은 어른이 되어가는 성장의 단계에 필요한 과정입니다. 시험을 대하면서 압박과 불안감을 다루는 길은 배움의 자세를 넓히는 것입니다. 그리고 자신이 노력한 수준과 분량을 인정하고, 그에 따른 결과를 받아들이는 태도가 필요합니다. 충분히 준비했든지 혹은 부족하게 느끼든지 지금은 오로지 시험에 집중하여 최선을 다해야 합니다. 우리 가족은 이번 시험이 ○○○의 인생에 지혜와 학식을 더하는 순간이 되도록 도움의 기도를 함께 드립시다. 사랑하는 ○○○이 시험을 통하여 함께하시는 하나님을 경험하고, 더욱 성장하고 성숙해가기를 진심으로 축복합니다.

시험을 성장과 성숙의 과정으로 받아들이고 있습니까?

하나님, 시험을 통해 성장의 기회를 허락하시니 감사합니다. 이번 시험을 통해 하나님께서 ○○○에게 주시는 소명과 계획을 깨닫기 원합니다. 불안하거나 당황하지 않고 온전히 시험에 집중하여 좋은 열매를 맺게 인도하옵소서. 예수님의 이름으로 기도합니다. 아멘.

전병식 목사 _ 배화여자대학교

추모 예식 1

마음 모으기	인 도 자

우리 곁을 떠나 하나님께로 가신 고(故) ○○○님의 ○주기 추모일을 맞이하여 함께 조용한 기도로 하나님께 예배를 드리겠습니다.

조용한 기도	다 함 께

주여 주는 대대에 우리의 거처가 되셨나이다 산이 생기기 전, 땅과 세계도 주께서 조성하시기 전 곧 영원부터 영원까지 주는 하나님이시니이다 (시 90:1~2)

찬　　　송	**찬송가 492장 잠시 세상에 내가 살면서**	다 함 께

기　　　도	맡 은 이

생명의 주인이 되신 하나님 아버지, 오늘 고 ○○○님의 추모일을 맞아 하나님께 예배를 드립니다. 이 시간 이 자리에 함께하여 주옵소서. 주님의 넓으신 사랑으로 위로하시고 천국의 소망을 허락하여 주옵소서. 고인이 남긴 사랑을 잊지 않게 하시고, 더욱 주님을 사랑하고 서로를 섬기며 살아가게 하옵소서. 예수님의 이름으로 기도합니다. 아멘.

성 경 봉 독	데살로니가전서 4:16~18	돌아가며

16 주께서 호령과 천사장의 소리와 하나님의 나팔 소리로 친히 하늘로부터 강림하시리니 그리스도 안에서 죽은 자들이 먼저 일어나고 17 그 후에 우리 살아남은 자들도 그들과 함께 구름 속으로 끌어 올려 공중에서 주를 영접하게 하시리니 그리하여 우리가 항상 주와 함께 있으리라 18 그러므로 이러한 말로 서로 위로하라

말씀 나누기	맡 은 이

삶　나 누 기	다 함 께

- 고인과 함께했던 행복한 순간들을 나눕니다.
- 영원한 천국을 바라보며 어떻게 믿음으로 살아갈지 결심을 나눕니다.

찬　　　송	**찬송가 384장 나의 갈 길 다 가도록**	다 함 께

주님의 기도	다 함 께

항상 주와 함께 있으리라

인생은 유한합니다. 아무리 장수 시대라도 죽지 않는다는 것은 아닙니다. 세상에 존재하는 모든 것에는 끝이 있습니다. 하늘의 별들도 생성된 지 얼마 안 된 젊은 별이 있고, 오래된 늙은 별이 있습니다. 나무도 묘목이 있고, 속이 텅 빈 고목나무도 있습니다. 이것은 자연스러운 현상입니다. 하나님께서 만들어 놓으신 세상의 법칙입니다.

반면에 무한한 분이 계십니다. 그분은 세상을 만드신 창조주 하나님입니다. 그분은 시간 속에 매여 있는 분이 아닙니다. 주께는 하루가 천 년 같고 천 년이 하루 같습니다. 인간은 시간 속에 살아가는 존재이지만 하나님은 영원하신 분입니다. 그렇기에 그분 안에 영원한 생명이 있습니다. "이 생명이 나타나셨습니다. 우리는 그것을 보았습니다. 그래서 우리는 이 영원한 생명을 여러분에게 증언하고 선포합니다. 이 영원한 생명은 아버지와 함께 계셨는데, 우리에게 나타나셨습니다(요일 1:2, 새번역)."

예수님은 '나는 부활이요 생명이니 나를 믿는 자는 죽어도 살 것'이라고 하셨습니다. 그리고 살아서 믿는 자는 영원히 죽지 않는다고 선언하십니다. 그렇기에 그리스도 안에 사는 자들은 생명을 얻되 이미 영원한 생명을 얻었습니다. 비록 하나님께서 부르시어 육이 죽는다고 하더라도 반드시 부활할 것을 약속하십니다. 우리도 예수님처럼 육신의 죽음을 이겨내고 부활할 것입니다.

세상 끝날 그리스도께서 재림하실 때 어떤 일이 일어날까요? 그리스도 안에서 죽은 자들이 먼저 부활합니다. 그리고 살아남은 자들도 그들과 함께 구름 속으로 끌어 올려 공중에서 주를 영접합니다. 이후에는 우리가 항상 주와 함께 있을 것입니다. 이 약속으로 인해 이 땅에 살아가는 성도들은 위로를 받습니다.

세상에서 가장 무서운 군대는 죽음을 두려워하지 않는 군대라고 합니다. 이 땅에서 죽는 것을 두려워하지 않는 삶을 산다면 그보다 더 강한 인생이 있을까요? 주의 자녀들이 그러합니다. 우리는 영원한 생명을 믿습니다. 언젠가 믿음의 선조들을 다시 만날 것입니다. 그 기대와 소망을 꼭 붙들고 살아야 합니다. 하나님의 자녀들은 항상 주와 함께 있을 것입니다.

영원한 천국을 소망하며 살아가고 있습니까?

인생의 유한함을 깨닫게 하신 하나님, 감사합니다. 이 땅에 사는 동안 육신만 바라보며 살지 않게 하시고, 영원한 하나님 나라를 소망하게 하옵소서. 슬픔과 아픔과 절망이 없는 영원한 천국 시민으로 담대히 살아가게 하옵소서. 예수님의 이름으로 기도합니다. 아멘.

이충범 목사 _ 시내산교회

추모 예식 2

가족이 한 상에 둘러앉아 예식을 시작합니다. 고인의 사진이나 꽃을 준비해 장식할 수 있습니다. 예배 인도는 가장이나 집안의 어른이 합니다. 서로를 사랑하고 고인을 추모하며 경건한 마음으로 예식에 임합니다.

마음 모으기	인 도 자

이 시간 고(故) ○○○의 추모일을 맞이하여 고인을 기억하며 함께 예배하겠습니다.

조용한 기도	인 도 자

내가 들으니 보좌에서 큰 음성이 나서 이르되 보라 하나님의 장막이 사람들과 함께 있으매 하나님이 그들과 함께 계시리니 그들은 하나님의 백성이 되고 하나님은 친히 그들과 함께 계셔서 모든 눈물을 그 눈에서 닦아 주시니 다시는 사망이 없고 애통하는 것이나 곡하는 것이나 아픈 것이 다시 있지 아니하리니 처음 것들이 다 지나갔음이러라 (계 21:3~4)

찬　　　송	**찬송가 435장 나의 영원하신 기업**	다 함 께

기　　　도	다 함 께

사랑의 하나님, 이 시간 고인을 기억하며 함께 모였습니다. 고인을 통해 우리에게 흘려보내 주신 사랑과 은혜를 기억하며 감사를 드립니다. 우리는 고인을 사랑하고 그리워하며 하나님의 집에서 영원히 행복하길 원합니다. 다시 만날 때까지 이 땅에서의 우리 삶도 주께서 인도하시고 보호하여 주옵소서. 우리 모두 천국 백성 되게 하옵소서. 예수님의 이름으로 기도합니다. 아멘.

성 경 봉 독	**신명기 8:12~18**	다 함 께

[18]네 하나님 여호와를 기억하라 그가 네게 재물 얻을 능력을 주셨음이라 이같이 하심은 네 조상들에게 맹세하신 언약을 오늘과 같이 이루려 하심이니라

말씀 나누기	인 도 자

말 씀 새 김	다 함 께

오늘 받은 말씀을 품고 잠시 침묵으로 기도합니다.

추모, 감사 나누기	다 함 께

- 가족이 돌아가면서 고인에 대한 추억을 나눕니다.
- 고인의 유언, 행적을 회고하면서 기쁨을 나누며 추모합니다.

주님의 기도	다 함 께

은총을 기억하십시오

추모일을 맞아 온 가족이 한자리에 모여 예배드림을 감사합니다. 돌이켜 보면 우리 삶의 한순간, 한 조각도 소중하지 않은 시간이 없습니다. 제 능력인 양 으스대어 보기도 하지만 깊이 바라보면 지금 우리 모습에는 삶을 주시고 살피시는 하나님의 사랑과 부모님의 헌신, 수많은 이들의 기도와 애정 어린 삶이 담겨 있음을 깨닫습니다.

은총을 기억하십시오. 오늘의 삶은 내 공로가 아닙니다. 지금 누리는 것들이 어디서 비롯되고 어떻게 이루어진 것인지 잊지 말아야 합니다. 교만은 거창한 것이 아닙니다. 내가 누구이고, 어디에서 왔는지를 잊어버릴 때 교만은 내 안에 자리 잡고 내 삶을 갉아 먹습니다. 높아질수록 더욱 겸손하게 뿌리를 기억하고 삶을 깊이 세워야 합니다.

사람들은 금의환향(錦衣還鄉)을 꿈꿉니다. 성공할 때까지 고향에 가는 것을 미루는 사람도 있습니다. 그러나 부모가 기다리는 것은 자녀이지 자녀가 가져다주는 선물이 아닙니다. 부모의 사랑은 자녀의 성패에 따라 달라지는 것이 아닙니다. 부모에게 자녀는 자신의 생명이 담긴 귀한 존재이기 때문입니다. 따라서 참된 효도는 부모의 사랑과 희생을 잊지 않고 나의 자리를 찾아가는 것입니다.

하나님의 사랑은 더욱 그러합니다. 하나님께는 사람의 귀(貴), 천(賤)이 없습니다. 하나님의 사랑은 창조부터 지금까지 우리의 상황과 상관없이 무궁히 베풀어집니다. 이 귀한 은총을 그대로 받으십시오. 그 사랑 안에서 존귀하게 살아가며 모든 이들을 그렇게 맞이하는 인생이 되기를 바랍니다. 또한 모든 날을 귀하게 맞이하고 기쁨으로 채우기를 소망합니다.

세상 세태에 흔들리지 말고 자신의 뿌리를 기억하십시오. 우리 인생이 어디에서 왔으며, 누구의 돌봄 아래에 있는지를 분명히 기억하십시오. 우리를 돌보시는 하나님의 은혜를 알고, 또한 오늘의 나를 있게 해준 부모님과 선조들을 기억할 때, 우리의 삶이 바로 설 수 있습니다. 그럴 때 우리의 삶과 모든 관계가 주님의 인도하심을 따라 견고히 설 것을 믿습니다. 오늘 이 귀한 날, 주님의 은총을 기억하고 가족 간에 깊은 사랑을 나누기를 소망합니다.

우리는 누가 주신 힘으로 살아가고 있습니까?

사랑의 주님, 주님의 은총이 우리를 붙들어 주시니 감사합니다. 우리 삶의 뿌리가 하나님께 있음을, 그 사랑 담은 부모님의 인생이 우리의 출발점임을 기억합니다. 우리도 믿음의 삶, 사랑의 길을 굳건히 지키도록 인도하여 주옵소서. 예수님의 이름으로 기도합니다. 아멘.　　황인근 목사 _ 문수산성교회

설날에 드리는 예배

마음 모으기 인 도 자

오늘은 우리 민족이 대대로 지켜온 설날입니다. 이 뜻깊은 명절에 온 마음과 뜻과 힘과 정성을 다해 하나님께 예배하겠습니다.

조용한 기도 다 함 께

나의 힘이신 여호와여 내가 주를 사랑하나이다 (시 18:1)

찬   송   **찬송가 450장** 내 평생 소원 이것뿐 다 함 께

기   도 맡 은 이

역사의 주인이신 하나님, 이 복된 명절 아침에 온 가족이 한자리에 모여 살아 계신 하나님께 예배하게 하시니 참 감사합니다. 선물로 허락하신 이 귀한 2025년도를 헛되이 보내지 않고, 하나님의 마음에 맞는 한 해를 살아가게 하옵소서. 하나님과 사람들에게 존귀하게 여김 받는 복된 삶이 되게 하옵소서. 예수님의 이름으로 기도합니다. 아멘.

성 경 봉 독   **베드로전서 1:17** 돌아가며

¹⁷ 외모로 보시지 않고 각 사람의 행위대로 심판하시는 이를 너희가 아버지라 부른즉 너희가 나그네로 있을 때를 두려움으로 지내라

말씀 나누기 맡 은 이

삶 나 누 기 다 함 께

- 온 가족이 돌아가면서 새해 덕담과 기도 제목을 나눕니다.
- 덕담과 기도 제목을 휴대폰에 저장해 놓고 하루 한 번 기도합시다.

찬   송   **찬송가 88장** 내 진정 사모하는 다 함 께

주님의 기도 다 함 께

나그네 인생길에서

우리 민족 고유의 명절인 설날을 맞아 살아 계신 하나님께 예배드리는 우리에게 하나님의 은총과 복이 충만하기를 축복합니다. 흔히 우리의 인생을 나그네에 비유합니다. 나그네란 자기 고장을 떠나 다른 곳에 잠시 머물거나 떠도는 사람을 뜻하는 순우리말입니다. 아직 집에 도착하지 않은, 즉 길 위에 선 존재라는 뜻입니다. 나그네의 삶이 우리 인생에 주는 교훈이 있습니다.

첫째, 나그네는 한곳에 오래 머물지 않습니다. 나그네는 원하든 원하지 않든 간에 떠나야만 하는 운명입니다. 아무리 환경이 좋고, 머물고 싶어도 제 마음대로 더 있을 수 없습니다. 집이 완공되면 떠나는 목수처럼 목적을 이루면 떠나야 합니다.

둘째, 나그네는 선택을 잘해야 합니다. 철학자 장 폴 사르트르는 "인생은 B와 D 사이의 C다."라고 했습니다. 여기서 B는 탄생(Birth), D는 죽음(Death), C는 선택(Choice)입니다. 즉 인생은 탄생과 죽음 사이의 선택이라는 말입니다. 선택이 그만큼 중요합니다. 여기서 C를 그리스도(Christ)로 선택한다면 D는 꿈(Dream)으로 변할 것입니다. 선택은 우리 인생의 가치와 행복을 좌우합니다. 삶에서 가장 좋은 선택은 영원을 향한 선택입니다. 다 잃는다고 해도 이것만 붙잡으면 됩니다. 예수님을 선택하고 끝까지 붙들어 승리하는 인생 되기를 바랍니다.

셋째, 나그네는 목적이 분명해야 합니다. 나그네에 해당하는 영어 단어는 두 개가 있습니다. 방랑자라는 뜻의 '배가본드(Vegabond)'와 순례자라는 뜻의 '필그림(Pilgrim)'입니다. 둘의 차이는 무엇일까요? 목적의 유무입니다. 방랑자는 목적 없이 헤매는 사람이고, 순례자는 확실한 목적을 가지고 걸어가는 사람입니다. 오늘 본문에서 말씀하는 나그네는 방랑자가 아닙니다. 확실한 목적과 뚜렷한 목표가 있는 순례자입니다.

하나님은 우리에게 "나그네로 있을 때를 두려움으로 지내라."고 말씀하십니다. 허랑방탕해서도 안 되고, 허송세월을 보내서도 안 됩니다. 삶은 오직 한 번이기 때문입니다. 짧은 삶이지만 분명한 목적을 가지고 살다가 주님께서 부르시면 기쁨으로 달려갈 수 있기를 바랍니다.

우리는 어떤 목적을 가지고 살아갑니까?

사랑의 하나님, 오늘도 때 묻지 않은 싱그러운 하루를 선물로 허락하심에 감사합니다. 짧게 살다가는 인생이지만 방랑자가 아니라 순례자의 삶을 살다가 주님 부르시는 날 기쁨으로 달려가게 하옵소서. 우리의 궁극적 목적이 되신 예수님의 이름으로 기도합니다. 아멘.

정학진 목사 _ 일동교회

한가위에 드리는 예배

마음 모으기	인 도 자

온 땅이 하나님의 은혜로 가득 찬 풍성한 가을에 함께 모여 예배를 드립니다.
주님께서 베푸신 은혜와 사랑을 기억하며 한마음으로 예배를 드립니다.

조용한 기도	다 함 께

내가 산을 향하여 눈을 들리라 나의 도움이 어디서 올까 나의 도움은 천지를
지으신 여호와에게서로다 (시 121:1~2)

찬　　송	**찬송가 68장** 오 하나님 우리의 창조주시니	다 함 께

기　　도	맡 은 이

세상을 지으시고 인생을 내신 하나님, 영광과 찬송을 올려 드립니다. 아름답
고 풍성한 명절인 한가위에 우리 가족이 모여 하나님께 예배합니다. 우리 가
족이 어디에 있든지, 무엇을 하든지 예배로 하나 되게 하옵소서. 조상들의 은
혜에 감사드리고, 가족들의 사랑을 기억합니다. 주님 없이 우리의 인생이 바
로 설 수 없음을 기억하며 주님과 함께, 주님 따라서, 주님 안에서 생활하게 하
옵소서. 예수님의 이름으로 기도합니다. 아멘.

성 경 봉 독	**신명기 26:10~11**	다 함 께

10여호와여 이제 내가 주께서 내게 주신 토지 소산의 맏물을 가져왔나이다
하고 너는 그것을 네 하나님 여호와 앞에 두고 네 하나님 여호와 앞에 경배할
것이며 11네 하나님 여호와께서 너와 네 집에 주신 모든 복으로 말미암아 너
는 레위인과 너희 가운데에 거류하는 객과 함께 즐거워할지니라

말씀 나누기	맡 은 이

삶　나 누 기	다 함 께

- 감사한 일, 즐거운 일, 자랑스러운 일을 나눕니다.
- 어려운 문제, 기도 제목을 나눕니다.

찬　　송	**찬송가 357장** 주 믿는 사람 일어나	다 함 께

주님의 기도	다 함 께

감사하며 기뻐하자

'더도 말고 덜도 말고 한가위만 같아라'는 말처럼 추석은 가장 풍요롭고 기분 좋은 명절입니다. 햇곡식이 익어 먹을 것이 풍성하고, 가을바람은 신선하며, 크고 둥근 달이 떠올라 사람의 마음을 채웁니다. 밤이면 들려오는 귀뚜라미 소리는 '나도 이 가을에 살아 생명을 노래하고 있다!'고 외치는 것 같습니다. 이러한 좋은 때에 맞이하는 한가위는 무엇보다 하나님께 감사하는 명절입니다. 이 모든 것을 허락하신 하나님께 감사하며 보내길 바랍니다.

이스라엘 사람들에게도 우리 같은 명절이 있었습니다. 그중에 하나가 첫 열매의 단을 주께 바치는 절기입니다. 이 절기를 지키며 이스라엘 사람들은 지나온 시절들을 하나님께 감사하고, 함께 기뻐하였습니다. 광야의 나그네였던 이스라엘이 가나안 땅을 얻고, 그 땅에서 얻은 소산물로 하나님께 감사드렸습니다. 그렇습니다. 모든 것은 하나님께로부터 옵니다. 따라서 하나님께 감사하는 것이 우리의 마땅한 본분입니다. 첫 열매와 첫 새끼로 감사드린 이스라엘처럼 가장 귀한 정성으로 감사드리고, 언제나 감사하며 살아갈 수 있기를 소망합니다.

〈신세계 교향곡〉으로 많은 사랑을 받은 작곡가 안토닌 드보르자크는 작곡을 끝내고 꼭 'Thanks to God(하나님께 감사)'이란 문구를 적어놓았습니다. 그러한 방식으로 모든 작곡마다 하나님께 감사를 표현한 것입니다. 우리의 지나온 삶에 대해 하나님께 감사드릴 때, 하나님은 그 삶의 현재와 미래에 복을 주십니다.

이번 추석에는 어떤 형편과 처지에 있든지 무조건 감사합시다. 불평과 원망은 미루어두고 베푸신 은혜에 감사하는 절기를 보냅시다. 가족들이 둘러앉아 감사를 고백하면 하나님께서 우리 가정과 가족들에게 더 크게 복을 주실 것입니다. 새가 두 날개로 날고, 철로가 두 레일로 나아가며, 마차에 두 바퀴가 있듯이, 기도와 감사로 함께 나아갈 때 신앙인의 삶은 온전해집니다. 그리스도인에게는 감사가 필수적인 덕목입니다. 윌리엄 바클레이는 '믿음, 소망, 사랑, 이 세 가지 위에 감사를 더하라'고 말했습니다. 한 번뿐인 인생, 하나님께서 복 주신 삶을 감사드리며 기뻐하며 살기를 축복합니다.

우리의 삶에 하나님께 드리는 감사와 기쁨이 있습니까?

거룩하신 하나님, 주님께 감사를 드립니다. 건강을 주시고, 가족들을 주시고, 할 일을 주셨습니다. 또한 믿음을 주셔서 하나님을 알게 하시고, 성령의 은혜를 날마다 허락하셨습니다. 이 모든 것에 감사하오며, 예수님의 이름으로 기도합니다. 아멘.

박신진 목사 _ 삼척제일교회